Robert Vollmer

# Rechnungslegung auf informationseffizienten Kapitalmärkten

GABLER EDITION WISSENSCHAFT

Robert Vollmer

# Rechnungslegung auf informationseffizienten Kapitalmärkten

Mit einem Geleitwort von Prof. Dr. Hannes Streim

GABLER EDITION WISSENSCHAFT

Bibliografische Information Der Deutschen Nationalbibliothek
Die Deutsche Nationalbibliothek verzeichnet diese Publikation in der Deutschen Nationalbibliografie; detaillierte bibliografische Daten sind im Internet über <http://dnb.d-nb.de> abrufbar.

Dissertation Ruhr-Universität Bochum, 2008

1. Auflage 2008



Lektorat: Frauke Schindler / Nicole Schweitzer

Der Gabler Verlag ist ein Unternehmen von Springer Science+Business Media.
www.gabler.de



Umschlaggestaltung: Regine Zimmer, Dipl.-Designerin, Frankfurt/Main
Gedruckt auf säurefreiem und chlorfrei gebleichtem Papier
Printed in Germany

ISBN 978-3-8349-1055-4

## Geleitwort

Bei auf öffentlichen Märkten gehandelten Unternehmensanteilen ist für die Konzipierung „informativer" Rechnungslegungsvorschriften Wissen darüber erforderlich, wie öffentlich verfügbare Informationen auf diesen Märkten verarbeitet werden und über diesen Transmissionsmechanismus in die Marktpreise einfließen. Die Eigenschaft von Kapitalmärkten zur Informationsverarbeitung wird in der Kapitalmarkttheorie mit dem Konzept der Informationseffizienz analysiert. Auf im halbstrengen Sinne informationseffizienten Kapitalmärkten sind öffentlich verfügbare Rechnungslegungsinformationen für den einzelnen Investor wertlos, da sie unverzüglich in den Wertpapierpreisen reflektiert werden und insoweit nicht zur Erzielung von Überrenditen ausgenutzt werden können. Die Gültigkeit der halbstrengen Informationseffizienzthese war zumindest bis in die Neunziger Jahre weitgehend herrschende Meinung. In jüngerer Zeit sind hingegen insbesondere aufgrund empirischer Forschungsergebnisse verstärkt Zweifel an der Gültigkeit der Effizienzthese laut geworden.

Vor diesem Hintergrund weist der Verfasser überzeugend nach, dass Rechnungslegung zum Zwecke der Allokationseffizienz auch auf Kapitalmärkten, die durch mittelstrenge Informationseffizienz gekennzeichnet sind, notwendig ist. Wichtig ist zudem die Einsicht, dass unterschiedliche Grade der Informationseffizienz von Kapitalmärkten auch unterschiedliche Implikationen für eine informative Rechnungslegung besitzen. Schließlich zeigt der Verfasser in einer präzisen Analyse, dass die IFRS-Rechnungslegung noch Verbesserungspotenziale bezüglich des Aktivierungs- und Passivierungsumfangs sowie der Bewertungskonzeption aufweist.

Die Arbeit verdeutlicht insofern zum einen die grundlegenden Schwierigkeiten, die mit der Konzipierung einer informativen Rechnungslegung einhergehen, und zeigt zum anderen auf, dass es auch der IFRS-Rechnungslegung bislang nicht gelungen ist, diese Schwierigkeiten zu überwinden. Insofern legt der Verfasser eine Dissertation von hohem wissenschaftlichem Wert vor, die eine Fülle theoretisch fundierter und stringent abgeleiteter neuer Erkenntnisse liefert und sich damit wohltuend von den häufig in der Literatur anzutreffenden pauschalen Beiträgen im Hinblick auf informative Rechnungslegung abhebt.

Ich wünsche der Arbeit die verdiente Aufmerksamkeit im Schrifttum.

Prof. Dr. Hannes Streim

## Vorwort

Die vorliegende Arbeit wurde im Februar 2008 von der Fakultät für Wirtschaftswissenschaft der Ruhr-Universität Bochum als Dissertation angenommen. An dieser Stelle möchte ich die Gelegenheit nutzen, um denjenigen Personen zu danken, die mich bei der Entstehung und Vollendung der Arbeit unterstützt haben.

An erster Stelle gebührt der Dank meinem akademischen Lehrer und Doktorvater, Herrn Prof. Dr. Hannes Streim, für die wissenschaftliche Betreuung während der Entstehung der Arbeit sowie für seine stets positiven und motivierenden Worte. Für einen externen Doktoranden ist es ein großes Privileg, einen Betreuer zu finden, dessen Beistand über einen so langen Zeitraum wie selbstverständlich ist. Sein persönliches Charisma und seine unnachahmlich optimistische Ausstrahlung haben nicht nur während des Studiums in erheblichem Maße dazu beigetragen, meine Begeisterung für sein Fach zu wecken, sondern auch am Gelingen dieser Arbeit wesentlichen Anteil. Schließlich wäre ohne die Klarheit seines Forschungsansatzes und dessen konsequente Vermittlung schon in den Lehrveranstaltungen des Grundstudiums eine Fertigstellung der Arbeit bereits zwei Jahre nach Ende des Studiums nicht möglich gewesen.

Herrn Prof. Dr. Bernhard Pellens danke ich für die freundliche Bereitschaft, die Aufgabe des Zweitgutachters zu übernehmen, und Herrn Prof. Dr. Hans Dirrigl für die ebenso freundliche Bereitschaft, den Vorsitz in der Disputation zu führen.

Meinen Vorgesetzten bei der PricewaterhouseCoopers Aktiengesellschaft Wirtschaftsprüfungsgesellschaft, Essen, danke ich für ihre Kooperationsbereitschaft und ihre zeitliche Flexibilität im Hinblick auf meine Disposition, durch die es mir möglich wurde, die praktische Tätigkeit mit einer Promotion zu verbinden.

Der mit Abstand größte Dank jedoch gebührt meinen Eltern. Durch ihre bedingungslose und uneingeschränkte Unterstützung haben sie es verstanden, ihren Kindern alle Wege zu ebnen. Daher sei ihnen die Arbeit gewidmet.

Robert Vollmer

# Inhaltsverzeichnis

## Abbildungsverzeichnis

## Abkürzungsverzeichnis

| | |
|---|---|
| a. A. | anderer Ansicht |
| ABl. | Amtsblatt |
| Abs. | Absatz |
| ADS | Adler/Düring/Schmaltz |
| AG | Application Guidance |
| AHK | Anschaffungs- oder Herstellungskosten |
| AICPA | American Institute of Certified Public Accountants |
| AktG | Aktiengesetz |
| Anm. | Anmerkung(en) |
| Aufl. | Auflage |
| BGBl. | Bundesgesetzblatt |
| BilReG | Bilanzrechtsreformgesetz |
| BMJ | Bundesministerium der Justiz |
| bzw. | beziehungsweise |
| ca. | circa |
| CAPM | Capital Asset Pricing Model |
| CFO | Chief Financial Officer |
| Chr. | Christus |
| Co. | Company |
| d. | der |
| DAX | Deutscher Aktienindex |
| d. h. | das heißt |
| Diss. | Dissertation |
| Dr. | Doktor |
| DRS | Deutscher Rechnungslegungsstandard |
| DRSC | Deutsches Rechnungslegungs Standards Committee |
| DSR | Deutscher Standardisierungsrat |
| DVFA | Deutsche Vereinigung für Finanzanalyse und Asset Management |
| ED | Exposure Draft |
| EG | Europäische Gemeinschaft |
| et al. | et alii |
| EMH | efficient market hypothesis |
| EStG | Einkommensteuergesetz |
| EU | Europäische Union |

| | |
|---|---|
| e. V. | eingetragener Verein |
| EWG | Europäische Wirtschaftsgemeinschaft |
| EWR | Europäischer Wirtschaftsraum |
| f. | und folgende Seite |
| ff. | und folgende Seiten |
| FASB | Financial Accounting Standards Board |
| FIFO | First In First Out |
| Fn. | Fußnote |
| FuE | Forschung und Entwicklung |
| gem. | gemäß |
| ggf. | gegebenenfalls |
| GmbH | Gesellschaft mit beschränkter Haftung |
| GmbHG | Gesetz betreffend die Gesellschaften mit beschränkter Haftung |
| GoB | Grundsätze ordnungsmäßiger Buchführung |
| GuV | Gewinn- und Verlustrechnung |
| Habil.-Schr. | Habilitationsschrift |
| HGB | Handelsgesetzbuch |
| Hrsg. | Herausgeber |
| IAS | International Accounting Standard(s) |
| IASB | International Accounting Standards Board |
| IASC | International Accounting Standards Committee |
| IASCF | International Accounting Standards Committee Foundation |
| IFRIC | International Financial Reporting Interpretations Committee |
| IFRS | International Financial Reporting Standard(s) |
| KG | Kommanditgesellschaft |
| KGV | Kurs-Gewinn-Verhältnis |
| KonTraG | Gesetz zur Kontrolle und Transparenz im Unternehmensbereich |
| LIFO | Last In First Out |
| m. w. N. | mit weiteren Nachweisen |
| No. | Number |
| Nr. | Nummer |
| NYSE | New York Stock Exchange |
| o. Ä. | oder Ähnliche(s) |
| PEAD | post-earnings-announcement drift |
| Prof. | Professor |
| PublG | Publizitätsgesetz |
| RGBl. | Reichsgesetzblatt |

| | |
|---|---|
| RHB | Roh-, Hilfs- und Betriebsstoffe |
| Rz. | Randziffer(n) |
| S. | Seite(n) |
| SEC | Securities and Exchange Commission |
| SFAS | Statement of Financial Accounting Standards |
| SIC | Standing Interpretations Committee |
| SMEs | Small and Medium-sized Entities |
| sog. | sogenannte, sogenannten, sogenannter, sogenanntes |
| Sp. | Spalte(n) |
| Techn. Univ. | Technische Universität |
| TH | Technische Hochschule |
| Tz. | Textziffer(n) |
| u. a. | und andere, unter anderem |
| u. d. T. | unter dem Titel |
| usw. | und so weiter |
| u. U. | unter Umständen |
| Univ. | Universität |
| US | Unites States |
| USA | United States of America |
| US-GAAP | United States Generally Accepted Accounting Principles |
| v. | vor |
| Verf. | Verfasser |
| Vol. | Volume |
| vgl. | vergleiche |
| vs. | versus |
| Wirtschaftsuniv. | Wirtschaftsuniversität |
| WP | Wirtschaftsprüfer |
| z. B. | zum Beispiel |
| ZGE | zahlungsmittelgenerierende Einheit |
| z. T. | zum Teil |
| zugl. | zugleich |
| z. Z. | zur Zeit |

## Symbolverzeichnis

| | |
|---|---|
| ^ | Variable in Vergleichsökonomie |
| ~ | Zufallsvariable |
| $E[\cdot]$ | Erwartungswertfunktion |
| $f,\ f_m$ | Dichtefunktion |
| $i$ | Laufindex (Individuen) von $i = 1,...,I$ |
| $j$ | Laufindex (Wertpapiere) von $j = 1,...,J$ |
| $k$ | Parameter |
| $p$ | Preis |
| $p_n$ | Preis nach Veröffentlichung einer neuen Information |
| $p_v$ | Preis vor Veröffentlichung einer neuen Information |
| $r$ | Rendite |
| $t$ | Zeitindex |
| $x$ | Marktwertabweichung vom erwarteten Wert |
| $y$ | Information |
| $Y,\ Y_m$ | Informationssystem |
| $Z$ | Gleichgewichtsportfolio |
| $z$ | Überrendite |
| $\omega$ | Zustand in $t = 1$ |

# 1 Problemstellung und Gang der Untersuchung

Die Weltwirtschaft und damit die Unternehmenstätigkeit ist derzeit durch einen zunehmenden Internationalisierungsprozess geprägt, der in der medialen Diskussion der Öffentlichkeit mit dem Schlagwort der „Globalisierung" belegt wird.[1] Dieser Prozess „gilt als eine der wichtigsten ökonomischen und gesellschaftlichen Entwicklungen zu Beginn des 21. Jahrhunderts."[2]

Obwohl der Globalisierungstrend auch auf den Güter- und Faktormärkten deutliche Spuren hinterlässt, zeigen sich die Auswirkungen am nachdrücklichsten auf den internationalen Finanz- bzw. Kapitalmärkten, die durch das überdurchschnittliche Anwachsen des Kapitalbedarfs der Unternehmen infolge zunehmender grenzüberschreitender Unternehmenstransaktionen und -akquisitionen eine beträchtliche expansive Tendenz aufweisen.[3] Insbesondere bei deutschen Unternehmen spielen, wenngleich mit deutlich rückläufiger Tendenz, traditionell Banken als Fremd-, aber auch als Eigenkapitalgeber eine zentrale Rolle in der Unternehmensfinanzierung, sodass der gestiegene Kapitalbedarf die Hausbanken und den nationalen Eigenkapitalmarkt überfordert.[4]

Das internationale Engagement der Unternehmen führt jedoch bei einer Rechnungslegung, die auf nationaler Ebene historisch gewachsen und insofern mit den spezifischen Phänomenen der jeweiligen nationalen Kultur eng verbunden ist, zu Problemen. Eine über nationale und kulturelle Grenzen hinausreichende wirtschaftliche Entscheidungsfindung, zu der die Vertragspartner bei Finanztransaktionen regelmäßig auch Daten der Rechnungslegung heranziehen, setzt ein gegenseitiges Verständnis der über die Grenzen hinweg übermittelten Daten voraus. Friktionen grenzüberschreitender Kommunikation infolge von Rechnungslegungsunterschieden können sich dabei sowohl zwischen Unternehmen und externen Adressaten – etwa Kapitalgebern oder Managern, die in einem ausländischen Markt gewonnen werden sollen – als auch innerhalb eines Unternehmens – etwa bei der Erstellung von Konzernabschlüssen, einer Beurteilung der von (potenziellen) Tochterunternehmen erhaltenen Informationen oder der Steuerung und Kontrolle ausländischer Beteiligungen – ergeben. Die Zielsetzung einer Vermeidung dieser Problematik, die bei einer trotz zunehmend internationaler Unternehmenstätigkeit unterbleibenden

---

1 Vgl. Meier/Roehr (2004), S. 26. Dabei gerät häufig in Vergessenheit, dass das Phänomen des Austausches von Gütern über Grenzen hinweg bereits seit ca. 2000 v. Chr. existiert. Als Ursachen der fortschreitenden Internationalisierung in jüngerer Zeit nennt Baetge (1993), S. 110, den technischen Fortschritt und die freie Verfügbarkeit von Informationen, die Konkurrenz der Wirtschaftsräume Ostasien, Europa und Nordamerika sowie das Streben nach wirtschaftlichem Fortschritt als Systemelement der marktwirtschaftlichen Ordnung.

2 Clement/Terlau (2004), S. 35.

3 Vgl. Bay/Bruns (2000), S. 714; Clement/Terlau (2004), S. 45 f.; Haller/Walton (2000), S. 5. Die internationalen Finanztransaktionen übersteigen mittlerweile das für die Abwicklung der realen Transaktionen erforderliche Volumen um ein Vielfaches.

4 Vgl. Haller/Walton (2000), S. 12; Kahle (2002), S. 96; Sachverständigenrat (2005), S. 455-457.

Harmonisierung der Rechnungslegung resultiert, hat konsequenterweise im Zuge der allgemeinen wirtschaftlichen Globalisierungstendenz auch im Kontext der Rechnungslegung Internationalisierungs- und Harmonisierungsbestrebungen hervorgerufen.[5]

Diese Entwicklung erfasste auch die Rechnungslegung in Deutschland, sodass durch die Verabschiedung verschiedener Gesetze seit 1998 neben die bisher gültigen handelsrechtlichen Vorschriften schrittweise die Anwendung internationaler Normen getreten ist. Die Änderungen für deutsche Unternehmen fußen insbesondere auf EU-Recht, das dazu geführt hat, dass kapitalmarktorientierte Unternehmen für Konzernabschlüsse seit Beginn des Jahres 2005 zur Anwendung der International Financial Reporting Standards (IFRS) verpflichtet sind. Dass der Harmonisierungsprozess zu einer Übernahme internationaler Rechnungslegungsstandards führt und mithin die in diesen Standards vorherrschende angloamerikanische Praxis das traditionelle kontinentaleuropäische Denken ersetzt, zeichnete sich dabei bereits seit mehreren Jahren ab:[6] „Eine neue Ära der Rechnungslegung beginnt."[7]

Aus deutscher Sicht bedeuten diese Entwicklungen insbesondere deshalb einen konzeptionellen Umbruch in der Rechnungslegung, weil die internationalen Regelungen im Gegensatz zu den bisher im HGB kodifizierten Vorschriften nicht mehr das Ziel der Zahlungsbemessung verfolgen, sondern ausschließlich am Ziel der Informationsvermittlung orientiert sind. Dahinter verbirgt sich die Vorstellung, dass die Rechnungslegung für Kapitalanlageentscheidungen eine wesentliche Informationsquelle bildet und insofern kapitalmarktorientiert ausgestaltet werden muss.[8] Die Jahrzehnte dauernde Bilanzierungstradition des HGB steht durch diese Abkehr infrage, sodass die Literatur diese Neuausrichtung mit Attributen wie Revolution oder Paradigmenwechsel von säkularer Bedeutung belegt und die internationale Mehrheit der Fachleute die deutsche Rechnungslegung infolgedessen bereits auf dem Weg ins Abseits sieht.[9]

Eine aus Kapitalmarktsicht informative Rechnungslegung kann allerdings nur auf der Basis von Wissen darüber konzipiert werden, wie der Markt Informationen verarbeitet und bei der Kursbildung berücksichtigt. Mit dieser Eigenschaft der Märkte beschäftigt sich im Rahmen der Kapitalmarkttheorie das Konzept der Informationseffizienz, das im Verlauf der wissenschaftlichen

---

[5] Vgl. hierzu Bay/Bruns (2000), S. 712 f.; Haller/Walton (2000), S. 6-8; Havermann (1997), S. 526; Hayn (1994), S. 713; Kleekämper/Kuhlewind/Alvarez (2003), Tz. 9 f.; Pellens/Fülbier/Gassen (2006), S. 40-45.

[6] Vgl. Brinkmann (2006), S. 3-10; Helbling (2001), S. 295; Pellens/Fülbier/Gassen (2006), S. 46-51; Streim/Bieker/Esser (2004), S. 229; Streim/Bieker/Leippe (2001), S. 177 f.

[7] Baetge/Zülch (2001), S. 543 (im Original kursiv).

[8] Vgl. Streim/Bieker/Esser (2004), S. 229 f.; Pellens/Fülbier/Gassen (2006), S. V.

[9] Vgl. Busse von Colbe (1995), S. 373 f.; Krumnow (1994), S. 682 f.; Schildbach (2006), S. 8; Wagenhofer (2005), S. 2 f.

Diskussion eine kaum mehr überschaubare Fülle sowohl theoretisch als auch empirisch ausgerichteter Untersuchungen bewirkt hat.[10]

Vor diesem Hintergrund befasst sich die vorliegende Arbeit mit dem Konzept der Informationseffizienz einerseits aus theoretischer Sicht, geht andererseits aber auch auf die Ergebnisse der empirischen Untersuchungen ein und verdeutlicht damit insgesamt den derzeitigen wissenschaftlichen Kenntnisstand im Hinblick auf die Informationsverarbeitung am Kapitalmarkt. Im Anschluss daran wird abgeleitet, welche Konsequenzen sich aus den bisherigen Forschungsergebnissen zum kapitalmarkttheoretischen Informationseffizienzkonzept für die Ausgestaltung einer informationsorientierten Rechnungslegung ergeben. Darauf folgend soll anhand der hergeleiteten Anforderungen an eine informative Rechnungslegung geprüft werden, ob bzw. inwieweit zum einen die traditionell in Deutschland gültigen handelsrechtlichen Rechnungslegungsvorschriften und zum anderen die von den internationalen Rechnungslegungs-Standardsettern vorgelegten Regelungen, die ausschließlich die Vermittlung entscheidungsnützlicher Informationen an die Kapitalanleger anstreben, die Anforderungen auch tatsächlich erfüllen.

Um eine derart weit gefasste Thematik in einer Arbeit bewältigen zu können, muss der Untersuchungsumfang insbesondere hinsichtlich der Darstellung und Analyse der beiden einbezogenen Rechnungslegungssysteme durch Eingrenzungen in einem überschaubaren Rahmen gehalten werden. Daher blendet die Arbeit erstens in Bezug auf beide Systeme branchenspezifische Vorschriften – für Kredit- und Finanzdienstleistungsinstitute sowie für Versicherungsunternehmen[11] – aus. Zweitens werden ebenfalls in Bezug auf beide Systeme konzernspezifische Aspekte der Rechnungslegung, konkret Fragen der Konsolidierung und der Goodwillbilanzierung, vernachlässigt. Die dritte Eingrenzung betrifft allein die IFRS: Die IFRS-Welt ist in den vergangenen Jahren durch eine besondere Schnelllebigkeit und zunehmende Komplexität gekennzeichnet gewesen;[12] allerdings sollen die Anwender gemäß einer Entscheidung des International Accounting Standards Board (IASB) vor dem 1. Januar 2009 nicht zur Befolgung neuer

---

10 Vgl. Bieker (2006), S. 79; Hamann (1993), S. 18; Wagenhofer/Ewert (2004), S. 104.

11 Solche speziellen Vorschriften finden sich etwa in den §§ 340-341p HGB bzw. in IFRS 4 „Versicherungsverträge".

12 Vgl. Pellens/Fülbier/Gassen (2006), S. VII.

Standards oder wesentlicher Standardänderungen verpflichtet werden.[13] Die Komplexität der IFRS ist nicht zu bewältigen, wenn jede der schnelllebigen Vorschriftsänderungen in die Arbeit einbezogen würde; daher bleiben sowohl die in jüngerer Zeit verabschiedeten Standards, deren Anwendung ohnehin erst zukünftig verpflichtend wird, als auch die derzeit anhängigen Projekte zur Neufassung bestehender oder zur Verabschiedung neuer Standards in Darstellung und Analyse unberücksichtigt.[14] Einige weitere, jedoch vergleichsweise kleine Eingrenzungen werden darüber hinaus unter entsprechendem Hinweis an verschiedenen Stellen der Arbeit vorgenommen.

Zur Verwirklichung der skizzierten Ziele ist die Arbeit folgendermaßen aufgebaut:

Um überhaupt Rechnungslegungssysteme sinnvoll analysieren zu können, ist in einem ersten Schritt zunächst die Erarbeitung eines grundlegenden Analysemaßstabes erforderlich. Da Rechnungslegung kein Selbstzweck sein kann und als Beurteilungsmaßstab für Rechnungslegungsregeln folglich nur der mit den Regeln verfolgte Zweck infrage kommt, dient das zweite Kapitel dazu, die Notwendigkeit zur Rechnungslegung einerseits aus Gründen der Effizienz und andererseits aus Gründen der Gerechtigkeit herzuleiten. An den Rechnungslegungszweck anknüpfend stellt sich die Frage, durch welche konkrete Ausgestaltung die Rechnungslegungsregeln einen Beitrag zur Erreichung des angestrebten Zwecks leisten können. Diesbezüglich ergeben sich Informationsvermittlung und Ausschüttungsbemessung als denkbare zweckmäßige Funktionen der Rechnungslegung.

Darauf folgend befasst sich das dritte Kapitel ausführlich mit dem Konzept der Informationseffizienz und insofern mit der Fähigkeit des Kapitalmarktes, Informationen im Preisbildungsprozess zu verarbeiten. Ausgehend von einleitenden Anmerkungen zur Stellung des Kapitalmarktes in der Volkswirtschaft sowie allgemein zu Begriffen der Kapitalmarkteffizienz wird das Informationseffizienzkonzept in einem ersten Schritt auf theoretischer Ebene in Bezug auf die Begriffsdefinition, auf realiter potenziell durch den Markt verarbeitete Informationsmengen sowie auf Argumente für und wider das Zustandekommen der Informationseffizienz des Kapitalmarktes erörtert. Daran anschließend werden in einem zweiten Schritt Ergebnisse empirischer Forschungs-

---

13 Vgl. dazu die Mitteilung auf der Internetseite des IASB unter http://www.iasb.org/Current+Projects/No+new+major+standards+to+be+effective+before+2009.htm (Stand: 09.10.2007). Dabei spricht das IASB explizit die hohe Änderungsgeschwindigkeit der vergangenen Jahre an, denn in der Mitteilung heißt es: „By refraining from requiring new standards to be applied before 2009, the IASB will also be providing four years of stability in the IFRS platform" und weiter als Zitat des Vorsitzenden des IASB: „For those involved with International Financial Reporting Standards, the past few years have been a time of great activity" (Hervorhebungen des Originals jeweils weggelassen). Die Möglichkeit der Verabschiedung neuer Standards vor diesem Datum behält sich das IASB hingegen ausdrücklich vor. Vgl. dazu überdies die Pressemitteilung des IASB vom 24.07.2006, abrufbar ebenfalls auf der Internetseite unter http://www.iasb.org/News/Press+Releases/IASB+takes+steps+to+assist+adoption+of+IFRSs+and+reinforce+consultation+No+new+IFRSs+effective+until.htm (Stand: 09.10.2007).

14 Zugrunde liegen insofern die Standards gemäß IASB (2006). Die jüngste autorisierte deutsche Übersetzung liegt durch IASB (2005) vor.

anstrengungen hinsichtlich der Informationseffizienz auf real existierenden Kapitalmärkten dargestellt.

Das vierte Kapitel analysiert durch eine Verknüpfung der Ergebnisse des zweiten mit denen des dritten Kapitels die Konsequenzen, die aus der Informationseffizienz für die Konzeption einer informativen Rechnungslegung resultieren. Ausgehend von allgemeinen Anmerkungen zum Informationsnutzen der Rechnungslegung, die auch Erkenntnisse der Informationsökonomie einbeziehen, werden der Zusammenhang zwischen Informationseffizienz und Allokationseffizienz hergestellt sowie die Implikationen aus der Informationseffizienz im Hinblick auf eine informationsorientierte Rechnungslegung abgeleitet, bevor eine Zusammenfassung und Problematisierung der Ergebnisse das Kapitel abschließt.

Die Anwendung der gewonnenen Erkenntnisse in Form einer Untersuchung bestehender Rechnungslegungskonzeptionen daraufhin, ob diese den Anforderungen gerecht werden, setzt eine Darstellung der betreffenden Normen voraus. Daher dienen das fünfte bzw. das sechste Kapitel dazu, die in den Untersuchungsumfang der Arbeit einbezogenen Rechnungslegungssysteme nach HGB bzw. nach IFRS jeweils in ihren wesentlichen Zügen zu erläutern.

Den an die Darstellung der Rechnungslegungskonzeptionen anknüpfenden Kapiteln kommt die Aufgabe zu, die kodifizierten Vorschriften durch die Anwendung der im vierten Kapitel hergeleiteten Anforderungen im Hinblick auf die Zweckmäßigkeit zu analysieren; diese Analyse leistet Kapitel sieben für die Rechnungslegung nach HGB sowie Kapitel acht für diejenige nach IFRS.

Die Arbeit schließt im neunten Kapitel mit einer Zusammenfassung der Ergebnisse, deren Würdigung sowie einem Ausblick auf Anforderungen an die weitere Fortentwicklung der Rechnungslegungskonzeption.

# 2 Zwecke und Konzeptionen der Rechnungslegung

Das Ziel dieses Kapitels besteht darin, die Grundlagen für die später vorzunehmende Analyse der Rechnungslegungsvorschriften nach IFRS bzw. HGB zu legen; dazu wird der Zweck der Rechnungslegung in einem ersten Schritt hergeleitet und in einem zweiten dann operationalisiert.

Ausgangspunkt ist die Feststellung, dass die Rechnungslegung eine Pflicht darstellt, die der Staat durch seine Gesetzgebung oder alternativ durch staatliche Institutionen den Unternehmen auferlegt.[1] Die Ziele, die mit der Rechnungslegung verfolgt werden sollen, sind dabei jedoch in Abhängigkeit vom jeweils betrachteten Regelset nur mehr oder weniger konkret: Der deutsche Gesetzgeber beispielsweise legt nicht explizit fest, welche Zwecke die handelsrechtliche Rechnungslegung verfolgen soll.[2] Die IFRS konkretisieren in Absatz 12 des Rahmenkonzeptes immerhin, dass es die Zielsetzung von Abschlüssen sei, „Informationen über die Vermögens-, Finanz- und Ertragslage ... eines Unternehmens zu geben, die für einen weiten Adressatenkreis bei dessen wirtschaftlichen Entscheidungen nützlich sind."[3]

Eine Rechnungslegung kann jedoch keinen Selbstzweck darstellen, sondern sie besitzt vielmehr ausschließlich instrumentalen Charakter.[4] Es ist insofern notwendig zu definieren, welchem Zweck oder welchen Zwecken die Rechnungslegung dienen soll, um die durch den Staat implementierte Rechnungslegungspflicht zu legitimieren; überdies muss gewährleistet sein, dass die Rechnungslegung tatsächlich einen positiven Beitrag zur Zweckerreichung leistet.[5] Als relevante Beurteilungskriterien für die Zweckmäßigkeit von Rechnungslegungsregeln werden allgemein „Effizienz" und „Gerechtigkeit" diskutiert,[6] d. h. Rechnungslegungsregeln können gerechtfertigt sein, wenn sie dazu beitragen, dass entweder die Wohlfahrt der Gesellschaft gesteigert oder das Zusammenleben der Menschen gerechter gestaltet wird.

Vor diesem Hintergrund beschäftigen sich die folgenden Ausführungen zunächst mit den beiden denkbaren Analysemaßstäben der Effizienz und der Gerechtigkeit. Im Anschluss daran wird der Analysemaßstab durch Überlegungen dahin gehend operationalisiert, wie Rechnungslegungsregeln konkret zu konzipieren sind, damit sie zur Erfüllung des Rechnungslegungszwecks beitragen können. Das Kapitel schließt mit einer Zusammenfassung der Ergebnisse.

---

1 Vgl. Leippe (2002), S. 27. Das deutsche Handelsrecht ist ein Beispiel für die Form der Gesetzgebung; vgl. Pellens/Fülbier/Gassen (2006), S. 10 f. In den USA regelt die staatliche SEC die Rechnungslegungspflicht für börsennotierte Unternehmen; vgl. Pellens/Fülbier/Gassen (2006), S. 56 ff.

2 Vgl. Streim (1986), S. 13; Streim (1988), S. 9.

3 Vgl. dazu Streim/Bieker/Leippe (2001), S. 179.

4 Vgl. Streim (1986), S. 3; Streim (1988), S. 8.

5 Vgl. Bieker (2006), S. 25.

6 Vgl. Streim (1988), S. 22; Streim (2000a), S. 112.

## 2.1 Rechnungslegung aus Gründen der Effizienz

### 2.1.1 Das ökonomische Effizienzkriterium

Zentraler Gegenstand im Rahmen der ökonomischen Theorie ist die Beurteilung von Maßnahmen, Regeln und Sachverhalten hinsichtlich ihrer Allokationseffizienz.[7] Den Ausgangspunkt ökonomischer Überlegungen zum Effizienzkriterium bildet die Feststellung, dass die zur menschlichen Bedürfnisbefriedigung zur Verfügung stehenden volkswirtschaftlichen Ressourcen knapp sind. Insofern besteht aus ökonomischer Sicht das zentrale Problem angesichts der Tatsache, dass die menschlichen Konsumwünsche nur unvollständig befriedigt werden können, darin, nach Möglichkeiten bzw. Kriterien der optimalen Nutzung der verfügbaren knappen Produktionsmittel zu suchen.[8] Wird ein optimaler Einsatz der Faktoren verfehlt, so liegt die Bedürfnisbefriedigung unterhalb des hypothetisch bei alternativer Verwendung erreichbaren Niveaus.[9] Die Aufteilung der Faktoren bezeichnet man als „Faktorallokation"; die optimale Allokation ist dann gegeben, wenn die Produktionsfaktoren der jeweils produktivsten Verwendung zugeführt werden.[10] In einem solchen Zustand ist ein optimaler Grad der Bedürfnisbefriedigung realisiert.

Um eine gegebene Allokation beurteilen zu können bzw. um Bedingungen herzuleiten, unter denen die gesamtgesellschaftliche Wohlfahrt maximiert wird, benötigt man als Maßstab eine Operationalisierung des allgemeinen Kriteriums der Allokationseffizienz. Diese Operationalisierung liefert die normative Wohlfahrtsökonomik,[11] die auf den folgenden vier Annahmen basiert:[12]

- Methodologischer Individualismus: Die Analyse setzt bei den Entscheidungen bzw. dem Verhalten von Individuen an. Die Wohlfahrt einer Gesellschaft ergibt sich als Aggregat der Nutzenniveaus ihrer Mitglieder (und kann dabei die bloße Summe der einzelnen Nutzenniveaus übersteigen).
- Eigennütziges Handeln der Individuen: Die Entscheidung zwischen Handlungsalternativen orientiert sich an den Implikationen für den individuellen Nutzen.
- Rationalität: Alternativen werden gegeneinander abgewogen. Nicht unbedingt erforderlich ist nutzenmaximierendes Verhalten. Eingeschränkt rationale Individuen, die sich als Satisfizierer verhalten – also lediglich das Ziel eines bestimmten Niveaus der Bedürfnisbefriedigung verfolgen – erweisen sich vielfach als ausreichend.

---

[7] Vgl. Schäfer/Ott (2005), S. 1.

[8] Vgl. Sohmen (1992), S. 1 ff.

[9] Vgl. Erlei/Leschke/Sauerland (2007), S. 2.

[10] Vgl. Fritsch/Wein/Ewers (2007), S. 15.

[11] Vgl. Fritsch/Wein/Ewers (2007), S. 22; Böventer/Illing et al. (1997), S. 255.

[12] Vgl. Fritsch/Wein/Ewers (2007), S. 22 ff.

- Ökonomische Theorie als Tauschtheorie: Soziale Beziehungen zwischen Individuen stellen ein System von Leistungen und Gegenleistungen dar und werden insofern in Erwartung individueller Vorteile eingegangen.

Aufgrund der Prämisse des methodologischen Individualismus ist es erforderlich, dass alle Individuen ein daraus gewonnenes Kriterium zur Beurteilung einer gegebenen Faktorallokation akzeptieren können. Angesichts der Heterogenität der individuellen Vorstellungen über eine befriedigende Allokation lässt sich auf Basis dieser Annahme jedoch lediglich ein Minimalkonsens herleiten.[13]

Diesen Minimalkonsens bildet in der Wohlfahrtsökonomik das sogenannte Pareto-Kriterium.[14] Es stuft einen Zustand, d. h. hier eine Allokation der Produktionsfaktoren, dann als effizient ein, wenn es nicht mehr möglich ist, ein Individuum besserzustellen, ohne den Nutzen eines anderen Individuums zu vermindern. Eine Handlungsalternative, die das Nutzenniveau mindestens eines Individuums steigert, ohne gleichzeitig die Nutzenposition eines anderen Individuums negativ zu beeinflussen, sollte immer wahrgenommen werden.[15] Das gesellschaftliche Optimum ist dann gegeben, wenn vor dem Hintergrund des Pareto-Kriteriums keine bessere Allokation mehr erreicht werden kann; eine solche Allokation nennt man effiziente Allokation oder auch pareto-effiziente Allokation.[16]

Diese Sichtweise wird als „liberales Vorurteil"[17] bezeichnet, da durch individuell eigennütziges Verhalten die gesellschaftliche Wohlfahrt steigt. Eingriffe bzw. Freiheitsbeschränkungen erfordern insofern immer eine Rechtfertigung. Um im Folgenden zu untersuchen, ob sich eine Rechtfertigung für einen staatlichen Eingriff in Form der Rechnungslegungspflicht aus Gründen der Effizienz herleiten lässt, gilt es zunächst, das allgemeine Kriterium der Pareto-Effizienz im Kontext der Rechnungslegung zu konkretisieren; diese Aufgabe soll der nächste Abschnitt erfüllen.

---

13 Vgl. Böventer/Illing et al. (1997), S. 255 f.

14 Der Name geht zurück auf den Begründer, den italienischen Ökonomen Vilfredo Pareto.

15 Vgl. Fritsch/Wein/Ewers (2007), S. 24 ff.; Külp/Knappe (1984), S. 7; Schäfer/Ott (2005), S. 26; Sohmen (1992), S. 30 ff.; Wellisch (1999), S. 8 f.

16 Vgl. Böventer/Illing et al. (1997), S. 256; Wellisch (1999), S. 9. Das Pareto-Kriterium ermöglicht in Fällen des Interessenkonfliktes zwischen Individuen kein Urteil mehr, da es keine Anhaltspunkte dafür liefert, wie zu verfahren ist, wenn mindestens ein Individuum schlechtergestellt wird. Dies betrifft jedoch die Mehrzahl der realen Situationen. Weiterführend ist dann das Kaldor-Hicks-Kriterium. Vgl. dazu Böventer/Illing et al. (1997), S. 259 f.; Schäfer/Ott (2005), S. 31 f.

17 Fritsch/Wein/Ewers (2007), S. 26 (im Original kursiv).

### 2.1.2 Konkretisierung des Effizienzkriteriums im Zusammenhang mit der Rechnungslegung

Aus dem ökonomischen Kriterium der Allokationseffizienz folgt im Zusammenhang mit der Rechnungslegung, dass sie an ihrem Beitrag dazu gemessen werden muss, das Kapital in die rentabelste Verwendung zu lenken, also dorthin, wo es am dringendsten benötigt wird und die höchste Rendite erwirtschaften kann.[18]

Das Pareto-Kriterium als Operationalisierung der Allokationseffizienz stellt auf den Nutzen von Individuen ab. Will man aus diesem Kriterium Aussagen über Rechnungslegungsvorschriften gewinnen, muss zunächst bestimmt werden, welche Individuen im Kontext der Rechnungslegung betroffen sind und worin deren Nutzen besteht.[19]

Da die Aufgabe der Rechnungslegung darin zu sehen ist, Zahlen zu produzieren, die die finanzielle Lage des Unternehmens abbilden, richtet sie sich vornehmlich an diejenigen Individuen, die ein finanzielles Interesse am Unternehmen haben.[20] Dies betrifft verschiedene Gruppen, so z. B. die Unternehmensleitung, Kapitalgeber, Kunden, Lieferanten, Arbeitnehmer, Öffentlichkeit und auch den Staat. Außer für die Unternehmensleitung und die Kapitalgeber gilt jedoch, dass sich die Interessen der genannten Gruppen nicht oder zumindest nicht in einem ausreichenden Maße durch Rechnungslegung befriedigen lassen.[21] Für die Unternehmensleitung gilt zudem, dass ihr internes Wissen zugänglich ist und sie sich – sofern sie ihren Pflichten gerecht wird – ihren spezifischen Interessen entsprechende Rechenwerke als Informationssysteme ohnehin einrichtet.[22] Ebenfalls über interne Kenntnisse verfügen die Gesellschafter, wenn sie an der Geschäftsführung beteiligt sind.[23] Insofern verbleiben als Adressaten der Rechnungslegung diejenigen Kapitalgeber der Unternehmen, die nicht auf unternehmensinternes Wissen zugreifen können.

Der Nutzen der Individuen bestimmt sich aus den Variablen, die in ihre Nutzenfunktion eingehen.[24] Es ist demnach Wissen darüber erforderlich, welche Variablen den individuellen Nutzen determinieren. Grundsätzlich kann man in finanzielle und nicht-finanzielle Zielgrößen unterscheiden.[25] Da im Zusammenhang mit der Rechnungslegung die finanziellen Ziele relevant

---

[18] Vgl. Streim (2000a), S. 112 f.; Merkt (2001), S. 301.

[19] Vgl. Esser (2005), S. 32; Leippe (2002), S. 30.

[20] Vgl. Streim (1988), S. 1 f.

[21] Vgl. Leippe (2002), S. 30 f. Der Staat verpflichtet die Unternehmen zur Erzielung von Steuereinnahmen zu einer separaten steuerrechtlichen Bilanzierung, sodass aus diesem Grunde sein diesbezügliches finanzielles Interesse am Unternehmen vernachlässigt werden kann.

[22] Vgl. Schildbach (2004), S. 59.

[23] Vgl. Streim (1988), S. 18, 22.

[24] Vgl. Moxter (1964), S. 10.

[25] Vgl. Schmidt/Terberger (1997), S. 46.

sind, können im Folgenden die nicht-finanziellen Ziele vernachlässigt werden.[26] Im Zusammenhang mit finanziellen unternehmerischen Zielgrößen mag man dazu neigen, an Größen wie Gewinn, Umsatz, Marktanteil oder auch Unternehmenswachstum zu denken.[27] Ein einzelner Kapitalgeber interessiert sich jedoch nicht für solche aus seiner Sicht abstrakten Größen, sondern dafür, welche Mittel ihm aus der Unternehmung zur Befriedigung individueller Konsumwünsche zufließen.[28] Insofern lassen sich die finanziellen Ziele der Kapitalgeber auf ein einziges Ziel, nämlich die Realisierung eines nutzenmaximierenden Konsumstroms, reduzieren.[29] Dieser wiederum hängt von den Zahlungen ab, die in Zukunft aus dem Unternehmen an die Kapitalgeber fließen werden; mithin sind die Breite, die zeitliche Struktur und die (Un-)Sicherheit der zukünftig aus dem Unternehmen an dessen Kapitalgeber fließenden Zahlungsströme relevant.[30]

Als unproblematisch erweist sich dabei das Kriterium der Höhe des Konsumstroms.[31] Man kann davon ausgehen, dass rationale, nutzenmaximierende Individuen einen höheren Konsumnutzen einem niedrigeren immer uneingeschränkt vorziehen. Bezüglich der Dimensionen Zeit und (Un-)Sicherheit tritt dann jedoch das Problem auf, dass die Präferenzen der Kapitalgeber unterschiedlich sind. Das bedeutet, dass die Kapitalgeber z. B. Zahlungsströme gleicher Höhe, deren zeitlicher Anfall jedoch unterschiedlich ist, auch unterschiedlich bewerten. Überdies sind die Präferenzen der Kapitalgeber dem Management, das den für unternehmerische Dispositionen verantwortlichen Kapitalnehmer verkörpert, unbekannt – als Illustration kann eine Publikumsaktiengesellschaft dienen, die Anteilseigner unterschiedlichster Präferenzstrukturen aufweisen kann. Aufgrund dieser Problematik gilt es, einen Mechanismus zu finden, der die Präferenzen der Kapitalgeber und -nehmer derart koordiniert, dass es als Folge individueller Rationalität zu einer gesamtgesellschaftlichen Wohlfahrtssteigerung kommt.

Ein solcher Mechanismus existiert in der neoklassischen Finanzierungstheorie, der sich daher das folgende Kapitel widmet.

---

26 Vgl. Moxter (1966), S. 37. Wenngleich in der Realität auch die nicht-finanziellen Ziele eine Rolle spielen, lassen sie sich schwerlich operationalisieren und werden häufig auch aus diesem Grunde ausgeblendet. Allerdings lässt sich dieses Problem dadurch umgehen, dass nicht-finanzielle Zielgrößen durch ihr finanzielles Äquivalent abgebildet werden. Vgl. dazu Schmidt/Terberger (1997), S. 46 f.

27 Vgl. Schmidt/Terberger (1997), S. 49.

28 Vgl. Moxter (1964), S. 11; Ballwieser/Schmidt (1981), S. 648 f.

29 Vgl. Schmidt/Terberger (1997), S. 47. Einschränkende Annahme dabei ist, dass Geld nicht unmittelbar, sondern lediglich durch die Schaffung von Konsummöglichkeiten Nutzen stiftet. Zudem richtet sich das Ziel der Kapitalgeber nicht auf schlichte Konsummaximierung, da das Konsumpotenzial in einem Zeitpunkt begrenzt ist.

30 Vgl. Streim (1998), S. 338; Lange (1989), S. 16; ebenso bereits Moxter (1966), S. 38; Busse von Colbe (1968), S. 94; und Coenenberg (1971), S. 737, der hierin eine „im Schrifttum allgemein akzeptierte Forderung" sieht.

31 Vgl. hierzu und zum Folgenden Ballwieser/Schmidt (1981), S. 648 f., Leippe (2002), S. 32 f., sowie Schmidt/Terberger (1997), S. 53 ff.

### 2.1.3 Effizienz in der neoklassischen Theorie

Die neoklassische Lehre gilt in der Ökonomie als theoretischer Referenzpunkt. Die Neoklassik postuliert den freien Markt als einen Mechanismus, durch den sich bei rational auf ihre individuelle Nutzenmaximierung ausgerichteten Wirtschaftssubjekten eine Wohlfahrtssteigerung der gesamten Gesellschaft einstellt. Voraussetzung für die Funktionsfähigkeit dieses Mechanismus ist jedoch, dass der Markt – im Kontext der Rechnungslegung ist dabei der Kapitalmarkt relevant – vollkommen und vollständig[32] ist.[33]

Unter diesen Prämissen der neoklassischen Theorie bildet sich am Kapitalmarkt ein Gleichgewicht, in dem[34]

- die zeitliche Verteilung und (Un-)Sicherheit der Zahlungsströme entsprechend den unterschiedlichen Präferenzen der Kapitalgeber pareto-optimal koordiniert sind,[35]
- alle Investitionen mit positivem Kapitalwert finanziert werden können und dabei die Art der Finanzierung irrelevant ist[36] und
- Irrelevanz der Dividendenpolitik vorliegt.[37]

In dieser Modellwelt ist das Problem der präferenzabhängigen Bewertung der aus dem Unternehmen an die Kapitalgeber fließenden Zahlungsströme optimal gelöst. Der Lösungsmechanismus besteht darin, dass auf dem vollkommenen und vollständigen Kapitalmarkt Zahlungsströme handelbar sind. Dies gilt transaktionskostenfrei zu jedem Zeitpunkt, und zwar beliebig in Bezug auf die Höhe, die zeitliche Struktur und die (Un-)Sicherheit. Als Resultat können sich die Individuen einstimmig auf das gemeinsame Ziel der Maximierung des Marktwertes des Unter-

---

32 Einen vollkommenen Kapitalmarkt zeichnen die Eigenschaften aus, dass

- zwar unsichere, aber homogene Erwartungen der Individuen hinsichtlich der Rendite- und Risikoposition der Finanztitel vorliegen,
- beliebige Teilbarkeit der Wertpapiere gegeben ist,
- ein risikoloser Zinssatz existiert, zu dem alle Anleger beliebige Beträge anlegen und aufnehmen können und
- die Entscheidungen in einer Welt ohne Steuern und Transaktionskosten fallen.

Vgl. Franke/Hax (2004), S. 153, 343 f.; Perridon/Steiner (2007), S. 74; Süchting (1995), S. 370.

Auf einem vollständigen Kapitalmarkt kann jeder beliebige Zahlungsstrom gehandelt werden, und zwar unabhängig von der konkreten Ausprägung der Merkmale Höhe, zeitliche Struktur und Unsicherheit. Vgl. dazu Schmidt/Terberger (1997), S. 57, 91.

33 Vgl. Leippe (2002), S. 33 m. w. N.

34 Vgl. Leippe (2002), S. 33 f.

35 Vgl. Ballwieser/Schmidt (1981), S. 658.

36 Vgl. dazu grundlegend Modigliani/Miller (1958).

37 Vgl. Perridon/Steiner (2007), S. 20 f.

nehmens einigen; dieses Ziel tritt somit an die Stelle der – da aus den unterschiedlichen Präferenzen resultierend – individuell verschiedenen, als optimal bewerteten Zahlungsströme.[38]

Als offensichtliche Konsequenz angesichts derart funktionierender Märkte, die die Präferenzen der Individuen optimal koordinieren, folgt, dass eine Rechnungslegung nicht erforderlich ist.[39] Ebenso offensichtlich ist jedoch, dass auf real existierenden Märkten eine solche idealtypische Funktionsweise nicht gegeben ist. Vor dem Hintergrund der simplifizierenden Prämissen der neoklassischen Theorie kann letztere Feststellung jedoch nicht weiter verwundern.[40]

### 2.1.4 Effizienz in den neo-institutionalistischen Theorien

An dem Kritikpunkt, dass die neoklassische Theorie aufgrund ihrer restriktiven Prämissen nicht geeignet ist, um reale Phänomene erklären zu können, setzen die neo-institutionalistischen Theorien an. Sie bauen zwar grundsätzlich auf der neoklassischen Modellwelt auf, schränken jedoch den Prämissenrahmen ein. Davon betroffen sind insbesondere die Annahme der vollständigen Information, an deren Stelle eine asymmetrische Informationsverteilung zwischen den Individuen unterstellt wird, sowie die Abstraktion von Transaktionskosten, statt derer nun Kosten der Tauschvorgänge in die Analyse mit einbezogen werden.[41] Die neoklassischen Prämissen aufzugeben impliziert jedoch, dass auch das aus ihnen abgeleitete Ergebnis – nämlich optimal funktionierende Märkte, die für eine effiziente Allokation sorgen – keinen Bestand haben kann;[42] vielmehr sind Märkte realiter durch Reibungsverluste gekennzeichnet, sodass ein gesellschaftliches Wohlfahrtsoptimum verfehlt wird.

Angesichts dieser Wohlfahrtseinbußen postulieren die neo-institutionalistischen Theorien als Lösungsmöglichkeit sogenannte „Institutionen“, deren Aufgabe darin besteht, der eingeschränkten Funktionsfähigkeit der unvollkommenen Märkte entgegenzuwirken und dadurch positive Wohlfahrtseffekte zu generieren.[43] Unter den Begriff der „Institution“ fallen dabei zum einen Ordnungen, d. h. Regelsysteme, nach denen die Menschen ihr Handeln ausrichten, und zum

---

[38] Vgl. Ballwieser/Schmidt (1981), S. 656 f.; Schmidt/Terberger (1997), S. 56 ff.

[39] Vgl. Bieker (2006), S. 32. Die Vielfalt realer Institutionen bleibt somit unerklärt.

[40] Vgl. Schmidt/Terberger (1997), S. 65.

[41] Vgl. Arrow (1986), S. 1184; Schmidt/Terberger (1997), S. 386, 394; Terberger (1994), S. 21 f. Dass die Annahme vollständiger Information aufgegeben wurde, sieht Stiglitz (2000), S. 1441, als „perhaps the most important break with the past“, da dies „has had profound implications for the wisdom inherited from the past, and has provided explanations of economic and social phenomena that otherwise would be hard to understand.“

[42] Vgl. Schmidt/Terberger (1997), S. 403.

[43] Vgl. Schmidt/Terberger (1997), S. 394.

anderen Organisationen, d. h. Handlungssysteme, in denen die Menschen mit- oder gegeneinander tätig werden.[44]

#### 2.1.4.1 Überblick über die Forschungsansätze der neo-institutionalistischen Theorien

Unter das Forschungsgebiet der neo-institutionalistischen Theorien werden die Strömungen der Theorie der Verfügungsrechte, des Transaktionskostenansatzes sowie der Prinzipal-Agenten-Theorie subsumiert.[45] Die folgenden Ausführungen beschäftigen sich mit diesen Ansätzen.

- Die Theorie der Verfügungsrechte (Property Rights-Theorie) bildet die Grundlage der weiteren Forschungsrichtungen der neo-institutionalistischen Theorie.[46] Der Unterschied zur neoklassischen Theorie besteht in einer Variation des Objekts der Markttransaktionen. Gegenstand des Tausches bzw. relevant für den Wert der gehandelten Güter ist nicht die physische Substanz, sondern vielmehr ein Bündel sogenannter Verfügungsrechte, die sowohl direkt an physischen Sachen als auch von ihnen losgelöst bestehen können und die sich für den Inhaber im Recht des Gebrauchs, dem Recht der Substanzveränderung und dem Recht zur Übertragung konkretisieren.[47] Mithin verkörpern sie zukünftige Ansprüche auf Dienste, Sachen oder auch auf andere Verfügungsrechte, wobei jedem Verfügungsrecht eine Verpflichtung einer anderen Person gegenübersteht.[48] Der Verfügungsrechtsbegriff und damit der Tauschgegenstand kann auch so interpretiert werden, dass er bindende soziale Beziehungen unter den Menschen umfasst.[49] Die Property Rights sowie Verträge, die den Marktpartnern mit den Transaktionen korrespondierende Rechte und Pflichten zuweisen, stellen institutionelle Regelungen im Sinne der neo-institutionalistischen Theorie dar.[50]

  Neben diesem grundlegenden Unterschied zwischen der neoklassischen Theorie und der Theorie der Verfügungsrechte weisen beide Ansätze auch zentrale Gemeinsamkeiten auf. Dies betrifft zum einen die Strukturen: Der Markt ist vollständig und funktioniert friktions- und transaktionskostenfrei. Zum anderen gleichen sich die Methoden, da Wirtschaftssubjekte

---

44 Vgl. Schneider (1995), S. 20 ff.; Schneider (1997b), S. 47.

45 Vgl. Schneider (1997b), S. 20 f.; Terberger (1994), S. 2, 47. Schmidt/Terberger (1997), S. 396, verweisen auf weitere Unterscheidungsmöglichkeiten, deren Ursache in der Anwendung der neo-institutionalistischen Argumentation in den unterschiedlichsten Bereichen der Wirtschaftswissenschaft begründet liegt. Eine detailliertere Unterteilung liefert zudem Bieker (2006), S. 34 f.

46 Vgl. Schmidt/Terberger (1997), S. 397.

47 Vgl. Fischer (1994), S. 316; Schmidt/Terberger (1997), S. 397; Richter/Furubotn (2003), S. 90 f.; Terberger (1994), S. 48 ff. Der Ursprung eines so verfeinerten Gutsbegriffs geht zurück auf Coase (1960), S. 43 f.

48 Vgl. Schneider (1995), S. 3 f.; Schneider (1997b), S. 21.

49 Vgl. Schneider (1995), S. 256; Furubotn/Pejovich (1974), S. 3.

50 Vgl. Schmidt/Terberger (1997), S. 397.

unterstellt werden, die ihr Handeln an der Maximierung ihrer individuellen Nutzenfunktionen ausrichten.[51]

In einer solchen Welt stellen die Verfügungsrechte neue Marktgegenstände dar und werden gehandelt, sofern dadurch der gemeinsame Nutzen des Inhabers und des Verpflichteten eines Verfügungsrechts bei Kompensation der Nutzeneinbuße des Verpflichteten steigt. Ein reibungslos funktionierender Handel der Property Rights auf Märkten lässt sich jedoch ohne Schwierigkeiten in die neoklassische Modellwelt integrieren, sodass noch immer durch die Koordinationsleistung des Marktes automatisch ein Zustand effizienter Allokation der Ressourcen verwirklicht wird, falls nicht Probleme existieren, die Unvollkommenheiten bzw. Unvollständigkeiten des Marktes bewirken und die daher einen reibungslosen Handel mit Property Rights verhindern.[52]

- Der Transaktionskostenansatz geht von der grundlegenden Frage aus, warum überhaupt Unternehmen in Form hierarchischer Organisationsstruktur in Märkten existieren: Unter der neoklassischen Argumentationsweise, dass die Allokation der Ressourcen allein durch den Preismechanismus erfolgt, ist die Existenz von Unternehmen, in denen Individuen die Produktion koordinieren, nicht erklärbar.[53] Der Hauptgrund dafür, dass die Gründung von Unternehmen vorteilhaft ist, wird darin gesehen, dass die Inanspruchnahme des Preismechanismus in der Realität Kosten verursacht – damit ist eine wesentliche Prämisse der Neoklassik aufgehoben. So entstehen insbesondere Kosten durch die Suche nach den relevanten Preisen sowie Kosten durch die separate Vertragsaushandlung für jede einzelne Transaktion, die durch Unternehmen zwar nicht eliminiert, aber zumindest erheblich reduziert werden.[54] Folglich besteht die Entscheidung über die Gründung von Unternehmen in einem Optimierungskalkül zwischen zwei Arten von Kosten: Einerseits sinken die Kosten der Inanspruchnahme des Marktes (marketing costs), andererseits verursachen Unternehmen Organisationskosten, die mit der Unternehmensgröße steigen, sodass das Optimum vorliegt, wenn die Summe aus marketing costs und Organisationskosten minimal ist.[55]

- Die Prinzipal-Agenten-Theorie oder auch Agency-Theorie ist der Teilbereich neo-institutionalistischer Theorien, der im Kontext der Rechnungslegung als geeigneter Untersu-

---

[51] Vgl. Franken (2001), S. 18 m. w. N.; Leipold (1978), S. 518.

[52] Vgl. Schmidt/Terberger (1997), S. 397; Schneider (1995), S. 257; Terberger (1994), S. 51 f.

[53] Vgl. Coase (1937), S. 388.

[54] Vgl. Coase (1937), S. 390 f. Dies bedeutet einen entscheidenden Einschnitt in den Prämissenrahmen der neoklassischen Theorie, da nicht mehr allen Individuen alle Informationen kostenlos zur Verfügung stehen. Vgl. Franken (2001), S. 19.

[55] Vgl. Coase (1937), S. 392, 394 f. Zur späteren Weiterentwicklung des Ansatzes vgl. Jansen (2005), S. 110 ff., zudem Schneider (1995), S. 265 ff., und Franken (2001), S. 20, jeweils m. w. N.

chungsansatz erachtet wird.[56] Daher stellt das folgende Kapitel diesen Ansatz ausführlich dar.

### 2.1.4.2 Die Agency-Theorie als Teilbereich der neo-institutionalistischen Theorien

Gegenstand der Agency-Theorie ist die Analyse von Auftragsbeziehungen zwischen einem Auftraggeber, dem Prinzipal, und einem Auftragnehmer, dem Agenten. Der Agent wird beauftragt, im Sinne des Prinzipals bestimmte Aufgaben zu übernehmen, zu deren Erfüllung der Prinzipal ihn mit Entscheidungskompetenzen zwischen verschiedenen Handlungsalternativen ausstattet.[57] Eine Agency-Beziehung kann somit als „a contract under which one or more persons (the principal(s)) engage another person (the agent) to perform some service on their behalf which involves delegating some decision making authority to the agent"[58] definiert werden.[59] Die Entscheidungen, die der Agent nach Zustandekommen des Auftragsverhältnisses trifft, haben Konsequenzen sowohl für die Wohlfahrt des Prinzipals als auch für die des Agenten. Der Agent erhält für seine Tätigkeit eine Vergütung, die sich nach im Voraus vereinbarten Kriterien bemisst; der Prinzipal erhält den residualen Zahlungsstrom.[60] Typisches Beispiel für eine solche Auftragskonstellation ist das Verhältnis zwischen Kapitalgebern, die nicht an der Unternehmensleitung beteiligt sind, und den angestellten Managern.[61]

Es ist davon auszugehen, dass die Auftragsbeziehungen eingegangen werden, da sie durch eine asymmetrische Informationsverteilung gekennzeichnet sind, wobei die Agenten über einen Informationsvorsprung verfügen; diesen sollen sie – so zumindest das Ziel – zur Steigerung der Wohlfahrt der Prinzipale einsetzen.[62] Als problematisch erweist sich der Informationsvorsprung der Agenten jedoch, sofern zudem noch eine Interessendivergenz vorliegt, d. h. wenn die Interessen der Auftraggeber und -nehmer nicht übereinstimmen. In diesem Fall besteht aus Sicht der Prinzipale die Gefahr, dass die Agenten den Informationsvorsprung zur Realisierung ihrer individuellen Ziele einsetzen, und zwar ohne Rücksicht auf etwaige Schädigungen der Prinzipale.[63]

---

56 Vgl. Elschen (1998), S. 558 f.; Hommel (1998), S. 18 ff.; Pellens/Fülbier (2000), S. 577 f.

57 Vgl. Elschen (1988), S. 248; Elschen (1991a), S. 1004; Meinhövel (2004), S. 470.

58 Jensen/Meckling (1976), S. 308.

59 Eine allgemeine Definition hat sich allerdings in der Literatur nicht durchgesetzt. Vgl. hierzu sowie für einen Überblick über verschiedene Definitionsansätze Meinhövel (1999), S. 8 ff.

60 Vgl. Arrow (1985), S. 37; Arrow (1986), S. 1183.

61 Vgl. Beaver (1998), S. 12; Fischer (1995), S. 320.

62 Vgl. Elschen (1991a), S. 1004.

63 Vgl. Gillenkirch (1997), S. 18; Streim (1988), S. 11 f.

Die Informationsasymmetrie induziert für die Prinzipale die beiden Problemfelder der verborgenen Handlungen (hidden action) und der verborgenen Informationen (hidden information):[64]

- Das Problem verborgener Handlungen besteht darin, dass der Prinzipal die Aktionen des Agenten nicht oder nicht kostenlos beobachten kann; diese Informationsasymmetrie entsteht somit nach Vertragsabschluss (ex post). Zudem ist das Ergebnis der Handlungen des Agenten auch von Faktoren abhängig, die außerhalb seiner Einflussmöglichkeiten liegen (z. B. der konjunkturellen Situation). Konsequenz ist, dass aus einem beobachteten Ergebnis nicht auf die Qualität der Handlungen bzw. den Arbeitseinsatz des Agenten geschlossen werden kann, dem sich dadurch ein diskretionärer Handlungsspielraum eröffnet. Der Prinzipal ist einem moralischen Risiko (moral hazard) ausgesetzt.[65]
- Das Problem verborgener Informationen entsteht, wenn der Prinzipal den Umfang und die Risiken der Handlungsmöglichkeiten des Agenten nicht beobachten kann, z. B. bedingt durch dessen Spezialisierungsvorteil oder Nähe zu den Entscheidungen, oder er sie zwar beobachten kann, aber – analog zu den verborgenen Handlungen – unbeeinflussbare Faktoren auf das Ergebnis wirken.[66] Verborgene Informationen sind ex ante gegeben und können im Extremfall zu Marktversagen aufgrund von adverser Selektion (adverse selection) führen.[67]

Vor dem Hintergrund dieser Probleme des Auftragshandelns gilt es nun, institutionelle Arrangements zu suchen, die der Gefahr von Wohlfahrtseinbußen der Prinzipale entgegenwirken, d. h. den Verlust im Vergleich zum Referenzpunkt einer Welt vollständiger und kostenloser Information minimieren können.[68] Dieser Aufgabe widmet sich die normative Agency-Theorie, deren Gegenstand die Suche nach optimalen Verträgen zwischen Prinzipal und Agent ist, in denen die divergierenden Präferenzen und die Informationsasymmetrie zwischen den Parteien berücksichtigt werden.[69] Dabei kann hinsichtlich der Vorgehensweise zwischen der formalen und der verbalen Variante differenziert werden.[70]

---

64 Vgl. Arrow (1985), S. 38; Arrow (1986), S. 1184.

65 Vgl. Decker (1994), S. 20 f.; Elschen (1991a), S. 1004 f.

66 Vgl. Decker (1994), S. 19 f.; Elschen (1998), S. 557.

67 Vgl. hierzu bereits Akerlof (1970), der den Prozess anhand des Gebrauchtwagenmarktes veranschaulicht.

68 Vgl. Elschen (1988), S. 249; Pratt/Zeckhauser (1985), S. 2 f.

69 Vgl. Neus (1989), S. 12. Demgegenüber ist der positive bzw. positivistische Ansatz als zweite Forschungsrichtung innerhalb der Agency-Theorie darauf ausgerichtet, bestehende institutionelle Ausgestaltungen von Auftragsbeziehungen zu beschreiben und zu erklären. Vgl. Elschen (1991a), S. 1006; Meinhövel (2004), S. 471. Die Unterscheidung in positive und normative Agency-Theorie orientiert sich insofern an voneinander abweichenden methodischen Vorgehensweisen. Vgl. Klaus (1994), S. 53. Sie geht zurück auf Jensen (1983), S. 334.

70 Vgl. Terberger (1994), S. 91.

Die formale Agency-Theorie[71] untersucht, wie sich auf der Basis eines Prämissensets durch mathematisch-analytisches Vorgehen unter Einhaltung von Nebenbedingungen der Erwartungsnutzen des Prinzipals maximieren lässt, und führt im Ergebnis zu Teilungsregeln, die den Nutzen der beteiligten Akteure optimieren. Ihr Vorteil liegt insbesondere in der formalanalytischen Stringenz, mit der die Ergebnisse hergeleitet werden.[72] Demgegenüber beginnt die verbale Agency-Theorie mit der Beobachtung real existierender Institutionen, deren Effizienz sie zunächst annimmt. Anschließend werden die Charakteristika der Transaktionssituation, die die betreffenden Institutionen regeln, herausgearbeitet. Zuletzt wird auf Basis verbaler Analyse argumentiert, inwiefern die betrachtete Institution effizient ist, d. h., warum sie alternativ verfügbaren institutionellen Regelungen überlegen ist bzw. wie sie sich – erneut verglichen mit den Alternativen – auf den Nutzen der Individuen auswirkt.[73] Ihr Vorteil besteht darin, dass die Realität auf verbalem Wege erheblich facettenreicher abgebildet werden kann als in einem formalanalytischen Modell;[74] als nachteilig hingegen erweist sich das Verlassen der formalen Ebene dadurch, dass nunmehr lediglich Tendenzaussagen zur Vorteilhaftigkeit der institutionellen Regelungen möglich sind.[75]

Das Verhältnis zwischen Auftraggeber und -nehmer wird in der Prinzipal-Agenten-Theorie durch Verträge geregelt, die jedoch zwangsweise unvollständig sein müssen und Leistungen sowie Gegenleistungen nicht in allen Einzelheiten festlegen können. Dies liegt darin begründet, dass[76]

- bei längerfristigen Verträgen nicht alle Eventualitäten vorhersehbar und daher nicht zu regeln sind,
- das asymmetrische Wissen zwischen Auftraggeber und -nehmer, also z. B. die Spezialkenntnisse des Auftragnehmers, um derentwillen der Vertrag geschlossen werden soll, dem entgegensteht,
- die Kosten der Vertragsanbahnung beim Versuch, Einzelregelungen zu finden, angesichts der Fülle an denkbaren zukünftigen Umweltzuständen zu hoch werden und
- detaillierte Vorschriften das Engagement und den Einfallsreichtum des Agenten mindern können.

---

71 Als grundlegend gelten die Arbeiten von Ross (1973), Stiglitz (1974) und Holmström (1979). Vgl. Terberger (1994), S. 93.

72 Vgl. Franken (2001), S. 24 f.

73 Vgl. Terberger (1994), S. 107 f.

74 Vgl. Terberger (1994), S. 106.

75 Vgl. Bieker (2006), S. 45.

76 Vgl. hierzu und zum Folgenden Schneider (1997b), S. 23 ff.

Diesen generellen Einschränkungen zum Trotz werden Auftraggeber ex ante präventive vertragliche Regelungen schaffen, da ihnen das Schädigungspotenzial, dem sie ausgesetzt sind, bewusst ist. So können sie[77]

- Kontrollrechte (monitoring) und Rechenschaftspflichten (bonding) installieren, um dadurch über Vergangenes unterrichtet zu werden und damit das Verhalten ihrer Agenten ex post beurteilen zu können,[78]
- den Handlungsspielraum der Agenten durch gewisse Einzelregelungen einschränken, nach Möglichkeit ohne die Entfaltung seiner Fähigkeiten zu unterbinden,
- Strafmaßnahmen bei Bekanntwerden von Fehlverhalten bzw. Anreizmechanismen implementieren, die ein mit den Interessen der Prinzipale konformes Verhalten hervorrufen sollen.

Derartige – wenngleich unvollständige – Verträge sind jedoch in einer Welt, in der die Prämissen der Transaktionskostenfreiheit und der vollständigen Information aufgegeben wurden, nicht kostenlos implementierbar. Die konsequenterweise entstehenden Kosten werden in der Agency-Theorie als Agency Costs bezeichnet und bestehen im Einzelnen aus den folgenden Komponenten:[79]

- Monitoring Costs umfassen die Kosten des Vertragsabschlusses sowie Kosten der Überwachung der Vertragsdurchführung vonseiten des Prinzipals.
- Bonding Costs entstehen dem Agenten dadurch, dass er die Kontrollwünsche des Prinzipals befriedigt.
- Der Residual Loss bildet die in Geldeinheiten bewertete Differenz zwischen der theoretisch optimalen Wohlfahrtsposition des Prinzipals bei hypothetischen First best-Entscheidungen des Agenten, verbunden mit optimalen Monitoring- und Bonding-Aktivitäten, und derjenigen Wohlfahrt, die durch die tatsächlichen Entscheidungen des Agenten realisiert wird. Demnach wird unterstellt, dass auch im Falle optimaler Monitoring- und Bonding-Aktivitäten die tatsächlichen von den die Wohlfahrt des Prinzipals maximierenden Entscheidungen des Agenten abweichen.

---

[77] Vgl. hierzu auch Schmidt (1981), S. 147 f.

[78] Vgl. hierzu auch Ballwieser/Schmidt (1981), S. 677.

[79] Vgl. Jensen/Meckling (1976), S. 308. Nicht unerwähnt bleiben soll, dass das Konzept der Agency Costs in der Literatur umstritten ist. Zur Kritik vgl. Schneider (1987) und Schneider (1995), S. 276 ff.; zur Antikritik vgl. Schmidt (1987) und Schmidt/Terberger (1997), S. 405 f.

Die Agency-Theorie stellt insofern insbesondere durch die Aufgabe der Prämissen vollständiger Information sowie kostenloser Transaktionen eine Annäherung an die Realität dar, denn sie blendet dadurch entstehende Effizienzeinbußen nicht mehr wie die neoklassische Theorie bereits a priori durch den Prämissenrahmen aus. Der folgende Abschnitt dient dazu, vor diesem Hintergrund die Agency-Theorie im Kontext der Rechnungslegung anzuwenden.

### 2.1.5 Anwendung der Agency-Theorie im Kontext der Rechnungslegung

Im Zusammenhang mit der Rechnungslegung kommt der Agency-Theorie Bedeutung zu, da man das Verhältnis zwischen den Kapitalgebern von Unternehmen und den angestellten Managern als typisches Prinzipal-Agenten-Verhältnis interpretieren kann: Die Manager verfügen durch ihre spezifischen Kenntnisse über einen Informationsvorsprung vor den Kapitalgebern, den sie in deren Sinne zur Wohlfahrtsmaximierung einsetzen sollen. Da jedoch das Verhalten der Unternehmensleitung für die Kapitalgeber nicht beobachtbar ist, müssen diese damit rechnen, dass die Disposition der Manager über das Kapital auch Einflüssen aus Managereigeninteressen unterliegt.[80] Innerhalb der ökonomischen Agency-Theorie existiert in Form der finanziellen Agency-Theorie ein Forschungszweig, der sich explizit mit Kapitalüberlassungsverhältnissen beschäftigt.[81]

Im Rahmen der Kapitalüberlassungsverhältnisse bestehen sogenannte Kapitalgeberrisiken, die vor dem Hintergrund des primär finanziellen Interesses der Kapitalgeber am Unternehmen darin zu sehen sind, dass der tatsächlich zukünftig aus dem Unternehmen fließende Zahlungsstrom von dem erwarteten hinsichtlich der Eigenschaften Höhe, zeitlicher Anfall und (Un-)Sicherheit negativ abweicht.[82] Die Kapitalgeberrisiken können in das allgemeine Unternehmensrisiko, das unbeabsichtigte Fehlverhalten des Managements sowie das beabsichtigte Fehlverhalten des Managements unterteilt werden.[83]

- Das allgemeine Unternehmensrisiko umfasst Abweichungen, die durch unvorhersehbare Umweltereignisse hervorgerufen werden und sich insofern einer Beeinflussung durch das Management entziehen. Es ist den Kapitalgebern ex ante bekannt und fließt in die Risikoprämie für die Kapitalüberlassung ein; eine agency-theoretische Betrachtung kommt demnach nicht infrage.

---

80 Vgl. Barnea/Haugen/Senbet (1985), S. 25; Hartmann-Wendels (1991), S. 3.

81 Vgl. Barnea/Haugen/Senbet (1985), S. 26 ff.; Gillenkirch (1997), S. 22; Neus (1988), S. 14 ff.; Esser (2005), S. 35. Die finanzielle Agency-Theorie geht auf Jensen/Meckling (1976) zurück.

82 Vgl. Bieker (2006), S. 38.

83 Vgl. Streim (1988), S. 11 f.

- Als unbeabsichtigt wird ein Fehlverhalten des Managements bezeichnet, wenn es aus Unfähigkeit, d. h. etwa aus schlechten Entscheidungen wegen unzureichender Planung und Prognose, resultiert.[84] Auch dieses Risiko entzieht sich einer agency-theoretischen Betrachtung.
- Das beabsichtigte Fehlverhalten resultiert nur dann, wenn eine asymmetrische Informationsverteilung und überdies eine Interessendivergenz zwischen Management und Kapitalgebern vorliegen.[85] Wegen der offensichtlichen Parallelen zu den konstituierenden Merkmalen von Prinzipal-Agenten-Beziehungen steht dieses Risiko im Zentrum der folgenden Ausführungen.

Dass zwischen Kapitalgebern und angestellten Managern eine asymmetrische Informationsverteilung vorliegt, ist evident – ursächlich sind einerseits die Spezialkenntnisse der Manager sowie andererseits ihre größere Nähe zum Geschäft der Gesellschaft. Eine Interessendivergenz tritt hinzu, wenn die Manager ihrem grundsätzlichen Interesse an dem ihnen durch ihre Geschäftsleitungstätigkeit zufließenden Zahlungsstrom entsprechend in der Lage sind, z. B. durch die Verwendung von Unternehmensvermögen zu privaten Konsumzwecken, ihren Nutzen zu steigern; zudem kann die Nutzenfunktion der Manager in Form von Reputation, Prestige, Macht oder Freizeit nichtpekuniäre Variablen enthalten, die mit dem rein finanziellen Interesse der Anteilseigner unvereinbar sind.[86]

Wenngleich das Interesse aller Kapitalgeber, d. h. sowohl der Eigner als auch der Gläubiger, am Unternehmen in erster Linie finanzieller Natur ist, muss im Rahmen der genauen Analyse der Kapitalgeberrisiken zwischen diesen beiden Gruppen unterschieden werden, weil nicht davon auszugehen ist, dass eine Interessenharmonie zwischen Gesellschaftern und Gläubigern existiert (vielmehr sind sogar innerhalb der beiden Kapitalgebergruppen Interessendivergenzen nicht auszuschließen).[87] Das finanzielle Interesse der unterschiedlichen Kapitalgebergruppen richtet sich nämlich jeweils nicht auf den Gesamtzahlungsstrom, den das Unternehmen generiert, sondern auf den Anteil, der ihnen zufließt. Aus den unterschiedlichen Ansprüchen der Kapitalgeber können Interessenkonflikte resultieren.[88]

---

84 Vgl. Streim (1988), S. 14.

85 Vgl. Streim (1988), S. 11 f.

86 Vgl. Bieker (2006), S. 39.

87 Vgl. Streim (1988), S. 12.

88 Vgl. Schmidt/Terberger (1997), S. 70 f., 413.

Vor diesem Hintergrund stellen die folgenden Abschnitte zunächst agencybedingte Eigen- und Fremdkapitalgeberrisiken separat dar, wobei eine Systematisierung in investitionsbedingte, informationsbedingte, ausschüttungsbedingte und verbundbedingte Risiken zugrunde gelegt wird;[89] daran anknüpfend folgt ein Erklärungsansatz für die Existenz einer Rechnungslegung.

#### 2.1.5.1 Fremdkapitalgeberrisiken

Fremdkapitalgeber befinden sich gegenüber dem Unternehmen in einer Gläubigerposition. Für die Kapitalüberlassung erhalten sie im Gegenzug Festbetragsansprüche, d. h. das ergebnisunabhängige sowie nach Art, Höhe und Zeit festgelegte Recht auf Zinsen und Tilgung.[90] Demnach sind die Fremdkapitalgeber lediglich daran interessiert, dass durch die unternehmerische Tätigkeit Zahlungsströme resultieren, die mindestens ihre Festbetragsansprüche befriedigen können. Ihr Augenmerk gilt insofern insbesondere dem Kreditausfallrisiko.[91]

Investitionsbedingte Fremdkapitalgeberrisiken resultieren aus Entscheidungen der Unternehmensleitung, die zwar für Letztere selbst oder aus Sicht der Eigner optimal, für die Gläubiger jedoch nachteilig sind:

- Risk incentive- bzw. Asset substitution-Problem: Aus Gläubigersicht besteht die Gefahr, dass die Kapitalnehmer Investitionen – u. U. sogar solche mit negativem Kapitalwert – tätigen, die unter dem Aspekt der Vorteilhaftigkeit unterlassen werden sollten. Begründet liegt dieses Risiko darin, dass die Gläubiger infolge ihres Festbetragsanspruchs asymmetrisch an dem Zahlungsstrom beteiligt sind, der aus der unternehmerischen Tätigkeit resultiert. Die Gesellschafter, deren Augenmerk dem residualen Zahlungsstrom gilt, vereinnahmen Einzahlungsüberschüsse im Erfolgsfall nach Abgeltung der Gläubigeransprüche in voller Höhe; an Verlusten hingegen können sie durch Forderungsausfall die Fremdkapitalgeber beteiligen.[92] Es besteht demnach ein Überinvestitionsproblem.[93]
- Unterinvestitionsproblem: Analog ist es denkbar, dass Konstellationen eintreten, in denen es aus Sicht der Eigenkapitalgeber rational ist, Investitionen mit positivem Kapitalwert zu unter-

---

89 So auch Bieker (2006), S. 40, und Esser (2005), S. 37, 39, jeweils m. w. N. Aus Gläubigersicht liegt dabei eine Gefährdung auch dann vor, wenn Gesellschafter persönlich haften, denn es kann nicht prognostiziert werden, ob der Durchgriff in das Privatvermögen der haftenden Gesellschafter die Ansprüche befriedigt oder nicht. Vgl. Streim (1988), S. 13.

90 Vgl. Streim (1988), S. 11.

91 Vgl. Bieker (2006), S. 38.

92 Vgl. Barnea/Haugen/Senbet (1981), S. 9 f.; Barnea/Haugen/Senbet (1985), S. 33 ff.; Jensen/Smith (1985), S. 111; Schmidt/Terberger (1997), S. 416 ff.

93 Vgl. Wagenhofer/Ewert (2003), S. 156.

lassen, da die entstehenden Einzahlungsüberschüsse an die Fremdkapitalgeber fließen würden.[94]

Ausschüttungsbedingte Fremdkapitalgeberrisiken folgen aus Verstößen gegen die im Kreditvertrag vereinbarte Teilungsregel.[95] Denkbar sind[96]

- fremdfinanzierte Ausschüttungen: Infolge einer Aufnahme von Krediten mit anschließender Ausschüttung des Kreditbetrages sind die Altgläubiger in jedem Fall geschädigt, da im Szenario eines Konkurses des Unternehmens zusätzliche Ansprüche an das Gesellschaftsvermögen neben ihre bereits bestehenden treten; die neuen Gläubiger sind dann geschädigt, wenn sie keine risikoadäquate Verzinsung erhalten, etwa weil sie über die Verwendung der Kredite getäuscht wurden.
- bilanzkürzende Ausschüttungen: Die Ausschüttung von Erlösen, die durch eine Liquidation von Gesellschaftsvermögen entstehen, schädigt die Gläubiger, weil die im Konkursfall verfügbare Haftungsmasse sinkt und folglich ihr Kreditausfallrisiko steigt.

Informationsbedingte Fremdkapitalgeberrisiken subsumieren die beiden Täuschungsrisiken, dass die Unternehmensleitung

- entweder den Fremdkapitalgebern für deren Entscheidungen relevante Informationen verschweigt oder
- absichtlich fehlinformiert, also eine tatsächlich schlechte Unternehmenslage positiv verzerrt bzw. eine tatsächlich gute Unternehmenslage negativ verzerrt darstellt.

Diese Gefahr besteht sowohl vor als auch nach Vertragsabschluss, etwa in Form einer Verschleierung der tatsächlich schlechten Lage des Unternehmens, um die Gläubiger zur Kreditgewährung oder Prolongation zu bewegen.[97]

Verbundbedingte Fremdkapitalgeberrisiken sind die Folge der Kompetenzverlagerung zugunsten der Verwaltung, die sich durch die Konzernierung einstellt und die sowohl bereits bei unverbundenen Unternehmen bestehende Risiken verschärft als auch zusätzliche Risiken in sich birgt:[98]

---

94 Vgl. Schmidt/Terberger (1997), S. 418 f.; ausführlich auch Franken (2001), S. 53 ff.

95 Vgl. Franken (2001), S. 40 f., 45 ff.

96 Vgl. Ewert (1986), S. 14 f., 17 f.; Streim (1988), S. 12 f.

97 Zu den informationsbedingten Fremdkapitalgeberrisiken vgl. Streim (1988), S. 12.

98 Vgl. Ballwießer (1997), S. 35 f.; Ordelheide (1987), S. 978; Pellens (1994), S. 70 f.

- Verschärft werden etwa die informationsbedingten Risiken, da die Verschachtelung der Unternehmensstruktur im Konzern das Täuschungspotenzial der Manager erheblich ausweitet.[99]
- Zusätzliche Gefährdungspotenziale entstehen beispielsweise, wenn es durch verbundbedingte Verlagerungen von Risiken und Chancen, die Manager zwischen Konzernunternehmen vornehmen können, zu einer verschlechterten Risikoposition der Gläubiger kommt, sodass keine risikoadäquate Verzinsung mehr erzielt wird.[100]

#### 2.1.5.2 Eigenkapitalgeberrisiken

Den Eigenkapitalgebern verbriefen ihre Beteiligungstitel eine Eigentümer- bzw. Gesellschafterstellung. Sie haben zwar keinen Anspruch auf feste Zahlungen, ihnen steht dafür jedoch der residuale Anspruch auf das über die Festbetragsansprüche der restlichen Stakeholder-Gruppen hinaus vom Unternehmen erzielte Ergebnis zu; gleichzeitig tragen sie das Risiko etwaiger Kapitalverluste.[101]

Investitionsbedingte Eigenkapitalgeberrisiken ergeben sich aus Interessendivergenzen mit den angestellten Managern. So orientiert die Unternehmensleitung ihre Entscheidungen nicht am Optimum aus dem Blickwinkel der Eigner, sondern an ihrem individuellen Nutzen:[102]

- Fringe benefits, consumption on the job und shirking: Für die Manager besteht der Anreiz, Investitionen zu tätigen, die zwar den Unternehmenswert mindern, die ihnen jedoch in Form nicht-pekuniärer Vorteile zugutekommen. Dabei kann es sich etwa um unnötig ausgedehnte Dienstreisen und luxuriöse Büroausstattungen handeln, deren Nutzen dem einzelnen Manager zufällt, die aber wegen des Residualanspruchs zulasten der Eigner des Unternehmens gehen.[103] Entsprechendes gilt für shirking („Faulenzen"), d. h. einen suboptimalen Arbeitseinsatz, der aus Managersicht deshalb vorteilhaft sein kann, weil Arbeit mit negativem Nutzen verbunden ist (Arbeitsleidtheorie).[104] Dieses Fehlinvestitionsrisiko besteht insbesondere bei einer fixen Entlohnung und sinkt mit steigender Beteiligungsquote des Managers

---

99 Vgl. Bieker (2006), S. 42.

100 Vgl. Ordelheide (1986), S. 304 f., sowie detailliert Pellens (1994), S. 77 ff.

101 Vgl. Streim (1988), S. 11.

102 Vgl. Leippe (2002), S. 47. Vgl. auch die überblicksartige Einleitung bei Wosnitza (1990), S. 947 f.

103 Vgl. Ballwieser/Schmidt (1981), S. 670 f.; Decker (1994), S. 65 f.; Streim (1988), S. 15.

104 Vgl. Decker (1994), S. 67; Elschen (1991b), S. 210. Vgl. auch Schmidt/Terberger (1997), S. 439, die Manager häufig als „Workaholics" sehen und daher die Gefahr eines zu geringen Arbeitseinsatzes relativieren, sowie Moxter (1964), S. 30 f., der solche Manager für eine Minderheit hält.

am Unternehmen[105] sowie steigender Restzugehörigkeit des Managers zum Unternehmen.[106]

- Überinvestitionsproblem: Überinvestitionen liegen dann vor, wenn die Unternehmensleitung finanzielle Mittel thesauriert und im Unternehmen reinvestiert, obwohl für die Anteilseigner am Markt eine Rendite erzielbar wäre, die oberhalb der internen Verzinsung liegt. Dieser Anreiz ist für einen Manager gegeben, wenn seine Nutzenfunktion beispielsweise Prestige aus der Unternehmensgröße als Variable enthält.[107]
- Risikoscheue Investitionspolitik als Gefährdungspotenzial liegt aus Sicht der Gesellschafter vor, weil für sie durch Portfoliobildung am Markt eine Risikodiversifizierung möglich, der Wert des Humankapitals der Manager als deren Haupteinkommensquelle aber in ungleich stärkerem Maße mit dem Erfolg des von ihnen geleiteten Unternehmens verknüpft ist und mithin die Risikobereitschaft zwischen Eignern und Managern erheblich divergieren kann. Erstere betrachten das nicht weiter diversifizierbare systematische Risiko, Letztere hingegen das Gesamtrisiko.[108]

Informationsbedingte Risiken bestehen für Gesellschafter ebenso wie für Gläubiger, in diesen Fällen werden vonseiten der Unternehmensführung vor oder nach Vertragsabschluss falsche Informationen gestreut oder relevante Informationen zurückgehalten.[109]

Verbundbedingte Eigenkapitalgeberrisiken, insbesondere durch Verschärfung bereits in Einzelunternehmen vorliegender Gefährdungspotenziale, lassen sich anhand der nachfolgenden Szenarien veranschaulichen:[110]

- Das Überinvestitionsrisiko steigt, wenn etwa für den Vorstand gewinnabhängige Entlohnungssysteme implementiert werden und gleichzeitig Vorstands-Doppelmandate vorliegen, sodass eine Verlagerung von Gewinnen in Tochterunternehmen für die Manager vorteilhaft ist, da sie in diesem Fall doppelt – in tief verschachtelten Konzernen u. U. mehrfach – an den Gewinnen partizipieren.

---

105 Vgl. Barnea/Haugen/Senbet (1981), S. 10 f.; Jensen/Meckling (1976), S. 313.

106 Vgl. Jensen/Smith (1985), S. 103. Zu diesen beiden Einflussfaktoren auf den Anreiz zu consumption on the job und shirking vgl. ausführlich auch Leippe (2002), S. 47 f.

107 Vgl. Decker (1994), S. 70 f.

108 Vgl. Decker (1994), S. 75 ff.; Fama/Jensen (1983a), S. 306; Fama/Jensen (1983b), S. 329 f.; Jensen/Smith (1985), S. 103; Streim (1988), S. 15; Wagenhofer/Ewert (2003), S. 185. Vgl. überdies Ballwieser/Schmidt (1981), S. 669 f., die zudem auf das Dilemma bezüglich einer Beteiligung der Manager am Unternehmen hinweisen, dass eine steigende Beteiligungsquote zwar positive Anreizwirkungen in puncto consumption on the job entfaltet, jedoch gleichzeitig negative Anreize auf die Risikofreude ausübt, da sie das Vermögen der Manager stärker an das Risiko des von ihnen geleiteten Unternehmens koppelt.

109 Vgl. Streim (1988), S. 14 f.

110 Vgl. ausführlich Pellens (1994), S. 71 ff.

- Nichtpekuniärer Konsum ist in Konzernstrukturen für die Manager einfacher möglich als in Einzelunternehmen, da die Aktionäre auf das Geschehen in den Tochterunternehmen keinen unmittelbaren Einfluss ausüben können. So lässt sich beispielsweise durch den Kauf weiterer Konzernunternehmen und damit einhergehendem Unternehmenswachstum der Managerstatus verbessern.
- Die Unternehmensleitung der Muttergesellschaft ist in der Lage, den Anteilseignern die Gewinne der Tochterunternehmen weitgehend vorzuenthalten (Spardoseneffekt). Infolge ihres zweifachen Verfügungsrechtes über diese Gewinne kann die Unternehmensleitung einerseits die gesetzlichen Thesaurierungsmöglichkeiten ausschöpfen und andererseits in ihrer Funktion als Anteilseigner des Tochterunternehmens über weitere Thesaurierungen entscheiden.[111]

#### 2.1.5.3 Erklärungsansatz für die Existenz einer Institution Rechnungslegung

Wenngleich die Darstellung der Kapitalgeberrisiken in den vorstehenden Abschnitten keinesfalls Anspruch auf Vollständigkeit erhebt, sondern lediglich exemplarisch die unterschiedlichen Typen von Risiken illustrieren kann,[112] lässt sich daran anknüpfend eine Erklärung für die Existenz einer Rechnungslegung herleiten.

Gemeinsames Merkmal der Risiken ist – ihren unterschiedlichen Ursachen zum Trotz –, dass sie zu Reichtumsverlagerungen zwischen den betroffenen Gruppen der Anteilseigner, Gläubiger und Manager führen. Dass es sich jedoch nicht um ein reines Umverteilungsproblem, also eine Frage der Verteilungsgerechtigkeit, handelt, sondern gesamtwirtschaftliche Effizienzeinbußen (Agency Costs) hervorgerufen werden und damit eine Minderung der gesellschaftlichen Wohlfahrt resultiert, ist für die investitionsbedingten Risiken evident: Werden Investitionen unterlassen, die gemäß dem Kapitalwertkriterium vorteilhaft sind, oder gar solche mit einem negativen Kapitalwert durchgeführt, sind die ökonomischen Wohlfahrtseffekte zwingend negativ; Gleiches gilt für das Szenario des nichtpekuniären Managerkonsums.[113]

Bei den anderen Risikotypen sind Effizienzeinbußen die Folge des rationalen Verhaltens der Kapitalgeber. Da ihnen die Existenz der Kapitalgeberrisiken bewusst ist, werden sie bestrebt sein, sich ex ante zu schützen. Dies kann zum einen dadurch geschehen, dass sie eine über-

---

[111] Vgl. Ordelheide (1986), S. 307 f. m. w. N.; Ordelheide (1987), S. 978 f., 984. Vgl. zudem Linnhoff/Pellens (1987), hier insbesondere S. 999, deren empirische Ergebnisse ein derartiges Managerverhalten vermuten lassen.

[112] So nimmt beispielsweise bei Ballwießer (1997), S. 35-51, allein die Darstellung konzernspezifischer Risiken einen 16 Seiten umfassenden Raum ein.

[113] So auch Leippe (2002), S. 44, 49 f., die einschränkend darauf hinweist, dass das Problem risikoscheuer Investitionspolitik nicht zwangsweise zu Effizienzeinbußen führt und dass u. U. Vermögensverlagerungen einen effizienten Kapitaleinsatz erst ermöglichen können. Zum Letzten vgl. S. 37 f.

höhte Risikoprämie fordern oder das zur Verfügung gestellte Kapital rationieren; zum anderen ist aber auch der Extremfall denkbar, dass der Markt insgesamt zum Erliegen kommt. In diesen Fällen liegt die Ursache der Effizienzeinbußen also darin begründet, dass das Zustandekommen von Kapitalüberlassungsverhältnissen, die prinzipiell beiderseitig und damit für die Wohlfahrt vorteilhaft sind, behindert wird.[114]

Dieser Hintergrund liefert einen unmittelbaren Erklärungsansatz für das Vorhandensein einer Rechnungslegung, die als eine Institution im Rahmen von Prinzipal-Agenten-Beziehungen, genauer Kapitalüberlassungsverhältnissen, interpretiert werden kann, um durch Kapitalgeberrisiken hervorgerufene Effizienzeinbußen (Agency Costs) zu vermeiden oder – sofern eine Vermeidung nicht erreichbar ist – zumindest als Second best-Lösung zu vermindern und dadurch gesamtgesellschaftliche Wohlfahrtssteigerungen zu induzieren. Eine so verstandene Rechnungslegung dient der Steigerung der Allokationseffizienz des Kapitalmarktes, indem sie dazu beiträgt, Kapitalgeberrisiken entgegenzuwirken und dadurch Gesellschafter und Gläubiger zu schützen.[115]

## 2.2 Rechnungslegung aus Gründen der Gerechtigkeit

Der Fokus der bisherigen Ausführungen beschränkte sich auf den Aspekt der Effizienz; demzufolge wurde die Notwendigkeit eines Kapitalgeberschutzes vor einem Fehlverhalten der Unternehmensleitung ausschließlich damit begründet, dass es gilt, gesamtwirtschaftliche Effizienzeinbußen in Form von Agency Costs zu vermeiden bzw. zu vermindern. Neben diesen Überlegungen zur Effizienz wird in der Literatur der Versuch unternommen, eine Rechtfertigungsbasis aus dem Motiv der (Verteilungs-)Gerechtigkeit herzuleiten.[116]

Ausgangspunkt ist dabei das Faktum, dass die Machtverteilung zwischen den Unternehmensbeteiligten, hier insbesondere sowohl zwischen als auch innerhalb der beiden Kapitalgebergruppen, asymmetrisch ist. Betrachtet man exemplarisch die Gruppe der Gläubiger, so kann sie z. B. in verhandlungsmächtige einerseits – etwa Großbanken, die ohne Schwierigkeiten Kreditsicherheiten einfordern können – und in einflusslose oder gar abhängige andererseits – etwa Zulieferer – unterteilt werden. Der Gruppe der schwachen Unternehmensbeteiligten ist die Möglichkeit, sich auf privatvertraglicher Basis Sicherheiten einräumen zu lassen, in der Regel ver-

---

114 Vgl. dazu Ewert (1998), S. 45 f.; Hartmann-Wendels (1998), S. 645; Herzig/Mauritz (1998), S. 340; Leuz (1996), S. 65; Schmidt (1981), S. 141; Swoboda (1982), S. 718; Wagenhofer/Ewert (2003), S. 158 ff.

115 Vgl. Barnea/Haugen/Senbet (1985), S. 140 ff.; Hartmann-Wendels (1991), S. 2 f.; Herzig/Mauritz (1998), S. 337. Vgl. auch Bieker (2006), S. 44 f.; Martiensen (2000), S. 18 f., klassifiziert alle Rechtsnormen ungeachtet ihres rechtlichen Charakters, also etwa Gesetze, Verordnungen, Erlasse und Satzungen, als Institutionen.

116 Vgl. Feldhoff (1994), S. 531. Immerhin könnte die Terminologie „Kapitalgeberschutz vor einem Fehlverhalten der Unternehmensleitung" die Assoziation von Gerechtigkeitsfragen bewirken. So Bieker (2006), S. 46.

sperrt. Sofern die Gesellschaft diesen Zustand als ungerecht einstuft, lässt sich hieraus die Notwendigkeit einer Rechnungslegung herleiten.[117]

Voraussetzung für die Untersuchung von Gerechtigkeitsaspekten ist jedoch zwangsläufig, dass Werturteile, beispielsweise in Anlehnung an Erkenntnisse der Philosophie oder der Politikwissenschaft, getroffen werden; dabei stößt man aber auf das Problem, dass sich Werturteile nicht auf der Basis ökonomischer Kriterien analysieren lassen.[118]

Überdies sprechen auch Gründe der Effizienz für einen Schutz ausbeutungsoffener Kapitalgeber. So werden Kapitalgeber, die sich als rationale Individuen ihrer ausbeutungsoffenen Position bewusst sind und die daher Schädigungen durch die Unternehmensleitung antizipieren, ohne die Implementierung von Schutzmechanismen kein Kapital zur Verfügung stellen. Der Individualschutz der verhandlungsschwachen Kapitalgeber ist so interpretiert ein Mittel zur Verwirklichung des Funktionenschutzes bzw. effizient funktionierender Kapitalmärkte.[119] „Der Funktionenschutz ist gefährdet, wenn der Individualschutz nicht hinreichend gesichert ist."[120]

Aus diesen Gründen blenden die folgenden Ausführungen Überlegungen zur Gerechtigkeit aus und stellen einzig die gesamtwirtschaftliche Effizienz ins Zentrum der Analyse.

## 2.3 Zweckmäßige Konzeption der Rechnungslegung

Die bisherigen Ausführungen, mit denen gezeigt wurde, dass die ungeschützte Position ausbeutungsoffener Kapitalgeber Effizienzverluste bewirken kann, werfen unmittelbar die Frage nach Wegen auf, wie diese Wohlfahrtsverluste durch eine Rechnungslegung vermieden respektive, da eine völlige Vermeidung nicht möglich ist, zumindest vermindert werden können.[121]

Da die Kapitalgeberrisiken auf vielfältige Ursachen zurückzuführen sind, ist es erforderlich, Schutzmechanismen differenziert auszugestalten. Den informationsbedingten Risiken, die aufgrund der asymmetrischen Informationsverteilung zwischen Management und Kapitalgebern bestehen, kann man durch Rechnungslegung zunächst dadurch begegnen, dass sie entscheidungsnützliche Informationen bzw. Kontrollinformationen vermittelt, die den Täuschungsmög-

---

[117] Vgl. Streim (1988), S. 18, 23, sowie dort die ausführliche Darstellung denkbarer Sicherungsrechte auf den Seiten 16 ff.

[118] Vgl. Brotte (1997), S. 102; Feldhoff (1992), S. 17 f.; Musgrave/Musgrave/Kullmer (1994), S. 110; Schneider (1992), S. 645 f.; Wagenhofer/Ewert (2003), S. 166 f.

[119] Vgl. Koch/Schmidt (1981), S. 235, 237 f.; Siegel (1997), S. 122; Siegel et al. (1999), S. 2078.

[120] Kahle (2002), S. 97.

[121] Die First best-Lösung einer völligen Vermeidung der Risiken für Gesellschafter und Gläubiger durch Rechnungslegung kann realiter lediglich als unerreichbarer Referenzpunkt interpretiert werden; dessen tatsächliche Verwirklichung anzustreben „zeugt eher von blindem Vertrauen in die All-Wirksamkeit der Bilanzierungs-, Publizitäts- und Prüfungsregelungen als von ökonomischer Einsicht in die Zusammenhänge." So Streim/Kugel (1985), S. 117. Vgl. ähnlich Moxter (1962b), S. 632, der wenigstens bezüglich grober Irrtümer der Außenstehenden aufgrund ihres Informationsnachteils einen Schutz sieht.

lichkeiten des Managements entgegenwirken. Die investitions-, ausschüttungs- und verbundbedingten Risiken bleiben dann jedoch unbeeinflusst bestehen, denn die Kapitalüberlassungsproblematik kann nicht durch das Wissen um potenzielle Schädigungen, sondern lediglich durch deren Vermeidung bzw. Verminderung reduziert werden. Diese Risikotypen verlangen somit, dass der diskretionäre Spielraum des Managements, Kapitalverlagerungen vorzunehmen und die den Kapitalgebern zustehenden Zahlungen zu verkürzen, durch Ausschüttungsregelungen beseitigt wird.[122]

Insofern sind mit der Vermittlung entscheidungsnützlicher Informationen einerseits sowie der Implementierung von Ausschüttungsregelungen zur Reduzierung von Vermögensverlagerungen andererseits zwei grundsätzliche Konzeptionsmöglichkeiten gegeben. Da im Zusammenhang mit dem Konzept informationseffizienter Kapitalmärkte und somit im Rahmen dieser Arbeit die Vermittlung entscheidungsnützlicher Informationen relevant ist, beschränken sich die weiteren Überlegungen auf diesen Ansatz.

Die Vermittlung entscheidungsnützlicher Informationen kann zum einen im Rahmen der bilanziellen Gewinnermittlung durch Bestimmung einer Gewinngröße erfolgen, die sich an diesem Unterziel orientiert;[123] zum anderen können entscheidungsrelevante Informationen im Rahmen der Gewinnermittlung nicht nur durch die Gewinngröße an sich, sondern auch durch die dabei berücksichtigten Vermögenswerte und Schulden, mithin durch eine informative Bilanz, vermittelt werden.[124] Informativer Gewinn und informative Bilanz können durch Regelungen zur sonstigen Informationsvermittlung, die über die bilanzielle Gewinnermittlung hinaus weitere Informationen zur Verfügung stellt, ergänzt werden.[125]

Die Abbildung auf der folgenden Seite illustriert den Zusammenhang. In den anschließenden Abschnitten werden dann zunächst der Informationsbedarf der Kapitalgeber kurz konkretisiert sowie allgemeine Anforderungen an Rechnungslegungsinformationen aus entscheidungsnützlicher Perspektive dargestellt, bevor sich die Überlegungen im Einzelnen den zur Vermittlung entscheidungsnützlicher Rechnungslegungsinformationen denkbaren Instrumenten der informativen Gewinngröße, der informativen Bilanz sowie der sonstigen Informationsvermittlung zuwenden.

---

[122] Vgl. Bieker (2006), S. 49; Kübler (1995), S. 561; Leippe (2002), S. 54; Siegel (1997), S. 124.

[123] Vgl. Bieker (2006), S. 49.

[124] Vgl. Esser (2005), S. 53.

[125] Vgl. Bieker (2006), S. 49.

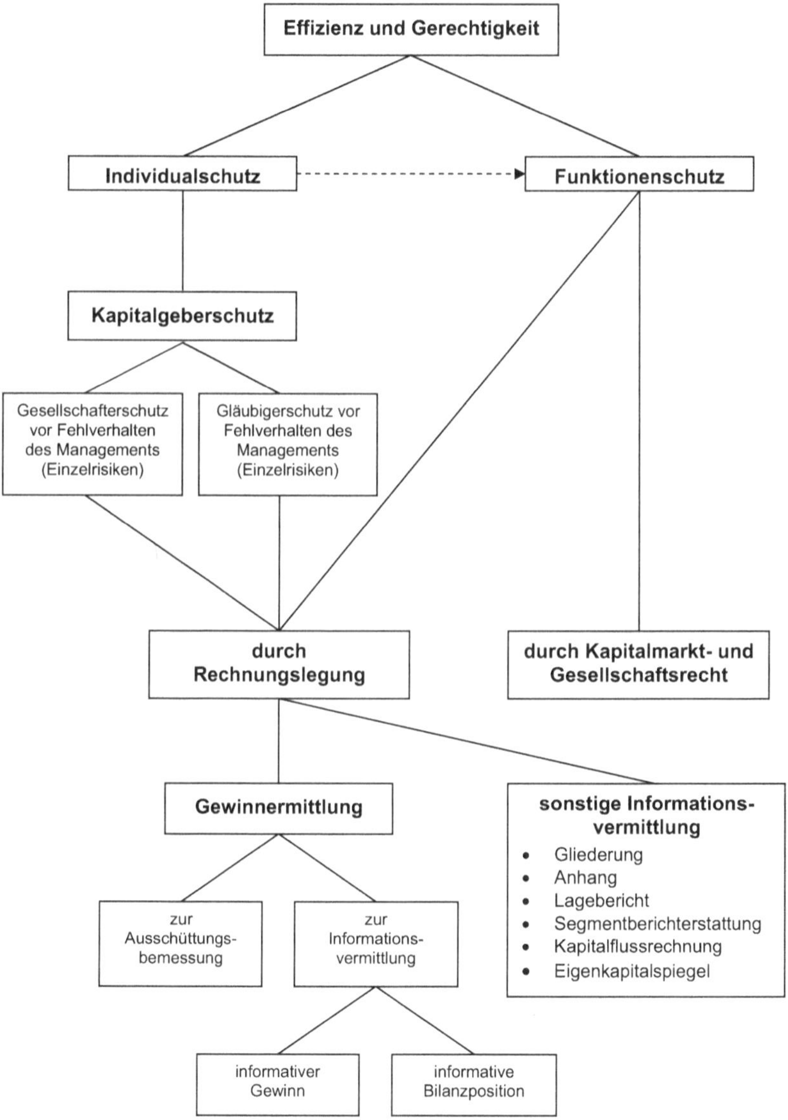


**Abbildung 1: Zwecke und Funktionen der Rechnungslegung**

Quelle: In Anlehnung an Streim (2000), S. 116.

### 2.3.1 Informationsbedarf der Kapitalgeber

Die Zweckmäßigkeit informationsorientierter Rechnungslegung lässt sich nur vor dem Hintergrund der Interessen der Kapitalgeber sinnvoll analysieren.

Wenn man davon ausgeht, dass die beiden Kapitalgebergruppen primär ein finanzielles Interesse an der Unternehmung haben (gleichgerichtete Interessen),[126] „dann sind die aktuellen und potenziellen Anteilseigner an Informationen interessiert, die etwas über die Breite, zeitliche Struktur und Unsicherheit der zukünftigen Ausschüttungen/Entnahmen sowie über die zukünftige Kursentwicklung/Entwicklung möglicher Unternehmenspreise aussagen. Die aktuellen und potenziellen Gläubiger interessieren sich vor allem dafür, inwieweit das Unternehmen zukünftig die vertraglich vereinbarten Zins- und Tilgungsauszahlungen fristgerecht leisten kann und wie groß die Wahrscheinlichkeit einer künftigen Insolvenz und die Höhe der dann eintretenden Kreditverluste ist."[127] Beide Kapitalgebergruppen sind also daran interessiert, ob das Unternehmen zukünftig in der Lage sein wird, einen Einkommensstrom in Form von Ausschüttungen, Zinsen und Tilgungen zu erzeugen.[128]

Für die Vermittlung derartiger Informationen ist ein Finanzplan das First best-Instrument. Bilanz sowie GuV können lediglich einen mittelbaren Beitrag leisten, um das Informationsinteresse der Kapitalgeber zu befriedigen.[129]

### 2.3.2 Allgemeine Anforderungen an informationsorientierte Rechnungslegungssysteme im Hinblick auf die Entscheidungsnützlichkeit aus Kapitalgebersicht

Als Nettoinformationswert eines Rechnungslegungssystems kann man grundsätzlich die Summe der individuellen Zielerreichungsgradmehrungen der Rechnungslegungsadressaten abzüglich der entstehenden Informationskosten bezeichnen.[130] Es besteht jedoch realiter das Problem, dass weder der Informationsertrag, d. h. der Bruttoinformationswert, noch die vollständigen Informationskosten bestimmbar sind.[131] Um das Kriterium der Entscheidungsnützlichkeit dennoch operationalisieren zu können, muss für die Beurteilung auf Ersatzkriterien abgestellt wer-

---

126 Vgl. Bieker (2006), S. 63 f., sowie oben Kapitel 2.1.2.

127 Streim/Bieker/Esser (2004), S. 231.

128 Vgl. Streim/Bieker/Esser (2004), S. 231, sowie oben Kapitel 2.1.2.

129 Vgl. Moxter (1966), S. 45; Moxter (2000), S. 503; Streim/Esser (2003), S. 837.

130 Vgl. Streim (1976), S. 15 f. Stehen mehrere Rechnungslegungskonzeptionen zur Auswahl, so sollte diejenige realisiert werden, die den höchsten Nettoinformationswert erreicht.

131 Vgl. Streim (1976), S. 16-28, insbesondere S. 23, 28. Vgl. überdies Bieker (2006), S. 68, mit ausführlichen weiteren Nachweisen.

den.[132] Als solche können die in der Informationstheorie hergeleiteten Kriterien der Relevanz, Verlässlichkeit, Verständlichkeit, Vergleichbarkeit und Wesentlichkeit dienen,[133] die im Folgenden betrachtet werden sollen.

Das Kriterium der Relevanz richtet sich auf die Beantwortung der grundlegenden Frage, welche Objekte und Ereignisse überhaupt im Rechnungswesen abzubilden sind; als relevant werden alle Informationen definiert, die die Adressaten für Planungs- und Kontrollzwecke benötigen könnten.[134] Dies betrifft alle Informationen, die Aussagen über die zukünftige Rendite-Risiko-Struktur des Unternehmens ermöglichen (Predictive Value) oder die frühere Annahmen über die Unternehmensentwicklung bestätigen oder korrigieren (Feedback Value). Eine weitere Bedingung ist die Zeitnähe (Timeliness). Vor dem Hintergrund der Informationsinteressen der Rechnungslegungsadressaten sind mithin alle Informationen relevant, die zeitnah über Breite, zeitliche Struktur und Sicherheit der zukünftig durch das Unternehmen generierten Einkommensströme informieren.[135]

Unter Verlässlichkeit als Kriterium für die Beurteilung informationsorientierter Rechnungslegungskonzeptionen wird die „Prüfung der Messbarkeit der Objekte und Ereignisse des Abbildungsbereichs“[136], d. h. der als relevant eingestuften Objekte und Ereignisse, verstanden. Die Verlässlichkeit numerischer Informationen resultiert aus den Subkriterien der Objektivität und der Genauigkeit.[137]

- Objektivität kann einerseits eng definiert werden und dann voraussetzen, dass die Messregeln intersubjektiv eindeutig nachprüfbar sind (kategoriale Eigenschaft); bezogen auf die Rechnungslegung folgt dann, dass unterschiedliche Anwender der Regeln auf gleiche Sachverhalte zu identischen Ergebnissen gelangen. Andererseits kann man sie aber auch rangskalierbar anhand der Streuung der Messergebnisse bei Anwendung des Messverfahrens durch verschiedene Messsubjekte auffassen und damit mehr oder weniger objektive Verfahren unterscheiden (Grad der Wiederholungsgenauigkeit des Verfahrens). Je geringer dann die intersubjektive Streuung der Ergebnisse ausfällt, desto objektiver ist das Messverfahren. Im Zusammenhang mit der Rechnungslegung können demnach Regeln als umso objektiver bezeichnet werden, je weniger Ermessensspielräume und damit Gelegenheiten zum diskretionären Handeln im Eigeninteresse sie für das Management eröffnen. Bei meh-

---

[132] Vgl. Streim (1976), S. 29.

[133] Vgl. Bieker (2006), S. 68.

[134] Vgl. Lee (1971), S. 246; Streim (1976), S. 29 ff. Damit ist weder impliziert, dass die Information tatsächlich verwendet wird, noch dass sie im Falle der Verwendung eine individuelle Verhaltensänderung bewirkt, weil dies auch Verlässlichkeit und Verständlichkeit der Information voraussetzt.

[135] Vgl. Bieker (2006), S. 69.

[136] Streim (1976), S. 29 (Rechtschreibung im Zitat an neue Regelung angepasst).

[137] Vgl. Streim (1976), S. 40.

reren verfügbaren Rechnungslegungskonzepten ist dasjenige als objektiver einzustufen, dessen Anwendung die Streuung der Messergebnisse minimiert. Die kategoriale Interpretation der Objektivität wirft das Problem auf, dass bei Verwendung ausschließlich verlässlicher Rechnungslegungsinformationen der Großteil relevanter Objekte und Ereignisse unberücksichtigt bleiben muss, sodass die Interpretation der Objektivität als rangskalierbare Eigenschaft vorzuziehen ist.[138]

- Die Genauigkeit eines Messverfahrens lässt sich anhand der beiden Aspekte der Messgenauigkeit sowie der Treffgenauigkeit beurteilen. Messgenaue Informationen sind frei von im Messprozess immanenten Fehlern (Zufallsfehlern) und aus ökonomischer Sicht wenig bedeutsam. Treffgenaue Informationen sind möglichst frei von systematischen Fehlern im Messprozess.[139]

Verlässlichkeit ist somit ein abstufbares Merkmal, wobei die Gewichtung von Objektivitäts- und Treffgenauigkeitsaspekten gemäß den individuellen Präferenzfunktionen der Informationsadressaten vorgenommen werden muss.[140]

Die Verständlichkeit als Kriterium verlangt, dass die Übermittlung und Präsentation der Informationen an den Fähigkeiten der Informationsadressaten orientiert und mithin für diese nachvollziehbar sind. Intertemporale und zwischenbetriebliche Vergleichbarkeit ist dabei eine Grundvoraussetzung;[141] darüber hinaus hängt die Verständlichkeit von den Positionsbezeichnungen und der Komplexität im Sinne der Positionsanzahl der übermittelten Berichte ab.[142] Es muss jedoch vorausgesetzt werden, dass die Adressaten über einen angemessenen Sachverstand verfügen; zudem dürfen Verständlichkeitsaspekte nicht zur Rechtfertigung dienen, um komplexe, aber als relevant einzustufende Sachverhalte wegzulassen.[143]

Die Anwendung der Kriterien der Relevanz, Verlässlichkeit und Verständlichkeit kann zwar zu einer Ablehnungs-, nicht aber zu einer Annahmeentscheidung führen, da diese Kriterien den Aspekt der Kosten der Informationserzeugung vernachlässigen. Dieser Erkenntnis folgend müssen die Informationen dem Kriterium der Wesentlichkeit genügen, d. h. sie müssen einen positiven Nettoinformationswert aufweisen.[144]

---

138 Vgl. Streim (1976), S. 41 ff.; Streim/Bieker/Esser (2003), S. 472 f. Vgl. mit abweichender Terminologie auch Coenenberg (1971), S. 745 ff.

139 Vgl. Streim (1976), S. 46 f., 55, sowie mit erneut variierender Terminologie Coenenberg (1971), S. 746 f.

140 Vgl. Streim (1976), S. 55.

141 Vgl. Snavely (1967), S. 229 f.; Streim/Bieker/Leippe (2001), S. 183.

142 Vgl. Streim (1976), S. 55 f., 59.

143 Vgl. Bieker (2006), S. 69.

144 Vgl. Streim (1976), S. 63.

Es besteht jedoch das Problem, dass zwischen den für die Entscheidungsnützlichkeit zentralen Kriterien der Relevanz und der Verlässlichkeit ein Trade Off besteht, der auf argumentativer Ebene nicht lösbar ist und der insofern die Hoffnung auf eine Umsetzung von Idealvorstellungen bezüglich informationsorientierter Rechnungslegung trübt: Relevante Informationen betreffen die zukünftige Entwicklung – im Zusammenhang mit der Rechnungslegung zukünftige Zahlungsströme –, sie sind ermessensbehaftet und somit nicht verlässlich; verlässliche Informationen hingegen können nur über Vergangenes berichten und sind daher nicht mehr entscheidungsrelevant. Die beiden Kriterien erfordern mithin gänzlich unterschiedliche Informationen.[145]

Vor diesem Hintergrund wird deutlich, dass die Veröffentlichung von Finanzplänen als First best-Lösung zur Befriedigung des Informationsinteresses der Kapitalgeber kritisch einzuschätzen ist. Obwohl sie unter dem Aspekt der Relevanz zweifelsfrei anzustreben wäre, unterliegt sie Ermessensspielräumen seitens des Managements, sodass Finanzpläne aus Sicht der Informationsadressaten mit erheblichen Verlässlichkeitsproblemen behaftet sind und daher als Instrument nicht infrage kommen.[146] Deswegen beschäftigen sich die folgenden Gliederungspunkte lediglich mit den (mittelbaren) Instrumenten der informativen Gewinngröße bzw. informativen Bilanz sowie mit der sonstigen Informationsvermittlung.

### 2.3.3 Gewinnermittlung zur Informationsvermittlung

#### 2.3.3.1 Grundlegendes zu Gewinnermittlung und Gewinnermittlung zur Informationsvermittlung

Unter dem Gewinn einer Wirtschaftseinheit wird allgemein die positive Saldogröße zwischen spezifischen Minuenden und Subtrahenden, die bezogen auf das jeweilige Rechnungsziel zu bestimmen sind, verstanden.[147] Entsprechend der Vielfalt der mit der Gewinnermittlung verfolgten Zielsetzungen existiert demnach eine korrespondierende Anzahl von Gewinnbegriffen.[148] Prinzipiell lässt sich der Gewinn sowohl als Beständedifferenz wie auch als Stromgröße definieren. Als Beständedifferenz interpretiert bezeichnet er im Sinne der Reinvermögensmehrung in einer Periode die Vermögensdifferenz zu zwei verschiedenen Zeitpunkten; als Stromgröße bildet er – dann als pagatorischer Gewinn bezeichnet – den Saldo der Erträge und Aufwendungen, d. h. der periodisierten Zu- und Abflüsse von Zahlungsmitteln. Die doppelte Buchführung kann indes bewirken, dass beide Definitionsmöglichkeiten zu identischen Ergebnissen führen:

---

145 Vgl. hierzu Hommel (1998), S. 23 ff.; Moxter (2000), S. 500; Schildbach (2002a), S. 60 f.; Streim/Bieker/Leippe (2001), S. 184; Streim/Bieker/Esser (2003), S. 458.

146 Vgl. Esser (2005), S. 48 m. w. N.; siehe auch Kapitel 2.3.1.

147 Vgl. Hauschildt (1998), S. 288.

148 Vgl. Honko (1965), S. 622 f.; Moxter (1982), S. 151; Stützel (1967), S. 14 f.

Dies ist genau dann der Fall, wenn Wertänderungen der Bilanzposten generell erfolgswirksam verrechnet werden.[149]

Um eine Reinvermögensmehrung zu ermitteln, müssen Ansatz- und Bewertungsregeln kodifiziert werden; es sind also zum einen Vermögen und Schulden dem Grunde nach festzulegen und zum anderen ist der Wert, der Vermögen und Schulden im Reinvermögensvergleich beigemessen werden soll, zu bestimmen.[150] Demgegenüber erfordert die stromgrößenorientierte Gewinnermittlung eine Definition von Aufwand und Ertrag.[151]

In Teilen des Schrifttums wird jedoch generell bezweifelt, dass eine im Sinne der Kapitalgeberinteressen informative Gewinngröße ermittelbar ist. Eine solche so zu ermitteln, dass sie wenigstens halbwegs verlässliche Schlüsse auf die zukünftige Unternehmensentwicklung gestatte, sei nicht möglich. Die zentrale Ursache wird darin gesehen, dass Bilanz und GuV durch ihre Vergangenheits- bzw. Stichtagsbezogenheit den Blick auf die eigentlichen Informationsinteressen in Form von Zahlungsstromerwartungen verstellen. Dies ändere sich auch durch einen aufgrund der Unsicherheit der Zahlungsstromerwartungen hilfsweisen Rückgriff auf diese Größen im Vertrauen auf deren Prognosewert grundsätzlich nicht.[152]

Diese generelle Kritik führt dazu, dass bei der Beurteilung der beiden im Folgenden aus der Vielzahl der Gewinnbegriffe herausgegriffenen Konzeptionen, die der hier zu betrachtenden Zielsetzung der Vermittlung entscheidungsnützlicher Informationen genügen können, Vorsicht geboten ist.[153]

### 2.3.3.2 Der ökonomische Gewinn

Der ökonomische oder kapitaltheoretische Gewinn bildet innerhalb der ökonomischen Theorie einen Referenzpunkt für eine informative Gewinngröße.[154] Er wird durch Verzinsung des am Periodenbeginn bestehenden Ertragswertes der zukünftig erwarteten Zahlungsüberschüsse, die durch die Unternehmenstätigkeit generiert werden und an die Kapitalgeber fließen, berechnet und kann maximal entnommen werden, ohne den Ertragswert zu mindern.[155] Einfluss auf die Höhe üben neben dem diskontierungsbedingten Zeiteffekt die (Investitions-)Entscheidungen des Managements aus: Neue Projekte reflektiert der ökonomische Gewinn in Höhe ihres jewei-

---

149 Vgl. Hauschildt (1998), S. 288 f.; Wagner (1978), S. 26.

150 Vgl. Streim (1998), S. 328 f.

151 Vgl. Bieker (2006), S. 51.

152 Vgl. Moxter (2003), S. 221 f.

153 Vgl. auch Borchert (2006), S. 61 f.

154 Vgl. Beaver (1998), S. 3; Bieker (2006), S. 72.

155 Vgl. Drukarczyk (1973), S. 184; Hauschildt (1998), S. 288; Münstermann (1966), S. 581; Schneider (1963), S. 461; Schneider (1997a), S. 41.

ligen Kapitalwerts.[156] Da insofern gegenwärtige Dispositionen des Managements auch dann, wenn sie erst in späteren Perioden zu Zahlungsströmen führen, bereits im ökonomischen Gewinn ihren Niederschlag finden, erfüllt er die zentrale Anforderung, der ein geeigneter Maßstab zur Erfolgsmessung genügen muss.[157]

Der praktischen Umsetzung einer Ermittlung des ökonomischen Gewinns als First best-Konzept stehen in der Realität jedoch die Unsicherheit über die zukünftige Entwicklung und die Unvollkommenheit der Informationen entgegen, sodass die notwendigen Prognosen über die zukünftigen Zahlungsströme zwangsläufig mit Ermessensspielräumen einhergehen und insofern unzuverlässig sind;[158] zudem sind keine Anzeichen erkennbar, die vermuten ließen, dass die buchhalterische Gewinnermittlung der in der vorliegenden Arbeit zu analysierenden Rechnungslegungssysteme HGB und IFRS zugunsten einer kapitaltheoretischen Gewinnermittlung aufgegeben werden.[159]

Daher werden im Folgenden Überlegungen angestellt, wie ein buchhalterisch und damit vergangenheitsorientierter Gewinn entscheidungsnützlich ausgestaltet werden kann.

#### 2.3.3.3 Der informative Gewinn auf Accrual-Basis

Ein buchhalterisch ermittelter Gewinn, der aus Sicht der Rechnungslegungsadressaten informativ ist, kann grundsätzlich auf zweierlei Weise ausgestaltet werden, und zwar einerseits so, dass er zur Prognose zukünftiger Ergebnisse dient, und andererseits so, dass er als Instrument zur Messung der Performance der Managementleistung[160] in der abgelaufenen Periode geeignet ist.[161]

Die Eignung zur Prognose zukünftiger Ergebnisse unterliegt jedoch einer generellen Einschränkung: Wird die Gewinnermittlung ausschließlich auf Basis vergangenheitsorientierter Daten vorgenommen, kann die resultierende Gewinngröße keine direkte Prognose für die Ergebnisse zukünftiger Perioden darstellen. Informativ ist eine solche Größe allerdings dann, wenn sie als prognosegeeignete Ist-Größe interpretiert wird; als solche müsste sie trotz ihrer Ermittlung aus

---

[156] Vgl. Hax (1989), S. 163; Laux (2006), S. 117 f. Zur Eignung des ökonomischen Gewinns als Performancemaßstab muss der Zeiteffekt eliminiert werden, da er keine Erfolgsbeiträge des Entscheidungsträgers verkörpert. Dies lässt sich jedoch durch Verrechnung kalkulatorischer Zinsen auf den Ertragswert zu Beginn der Periode ohne Schwierigkeiten umsetzen. Vgl. Laux (2006), S. 118 ff.

[157] Vgl. Hax (1964), S. 646; Münstermann (1966), S. 585.

[158] Vgl. hierzu Borchert (2006), S. 65; Hax (1964), S. 647; Münstermann (1966), S. 585 f.; Streim (1994), S. 405.

[159] Vgl. Bieker (2006), S. 73.

[160] Der Gewinn zählt zu den finanziellen Performancemaßen. Allgemein dienen Performancemaße dazu, das Verhalten der Entscheidungsträger im Sinne der Anteilseigner zu steuern. Vgl. Hachmeister (2002), Sp. 1385.

[161] Vgl. Streim/Bieker/Esser (2003), S. 475; Streim/Esser (2003), S. 839.

vergangenen (und damit zuverlässigen) Daten einen Indikator für zukünftig zu erwartende Gewinne bilden, d. h. Rückschlüsse auf diese ermöglichen.[162]

Ein als prognosegeeignete Ist-Größe interpretierter Gewinn lässt sich grundsätzlich buchhalterisch auf Basis vergangener Ereignisse ermitteln. Es muss jedoch gewährleistet werden, dass nicht sämtliche vergangenen Geschäftsvorfälle Eingang in die Gewinnermittlung finden. Abzubilden ist vielmehr ausschließlich die gewöhnliche Geschäftstätigkeit des Unternehmens unter Vernachlässigung aller derjenigen Einflüsse, die außerordentlich, d. h. einmalig oder selten, auftreten, da diese sich in der Zukunft wenn überhaupt, dann lediglich unwahrscheinlich wiederholen und ihre Berücksichtigung insofern die Indikatorfunktion des Gewinns für zukünftige Größen beeinträchtigen würde.[163] Mithin dürfen nur nachhaltige Veränderungen der Geschäftsaussichten des Unternehmens Änderungen der Gewinnhöhe bewirken; die Konsequenzen der nicht nachhaltigen Einflussfaktoren müssen entweder erfolgsneutral verrechnet oder separat ausgewiesen werden, um so die Unterscheidbarkeit für die Adressaten sicherzustellen.[164]

Als problematisch für die Prognoseeignung einer solchen Ergebnisgröße ist die implizite Annahme einzustufen, dass die Zukunft ein Abbild der Vergangenheit ist;[165] dabei werden sowohl unvorhersehbare Ereignisse als auch den Gewinn nachhaltig beeinflussende, aber noch im Planungsstadium befindliche Projekte der Unternehmensleitung nicht einkalkuliert. Informationen über derartige Projekte ließen sich etwa in ergänzenden Berichten, also durch zusätzliche Informationsinstrumente, vermitteln;[166] wegen der fehlenden Möglichkeit aber, Rückschlüsse von vergangenen auf zukünftig anfallende Gewinne zu ziehen, müssen sich die Adressaten mit Plausibilitätsüberlegungen bzw. Anhaltspunkten hinsichtlich der künftigen Unternehmensentwicklung begnügen, die wiederum die hochgradig restriktive Annahme konstanter ökonomischer Rahmenbedingungen implizieren.[167]

Die Ermittlung eines informativen Gewinns auf der Grundlage von vergangenheitsbezogenen Daten kann auch der Messung der Managementperformance in der zurückliegenden Rechnungsperiode dienen. Um dazu geeignet zu sein, muss der Gewinn die Konsequenzen – sowohl in positiver als auch in negativer Hinsicht – sämtlicher Entscheidungen des Managements, die in der betrachteten Periode getroffen wurden und in der Regel über diese hinausreichen,

---

[162] Vgl. Leippe (2002), S. 79 m. w. N.

[163] Vgl. hierzu Arbeitskreis DVFA/Schmalenbach-Gesellschaft (2003), S. 1913; Moxter (1996), S. 677; Moxter (2003), S. 235; Streim/Bieker/Esser (2003), S. 476; Streim/Bieker/Esser (2005), S. 105.

[164] Vgl. Streim/Esser (2003), S. 840; Streim/Leippe (2001), S. 400 f.

[165] Vgl. Moxter (2000), S. 502; Schildbach (1975), S. 265 f.; Streim (2000a), S. 125.

[166] Vgl. Leippe (2002), S. 80 f. m. w. N.

[167] Vgl. Bieker (2006), S. 74 m. w. N.; Kahle (2002), S. 101.

reflektieren. Die Adressaten können an der Gewinngröße dann den aggregierten Einfluss ablesen, den die Entscheidungen der Unternehmensleitung auf den Unternehmenswert ausüben, d. h. die Gewinngröße offenbart, ob die Managemententscheidungen den Unternehmenswert gesteigert, lediglich erhalten oder gar vermindert haben. In der Planung befindliche Maßnahmen, deren Umsetzungsbeginn noch aussteht, dürfen in der Höhe des Gewinns ebenso wenig ihren Niederschlag finden wie Faktoren, die sich einer Beeinflussung durch das Management entziehen.[168]

#### 2.3.3.4 Informative Bilanz

Neben der Vermittlung entscheidungsnützlicher Informationen durch Gewinnermittlung in Form einer zur Prognose oder zur Performancemessung geeigneten Ergebnisgröße kommen auch die dabei bilanziell berücksichtigten Vermögensgegenstände und Schulden als Informationsträger infrage. Eine informative Bilanz ist dadurch gekennzeichnet, dass sie sich aus informativen Bilanzpositionen zusammensetzt, die jeweils potenzielle zukünftige Cashflows widerspiegeln; die Aktiv- bzw. Passivposten der Bilanz reflektieren mithin zukünftige Ein- bzw. Auszahlungspotenziale. Ein Aktivposten beinhaltet dabei einen Informationsnutzen für den Bilanzleser, wenn er ein im Unternehmen, sei es auf direktem oder indirektem Wege, vorhandenes zukünftiges Einzahlungspotenzial anzeigt; mittelbar resultiert damit auch eine Erhöhung des für die Investoren zu erwartenden potenziellen Zahlungsrückflusses. Spiegelbildlich ist ein Passivposten dann informativ, wenn er über direkte oder indirekte zukünftige Zahlungsmittelabflüsse aus dem Unternehmen und insofern mittelbar auch über geminderte Zahlungsmittelrückflüsse an die Investoren unterrichtet. Eine ideale Informationsbilanz weist auf der Aktivseite sämtliche bestehenden Einzahlungspotenziale sowie auf der Passivseite sämtliche bestehenden Auszahlungspotenziale des Unternehmens aus.[169]

Der Höhe nach sind informative Bilanzpositionen idealerweise mit ihrem Ertragswert, d. h. mit dem Barwert als Summe der diskontierten, zukünftig durch sie generierten Zahlungsmittelzu- bzw. -abflüsse, anzusetzen: Nur in diesem Fall werden durch den Wertansatz zukunftsorientierte Informationen vermittelt.[170]

Auch wenn das Ideal einer entscheidungsnützlichen Bilanz in Form einer ausnahmslosen Berücksichtigung der Zahlungspotenziale realiter nicht umgesetzt oder nicht umsetzbar sein sollte, etwa weil nicht alle Zahlungspotenziale erfasst sind oder die Bewertung nicht stringent am Barwert ausgerichtet ist, so können dennoch durch eine Bilanz entscheidungsnützliche Informatio-

---

[168] Vgl. Streim/Bieker/Esser (2003), S. 475; Streim/Esser (2003), S. 839.

[169] Vgl. Streim/Bieker/Leippe (2001), S. 191 f.; Streim/Esser (2003), S. 837.

[170] Vgl. Streim/Bieker/Esser (2003), S. 470; Streim/Bieker/Leippe (2001), S. 195.

nen an die Adressaten übermittelt werden; die Informationsvermittlung ist dann auf einzelne informative Bilanzposten beschränkt. Ausnahmen von der konsequenten Barwertorientierung mögen beispielsweise im Falle einer unzureichend sicheren Bestimmbarkeit der Höhe der Zahlungspotenziale gerechtfertigt erscheinen. Wenngleich die First best-Lösung eines Finanzplans immer noch nicht erreicht ist, so resultiert eine Bewertung zu Barwerten, also diskontierten, zukünftig erwarteten Zahlungen, immerhin in einer Annäherung an das theoretische Optimum.[171]

### 2.3.4 Sonstige Informationsvermittlung

Informationsregeln umfassen diejenigen Rechnungslegungsvorschriften, mittels derer die Unternehmen über die Gewinnermittlung hinaus verpflichtet werden, quantitative oder qualitative Angaben an die Rechnungslegungsadressaten zu übermitteln.[172] Diese Regeln bestimmen die Bestandteile, die der Jahresabschluss neben Bilanz und GuV zu enthalten hat, die äußere Form, die die Jahresabschlussbestandteile aufzuweisen haben, die Positionen, die gesondert auszuweisen sind, etwaige zusätzlich zu erstellende Informationsinstrumente sowie Art und Form der Offenlegung.[173]

Im Einzelnen lässt sich die sonstige Informationsvermittlung in Informationsregeln für Bilanz und GuV einerseits sowie Informationsregeln für Anhang, Lagebericht und sonstige Informationsinstrumente andererseits systematisieren.[174] Hinsichtlich der Regeln für Bilanz und GuV können wiederum Gliederungsvorschriften, die die Struktur der Rechenwerke bestimmen, und Ausweisvorschriften, die die Bezeichnung der einzelnen Posten festlegen, unterschieden werden; solche Regelungen können beispielsweise durch eine Gliederung der Bilanz nach Fälligkeitszeitpunkten Hinweise auf den zeitlichen Anfall der Zahlungsströme geben.[175] Die Regeln für Anhang, Lagebericht und sonstige Informationsinstrumente ermöglichen es einerseits, die Rahmenbedingungen der Prognose offenzulegen, sodass die Adressaten sich die zugrunde gelegten Prämissen und Verfahren vergegenwärtigen und damit zu einer besseren Beurteilung kommen können, und ermöglichen es andererseits, die Voraussetzungen für eigene Prognosen der Adressaten zu schaffen.[176] Letztlich sind Indikatoren für zukünftige Cashflows gesucht; diese Suche ist Gegenstand der strategischen Planung und des strategischen Controlling, die solche

---

171 Vgl. Esser (2005), S. 53 f.

172 Vgl. Leippe (2002), S. 89. Selbstverständlich müssen auch die Elemente der sonstigen Informationsvermittlung den grundsätzlichen Anforderungen an entscheidungsnützliche Informationen, also insbesondere den Kriterien der Relevanz und der Verlässlichkeit, genügen. Vgl. Kapitel 2.3.2.

173 Vgl. Streim (1988), S. 115.

174 Vgl. hierzu und zum Folgenden Leippe (2002), S. 93 f., sowie Borchert (2006), S. 72 ff., und Esser (2005), S. 59.

175 Vgl. dazu auch Moxter (1984), S. 89.

176 Vgl. dazu auch Schildbach (1975), S. 248 f., Schoenfeld (2000), S. 588, und Streim (1995), S. 718.

unternehmensexternen und unternehmensinternen Indikatoren aus den beiden Bereichen Umweltanalyse und Unternehmensanalyse abzuleiten versuchen.[177]

## 2.4 Zusammenfassung

Rechnungslegung als eine den Unternehmen staatlicherseits auferlegte Pflicht stellt keinen Selbstzweck dar; insofern ist ein solcher staatlicher Eingriff nur dann gerechtfertigt, wenn er legitimen Zwecken folgt. Als solche werden allgemein Effizienz und Gerechtigkeit diskutiert. Aus der Perspektive der Effizienz kann Rechnungslegung den Zweck verfolgen, als eine Institution im Rahmen von Kapitalüberlassungsverhältnissen den bestehenden Kapitalgeberrisiken entgegenzuwirken und so zur Allokationseffizienz des Kapitalmarktes beizutragen.[178]

Gerechtigkeit als Zweck der Rechnungslegung ist unter ökonomischen Kriterien durch die dazu erforderlichen Werturteile nicht zu beurteilen und wird daher im Rahmen ökonomischer Analysen in der Regel – so auch in dieser Arbeit – ausgeblendet.[179]

Als zweckmäßige Konzeptionen der Rechnungslegung kommen grundsätzlich Regelungen zur Ausschüttungsbemessung sowie Regelungen zur Informationsvermittlung in Betracht. Für diese Arbeit, also vor dem Hintergrund des Konzepts informationseffizienter Kapitalmärkte, ist die Vermittlung entscheidungsnützlicher Informationen relevant. Der Informationsbedarf der Kapitalgeber richtet sich ihrem primär finanziellen Interesse am Unternehmen entsprechend auf die ihnen zukünftig aus dem Unternehmen zufließenden Zahlungsströme hinsichtlich der drei Aspekte der Höhe, der zeitlichen Struktur und der (Un-)Sicherheit dieser Zahlungen. Diesbezüglich kann die Rechnungslegung mittelbare Informationen liefern. In Betracht kommen eine informative Bilanz, deren Positionen zukünftige Zahlungspotenziale in Höhe der Barwerte verkörpern, eine informative Gewinngröße, die als Prognosegröße oder als Performancemaß ausgestaltet werden kann, sowie die sonstige Informationsvermittlung etwa in Form zusätzlicher Berichtsinstrumente.[180]

---

177 Vgl. dazu auch Streim (1995), S. 718 ff.

178 Vgl. Kapitel 2.1.

179 Vgl. Kapitel 2.2.

180 Vgl. Kapitel 2.3.

# 3 Das Konzept der Informationseffizienz des Kapitalmarktes

Das Konzept der Informationseffizienz beschreibt die Eigenschaft des Kapitalmarktes, „Informationen zu verarbeiten, und die Art, wie die Informationen in die Marktpreise der Finanztitel einfließen“[1]. Anders formuliert bezeichnet es das Ergebnis des Informationsverarbeitungsprozesses des Kapitalmarkts.[2]

Im Zusammenhang mit der konzeptionellen Ausgestaltung einer Rechnungslegung, die sich an der Leitlinie der Vermittlung entscheidungsnützlicher Informationen orientiert und die Lenkung knapper Finanzmittel über den Kapitalmarkt in die optimale Verwendung unterstützen soll, besitzt das Konzept Bedeutung, weil Wissen darüber erforderlich ist, ob die bereitgestellten Informationen überhaupt und wenn ja wie sie vom Markt verarbeitet werden.[3]

Als grundlegende Kernaussage des Konzepts kann man konstatieren: „Niemand vermag durch rascheres Erteilen von Börsenaufträgen Mehrgewinne (niedrigere Verluste) zu erzielen“ und es vergeht mithin keine Zeit „von der Änderung der Erwartungen über Rendite und Risiko bis zu ihrer Berücksichtigung im Börsenkurs.“[4] Demnach impliziert die Informationseffizienz des Kapitalmarktes hinsichtlich bestimmter Informationen, dass es keinem Anleger möglich ist, mittels dieser Informationen, die ohne Verzögerung in die Kurse einfließen, überdurchschnittliche Renditen zu erzielen.[5]

Dieses dritte Kapitel der vorliegenden Arbeit stellt das Konzept des informationseffizienten Kapitalmarktes dar. Einleitend werden mit einigen allgemeinen Bemerkungen die Stellung des Kapitalmarkts in der Volkswirtschaft beschrieben sowie verschiedene Begriffe der Kapitalmarkteffizienz definiert. Daran schließen sich unterschiedliche Definitionen der Informationseffizienz und eine graduelle Abstufung des Konzepts anhand konkreter, vom Kapitalmarkt potenziell im Zuge der Kursbildung verarbeiteter Informationen an. Auf diese definitorische Betrachtung folgt eine ausführliche Diskussion der Informationseffizienz aus theoretischer und empirischer Sicht, bevor das Kapitel mit einer Zusammenfassung der Ergebnisse und einem Ausblick auf die weitere Vorgehensweise der Arbeit abschließt.

---

[1] Wagenhofer/Ewert (2003), S. 104 (dort teilweise fett gedruckt).

[2] Vgl. Lindemann (2004), S. 13.

[3] Vgl. Wagenhofer/Ewert (2003), S. 104.

[4] Schneider (1992), S. 538 (beide Zitate; dort teilweise kursiv gedruckt). Dies bedeutet nicht, dass Anleger auf einem informationseffizienten Markt generell keine Kursgewinne bzw. -verluste erzielen. Diese sind aber vom individuellen Informationsstand unabhängig und die Rendite ist daher eine Zufallsvariable. Vgl. dazu Krönert (2001), S. 28.

[5] Vgl. dazu ausführlich das Kapitel 3.4.

## 3.1 Der Kapitalmarkt in der Volkswirtschaft

Man spricht allgemein von einem Markt, wenn „Wirtschaftssubjekte in der Absicht aufeinandertreffen, Tauschverträge abzuschließen“[6]; es müssen mithin als Tauschobjekte mindestens zwei verschiedene Güter existieren. In entwickelten Volkswirtschaften erfüllt Geld seine Tauschfunktion, sodass in der Regel das Tauschobjekt Geld gegen ein anderes, nichtgeldliches Gut getauscht wird.

Zur Kennzeichnung bestimmter Märkte dienen generell die Kriterien der sachlichen, räumlichen und zeitlichen Abgrenzung. Den Kapitalmarkt grenzt insbesondere das Kapital als gehandeltes Gut ab; es greift also die sachliche Abgrenzung.[7] Die Abgrenzung in räumlicher Hinsicht betrifft die geografische Grenze und orientiert sich häufig an Staatsgrenzen. Die zeitliche Abgrenzung legt den Zeitpunkt der Untersuchung des Marktes fest.[8]

Die ökonomische Theorie verwendet bei Kapitalmarktuntersuchungen regelmäßig einen weiten Kapitalmarktbegriff, der unterstellt, dass die Wirtschaftssubjekte ihr Vermögen zeit-, raum-, risiko- und liquiditätsbezogen beliebig transformieren können, und der die Argumentation hinsichtlich der Zeitpunkte und der räumlichen Abgrenzung auf einer abstrakten Ebene hält. Dementgegen legt die praktische Organisation von Kapitalmärkten eine Unterteilung nach Finanzierungstiteln und Rechten auf diese Titel nahe, sodass empirische Arbeiten meist konkrete, in der jüngeren Vergangenheit angesiedelte Zeitpunkte bzw. -räume betrachten.[9] Diese Unterscheidung zeigt sich auch im Verlauf der nachfolgenden Kapitel über die theoretischen und empirischen Forschungen: Die Ergebnisse der empirischen Arbeiten beziehen sich naturgemäß immer auf einen bestimmten Kapitalmarkt und bestimmte Zeitpunkte oder -räume; im Rahmen der theoretischen Argumentation wird der Begriff „Kapitalmarkt“ hingegen in allgemeiner Form verwendet.

Die Wichtigkeit des Kapitalmarktes für die Wohlfahrt einer Volkswirtschaft resultiert daraus, dass dort Kapitalangebot und -nachfrage aufeinandertreffen und die Kapitalgeber darüber entscheiden, welche Kapitalnachfrage sie bedienen und welche nicht, womit sie letztlich die Verwirklichung von Geschäftsmodellen der Unternehmen, die Entstehung von Arbeitsplätzen und

---

6 Möller/Hüfner (2001), Sp. 1275 (Rechtschreibung an neue Regeln angepasst). Vgl. auch Häuser (1976), Sp. 1058.

7 Vgl. Möller/Hüfner (2001), Sp. 1275 f.; Schneider (1981), S. 20, bezeichnet den Kapitalmarkt als theoretischen Begriff für „(j)edes Treffen von Angebot und Nachfrage nach Geld mit Rückzahlungsfristen über den auf dem Geldmarkt üblichen“ und weist darauf hin, dass „man nicht nur an den organisierten Kapitalmarkt der Börse denken“ möge, denn „(d)as sonntägliche Gespräch des Junghandwerkers, der seinen Onkel um ein Darlehen bittet, gehört ebenso zum Kapitalmarkt wie seine zwei Tage vorher fehlgeschlagenen Kreditverhandlungen mit einem Kreditinstitut.“

8 Vgl. Fülbier (1998), S. 27 f.

9 Vgl. Fülbier (1998), S. 27 f.; Häuser (1976), Sp. 1058; Möller/Hüfner (2001), Sp. 1276.

auch das Wachstum der Wirtschaft bestimmen.[10] Für die Entfaltung und Nutzung der wirtschaftlichen Produktivkräfte einer Volkswirtschaft bildet der Kapitalmarkt somit eine entscheidende Voraussetzung.[11]

Das Kapitalangebot besteht überwiegend in Form vieler kleiner Sparbeiträge der einzelnen Haushalte, die jedoch nicht in der Lage sind, den Kapitalbedarf der ihnen gegenüberstehenden kapitalsuchenden Unternehmen alleine zu decken. Zudem zögern die Anleger häufig, ihre Ersparnisse über die langen Zeiträume anzulegen, die aus Sicht der Unternehmen für ihre Tätigkeit erforderlich sind. Die Aufgabe des Kapitalmarktes besteht daher in einer Transformation der Ersparnisse der privaten Haushalte in das von den Unternehmen zwingend benötigte Investitionskapital – dies gilt sowohl hinsichtlich der Höhe und Fristigkeit der Beträge als auch hinsichtlich des Risikos.[12]

## 3.2 Begriffe der Kapitalmarkteffizienz

Um diese Aufgabe erfüllen zu können, muss der Kapitalmarkt gewissen Voraussetzungen hinsichtlich seiner Effizienz genügen.

- Die wichtigste Voraussetzung ist die der Allokationseffizienz. Der Kapitalmarkt muss die knappen Ersparnisse derjenigen Verwendung zuführen, die den größten Bedarf an Investitionsmitteln aufweist und daher die höchste Rendite verspricht.[13]
- Der Kapitalmarkt trägt zur Allokationseffizienz bei, indem er zwischen den Marktteilnehmern einen Austausch von Informationen über die geplanten Investitionen und die vorhandenen Geldmittel ermöglicht. Dieser Informationsaustausch führt zum Aspekt der Informationseffizienz des Kapitalmarktes,[14] der als Thema der vorliegenden Arbeit in den folgenden Kapiteln ausführlich behandelt wird.
- Der Begriff der institutionellen Effizienz bezeichnet die Grundvoraussetzungen eines funktionierenden Marktmechanismus in Form des ungehinderten Markteintritts von Kapitalanbietern und -nachfragern zum Markt bzw. eines ebenso ungehinderten Austritts vom Markt, in Form der durch die Rechtsordnung definierten Anlageformen, außerdem in Form der Aufnahmefähigkeit bezüglich Breite und Tiefe sowie der Stabilität des Marktes.[15]

---

[10] Vgl. Häuser (1976), Sp. 1059; Lindemann (2004), S. 9.

[11] Vgl. Koch/Schmidt (1981), S. 236.

[12] Vgl. dazu Häuser (1976), Sp. 1060; Häuser (1995), Sp. 1125 f.; Kübler (1977), S. 89; Loistl (1994), S. 30.

[13] Vgl. Kübler (1977), S. 89; Kübler/Assmann (2006), S. 469.

[14] Vgl. Frantzmann (1989), S. 8.

[15] Vgl. Assmann (1985), S. 26; Kübler (1977), S. 89; Kübler/Assmann (2006), S. 469.

- Die operationale Effizienz umfasst insbesondere die Transaktionskosten (Kosten der Anlagevermittlung und Kapitalbeschaffung). Das Sinken der Transaktionskosten beeinflusst die Bereitschaft der Investoren zum Markteintritt positiv und bewirkt folglich eine Steigerung der operationalen Kapitalmarkteffizienz.[16] Die operationale Effizienz bestimmt wesentlich die Attraktivität für Käufer und Verkäufer von Wertpapieren und ist daher ein wichtiger Einflussfaktor für die Position einer Börse im Wettbewerb mit anderen Börsen.[17]

Die im Rahmen dieser Arbeit zentralen Kapitalmarkteffizienzbegriffe sind die Allokationseffizienz als Zweck der Rechnungslegung und die Informationseffizienz. Bevor Abschnitt 4.2 der Arbeit erneut auf die Effizienzbegriffe Bezug nimmt und dabei insbesondere den Zusammenhang zwischen den verschiedenen Aspekten der Effizienz herausstellt, wenden sich die folgenden Abschnitte zunächst ausführlich dem Konzept der Informationseffizienz des Kapitalmarktes zu – den Auftakt bildet eine definitorische Abgrenzung.

## 3.3 Definitionen der Informationseffizienz

In der nahezu unüberschaubaren Vielzahl wissenschaftlicher Arbeiten zur Informationseffizienz nähern sich nur wenige Autoren dem Begriff theoretisch-definitorisch; die Mehrzahl der Arbeiten ist rein empirisch ausgerichtet. Die definitorische Abgrenzung des Begriffs ist dennoch vielschichtig,[18] wie die folgende Darstellung verschiedener Definitionsansätze zeigt.

### 3.3.1 Die Definition der Informationseffizienz nach Fama (1970)

Das Konzept informationseffizienter Kapitalmärkte ist erstmals – wenngleich eher intuitiv – von Eugene F. Fama im Jahr 1970 definiert worden.[19] Dessen Definition erklärt einen Markt, „in which prices always ‚fully reflect' available information“[20], als informationseffizient. Gemäß dieser verbalen Definition müssen Marktpreise zu jedem Zeitpunkt alle verfügbaren Informationen „vollständig“ widerspiegeln, um als informationseffizient zu gelten.

Eine solche verbale Definition bezeichnet Fama jedoch selbst als zu allgemein, um etwa empirischen Tests als Grundlage dienen zu können. Es gilt daher, den Preisbildungsprozess präziser zu beschreiben. Dazu können unter der Prämisse, dass das Kapitalmarktgleichgewicht mit-

---

16 Vgl. Assmann (1985), S. 25 f.; Kübler (1977), S. 89; Kübler/Assmann (2006), S. 469.

17 Vgl. Bienert (1996), S. 31.

18 Vgl. Frantzmann (1989), S. 11.

19 Vgl. Wagenhofer/Ewert (2003), S. 104.

20 Fama (1970), S. 383; die folgende Darstellung orientiert sich an diesem grundlegenden Artikel. Die Definition beibehaltend vgl. Fama (1991), S. 1575.

tels der erwarteten Ertragsraten darstellbar ist, die sich im Marktgleichgewicht einstellenden Wertpapierpreise formal durch

(1) $$E(\tilde{p}_{j,t+1} \mid Y_t) = [1 + E(\tilde{r}_{j,t+1} \mid Y_t)]p_{j,t}$$

beschrieben werden. Demnach bildet der Markt[21] in der Periode $t$ eine Erwartung über den Preis $p_{j,t+1}$ des Wertpapiers $j$ für die Periode $t+1$ auf der Basis der verfügbaren Informationen $Y_t$; diese werden in der Periode $t$ bei der Kursbildung vollständig berücksichtigt oder mit anderen Worten in den Preisen „fully reflected". Die einperiodige Wertpapierrendite $r_{j,t+1}$ ist dabei definiert als

(2) $$r_{j,t+1} = (p_{j,t+1} - p_{j,t}) / p_{j,t},$$

wobei ihr im Marktgleichgewicht auf Basis der verfügbaren Informationen erwarteter Wert $E(\tilde{r}_{j,t+1} \mid Y_t)$ mit Hilfe eines Kapitalmarktgleichgewichtsmodells[22] bestimmt werden muss. Insofern gehen die verfügbaren Informationen $Y_t$ dadurch, dass der Markt sie zur Bestimmung der erwarteten Gleichgewichtsrendite heranzieht, in die Preise der Wertpapiere zum Zeitpunkt $t$ ein.

Sofern nun auf einem Markt die im Gleichgewicht erwartete Ertragsrate die Informationen $Y_t$ vollständig widerspiegelt, folgt daraus, dass auf diesem Markt langfristig keine Handelsstrategie existiert, die mit Hilfe der bezeichneten Informationsmenge eine die Gleichgewichtsrendite übersteigende Rendite realisiert; solche sog. Überrenditen sind ausgeschlossen. Für den Erwartungswert einer etwaigen Überrendite $z_{j,t+1}$, die durch

(3) $$z_{j,t+1} = r_{j,t+1} - E(\tilde{r}_{j,t+1} \mid Y_t)$$

definiert ist und somit die Differenz zwischen der tatsächlich beobachteten Rendite und der erwarteten Gleichgewichtsrendite bildet, folgt

(4) $$E(\tilde{z}_{j,t+1} \mid Y_t) = 0.$$

Gleichsam gilt für Abweichungen $x_{j,t+1}$ des Marktwerts eines Wertpapiers $j$ zum Zeitpunkt $t+1$, die gemäß

---

[21] Diese und ähnliche Formulierungen (auch in den folgenden Kapiteln) über „den Markt" sind metaphorisch in der Weise zu verstehen, dass durch den Marktprozess die individuellen Erwartungen bzw. Entscheidungen der Investoren in den Preisen aggregiert werden. Vgl. dazu Fama (1976a), S. 135.

[22] Für eine Aufzählung denkbarer Gleichgewichtsmodelle vgl. Sapusek (1998), S. 22, 26. Zur damit verbundenen Problematik vgl. Kapitel 3.6.4.

(5) $$x_{j,t+1} = p_{j,t+1} - E(p_{j,t+1} \mid Y_t)$$ [23]

als Differenz zwischen dem tatsächlichen Preis in $t+1$ und dem in der Periode $t$ auf Basis der Informationen $Y_t$ prognostizierten Preis definiert sind, dass nach

(6) $$E(\tilde{x}_{j,t+1} \mid Y_t) = 0$$

ihr Erwartungswert gleich null ist.

Da die erwarteten Abweichungen der Marktpreise der Wertpapiere und ebenso die erwartete Überrendite gleich null sind, können auf einem hinsichtlich der Informationsmenge $Y_t$ effizienten Markt mit auf deren Basis entwickelten Handelsstrategien langfristig keine Gewinne über die Marktrendite hinaus erzielt werden, und zwar deshalb, weil die Erwartungswerteigenschaft im Durchschnitt eine Kompensation von Gewinnen und Verlusten bewirkt; gelegentliche Zufallsgewinne sind kurzfristig jedoch keinesfalls ausgeschlossen.[24]

Diese Definition Famas ist in der Literatur als tautologisch kritisiert worden,[25] ein Vorwurf, den Fama zwar zurückweist, aber gleichzeitig zugesteht, dass die frühe Diskussion über das Informationseffizienzkonzept zu Recht als „misleading or at least difficult to follow“[26] bezeichnet wurde. Der durch diese Kritik angeregten Präzisierung der Definition, die Fama selbst vorgenommen hat, widmet sich der nächste Abschnitt.

### 3.3.2 Die Definition der Informationseffizienz nach Fama (1976)

1976 konkretisierte Fama die Definition dahin gehend, dass ein Markt als informationseffizient gilt, wenn „in setting the prices of securities at any time $t-1$, the market correctly uses all available information.“[27] Somit wird eine Definition „richtiger“ Informationsverarbeitung erforderlich.

Zu diesem Zweck gilt es zunächst erneut, den Preisbildungsprozess zum Zeitpunkt $t-1$ genauer abzubilden. Dazu definiert Fama nun zwei Dichtefunktionen $f$ und $f_m$.[28] Die Funktion $f_m(p_{1,t},...,p_{j,t} \mid Y_{t-1}^m)$ beschreibt die seitens des Marktes im Zeitpunkt $t-1$ für $t$ erwarteten Wertpapierpreise $p$ auf der Basis derjenigen Informationsmenge $Y_{t-1}^m$, die der Markt in $t-1$ zur Prognose der Preise in $t$ tatsächlich vollständig verarbeitet; demgegenüber bildet

---

23 An dieser Stelle weist Fama die erwarteten bedingten Wertpapierpreise nicht per Tilde als Zufallsvariable aus.

24 Vgl. Frantzmann (1989), S. 15; Sapusek (1998), S. 21.

25 Vgl. LeRoy (1976), S. 139; LeRoy (1989), S. 1593.

26 Fama (1976b), S. 143.

27 Fama (1976b), S. 143.

28 Die folgende Darstellung ist an Fama (1976a), S. 134 ff., angelehnt.

$f(p_{1,t},...,p_{j,t} \mid Y_{t-1})$ die Dichtefunktion der Preise, die sich bei Berücksichtigung der in $t-1$ insgesamt verfügbaren und für die Wertpapierpreisbildung relevanten Informationsmenge $Y_{t-1}$ ergeben würden. $Y_{t-1}^m$ ist somit eine Teilmenge von $Y_{t-1}$ und kann maximal die gleichen, aber auch weniger Informationen umfassen als $Y_{t-1}$. Da $Y_{t-1}$ neben den aktuellen Ausprägungen aller relevanten Variablen auch deren historische Entwicklung beinhaltet, ist zudem $Y_{t-2}$ eine Teilmenge von $Y_{t-1}$, $Y_{t-3}$ wiederum Teilmenge von $Y_{t-2}$ usw. Außerdem beinhaltet $Y_{t-1}$ die Implikationen der verfügbaren Informationen für die zukünftigen Umweltzustände und mithin u. a. die Auswirkungen des derzeitigen Umweltzustandes auf die Dichtefunktion der künftigen Wertpapierpreise: $Y_{t-1}$ umfasst also $f(p_{1,t},...,p_{j,t} \mid Y_{t-1})$. Als konkrete Beispiele relevanter Informationen nennt Fama Unternehmensgewinne, Bruttosozialprodukt, politische Rahmenbedingungen und Präferenzen von Konsumenten und Investoren.[29]

Im Preisbildungsprozess entsteht in $t-1$ zunächst auf der Basis von $Y_{t-1}^m$ die Erwartung des Marktes bezüglich der Wertpapierpreise in $t$ in der Form von $f_m(p_{1,t},...,p_{j,t} \mid Y_{t-1}^m)$. Aus diesen für $t$ erwarteten Preisen bilden sich dann am Markt angemessene Gegenwartspreise, die zu einem markträumenden Gleichgewicht führen. Um Gegenwartspreise bilden zu können, muss ein Kapitalmarktmodell zugrunde gelegt werden.[30]

Nach diesen Überlegungen wird die Hypothese der Informationseffizienz des Kapitalmarktes durch

(7) $$Y_{t-1}^m = Y_{t-1}$$

beschrieben; d. h., dass die vom Markt im Rahmen der Kursbildung tatsächlich verarbeitete Informationsmenge $Y_{t-1}^m$ der insgesamt verfügbaren Informationsmenge $Y_{t-1}$ entspricht und er somit alle verfügbaren Informationen berücksichtigt. Außerdem gilt im Falle informationseffizienter Märkte, dass

(8) $$f_m(p_{1,t},...,p_{j,t} \mid Y_{t-1}^m) = f(p_{1,t},...,p_{j,t} \mid Y_{t-1})$$

ist, dass sich also die beobachteten Marktpreise entsprechend den gesamten verfügbaren Informationen bilden und der Markt diese demnach mitsamt ihren Implikationen für die zukünftigen Wertpapierpreise richtig verarbeitet. Dabei folgt (8) unmittelbar aus (7), weil, wie oben dar-

---

[29] Zur Konkretisierung der Informationen und ihrer Unterteilung in Informationsmengen vgl. ausführlich Kapitel 3.4.

[30] Vgl. zur damit verbundenen Problematik Kapitel 3.6.4.

gestellt, $Y_{t-1}$ die Auswirkungen der aktuellen Informationen auf künftige Umweltzustände und insofern $f(p_{1,t},...,p_{j,t} \mid Y_{t-1})$ bereits enthält.

### 3.3.3 Die Definition der Informationseffizienz nach Beaver (1981)

William H. Beaver betrachtet Markteffizienz als Eigenschaft eines Gleichgewichtsmechanismus, durch den sich Wertpapierpreise bilden.[31] Die Erwartungen der Anleger über die zukünftige Aktienkursentwicklung werden als „beliefs" bezeichnet. Da die „beliefs" der Anleger aus der individuellen Interpretation der ihnen jeweils verfügbaren Informationen resultieren, wobei die Interpretation etwa von Faktoren wie persönliche Ausbildung und Erfahrung abhängt, bilden sich durch den Einfluss solcher individueller Faktoren unter der Prämisse heterogener Individuen konsequenterweise auch heterogene Vorstellungen über die zukünftigen Wertpapierpreise. Die Individuen können demnach vorhandene Informationen unterschiedlich interpretieren.[32]

Das einem Individuum $i$ zu einem Zeitpunkt $t$ zur Verfügung stehende Informationssystem wird als $Y_{i,t}$ bezeichnet. Daraus ergibt sich als Menge der Informationssysteme aller Individuen $\{Y_{i,t}\} \equiv \{Y_{1,t},...,Y_{i,t},...,Y_{I,t}\}$, wenn $I$ die Anzahl der Individuen beschreibt. Das Informationssystem $Y_{i,t}$ erzeugt im Zeitpunkt $t$ für das Individuum $i$ das Signal $y_{i,t}$. Die „beliefs", die sich ein Individuum $i$ im Zeitpunkt $t$ für einen Zeitpunkt $t+k$ (mit $k > 0$) über künftige Wertpapierpreise bildet, werden als $f_{i,t}(p_{1,t+k},...,p_{j,t+k},...,p_{J,t+k} \mid Y_{i,t}, y_{i,t})$ definiert. Dabei bezeichnet $J$ die Anzahl der Wertpapiere und $p_{j,t}$ den Kurs des Wertpapiers $j$ zum Zeitpunkt $t$. Für die Menge $\{f_{i,t}(\cdot)\}$ der „beliefs" aller Individuen folgt $\{f_{i,t}(\cdot)\} \equiv \{f_{1,t}(\cdot),...,f_{i,t}(\cdot),...,f_{I,t}(\cdot)\}$, für die Menge $\{p_{j,t}\}$ der Kurse am Kapitalmarkt $\{p_{j,t}\} \equiv \{p_{1,t},...,p_{j,t},...,p_{J,t}\}$.

Informationseffizienz des Marktes ist dann gegeben, wenn die Preise auf eine Information so reagieren, „as if" alle Individuen über diese Information verfügen würden; diese „universal knowledge condition"[33] impliziert insofern nicht, dass alle Individuen tatsächlich über sämtliche Informationen verfügen. Die Preise verhalten sich jedoch so, als sei dies der Fall.[34]

Beaver präzisiert seine Überlegungen unter Rekurs auf die obige Formalisierung dadurch, dass er Informationseffizienz sowohl in Bezug auf Signale als auch in Bezug auf Informationssyste-

---

[31] Vgl. für die folgende Darstellung Beaver (1981), S. 24 ff.

[32] Vgl. hierzu auch Sapusek (1998), S. 32.

[33] Beaver (1981), S. 28 (beide Zitate; dort teilweise kursiv).

[34] Vgl. hierzu auch Rubinstein (1975), S. 818, der in einer ähnlichen Definition „consensus beliefs" als „beliefs which, if held by all individuals in an otherwise similar economy, would generate the same equilibrium prices as in the actual heterogeneous economy" bezeichnet (im Original kursiv).

me definiert und demzufolge in $y$-Effizienz und $Y$-Effizienz unterscheidet. Bezüglich eines Signals $y_t'$ ist $y$-Effizienz dann gegeben, wenn sich auf einem Kapitalmarkt bei ansonsten unveränderten ökonomischen Rahmenbedingungen unabhängig davon ein identisches Gleichgewichtspreissystem bildet, ob die Individuen lediglich über $y_{i,t}$ verfügen oder ob alle Individuen zusätzlich das Signal $y_t'$ erhalten. Referenzpunkt der Definition ist demnach ein hypothetischer Kapitalmarkt, der sich von dem zu betrachtenden Kapitalmarkt ausschließlich hinsichtlich der gegebenen Informationen (konkret durch $y_t'$) unterscheidet. Bedingung für einen $Y$-effizienten Kapitalmarkt hinsichtlich des Informationssystems $Y_t'$ ist, dass für alle Signale $y_t'$ des Systems $Y_t'$ die Bedingung der $y$-Effizienz erfüllt ist.[35] Mit anderen Worten ist der Markt effizient, sofern sich unter der Annahme zweier verschiedener Ausstattungen mit Informationen – genauer einerseits mit und andererseits ohne allgemeine Verfügbarkeit der betrachteten Informationen – identische Wertpapierpreise einstellen.[36] Exemplarisch kann ein Signal etwa durch die Änderung der Abschreibungsmethode eines Unternehmens und das korrespondierende Informationssystem durch alle möglichen zukünftigen Änderungen in der Bilanzierungsmethode des Unternehmens gegeben sein.[37]

Insbesondere hebt Beaver bei dieser Definition hervor, dass sie explizit Individuen betrachtet, die hinsichtlich ihrer Informationen und der Informationsauswertung heterogen sind, und dass die individuellen Präferenzen die Preise beeinflussen; insofern wird die an den Kapitalmärkten herrschende Realität getreuer abgebildet.[38] Nichtsdestotrotz ist auch dieser Ansatz in der Literatur kritisiert worden. So erscheint das Konstrukt eines hypothetischen Vergleichsmarktes als naturwissenschaftlich orientiert und realitätsfern.[39] Auf einen weiteren Kritikpunkt nimmt die im folgenden Abschnitt dargestellte Definition der Informationseffizienz nach Latham Bezug.

### 3.3.4 Die Definition der Informationseffizienz nach Latham (1986)

Einen eigenen Definitionsvorschlag für das Konzept der Informationseffizienz legt Mark Latham vor, der an Beavers Definition insbesondere kritisiert, dass die sog. Teilmengeneigenschaft verletzt sei.[40] Diese besagt, dass aus der Informationseffizienz des Marktes bezüglich einer abge-

---

35 Vgl. Beaver (1981), S. 28.

36 Vgl. Beaver (1981), S. 23.

37 Vgl. Frantzmann (1989), S. 20 f.

38 Vgl. Beaver (1981), S. 29.

39 Vgl. Frantzmann (1989), S. 21; Sattler (1994), S. 11. Insbesondere können die Referenzpreise des Vergleichsmarkts nicht beobachtet werden.

40 Vgl. Latham (1986), S. 39 f.; die folgende Darstellung seiner Definition orientiert sich an diesem Artikel.

grenzten Informationsmenge folgt, dass der Markt auch bezüglich aller Teilmengen dieser Informationsmenge effizient ist.[41]

Für ein nach Latham bezüglich einer Informationsmenge $Y$ E-effizientes Gleichgewicht muss gelten, dass in einer Vergleichsökonomie (benchmark economy), in der $Y$ öffentlich ist, im Gleichgewicht sowohl die Preise $\hat{p}^0(\omega)$ als auch die Portfolios $\hat{Z}^0(\omega)$ den Gleichgewichtspreisen $p^0(\omega)$ bzw. den Gleichgewichtsportfolios $Z^0(\omega)$ der betrachteten Ökonomie entsprechen, dass also gilt

(9) $$\hat{p}^0(\omega) = p^0(\omega) \text{ und}$$

(10) $$\hat{Z}^0(\omega) = Z^0(\omega)$$

für alle $\omega$, d. h. für alle möglichen Zustände in $t = 1$. Somit würden sich in einem bezüglich einer bestimmten Informationsmenge E-effizienten Marktgleichgewicht durch die Veröffentlichung dieser Informationsmenge, nach der alle Investoren über die Information verfügen, weder Gleichgewichtspreise noch Gleichgewichtsportfolios ändern.[42] Latham erweitert demnach die rein preisbezogene Definition von Beaver um den Portfoliobezug, kommt aber ebenfalls nicht ohne Vergleichsmarkt aus.[43]

Gemäß der Teilmengeneigenschaft gilt, dass ein bezüglich der Informationsmenge $Y$ E-effizientes Gleichgewicht auch E-effizient bezüglich einer Informationsmenge $Y'$ ist, falls $Y'$ Teilmenge von $Y$ ist. Insofern betrachtet Latham seine Definition, verglichen mit derjenigen Beavers, als weiterführend, wenngleich sich jedoch die beiden Definitionen ähneln und zudem die Szenarien, in denen die Unterschiede relevant sind, nur selten eintreten.[44]

## 3.4 Grade der Informationseffizienz

In der bisherigen Darstellung zu den Definitionen der Informationseffizienz wurden die Begriffe Information bzw. Informationsmenge stets in einem allgemeinen Kontext verwendet. Verlässt man diese allgemeine Ebene, lassen sich konkrete Informationen bestimmen, die realiter zur Verfügung stehen und bei der Kursbildung berücksichtigt werden können. Im Rahmen der Ana-

---

41 Mithin impliziert z. B. die mittelstrenge Form der Informationseffizienz, dass auch die Preise der Vergangenheit (als Teilmenge aller öffentlich verfügbaren Informationen) in den Preisen berücksichtigt sind. Zur Unterscheidung von Informationsmengen und damit zusammenhängenden Graden der Informationseffizienz vgl. ausführlich das folgende Kapitel 3.4.

42 Vgl. Latham (1986), S. 49. Zur Notation vgl. dort S. 41 ff.

43 Vgl. Frantzmann (1989), S. 21 f. Daher gilt die diesbezügliche Kritik an Beavers Definition hier erneut (vgl. Fn. 39 in diesem Kapitel).

44 Vgl. Latham (1986), S. 49 f.

lyse, ob diese Informationen jeweils in die Marktpreise eingeflossen sind, kann man verschiedene Grade der Informationseffizienz unterscheiden. Abhängig von der Art der jeweils verarbeiteten Informationen wird in Anlehnung an Fama (1970) in schwache, mittelstrenge und strenge Informationseffizienz differenziert.[45]

Schwache Informationseffizienz liegt vor, wenn die Menge der am Markt verarbeiteten Informationen ausschließlich Marktpreise vergangener Zeitpunkte umfasst. Anhand der Analyse vergangenheitsbezogener Marktpreise ist es dann unmöglich, am Kapitalmarkt Überrenditen zu erzielen. Das Verfahren der technischen Aktienanalyse ist somit wirkungslos; Überrenditen lassen sich allerdings sehr wohl anhand von Informationen wie z. B. veröffentlichten Jahresabschlüssen generieren.[46]

Bei mittelstrenger Informationseffizienz sind alle öffentlich verfügbaren Informationen vollständig in die Kurse integriert. Zusätzlich zu den Kursen der Vergangenheit – insofern bildet die schwache Informationseffizienz einen Spezialfall der mittelstrengen – betrifft dies insbesondere Unternehmenspublikationen wie Jahresabschlüsse, Ad hoc- und Pressemitteilungen, sodass im Kontext der externen Rechnungslegung, die als Prototyp öffentlich verfügbarer Informationen angesehen werden kann, insbesondere die mittelstrenge Form der Informationseffizienz relevant ist. Mit der Kenntnis und Auswertung solcher Informationen und folglich der fundamentalen Aktienanalyse lassen sich auf einem mittelstreng informationseffizienten Markt ebenfalls keine Überrenditen mehr erzielen.[47]

Im Zusammenhang mit der mittelstrengen Effizienzthese gilt es festzulegen, welche Informationen konkret als öffentlich verfügbar gelten können.[48] Man denke zur Illustration an einen kostenpflichtigen Börseninformationsdienst: Hier müsste ein kritischer Preis definiert werden, ab dem die Informationen nicht mehr öffentlich verfügbar sind.[49] Als Unterscheidungskriterium können die Grenzkosten der Informationsbeschaffung herangezogen werden.[50]

---

45 Vgl. Fama (1970), S. 383; Jensen (1978), S. 97; Sapusek (1998), S. 16. Eine frühere Unterscheidung zwischen verschiedenen Kategorien von Informationen findet sich bei Roberts (1959), S. 7.

46 Vgl. Wagenhofer/Ewert (2003), S. 108; vgl. auch Sapusek (1998), S. 16.

47 Vgl. Jensen (1978), S. 97; Sapusek (1998), S. 16 f.; Wagenhofer/Ewert (2003), S. 108, 110. Siehe auch Ball (1998), S. 2: „... public information that has not been fully reflected in stock prices is like gold lying in the streets; reports of either are treated with equal skepticism."

48 Vgl. Schneider (1992), S. 544, für den halbstrenge Informationseffizienz ohne diese Festlegung „Theoriegefasel" ist. Möller (1985), S. 503, sieht Informationseffizienz generell als „einen relativen Begriff, dessen Inhalt davon abhängt, welche Informationen als relevant erachtet werden."

49 Vgl. Wagenhofer/Ewert (2003), S. 108.

50 Vgl. Neumann/Klein (1982), S. 170 f., die in Anlehnung an dieses Kriterium mit zentral veröffentlichten, dezentral veröffentlichten sowie vorübergehend monopolisierten Informationen drei von der Definition Famas abweichende Informationsteilmengen unterscheiden. Vgl. in diesem Zusammenhang auch Jensen (1978), S. 96, der einen Markt als effizient bezüglich einer Informationsmenge ansieht, „if it is impossible to make economic profits by trading on the basis" auf dieser Informationsmenge, wobei die „economic profits" nach Abzug aller Transaktionskosten gemessen werden; vgl. überdies Fama (1991), S. 1575, der diese Definition im Vergleich zu seiner eigenen als „weaker and economically more sensible" bezeichnet.

Die dritte Stufe der Informationseffizienz, die sogenannte strenge Form, ist ein theoretischer Grenzfall, in dem die Menge der verarbeiteten Informationen alle in der Ökonomie existenten Informationen enthält. Darunter fallen also auch Insiderinformationen, wie sie z. B. das Management besitzen kann, sodass auch derartige Kenntnisse keine Überrenditen bedingen können.[51]

Da die jeweils höheren Grade der Informationseffizienz die jeweils niedrigere(n) Form(en) einschließen, ergibt sich der durch die folgende Abbildung dargestellte Zusammenhang zwischen den drei Stufen der Informationseffizienz:

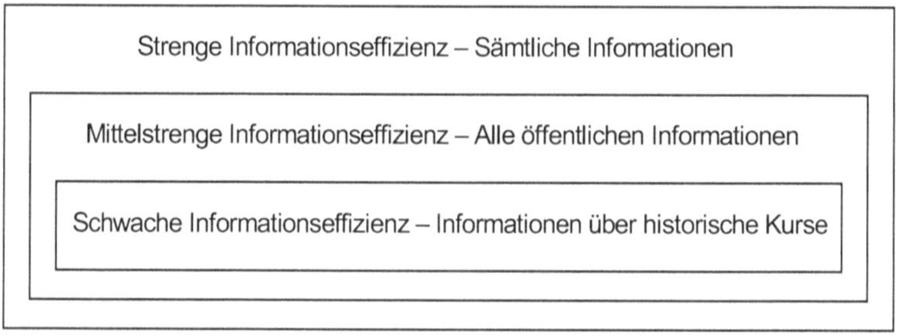


**Abbildung 2: Zusammenhang zwischen den Graden der Informationseffizienz**

Quelle: In Anlehnung an Steiner/Bruns (2002), S. 42, sowie Lindemann (2004), S. 13.

## 3.5 Das Informationseffizienzkonzept im Licht der theoretischen Diskussion

Auf einem informationseffizienten Kapitalmarkt reflektieren die Preise alle verfügbaren Informationen; die verschiedenen Grade der Informationseffizienz mildern die Strenge der Definition, indem sie bestimmte Informationsmengen voneinander abgrenzen.

Fraglich ist, durch welche Mechanismen Informationseffizienz erreicht bzw. welcher Grad der Informationseffizienz des Kapitalmarktes in der Realität angenommen werden kann. Auf theoretischer Ebene lassen sich Argumente sowohl für als auch gegen die Informationseffizienz finden. Die folgenden Kapitel beleuchten die Argumente beider Positionen.

---

[51] Vgl. Jensen (1978), S. 97, der die strenge Informationseffizienz als eine „extreme form" sowie lediglich „a logical completion of the set of possible hypotheses" erachtet.

### 3.5.1 Theoretische Argumente für die Informationseffizienz des Kapitalmarkts

Um zu begründen, dass realiter die Verwirklichung der Informationseffizienz auf den Kapitalmärkten plausibel ist, liefert die Literatur verschiedene theoretische Ansätze, denen sich die folgenden Kapitel widmen.

#### 3.5.1.1 Die klassischen Prämissen nach Fama

Fama[52] nennt drei hinreichende Bedingungen, unter denen sich auf Kapitalmärkten Informationseffizienz einstellt:

- Der Wertpapierhandel verursacht keine Transaktionskosten;
- alle Marktteilnehmer verfügen über kostenlosen Zugang zu allen vorhandenen Informationen;
- alle Marktteilnehmer beurteilen die Implikationen der Informationen für die gegenwärtigen sowie die Verteilung der zukünftigen Wertpapierpreise gleich.

Sind diese Prämissen erfüllt, so resultiert die Informationseffizienz des Marktes dadurch, dass die Informationen in die Preise eingehen, weil gleich informierte Marktteilnehmer diese Informationen identisch bewerten und kostenlose Transaktionen vornehmen können. Somit bedeutet Informationseffizienz nicht, dass es für die Individuen überflüssig ist, sich mit Informationen zu beschäftigen; die gesetzten Prämissen implizieren vielmehr, dass die Marktteilnehmer nach Auswertung der ihnen vollständig und kostenlos zugänglichen Informationen zu identischen Schlussfolgerungen hinsichtlich angemessener Wertpapierpreise gelangen.[53]

Allerdings sind mit diesen Prämissen reale Probleme bereits a priori wegdefiniert.[54] Dies wird wiederum dadurch relativiert, dass Famas restriktive Anforderungen zwar hinreichend, aber nicht notwendig dafür sind, dass sich am Kapitalmarkt Informationseffizienz einstellt,[55] wie die folgenden Überlegungen zeigen.

---

52 Vgl. Fama (1970), S. 387. Vgl. hierzu auch Neumann/Klein (1982), S. 168 f.

53 Vgl. Schildbach (1986), S. 19.

54 Vgl. Fama selbst (1970), S. 387, und (1976a), S. 167; vgl. auch Schildbach (1986), S. 19. Fama (1991), S. 1575, sieht realiter „surely positive information and trading costs“, eine restriktive Informationseffizienzdefinition sei aber dennoch in Form einer „clean benchmark“ nützlich (beide Zitate dort).

55 Vgl. Fama (1970), S. 387.

#### 3.5.1.2 Arbitrage rationaler Kapitalmarktteilnehmer und Reichtumsverlagerungen zwischen Investoren

Die Strenge der Annahmen wird dadurch relativiert, dass auch bei irrationalem Anlegerverhalten theoretische Überlegungen die Theorie informationseffizienter Kapitalmärkte stützen. Sofern die irrational am Markt agierenden Investoren zufällig handeln, d. h. ihr Verhalten untereinander unkorreliert ist, werden sich (eine ausreichende Anzahl solcher Investoren vorausgesetzt) deren Aktionen insgesamt ausgleichen, und die Märkte sind immer noch effizient.[56] Sogar für den Fall, dass das irrationale Verhalten mancher Anleger korreliert ist und somit kein Ausgleich stattfindet, lässt sich die Kapitalmarkteffizienzhypothese theoretisch halten. Für alle rationalen Marktteilnehmer, die annahmegemäß vorhanden sind, ist nun Arbitrage[57] möglich: Durch (Leer-)Verkäufe überbewerteter – etwa aufgrund irrationaler Investoren, die korreliert am Markt handeln – Wertpapiere, einhergehend mit dem Kauf ähnlicher Wertpapiere zum Hedging des Risikos, sind sichere Gewinne erzielbar; diese Möglichkeit besteht spiegelbildlich auch für den Fall unterbewerteter Wertpapiere. Nutzen die rationalen Anleger das risikolose Gewinnpotenzial aus, so passen sich konsequenterweise die Preise wiederum an die eigentlichen Werte, den Barwert der erwarteten Zahlungsströme, an.[58] Die Theorie lässt sich somit nicht nur unter der restriktiven Annahme rational an den Kapitalmärkten handelnder Anleger begründen, sondern auch explizit unter der Einbeziehung irrational und sogar korreliert irrational handelnder Individuen aufrechterhalten.[59]

Die Arbitrage rationaler Kapitalmarktteilnehmer beinhaltet darüber hinaus eine weitere Implikation, die eine langfristige Konvergenz der Märkte in Richtung der Informationseffizienz begünstigt, und zwar in der Form von Reichtumsverlagerungen zwischen Investoren: Gut informierte Marktteilnehmer erzielen, indem sie aufgrund ihres überlegenen Wissens unterbewertete Anlageformen identifizieren, zulasten der schlechter informierten, die überbewertete Anlagen halten, höhere Renditen. Dadurch nimmt ihre finanzielle Bedeutung relativ zu den schlechter informierten Investoren zu. Weil jedoch Akteure nicht auf Dauer am Markt überleben können, die permanente Verluste erzielen und damit langfristig ihre finanzielle Existenzfähigkeit einbüßen, resultiert in einer Art darwinistischer Auslese[60] ein Zustand, in dem nur die beste Information Bestand

---

56 Vgl. Rubinstein (2001), S. 20; Shleifer (2000), S. 3.

57 Arbitrage kann nach Sharpe/Alexander/Bailey (1999), S. 907, als „the simultaneous purchase and sale of the same, or essentially similar, security in two different markets for advantageously different prices" definiert werden.

58 Vgl. Fama (1965), S. 37 f.; Shleifer (2000), S. 3 f.; Wagenhofer/Ewert (2003), S. 107. Zur Arbitrage als Garant der Informationseffizienz vgl. auch Lee (2001), S. 236 f.

59 Insofern argumentieren Verfechter der Informationseffizienzhypothese auf drei Ebenen. Vgl. pointiert Schuhmacher (2003), S. 937 f.

60 Den Begriff verwenden Schildbach (1986), S. 24, und Verrecchia (1979), S. 82.

hat.[61] Kritisiert werden an diesem Ansatz sowohl die Unterstellung, die Finanzkraft der Investoren richte sich nach ihrem Erfolg am Markt, da sie alternative Einkommensquellen für das Börsenengagement ignoriert, als auch das Außerachtlassen denkbarer gegenläufiger Reichtumsverlagerungen: Sind Informationsbeschaffung und -auswertung mit Kosten verbunden, so verbleibt informierten Marktteilnehmern verglichen mit den uninformierten eine geringere Nettorendite mit der Folge, dass sich Vermögen just in die andere Richtung verschiebt.[62]

#### 3.5.1.3 Die Modelle von Grossman und Verrecchia

Die Modelle Grossmans und Verrecchias zeigen, dass die Prämisse eines homogenen Informationsstandes der Individuen nicht notwendig ist, damit Kapitalmärkte den Zustand der Informationseffizienz erreichen können.

Sanford J. Grossman weist nach, dass bei heterogener, jedoch gleich präziser Information die Marktteilnehmer unter der Annahme rationaler Erwartungsbildung lernen, wie sich der Gleichgewichtspreis am Markt bildet, und aus dieser Kenntnis in Verbindung mit den ihnen bekannten Informationen Rückschlüsse auf die Informationen anderer ziehen können. Der gleichgewichtige Gegenwartspreis bildet sich so, dass er alle am Markt verfügbaren Informationen aggregiert, und offenbart insofern gegenüber jedem Individuum Informationen, die dessen eigenen jeweils überlegen sind.[63] Daher sehen sich die Marktteilnehmer mit einer Situation konfrontiert, in der ihre ursprünglich individuell verfügbaren Informationen unter Berücksichtigung der durch den Preis offenbarten wertlos sind – Letztere sind in allen Umweltzuständen umfassender.[64]

Robert E. Verrecchia zeigt ebenfalls für den Fall heterogener Erwartungen, die als individuelle Schätzungen der zukünftigen Preisverteilung der Wertpapiere interpretiert werden, dass bei einer steigenden Anzahl von Marktteilnehmern mit folglich sinkendem individuellen Marktanteil der Gegenwartspreis gegen den hypothetischen Preis konvergiert, der unter der Annahme tatsächlicher Kenntnis der Marktteilnehmer über die zukünftige Preisverteilung eingetreten wäre. Die Preise verhalten sich mithin so, als ob die vorhandenen Informationen allen Individuen verfügbar wären; für den Einzelnen ist es ausgeschlossen, Überrenditen zu erzielen.[65]

---

[61] Vgl. dazu Andersen (1985), S. 361; Cootner (1964), S. 80; Feiger (1978), S. 165; Figlewski (1978), S. 581 ff.; Shleifer (2000), S. 4. Vgl. zudem das äquivalente Argumentationsmuster bei Friedman (1953), S. 174 f.

[62] Vgl. Schildbach (1986), S. 24 f. Die Konsequenzen der Einbeziehung von Informationsbeschaffungs- und -auswertungskosten in die Argumentation werden in Kapitel 3.5.2.2 noch ausführlich behandelt.

[63] Vgl. zur Funktion von Preisen, Informationen zu kommunizieren, auch bereits von Hayek (1945), S. 525 f.

[64] Vgl. Grossman (1976), S. 573 f., 581. Die Wertlosigkeit individueller Informationen aufgrund der effizienten Informationsaggregation durch den Preis bewirkt, dass Anreize der Individuen, in Informationsbeschaffung und -auswertung zu investieren, vernichtet werden. Zur damit verbundenen Problematik vgl. ausführlich unten Kapitel 3.5.2.2.

[65] Vgl. Verrecchia (1979), S. 79.

Beide Modellansätze werden jedoch insbesondere wegen der rigiden zugrunde gelegten Annahmen kritisiert: Grossman unterstellt, dass die Akteure am Markt zwar heterogene, jedoch gleich präzise Erwartungen aufweisen, dass sie die Funktion der Preisbildung am Markt kennen und rationale Erwartungen bilden, dass Störungen der Schlussfolgerungen aus Gegenwartspreisen auf die künftigen Preise unterbleiben und dass die Informationsbeschaffung wie unter den Annahmen Famas kostenlos ist.[66] Verrecchia verweist selbst darauf, dass sein Modell strengen und dadurch einschränkenden Annahmen bezüglich der Erwartungen der Marktteilnehmer, darunter insbesondere die Unabhängigkeit der individuellen Schätzungen über die zukünftige Verteilung der Wertpapierpreise, unterliegt.[67]

Die verschiedenen Mechanismen, die die Verfechter informationseffizienter Kapitalmärkte im Rahmen der theoretischen Diskussion anführen, sind jedoch nicht ohne Kritik geblieben. Die Argumente der Kritiker werden im folgenden Kapitel dargestellt.

### 3.5.2 Theoretische Argumente für Skepsis gegenüber der Informationseffizienz des Kapitalmarkts

Auf realen Kapitalmärkten existieren verschiedene potenzielle Quellen der Informationsineffizienz.[68] Die folgenden Kapitel gehen auf Gründe, die ein Verfehlen der Informationseffizienz zur Folge haben können, ein.

#### 3.5.2.1 Verfehlen der Informationseffizienz aufgrund von heterogener Information der Marktteilnehmer

Ein erstes theoretisches Argument, das gegen informationseffiziente Kapitalmärkte spricht, lässt sich unmittelbar ableiten, wenn die Prämisse homogener Information der Marktteilnehmer aufgehoben und auch nicht, wie in den oben[69] beschriebenen Modellen Grossmans und Verrecchias, durch ebenfalls restriktive Annahmen über die spezifische Ausprägung der Heterogenität der Informationsverteilung ersetzt wird. Realiter muss davon ausgegangen werden, dass die Individuen sowohl über unterschiedliche Informationen als auch über unterschiedliche Kenntnisse des Informationsstandes anderer sowie insbesondere über unterschiedliches methodisches Wissen zur Auswertung der ihnen zugänglichen Informationen und zur Erwartungsbildung über daraus etwaig resultierende zukünftige Kurse verfügen. Daher ist davon auszuge-

---

66 Vgl. Schildbach (1986), S. 20 f.

67 Vgl. Verrecchia (1979), S. 82. Vgl. zudem Schildbach (1986), S. 22.

68 Vgl. Fama (1970), S. 388.

69 Vgl. Kapitel 3.5.1.3.

hen, dass es zu divergierenden Erwartungen kommt. Betrachtet man vor diesem Hintergrund den Fall einer zusätzlichen öffentlichen Information, so kann es zu einer lediglich verzögerten Anpassung der Preise an den neuen Informationsstand kommen, wenn zwar einige Marktteilnehmer die Information richtig auswerten und unverzüglich reagieren, aber eine andere, nicht unbedeutende Gruppe von Marktteilnehmern langsam reagiert, weil sie schlechter informiert ist. Denkbar ist auch, dass der Markt unzutreffend auf neue Informationen reagiert. Heterogenität der Informationen kann somit dazu führen, dass der Markt informationsineffizient wird.[70]

#### 3.5.2.2 Verfehlen der Informationseffizienz aufgrund von Informationskosten – Das Informationsparadoxon

Die klassischen Prämissen der Informationseffizienz nach Fama abstrahieren von Kosten der Beschaffung und Auswertung von Informationen.[71] In der Realität jedoch ist dementgegen die Prämisse plausibler, dass derartige Aktivitäten stets Geld, Zeit oder Mühe kosten.[72] Zudem unternehmen sowohl Analysten als auch institutionelle und private Anleger in der Praxis erhebliche Anstrengungen und wenden erhebliche (finanzielle) Mittel auf, um die Beschaffung und Verarbeitung von Informationen zu bewerkstelligen. Schon allein die Existenz von Informationsintermediären kann erst bei Aufgabe der Prämisse kostenloser Information erklärt werden; andernfalls benötigten die vollständig informierten Anleger für ihre Entscheidungen keine Unterstützung durch Spezialisten.[73]

Vor dem Hintergrund positiver Informationskosten lohnt es sich für den einzelnen Anleger auf einem informationseffizienten Markt allerdings nicht mehr, Ressourcen in die Beschaffung und Auswertung von Informationen zu investieren: Diesbezügliche Anreize sind nicht mehr existent, da keine Überrenditen erzielt werden können; Anlegern würde vielmehr nach Abzug der Informationskosten eine geringere (Netto-)Rendite verbleiben als ohne Inkaufnahme dieser Kosten. In einer solchen Situation werden rationale Individuen es unterlassen, Informationen zu beschaffen und zu verarbeiten, sie werden sich stattdessen an den beobachtbaren Kursen orientieren, die die verfügbaren Informationen bei Markteffizienz ex definitione ohnehin reflektieren. In letzter Konsequenz kommt die gesamtwirtschaftliche Informationsbeschaffung und -auswertung zum Erliegen. Dann jedoch fließen auch keine Informationen mehr in die Kurse ein, und der Markt verliert seine Informationseffizienz.[74] Insofern besteht zwischen der Informa-

---

70 Vgl. m. w. N. Schildbach (1986), S. 25 f.

71 Vgl. oben Kapitel 3.5.1.1.

72 Vgl. Schildbach (1986), S. 29.

73 Vgl. Lindemann (2004), S. 26.

74 Vgl. etwa Andersen (1985), S. 357; Grossman/Stiglitz (1976), S. 247 f.; Grossman/Stiglitz (1980), S. 404 f.; Neumann/Klein (1982), S. 169; Schmidt (1976), S. 165.

tionseffizienz des Marktes und den Anreizen der Marktteilnehmer zur Informationssuche eine konfliktäre Beziehung, die es ausschließt, beide Aspekte gleichzeitig zu realisieren[75] – Informationseffizienz bei positiven Informationskosten ist mithin paradox.

Dem Informationsparadoxon werden verschiedene Argumente entgegengehalten. So kann man beispielsweise die Definition der Informationseffizienz auf kostenlos verfügbare Informationen beschränken. Weil aber zumindest bei strenger Auslegung wohl jedwede Beschaffung von bzw. Beschäftigung mit Informationen Kosten verursacht, wäre eine Abgrenzung erforderlich, ab welcher Höhe die Kosten eine Informationsverarbeitung verzögern; dadurch wiederum verliert die Informationseffizienzthese erheblich an Präzision.[76] Alternativ kann die Informationseffizienz auch anhand der Marginalbedingung eingeschränkt werden, d. h., dass Informationen so lange beschafft und ausgewertet werden, bis der daraus resultierende Grenznutzen den Grenzkosten der Informationsbeschaffung und -auswertung entspricht.[77] Neben den genannten Möglichkeiten der Einschränkung der Effizienzdefinition wäre das Paradoxon zudem in einer Situation überwunden, die durch die Illusion der Ineffizienz aufseiten der Marktteilnehmer gekennzeichnet ist, sodass diese aufgrund ihrer Fehleinschätzung über die Funktionsfähigkeit des Marktes Informationshandlungen vornehmen. Allerdings erscheint die Voraussetzung, dass die Wahrnehmung der Individuen dauerhaft von der Realität abweicht, zweifelhaft, da auf einem effizienten Markt die Einsicht entstehen muss, dass die erfolglose Suche nach Überrenditen ein permanentes Verlustgeschäft ist.[78]

#### 3.5.2.3 Verfehlen der Informationseffizienz durch streng rationale Erwartungsbildung der Kapitalmarktteilnehmer

Anleger können am Kapitalmarkt überdurchschnittliche Renditen erzielen, sofern sie über bessere Informationen als ihre Handelspartner verfügen – diese Schlussfolgerung mag man intuitiv als klar offensichtlich einstufen. Auf einem schwach informationseffizienten Kapitalmarkt wären öffentlich bekannte Informationen ausreichend, auf einem mittelstreng informationseffizienten lediglich private, also öffentlich nicht bekannte. Voraussetzung ist, dass erst nach der Durchführung von Transaktionen vonseiten der besser informierten Akteure die jeweiligen Informationen anderen Marktteilnehmern offenbar werden und sich in den Kursen widerspiegeln.[79]

---

75 Vgl. Lindemann (2004), S. 27.

76 Vgl. Schildbach (1986), S. 29.

77 Vgl. Gonedes (1972), S. 20; Jensen (1978), S. 96; Roll (1994), S. 72; Stigler (1967), S. 291.

78 Vgl. Schildbach (1986), S. 30 f.

79 Vgl. Lindemann (2004), S. 22.

So einleuchtend die Schlussfolgerung auch erscheint, sie ist dennoch nicht allgemeingültig; die Prämisse streng rationaler Erwartungsbildung der Investoren kann höhere Renditen besser Informierter verhindern. Um von ihrem Wissen profitieren zu können, sind diese darauf angewiesen, dass Transaktionen mit anderen Marktteilnehmern zustande kommen. Streng rationale Marktteilnehmer sind jedoch in der Lage, aus dem Verhalten anderer Folgerungen auf die Ursache dieses Verhaltens zu ziehen und bei ihrer eigenen Entscheidungsfindung zu berücksichtigen. Konkret leiten sie aus dem Transaktionswunsch der Marktgegenseite ab, dass ihr persönlicher Informationsstand verglichen mit dem des transaktionswilligen Investors inferior ist. Da ihnen die Unvorteilhaftigkeit bewusst ist, vor dem Hintergrund dieser Situation Transaktionen einzugehen, verweigern sie sich dem Ansinnen der besser informierten Investoren, denen infolgedessen keine Transaktionspartner zur Verfügung stehen. Folglich kommt es nicht zum Handel, die Märkte trocknen aus, und ein überlegener Informationsstand lässt sich am Markt nicht in Überrenditen ummünzen.[80]

Jedoch unterliegt die Herleitung dieses „No-Trade"-Theorems restriktiven, wenig realitätsnahen Annahmen. So kann nicht ohne Weiteres davon ausgegangen werden, dass Marktteilnehmer streng rationale Erwartungen bilden. Zudem müssen die Allokation im Ausgangszustand paretooptimal sowie die Marktteilnehmer bei identischen Erwartungen risikoavers sein. Ohne diese Annahmen wäre weder sichergestellt, dass ausschließlich private Informationen einen Transaktionswunsch bewirken können, noch dass das Verhalten Dritter Rückschlüsse auf deren Informationsstand zulässt.[81]

Insofern kann man das „No-Trade"-Theorem als einen theoretischen Extremfall betrachten.[82] Um eine Annäherung an die Realität zu erreichen, kann etwa die Annahme der streng rationalen Erwartungsbildung der Marktteilnehmer aufgegeben und durch die Einbeziehung bewusst oder unbewusst irrational handelnder Individuen ersetzt werden. Diesbezügliche Überlegungen bilden den Gegenstand des folgenden Kapitels.

---

[80] Vgl. Kreps (1988), S. 118, der pointiert formuliert: "... to undertake a trade in this special environment, a trader must either be a fool or must suspect that the other side to the trade is a fool." Vgl. auch Milgrom/Stokey (1982), S. 18 f., und Stiglitz (1982), S. 119. Ein anschauliches Beispiel liefert von Heyl (1995), S. 45 ff.

[81] Vgl. Kreps (1988), S. 118; Lindemann (2004), S. 22 f.; Milgrom/Stokey (1982), S. 17 f.

[82] Vgl. Lindemann (2004), S. 23.

### 3.5.2.4 Verfehlen der Informationseffizienz durch Noise in den Kursen und unvollkommene Arbitragemöglichkeiten auf realen Kapitalmärkten

Die klassische Prämisse, dass sich die Wirtschaftssubjekte allgemein und damit auch die Investoren am Kapitalmarkt vollkommen rational verhalten, erscheint wenig realitätsnah, weil einige Kapitalmarktteilnehmer, die als „Noise Trader" bezeichnet werden, bewusst oder unbewusst irrational handeln.[83] Solche Investoren folgen etwa den Empfehlungen von Börsengurus, überreagieren auf neue Informationen oder schließen aus der historischen Kursentwicklung auf die zukünftige.[84] Derartiges Verhalten steht im Gegensatz zu der Empfehlung der Effizienzmarkttheorie an (uninformierte) Akteure, eine passive Handelsstrategie zu verfolgen. Diese Abweichungen einiger Kapitalmarktteilnehmer vom Rationalverhalten erweisen sich zudem als systematisch – demzufolge kommt es nicht zu einem automatischen Ausgleich bei einer hohen Anzahl von Investoren. Die Abweichungen lassen sich in die Kategorien Risikoeinstellung, Erwartungsbildung sowie Abhängigkeit der Entscheidungsbildung von der Problemdarstellung unterteilen.[85]

Hinsichtlich ihrer Risikoeinstellung weichen die Marktteilnehmer systematisch von den Rationalitätspostulaten der Erwartungsnutzentheorie ab. Statt an der maximal erreichbaren Wohlfahrt orientieren sie ihre Entscheidungen einerseits an Gewinnen bzw. Verlusten in Relation zu individuell und situationsbedingt unterschiedlichen Referenzpunkten, in der Regel dem Status quo des Investors; andererseits zeigen sie im Gewinnfall ein risikoaverses Verhalten, d. h. sie gewichten das Risiko etwaiger Verluste höher als die damit einhergehende Chance auf Gewinne, im Verlustfall jedoch ein risikofreudiges Verhalten, d. h. sie bevorzugen potenziell hohe gegenüber sicheren niedrigen Verlusten.[86] Eine solche Risikoeinstellung kann das beobachtbare Investorenverhalten plausibilisieren, Verluste zu spät, Gewinne jedoch zu früh zu realisieren sowie zudem allgemein geringere Aktienanteile in den Portfolios zu halten als allein die Höhe der Risikoprämie für das Halten von Aktien vermuten ließe.[87]

---

83 Vgl. Black (1986), S. 529, 531; Shleifer/Summers (1990), S. 19 f. Der Begriff „Noise" findet in der finanz- und volkswirtschaftlichen Literatur allgemein Verwendung, wenn neben rationalen Elementen weitere Faktoren die Preisbildung beeinflussen. Vgl. Pierdzioch/Stadtmann (2003), S. 407.

84 Vgl. Shleifer/Summers (1990), S. 23 f.; Shiller (1984), S. 497, sieht diesbezüglich „a great deal of evidence ... that social movements, fashions, or fads are likely to be important or even the dominant cause of speculative asset price movements".

85 Vgl. Shleifer (2000), S. 10; Shleifer/Summers (1990), S. 23. Die Untersuchung des tatsächlichen Verhaltens von Marktteilnehmern hinsichtlich Informationsaufnahme, -verarbeitung, Erwartungsbildung und Entscheidungskriterien unter expliziter Berücksichtigung der Abweichungen vom Rationalverhalten und verhaltenswissenschaftlicher Erkenntnisse ist Gegenstand des Forschungsprogramms der sog. „Behavioral Finance". Vgl. dazu Oehler (2000), S. 718; Oehler (2002), S. 848; Möller/Hüfner (2001), Sp. 1279; Schäfer/Vater (2002), S. 739.

86 Vgl. Kahneman/Tversky (1979), S. 268 f., 274; Tversky/Kahneman (1992), S. 297, 306, deren Ergebnisse zudem im Falle geringer Wahrscheinlichkeiten ein genau gegenteiliges Verhalten, nämlich Risikofreude im Gewinnfall und Risikoaversion im Verlustfall, nachweisen. Vgl. auch Schuhmacher (2003), S. 938.

87 Vgl. Benartzi/Thaler (1995), S. 73 f.; Mehra/Prescott (1985), S. 145 f.; Odean (1998), passim.

Auch bei der Erwartungsbildung unter Unsicherheit bestehen systematische Abweichungen vom Rationalverhalten, etwa durch das Außerachtlassen von Gesetzen der Wahrscheinlichkeitstheorie.[88] Als Beispiel sei die Extrapolation der Zukunft aus für repräsentativ erachteten Vergangenheitsdaten über kurze Zeiträume angeführt: Dabei mangelt es an einer ausreichenden Berücksichtigung des Umstandes, dass die jüngere Vergangenheit mitunter stark durch Zufallseinflüsse geprägt und dementsprechend gerade nicht repräsentativ ist.[89]

Schließlich lässt sich zeigen, dass die Bewertung von Sachverhalten durch die Investoren Einflüssen durch die Art und Weise der Darstellung dieser Sachverhalte unterliegt. Weil beispielsweise die Volatilität der Aktienmärkte bei Betrachtung des kurzfristigen Verlaufs höher als bei alternativer Betrachtung der langfristigen Entwicklung erscheint, neigen Investoren zu einem reduzierten Aktienengagement, wenn sie sich mit kurzfristigen Daten konfrontiert sehen.[90]

Diese Erkenntnisse deuten zunächst darauf hin, dass Informationseffizienz durch rationales Investorenverhalten im Sinne der klassischen Prämissen[91] nicht zu erwarten ist. Zudem wird deutlich, dass die Argumentation, Informationseffizienz resultiere bei einer ausreichend hohen Zahl von irrationalen Investoren, die unkorreliert agieren, durch eine gegenseitige Kompensation von deren Transaktionen, vor dem Hintergrund des tatsächlichen Verhaltens kritisch einzustufen ist: Dass die Aktionen der Investoren untereinander unabhängig sein müssen, bildet für diese Argumentation eine problematische Prämisse. Jedoch stellt unkorreliert irrationales Investorenverhalten keine notwendige Bedingung für das Erreichen eines informationseffizienten Marktes dar – zumindest in dem Fall, dass rationale Arbitrageure auftreten, die aus den irrationalen Aktionen zu profitieren versuchen und dadurch eine Beeinflussung der Kurse durch Noise Trader unterbinden.[92] Somit gilt es, im Folgenden die Möglichkeit stabilisierender Arbitrage durch rationale Kapitalmarktteilnehmer näher zu untersuchen.

Im theoretischen Ideal ist Arbitrage vollkommen risikolos; Leerverkäufe sind uneingeschränkt möglich und perfekte Substitute liegen vor.[93] Im Gegensatz dazu ist Arbitrage auf realen Märkten jedoch risikobehaftet und insofern als erklärender Mechanismus für das Erreichen eines informationseffizienten Zustands nur eingeschränkt geeignet. Für Arbitrageure besteht zum einen das Risiko, dass der Fundamentalwert von Aktien eine unerwartete Entwicklung nimmt. Leerverkäufe von für überwertet erachteten Wertpapieren unterliegen etwa dem Risiko steigender Kurse durch neue, überraschend positive Informationen. Daher besteht die permanente

---

88 Vgl. Kahneman/Tversky (1973), S. 237 f.; Kahneman/Riepe (1998), S. 56.

89 Vgl. Schuhmacher (2003), S. 938; Shleifer (2000), S. 11.

90 Vgl. Kahneman/Tversky (1979), S. 271 ff.; Shleifer (2000), S. 11.

91 Vgl. oben Kapitel 3.5.1.1.

92 Vgl. oben Kapitel 3.5.1.2.

93 Vgl. Schuhmacher (2003), S. 939; Shleifer/Vishny (1997), S. 35.

Gefahr möglicher Verluste.[94] Bei einem endlichen Planungshorizont sind Arbitrageure zum anderen der Gefahr ausgesetzt, dass eine vom Fundamentalwert abweichende Bewertung über den Planungshorizont und damit den Liquidationszeitpunkt des Investors hinaus andauert oder sich sogar noch verstärkt. Auch insofern drohen bei Arbitrageversuchen zumindest potenziell Verluste.[95] Überdies finden die Investoren in der Realität häufig keine perfekten Substitute, sodass die Möglichkeit sicherer Arbitrage keinesfalls garantiert ist,[96] oder sie werden in ihren Arbitragebemühungen durch Einschränkungen bei Leerverkäufen behindert.[97] Die Schwierigkeit, den Fundamentalwert und damit die Differenz zu tatsächlichen Kursen zu erkennen, verschärft zudem generell das Risiko der Arbitrage.

Deshalb ist nicht zu erwarten, dass Arbitrage die Einflüsse nicht rational agierender Noise Trader auf die Kurse vollständig eliminiert und der Markt fundamental gerechtfertigte Kurse bildet.[98] Durch dauerhaften Noise in den Kursen können dann für rationale Anleger sogar Anreize entstehen, das irrationale Verhalten derart auszunutzen, dass sie – im Gegensatz zur ihnen bisher zugeschriebenen Verhaltenswirkung – Informationseffizienz konterkarieren: Eine Verstärkung des Trends weg von Fundamentalwerten, die zudem weitere Noise Trader zum Handel anregen kann, wirkt sich profitabel aus, sofern rechtzeitig vor dem Zeitpunkt der Trendumkehr des Kursverlaufs in Richtung des Fundamentalwerts die Gewinne realisiert werden.[99]

Die (realitätsnahe) Annahme, dass Arbitrage mit Risiken verbunden ist, stellt schließlich auch das Argument infrage, Noise Trader würden langfristig aufgrund ihrer andauernden Verluste durch für sie ungünstige Reichtumsverlagerungen aus dem Markt ausscheiden. Da sowohl rationale Investoren als auch Noise Trader Risiko tragen, das im Marktgleichgewicht durch eine

---

94 Vgl. Shleifer/Summers (1990), S. 20 f.

95 Vgl. De Long et al. (1990a), S. 705; Shleifer/Summers (1990), S. 21 f.; Shleifer/Vishny (1997), S. 35 f. Die Problematik endlicher Planungszeiträume gewinnt an Bedeutung, wenn man etwa bedenkt, dass realiter institutionelle Anleger in der Regel mindestens jährlich, häufig jedoch in noch geringeren zeitlichen Abständen, die Performance evaluieren. Für einen empirischen Beleg anhaltend unterschiedlicher Bewertung von Unternehmen trotz nahezu identischer zu erwartender Cashflows vgl. Froot/Dabora (1999).

96 Vgl. Schuhmacher (2003), S. 940.

97 Vgl. Miller (1987), S. 6. Der Autor sieht realiter „bounded efficient markets“, da rationale Anleger zwar durch ihr Kaufverhalten im Falle unterbewerteter Aktien Fundamentalwerte erreichen können, im Falle überbewerteter Aktien jedoch die Hindernisse bei Leerverkäufen einem Absinken der Kurse auf den Fundamentalwert entgegenstehen, sodass sich eine Preisobergrenze bildet.

98 Vgl. kritisch zum Arbitragemechanismus als Garant der Informationseffizienz Summers (1986), S. 598 f. Erschwerend kommt hinzu, dass mitunter auch institutionelle Anleger, denen gemeinhin noch am ehesten rationale Arbitrage zuzutrauen ist, entgegengesetzten Anreizen ausgesetzt sind. So kann es für professionelle Manager vorteilhaft sein, die Portfoliostrategie der Konkurrenz zu imitieren, um im relativen Vergleich der erwirtschafteten Renditen nicht schlechter abzuschneiden, oder jeweils vor Zeitpunkten der Evaluation ihrer Performance das Portfolio so auszurichten, dass es überwiegend sich positiv entwickelnde Anlagen und keine Verlustbringer mehr enthält. Vgl. dazu Scharfstein/Stein (1990), S. 465 f., und Lakonishok et al. (1991), S. 227.

99 Vgl. De Long et al. (1990b), S. 380; Froot/Scharfstein/Stein (1992), S. 1462 f. Dieser Anreiz besteht insbesondere, falls es Investoren gibt, die sogenannte „Positive Feedback-Strategien“ verfolgen, d. h. im Kurs steigende Aktien kaufen und im Kurs fallende verkaufen, weil sich Diskrepanzen zum Fundamentalkurs dann leichter verstärken lassen. Als Folge entstehen spekulative Blasen am Markt. Vgl. dazu Shleifer/Summers (1990), S. 28, sowie anschaulich Shiller (2003), S. 91 ff.

damit korrespondierende Risikoprämie entgolten wird, droht den Noise Tradern im Falle riskanter Anlagestrategien zwar ein überdurchschnittliches Verlustrisiko, andererseits eröffnet sich ihnen gleichzeitig die Chance auf überdurchschnittliche Gewinne.[100] Langfristiger überdurchschnittlicher Erfolg zumindest einiger Noise Trader kann nun in der Folge Nachahmer ermutigen, die scheinbar Erfolg versprechende Strategie zu imitieren, ohne das mit der höheren Gewinnchance einhergehende höhere Risiko zu bedenken. Auch die Noise Trader selbst können der Illusion erliegen, die Gewinne beruhten auf ihrem Anlagetalent, dementsprechend zunehmend aggressiv auftreten und ihren Einfluss auf die Preise dadurch vergrößern.[101]

Insgesamt gesehen zeigt die Betrachtung, dass auf allen drei Ebenen der Argumentation für informationseffiziente Kapitalmärkte – rationale Investoren, andernfalls unkorreliertes und sich daher automatisch neutralisierendes Verhalten irrationaler Investoren und sogar bei korreliert irrationalem Verhalten einiger Marktteilnehmer Arbitrage durch rationale Investoren – Einwände erhoben werden können. Insofern liefert die theoretische Diskussion im Ganzen auf die Frage nach der Informationseffizienz der Kapitalmärkte keine eindeutige Antwort. Daher ist es naheliegend, sich der empirischen Literatur zuzuwenden, um dort weitere Erkenntnisse über die tatsächliche Ausprägung der Informationseffizienz – und insbesondere darüber, ob der im Kontext der Rechnungslegung relevante mittelstrenge Grad vorliegt – zu gewinnen. Konsequenterweise beschäftigt sich das folgende Kapitel mit Versuchen, sich der Antwort auf diese offene Frage empirisch zu nähern.

## 3.6 Das Informationseffizienzkonzept als Gegenstand empirischer Forschung

Das Konzept informationseffizienter Kapitalmärkte ist Gegenstand einer – inzwischen nahezu unüberschaubaren – Vielzahl empirischer Untersuchungen.[102] Ziel dieses Kapitels kann daher keine vollständige Darstellung der Ergebnisse sein; vielmehr geht es darum, einen Eindruck von der Forschung und den erreichten Resultaten zu gewinnen, der ausreichend ist, um Aussagen über den in der Realität vorliegenden Grad der Informationseffizienz zu ermöglichen.

Der Aufbau des Kapitels folgt den Graden der Informationseffizienz und unterteilt die empirischen Untersuchungen daher Fama (1970) folgend in solche zur schwachen, mittelstrengen bzw. strengen Form.[103]

---

[100] Vgl. Lindemann (2004), S. 25; Shleifer (2000), S. 16; Shleifer/Summers (1990), S. 24.

[101] Vgl. Shleifer/Summers (1990), S. 25.

[102] Allein der Überblicksartikel von Kothari (2001) präsentiert empirische Untersuchungen auf 127 Seiten.

[103] Vgl. Fama (1970), S. 383.

### 3.6.1 Empirische Untersuchungen zur schwachen Informationseffizienz der Kapitalmärkte

Auf schwach informationseffizienten Kapitalmärkten reflektieren Preise vollständig die Informationen der vergangenen Kursverläufe. Zeitreihen historischer Preisentwicklungen sind somit frei von Schemata und aufeinanderfolgende Preisänderungen voneinander unabhängig. Die Preise folgen einem „Random Walk" (Zufallspfad); vergleichbar mit dem mehrfachen Wurf einer fairen Münze, bei dem der Ausgang einer jeden Wiederholung unabhängig von den vorangegangenen ist, sind analog im Preisbildungsprozess sukzessive Veränderungen jeweils unabhängig voneinander und damit auch unabhängig vom historischen Verlauf insgesamt.[104]

Um Kapitalmärkte auf schwache Informationseffizienz zu testen, wird dementsprechend untersucht, ob beobachtete Kursentwicklungen am Kapitalmarkt tatsächlich einem Zufallspfad gleichkommen. Liegt ein Random Walk vor, impliziert die Unabhängigkeit aufeinanderfolgender Preisänderungen, dass sich auf Grundlage der historischen Preisentwicklung keine Strategie entwickeln lässt, die in der Lage wäre, die zukünftigen Kurse zu prognostizieren.[105] Dann ist es zugleich unmöglich, aus den Kursen der Vergangenheit überdurchschnittlich erfolgreiche Anlageempfehlungen abzuleiten, und der Kapitalmarkt ist schwach informationseffizient. Wenn im gegenteiligen Fall der Nachweis gelingt, dass sich aus Kursdaten der Vergangenheit Handelsstrategien herleiten lassen, die die Rendite eines simplen Buy-and-Hold übertreffen, steht dies mit der Hypothese eines schwach informationseffizienten Kapitalmarktes in Widerspruch.

Die schwache Form der Informationseffizienz ist insofern empirisch durch Überprüfung der Prognostizierbarkeit zukünftiger Renditen anhand des vergangenen Kursverlaufs relativ gut testbar. Als Methoden kommen etwa einfache Chartregeln, z. B. Filterregeln, Untersuchungen der Korrelation von Kursreihen oder Runs-Tests zur Anwendung.[106] Die folgenden Kapitel stellen diese gängigen Testverfahren mit den korrespondierenden Resultaten bezüglich verschiedener Kapitalmärkte dar. Ein Abschnitt geht zudem auf empirisch beobachtete sogenannte

---

[104] Vgl. Beaver (1998), S. 129 f.; Brealey/Myers/Allen (2006), S. 333 f., 337. Der Kurs eines Wertpapiers könnte etwa bei Kopf um 3 % steigen, bei Zahl hingegen um 2,5 % sinken. Dann liegt ein Random Walk mit einem positiven Drift von 0,25 % (= 0,5*[3 % - 2,5 %], also dem erwarteten Ergebnis entsprechend) vor. Klein (1999), S. 114, hingegen sieht die Random Walk-Hypothese nicht als Analogie von Kursbildung und Glücksspiel, sondern lediglich als „eine Theorie zur Erläuterung von Kursverläufen".

[105] Vgl. Fama/Blume (1966), S. 226.

[106] Vgl. Schremper (2002), S. 690; Steiner/Bruns (2002), S. 45 f.

Marktanomalien und damit auf Untersuchungen über die Prognostizierbarkeit von Renditen durch weitere risikounabhängige und damit vermeintlich bewertungsirrelevante Variablen ein.[107]

### 3.6.1.1 Filterregeln

Tests der schwachen Informationseffizienz werden etwa mittels Filterregeln durchgeführt. Dabei handelt es sich um eine Anlagestrategie, die für Aktienkäufe und -verkäufe einen Automatismus vorschreibt, der sich danach richtet, ob der Aktienkurs einer bestimmten prozentualen Veränderung, dem Filter, unterlegen hat.[108]

Ein sog. y-Filter beschreibt eine Strategie, die für eine Aktie eine Kaufentscheidung auslöst, nachdem deren Kurs um mindestens y% gestiegen ist. Die Aktie wird so lange gehalten, bis der Preis nach dem vorausgegangenen Höchststand wenigstens um y% gesunken ist; zu diesem Zeitpunkt wird sie verkauft und eine Short-Position eingegangen, die wiederum so lange aufrechterhalten wird, bis der Kurs vom vorausgegangenen Tief um mindestens y% gestiegen ist. Die Short-Position wird glattgestellt und die Aktie wieder gekauft. Berücksichtigt werden somit lediglich Kursschwankungen, die y% übersteigen; geringere Schwankungen werden ignoriert („herausgefiltert").[109] Je größer man dabei den Filter wählt, desto geringer wird die Anzahl der notwendigen Transaktionen, und es steigt die Zuverlässigkeit, dass nur wesentliche Kursbewegungen erfasst werden; andererseits bleiben dann eher potenziell profitable Kursbewegungen ungenutzt. Insofern besteht ein Trade off zwischen Zuverlässigkeit und Gewinnchancen. Ein Vergleich des Ergebnisses der filterbasierten Handelsstrategie mit dem einer Buy-and-Hold-Strategie (Kauf der Aktie zu Beginn und Verkauf zum Ende des Untersuchungszeitraums) zeigt schließlich, ob mittels der Filtertechnik eine Überrendite am Kapitalmarkt erzielt werden kann. Ist dies der Fall, so liegt ein Widerspruch zur Informationseffizienzhypothese vor, denn eine erfolgreiche Anwendung der Filtertechnik setzt Abhängigkeiten im Preisbildungsprozess, dass sich also die Kurse immer über gewisse Zeiträume in eine bestimmte Richtung verändern, voraus.[110]

Die ersten empirischen Untersuchungen zu dieser Strategie gehen auf Alexander (1961, 1964) zurück. Dessen frühe Anwendung der Filtertechnik im Jahr 1961 u. a. auf Indexrenditen des

---

107 Vgl. zu dieser Erweiterung des Abgrenzungsbereichs auf „tests for return predictability" Fama (1991), S. 1576 f., der auch die Bezeichnung der beiden anderen Kategorien ändert, diese jedoch inhaltlich unverändert belässt. Vgl. auch Bienert (1996), S. 38 f. Siehe zur Klassifikation nach Fama (1991) auch Beaver (1998), S. 128: „These classifications are best thought of as coarse partitioning of all information systems into three broad categories in which the boundaries between them are not precisely defined." Ähnlich Foster (1986), S. 315 f., über die Unterteilung nach Fama (1970): „Clear-cut distinctions do not exist among these three categories."

108 Vgl. Lindemann (2004), S. 36.

109 Vgl. etwa Alexander (1961), S. 22 f.; Alexander (1964), S. 25; Fama (1970), S. 394 f.

110 Vgl. Sapusek (1998), S. 200 f.

Dow Jones der Jahre 1897 bis 1959 hat ergeben, dass kleine und mittlere Filter im Bereich zwischen 5 und 30 % die Rendite einer Buy-and-Hold-Strategie deutlich übertreffen. Insbesondere ist bemerkenswert, dass auch nach Berücksichtigung von Transaktionskosten die Profite zwar erheblich reduziert werden, dadurch das filtergestützte Portfolio aber keinesfalls in die Verlustzone gerät. Insofern scheinen die Preise durch Trends beeinflusst zu sein.[111] Diese Vorgehensweise ist jedoch Kritik ausgesetzt; so wird etwa bemängelt, dass die positiven Ergebnisse systematisch verzerrt seien, weil in der Realität Preissprünge den Kauf bzw. Verkauf zu den exakten, durch die Filter ermittelten Werten verhindern, und die Abweichungen der tatsächlichen von den rechnerischen Kursen sich zuungunsten der Filterstrategie auswirken.[112] Der Einwand erscheint stichhaltig, denn bereits 1964 relativiert eine Arbeit des gleichen Autors das originäre Ergebnis. Zum einen reduziert eine Neuberechnung der Renditen auf Basis der frühen Daten unter Berücksichtigung der Verzerrung die erzielbaren Profite deutlich, zum anderen belegen Tests diverser Filter für die Jahre 1928 bis 1961, dass zwar alle Filter im Zeitablauf positive Renditen erzielen, jedoch nicht alle erfolgreicher sind als Buy-and-Hold. Am erfolgreichsten schneiden die kleinsten Filter ab. Im Gegensatz zur früheren Untersuchung führen nun aber bereits Transaktionskosten in lediglich geringer Höhe dazu, dass – mit Ausnahme des höchsten Filters von über 40 % – Buy-and-Hold einen höheren Ertrag erzielt; der zuvor erfolgreichste kleine Filter bewirkt dann sogar einen annähernd vollständigen Verlust des eingesetzten Kapitals.[113]

Fama/Blume (1966) wenden die durch Alexander eingeführte Filtertechnik in einer eigenen Studie ebenfalls auf Daten des Dow Jones, allerdings der Jahre 1956 bis 1962, an. Die Ergebnisse stimmen insofern mit denjenigen Alexanders überein, als bei Einbeziehung von Transaktionskosten eine Strategie des Buy-and-Hold überwiegend den Filtern überlegen ist. Keine Übereinstimmung ergibt sich jedoch bei Abstraktion von Transaktionskosten: In diesem Fall steigen zwar die mit der Filterregel erzielten Renditen in Höhe der zuvor abgezogenen Kosten an, bleiben aber dennoch hinter denen einer passiven Handelsstrategie zurück.[114] Letzteres verstärkt die Anzeichen dafür, dass filtergestützter Aktienhandel Anlegern keine Überrenditen verspricht und der Kapitalmarkt zumindest schwach informationseffizient ist.[115]

---

[111] Vgl. Alexander (1961), S. 23 ff., der abschließend aus seinen Untersuchungen den folgenden Schluss zieht (S. 26): „The riddle has been resolved ... a trend does exist".

[112] Vgl. Mandelbrot (1963), S. 417 f.; Fama/Blume (1966), S. 228; Sapusek (1998), S. 206; vgl. auch Alexander (1964) selbst auf den Seiten 26 ff.

[113] Vgl. Alexander (1964), S. 27 f., 30, 32 f. Dementsprechend ernüchtert fällt nun auch das Fazit (S. 33) aus: "... at this point I should advise any reader who is interested only in practical results, and who is not a floor trader and so must pay commissions, to turn to other sources for advice on how to beat buy and hold."

[114] Vgl. Fama/Blume (1966), insbesondere S. 228, 233, 236.

[115] So auch Fama (1970), S. 396.

In einer jüngeren Untersuchung des deutschen Aktienmarktes testet Klein (1999), ob für Filtersätze von 3 % bzw. 5 % Überrenditen zu erzielen sind, wobei als Vergleichsmaßstab ebenfalls eine Buy-and-Hold-Strategie gewählt wird; die Studie differenziert neben den Filtersätzen auch zwischen verschiedenen Branchen. Die Filterregel führt bei Bruttobetrachtung, d. h. unter Vernachlässigung von Transaktionskosten, zu teilweise deutlich höheren Renditen. Werden jedoch die Transaktionskosten einbezogen, so verbleiben lediglich bei einzelnen betrachteten Branchen Überrenditen, deren Höhe die Hypothese schwacher Informationseffizienz aber nicht signifikant gefährdet.[116] Zusammengenommen deuten die Ergebnisse darauf hin, dass filterbasierte Anlagestrategien die angestrebten Überrenditen verfehlen. Mit der Ausnahme einzelner Branchen spricht dies für einen schwach informationseffizienten Kapitalmarkt.[117]

#### 3.6.1.2 Autokorrelation der Renditen

Aus der Folge der Wertpapiererträge der Vergangenheit ließen sich Prognosen über die zukünftigen Renditen treffen, sofern diese Folge korreliert wäre. Unter der Random Walk-Prämisse muss in einem schwach informationseffizienten Markt die erwartete Korrelation der sequenziellen Preisänderungen gleich null sein, die Folge der Renditen mithin unabhängig voneinander. Dann besitzen vergangene Renditen keine Prognosekraft für zukünftige und die Prämisse schwacher Informationseffizienz, dass die Auswertung von Informationen über historische Kursverläufe keine Überrenditen ermöglicht und die Preise diese Informationen demnach vollständig reflektieren, wäre erfüllt.[118] Empirische Untersuchungen über die Autokorrelation von Renditen und daraus etwaig ableitbare Erfolg versprechende Handelsstrategien ermöglichen es demzufolge, Aussagen über die schwache Kapitalmarkteffizienz zu treffen.

Den Studien liegt allgemein die folgende Vorgehensweise zugrunde: In einem ersten Schritt wird über einen vorgegebenen Zeitraum (die sog. Formationsperiode) die Höhe der Renditen der zu analysierenden Aktien ermittelt. Anhand ihrer jeweiligen Performance in der Formationsperiode werden die Aktien dann unterteilt (Formationszeitpunkt) in ein „Winner"-Portfolio einerseits, dessen Aktien jüngst hohe Renditen erzielt haben, und ein „Loser"-Portfolio andererseits, das die Titel niedriger vorangegangener Renditen aufnimmt. In einem zweiten Schritt wird auf den Formationszeitpunkt folgend die Entwicklung der beiden Portfolios über einen zweiten Zeitraum, die sog. Testperiode, beobachtet.[119] Im Rahmen kurzfristiger Strategien wird das „Winner"-Portfolio gekauft und das „Loser"-Portfolio verkauft (Konzept der relativen Stärke), sodass

---

[116] Vgl. Klein (1999), S. 170 ff.

[117] Vgl. Klein (1999), S. 175 f.

[118] Vgl. Beaver (1998), S. 129; Wallmeier (2001), Sp. 1794.

[119] Vgl. zur Vorgehensweise Schiereck/Weber (1995), S. 4; Meyer (1995), S. 62; Sharpe/Alexander/Bailey (1999), S. 747.

das Vorgehen zyklisch ist; bei langfristigen Strategien wird eine antizyklische Strategie gewählt und somit die Vorgehensweise umgekehrt.[120]

Eine Untersuchung über die Prognostizierbarkeit mehrjähriger Renditen für die New York Stock Exchange (NYSE) im Zeitraum von 1926 bis 1982 legen De Bondt/Thaler (1985) vor. Die Autoren unterteilen die Aktien gemäß der Performance über die vergangenen drei bis fünf Jahre und vergleichen dann die Entwicklung dieser Portfolios über die folgenden drei bis fünf Jahre. Als Ergebnis stellen sie fest, dass das „Loser"-Portfolio eine Rendite deutlich über dem Marktdurchschnitt erzielt; das „Winner"-Portfolio hingegen erwirtschaftet lediglich eine Rendite, die – wenngleich die Abweichung betragsmäßig geringer ist – doch deutlich unterhalb der Marktrendite liegt. Die Underperformer der Vergangenheit erweisen sich demnach langfristig als die Outperformer der Zukunft und umgekehrt. Die Ursache für dieses Ergebnis vermuten die Verfasser darin, dass der Markt angesichts unerwarteter Informationen zunächst überreagiert („overreaction effect") und diese anfängliche Überreaktion dann im Zeitablauf korrigiert.[121]

Bei der Betrachtung kürzerer Anlagezeiträume von bis zu einem Jahr des US-amerikanischen Aktienmarkts zeigt Jegadeesh (1990) in seiner Analyse erzielbarer Renditen aus den Jahren von 1934 bis 1987 eine positive Renditekorrelation. Für Aktien, die in den vergangenen drei bis zwölf Monaten hohe Renditen erzielt haben, ergeben sich hohe Renditen auch für die kommenden drei bis zwölf Monate; Gegenteiliges gilt für Aktien mit zuletzt niedrigen Renditen, wobei der Einjahreszeitraum jeweils die höchste Korrelation aufweist. Die Korrelation ermöglicht es Anlegern, Überrenditen zu erzielen – insbesondere zehrt sogar die Einbeziehung von Transaktionskosten diese Gewinne nicht auf – und widerspricht der Random Walk-Hypothese über den zufälligen Verlauf der Kurse.[122] Damit konform weisen Jegadeesh/Titman (1993) erneut für US-amerikanische Aktien, jedoch in der Periode von 1965 bis 1989, nach, dass Drei- bis Zwölf-Monatsrenditen positiv korreliert sind; es resultieren Überrenditen aus dem Kauf von Aktien mit hohen Renditen und dem Verkauf von Aktien mit geringen Renditen jeweils in den letzten Monaten.[123] Über die unterjährigen Zeiträume hinaus untersuchen die Autoren zudem die längerfristige Entwicklung ihrer Portfolios und kommen dabei zu dem Ergebnis, dass sich dieser Effekt binnen zweier Jahre mehr als halbiert. Insofern besteht eine übereinstimmende Tendenz mit

---

[120] Vgl. Bromann/Schiereck/Weber (1997), S. 603; Schiereck/Weber (1995), S. 4, 23.

[121] Vgl. De Bondt/Thaler (1985), S. 795 ff., 799 f., 803 f. Teilweise werden die Ergebnisse auch in Einklang mit der Kapitalmarkttheorie gesehen bzw. alternative Erklärungsansätze diskutiert; wider solche Positionen regt sich jedoch unmittelbare Gegenkritik. Vgl. dazu m. w. N. Schiereck/Weber (1995), S. 5 f. De Bondt/Thaler (1987) beschäftigen sich mit Einwänden gegen ihre Interpretation, lehnen diese Einwände jedoch zumindest als vollständige Erklärungen ab und sehen zudem neue Hinweise auf Überreaktionen (vgl. die Zusammenfassung auf S. 577, 579).

[122] Vgl. Jegadeesh (1990), S. 881 f., 888 f.

[123] Eine Untersuchung des gleichen Zeitraums an der Frankfurter Aktienbörse weist Parallelen zu diesen Resultaten auf. Vgl. Schiereck/De Bondt/Weber (1999), S. 109.

den Ergebnissen von De Bondt/Thaler (1985), die sich auch auf die Vermutung von Überreaktionen der Marktteilnehmer als mögliche Ergebnisinterpretation erstreckt.[124]

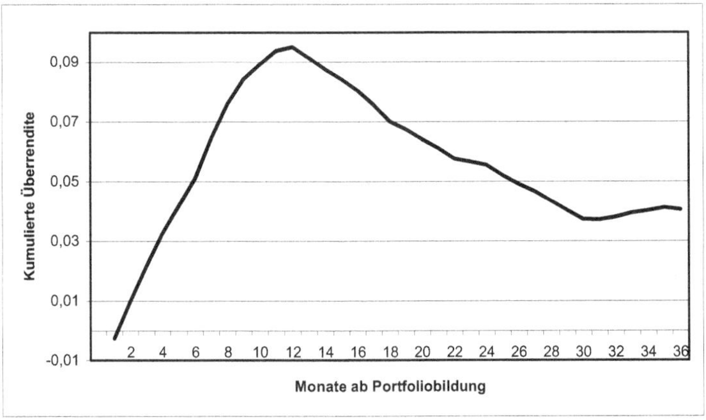


**Abbildung 3: Verlauf der kumulierten Überrendite des Portfolios der relativen Stärke bei Jegadeesh/Titman (1993)[125]**

Angeregt durch die Untersuchungen in den USA liegen auch für den deutschen Aktienmarkt Studien vor, die den Erfolg kurz- und langfristiger Handelsstrategien auf Basis der vorangegangenen Aktienkursentwicklung testen. So betrachten etwa Schiereck/Weber (1995) sowohl Strategien auf Grundlage drei- bis zwölfmonatiger Kursverläufe als auch solche auf Grundlage fünfjähriger Trends.[126] Das Datenmaterial stammt aus den Jahren 1961 bis 1991 und bezieht sich auf an der Frankfurter Wertpapierbörse gehandelte Titel. Im Ergebnis übertreffen kurzfristige Strategien auf Basis von drei-, sechs- und zwölfmonatigen Formationsperioden bei einer Haltedauer der Portfolios von zwölf Monaten den Markt signifikant. Auch durch die langfristigen Strategien mit Formations- und Testperioden über jeweils fünf Jahre erreichen Anleger eine signifikante jährliche Überrendite. Insofern weisen die Ergebnisse deutliche Parallelen zu denjenigen des US-Marktes auf.[127] Eine weitere Analyse des Erfolgspotenzials derartiger Strategien am

---

[124] Vgl. Jegadeesh/Titman (1993), S. 65, 67, 89 f. Die Ergebnisse entsprechen überdies dem Kursverlauf, der durch „Positive Feedback Trading" prognostiziert wird. Vgl. dazu oben Kapitel 3.5.2.4. Für eine kritische Auseinandersetzung mit der Interpretation der Ergebnisse als Konsequenz eines Überreagierens der Marktteilnehmer sowie konkurrierender Erklärungshypothesen vgl. Jegadeesh/Titman (2001), S. 711 ff.

[125] Die Abbildung ist anhand der Daten bei Jegadeesh/Titman (1993), S. 84, Table VII, erstellt.

[126] Vgl. Schiereck/Weber (1995), S. 3.

[127] Vgl. Schiereck/Weber (1995), passim. Abschließend weisen die Autoren zudem auf die Durchführbarkeit der analysierten Strategien ohne hohe Transaktionskosten hin (vgl. S. 23), sodass u. U. sogar eine ökonomische Signifikanz der Ergebnisse vorliegt und demnach eine Netto-Überrendite erzielbar ist. Da eine genaue Angabe über die Höhe der Transaktionskosten jedoch fehlt, ist zu diesem Aspekt keine definitive Aussage möglich. Bromann/Schiereck/Weber (1997) betrachten die Problematik der Transaktionskosten genauer und stellen fest, dass die Überrenditen ausbeutbar sind und daher nicht nur „rein akademischen Charakter" aufweisen (S. 615).

deutschen Aktienmarkt für den nahezu gleichen Zeitraum von 1961 bis 1990 und jeweils identische Formations- bzw. Testperioden zwischen einem und neun Jahren legt Meyer (1995) vor. Die Studie zeigt signifikante Überrenditen sowohl bei einem antizyklischen Anlageverhalten für Periodenlängen zwischen drei und neun Jahren als auch bei einem zyklischen Anlageverhalten bei einjähriger Periodendauer;[128] sie ähnelt daher in ihren Ergebnissen ebenfalls den bereits dargestellten.

Ein Erfolgspotenzial insbesondere der kurzfristigen Strategie kann umso mehr angenommen werden, da Chan/Jegadeesh/Lakonishok (1996) eine weitere Duplikation der Resultate für den amerikanischen Markt liefern: Bei einer Formationsperiode von sechs Monaten entstehen in den zwölf Monaten der Testperiode signifikante Überrenditen, deren Ausmaß nach diesem Jahr jedoch sukzessiv abzusinken beginnt.[129] Rouwenhorst (1998) wendet die Methodik der Untersuchung kurzfristiger Handelsstrategien auf Daten von Aktienkursen zwischen 1978 und 1995 aus zwölf europäischen Ländern an. Im Ergebnis zeigt sich für die Kapitalmärkte aller betrachteten Länder, dass durch Kauf der „Winner" und Verkauf der „Loser" Überrenditen entstehen, die ca. ein Jahr fortdauern.[130] Dadurch erscheint es unwahrscheinlich, dass die den US-amerikanischen Kapitalmarkt betreffenden Ergebnisse auf zufälligen Einflüssen beruhen,[131] denn die diversen Studien weisen den Effekt auf Kapitalmärkten unterschiedlicher Länder und auch in unterschiedlichen Untersuchungszeiträumen nach.[132]

Zusammengenommen zeigen die Ergebnisse Anzeichen für eine Fortsetzung von Trends in kurzer Frist und eine Trendumkehr auf längere Sicht[133] und erzeugen daher insgesamt Zweifel an der Gültigkeit der schwachen Informationseffizienzthese. Die Resultate deuten darauf hin, dass aus Kursverläufen der Vergangenheit Handelsregeln ableitbar sind, die sich zur Erzielung von Überrenditen einsetzen lassen. Strategien, die auf Änderungen vergangener Größen beruhen, bezeichnet man allgemein mit dem Begriff Momentum-Strategien. Mit einem schwach informationseffizienten Kapitalmarkt ist es unvereinbar, dass eine solche Strategie auf Basis vergangener Kursdaten („Return momentum-Strategie") zu überdurchschnittlichen Anlageerfolgen führt.[134]

---

128 Vgl. Meyer (1995), insbesondere S. 63, 78. Realisierbarkeit und Profitabilität der untersuchten Anlagestrategie stehen jedoch durch Transaktionskosten und Leerverkaufsbeschränkungen infrage.

129 Vgl. Chan/Jegadeesh/Lakonishok (1996), S. 1687 f., 1709.

130 Vgl. Rouwenhorst (1998), S. 267 f.

131 Vgl. Rouwenhorst (1998), S. 283.

132 Vgl. Wallmeier (2001), Sp. 1794.

133 Vgl. Shleifer (2000), S. 18.

134 Vgl. Wagenhofer/Ewert (2003), S. 118.

#### 3.6.1.3 „Runs"-Tests

Eine weitere Möglichkeit, Kapitalmärkte auf schwache Informationseffizienz zu untersuchen, sind „Runs"-Tests. Ein „Run" beschreibt eine Folge gleichgerichteter Kursänderungen (Vorzeichenserie). Eine zeitliche Sequenz solcher Vorzeichenserien kann sich etwa in Form der Folge „++−−−+−+++" einstellen, wenn eine Kurssteigerung als „+" und eine Kursminderung als „−" beschrieben wird.[135] Ergeben die Beobachtungen eine geringe Anzahl Runs, deutet dies darauf hin, dass sich Aktienkurse tendenziell gleichgerichtet entwickeln. Die empirisch beobachtete Folge der Aktienkursänderungen wird mit einem Zufallsprozess verglichen. Dieser Vergleich lässt eine Aussage über die Unabhängigkeit der vergangenen Aktienkursentwicklung zu und ermöglicht somit Schlussfolgerungen bezüglich der schwachen Informationseffizienz.[136]

Bereits 1965 hat Fama anhand von Daten der Jahre 1956 bis 1962 mit der Runs-Test-Methode den amerikanischen Aktienmarkt untersucht und dabei Runs für tägliche Preisänderungen sowie für solche über vier, neun und 16 Tage analysiert. Die zusammenfassende Schlussfolgerung besteht darin, dass „there is no evidence of important dependence from either an investment or a statistical point of view"[137]; die Ergebnisse gehen also mit der Hypothese schwacher Informationseffizienz konform.

Gu/Finnerty befassen sich in einer Studie mit dem amerikanischen Aktienmarkt des Zeitraums von 1896 bis 1998, also einer Periode über insgesamt 103 Jahre. Rund ein Drittel der Jahre weist signifikante Autokorrelationen auf, und zwar insbesondere zwischen 1941 und 1975. Nach diesem Zeitraum zeigt sich ein starker Rückgang der Autokorrelation auf ein geringes Niveau bei lediglich moderaten Schwankungen; dabei entspricht dieses Ergebnis bezüglich der jüngeren Vergangenheit weitgehend demjenigen für die ersten Jahrzehnte des Untersuchungszeitraums. Diese Resultate deuten auf eine im Zeitablauf stattfindende Annäherung an den Zustand schwacher Informationseffizienz hin, deren mögliche Ursache die Autoren in der Fortentwicklung der Informations- und Kommunikationstechnologie sehen. Damit ist jedoch das ähnliche Ausmaß der Autokorrelation jeweils zu Beginn und am Ende der betrachteten Zeitspanne nicht zu erklären. Einen denkbaren Grund für die hohe Korrelation in den mittleren untersuchten Jahrzehnten sehen die Autoren in der relativ stabilen wirtschaftlichen Entwicklung in dieser Zeit, die den Technologieeffekt dominiert haben könnte.[138]

---

[135] Vgl. Campbell/Lo/MacKinlay (1997), S. 38 f.; Fama (1965), S. 74; Lindemann (2004), S. 38.

[136] Vgl. Klein (1999), S. 131 f. Ob aus Runs allerdings potenziell profitable Handelstrategien entstehen, kann mit diesem Test nicht beurteilt werden, weil z. B. starke Richtungsänderungen schwache Trends beenden können. Da der Test lediglich die Richtung, nicht jedoch die Intensität der Kursveränderungen analysiert, wirkt er im Falle extremer Kursschwankungen weniger verfälschend als andere Methoden. Vgl. Klein (1999), S. 183.

[137] Fama (1965), S. 80. Vgl. dort auch S. 45, 74 ff.

[138] Vgl. Gu/Finnerty (2002), S. 220, 225, 227, 234 f.

In seiner Effizienzuntersuchung am deutschen Kapitalmarkt für die Jahre 1975 bis 1997 kommt Klein (1999) zu Ergebnissen, die insgesamt tendenziell dagegen sprechen, dass die Kursentwicklung unkorreliert und der Markt somit schwach informationseffizient ist. Wenngleich einige Ausnahmen vorliegen, scheinen die Kurse doch bestimmten Mustern zu folgen. Die Ergebnisse lassen immerhin vermuten, dass die Effizienz im Zeitablauf zugenommen hat.[139]

#### 3.6.1.4 Kalenderzeitliche Anomalien und Bewertungsanomalien

Auf schwach informationseffizienten Kapitalmärkten reflektieren die Preise die Informationen über vergangene Kursverläufe. Daher folgen die Kurse keinen erkennbaren zeitlichen bzw. saisonalen oder sonstigen Mustern, die durch Arbitrage ausnutzbar wären.[140] Empirische Untersuchungen fördern jedoch eine Fülle an Beobachtungen zutage, die mit der Informationseffizienzhypothese unvereinbar sind. Diese sogenannten Anomalien werden in kalenderzeitliche Anomalien und Bewertungsanomalien unterschieden. Kalendersaisonalitäten stellen auffällige Renditemuster etwa um den Monats- und Jahreswechsel herum dar; Bewertungsanomalien zeigen, dass Faktoren jenseits des systematischen Risikos, wie etwa die Firmengröße, einen dominierenden Einfluss auf erwartete Renditen besitzen.[141] Dieses Kapitel stellt exemplarisch einige von der empirischen Forschung entdeckte Anomalien vor.[142]

##### 3.6.1.4.1 Der Turn-of-the-Year- bzw. Januareffekt

Als Turn-of-the-Year- oder auch Januareffekt bezeichnet man die empirische Feststellung, dass im Zeitraum von Ende Dezember bis Ende Januar ungewöhnlich hohe Renditen auftreten. Der Effekt reicht lange zurück und ist seit einer Veröffentlichung von Rozeff/Kinney (1976) weithin bekannt.[143] Deren Untersuchung bezieht sich auf Daten der NYSE aus den Jahren 1904 bis 1974 – untersucht werden neben dem gesamten Zeitraum auch Teilperioden dieser Zeitspanne – und ergibt, dass sowohl im Gesamtzeitraum als auch in den jeweiligen Teilperioden die Rendite im Januar höher ist als in den restlichen Monaten eines Jahres.[144] Bemerkens-

---

[139] Vgl. Klein (1999), S. 185 ff.

[140] Vgl. hierzu Frantzmann (1987), S. 613 f.; Frantzmann (1989), S. 165; Merl/Neuhaus (2007), S. 4; Wallmeier (2001), Sp. 1795.

[141] Vgl. Frantzmann (1989), S. 70 f.; Schnittke (1989), S. 31 f. Aufzählungen beobachteter Anomalien finden sich auch bei Meyer (1995), S. 61, sowie Sapusek (1998), S. 141 f.

[142] Eine vollständige Darstellung aller Effekte ist an dieser Stelle ebenso wenig möglich wie eine vollständige Berücksichtigung der vorliegenden Literatur zu den betrachteten Effekten. Dies ist allerdings im Rahmen der vorliegenden Arbeit auch nicht nötig; insofern besteht das Ziel im Folgenden darin, dass die dargestellten Resultate einen Eindruck von der facettenreichen Literatur vermitteln. Vgl. auch bereits die einleitende Bemerkung zu Kapitel 3.6.

[143] Vgl. Wallmeier (2001), Sp. 1795 f.

[144] Vgl. Rozeff/Kinney (1976), insbesondere S. 383, 385, 387 f.

werterweise gelingt der Nachweis des Januareffekts trotz seines beträchtlichen Bekanntheitsgrades auch für die (spätere) Phase von 1926 bis 1993. Da die Ergebnisse keinen trendmäßigen Verlauf und auch keine Reduzierung des Ausmaßes seit 1976 signifikant erkennen lassen, erscheint der Effekt als ein im Zeitverlauf wenig verändertes Phänomen.[145] Die folgende Abbildung illustriert das Resultat monatsspezifisch unterschiedlicher Renditen.

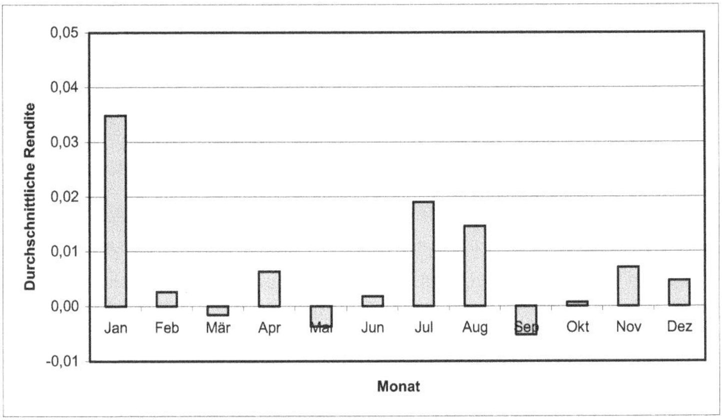


**Abbildung 4: Monatsrenditen bei Rozeff/Kinney (1976)**[146]

Den deutschen Aktienmarkt über die Jahre 1970 bis 1985 untersucht Frantzmann (1989) und stellt fest, dass die höchsten mittleren Renditen im Januar auftreten. Allerdings bestimmen die Daten der Jahre 1970 bis 1975 wesentlich das Ergebnis für den Gesamtzeitraum. Insofern deuten diese Resultate darauf hin, dass ein saisonaler Effekt vorliegt; eine Berücksichtigung von Transaktionskosten zeigt aber, dass es nicht möglich ist, diesen Effekt in Erfolg versprechende Handelsstrategien umzusetzen.[147]

Zur Erklärung des Phänomens liefert die Literatur verschiedene Ansätze, etwa als bekanntesten die „Tax-Loss Selling Hypothesis". Danach ist das rationale Ausnutzen steuerlicher Regelungen vonseiten der Investoren die Ursache für den Januareffekt. Die Anleger realisieren im Jahresverlauf eingetretene Kursverluste vor dem Abschlussstichtag des Steuerjahres, um damit durch Aufrechnung gegen Kursgewinne eine Minderung der Steuerlast zu bewirken und im Januar erneut in Wertpapiere zu investieren. Unter dieser Hypothese wäre das Sinken der Kurse am

---

[145] Vgl. die Untersuchung von Haugen/Jorion (1996).

[146] Die Abbildung ist anhand der Daten bei Rozeff/Kinney (1976), S. 388, Table 1, Panel a, Line 5, erstellt; sie bezieht sich auf die durchschnittlichen Monatsrenditen des Zeitraums 1904-1974.

[147] Vgl. Frantzmann (1989), S. 141 ff., 166 f.

Ende eines Jahres und die Erholung zu Beginn des Folgejahres nachfrageinduziert.[148] Solchen potenziellen Erklärungsmechanismen zum Trotz stellt der Januareffekt ein Renditemuster dar, das mit der schwachen Informationseffizienzhypothese in Widerspruch steht.[149]

#### 3.6.1.4.2 Der Day-of-the-Week- bzw. Montagseffekt

Der Day-of-the-Week- bzw. Montagseffekt (teilweise auch Wochenendeffekt genannt) bezieht sich auf die Beobachtung einer an Montagen im Vergleich zu den restlichen Wochentagen negativ abweichenden Rendite. Eine erste Auseinandersetzung mit dieser Anomalie stammt von French (1980).[150] Dessen ursprüngliches Ziel bestand darin zu untersuchen, ob gemäß der „Trading Time Hypothesis" Renditen während der tatsächlichen Börsenhandelszeiten entstehen und dementsprechend die Erträge aller Wochentage identisch sind oder ob gemäß der „Calendar Time Hypothesis" die Renditen im Zeitablauf konstant entstehen und daher Montage durch das Wochenende bedingt dreifache Werte verzeichnen.[151] Die Daten der NYSE von 1953 bis 1977 widersprechen beiden Hypothesen: Über den gesamten Zeitraum und auch in verschiedenen fünfjährigen Subperioden ist die Montagsrendite signifikant negativ und kleiner als an allen anderen Wochentagen. Allerdings scheitert die Konstruktion profitabler Handelsregeln auf Basis dieser Erkenntnisse an den Transaktionskosten, sodass keine ökonomische Signifikanz vorliegt; Investoren können jedoch Vorteile durch geschickte zeitliche Strukturierung ohnehin geplanter Transaktionen realisieren.[152] Die signifikant negative Montagsrendite wird überdies in einer über 90 Jahre (1897 bis 1986) angelegten Studie für den Gesamtzeitraum und auch in der Mehrzahl der Teilperioden nachgewiesen.[153] Die folgende Abbildung zeigt exemplarisch das Ergebnis von French (1980).

---

[148] Vgl. ausführlich und m. w. N. Chen (1988), S. 187 f., sowie Sapusek (1998), S. 155 ff. Für eine Darstellung weiterer Erklärungsansätze vgl. ebenfalls ausführlich und m. w. N. Chen (1988), S. 188 ff., sowie Sapusek (1998), S. 158 ff., und Wallmeier (2001), Sp. 1796.

[149] Vgl. Schnittke (1989), S. 179 f., der insbesondere das Ausbleiben von Arbitrage für erstaunlich erachtet.

[150] Vgl. Sapusek (1998), S. 166; Sharpe/Alexander/Bailey (1999), S. 497.

[151] Vgl. zu diesen beiden Hypothesen über die Entstehung von Aktienrenditen im Zeitablauf auch Schnittke (1989), S. 34 f.

[152] Vgl. French (1980), insbesondere S. 55-60, 67. Vgl. zudem die frühe Bestätigung und Präzisierung dieser Ergebnisse bei Gibbons/Hess (1981), S. 580 ff.

[153] Vgl. Lakonishok/Smidt (1988), S. 410, 412.

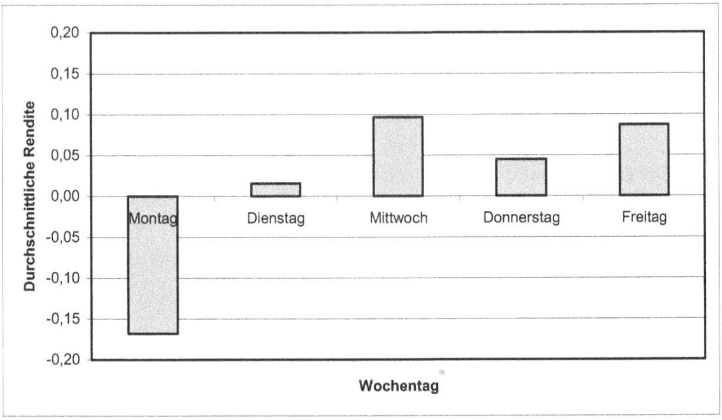


**Abbildung 5: Wochentagsrenditen bei French (1980)**[154]

Für den deutschen Aktienmarkt gelangen Krämer/Runde (1993) zu annähernd identischen Resultaten. Zwischen 1960 und 1989 weist der Deutsche Aktienindex (DAX) an Montagen signifikant negative Renditen auf.[155] Damit bestätigen sich Ergebnisse früherer Untersuchungen, die bereits – jedoch mit Ausnahmen bestimmte Teilperioden betreffend – negative Montagsrenditen auch für deutsche Börsen dokumentieren.[156]

Ein Nachweis dieses Effekts gelingt auch im internationalen Kontext in einer Untersuchung von Kursverläufen aus neun Ländern für die Jahre 1969 bis 1992. An amerikanischen und europäischen Börsen sowie in Hongkong müssen Anleger an Montagen signifikant negative Renditen hinnehmen, wenngleich die Analyse der Daten nach Zerlegung in Teilperioden auf ein allmähliches Verschwinden des Effekts in jüngerer Zeit zumindest für den US-amerikanischen Aktienmarkt hindeutet. Eine Ausnahme bilden Japan und Australien, an deren Märkten die negativen Renditen über den gesamten Testzeitraum am Dienstag auftreten.[157]

---

[154] Die Abbildung ist anhand der Daten bei French (1980), S. 58, Table 1, für den Zeitraum 1953-1977 erstellt.

[155] Vgl. Krämer/Runde (1993), S. 89 f. Die Autoren mahnen jedoch an, bei der Interpretation von Kalendereffekten trotz signifikanter Ergebnisse aufgrund möglicher statistischer Probleme Vorsicht walten zu lassen. Vgl. dazu S. 92 ff.

[156] Vgl. Frantzmann (1987), S. 615 ff., der zudem Indizien für die Ablehnung der Trading Time Hypothesis und der Calendar Time Hypothesis findet. Vgl. zudem Schnittke (1989), S. 136; jedoch zeigt dessen Untersuchung bei der Betrachtung alternativer Indizes auch abweichende Ergebnisse, etwa eine negative Dienstagsrendite (vgl. S. 134).

[157] Vgl. Dubois/Louvet (1996), passim.

Zumindest teilweise kann das Verhalten der Investoren den Montagseffekt erklären, Handelsaktivitäten bezüglich der Wertpapierverkäufe verstärkt auf Montage zu konzentrieren und damit Preisbewegungen nach unten hervorzurufen.[158] Dennoch widersprechen Wochentagseffekte der Annahme schwacher Informationseffizienz.[159]

#### 3.6.1.4.3 Der Firm-Size- bzw. Kleinfirmeneffekt

Der Firm-Size-Effekt gilt als die bekannteste der Bewertungsanomalien und findet sich seit den Arbeiten von Banz (1981) und Reinganum (1981) in der Literatur.[160] Banz (1981) greift auf Daten über die an der NYSE notierten Aktien der Jahre 1926 bis 1975 zurück. Die Ergebnisse zeigen signifikante Überrenditen für – gemessen an der Marktkapitalisierung – kleine Firmen über den gesamten Analysezeitraum. Dabei tritt der Effekt insbesondere bei den kleinsten Firmen auf, dementsprechend ist der Unterschied zwischen sehr kleinen und mittelgroßen Unternehmen stärker ausgeprägt als derjenige zwischen mittelgroßen und großen Gesellschaften. Die Größenordnung der Renditedifferenz schwankt im Zeitablauf stark.[161] Reinganum (1981) entdeckt ebenfalls signifikante Überrenditen für die kleinsten der untersuchten Firmen und bestätigt insofern die Resultate von Banz. Zudem stellt er fest, dass die Überrenditen während einer Spanne von zwei Jahren fortdauern.[162]

Am deutschen Kapitalmarkt zeigt sich hinsichtlich des Kleinfirmeneffektes ein uneinheitliches Bild: Oertmann (1994) weist für die Frankfurter Wertpapierbörse in den Jahren 1985 bis 1991 zwar eine Tendenz zu positiven Renditen der kleineren Gesellschaften nach, ohne aber eine eindeutige Systematik der Ergebnisse erkennen zu können, da insbesondere die Performance von Portfolios mittelgroßer Firmen erheblich positiv abweicht, sodass auch die ökonomische Signifikanz zumindest fraglich ist. Zudem analysiert der Autor die Renditeverläufe vor dem Hintergrund der herrschenden Marktsituation (Up-Market versus Down-Market). Dabei tendieren die Aktien kleiner Firmen in Down-Markets eindeutig signifikant zu Überrenditen; auch im Zeitraum des Kurssturzes vom Oktober 1987 als Beispiel eines Down-Markets extremer Ausprägung weisen kleinere Gesellschaften einen deutlichen Renditevorteil auf. Im Falle von Up-Markets hingegen ist der Zusammenhang nun umgekehrt, und die Renditen größerer Firmen übertreffen das Marktniveau. Insgesamt liegen demnach Indizien für einen Firm-Size-Effekt

---

[158] Vgl. Lakonishok/Maberly (1990), S. 231.

[159] Vgl. Frantzmann (1987), S. 613 f.

[160] Vgl. Wallmeier (2001), Sp. 1797.

[161] Vgl. Banz (1981), S. 6, 8 f., 14 ff.

[162] Vgl. Reinganum (1981), S. 38 ff. Beide Autoren führen den Kleinfirmeneffekt jedoch eher auf Fehler des zugrunde gelegten CAPM denn auf Marktineffizienz zurück. Vgl. Banz (1981), S. 16; Reinganum (1981), S. 44. Siehe dazu auch Kapitel 3.6.4.

auch am deutschen Markt vor, und zwar im klassischen Sinne insbesondere in Down-Markets, wohingegen Up-Markets sich eher durch einen „Big-Firm-Effekt“ auszuzeichnen scheinen.[163] Für die Jahre 1954 bis 1990 allerdings konstatiert Stehle (1997) einen merklichen Size-Effekt mit Überrenditen bei Gesellschaften mit niedriger Marktkapitalisierung.[164]

#### 3.6.1.4.4 Der Buchwert-Marktwert-Effekt

Das Verhältnis zwischen dem bilanziellen Eigenkapital und der Marktkapitalisierung von börsennotierten Unternehmen stellen erstmalig Rosenberg/Reid/Lanstein (1985) als potenzielle Einflussgröße für erwartete zukünftige Renditen heraus.[165] Am amerikanischen Aktienmarkt der Jahre 1973 bis 1984 zeigen sich für Titel mit einem hohen Buchwert-Marktwert-Verhältnis signifikant höhere Renditen als bei solchen mit einer kleinen Kennzahl. Wegen der unwesentlichen Transaktionskosten, die infolge einer Umsetzung des Ergebnisses als Handelsstrategie entstünden, sehen die Autoren zudem auch eine ökonomische Signifikanz ihres Resultates.[166]

Gehrke (1994) testet die Renditen deutscher Aktiengesellschaften aus den Jahren 1968 bis 1990 auf den Buchwert-Marktwert-Effekt. Für die gesamte Periode ergibt sich eine signifikante Überrendite für die Unternehmen mit hohen Marktwert-Buchwert-Relationen, wenngleich im Zeitablauf deutliche Schwankungen auftreten.[167] Eine weitere Untersuchung mit Daten von 1969 bis 1991, also des annähernd gleichen Zeitraumes, bestätigt das Vorliegen der Anomalie am deutschen Markt.[168]

Insofern kann man als Fazit festhalten, dass am deutschen Aktienmarkt den Ergebnissen der empirischen Forschungsbemühungen zufolge zumindest teilweise der Marktwert-Buchwert-Effekt in einer ähnlichen Ausprägung vorliegt wie sie die Pionierarbeiten in den USA gefunden haben, wenngleich nicht außer Acht bleiben darf, dass die empirischen Befunde kein völlig einheitliches Bild zeichnen.[169]

Zusammengenommen liefern die empirischen Untersuchungen zur schwachen Informationseffizienz des Kapitalmarktes ein heterogenes Resultat: Teilweise liegen Ergebnisse vor, die die Vermutung der schwachen Informationseffizienz stützen, teilweise jedoch liefern die Untersuchungen starke Anzeichen, die Zweifel an der empirischen Gültigkeit dieser Hypothese wecken.

---

[163] Vgl. Oertmann (1994a), S. 246 ff., sowie Oertmann (1994b), S. 206 f.

[164] Vgl. Stehle (1997), insbesondere S. 257.

[165] Vgl. Wallmeier (2001), Sp. 1798.

[166] Vgl. Rosenberg/Reid/Lanstein (1985), S. 12 ff.

[167] Vgl. Gehrke (1994), S. 195 f., 204.

[168] Vgl. Sattler (1994), S. 169 f.

[169] Vgl. Wallmeier (1997), S. 236.

### 3.6.2 Empirische Untersuchungen zur mittelstrengen Informationseffizienz der Kapitalmärkte

Empirische Untersuchungen überprüfen die Hypothese der mittelstrengen Informationseffizienz, indem sie das Ausmaß und die Geschwindigkeit der Anpassung von Aktienkursen an neue, öffentlich verfügbare Informationen testen.[170] Als Mittel dazu dienen sog. Ereignisstudien, die zu messen versuchen, ob um den Zeitpunkt bestimmter Ereignisse herum abnormale Renditen am Markt auftreten. Relevante Ereignisse sind etwa Gewinnveröffentlichungen oder Unternehmensakquisitionen. Auf einem mittelstreng informationseffizienten Kapitalmarkt werden die öffentlichen Informationen ohne zeitliche Verzögerung verarbeitet; die Kurse passen sich dementsprechend an, und überdurchschnittliche Renditen lassen sich durch Auswertung dieser Informationen nicht erzielen.[171]

Die folgenden Kapitel stellen zunächst die Vorgehensweise bei Ereignisstudien allgemein und anschließend die Ergebnisse konkreter Untersuchungen zur Kapitalmarktreaktion auf isolierte Ereignisse dar.

#### 3.6.2.1 Die Vorgehensweise bei Ereignisstudien

Ein mittelstreng informationseffizienter Kapitalmarkt verarbeitet öffentliche Informationen vollständig, ohne zeitliche Verzögerung und richtig. Überrenditen über die risikoadäquate Verzinsung hinaus lassen sich auf Basis öffentlicher Informationen nicht erzielen. Diesen Tatbestand nutzen Ereignisstudien („Event Studies") aus, indem sie untersuchen, ob die Preise neue Informationen im Zeitpunkt der Veröffentlichung unverzüglich reflektieren. Dazu analysieren sie die Entwicklung der Kurse über einen kurzen Zeitraum jeweils vor und nach Bekanntwerden von Informationen. Das Ausmaß des Einflusses der Informationen auf die Wertpapierpreise gilt dabei als Gradmesser für ihre ökonomische Auswirkung und die Geschwindigkeit der Reaktion des Marktes als Gradmesser für die Informationseffizienz.[172] Die folgenden Ausführungen liefern eine kurze Darstellung der Vorgehensweise.

Zunächst gilt es, das Ereignis – etwa die Veröffentlichung des Geschäftsjahresgewinns durch ein Unternehmen – mit dem dazugehörigen Zeitpunkt der Veröffentlichung zu bestimmen. Damit auch erst nach Börsenschluss und damit verspätet sowie aus anderen Quellen bereits vor der eigentlichen Veröffentlichung und damit frühzeitig bekannt werdende Informationen nicht

---

[170] Vgl. Schnittke (1989), S. 15.

[171] Vgl. Glaum (1996), S. 239; Krämer (2001), Sp. 1270; Lindemann (2004), S. 110.

[172] Vgl. MacKinlay (1997), S. 13. Diese Untersuchungen können damit jedoch lediglich Aussagen über die Reaktion auf einzeln betrachtete Informationen treffen, unmöglich sind Aussagen über die simultane Verarbeitung von unterschiedlichen Informationen im Rahmen des Anlageprozesses. Vgl. Auer (1994), S. 114.

außer Acht bleiben, wird das „Event Window" als die Periode, in der die Renditeentwicklung der durch das Ereignis betroffenen Unternehmen analysiert wird, mitunter auf mehrere Tage ausgeweitet. Anschließend werden die Kriterien für die Einbeziehung von Unternehmen in die Studie festgelegt.[173] Um den Einfluss des Ereignisses auf die Preise zu isolieren, ist es nun erforderlich, die Existenz abnormaler, also von der allgemeinen Erwartung abweichender Renditen zu bestimmen, die dann als Indiz dafür dienen, inwieweit der Markt die neu aufgetretene Information verarbeitet hat. Unter der abnormalen Rendite versteht man die Differenz zwischen der tatsächlich im Zeitraum des Event Window beobachteten und der normalen Rendite, die am Markt in Unkenntnis über den Eintritt des Ereignisses erwartet wurde. Die abnormale Rendite lässt sich offensichtlich nur dann berechnen, wenn zunächst mit Hilfe eines Modells über die Marktpreisbildung[174] „normale" Renditen ermittelt werden.[175] Nach der Entscheidung über ein Modell berechnet man für die einbezogenen Unternehmen die zu erwartenden Renditen mit Daten des dem Ereignis vorgelagerten Zeitraums („Estimation Window", beispielsweise 120 Tage) sowie die Überrenditen über einen längeren Zeitraum vor (beispielsweise 90 Handelstage) und nach (etwa 10 Tage) dem Ereignis. Abschließend wird die Hypothese getestet, dass die Überrendite zum Zeitpunkt des Ereignisses signifikant von null verschieden ist, der Markt mithin nach Bekanntwerden die Informationen unverzüglich verarbeitet, dass aber sowohl vor der Veröffentlichung als auch kurz danach keine Erträge oberhalb der marktüblichen Verzinsung vorliegen und die Überrendite für diese Perioden nicht signifikant von null abweicht.[176] Die folgende Abbildung illustriert die Reaktion der Preise auf neue öffentliche Informationen in einem mittelstreng informationseffizienten Kapitalmarkt und damit die in Ereignisstudien für den Fall erwartete Reaktion, dass diese Form der Markteffizienz vorliegt.

---

[173] Eine Orientierung an Kriterien wie der Verfügbarkeit der Daten wegen Listings an einer bestimmten Börse bzw. in einem bestimmten Index oder Zugehörigkeit zu einer vorgegebenen Branche kann Verzerrungen bewirken. Daher ist eine Analyse der Stichprobe auf Repräsentativität sinnvoll, um etwaige durch die Datenselektion verursachte Fehler zu entdecken.

[174] Unter einem Preisbildungsmodell (auch Renditeerwartungsmodell) versteht man ein Modell, das die Preisveränderung zwischen zwei Zeitpunkten beschreibt. Vgl. Möller (1985), S. 501.

[175] Zur damit verbundenen Problematik vgl. Kapitel 3.6.4.

[176] Vgl. zur Vorgehensweise bei Ereignisstudien Auer (1994), S. 114 f.; Campbell/Lo/MacKinlay (1997), S. 150 ff.; Kritzman (1994), S. 17 f.; MacKinlay (1997), S. 14 f.

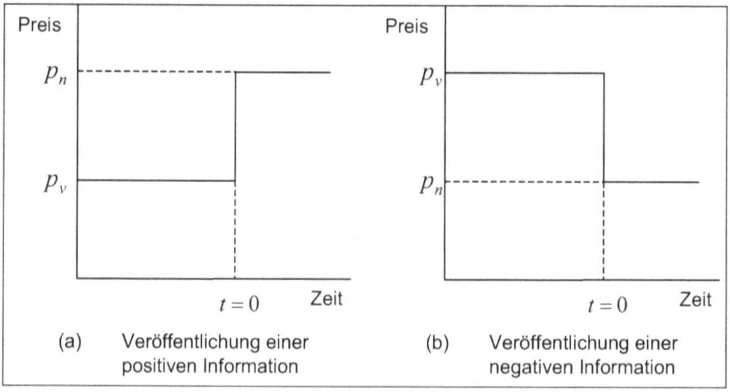


**Abbildung 6: Preisreaktion des Kapitalmarktes auf neue öffentliche Informationen bei mittelstrenger Informationseffizienz**

Quelle: In Anlehnung an Sharpe/Alexander/Bailey (1999), S. 100.

Teilweise ermöglichen auch Ereignisstudien Rückschlüsse auf die Informationseffizienz, deren ursprüngliches Ziel nicht in einer Überprüfung derselben bestand. Dies trifft etwa auf Untersuchungen zur Kapitalmarktrelevanz von Rechnungslegungsinformationen zu, die als Beiprodukt Erkenntnisse zur Informationseffizienz liefern.[177] Die folgenden Kapitel betrachten die Ergebnisse solcher Studien zur Kapitalmarktreaktion auf Rechnungslegungsinformationen, die Aussagen zur Informationseffizienz zulassen – beginnend mit der Veröffentlichung von Gewinnziffern.

### 3.6.2.2 Die Reaktion des Kapitalmarkts auf Gewinnveröffentlichungen

Beaver (1968) analysiert die Reaktion des Kapitalmarktes auf Gewinnveröffentlichungen von an der NYSE gelisteten Unternehmen aus den Jahren 1961 bis 1965 auf Basis wöchentlicher Daten und einem Zeitfenster von acht Wochen vor bis acht Wochen nach der Woche der Gewinnveröffentlichung, um Aussagen über den Informationsgehalt der Gewinngröße zu treffen. Als Kriterium dient die Reaktion der Investoren auf die Veröffentlichung, die einerseits durch auffällige Schwankungen des Handelsvolumens und andererseits durch auffällige Kursbewegungen im Zeitraum des öffentlichen Bekanntwerdens der Informationen gemessen wird. Dabei gilt eine Veränderung des Handelsvolumens als Indiz für eine Erwartungsrevision einzelner Investoren, Änderungen der Preise reflektieren eine Erwartungsrevision des Marktes insgesamt.[178] Die Un-

---

177 Vgl. Lindemann (2004), S. 31.

178 Vgl. Beaver (1968), hier insbesondere S. 67-70.

tersuchung zeigt in der Woche der Gewinnveröffentlichung ein um ein Drittel erhöhtes Handelsvolumen – dies ist im betrachteten 17-wöchigen Zeitraum der mit Abstand höchste Beobachtungswert – und ein leicht erhöhtes Niveau über die vier Folgewochen, sodass der Markt demnach schnell reagiert. Auch die Größenordnung der Kursänderungen erweist sich in der Veröffentlichungswoche als erhöht, und zwar um rund zwei Drittel. Das Ergebnis erhöhten Handelsvolumens sowie erhöhter Preisvolatilität spricht dafür, dass Erwartungsänderungen sowohl bei individuellen Investoren als auch beim Markt insgesamt eintreten und Unternehmensgewinne Informationsgehalt besitzen.[179]

Lee (1992) untersucht ebenfalls die Auswirkungen der Ergebnismeldungen von Unternehmen auf das Handelsvolumen der Aktien und die erzielbaren Renditen im Zeitraum vor und nach der Ergebnisbekanntgabe, jedoch anhand wesentlich stärker – bis auf halbstündige Intervalle – disaggregierter Daten der NYSE aus 1988. Zudem führt er Differenzierungen hinsichtlich des Volumens in große und kleine Transaktionen sowie hinsichtlich der Gewinninformation in positive und negative Nachrichten, gemessen an den Erwartungen des Marktes in Form von Vorhersagen der Analysten, durch. Es zeigt sich zunächst, dass das Handelsvolumen vor der Bekanntgabe durchgehend unauffällig verläuft und demnach die Informationen nicht frühzeitig bekannt geworden sind. Zum Zeitpunkt der Veröffentlichung tritt ein starker Anstieg des Volumens auf, der direkt nach Bekanntgabe der Information am stärksten ausgeprägt und in der Folge über einen Zeitraum von mehreren Tagen nachweisbar ist. Im Falle positiver Nachrichten sind für beide Arten von Transaktionen kurzfristig starke Kaufaktivitäten zu erkennen, die bei kleinen Transaktionen jedoch länger andauern. Die Preise reagieren ihrerseits mit einer Geschwindigkeit, die Überrenditen bereits nach Ablauf einer halben Stunde verschwinden lässt. Im Falle negativer Nachrichten reagieren die Preise ebenfalls binnen einer halben Stunde, und große Transaktionen zeigen einen kurz anhaltenden Verkaufsdruck an; bei kleinen Transaktionen liegt hingegen das (bisher unerklärte) Phänomen vor, dass erneut über einen längeren Zeitraum Käufe getätigt werden.[180]

Damit bestätigt dieses Resultat zudem Erkenntnisse von Patell/Wolfson (1984) über die Reaktions- und Anpassungsgeschwindigkeit von Aktienkursen auf Gewinnmeldungen in den Jahren 1976 und 1977. Der Studie liegt eine Handelsregel zugrunde, die Aktien nach dem Vorzeichen der Abweichung von tatsächlichem Gewinn und vorheriger Analystenprognose Portfolios zuordnet und bei übertroffenen Erwartungen Käufe, bei verfehlten Erwartungen hingegen Verkäufe auslöst. Wenngleich bereits vor der Veröffentlichung eine gewisse Aktivität am Markt beobachtbar ist, lassen sich signifikante Überrenditen lediglich über den kurzen Zeitraum von etwa einer halben Stunde ab Veröffentlichung erzielen. Der überwiegende Teil der Preisreaktion konzent-

---

[179] Vgl. Beaver (1968), hier insbesondere S. 74 f., 80-82.

[180] Vgl. Lee (1992), insbesondere S. 272 f., 276-287.

riert sich auf die erste Viertelstunde nach der Veröffentlichung, ein Nachweis des Preiseffektes ist bereits binnen Minutenfrist möglich, und nach Ablauf einer Stunde befinden sich die Renditen wieder auf dem vorherigen Niveau. Angesichts ihrer Ergebnisse attestieren die Autoren dem Markt eine umgehende Reaktion auf öffentliche Informationen.[181]

Landsman/Maydew (2002) untersuchen mit Hilfe der beiden Beaver'schen Kriterien – Anstieg des Handelsvolumens bzw. Volatilität der Renditen – sowie Daten von 1972 bis 1998, also annähernd über drei Jahrzehnte, den Zeitpunkt der Veröffentlichung von Quartalsgewinnen, um Rückschlüsse auf die Veränderung des Informationsgehalts von Gewinnziffern im Zeitablauf zu ziehen. Die Ergebnisse zeigen signifikant, dass Gewinnveröffentlichungen sowohl ein steigendes Handelsvolumen als auch schwankende Renditen auslösen. Anhand beider Kriterien ist Ergebnisgrößen somit ein Informationsgehalt zuzusprechen, der, wie aus dem Vergleich über mehrere Jahrzehnte zudem ersichtlich wird, tendenziell eher gestiegen als gesunken ist.[182]

Die beschriebenen Erkenntnisse über die Verarbeitung von Informationen in Form von Gewinnveröffentlichungen am Kapitalmarkt stützen die Annahme der mittelstrengen Informationseffizienz. Der Kapitalmarkt reagiert auf die Veröffentlichung neuer Informationen ohne zeitliche Verzögerung und schließt deren Verarbeitung binnen eines kurzen Zeitraums ab. Die Relevanz der Erkenntnisse wird dadurch unterstrichen, dass sie durch empirische Befunde über einen 30-jährigen Zeitraum fundiert sind.

Andere empirische Arbeiten zur Informationsverarbeitung am Kapitalmarkt bei Gewinnveröffentlichungen wählen einen leicht abweichenden Blickwinkel auf den Kursverlauf. Ball/Brown (1968) untersuchen basierend auf Daten der NYSE zwischen 1957 und 1965 die Reaktion des Kapitalmarktes durch die Betrachtung des Renditeverlaufs über insgesamt 18 Monate (zwölf Monate vor bis sechs Monate nach Veröffentlichung) und damit über ein deutlich ausgeweitetes Ereignisfenster. Abhängig von der am Markt erwarteten Gewinnhöhe werden Abweichungen als positiv oder negativ eingestuft und die Aktien dementsprechend zwei unterschiedlichen Portfolios zugeordnet. Die Wertentwicklung dieser Portfolios bestätigt zunächst die Vermutung, dass ein positiver Zusammenhang zwischen dem Vorzeichen der Gewinnüberraschung und dem der Überrendite besteht. Überdies wird jedoch deutlich, dass der Markt den Informationsgehalt der Gewinngröße antizipiert und bereits bis zu zwölf Monate vor der Veröffentlichung ein Preiseffekt auftritt. Die Antizipationsfähigkeit des Marktes erweist sich sogar als derart präzise, dass im Veröffentlichungsmonat kein auffälliger Renditesprung mehr vorliegt.[183] Die folgende Abbildung bereitet das Ergebnis grafisch auf.

---

[181] Vgl. Patell/Wolfson (1984), insbesondere S. 228, 233 ff., 249 f.

[182] Vgl. Landsman/Maydew (2002), insbesondere S. 797 f., 801-804, 806 f.

[183] Vgl. Ball/Brown (1968), passim.

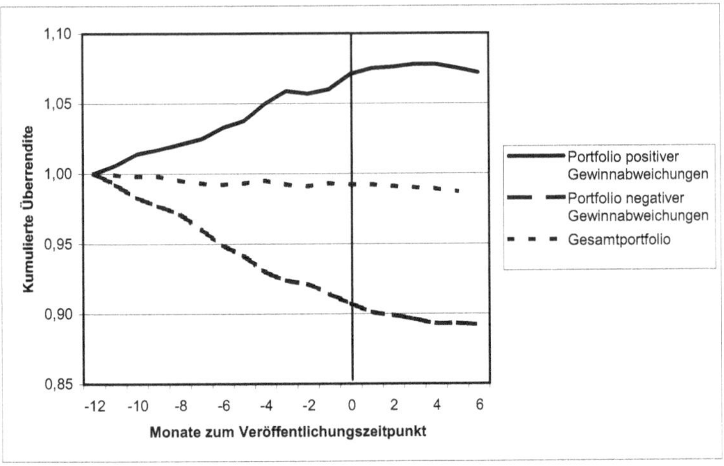


**Abbildung 7: Verlauf der kumulierten Überrendite im Falle unerwarteter Gewinnabweichungen bei Ball/Brown (1968)**

Quelle: In Anlehnung an Ball/Brown (1968), S. 169.[184]

Nach diesem Resultat besitzt der Kapitalmarkt die Fähigkeit, zukünftige Informationen zu antizipieren und bereits frühzeitig bei der Preisbildung zu berücksichtigen. Diese Erkenntnis und die Interpretation des Ergebnisses vor dem Hintergrund, dass die Rechnungslegungsinformationen lediglich einen Teil der öffentlich verfügbaren Informationsmenge bilden und weitere, laufend Nachrichten vermittelnde Quellen existieren (Konkurrenz der Informationsquellen), deuten auf eine permanent stattfindende Anpassung der Erwartungen des Marktes hin und stützen daher die Vermutung mittelstrenger Informationseffizienz.[185]

---

184 Die Abbildung ist anhand der Daten bei Ball/Brown (1968), S. 170, Table 5, erstellt. Die Autoren schätzen die Erwartung des Marktes mittels dreier Verfahren und berechnen dementsprechend drei (sich jedoch ähnelnde) Verläufe der Überrendite, von denen hier aus Gründen der Übersichtlichkeit exemplarisch der Verlauf nur einer Variante (Regression model/Net income) gezeigt wird.

185 Vgl. Wagenhofer/Ewert (2003), S. 110 f.

#### 3.6.2.3 Die Reaktion des Kapitalmarkts auf Aktiensplits

Als Pionierleistung auf dem Gebiet der Ereignisstudien gilt eine Arbeit von Fama et al. aus dem Jahr 1969 über das Verhalten der Aktienkurse im Zeitraum vor und nach der Ankündigung von Aktiensplits durch Unternehmen,[186] die deshalb an dieser Stelle ebenfalls dargestellt werden soll.

Fama et al. stellen für die Jahre 1927 bis 1959 an der NYSE fest, dass Unternehmen, die Aktiensplits durchführen, in der Regel eine vorangehende Periode überdurchschnittlicher Erträge aufweisen. Diese Erträge treten bereits so frühzeitig auf, dass als Ursache nicht der Split, sondern eine verbesserte Gewinnperspektive plausibel erscheint; daher gelten Splits aus Sicht der Investoren als gute Nachtrichten,[187] die auf zukünftig steigende Dividenden hindeuten. Allerdings konzentrieren sich die höchsten Ertragsraten auf die Monate unmittelbar vor dem Split. Dies lässt sich so deuten, dass der Markt angekündigte bzw. antizipierte Aktiensplits als Informationen interpretiert, die die herrschende Unsicherheit über die Gewinnaussichten der Unternehmen reduzieren: Sie bilden ein Indiz dafür, dass tatsächlich positive Gewinnaussichten bestehen und mit hoher Wahrscheinlichkeit auch zu substanziell steigenden Dividenden führen werden. In der Folge des Splits liegen die Renditen trotz der steigenden Dividenden auf Marktniveau.[188] Die folgende Abbildung zeigt den Verlauf der kumulierten durchschnittlichen Überrendite über 60 Monate.

---

[186] Vgl. Kothari (2001), S. 115; Fama (1970), S. 404 f. Die im vorigen Kapitel 3.6.2.2 dargestellten Arbeiten von Beaver und Ball/Brown wurden zwar bereits 1968 und damit früher veröffentlicht, das Manuskript von Fama et al. (1969) lag der publizierenden Zeitschrift jedoch schon 1966 vor. Vgl. dazu Fama et al. (1969), S. 1; siehe auch Brown (1994), S. 14.

[187] Siehe hierzu auch Ball (1998), S. 5: „Conventional wisdom held then, as it does today, that stock splits are good news for investors".

[188] Vgl. Fama et al. (1969), insbesondere S. 1-3, 9-17.

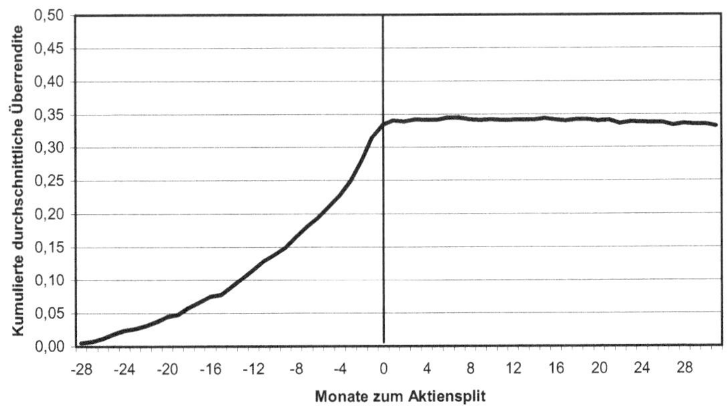


**Abbildung 8: Verlauf der kumulierten durchschnittlichen Überrendite im Falle von Aktiensplits bei Fama et al. (1969)**

Quelle: In Anlehnung an Fama et al. (1969), S. 13.[189]

Die Ergebnisse deuten darauf hin, dass der Markt die Implikationen der Information über angekündigte Aktiensplits für zukünftige Dividenden korrekt vorwegnimmt und spätestens mit Ablauf des Monats des Splits, zumindest teilweise aber auch schon früher, in den Preisen reflektiert. Die Reaktion resultiert insofern nicht aus dem Split an sich, sondern aus dessen dividendenbezogenen Implikationen. Die Autoren konstatieren „considerable support to the conclusion that the stock market is 'efficient' in the sense that stock prices adjust very rapidly to new information."[190]

#### 3.6.2.4 Die Verarbeitung von unterschiedlichen und im Zeitablauf veränderten Rechnungslegungsmethoden der Unternehmen durch den Kapitalmarkt

Mittels empirischer Forschung lässt sich auch die Effizienz des Kapitalmarktes hinsichtlich unterschiedlicher Rechnungslegungsmethoden zwischen Unternehmen bzw. Änderungen der Rechnungslegungsmethoden eines Unternehmens im Zeitablauf, etwa durch die Ausübung von Wahlrechten, untersuchen. Diese Informationen sind durch die Pflicht zur Offenlegung des Jahresabschlusses öffentlich verfügbar und müssten auf einem mittelstreng informationseffizienten Markt in den Preisen reflektiert werden. Den Ausgangspunkt des Ansatzes bildet die Überlegung, dass solche Unterschiede bzw. Änderungen zwar regelmäßig Einfluss auf den Gewinn,

---

[189] Die Abbildung ist anhand der Daten bei Fama et al. (1969), S. 10 f., Table 2, Sp. (9), erstellt.

[190] Fama et al. (1969), S. 20. Vgl. dort auch S. 17.

nicht jedoch auf den Cashflow ausüben.[191] Unter der Prämisse mittelstrenger Informationseffizienz müsste der Markt daher im Preisbildungsprozess die veröffentlichten Gewinngrößen grundsätzlich in Abhängigkeit der zugrunde liegenden Rechnungslegungsmethoden differenziert verarbeiten. Dies bedeutet im Fall unterschiedlicher Rechnungslegungsmethoden zwischen Unternehmen, dass sich trotz identisch ausgewiesener Gewinne u. U. unterschiedliche Preise bilden. Bei Änderungen der Methoden eines Unternehmens durch Disposition des Managements und dadurch steigende Gewinne ohne gleichzeitige Änderung der Cashflows ließe sich ein mittelstreng informationseffizienter Markt nicht täuschen, die Kurse blieben konstant.[192]

Als Pioniere im Bereich der Forschung zu den Kapitalmarktauswirkungen von Unterschieden in den Rechnungslegungsmethoden zwischen Unternehmen gelten Beaver/Dukes (1973),[193] die sich in ihrer Studie mit der Problematik unterschiedlicher Abschreibungsmethoden, genauer der linearen versus der degressiven Variante, beschäftigen. Die Verarbeitung von Gewinndifferenzen am Kapitalmarkt wird durch einen Vergleich des Kurs-Gewinn-Verhältnisses (KGV) linear abschreibender Unternehmen einerseits und degressiv abschreibender andererseits analysiert. Die Autoren stellen fest, dass Unternehmen, die das degressive Verfahren anwenden, ein höheres KGV aufweisen, die Unterschiede jedoch bei einer Überführung der Gewinne auf Basis linearer Abschreibung in solche auf Basis degressiver Abschreibung verschwinden. Demnach besitzt der Markt die Fähigkeit, zwischen den Gewinnwirkungen verschiedener Abschreibungsverfahren zu differenzieren; eine solche Verarbeitung öffentlicher Informationen stützt die Hypothese mittelstrenger Informationseffizienz.[194]

Den Gegenstand einer kontroversen Diskussion, die sich um die Angemessenheit der miteinander konkurrierenden Erwerbsmethode einerseits und Interessenzusammenführungsmethode[195] andererseits dreht, stellt die bilanzielle Abbildung von Unternehmenszusammenschlüssen dar. Die Methoden lassen jeweils den Cashflow unbeeinflusst, führen aber in den auf den Zusammenschluss folgenden Perioden zu einem Gewinnausweis in unterschiedlicher Höhe: Bei der Interessenzusammenführungsmethode resultiert ein höherer Gewinn daraus, dass ein im Rahmen des Zusammenschlusses entstehender positiver Goodwill nicht wie bei der Erwerbsmethode erfolgswirksam abgeschrieben, sondern erfolgsneutral mit dem Eigenkapital verrech-

---

[191] Vgl. Kothari (2001), S. 196.

[192] Vgl. Watts (1998), S. 20.

[193] Vgl. Kothari (2001), S. 197.

[194] Vgl. Beaver/Dukes (1973), S. 557 f. Alternative potenzielle Erklärungen für die Unterschiede im KGV in Form eines unterschiedlichen Risikos oder Wachstumspotenzials halten die Autoren für nicht einschlägig.

[195] Die Interessenzusammenführungsmethode ist im deutschen Handelsrecht nach § 302 HGB unter bestimmten Bedingungen zulässig, wurde jedoch für die Rechnungslegung nach IFRS durch IFRS 3 abgeschafft; vgl. hierzu Pellens/Fülbier/Gassen (2006), S. 676 f., 718. Wenngleich daher anzunehmen ist, dass die Bedeutung der Methode abnehmen wird, kann die Darstellung der empirischen Untersuchungen zur Verarbeitung unterschiedlicher Rechnungslegungsmethoden durch den Kapitalmarkt dennoch Aufschluss über dessen Informationsverarbeitungsfähigkeit liefern.

net wird. Im Kontext der Informationseffizienz richtet sich das Interesse der Forschung auf die Frage, wie sich die je nach angewandter Methode unterschiedliche Gewinnhöhe am Markt auswirkt.[196] Der Erwartung an einen mittelstreng informationseffizienten Markt entsprechend tritt nach Unternehmenszusammenschlüssen im Zeitpunkt der Gewinnveröffentlichungen tatsächlich kein auffälliges Verhalten der Kurse auf, sodass der Markt augenscheinlich keiner Täuschung durch die unterschiedliche Gewinnhöhe aufgrund unterschiedlicher Bilanzierungsmethoden unterliegt.[197]

Einen weiteren Ansatzpunkt empirischer Bemühungen zur Verarbeitung unterschiedlicher Bilanzierungsmethoden bildet die Vorratsbewertung, der ein besonderes Interesse zukommt, da neben dem Gewinn auch die Steuerzahlung und damit der Cashflow des Unternehmens betroffen ist: Die Anwendung der LIFO-Methode führt bei steigenden Einkaufspreisen der Vorräte zu einem geringeren Gewinnausweis, jedoch durch den niedrigeren Barwert der Steuerzahlungen zu einem Anstieg von Cashflow und Unternehmenswert. Daher sollte das Verhältnis des Gewinns zum Kurs bei Unternehmen, die gemäß der LIFO-Methode bilanzieren, niedriger sein als bei denjenigen, die die FIFO-Methode anwenden.[198] Da der empirische Nachweis gelingt, dass die Earnings-Price-Ratio bei den nach LIFO bilanzierenden Unternehmen tatsächlich niedriger ist,[199] scheint der Markt auch diesen Rechnungslegungsaspekt in seinen verschiedenen Facetten den Anforderungen mittelstrenger Informationseffizienz entsprechend zu verarbeiten.

Die Vorratsbewertung dient zudem als Ansatzpunkt zur Untersuchung von Änderungen der Rechnungslegungsmethoden durch Disposition des Managements. Ein Wechsel zur LIFO-Methode sollte in einem effizienten Markt durch den entstehenden Steuerbarwertvorteil trotz des sinkenden ausgewiesenen Gewinns zu steigenden Preisen, in einem ineffizienten Markt hingegen zu sinkenden Preisen führen. Biddle/Lindahl (1982) bestätigen ihre Hypothese, dass die Reaktion der Investoren von der zu erwartenden Steuerersparnis abhängt: Je höher die Ersparnis ausfällt, desto positiver reagiert der Kurs auf die Änderung.[200]

Indizien gegen die Vermutung, dass sich der Markt durch steigende Gewinne infolge von Änderungen der Rechnungslegungsmethoden täuschen lässt, liefert bereits Ball (1972). Er analysiert für Fälle, in denen Unternehmen solche dispositiven Änderungen mitsamt der daraus resultierenden positiven oder negativen Gewinnwirkung im Jahresabschluss angegeben haben, inwiefern die Kurse auf diese Gewinnänderung reagieren. Dabei ist kein Zusammenhang zwischen

---

196 Vgl. Hong/Kaplan/Mandelker (1978), S. 31 f.; Watts (1998), S. 21.

197 Vgl. Hong/Kaplan/Mandelker (1978), S. 38 ff.

198 Vgl. Lee (1988), S. 371 f.; Watts (1998), S. 22. Diese Gedankenkette entspringt direkt der ökonomischen Intuition.

199 Vgl. Dhaliwal/Guenther/Trombley (1999), insbesondere S. 419, 422 f., 433. Die Autoren entwickeln die Vorgehensweise aus der Untersuchung von Lee (1988) weiter, der noch zum gegenteiligen Ergebnis gekommen war.

200 Vgl. Biddle/Lindahl (1982), insbesondere S. 552, 582 f.

Gewinnänderung und Kursverhalten erkennbar. Auch bei Unternehmen, die lediglich die Änderung als solche, nicht jedoch das Vorzeichen der Gewinnwirkung angeben, gilt dieses Ergebnis.[201]

Zusammengenommen deuten die empirischen Ergebnisse darauf hin, dass der Kapitalmarkt in der Lage ist, die aus Unterschieden in den Rechnungslegungsmethoden zwischen Unternehmen bzw. aus dispositiven Änderungen der Methoden vonseiten des Managements resultierenden Gewinnänderungen zu identifizieren und dementsprechend zu reagieren. „Earnings manipulation may be fun, but its profitability is doubtful."[202] Bezieht man die Ergebnisse zur Kapitalmarktreaktion auf Gewinnveröffentlichungen ein,[203] so scheint der Markt insbesondere zwischen substanziellen und rechnungslegungsinduzierten Gewinnänderungen differenzieren zu können.

### 3.6.2.5 Der „post-earnings-announcement drift"

Der sog. „post-earnings-announcement drift" (PEAD) gilt als "granddaddy of underreaction events"[204]. Er bezeichnet das Phänomen, dass in der Folge von Gewinnveröffentlichungen prognostizierbare Überrenditen auftreten, die bis zu ein Jahr lang anhalten. Es handelt sich um eine Unterreaktion des Marktes, da das Vorzeichen der Überrendite demjenigen der Gewinnänderung entspricht. Der Effekt wurde zum Gegenstand einer Vielzahl von Studien,[205] nachdem bereits Ball/Brown (1968) Anzeichen dafür sahen, dass über ihr Ergebnis einer Antizipation und frühzeitigen Verarbeitung von Informationen durch den Kapitalmarkt[206] hinaus in einem Zeitraum von bis zu zwei Monaten Überrenditen erzielbar sind.[207]

Foster/Olsen/Shevlin (1984) untersuchen Quartalsgewinne der Periode von 1974 bis 1981 anhand verschiedener Modelle zur Bestimmung erwarteter Gewinne auf den PEAD. Bei allen vier Modellen zeigt sich im Zeitfenster der Gewinnveröffentlichung eine Überrendite, deren Vorzeichen mit dem der Abweichung des tatsächlichen vom erwarteten Gewinn übereinstimmt. Die Ergebnisse bezüglich des Zeitraums nach der Veröffentlichung variieren jedoch in Abhängigkeit von den zugrunde gelegten Modellen. Es stehen sich die Bestätigung des PEAD in Form eines systematischen Verlaufs der Überrendite entsprechend dem Vorzeichen der Gewinnüberra-

---

201 Vgl. Ball (1972), insbesondere S. 26-30, 32.

202 Kaplan/Roll (1972), S. 245.

203 Vgl. Kapitel 3.6.2.2.

204 Fama (1998), S. 286.

205 Vgl. Kothari (2001), S. 193.

206 Vgl. Kapitel 3.6.2.2.

207 Vgl. Ball/Brown (1968), S. 173.

schung über 60 Handelstage durch zwei Modelle und seine Ablehnung unter Verwendung zweier anderer Modelle diametral gegenüber.[208]

Die Beobachtung eines PEAD lässt sich grundsätzlich auf zwei Kategorien von Erklärungsansätzen zurückführen. Einerseits kann die Anpassungsreaktion des Marktes auf neue Informationen verzögert sein, sei es wegen einer langsamen Verarbeitung der Informationen durch die Investoren oder durch Transaktionskosten, die eine sofortige Umsetzung der Informationen hemmen. Andererseits kann die Ursache aber auch in einer fehlerhaften Berechnung der erwarteten Rendite mittels des Kapitalmarktmodells bestehen;[209] diese Vermutung legen die konträren Ergebnisse von Foster/Olsen/Shevlin bei der Verwendung alternativer Modelle nahe. Vor diesem Hintergrund unternehmen Bernard/Thomas (1989) den Versuch, zwischen beiden denkbaren Erklärungsansätzen zu unterscheiden.[210]

Zunächst gelingt für die Jahre 1974 bis 1986 eine Bestätigung der Ergebnisse von Foster/Olsen/Shevlin hinsichtlich der Existenz eines PEAD: Dieser entwickelt sich ansteigend in Abhängigkeit des Vorzeichens der Gewinnüberraschung monoton positiv bzw. negativ über 60 Handelstage. Neue Erkenntnisse bringt eine Verlängerung des Analysezeitraums, die verdeutlicht, dass der PEAD bis zu 180 Handelstage nach dem Veröffentlichungszeitpunkt nachweisbar ist, wenngleich der Effekt in den ersten 60 Tagen am stärksten auftritt. Außerdem zeigt die Analyse, dass Quartalsgewinne eine Prognosekraft für den Gewinn des Folgequartals besitzen, dass also der Markt scheinbar die Implikationen der aktuellen für die zukünftigen Gewinne nicht vollständig verarbeitet.[211]

Über diese Ergebnisse hinaus zeigen Bernard/Thomas jedoch auch, dass potenzielle Schwachstellen des Kapitalmarktmodells keine hinreichende Erklärung für den PEAD liefern. Weder zu niedrige Prognosen bezüglich des Risikos noch die Vernachlässigung von Risikofaktoren durch das Modell können in einem Umfang nachgewiesen werden, der geeignet wäre, das Ausmaß der beobachteten Überrenditen zu plausibilisieren. Zudem erscheint es schwierig, eine etwaige Risikokompensation als Erklärung für die Konzentration der Überrendite im Zeitpunkt der Veröffentlichung des folgenden Quartalsgewinns heranzuziehen, da nicht ersichtlich ist, warum sich das Risiko mit einer dreimonatigen Verzögerung verändern sollte.[212]

Daher rückt die alternative Erklärung einer verzögerten Reaktion des Marktes in den Blickpunkt. Transaktionskosten können allerdings nur dann ursächlich sein, sofern sie höher sind als die

---

208 Vgl. Foster/Olsen/Shevlin (1984), insbesondere S. 574, 586-594.

209 Vgl. dazu auch Kapitel 3.6.4.

210 Vgl. Bernard/Thomas (1989), S. 1-3; vgl. auch Ball (1992), S. 321 f.

211 Vgl. Bernard/Thomas (1989), S. 6, 9-15, 28-30.

212 Vgl. Bernard/Thomas (1989), ausführlich auf S. 15-24 und zusammenfassend auf S. 31 f.

erzielbaren Überrenditen; darauf deuten auch tatsächlich Anzeichen hin. Andererseits ist dann nicht mehr erklärbar, warum es nach der Publizierung des Ergebnisses überhaupt zu Transaktionen kommt, die die Investoren aufgrund der entstehenden Kosten rationalerweise eigentlich nicht tätigen sollten, und warum dennoch durchgeführte Transaktionen nicht zu Preisen erfolgen, die sämtliche Informationen reflektieren. Folglich bleibt zur Erklärung des Zusammentreffens von Überrendite und folgendem Quartalsgewinn lediglich die – durch die Ergebnisse gestützte – Vermutung, dass sich die Implikationen der Informationen, die aktuelle Gewinnziffern für die zukünftigen beinhalten, nicht unmittelbar vollständig in den Preisen niederschlagen.[213]

Der Vertiefung der Fragestellung, inwiefern Preise die Implikationen der heutigen für die zukünftigen Gewinne reflektieren, widmen die Autoren eine weitere umfassende Untersuchung. Es gelingt ihnen zu zeigen, dass die Reaktion der Kurse im Zeitpunkt zukünftiger Gewinnveröffentlichungen mindestens für vier Quartale mit Hilfe des aktuellen Gewinns und der historischen Gewinnentwicklung prognostizierbar ist, und damit die Vermutung zu untermauern, dass der PEAD durch eine unvollständige Verarbeitung der öffentlich verfügbaren Informationen über Unternehmensgewinne entsteht.[214] Insofern erscheint es durchaus als naheliegend, die Frage aufzuwerfen, „if market prices fail to reflect fully the implications of information as freely available as earnings, how well do they reflect information that is not as well-publicized?“[215]

Der PEAD kann als Grundlage dazu dienen, um Handelsstrategien zu entwickeln, die auf Basis öffentlicher Informationen über Unternehmensgewinne („Earnings momentum-Strategie“) systematische Überrenditen erzielen.[216] Er wird in der Literatur mit Attributen wie „above suspicion“[217] und „scientifically indisputable“[218] belegt und stellt daher insgesamt ein starkes Indiz dafür dar, dass die Informationsverarbeitungsfähigkeit des Kapitalmarktes an den Anforderungen der mittelstrengen Informationseffizienz scheitert.

Analog zur abschließenden Zusammenfassung der empirischen Forschungsanstrengungen zur schwachen Informationseffizienz zeigt die Empirie auch im Hinblick auf die mittelstrenge Form kein einheitliches Bild, sondern ist vielmehr durch ein Nebeneinander heterogener Resultate gekennzeichnet.

---

213 Vgl. Bernard/Thomas (1989), ausführlich auf S. 24-31 und zusammenfassend auf S. 32-34.

214 Vgl. Bernard/Thomas (1990), komprimiert auf S. 305-308, ausführlich auf S. 315-324.

215 Bernard/Thomas (1990), S. 339.

216 Vgl. Wagenhofer/Ewert (2003), S. 118.

217 Fama (1998), S. 304.

218 Ball (1992), S. 319.

### 3.6.3 Empirische Untersuchungen zur strengen Informationseffizienz der Kapitalmärkte

Auf einem streng informationseffizienten Markt dürfen auch Insider keine Überrenditen erzielen. Empirische Untersuchungen der strengen Informationseffizienz analysieren daher, inwiefern Insider durch Aktivitäten am Kapitalmarkt auf Basis nichtöffentlicher Informationen Vorteile zu erlangen vermögen. Es werden Renditen vor und nach der Veröffentlichung neuer Informationen berechnet um festzustellen, ob auffällige Kurs- bzw. Umsatzveränderungen, die als Indiz für Insideraktivitäten dienen können, bereits vor der Bekanntgabe auftreten.[219] Sind die Zeitpunkte von Insidergeschäften bekannt, so können zudem direkte Tests auf etwaige Überrenditen vorgenommen werden.[220] Ansonsten ist die empirische Überprüfung der strengen Informationseffizienz kaum möglich, da sich die Identifizierung der nur bestimmten Investoren verfügbaren Information als schwierig erweist.[221]

Der Fragestellung strenger Informationseffizienz widmet sich etwa Jaffe (1974) in einem direkten Test des Renditeverlaufs in Zeitpunkten von Insidergeschäften, die er der monatlichen Aufstellung der SEC über meldepflichtige Wertpapiertransaktionen von Unternehmensinsidern (Official Summary of Insider Trading[222]) entnimmt. Seine Ergebnisse zeigen, dass Insider am Markt aktiv sind und Überrenditen erzielen.[223] Die Erkenntnis, dass Insider durch ihren Wissensvorsprung am Markt Überrenditen erzielen können und dieses Potenzial auch tatsächlich ausnutzen, bestätigt bereits früh Finnerty (1976), der daher die Hypothese strenger Informationseffizienz ablehnt,[224] sowie später Seyhun (1986), der ebenfalls überdurchschnittliche Renditen von Insidern aufgrund ihrer Wissensvorsprünge dem Markt gegenüber dokumentiert.[225] Meulbroek (1992) untersucht Insideraktivitäten am amerikanischen Aktienmarkt anhand von Fällen, in denen die SEC illegale Geschäfte entdeckt hat. Daher ist das zugrunde gelegte Datenmaterial für die Analyse besser geeignet als die durch die Betroffenen selbst gemeldeten Informationen über ihre legalen Aktivitäten, weil es ausschließlich solche Fälle beinhaltet, bei denen die SEC den Einsatz überlegener, nichtöffentlicher Informationen durch die Insider für gegeben erachtet.

---

219 Vgl. Sapusek (1998), S. 203 f., 215. Die Methodik ähnelt insofern derjenigen zur Untersuchung mittelstrenger Informationseffizienz. Die Interpretation der Ergebnisse ist problematisch, weil diese Schwankungen auch auf Antizipation künftiger Entwicklungen bzw. alternative Informationsquellen bei mittelstrenger Informationseffizienz hindeuten können.

220 Vgl. Hecker (1993), S. 31 f. Voraussetzung ist natürlich, dass für Wertpapiertransaktionen potenzieller Insider eine Meldepflicht besteht.

221 Vgl. Sapusek (1998), S. 204.

222 Zur Official Summary of Insider Trading siehe Dyckman/Morse (1986), S. 7 f.

223 Vgl. Jaffe (1974), S. 410, 420 ff.

224 Vgl. Finnerty (1976), S. 1146 ff.

225 Vgl. Seyhun (1986), S. 196 f. Da unternehmensexterne Investoren nach der Veröffentlichung von Wertpapiergeschäften der Insider durch die SEC unter Berücksichtigung von Transaktionskosten keine Überrenditen mehr erzielen, wenn sie die Strategien der Insider nachahmen, sieht der Autor in seiner Untersuchung zugleich eine Bestätigung der mittelstrengen Informationseffizienz. Vgl. dazu die Seiten 207-210.

Im Ergebnis zeigt sich wiederum, dass Insidern bei Ausnutzung des ihnen verfügbaren Wissensvorsprunges am Aktienmarkt Überrenditen winken.[226]

Insgesamt deuten die empirischen Resultate zur strengen Informationseffizienz des Kapitalmarkts darauf hin, dass Insiderkenntnisse in überdurchschnittliche Renditen umgesetzt werden können. Dies geht mit intuitiven Plausibilitätsüberlegungen konform: Dass „specialists and insiders have private information is not surprising"[227], denn andernfalls könnte „der Vorstandsvorsitzende einer Erdölgesellschaft, der als erster von einer fündigen Erdölbohrung eines seiner Bohrtrupps erfährt, .. nicht mehr an diesem Wissen verdienen als der taube Opa, der erst ein Vierteljahr später im Einwickelpapier eines Krämers hierüber liest"[228], da sich die Kurse augenblicklich auch an diesen neuen Tatbestand anpassen würden.

Weil man in der Frage der Ablehnung strenger Informationseffizienz in der Literatur eine „weitgehende Einigkeit"[229] konstatieren kann und es sich bei dieser Form zudem um ein theoretisches Grenzmodell handelt,[230] soll an dieser Stelle die Darstellung empirischer Ergebnisse nicht weiter vertieft werden.

### 3.6.4 Zur generellen empirischen Testbarkeit der Informationseffizienz

Zur Klassifizierung werden die empirischen Tests entsprechend der Grade der Informationseffizienz dahin gehend unterschieden, welche Informationsmenge der Kapitalmarkt verarbeitet. Durch Auswertung dieser Informationen darf sich auf dem Markt keine überdurchschnittliche Rendite erzielen lassen. Dies wäre nur durch die Auswertung von Informationen möglich, die nicht in der betrachteten Informationsmenge enthalten sind.[231]

Daraus ergibt sich jedoch das Problem, dass die Informationseffizienz nicht isoliert empirisch getestet werden kann. Um zu überprüfen, ob eine Anlagestrategie auf Basis bestimmter Informationen zu einer Überrendite am Kapitalmarkt führt, muss eine Annahme über die „normale" erzielbare Rendite getroffen werden. Diese erwartete Normalrendite, die sich bei vollständiger Berücksichtigung bestimmter Informationen erzielen ließe, ist jedoch nicht beobachtbar und muss daher mit einem Kapitalmarktmodell bestimmt werden. Somit unterliegen Tests der Informationseffizienz immer dem Problem verbundener Hypothesen: Sie testen gleichzeitig das Kapitalmarktmodell und die Informationseffizienz. Sofern die Tests das Ergebnis liefern, dass sich

---

226 Vgl. Meulbroek (1992), passim.

227 Fama (1991), S. 1603.

228 Schneider (1992), S. 541 f.

229 Lindemann (2004), S. 36. Ebenso deutlich auch Schneider (1992), S. 542: „Als empirische Hypothese ist die strenge Informationseffizienz sicher falsch." Siehe zudem Franke/Hax (2004), S. 409.

230 Vgl. Kapitel 3.4.

231 Vgl. Lindemann (2004), S. 31 f.

Renditen erzielen lassen, die von der erwarteten Gleichgewichtsrendite abweichen, kann dies sowohl in der Informationsineffizienz des Marktes als auch in der Fehlerhaftigkeit des zugrunde liegenden Kapitalmarktmodells begründet sein. Insofern bildet stets eine methodologische Vorentscheidung über die Gültigkeit eines Kapitalmarktmodells den Ausgangspunkt für empirische Informationseffizienztests.[232]

Hinzu kommt, dass in empirischen Studien zur Informationseffizienz häufig als Kapitalmarktmodell das CAPM zugrunde gelegt wird.[233] Das CAPM jedoch ist wiederum nicht empirisch testbar, vielmehr unterliegen derartige Tests ebenfalls dem Problem verbundener Hypothesen: Ein empirischer Test des CAPM müsste das vollständige risikoeffiziente Marktportfolio, das alle existenten, risikobehafteten Investitionen beinhaltet, betreffen; dieses ist allerdings in der Realität nicht beobachtbar, da auch Investitionen etwa in persönliche Ausbildung oder Forschung und Entwicklung vollständig zu erfassen wären. Die Tests können somit lediglich Approximationen des Marktportfolios, in der Regel in Form von Aktienindizes, verwenden und beziehen sich mithin auf die verbundenen Hypothesen der Modellimplikationen einerseits und der Effizienz des verwendeten Indexes andererseits.[234] Daher ist die Frage nach dem „richtigen" Kapitalmarktmodell ungeklärt.[235]

Die empirischen Resultate sind insgesamt vor dem Hintergrund dieser generellen Einschränkungen zu sehen.

## 3.7 Zusammenfassung und weitere Vorgehensweise

Das Konzept der Informationseffizienz beschreibt die Fähigkeit des Kapitalmarktes, Informationen im Prozess der Preisbildung zu verarbeiten; die Definition der Informationseffizienz in der Literatur ist jedoch uneinheitlich.[236] Im Zuge der Konkretisierung der Informationseffizienz bezüglich in der Realität verfügbarer Informationen unterscheidet man verschiedene Informationsmengen und daraus resultierend mit der schwachen, der mittelstrengen bzw. der strengen Form drei Grade der Informationseffizienz. Im Kontext der externen Rechnungslegung ist primär die mittelstrenge Form relevant.[237]

---

232 Vgl. Beaver (1983), S. 355; Campbell/Lo/MacKinlay (1997), S. 24; Dyckman/Morse (1986), S. 9; Lindemann (2004), S. 33 f.; Möller (1985), S. 504; Schneider (1992), S. 545.

233 Vgl. Ball (1998), S. 12; Dyckman/Morse (1986), S. 2, 9; Ronen (1979), S. 437.

234 Vgl. grundlegend Roll (1977), insbesondere S. 129-131. Siehe zudem Oertmann (2001), S. 93; Schneider (1992), S. 540 f.

235 Vgl. Wagenhofer/Ewert (2003), S. 114.

236 Vgl. Kapitel 3.3.

237 Vgl. Kapitel 3.4.

Aus theoretischer Sicht sprechen verschiedene Argumente dafür, dass Kapitalmärkte Informationen effizient verarbeiten, darunter insbesondere der Arbitragemechanismus: Etwaige Fehlbewertungen von Wertpapieren durch unvollständige oder unrichtige Informationsverarbeitung sollten rationale Investoren dazu anreizen, Handelsstrategien zur Erzielung von Überrenditen zu konstruieren und daraus abgeleitete Wertpapiertransaktionen vorzunehmen, die wiederum den Fehlbewertungen entgegenwirken. Andere Argumente geben hingegen Anlass zur Skepsis. Positive Informationskosten etwa vernichten auf einem informationseffizienten Kapitalmarkt den Anreiz zu Informationsbeschaffung und -auswertung; ohne diesen Anreiz jedoch ist das Zustandekommen eines informationseffizienten Zustandes nicht denkbar. Auch das perfekte Funktionieren des Arbitragemechanismus ist zweifelhaft. Daher liefert die Theorie letztlich keine genauen Anhaltspunkte in die eine oder die andere Richtung.[238]

Bei der Auswertung der empirischen Literatur entsteht ebenfalls ein heterogenes Bild, da zwar umfangreiche Forschungsbemühungen unternommen wurden, die Ergebnisse allerdings – mit Ausnahme der Untersuchungen zur strengen Form, die jedoch als Referenzpunkt von eher theoretischem Interesse ist – uneinheitlich und teilweise sogar widersprüchlich sind. Einerseits scheint der Kapitalmarkt Informationen unmittelbar nach deren Bekanntwerden zu verarbeiten und diesen Prozess nach kurzer Zeit abzuschließen. Dies geschieht unter Ausnutzung verschiedener Informationsquellen, sodass Rechnungslegungsinformationen z. T. durch alternative Quellen vorweggenommen werden. Außerdem verarbeitet der Markt Informationen nicht mechanisch, sondern gemäß ihres ökonomischen Gehalts. Diese Erkenntnisse stützen übereinstimmend die mittelstrenge Informationseffizienz. Andererseits existiert das vielfach nachgewiesene Phänomen des „post-earnings-announcement drifts“, das die Implikationen eines mittelstreng informationseffizienten Kapitalmarktes verletzt. Das Fazit bezüglich der schwachen Informationseffizienz fällt ähnlich aus: Wenngleich einerseits einige Ergebnisse die Hypothese schwach informationseffizienter Märkte stützen können, so gelingt andererseits der Nachweis, dass sogar durch Auswertung der Zeitreihen vergangener Kurse Überrenditen zu erzielen sind; insofern wäre der Markt nicht einmal schwach informationseffizient.[239]

Vor diesem Hintergrund ist es nicht weiter verwunderlich, dass die These informationseffizienter Kapitalmärkte mittlerweile in der Literatur mit einer deutlich geringeren Vehemenz vertreten wird als dies früher der Fall war.[240] Die uneingeschränkte Überzeugung, Kapitalmärkte seien infor-

---

[238] Vgl. Kapitel 3.5.

[239] Vgl. Kapitel 3.6.

[240] Siehe Jensen (1978), S. 95: „I believe there is no other proposition in economics which has more solid empirical evidence supporting it than the Efficient Market Hypothesis“, obwohl andererseits die Forscher „seem to be entering a stage where widely scattered and as yet incohesive evidence is arising which seems to be inconsistent with the theory.“ Ähnlich rigoros Fama (1970), S. 388: „And we shall contend that there is no important evidence against the hypothesis in the weak and semi-strong form tests ..., and only limited evidence against the hypothesis in the strong form tests“.

mationseffizient, ist dabei erheblichen Zweifeln gewichen.[241] Eine treffliche Beschreibung für diese Entwicklung und die Heterogenität der Ergebnisse theoretischer und empirischer Forschung bildet die Feststellung: „If the efficient markets hypothesis was a publicly traded security, its price would be enormously volatile."[242]

Insofern gilt es zu konstatieren, dass angesichts der Uneinheitlichkeit der jeweiligen Resultate weder aus theoretischer noch aus empirischer Sicht die im Zusammenhang mit der Rechnungslegung wesentliche Frage, nämlich welcher Grad der Informationseffizienz und insbesondere, ob die mittelstrenge Form realiter vorliegt, klar beantwortet werden kann. Daher erscheint es für den weiteren Verlauf der Untersuchung angezeigt, eine Fallunterscheidung vorzunehmen und die Konsequenzen des Informationseffizienzkonzepts für die Konzeption informationsorientierter Rechnungslegung sowohl für den Fall eines mittelstreng informationseffizienten als auch für den eines nicht mittelstreng und damit höchstens schwach informationseffizienten Kapitalmarktes zu analysieren.

Konsequenterweise jedoch sind angesichts der bislang vorliegenden heterogenen Forschungsergebnisse die aus dem Informationseffizienzkonzept abgeleiteten Implikationen mit der gebotenen Vorsicht anzusehen.[243]

---

[241] Vgl. etwa Ball (1998), S. 15; Beaver (2002), S. 454; Brown (1994), S. 14; Dimson/Mussavian (1998), S. 100 f.; Malkiel (2003), S. 59 f.; Wagenhofer/Ewert (2003), S. 119, 135 f. Anderer Ansicht hingegen Fama (1998), S. 304, und Rubinstein (2001), S. 15. Vorsichtig optimistisch äußert sich zudem Roll (1994), S. 71: „After spending 25 years looking at particular allegations about market inefficiencies, and 10 years attempting to exploit them as a practicing money manager, I have become convinced that the concept of efficient markets ... really is a first approximation to reality and ... is an extremely helpful organizing paradigm of thought. ... Many of these effects [the inefficiencies, d. Verf.] are surprisingly strong in the empirical work, but I have never yet found one that worked in practice, in the sense that it returned more after cost than a buy-and-hold strategy." Vgl. überdies jüngst zweifelnd Mölls/Strauß (2007), S. 89 f.

[242] Shleifer/Summers (1990), S. 19. Vgl. in diesem Sinne auch die nüchterne Feststellung bei Beaver (1998), S. 129: „The nature of the evidence and the strength of the findings either supporting or rejecting market efficiency are continually changing and are the subject of current controversy and debate."

[243] Vgl. Wagenhofer/Ewert (2003), S. 119.

# 4 Konsequenzen der Informationseffizienz für die Konzeption informativer Rechnungslegungsvorschriften

Das folgende vierte Kapitel der vorliegenden Arbeit dient der Erarbeitung des Maßstabes, anhand dessen die Rechnungslegungskonzepte nach IFRS und HGB vor dem Hintergrund des Informationseffizienzkonzepts hinsichtlich ihrer zweckmäßigen Ausgestaltung im Sinne der Informationsfunktion der Rechnungslegung untersucht werden sollen. Dabei gilt es, die im zweiten Kapitel hergeleiteten Anforderungen an eine informative Rechnungslegung, die dem Zweck einer Steigerung der Allokationseffizienz dienen soll, mit den Erkenntnissen des dritten Kapitels zur Informationseffizienz zu verknüpfen. Dem Ergebnis des dritten Kapitels entsprechend, dass sich in der Forschung weder aus theoretischer noch aus empirischer Sicht eine herrschende Meinung bezüglich des Grades der Informationseffizienz herauskristallisiert hat, soll dabei eine Fallunterscheidung insbesondere in schwache und mittelstrenge Informationseffizienz vorgenommen werden; Überlegungen zur strengen Form beschränken sich auf einen kurzen Abschnitt.

Das Kapitel beginnt mit einem grundlegenden Abschnitt zum Informationsnutzen der Rechnungslegung, der zwischen einer gesamtgesellschaftlichen und einer individuellen Sichtweise unterscheidet und der auch Ergebnisse der Informationsökonomie, die diese beiden Perspektiven betreffen, mit einbezieht. Darauf folgt ein Abschnitt, der den Zusammenhang zwischen der Allokationseffizienz als Zweck der Rechnungslegung und dem in dieser Arbeit zentralen Konzept der Informationseffizienz beleuchtet, bevor sich die anschließenden Abschnitte mit der konkreten Ausgestaltung einer informativen Rechnungslegung auf Kapitalmärkten beschäftigen, die in verschiedenem Ausmaß informationseffizient sind; dabei wird wiederum die gesamtgesellschaftliche von der individuellen Perspektive differenziert. Die im Zusammenhang mit der Rechnungslegung insbesondere relevante Form der mittelstrengen Informationseffizienz impliziert darüber hinaus einige weitere konzeptionelle Anforderungen, die der betreffende Abschnitt ebenfalls thematisiert. Schließlich fasst der letzte Abschnitt die Ergebnisse zusammen.

## 4.1 Grundlegendes zum Informationsnutzen der Rechnungslegung aus gesamtgesellschaftlicher und individueller Sicht

Die Informationsfunktion der Rechnungslegung kann sich grundsätzlich an gesamtgesellschaftlichen Interessen und Individualinteressen orientieren.[1] Die beiden zunächst folgenden Abschnitte gehen grundlegend auf den Informationsnutzen der Rechnungslegung aus der Sicht

---

[1] Vgl. Wagner (1982), S. 749; Walz (1993), S. 102.

dieser Interessenlagen ein. Ein dritter Abschnitt beschäftigt sich mit fundamentalen informationsökonomischen Erkenntnissen zum gesamtgesellschaftlichen und individuellen Informationsnutzen und deren Bedeutung im Kontext der Rechnungslegung.

### 4.1.1 Gesamtgesellschaftliche Sicht

Die gesellschaftliche Aufgabe der Rechnungslegung wird darin gesehen, „die Fähigkeit der Kapitalmärkte zur Lenkung des Kapitals in die rentabelsten Verwendungsmöglichkeiten zu fördern und somit zur Allokationseffizienz des Kapitalmarktes beizutragen."[2]

Aktienkurse besitzen für die finanziellen Mittel, die einem Unternehmen für Investitionszwecke zufließen, mit Ausnahme von Aktienemissionen jedoch keine unmittelbare Bedeutung. Die Ursache besteht darin, dass Börsenkurse zwar für Transaktionen zwischen Eigner und Kapitalmarkt gelten, nicht jedoch für diejenigen zwischen Eigner und Unternehmen, durch die Kapital in die Unternehmen fließt. Es sind mit anderen Worten für die Ressourcenallokation reale Investitionen relevant, nicht hingegen die Börse als Sekundärmarkt.[3] Es ist somit keinesfalls gesichert, dass die Rechnungslegungsinformationen über die Kursbildung die Allokation tatsächlich beeinflussen können. Rechnungslegung wirkt auf die Kapitalallokation nur über Umwege.[4] Der Wirkungsmechanismus des Sekundärmarktes auf die Kapitalallokation wird in Abschnitt 4.2 ausführlich thematisiert.

Zudem hat allerdings im Zeitablauf die Bedeutung der Kapitalerhöhung als Instrument zur Finanzierung von Investitionen zugenommen, und zwar einerseits, weil die Zahl der börsennotierten Gesellschaften gestiegen ist und andererseits die Unternehmen dieses Instrument auch häufiger nutzen. Daher kann angenommen werden, dass auch die Rechnungslegung für die Kapitalallokation an Bedeutung gewonnen hat.[5]

---

2 Wagner (1982), S. 763. Vgl. auch Schneider (1981), S. 7 f.

3 Vgl. Franke/Hax (2004), S. 365 f.; West (1975), S. 32.

4 Vgl. zu diesem Absatz Wagner (1982), S. 752, 764; vgl. auch Lindemann (2004), S. 19 ff. Das Instrument der Kapitalerhöhung gilt als direkter Mechanismus der Kapitalallokation. Zu den indirekten Mechanismen zählen die Disziplinierung der Manager über die Börsenkurse, die im Falle niedriger Kurse aufgrund drohender feindlicher Übernahmen und Austausch des Managements zur Steigerung des Unternehmenswerts durch bessere Strategien erfolgt (Markt für Unternehmenskontrolle), sowie die eignerzielkonforme Entlohnung des Managements durch Aktien bzw. Aktienoptionen.

5 Vgl. Sachverständigenrat (2005), S. 457 f.; Streim/Bieker/Esser (2004), S. 230 f. Dort wird zudem die Schlussfolgerung Wagners (1982), S. 765, dass „der Rechnungslegung als Instrument der Ressourcenallokation z. Z. eher eine bescheidene Rolle zugewiesen ist", aus den genannten Gründen relativiert.

### 4.1.2 Individuelle Sicht

Der individuelle Informationswert einer Rechnungslegungsinformation resultiert aus der Informationswirkung auf den Wert einer Aktie und besteht in der Summe der Vorteile, die ein Individuum aus der Informationsverwertung generieren kann. Er bezeichnet den Grenzpreis, den ein Individuum für die Information bezahlen könnte, ohne sich im Vergleich mit dem Zustand des Nichtbesitzes der Information schlechterzustellen. Als Möglichkeiten der Verwertung kommen grundsätzlich der Verkauf der Information sowie informationsbasierte Transaktionen in Betracht. Im Falle der Auswertung durch Transaktionen muss der Investor zunächst zu Preisen kaufen bzw. verkaufen, die sich vor Bekanntwerden der Information gebildet haben; nach deren Verbreitung und damit korrespondierenden Preisanpassungsreaktionen des Marktes kann er den Informationswert realisieren. Der Wert der Information hängt dabei generell davon ab, wie stark diese auf dem Markt verbreitet ist. Je höher der Bekanntheitsgrad der Information, desto weniger Erfolg versprechend wird die Auswertung durch Transaktionen oder Verkauf.[6]

### 4.1.3 Informationsökonomie und Rechnungslegung

Die Informationsökonomie betrachtet Rechnungslegung als ein spezielles Informationssystem, das in Konkurrenz zu anderen Systemen steht. Der Nutzen eines Informationssystems im Allgemeinen und der Rechnungslegung im Besonderen entsteht dadurch, dass Erwartungsänderungen bewirkt werden und es demzufolge zu einer Wahl von Entscheidungsalternativen kommt, die ohne Auswertung des Informationssystems anders ausgefallen wäre. Der Wert der Systeme besteht nach Abzug der Kosten in einer Erhöhung des Erwartungsnutzens des Individuums durch die Wahl einer – angesichts der gegebenen Entscheidungssituation, mit der es sich konfrontiert sieht – vorteilhafteren Alternative.[7]

Die Informationsökonomie bringt dabei Ergebnisse hervor, die dazu geeignet sind, der Rechnungslegung jeglichen Sinn, vor allem die Eignung als Informationssystem, abzusprechen, und zwar sowohl hinsichtlich des grundsätzlichen Bedarfs nach einem solchen Instrument als auch hinsichtlich der Möglichkeit, überhaupt allgemeingültige, konkrete Rechnungslegungsnormen logisch abzuleiten.[8]

Die beiden folgenden Abschnitte beschäftigen sich mit informationsökonomischen Erkenntnissen zum individuellen und gesamtgesellschaftlichen Nutzen von Informationssystemen, um deren Relevanz für die vorliegende Arbeit zu untersuchen.

---

6 Vgl. Wagner (1982), S. 758, 760.

7 Vgl. Ballwieser (1982), S. 780; Schildbach (1995), S. 2637; Wagenhofer/Ewert (2003), S. 56.

8 Vgl. Krönert (2001), S. 23.

#### 4.1.3.1 Informationsökonomische Ergebnisse zum privaten Nutzen von Informationssystemen

Für eine Entscheidungsunterstützung aus individueller Sicht stellt sich die wesentliche Frage, ob verschiedene miteinander konkurrierende Informationssysteme derart vergleichbar sind, dass der Vergleich in eine eindeutige Rangfolge mündet, bzw. welche Eigenschaften es ermöglichen, eine solche eindeutige Rangordnung unabhängig von konkreten individuellen Zielfunktionen aufzustellen.[9] Gesucht sind insofern für einen Entscheider ohne konkrete Zielfunktion und mit unspezifiziertem Entscheidungsfeld[10] Eigenschaften von Informationssystemen, die zur Wahl einer solchen Alternative führen, die den Erwartungsnutzen im Vergleich zu einem Informationssystem ohne diese Eigenschaften garantiert erhöht, die also für alle potenziellen Adressaten vorteilhaft ist.[11] Ließen sich derartige Kriterien eindeutig herleiten, so könnten durch eine Anwendung auf den Kontext der Rechnungslegung möglicherweise Aussagen über die Vorteilhaftigkeit alternativer Methoden gewonnen werden.

Die wesentliche Erkenntnis der Informationsökonomie zu diesem Auswahlproblem liefert das Blackwell-Theorem.[12] Es besagt, dass unter Ausblendung von Informationskosten die Zielerreichung eines Investors niemals abnehmen kann und demnach zusätzliche Informationen genau dann immer vorteilhaft sind, falls das zusätzliche Informationssystem dem Feinheitstheorem genügt, d. h., dass es die bislang verfügbaren Informationen vollständig als Teilmenge enthalten muss.[13] Das Feinheitstheorem bildet indes lediglich eine notwendige Bedingung für die Vorteilhaftigkeit von Informationen, denn zum einen müssen realiter Informationskosten berücksichtigt werden, zum anderen erlaubt das Theorem keine Ordnung aller Informationssysteme.[14]

Das Blackwell-Theorem ist zwar plausibel, impliziert aber letztlich nur, dass mehr Information bei kostenloser Informationsproduktion stets besser ist als weniger. Bezogen auf den konkreten Anwendungsfall der Auswahl von Rechnungslegungsalternativen hilft es indes kaum weiter, und zwar erstens, weil das Feinheitstheorem keine vollständige Ordnung erlaubt und daher nicht alle Informationssysteme vergleichbar sind; dies ist angesichts der Fülle denkbarer Rechnungslegungsnormen ein unmittelbar einsichtiger Defekt, denn schon die Bilanzierung des Vorratsvermögens nach FIFO versus LIFO ist anhand des Feinheitskriteriums nicht mehr miteinander

---

9 Vgl. Krönert (2001), S. 24 f.

10 Zum Begriff vgl. Engels (1962), S. 94.

11 Vgl. Ballwieser (1982), S. 781. Die Informationsökonomie abstrahiert generell von Vorentscheidungen über den Adressatenkreis und konkrete Abbildungsziele. Vgl. dazu S. 780.

12 Vgl. dazu grundlegend Blackwell (1951) und Blackwell/Girshick (1954), S. 330 f.

13 Siehe auch Ballwieser (1985a), S. 30; Ballwieser (1985b), S. 50; Wagenhofer/Ewert (2003), S. 70-73.

14 Vgl. Wagenhofer/Ewert (2003), S. 74-76.

vergleichbar. Zweitens versagt es schon allein durch die Abstraktion von Kosten der Informationsproduktion.[15]

Um ohne die Möglichkeit zur Ordnung konkurrierender Informationssysteme anhand des Feinheitstheorems dennoch den Informationsnutzen zu beurteilen, muss man auf die Parameter und Bestandteile der jeweiligen individuellen Entscheidungsprobleme der Kapitalmarktteilnehmer abstellen. Für den Einpersonenfall ist dann das erwartungsnutzenmaximale Informationssystem optimal. Beim Übergang auf den im Kontext der Rechnungslegung relevanten Mehrpersonenfall tritt jedoch das Problem auf, dass sich die verschiedenen Investoren etwa hinsichtlich ihrer individuellen Erwartungen sowie Risikoeinstellungen regelmäßig stark unterscheiden. Dies führt für den – wie beschrieben – auf die Realität zutreffenden Fall, dass nicht alle Systeme geordnet werden können und sie insofern den Investoren individuell unterschiedlich wertvolle Informationen liefern, dazu, dass aus solchen Systemen nur unter Berücksichtigung des individuellen Entscheidungsproblems gewählt werden kann und mithin eben kein allgemeiner und von individuellen Faktoren unabhängiger Qualitätsmaßstab für Informationssysteme mehr existiert.[16] Daraus resultiert ein Abstimmungsproblem über ein ausnahmslos präferiertes Informationssystem, das realiter angesichts der Unvollkommenheit und Unvollständigkeit der Märkte sowie intersubjektiv unterschiedlicher Nutzenfunktionen unter allgemein akzeptierten Bedingungen unlösbar sein dürfte.[17]

Mit diesem Abstimmungsproblem bezüglich der Vorziehenswürdigkeit bestimmter Informationssysteme sind die Adressaten der Rechnungslegung „in voller Schärfe"[18] konfrontiert. Als Konsequenz wird plakativ die Unmöglichkeit normativer Rechnungslegungsstandards konstatiert.[19] Dennoch erscheint normative Rechnungslegungsforschung unverzichtbar, zum einen als Input für den Prozess der Rechnungslegungsregulierung, zum anderen als theoretisch-konzeptionelle Grundlage für die empirische Forschung; die aufgezeigten Grenzen normativer Resultate sollten allerdings eine ausreichende Warnung davor sein, die unbedingte Gültigkeit der abgeleiteten Ergebnisse mit einer allzu großen Vehemenz zu vertreten.[20]

---

15 Vgl. Ballwieser (1982), S. 782; Krönert (2001), S. 25.

16 Vgl. Wagenhofer/Ewert (2003), S. 77 f.

17 Vgl. Ballwieser (1982), S. 787; Krönert (2001), S. 26. Zu den Bedingungen und dem daraus resultierenden sog. Unmöglichkeitstheorem vgl. Arrow (1963), S. 22-33, 59, 96 f.; Sen (1970), S. 37 f., 41 f.; Söllner (1993), S. 30 f. Zur Übertragung auf den Kontext der Rechnungslegung vgl. Demski (1974), S. 227 f.; Beaver/Demski (1974), S. 174 f. Das Ergebnis relativierend wendet Cushing (1977) ein, dass die Schärfe des Abstimmungsproblems aus der Zulässigkeit beliebiger individueller Präferenzen resultiere: „Considered in the extreme, ... an information system is not socially optimal even though it is preferred by all users save one who is possessed of bizarre tastes and preferences" (S. 311). Im Kontext der Rechnungslegung erscheinen jedoch ähnliche Präferenzen der Kapitalmarktteilnehmer plausibler. Zur Konsequenz der Prämisse eines gesellschaftlichen Grundkonsenses vgl. auch Söllner (1993), S. 32.

18 Ballwieser (1982), S. 787.

19 Vgl. Demski (1973).

20 Vgl. Bieker (2006), S. 67. Siehe auch Wagenhofer/Ewert (2003), S. 79 f.

Insofern liefert die Informationsökonomie allgemein zum einleitend dargestellten Problem einer präferenz- und kontextunabhängigen Auswahl zwischen Informationssystemen und speziell für die Problematik der Auswahl zwischen Rechnungslegungsmethoden nur wenig befriedigende Ergebnisse, da eine konkrete Herleitung von Regeln unmöglich bleibt. Damit ist jedoch noch nichts über den gesamtgesellschaftlichen Wirkungszusammenhang ausgesagt: Diesen thematisiert daher der folgende Abschnitt.

#### 4.1.3.2 Die informationsökonomische These des gesellschaftlichen Unwerts öffentlicher Informationen

In der Literatur findet sich eine Reihe von Untersuchungen über den gesellschaftlichen Wert öffentlicher Informationen, deren Ergebnisse geeignet sind, Zweifel am gesamtgesellschaftlichen Nutzen öffentlich zugänglicher Informationen und somit auch am gesellschaftlichen Wert der Informationsquelle Rechnungslegung aufkommen zu lassen.[21]

Es lässt sich nämlich durch Setzung bestimmter Annahmen modelltheoretisch zeigen, dass zusätzliche Informationen auch neue Risiken schaffen können, die zur Ablehnung der Informationen durch die Individuen führen, falls keine Möglichkeit der Versicherung gegen die neuen Risiken besteht. Die nicht versicherbaren Risiken können Erwartungsnutzenänderungen hervorrufen, die für alle Individuen Nutzeneinbußen bedeuten. Denkbar ist sogar der Extremfall, dass alle Marktteilnehmer eine Veröffentlichung zusätzlicher, öffentlich verfügbarer Informationen – sogar kostenloser Informationen – einstimmig ablehnen („Informationsablehnungstheorem"). Demnach würde ein feineres Informationssystem nicht mehr generell einem gröberen vorgezogen.[22]

Einen gesellschaftlichen Unwert öffentlicher Informationen zu konstatieren erscheint jedoch übertrieben, und zwar insbesondere aufgrund der gesetzten Prämissen der Vernachlässigung von produktiven Effekten der Information und des restriktiven Pareto-Kriteriums.[23] Zudem ist in Modellen, die sich im Kontext der Rechnungslegung realistischeren Bedingungen annähern, ein Resultat wie das Informationsablehnungstheorem nicht mehr möglich.[24] Insofern überrascht es auch nicht, dass sich empirisch keine Anstrengungen von Marktteilnehmern dahin gehend beo-

---

21 Vgl. Schmidt (1982), S. 734, 739.

22 Vgl. Ballwieser (1991), S. 112 f.; Ballwieser (1993), S. 122; Ewert (1989), S. 246; Krönert (2001), S. 29; Wagenhofer/Ewert (2003), S. 80 f. Als Ausgangspunkt gelten die Modelle von Hirshleifer (1971), S. 563-566, 568 und Marshall (1974), S. 376-380.

23 Vgl. Krönert (2001), S. 29 f.; Pellens/Gassen (1998), S. 636; Schmidt (1982), S. 738; Schredelseker (1985), S. 135 f.

24 Vgl. Ewert (1989), S. 261.

bachten lassen, regulative Aktivitäten zur Produktion öffentlich verfügbarer Informationen zu unterbinden.[25]

Somit rechtfertigen es die Ergebnisse zum gesellschaftlichen (Un-)Wert öffentlicher Informationen nicht, ein negatives Urteil über den Wert der Rechnungslegung zu fällen, sie als überflüssig oder gar schädlich zu qualifizieren.[26] Daher kann es auch nicht weiter verwundern, dass das betriebswirtschaftliche Schrifttum bei der Erörterung der Informationsfunktion der Rechnungslegung die Ergebnisse der Informationsökonomie weitgehend ignoriert.[27] Deren Beitrag besteht insbesondere darin, dass „sie die Vielfältigkeit der Problematik verdeutlichen, die damit verbunden ist, einen Jahresabschluss mit Verweis auf die Informationsfunktion verbessern zu wollen. Sie schützen damit möglicherweise vor vorschnellen Handlungen.“[28]

Zusammengenommen bilden die Erkenntnisse der Informationsökonomie keinen ausreichenden Anlass, um den eingeschlagenen Verlauf der Argumentation zu verändern. Sie leisten weder einen Beitrag zur Herleitung konkreter Rechnungslegungsregeln noch rechtfertigen sie die Schlussfolgerung eines öffentlichen Unwerts von Rechnungslegungsinformationen.

Dem in der Einleitung zu diesem Kapitel beschriebenen Verlauf der Argumentation weiter folgend beziehen sich die nachstehenden Ausführungen zunächst auf den Zusammenhang zwischen Informationseffizienz und Allokationseffizienz, bevor sich die Überlegungen daran anschließend den Anforderungen an die Rechnungslegungskonzeption vor dem Hintergrund der Informationseffizienz zuwenden.

## 4.2 Der Zusammenhang zwischen Informationseffizienz und Allokationseffizienz

In Kapitel 3.2 wurde bereits auf verschiedene Begriffe der Kapitalmarkteffizienz eingegangen. Die beiden im Rahmen der vorliegenden Arbeit wesentlichen Effizienzbegriffe sind die Allokationseffizienz, die fordert, dass die knappe Ressource Kapital in der Volkswirtschaft ihrer rentabelsten Verwendung zugeführt wird, sowie die Informationseffizienz, nach der abgegrenzte Informationsmengen unverzüglich durch die Wertpapierkurse reflektiert werden. Dieses Kapitel dient der Erarbeitung des Zusammenhangs zwischen diesen beiden Effizienzbegriffen.

Damit der Kapitalmarkt den Zustand der Allokationseffizienz erreichen kann, ist die Informationseffizienz eine notwendige, nicht jedoch eine hinreichende Bedingung. Es ist zudem erforderlich, dass die Kurse potenzielle künftige Einnahmenüberschüsse unter Berücksichtigung des

---

25 Vgl. Wagenhofer/Ewert (2003), S. 87.

26 Vgl. Ballwieser (1982), S. 790; Faß (1992), S. 74; Krönert (2001), S. 31; Menken (1993), S. 68; Schmidt (1982), S. 738 f.

27 Vgl. Krönert (2001), S. 30.

28 Ballwieser (1985a), S. 40.

Risikos zu jedem Zeitpunkt richtig reflektieren.[29] Diese Anforderung ist erfüllt, wenn die Kurse mit dem Barwert des Zahlungsstroms identisch sind, auf den durch den Besitz des Wertpapiers ein Anspruch besteht; ein solcher Zustand am Kapitalmarkt wird als Bewertungseffizienz bezeichnet. Ein bewertungseffizienter Markt ist demnach dadurch gekennzeichnet, dass Kurse und Fundamentalwerte („innere Werte") übereinstimmen.[30] Einflüsse nichtfundamentaler Faktoren auf die Kurse widersprächen der Bewertungseffizienz ebenso wie Erfolge einzelner Marktteilnehmer beim Versuch, Differenzen zwischen Kursen und Fundamentalwerten von Wertpapieren zu entdecken.[31]

Die Informationseffizienz ist aus dem Grunde lediglich eine notwendige und keinesfalls eine hinreichende Bedingung für das Erreichen der Allokationseffizienz, weil die Kurse sehr wohl ohne Verzögerung reagieren und verfügbare Informationen vollständig reflektieren können, ohne dass sie dem Fundamentalwert der Wertpapiere entsprechen. Informationseffizienz in Form unverzüglich in den Preisen reflektierter Informationen ist nicht von der Qualität des insgesamt am Markt herrschenden Informationsstandes abhängig; die reale Kapitalallokation wird hingegen durch die Güte des Informationsniveaus des Marktes bestimmt. Insofern kann am Markt ein Antizipationsgleichgewicht vorliegen, d. h. die Kurse sind im Hinblick auf erwartete zukünftige Kurse effizient, ohne dass sie die gegebenen realwirtschaftlichen Sachverhalte widerspiegeln. Vorliegende Informationen mögen etwa irreführend oder mehrdeutig, im Extremfall sogar falsch sein.[32] Für die Bewertungseffizienz ist es jedoch entscheidend, dass die Kurse die richtigen Informationen in ihrer Bedeutung für die zukünftigen Wertpapierpreise vollständig und richtig reflektieren.[33] Demnach ist die Aussage des Informationseffizienzkonzepts bezüglich der Informationsverarbeitung am Kapitalmarkt eine Geschwindigkeitshypothese, die für sich genommen noch keine Rückschlüsse auf die Qualität der verarbeiteten Informationen zulässt.[34]

Gleichwohl ist ohne eine vollständige Nutzung der verfügbaren Informationen und mithin ohne einen informationseffizienten Kapitalmarkt eine Signaleigenschaft der Kurse in dem Sinne, dass sie die relative Vorteilhaftigkeit der Investitionsmöglichkeiten widerspiegeln, und damit die Be-

---

[29] Vgl. Wagner (1982), S. 763; Möller (1985), S. 501; Solomons (1986), S. 204; Tobin (1984), S. 2; ebenso bereits Baumol (1965), S. 6 f. Siehe auch Fama (1970), S. 383: „... the ideal is a market in which prices provide accurate signals for resource allocation".

[30] Vgl. Bienert (1996), S. 19 f. Siehe auch Baumol (1965), S. 36: „.. it can be argued plausibly that the pricing of securities in accord with earnings prospects is precisely what is required for an efficient allocation of capital resources."

[31] Vgl. Merton (1987), S. 93.

[32] Vgl. hierzu Barker (1998), S. 3; Bierman (1974), S. 558; Hinz (2002), S. 108 f. m. w. N.; Schildbach (1986), S. 16; Schmidt (1982), S. 741.

[33] Vgl. Bienert (1996), S. 32; siehe auch Friend (1972), S. 212: „The important question is the relevance of the information to the subsequent earnings or riskiness of the stock. How is information to be distinguished from misinformation?"

[34] Vgl. Franke/Hax (2004), S. 398; Schmidt (2000), S. 24; Wagenhofer/Ewert (2003), S. 112; Walz (1993), S. 102.

wertungseffizienz des Marktes nicht vorstellbar. Bewertungseffizienz setzt also Informationseffizienz voraus. Die Bewertungseffizienz bildet ihrerseits eine notwendige Bedingung für die Allokationseffizienz, da ohne die beschriebene Signaleigenschaft der Kurse eine optimale Koordination von Kapitalbildung und -verwendung wiederum kaum erreichbar ist.[35] Die folgende Abbildung stellt den Zusammenhang zwischen den Effizienzbegriffen des Kapitalmarktes dar.

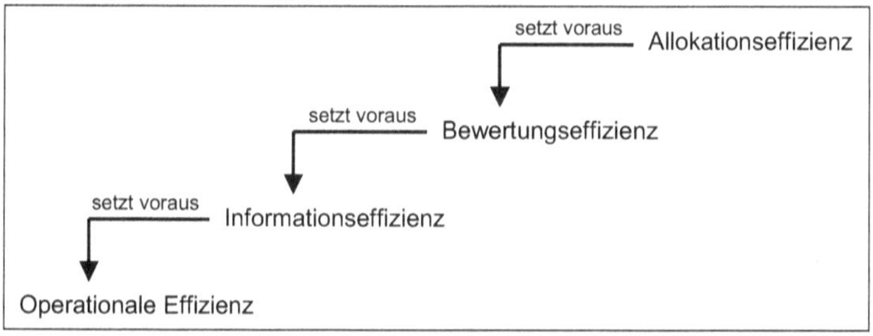


**Abbildung 9: Zusammenhang zwischen den Kapitalmarkteffizienzbegriffen**

Quelle: In Anlehnung an Bienert (1996), S. 32.

Im obigen Sinne bewertungseffiziente Kurse wirken auf den Emissionsmarkt zurück und tragen insofern zur Allokationseffizienz des Kapitalmarkts insgesamt bei, als sie Informationen und Erwartungen über Investitionserträge in den verschiedensten Bereichen der Volkswirtschaft – etwa unterschiedliche Firmen und Branchen – bündeln und allgemein verfügbar machen. Die Kurse dienen als Signale für Finanzierungsentscheidungen zumindest als Vergleichsmaßstab auch in Fällen, in denen letztlich keine Aktien emittiert werden; die Güte dieser Signale beeinflusst die Allokationseffizienz.[36] „... speculative prices serve as signals which affect productive decisions in the rest of the economy."[37] Insofern trägt der Sekundärmarkt durch die von ihm ausgehenden Preisinformationen dazu bei, die Ausschüttungs- und Investitionsentscheidungen der Unternehmen zu steuern.[38] Überdies wirkt bereits die Existenz eines Sekundärmarktes insofern auf den Primärmarkt zurück, als den Kapitalgebern die Entscheidung über ein mittel- oder gar langfristiges finanzielles Engagement leichter fällt, wenn die erworbenen Titel fungibel und

---

35 Vgl. Bienert (1996), S. 31. Zudem benötigt ein informationseffizienter Kapitalmarkt eine weitgehende operationale Effizienz, weil eine vollständige Nutzung der verfügbaren Informationen davon abhängt, ob möglichst viele Marktteilnehmer auf Grundlage ihrer Informationen Transaktionsbereitschaft signalisieren können, was einen friktionsarmen Markt voraussetzt. Siehe hierzu auch Merkt (2001), S. 301. Dass der Markt auch bezüglich diverser Aspekte über die Informationsverarbeitung hinaus effizient funktionieren muss, um den Zustand der Allokationseffizienz erreichen zu können, klingt auch bei Solomons (1986), S. 204, an.

36 Vgl. Bienert (1996), S. 19, 22; Franke/Hax (2004), S. 56 f. Die Aktienkurse als Signale des Sekundärmarktes determinieren die Bedingungen, zu denen Unternehmen am Primärmarkt neues Eigenkapital aufnehmen können. Vgl. Kübler/Assmann (2006), S. 469 f.

37 Figlewski (1978), S. 582.

38 Vgl. Schmidt (1982), S. 741.

mit möglichst geringen Kosten veräußerbar sind. Da der Sekundärmarkt folglich den Kreis der am Primärmarkt auftretenden Akteure erweitert, liegt seine Funktionsfähigkeit auch im Interesse der Emittenten der Finanzierungstitel.[39]

Demnach entfaltet der Sekundärmarkt einen Einfluss auf die Allokation der Ressourcen, indem er zur Aufbringung und zur Bestimmung der Kosten des investiven Kapitals beiträgt. Insbesondere auf die Kapitalaufbringung und mithin die Liquidität des Marktes wirkt sich Informationseffizienz positiv aus, da die Anleger darauf vertrauen können, dass die Preise bereits eine Fülle an Informationen reflektieren und Prüfungen der Frage der Rechtfertigung gegebener Kurse vor dem Hintergrund der öffentlich verfügbaren Informationen überflüssig sind.[40]

Zusammenfassend erschließt sich somit die volle Bedeutung der Informationsverarbeitung erst unter Berücksichtigung der Auswirkungen, die über den Sekundärmarkt hinausreichen. Die Erhebung und Auswertung von Informationen entfaltet einen maßgeblichen Einfluss auf die Entscheidungen in den Unternehmen und erlangt deswegen eine erhebliche volkswirtschaftliche Bedeutung, da sie die Grundlage ökonomischer Dispositionen bildet.[41]

Die obigen Überlegungen verdeutlichen, dass der Rechnungslegung auch im Falle der mittelstrengen Informationseffizienz – dem fehlenden Nutzenpotenzial aus der Perspektive einzelner Anleger zum Trotz – aus gesellschaftlicher Sicht der Nutzen zukommt, zur Allokationseffizienz des Kapitalmarktes beizutragen.[42] Dieser bereits im zweiten Kapitel hergeleitete primäre Rechnungslegungszweck wird demnach auch angesichts informationseffizienter Kapitalmärkte keineswegs überflüssig, da das Erreichen des Zustandes der Allokationseffizienz – wie die obigen Ausführungen gezeigt haben – zusätzlich erfordert, dass der Kapitalmarkt über die richtigen Informationen verfügt und in die Preise einfließen lässt. Diese Erkenntnis lenkt den Blick unmittelbar auf die Aufgabe der Rechnungslegung, die ein Instrument darstellt, das dem Kapitalmarkt die richtigen Informationen zu liefern imstande ist. Bisher offengeblieben ist jedoch eine Konkretisierung, welche Informationen vor dem Hintergrund der verschiedenen Grade der Informationseffizienz als richtig zu bezeichnen sind und die der Kapitalmarkt demnach konsequenterweise erhalten muss. Dieser Fragestellung und somit den konzeptionellen Anforderungen an die Rechnungslegung in Abhängigkeit von der Informationseffizienz gehen die folgenden Kapitel nach; unterschieden wird dabei jeweils zwischen gesamtgesellschaftlicher respektive individueller Sicht.

---

39 Vgl. Franke/Hax (2004), S. 53.

40 Vgl. Franke/Hax (2004), S. 416; Schmidt (1982), S. 741, 744; Schildbach (1986), S. 15; West (1975), S. 32.

41 Vgl. Franke/Hax (2004), S. 416 f.

42 Vgl. Ballwieser (1987), S. 175; siehe auch Brotte (1997), S. 35 f. m. w. N.

## 4.3 Anforderungen an die Konzeption einer informationsorientierten Rechnungslegung bei schwacher Informationseffizienz

### 4.3.1 Gesamtgesellschaftliche Sicht

Im Falle schwacher Informationseffizienz verarbeitet der Kapitalmarkt lediglich alle Informationen über den Verlauf der Kurse in der Vergangenheit ohne zeitliche Verzögerung.[43] Fraglich ist nun, ob die Rechnungslegung in einem solchen Szenario einen Beitrag zur Allokation der Ressourcen leisten kann.

Um den Zustand eines allokationseffizienten Kapitalmarktes erreichen zu können, ist zunächst seine Bewertungseffizienz eine notwendige, aber nicht hinreichende Bedingung, für die wiederum die Informationseffizienz eine notwendige, nicht jedoch eine hinreichende Bedingung darstellt.[44]

Ein lediglich schwach informationseffizienter Kapitalmarkt verletzt die notwendige Bedingung dafür, dass Rechnungslegung einen Beitrag zur gesamtgesellschaftlichen Ressourcenallokation leisten kann: Obwohl die Rechnungslegung eine öffentlich verfügbare Informationsquelle darstellt, spiegeln die Kurse die darin enthaltenen Informationen nicht zu jedem Zeitpunkt vollständig und richtig wider. Daher kann Rechnungslegung auch keinen Beitrag dazu leisten, die aus allokativer Sicht neben der Informationseffizienz erforderliche Bedingung der Bewertungseffizienz des Marktes zu verwirklichen.

### 4.3.2 Individuelle Sicht

Da Jahresabschlussinformationen öffentlich verfügbar sind, diese in den Kursen bei schwacher Informationseffizienz indes nicht reflektiert werden, verspricht die Auswertung der Rechnungslegungsinformationen dem einzelnen Anleger einen Informationsvorsprung gegenüber dem Markt, durch den Überrenditen erzielbar sind. Solche Versuche, mittels Rechnungslegungsinformationen zu erkennen, ob Wertpapiere am Markt falsch bewertet sind, bilden den Gegenstand der Fundamentalanalyse.[45]

---

[43] Siehe Kapitel 3.4.

[44] Siehe Kapitel 4.2.

[45] Dass durch die Fundamentalanalyse falsch bewertete Wertpapiere entdeckt werden können, erscheint Wagner insbesondere deshalb unwahrscheinlich, weil auch die dazu erforderliche Vorgehensweise in Form von Anleitungen öffentlich verfügbares Wissen darstellt: Erfolg versprechend sei die Strategie nur dann, wenn der Markt „die in der Fundamentalanalyse gebotene Möglichkeit, die Gesetze seines eigenen Handelns zu durchschauen, stets zunächst unklugerweise zurückweist, bevor er dann doch immer wieder ihnen gemäß handelt." Wagner (1982), S. 761.

Dazu benötigen die Anleger gemäß ihrem primär finanziellen Interesse an der Unternehmung Informationen, die helfen, zukünftige Zahlungsströme zu prognostizieren. Für eine Ansatzkonzeption folgt daraus, dass alle Ein- und Auszahlungspotenziale gezeigt werden, dass also alle Einzahlungspotenziale als Aktivposten und alle Auszahlungspotenziale als Passivposten in der Bilanz erscheinen müssen. Die Höhe der zukünftigen Zahlungspotenziale bestimmt sich idealerweise durch ihren Ertragswert bzw. Auszahlungsbarwert.[46] Ebenfalls denkbare Mittel zur Befriedigung des Informationsbedarfs der Anleger sind eine informative Gewinngröße, die zur Messung der Managementperformance der abgelaufenen Periode oder zur Prognose geeignet ist,[47] und die sonstige Informationsvermittlung.[48] Angemerkt sei, dass die dazu erforderlichen Informationen vom Trade off zwischen den Kriterien der Relevanz und der Verlässlichkeit betroffen sind,[49] die Priorität jedoch auf dem Kriterium der Relevanz liegen muss.

Das Interesse der Eigner ist sowohl im Falle börsennotierter als auch im Falle nicht börsennotierter Unternehmen in erster Linie finanziell. Daher bedarf es grundsätzlich auch in beiden Fällen der dargestellten Informationen über zukünftige Zahlungsströme. Der Unterschied liegt lediglich darin, dass bei börsennotierten Unternehmen die Aktienbewertung einschlägig ist, an deren Stelle im Falle fehlender Kapitalmarktorientierung die Unternehmensbewertung tritt. Da auch diese den Barwert aller künftig aus dem Unternehmen an die Eigner fließenden Zahlungsströme ermittelt, muss die Rechnungslegung, um einen Beitrag zur Allokationseffizienz leisten zu können, in beiden Fällen über Netto-Cashflows informieren.[50]

## 4.4 Anforderungen an die Konzeption einer informationsorientierten Rechnungslegung bei mittelstrenger Informationseffizienz

### 4.4.1 Gesamtgesellschaftliche Sicht

Wenn mittelstrenge Informationseffizienz auf dem Kapitalmarkt vorliegt, ist die notwendige Bedingung dafür erfüllt, dass die Rechnungslegung als Bestandteil der öffentlich verfügbaren Informationsmenge einen Beitrag zur gesellschaftlich optimalen Allokation der Ressourcen leisten kann. Erforderlich ist überdies, dass die Kurse die zu erwartenden Zahlungsströme richtig widerspiegeln.[51]

---

[46] Vgl. Streim/Bieker/Esser (2004), S. 231 f., sowie die Kapitel 2.3.1 und 2.3.3.4.

[47] Vgl. Kapitel 2.3.3.3.

[48] Vgl. Kapitel 2.3.4.

[49] Vgl. Kapitel 2.3.2.

[50] Vgl. Streim/Bieker/Esser (2004), S. 241; Wagner (1982), S. 754 ff.

[51] Vgl. Kapitel 4.2.

Als Konsequenz für die Ansatzkonzeption ergibt sich wiederum, dass idealerweise alle Ein- und Auszahlungspotenziale erfasst werden müssen. Ein Vergleich zwischen Rechnungslegungssystemen kann ebenfalls anhand dieses Kriteriums erfolgen: Ein System, das im Vergleich zu anderen Systemen mindestens ein Ein- oder Auszahlungspotenzial mehr erfasst, ist überlegen.[52] Für die Bewertung bildet die hinreichende Bedingung, dass die Kurse mit dem Barwert der künftigen Zahlungen identisch sind, den Maßstab. Erneut stehen zur Informationsvermittlung auch die alternativen Mittel einer informativen Ergebnisgröße und der sonstigen Informationsvermittlung zur Verfügung; auch der Trade off ist wieder einschlägig,[53] die Priorität jedoch hat auch hier dem Kriterium der Relevanz zu gelten.

Diese Einschätzung gilt sowohl für börsennotierte als auch für nicht börsennotierte Unternehmen. Einen Beitrag zur Allokationseffizienz soll die Rechnungslegung in beiden Fällen leisten. Daher ist auch hier entweder eine Aktien- oder eine Unternehmensbewertung vorzunehmen, die jedoch beide den relevanten Barwert zukünftiger Zahlungsströme ermitteln.[54]

### 4.4.2 Individuelle Sicht

Unter der Prämisse mittelstrenger Informationseffizienz spiegeln die Kurse am Kapitalmarkt alle öffentlichen Informationen und mithin auch die Rechnungslegungsinformationen zu jedem Zeitpunkt vollständig und richtig wider. Daher muss bei der Konzeption der Rechnungslegung aus individueller Sicht gemäß der Kapitalmarktorientierung zwischen börsennotierten Unternehmen einerseits und nicht börsennotierten Unternehmen andererseits differenziert werden.

Im Falle börsennotierter Unternehmen sind öffentliche Jahresabschlussinformationen für einzelne Anleger ohne Informationswert, da alle öffentlich verfügbaren Informationen bereits definitionsgemäß bei der Kursbildung am Markt berücksichtigt worden sind. Es ist somit nicht möglich, Überrenditen auf Basis der Jahresabschlussinformationen zu erzielen.[55] Da es sich aber bei dem Konzept der Informationseffizienz des Kapitalmarktes lediglich um eine Geschwindigkeitshypothese handelt, die besagt, dass die Informationen ohne zeitliche Verzögerung in die Kurse einfließen, lässt sich daraus nicht ableiten, inwiefern die vom Markt bei der Wertpapierpreisbildung verarbeiteten Informationen richtig bzw. unrichtig und zuverlässig bzw. unzuverlässig sind.[56] Notwendig für börsennotierte Unternehmen bei mittelstrenger Informationseffizienz ist somit, dass die für die Aktienkursbildung herangezogenen Informationen einer Plausibilitätskon-

---

52 Vgl. Streim/Bieker/Esser (2004), S. 239.

53 Vgl. Kapitel 4.3.2.

54 Vgl. Kapitel 4.3.2.

55 Vgl. Wagner (1982), S. 762; Wagner (1993), S. 7: „Auf Sekundärmärkten gilt somit: Was alle wissen, nutzt niemandem mehr." Vgl. zudem bereits Kapitel 3.4.

56 Siehe Kapitel 4.2.

trolle unterzogen werden; die Rechnungslegung ist insbesondere am Kriterium der Verlässlichkeit zu orientieren, da unglaubwürdige Kontrollgrößen und damit auch unglaubwürdige Jahresabschlussinformationen zum Zweck der Verifizierung untauglich sind.[57]

Für eine Ansatzkonzeption der Rechnungslegung folgt daraus, dass Einzahlungspotenziale als Vermögenswerte bzw. Auszahlungspotenziale als Schulden nur dann erfasst werden dürfen, wenn ihre Existenz durch bestimmte Objektivierungskriterien gesichert ist. Andernfalls kann nicht ausgeschlossen werden, dass sie unglaubwürdig und daher zur Kontrolle der Kurse ungeeignet sind. Dementsprechend gilt auch für die Bewertung der Vermögenswerte und Schulden, dass sie dem Kriterium der Glaubwürdigkeit genügen muss.[58] Soll die Informationsvermittlung mittels einer informativen Gewinngröße erfolgen, so ist ebenfalls das Kriterium der Verlässlichkeit zu betonen. Ein prognosetauglicher Gewinn ist in diesem Sinne nur dann glaubwürdig und damit zur Kontrolle geeignet, wenn die zugrunde liegende Datenbasis über den zukünftigen Verlauf der gewöhnlichen Geschäftstätigkeit Objektivierungskriterien genügt; d. h., dass aus einer solchen Gewinngröße nicht nur außergewöhnliche Ereignisse, sondern auch mit einer nur geringen Glaubwürdigkeit behaftete Bereiche der gewöhnlichen Geschäftstätigkeit ausgeschlossen werden müssen, da andernfalls kein Kontrollpotenzial des Gewinns vorliegt. Soll die Gewinngröße der Messung der Managementperformance der abgelaufenen Periode dienen, darf sie wiederum nur solche Entscheidungen reflektieren, die einer gewissen Objektivierung standhalten. Andernfalls wäre erneut keine Eignung zur Kontrolle gegeben.

Für den Fall nicht börsennotierter Unternehmen können die Kapitalgeber keine Preissignale aus den Börsenkursen entnehmen. Da diese Informationsquelle nicht zur Verfügung steht, kommt den Rechnungslegungsinformationen eine besondere Bedeutung zu, denn sie bilden für die Investitionsentscheidungen die primäre Datenquelle. Als solche sind sie insbesondere an dem Kriterium der Entscheidungsrelevanz auszurichten: Die Investoren benötigen Informationen über die Ein- und Auszahlungspotenziale in Höhe der Barwerte.[59] Gefordert ist demnach wiederum eine in diesem Sinne informative Bilanz, eine informative Gewinngröße bzw. sonstige Informationsvermittlung, deren Schwerpunkt angesichts der bekannten Trade off-Problematik auf dem Relevanzkriterium liegen muss.[60]

---

[57] Vgl. Streim/Bieker/Esser (2004), S. 241. Vgl. zudem Barth/Beaver/Landsman (2001), S. 80; Wagenhofer (2001), S. 444. Auch aus empirischer Sicht sieht Coenenberg (2005), S. 1236, einen nicht primär informierenden, sondern vielmehr bestätigenden Charakter der Jahresabschlussveröffentlichung. Vgl. zum Kriterium der Verlässlichkeit und dessen Beziehung zum Kriterium der Relevanz auch das Kapitel 2.3.2.

[58] Vgl. Streim/Bieker/Esser (2004), S. 241.

[59] Vgl. Streim/Bieker/Esser (2004), S. 242.

[60] Vgl. Kapitel 4.3.2.

### 4.4.3 Weitere Implikationen mittelstrenger Informationseffizienz für die Konzeption informativer Rechnungslegung

Ein in mittelstrenger Form informationseffizienter Kapitalmarkt hat weitere Implikationen für die Ausgestaltung der Informationsfunktion einer Rechnungslegung sowie für deren Nutzer, die im Folgenden dargestellt werden sollen.

#### 4.4.3.1 „Substance over form" sowie Art und Umfang der Berichtsinstrumente

Damit eine Information bei der Kursbildung Berücksichtigung findet, ist lediglich entscheidend, dass sie überhaupt vermittelt wird; die Form der Publizität ist irrelevant. Dieser auch als „substance over form" bezeichnete Aspekt bedeutet etwa, dass die Bilanzierung einer Information, ihre Angabe im Anhang bzw. in zusätzlichen Berichtsinstrumenten oder auch nur ihre Nennung in einer Fußnote vollkommen äquivalent sind; die Frage nach der Gliederung des Abschlusses ist obsolet.[61] Dies betrifft allerdings nur reine Fragen der Gliederung bzw. Darbietung. So fallen etwa Vorschriften zur Aufgliederung von Bilanz- und GuV-Positionen nicht unter diesen Aspekt, da durch sie die zusätzliche Information der Zusammensetzung der Summe übermittelt wird.[62] Ebenso kann die Art des Ausweises Bedeutung erlangen, falls Angaben in Bilanz bzw. GuV einer strengeren Prüfung unterliegen als beispielsweise Angaben im Anhang.[63] Da ein mittelstreng informationseffizienter Markt die Fähigkeit aufweist, die öffentliche Informationsmenge unabhängig von ihrer Größe zu verarbeiten, kann eine Ausweitung der offenzulegenden Angaben durch Vorschriften zur Aufgliederung von Jahresabschlusspositionen die Menge der in den Kursen verarbeiteten Informationen allenfalls erhöhen. Gleiches gilt für Nebenrechnungen, etwa die Angabe von Zahlen auf Basis alternativer Ansatz- und Bewertungsvorschriften, oder weitere Rechenwerke wie etwa eine Kapitalflussrechnung.[64]

Auch die Kontroverse um Wahlrechte in den Rechnungslegungsmethoden für die Unternehmensleitung verliert vor dem Hintergrund eines mittelstreng informationseffizienten Kapitalmarkts an Bedeutung. Die konkrete Ausübung von Wahlrechten im Einzelfall ist irrelevant, sofern den Unternehmen neben den eingeräumten Bilanzierungswahlrechten eine erläuternde Publizität vorgeschrieben wird, die es ermöglicht, die Auswirkungen der angewandten Methode

---

[61] Vgl. Beaver (1998), S. 145 f.; Schildbach (1986), S. 50; Schmidt (1982), S. 747.

[62] Vgl. Schmidt (1982), S. 747.

[63] Vgl. Wagenhofer/Ewert (2003), S. 110.

[64] Vgl. Schildbach (1986), S. 51 f. Durch die sog. Konkurrenz der Informationsquellen (siehe dazu ausführlich das folgende Kapitel 4.4.3.2) darf man die Wirkung solcher zusätzlichen Instrumente jedoch nicht überschätzen. Das Beispiel einer inflationsorientierten Rechnungslegung verdeutlicht dies anschaulich: Damit ein mittelstreng informationseffizienter Markt den Einfluss der Inflation in den Kursen berücksichtigt, ist lediglich die (in entwickelten Volkswirtschaften selbstverständlich erfüllte) Prämisse erforderlich, dass es sich bei der Höhe der Inflationsrate um eine öffentliche Information handelt. Vgl. dazu auch Wagenhofer/Ewert (2003), S. 111.

verglichen mit denjenigen alternativ zulässiger Methoden abzuschätzen. Darüber hinaus kann die Interpretation der Konsequenzen der Informationen für die Wertpapierpreise dem Markt überlassen bleiben, der diese Aufgabe vollständig und richtig erfüllt. Dies gilt insbesondere dann, wenn die Kosten der Anwendung alternativ denkbarer Methoden für die Unternehmen nahezu identisch sind und eine vergleichende Abschätzung der Auswirkungen der Methoden durch die Investoren bei entsprechender Unternehmenspublizität geringe Kosten verursacht. In solchen Fällen – etwa der Bewertung marktgängiger oder gar kapitalmarktnotierter Eigenkapitaltitel – sollten Standardsetter keine Ressourcen für eine detaillierte Regelung der Rechnungslegung verwenden.[65]

#### 4.4.3.2 Konkurrenz der Informationsquellen

Sofern der Jahresabschluss eine konkrete Information nicht enthält, kann daraus nicht geschlossen werden, dass die Marktpreise sie nicht widerspiegeln. In einem mittelstreng informationseffizienten Markt fließen Informationen aus einer Vielzahl von Quellen – lediglich eine davon stellt die Rechnungslegung dar – in die Preise ein.[66] Eine Reflexion in den Preisen unabhängig von der Ausgestaltung der Informationsquelle Rechnungslegung ist insbesondere für solche Informationen wahrscheinlich, die sich auf die gesamte Volkswirtschaft (economy-wide events) oder branchenspezifische Entwicklungen (industry-wide events) beziehen und die regelmäßig öffentlich verfügbar sind. Als potenzielle Quellen unternehmensspezifischer Informationen kommen etwa öffentliche Aussagen von Unternehmensvertretern bzw. freiwillige Zusatzpublikationen oder aus dem Unternehmen „durchgesickerte" Informationen in Betracht.[67]

Somit können Ausweitungen oder Einschränkungen der Menge öffentlicher Rechnungslegungsinformationen auch ohne Einfluss auf die Kurse bleiben, wenn nämlich die betroffenen Informationen ebenfalls alternativen Quellen zu entnehmen sind.[68] Gleichsam können Konstellationen entstehen, in denen es zu kontraintuitiven Erscheinungen kommt, etwa weil ein vermeintlich

---

65 Vgl. Beaver (1973), S. 52; Dyckman/Morse (1986), S. 86 f.; Solomons (1986), S. 206. Eine Publizitätspflicht, die den Investoren die Erstellung von Überleitungsrechnungen ermöglicht, sieht auch Schildbach (1986), S. 53, als annähernd gleichwertig zur Veröffentlichung nach verschiedenen Methoden, weist aber auf möglicherweise in erheblichem Maße höhere Informationsaufbereitungskosten für die Unternehmen im Vergleich zur Festschreibung einer Methode hin. Da ihm die Wahlrechtsproblematik „aber auf einem effizienten Markt weniger schwerwiegend als auf einem ineffizienten" (S. 54) erscheint, relativiert er die von Schneider (1981), S. 28 f., geübte Kritik an Wahlrechten in der Rechnungslegung.

66 Vgl. Beaver (1998), S. 146; Ronen (1979), S. 436.

67 Vgl. Gonedes (1972), S. 15 f.; Ronen (1979), S. 436. Siehe dazu auch Schildbach (1986), S. 48: „Der Markt hat vielleicht etwas über die neuen Produkte, über Forschungsergebnisse oder Patente, über anhängige Rechtsstreitigkeiten, über Personalwechsel, über neue Kredite, über die Umsatzentwicklung der Branche, über die Inflationsrate, über die Zinsentwicklung oder über protektionistische Bestrebungen auf einem wichtigen Auslandsmarkt beispielsweise erfahren."

68 Vgl. Beaver (1973), S. 54.

positives Ereignis wie eine bedeutsame Gewinnsteigerung zu Kursverlusten führt: Dieser Fall tritt ein, wenn der Markt zwischenzeitlich eine noch höhere Gewinnsteigerung erwartet hatte.[69]

Da der Anteil der öffentlich verfügbaren an den insgesamt verfügbaren Informationen das Ausmaß der in den Kursen reflektierten Informationen determiniert, steigt mit dem Umfang der öffentlich verfügbar gemachten Informationen auch der Umfang der im Kurs verarbeiteten äquivalent an; dementsprechend schrumpfen die Vorteile der Insider. Vorabberichte und eine frühere Offenlegung des Jahresabschlusses können deswegen dazu führen, dass die Investoren einen größeren Anteil der insgesamt verarbeiteten Informationen der Rechnungslegung entnehmen und dadurch die Bedeutung anderer Informationsquellen degradieren.[70]

Aus dem Konkurrenzverhältnis der Informationsquellen lässt sich im Kontext der Rechnungslegungsregulierung unmittelbar die Erforderlichkeit des Nachweises ableiten, dass die vermittelten Informationen dem Markt nicht auf anderem Wege günstiger verfügbar gemacht werden können.[71] Die Aufgabe eines Standardsetters besteht insofern auch darin, das Augenmerk auf die Minimierung der gesamten Informationskosten der Investoren zu richten; es gilt insbesondere, Fälle zu vermeiden, in denen die Rechnungslegung der Öffentlichkeit (relevante) Informationen nicht zur Verfügung stellt, obwohl alternative Quellen höhere Kosten verursachen bzw. in denen eine Veröffentlichungspflicht für solche Informationen besteht, deren Wert die Bereitstellungskosten nicht deckt oder für die kostengünstigere Informationsquellen existieren.[72] Dass die Kosten der Verwendung alternativer Informationsquellen diejenigen des Instruments Rechnungslegung übersteigen, erscheint vornehmlich für unternehmensspezifische Ereignisse (firm's specific events) wahrscheinlich und weniger für gesamtwirtschaftliche bzw. branchenbezogene Informationen.[73]

Die Problematik einer genauen Trennung der Informationen, die aus dem Jahresabschluss an den Markt kommen, von denjenigen, die aus anderen Quellen stammen, erschwert es jedoch, die Überlegungen zur konkreten Ausgestaltung der Politik zu nutzen.[74] Ebenfalls problematisch erscheint das Erfordernis einer Beurteilung der relativen Kosten der Informationsbereitstellung durch die Rechnungslegung im Vergleich mit den Kosten alternativ zur Verfügung stehender Informationsquellen; dass bei der Verwendung unterschiedlicher Informationssysteme individu-

---

69 Vgl. Wagenhofer/Ewert (2003), S. 111.

70 Vgl. Schildbach (1986), S. 49. Siehe auch Bierman (1974), S. 562: „It would seem that an appropriate message of the efficient market research is ... to make good information available at the same moment in time to as wide a range of audience as possible." Die Vorteilhaftigkeit hängt dabei von den relativen Kosten der Rechnungslegung verglichen mit den alternativen Informationsquellen ab. Vgl. dazu die folgenden Ausführungen im Text.

71 Vgl. Wagenhofer/Ewert (2003), S. 112.

72 Vgl. Beaver (1972), S. 425 f.; Beaver (1973), S. 54; Dyckman/Morse (1986), S. 86; Ronen (1979), S. 449.

73 Vgl. Ronen (1974), S. 39 f.; Ronen (1979), S. 436 f.

74 Vgl. Schildbach (1986), S. 49, 55.

elle Investoren auch mit unterschiedlichen Belastungen konfrontiert werden können, führt in das Dilemma der interindividuellen Vergleichbarkeit von Wohlfahrtspositionen.[75]

In jedem Fall jedoch müssen Vorab- bzw. Zwischenberichte in die Analyse einbezogen werden; eine strenge Beschränkung auf den Jahresabschluss würde einem mittelstreng informationseffizienten Kapitalmarkt, der alle öffentlichen Informationen verarbeitet, nicht gerecht.[76]

#### 4.4.3.3 Basisschutz der Anleger

Für uninformierte Anleger und für solche, die nicht über das nötige Fachwissen verfügen, um die Konsequenzen der Informationen für die Preise abschätzen zu können, bedeutet ein mittelstreng informationseffizienter Kapitalmarkt einen Schutz vor Ausbeutung durch andere Kapitalmarktteilnehmer, da sie davon ausgehen können, dass die Marktpreise die Fülle öffentlich verfügbarer Informationen reflektieren und somit eine gemäß diesem Informationsstand risikoäquivalente Verzinsung gewährleistet ist. Die Konzeption der Rechnungslegung muss demnach nicht daran orientiert werden, dass sie auch für fachunkundige Anleger nutzbar ist.[77] Der Basisschutz ist indes der Definition mittelstrenger Informationseffizienz gemäß auf öffentliche Informationen beschränkt; Insiderinformationen hingegen bleiben dazu geeignet, andere Investoren zu schädigen. Dem könnte durch eine Publizitätspflicht für solche Informationen begegnet werden, die die Unternehmen ohnehin für interne Zwecke generieren und deren Veröffentlichung keine zusätzlichen Kosten verursacht.[78]

---

[75] Vgl. Beaver (1972), S. 426, sowie oben Kapitel 4.1.3.1. Unter der Prämisse des methodologischen Individualismus bzw. anhand des Pareto-Kriteriums ist ein solcher Vergleich unmöglich; es müssten zunächst Werturteile über anzustrebende Nutzenverteilungen getroffen werden, etwa in Form einer sozialen Wohlfahrtsfunktion. Dafür existieren jedoch keine eindeutigen und allgemein akzeptierten Kriterien und bei Uneinigkeit der Mitglieder der Gesellschaft über eine Rangordnung ihrer Nutzenniveaus mithin auch keine soziale Wohlfahrtsfunktion. Vgl. dazu Cansier/Bayer (2003), S. 102; Cullis/Jones (1998), S. 2; Rosen/Windisch (1997), S. 106 ff.; Schäfer/Ott (2005), S. 40 ff.

[76] Vgl. Schildbach (1986), S. 47.

[77] Vgl. Beaver (1998), S. 147; Bromwich (1992), S. 216; Ronen (1979), S. 442; Wagenhofer/Ewert (2003), S. 113. Dies kann dazu führen, dass die Bereitschaft eines Engagements am Kapitalmarkt steigt, was sich wiederum positiv auf dessen Liquidität auswirkt.

[78] Vgl. Beaver (1973), S. 52 f. In diesem Zusammenhang sind jedoch auch potenzielle indirekte Kosten der Unternehmenspublizität zu berücksichtigen. Eine ausgeweitete Verpflichtung der Unternehmen zur Veröffentlichung internen Wissens führt dazu, dass sich Bemühungen, vorteilhafte Investitionen aufzufinden oder zu erarbeiten, zunehmend weniger lohnen; sie vernichtet demnach diesbezügliche Anreize, da sie den Wettbewerbern billige Kopien ermöglicht und ihnen überdies geplante Strategien offenbart. Vgl. dazu Moxter (1962a), S. 28 ff.; Schildbach (1975), S. 254 ff.; Schildbach (1986), S. 17.

## 4.5 Rechnungslegung und strenge Informationseffizienz

Der Jahresabschluss kann unter der Annahme eines streng informationseffizienten Kapitalmarktes, auf dem alle verfügbaren Informationen einschließlich der Insiderinformationen in den Kursen berücksichtigt sind, keine Informationen vermitteln. Dies liegt daran, dass er sich aus den bilanzpolitischen Entscheidungen des Managements in Verbindung mit den Zahlen der Buchhaltung ergibt, diese beiden Einflussfaktoren jedoch Insiderwissen darstellen, das mitsamt seinen Implikationen unter der restriktiven Prämisse strenger Informationseffizienz zu jedem Zeitpunkt bereits vollständig und richtig im Kurs verarbeitet sein muss.[79]

## 4.6 Zusammenfassung und Problematisierung der Ergebnisse

Grundsätzlich kann die Informationsfunktion der Rechnungslegung einen Beitrag zur Steigerung der Allokationseffizienz und zur Steigerung des individuellen Nutzens der Investoren leisten.[80]

Notwendige Bedingung dafür, dass eine informationsorientierte Rechnungslegung zur Ressourcenallokation beitragen kann, ist mittelstrenge Informationseffizienz. Die Informationseffizienz stellt deshalb keine hinreichende Bedingung für Allokationseffizienz dar, weil das Konzept der Informationseffizienz lediglich eine Aussage über die Geschwindigkeit der Informationsverarbeitung, nicht jedoch über die Qualität der verarbeiteten Informationen trifft. Daher kann aus einem informationseffizienten Kapitalmarkt auch keine Schlussfolgerung auf dessen Allokationseffizienz abgeleitet werden, und eine Rechnungslegung, die den Zweck der Allokationssteigerung verfolgt, ist nicht durch die Informationseffizienz automatisch obsolet.[81] Die erforderliche Ausgestaltung der Rechnungslegung ist dann eindeutig: Die Bilanz muss alle zukünftigen Zahlungspotenziale des Unternehmens in Höhe der Barwerte ausweisen; alternativ können auch die Gewinngröße oder sonstige Instrumente der Rechnungslegung informativen Charakter besitzen. Es besteht ein Trade off zwischen den Kriterien der Relevanz und der Verlässlichkeit; das Kriterium der Entscheidungsrelevanz besitzt jedoch Priorität.[82]

Ist eine Steigerung des Nutzenniveaus der Investoren das Ziel der Rechnungslegung, muss dahin gehend unterschieden werden, ob sie für die Investoren die primäre Informationsquelle verkörpert oder ob sie lediglich dazu dient, bereits bei der Kursbildung berücksichtigte Informationen nachträglich zu plausibilisieren. Somit gilt bei schwacher Informationseffizienz und für nicht börsennotierte Unternehmen auch bei mittelstrenger Informationseffizienz, dass alle Ein- und Auszahlungspotenziale mit Barwerten gezeigt werden müssen; unter der Annahme der

---

[79] Vgl. Schildbach (1986), S. 47.

[80] Vgl. Kapitel 4.1.

[81] Vgl. Kapitel 4.2.

[82] Vgl. Kapitel 4.4.1 sowie Streim/Bieker/Esser (2004), S. 242.

mittelstrengen Informationseffizienz folgt jedoch für börsennotierte Unternehmen, dass Rechnungslegungsinformationen die Aufgabe zukommt, bereits durch den Markt verarbeitete Informationen zu plausibilisieren. Zu letzterem Zweck muss die Rechnungslegung objektivierbare, am Kriterium der Verlässlichkeit ausgerichtete Informationen vermitteln.[83]

Im Falle mittelstrenger Informationseffizienz ergeben sich die weiteren Implikationen, dass die Form der Publizität bedeutungslos ist, dass die Informationsquelle Rechnungslegung sich insbesondere unter Kosten-Nutzen-Gesichtspunkten mit konkurrierenden Informationsquellen messen muss und dass zumindest hinsichtlich der öffentlich verfügbaren Informationen ein Basisschutz für alle Anleger besteht.[84]

Auf einem streng informationseffizienten Kapitalmarkt erlischt die Informationsfunktion der Rechnungslegung.[85]

Insgesamt ergibt sich somit nur für nicht kapitalmarktorientierte Unternehmen ein eindeutiges Ergebnis. Für kapitalmarktorientierte Unternehmen hingegen zeigt sich, dass die Informationsvermittlung durch ein Regelset alleine nicht zu leisten ist.[86] Die folgenden Abbildungen bereiten die in Abhängigkeit des vorliegenden Grades der Informationseffizienz erforderliche Fokussierung der Rechnungslegung angesichts des Trade offs zwischen den Kriterien der Relevanz und der Verlässlichkeit beginnend mit dem Fall schwacher Informationseffizienz übersichtlich auf.

---

83 Vgl. die Kapitel 4.3.2 und 4.4.2 sowie Streim/Bieker/Esser (2004), S. 242.

84 Vgl. Kapitel 4.4.3.

85 Vgl. Kapitel 4.5.

86 So im Ergebnis auch Streim/Bieker/Esser (2004), S. 242.

| | Kapitalmarktorientierte Unternehmen | Nicht kapitalmarktorientierte Unternehmen |
|---|---|---|
| Gesellschaftlicher Informationsnutzen | Kein gesellschaftlicher Informationsnutzen | Kein gesellschaftlicher Informationsnutzen |
| Individueller Informationsnutzen | Fokus: Relevanz; aber: Trade off problematisch | Fokus: Relevanz; aber: Trade off problematisch |

**Abbildung 10: Erforderliche Fokussierung der Rechnungslegung angesichts des Trade offs zwischen Relevanz und Verlässlichkeit bei schwacher Informationseffizienz**

Die folgende Abbildung zeigt die erforderliche Ausrichtung der Rechnungslegung bei mittelstrenger Informationseffizienz:

| | Kapitalmarktorientierte Unternehmen | Nicht kapitalmarktorientierte Unternehmen |
|---|---|---|
| Gesellschaftlicher Informationsnutzen | Fokus: Relevanz; aber: Trade off problematisch | Fokus: Relevanz; aber: Trade off problematisch |
| Individueller Informationsnutzen | Fokus: Verlässlichkeit; aber: Trade off problematisch | Fokus: Relevanz; aber: Trade off problematisch |

**Abbildung 11: Erforderliche Fokussierung der Rechnungslegung angesichts des Trade offs zwischen Relevanz und Verlässlichkeit bei mittelstrenger Informationseffizienz**

Dass diese Ergebnisse in verschiedener Hinsicht problematisch sind, kann man ohne Übertreibung als anschaulich evident bezeichnen.

Ein gravierendes Problem stellt bereits der unlösbare Trade off zwischen den Kriterien der Relevanz und der Verlässlichkeit dar. Im Sinne der Informationsfunktion der Rechnungslegung, soll sie an den Interessen der Adressaten orientiert werden, muss der Schwerpunkt, wie im Verlauf dieses Kapitels gezeigt wurde, bei nicht kapitalmarktorientierten Unternehmen generell und bei kapitalmarktorientierten Unternehmen bei mittelstrenger Informationseffizienz aus gesellschaftlicher Sicht sowie bei schwacher Informationseffizienz auf dem Kriterium der Relevanz liegen. „If information is not relevant, it is of no use even though it may be perfectly reliable, understandable, significant, sufficient, and practical."[87] Denn: „Reliability relative to relevance is key, not reliability per se."[88] In allen Fällen, in denen die Priorität in Richtung des Kriteriums der Relevanz gerichtet wird, führt die schwerpunktmäßige Ausrichtung der Rechnungslegungskonzeption an diesem Kriterium dann jedoch zwangsläufig zu einer Entobjektivierung. Es gilt nämlich, dass: „Information relevant to decision making is inherently subjective, and therefore a matter of personal belief and expectations about the future. There is no way of making the estimated cash flows from a project, and the uncertainty associated with them, objective. Others cannot verify subjective beliefs, even ex post. If the decision maker assesses the probability of rain to be 40 percent, then there is no way to verify the assessment before or after the fact. Neither rain nor shine verifies or negates the assessment."[89]

Im Falle mittelstrenger Informationseffizienz kann Rechnungslegung bei kapitalmarktorientierten Unternehmen aus individueller Sicht dazu dienen, eine Kontrollfunktion auszuüben, indem sie die im Zuge der Auswertung sämtlicher öffentlicher Informationen entstandenen Kurse plausibilisiert. Dazu ist es erforderlich, dass die Rechnungslegung gewissen Objektivierungskriterien genügt. Dies wirft jedoch unmittelbar das Problem auf, wie im Einzelfall bei der Beurteilung konkreter Rechnungslegungsregelungen entschieden werden kann, ob solche Objektivierungskriterien angemessen bzw. nicht etwa zu weitgehend sind.

Insofern wird bereits an dieser Stelle der Arbeit deutlich, dass die vorzunehmende Analyse der Rechnungslegungssysteme nach HGB und IFRS hinsichtlich ihrer zweckmäßigen Ausgestaltung als Informationsinstrumente vor dem Hintergrund des unlösbaren Trade offs zwischen Relevanz und Verlässlichkeit eine differenzierte und facettenreiche Argumentation erfordern wird und dass eindeutige Ergebnisse kaum zu erwarten sind.

---

87 Snavely (1967), S. 232.

88 Barth/Clinch/Shibano (2003), S. 581.

89 Demski et al. (2002), S. 160 (im Original teilweise kursiv). Vgl. ähnlich Schildbach (2002b), S. 797.

# 5 Die Konzeption der Rechnungslegung nach deutschem Handelsrecht

Das fünfte Kapitel der Arbeit stellt die handelsrechtliche Rechnungslegungskonzeption dar, um im siebten Kapitel eine Analyse der Zweckmäßigkeit dieser Regelungen angesichts der vor dem Hintergrund der Informationseffizienz bereits im vierten Kapitel hergeleiteten Anforderungen an eine informative Rechnungslegung vornehmen zu können. Den Ausgangspunkt der Darstellung bildet im Folgenden eine Erläuterung der Ordnung dieser Vorschriften im Gesetz sowie des sich daraus ergebenden Aufbaus dieses Kapitels.

## 5.1 Ordnung der Rechnungslegungsvorschriften im Handelsrecht und Aufbau des Kapitels

Die Ordnung der Vorschriften zur Rechnungslegung nach Handelsrecht orientiert sich primär an der Rechtsform und an der Größe der zur Rechnungslegung verpflichteten Einheit. So divergieren die jeweils anzuwendenden Regelungen hinsichtlich der Bilanzierungs-, Offenlegungs- und Prüfungspflichten einerseits in Abhängigkeit davon, ob eine Personen- oder eine Kapitalgesellschaft vorliegt; für kleinere Unternehmen, die festgelegte Größenkriterien unterschreiten, bestehen andererseits größenabhängige Erleichterungen. Dies gilt grundsätzlich sowohl für Einzelabschlüsse unverbundener Unternehmen als auch für Konzernabschlüsse von Mutterunternehmen. Zudem enthält das HGB branchenspezifische Vorschriften speziell für Kredit- und Finanzdienstleistungsinstitute sowie für Versicherungsunternehmen und Pensionsfonds; an das Kriterium der Kapitalmarktorientierung des bilanzierungspflichtigen Unternehmens knüpft das deutsche Handelsrecht lediglich punktuell an.[1]

Dementsprechend enthalten die §§ 238-263 HGB zunächst allgemeine Vorschriften für alle Kaufleute. Geregelt sind in §§ 238 f. die Buchführungspflicht, in §§ 240 f. das Inventar, in §§ 242-256 Vorschriften für den Jahresabschluss (insbesondere Pflicht zur Aufstellung, Ansatz- und Bewertungsvorschriften) und in §§ 257-261 Aufbewahrung und Vorlage. Im Zentrum der Regelungen stehen die grundlegenden Ansatz- und Bewertungsfragen. Der Gliederung des Jahresabschlusses widmen die Vorschriften für alle Kaufleute lediglich eine allgemein gehaltene Forderung. In Anbetracht der Existenz ergänzender Vorschriften für Kapitalgesellschaften regeln die §§ 242-256 HGB die Rechnungslegung abschließend für alle Kaufleute, bei denen es sich nicht um Kapitalgesellschaften handelt bzw. die keinen Spezialvorschriften unterliegen (etwa publizitätspflichtige Personenunternehmen).[2]

---

1 Vgl. Bieker (2006), S. 81; Pellens/Fülbier (2000), S. 574.

2 Vgl. hierzu auch Schildbach (2004), S. 100.

Für Kapitalgesellschaften und Personenhandelsgesellschaften, bei denen nicht mindestens eine natürliche Person als persönlich haftender Gesellschafter fungiert, treten die ergänzenden Vorschriften der §§ 264-289 HGB neben die allgemeinen Vorschriften. Die Ergänzungen betreffen im Wesentlichen die Gliederung, die Größenklassen oder spezifische Bilanzpositionen, teilweise versperren sie auch spezielle Vorschriften, die für alle Kaufleute gelten. Zudem werden Kapitalgesellschaften und bestimmte Personenhandelsgesellschaften zur Erweiterung des Jahresabschlusses um einen Anhang und zur Aufstellung eines Lageberichts verpflichtet.[3]

Die sich anschließenden §§ 290-315a HGB regeln die handelsrechtliche Pflicht zur Aufstellung von Konzernabschlüssen. Dazu legt der deutsche Gesetzgeber jedoch in § 298 Abs. 1 HGB fest, dass für den Konzernabschluss die den Einzelabschluss betreffenden Vorschriften weitgehend analog anzuwenden sind.[4]

Dieser Ordnung der Rechnungslegungsvorschriften folgt auch der Aufbau des Kapitels: Es werden in einem ersten Darstellungsschritt die für alle Kaufleute gültigen Regelungen (Abschnitt 5.4) und darauf aufbauend in einem zweiten Schritt die für Kapitalgesellschaften und haftungsbeschränkte Personenhandelsgesellschaften kodifizierten ergänzenden bzw. einschränkenden Vorschriften (Abschnitt 5.5) erläutert, bevor ein dritter Schritt hin zur handelsrechtlichen Konzernrechnungslegung führt (Abschnitt 5.6); die diesbezügliche Darstellung umfasst allerdings – der im ersten Kapitel vorgenommenen Ausblendung konzernspezifischer Aspekte folgend – lediglich die im Vergleich zu den Vorschriften für Kapitalgesellschaften und haftungsbeschränkte Personenhandelsgesellschaften bestehenden Ergänzungen bzw. Einschränkungen. Abschließend wird die Konzeption kurz zusammengefasst (Abschnitt 5.7). Der Darlegung der kodifizierten Vorschriften vorangestellt sind jedoch im Folgenden ein allgemeiner Abschnitt zu den Zielen der handelsrechtlichen Rechnungslegung (Abschnitt 5.2) und ein Abschnitt zu den Grundsätzen ordnungsmäßiger Buchführung als (teilweise) nicht kodifizierte rechnungslegungsspezifische Vorschriften, die dennoch für alle Kaufleute Geltung besitzen (Abschnitt 5.3).

---

3 Vgl. hierzu auch Schildbach (2004), S. 100; WP-Handbuch (2006), S. 425, Tz. 1-3.

4 Vgl. dazu ausführlicher Kapitel 5.6.1.

## 5.2 Die Informationsvermittlung als ein Ziel des handelsrechtlichen Einzelabschlusses und als einziges Ziel des handelsrechtlichen Konzernabschlusses

Die Zielsetzung des handelsrechtlichen Jahresabschlusses ist den kodifizierten Vorschriften des HGB nicht explizit zu entnehmen; allerdings bietet der Gesetzestext Anhaltspunkte bezüglich der Funktion von Buchführung und Jahresabschluss. Es finden sich Hinweise auf verschiedene Funktionen, die in zwei Hauptfunktionen differenziert werden können, und zwar in die Informationsfunktion einerseits und die Ausschüttungsbemessungsfunktion andererseits.[5]

Im Rahmen der Informationsfunktion soll der Jahresabschluss den verschiedenen Adressaten unternehmensspezifische Informationen zur Verfügung stellen; unterschieden werden die vier Komponenten Dokumentation, Selbstinformation des Managements, Information der Kapitalgeber und Information weiterer Interessenten.[6] Die Kapitalgeber wurden bereits im zweiten Kapitel als die im Kontext der Informationsfunktion der Rechnungslegung relevanten Adressaten hergeleitet und stehen deshalb nachfolgend im Zentrum. Der Jahresabschluss soll aktuellen und potenziellen Gesellschaftern dazu dienen, sich über die Verwendung des dem Management anvertrauten Kapitals zu informieren, mithin die Geschäftsführungsentscheidungen zu kontrollieren, und über Bestellung und Abberufung der Geschäftsführung sowie über Erwerb oder Verkauf der Unternehmensanteile entscheiden zu können.[7] Aktuellen und potenziellen Unternehmensgläubigern soll der Jahresabschluss Informationen zur Verfügung stellen, die als Grundlage für die Entscheidungen über Gewährung, Prolongation oder Kündigung von Krediten Prognosen darüber erlauben, ob das Unternehmen zukünftig vereinbarte Zins- und Tilgungsverpflichtungen zu erfüllen vermag.[8]

Im Rahmen der Ausschüttungsbemessungsfunktion soll der Jahresabschluss die Aufgabe erfüllen, einen Periodenerfolg zu bestimmen, der als Grundlage für die Ermittlung ergebnisabhängiger Zahlungen an die Eigner des Unternehmens dient.[9] Im Kontext des Konzepts informationseffizienter Kapitalmärkte bildet jedoch die Informationsvermittlung den Fokus der Überlegungen; insofern blendet die vorliegende Arbeit die Ausschüttungsbemessungsfunktion aus und die weitere Betrachtung ist auf die Funktion der Informationsvermittlung beschränkt.

Zur Erfüllung der Ausschüttungs- versus der Informationsfunktion sind allerdings gänzlich unterschiedliche Rechnungslegungsregeln erforderlich. Insofern stellen die Regelungen zur handelsrechtlichen Rechnungslegung im Bestreben, möglichst weitgehend vielfältige Aufgaben

---

5 Vgl. Coenenberg (2005), S. 14 f., 17 f.; Hinz (2003), Rz. 4; vgl. zudem m. w. N. Brinkmann (2006), S. 67 f.

6 Vgl. Hinz (2003), Rz. 5.

7 Vgl. Hinz (2003), Rz. 15, 17.

8 Vgl. Hinz (2003), Rz. 18.

9 Vgl. Hinz (2003), Rz. 6.

zugleich zu erfüllen, notwendigerweise einen Kompromiss zwischen den diversen Anforderungen dar.[10] Inwiefern sich dieser Kompromisscharakter der Vorschriften auf die Eignung der Rechnungslegung zur Erfüllung der Informationsfunktion auswirkt, soll die im Anschluss an die Darstellung der Regelungen noch vorzunehmende Zweckmäßigkeitsanalyse zeigen.[11]

Im Gegensatz zum handelsrechtlichen Einzelabschluss besitzt der Konzernabschluss nach HGB eine reine Informationsfunktion, für die Aufgaben der Ausschüttungs- und Steuerbemessung ist der Konzernabschluss nicht relevant. Die Beteiligung der Anteilseigner am Erfolg wird auch im Falle von Konzernunternehmen unverändert aus den Jahresabschlüssen der rechtlich selbstständigen Konzernunternehmen abgeleitet.[12] Die Implementierung des Konzernabschlusses als ein Instrument zur Informationsvermittlung ist aus der Generalnorm des § 297 Abs. 2 HGB ersichtlich: Danach hat der Konzernabschluss „unter Beachtung der Grundsätze ordnungsmäßiger Buchführung ein den tatsächlichen Verhältnissen entsprechendes Bild der Vermögens-, Finanz- und Ertragslage des Konzerns zu vermitteln."

## 5.3 Die Grundsätze ordnungsmäßiger Buchführung

Im deutschen Handelsrecht ergeben sich die Regelungen, die für die Führung der Bücher und die Erstellung der Handelsbilanzen der Kaufleute gelten, nur teilweise unmittelbar aus dem Gesetz. Vielmehr verweist der Gesetzestext an verschiedenen Stellen darauf, dass die „Grundsätze ordnungsmäßiger Buchführung" (GoB) zu beachten seien.[13] Einige zentrale Grundsätze spricht das Gesetz zwar unmittelbar an, jedoch ohne eine detaillierte inhaltliche Definition zu leisten (§ 252 Abs. 1 HGB).[14] Daher handelt es sich dem mehrfachen Gebrauch des Begriffes „Grundsätze ordnungsmäßiger Buchführung" durch den Gesetzgeber zum Trotz bei den GoB um einen unbestimmten Rechtsbegriff, den erst ein Zusammenwirken von Rechtsprechung sowie Vertretern der Praxis und der Betriebswirtschaftslehre konkretisiert.[15]

---

10 Vgl. Schildbach (2003), S. 1073; Winkeljohann/Schellhorn (2006), Anm. 35. Für eine Beurteilung der relativen Gewichtung der Funktionen in den konzipierten Gewinnermittlungsvorschriften vgl. unten Kapitel 5.4.1.3.

11 Eine Vorverurteilung der handelsrechtlichen Rechnungslegung aufgrund des Kompromisscharakters als unzweckmäßig erscheint angesichts der differenzierten Anforderungen an eine informative Rechnungslegung, die im vierten Kapitel hergeleitet worden sind, unangebracht; ein Urteil soll vielmehr der Zweckmäßigkeitsanalyse vorbehalten bleiben.

12 Vgl. ADS (1995), § 297 HGB, Tz. 3; Bieker (2006), S. 86; Coenenberg (2005), S. 14, 18, 552 f.; Förschle/Kroner (2006), Anm. 1.

13 Siehe etwa die §§ 238 Abs. 1, 239 Abs. 4, 241 Abs. 1, 2 und 3, 243 Abs. 1, 256, 257 Abs. 3, 264 Abs. 2, 297 Abs. 2 HGB.

14 Vgl. Coenenberg (2005), S. 36, 38; Schildbach (2004), S. 133. Dadurch vermeidet der Gesetzgeber eine Überladung des Gesetzes mit umfassenden Detailregelungen und erreicht überdies eine größere Flexibilität der kodifizierten Vorschriften, da Veränderungen in der sachdienlichen Gestaltung der Rechnungslegung infolge technischer oder wirtschaftlicher Entwicklung keine Gesetzesreformen erfordern.

15 Vgl. Coenenberg (2005), S. 38; Streim (1988), S. 26.

Einerseits ergänzen und vervollständigen die GoB insofern das kodifizierte Recht. Andererseits werden diese Grundsätze auch durch das Gesetz konkretisiert: Sofern der Gesetzgeber bereits Abwägungen zwischen den verschiedenen Interessen, die sich vonseiten der Adressaten an den Jahresabschluss richten, getroffen hat, kann man diese Abwägungen als Grundsätze ordnungsmäßiger Buchführung interpretieren.[16]

Aus den GoB gehen die Mindestanforderungen hervor, die an den Inhalt und die Form der geführten Bücher zu stellen sind. Der grundsätzlich weit gefasste Begriff der GoB (GoB im weiteren Sinne) betrifft die GoB im engeren Sinne, die sich auf die laufende Buchführung beziehen, die Grundsätze ordnungsmäßiger Inventur sowie die Grundsätze ordnungsmäßiger Bilanzierung, die im Zusammenhang mit dem Jahresabschluss stehen. Als elementare Ordnungsmäßigkeitsgrundsätze der GoB im engeren Sinne gelten der Grundsatz der Richtigkeit und Willkürfreiheit, der Grundsatz der Klarheit und Übersichtlichkeit, der Grundsatz der Vollständigkeit und der Grundsatz der Nachprüfbarkeit.[17] Diese Grundsätze werden im Folgenden kurz behandelt. Die den Jahresabschluss betreffenden GoB werden dann später im Zusammenhang mit den Bewertungsvorschriften im Einzelnen aufgegriffen.

**(1) Der Grundsatz der Richtigkeit und Willkürfreiheit**

Der Grundsatz der Richtigkeit bedeutet für die Buchführung und den Jahresabschluss, dass die Aufzeichnungen der Buchführung und daraus resultierend die Herleitung des Jahresabschlusses den zugrunde liegenden betrieblichen Tatbeständen der Sache und der Höhe nach entsprechen müssen und der Abschluss die betrieblichen Vorgänge mithin zutreffend wiedergibt. Diese Übereinstimmung zwischen betrieblichen Sachverhalten und Buchführung bzw. Jahresabschluss muss objektiv – also intersubjektiv nachprüfbar – sein.[18] Allerdings gehen in jeden Jahresabschluss notwendigerweise auch Schätzwerte ein, so etwa die Nutzungsdauer der Anlagegegenstände, die erwarteten Ausfälle bei den Forderungen oder die Prämissen bei der Rückstellungsbildung.[19] Da insofern ein Jahresabschluss wegen des Einflusses dieser subjektiven Erwartungen nicht absolut richtig sein kann, muss der Grundsatz der Richtigkeit relativiert

---

16 Vgl. Schildbach (2004), S. 134. Legt beispielsweise das Gesetz durch die Vorgabe von Gliederungsschemata ein erforderliches Ausmaß an Klarheit fest, kann eine solche Vorgabe als ordnungsgemäß gelten.

17 Vgl. Streim (1988), S. 27, 31. Weil sich jedoch aufgrund zahlreicher Interdependenzen zwischen einzelnen Grundsätzen bislang keine verbindliche Systematisierung – der noch am ehesten anerkannte Versuch geht auf Leffson (1987) zurück – durchgesetzt hat, sollte den vorliegenden Ordnungen kein allzu großes Gewicht beigemessen werden. Vgl. Coenenberg (2005), S. 38; so auch Schildbach (2004), S. 137.

18 Vgl. Coenenberg (2005), S. 39; Leffson (1987), S. 197 ff.

19 Vgl. Leffson (1987), S. 197 f.

werden. Demzufolge ist der Jahresabschluss dann richtig, wenn er relativ zu den jeweils gültigen Abbildungsregeln aufgestellt wurde, und neben die Forderung nach Richtigkeit tritt das Postulat der Willkürfreiheit.[20]

Der Grundsatz der Willkürfreiheit ist genau dann erfüllt und die unausweichlich subjektiven Schätzungen im Jahresabschluss verstoßen genau dann nicht gegen den Grundsatz der Richtigkeit, wenn der Bilanzierende eine Übereinstimmung mit seiner persönlichen Überzeugung herbeiführt, also diejenigen Prämissen verwendet, die nach seiner Kenntnis am wahrscheinlichsten zutreffen, und er insofern Bilanzmanipulationen unterlässt.[21]

**(2) Der Grundsatz der Klarheit und Übersichtlichkeit**

Der Grundsatz der Klarheit und Übersichtlichkeit ist in § 243 Abs. 2 HGB kodifiziert und kann folgendermaßen definiert werden: „In Buchführung und Jahresabschluss müssen die einzelnen Posten – Geschäftsvorfälle, Bilanzgegenstände und Erfolgsbestandteile – der Art nach eindeutig bezeichnet und so geordnet sein, dass die Bücher und Abschlüsse verständlich und übersichtlich sind."[22] Dieser Grundsatz bezieht sich demnach auf die Qualität der äußeren Gestaltung des Jahresabschlusses. Verständlichkeit erfordert, dass mit Buchführung und Abschlüssen vertraute Leser das Zahlenmaterial nachprüfen können und nicht bereits durch die äußere Form irregeführt werden. Klarheit und Übersichtlichkeit betreffen demnach insbesondere die Gliederung von Bilanz und GuV.[23]

**(3) Der Grundsatz der Vollständigkeit**

Die Vollständigkeit als Grundsatz verlangt, dass alle buchungspflichtigen Geschäftsvorfälle, d. h. alle in der betrachteten Periode eingetretenen positiven und negativen Vermögensänderungen und alle eingetretenen Vermögens- oder Schuldenumschichtungen, in der Buchhaltung erfasst werden und sich dementsprechend auch im Jahresabschluss niederschlagen. Dieser

---

[20] Vgl. Leffson (1987), S. 199 ff.; Schildbach (2004), S. 137.

[21] Vgl. Leffson (1987), S. 202 ff. Allerdings ist offensichtlich, dass die Grenze zwischen Willkür und den von den Bilanzierenden für am wahrscheinlichsten zutreffend erklärten subjektiven Urteilen fließend ist, da die subjektiven Urteile nicht objektiv im Sinne intersubjektiver Nachprüfbarkeit sind.

[22] Leffson (1987), S. 208 (Rechtschreibung an neue Regelungen angepasst).

[23] Vgl. Coenenberg (2005), S. 40. Klarheit darf nicht mit Richtigkeit verwechselt werden: Aussagen des Jahresabschlusses können (1) richtig und klar, (2) richtig, aber unklar, (3) falsch, aber klar, und (4) falsch und unklar sein. Siehe dazu Leffson (1987), S. 207 f.

quantitative Charakter der Vollständigkeit bezieht sich nicht nur auf die Erfassung der gegebenen Mengen, sondern auch auf möglichst vollständige Verwendung der vorliegenden Informationen für die Bewertung der Posten in Buchführung und Jahresabschluss.[24]

**(4) Der Grundsatz der Nachprüfbarkeit**

§ 238 HGB beschreibt den Grundsatz der Nachprüfbarkeit folgendermaßen: „Die Buchführung muss so beschaffen sein, dass sie einem sachverständigen Dritten innerhalb angemessener Zeit einen Überblick über die Geschäftsvorfälle und über die Lage des Unternehmens vermitteln kann. Die Geschäftsvorfälle müssen sich in ihrer Entstehung und Abwicklung verfolgen lassen." Insofern reicht es für die Ordnungsmäßigkeit der Buchführung nicht aus, dass sich der Buchführende selbst darin zurechtfindet, vielmehr muss dies auch einem unabhängigen Dritten, der an der Erstellung der Buchführung nicht mitgewirkt hat, der jedoch auch kein Laie auf dem Gebiet des Rechnungswesens sein darf, innerhalb einer vor dem Hintergrund des jeweiligen Sachverstandes des Dritten angemessenen Zeit möglich sein.[25]

## 5.4 Die handelsrechtlichen Vorschriften für alle Kaufleute

Rechnungslegungsregeln lassen sich in Gewinnermittlungsregeln zur Bestimmung des Periodengewinns durch die Geschäftsführung sowie in Informationsregeln über die Bestandteile des Jahresabschlusses und den darin vorzunehmenden Ausweis unterteilen.[26]

---

24 Vgl. Leffson (1987), S. 219; Schildbach (2004), S. 138. Insofern leitet sich die Verpflichtung des Kaufmanns zur Durchführung einer Inventur und zur Aufstellung eines Inventars aus dem Grundsatz der Vollständigkeit ab. Damit finden auch solche – unter dem Gesichtspunkt der Vollständigkeit eindeutig zu erfassende – Veränderungen Eingang in Buchhaltung und Jahresabschluss, denen keine Geschäftsvorfälle zugrunde liegen, wie etwa Schwund oder Verderb von Vermögensgegenständen.

Im Rahmen der Aufstellung des Jahresabschlusses müssen alle Informationen über Vorgänge vor dem Bilanzstichtag berücksichtigt werden; eingeschlossen sind dabei solche Informationen, die zwar erst nach dem Stichtag, aber noch vor dem Datum der Aufstellung des Abschlusses bekannt werden. Demnach vervollständigen auch Informationen, die der Aufsteller erst im neuen Geschäftsjahr erhalten hat, die Kenntnisse über den Wert bilanzierungspflichtiger Objekte am Bilanzstichtag. Dieser Fall sog. wertaufhellender Tatsachen – nach dem Stichtag Eintreffen von Informationen über Sachverhalte, die vor dem Stichtag bereits eingetreten waren und insofern hätten bekannt sein können – ist zu unterscheiden vom Fall sog. wertbeeinflussender Tatsachen. Dabei handelt es sich um Sachverhalte, die erst nach dem Abschlussstichtag eingetreten sind und die grundsätzlich bei der Bilanzierung außer Betracht bleiben müssen. Vgl. dazu Coenenberg (2005), S. 40 f.; Schildbach (2004), S. 139; Winkeljohann/Geißler (2006a), Anm. 38.

25 Vgl. Streim (1988), S. 32.

26 Vgl. Streim (1985), S. 1579.

### 5.4.1 Gewinnermittlungsregeln

Um Änderungen des Betriebsvermögens im Jahresabschluss erfassen zu können, sind zur Bilanzerstellung drei Fragen zu klären, und zwar erstens der Bilanzinhalt bzw. die Bilanzierung dem Grunde nach, also welche Güter in die Bilanz aufgenommen werden dürfen bzw. müssen (Ansatz), zweitens die Wertmaßstäbe bzw. die Bilanzierung der Höhe nach, mit denen diese Güter in die Bilanz eingehen (Bewertung), und drittens die Frage nach dem Ausweis, d. h. an welcher Stelle in der Bilanz die Güter erscheinen. Die Eignung, als Aktiv- oder Passivposten in der Bilanz berücksichtigt zu werden, bezeichnet man als Bilanzierungsfähigkeit.[27] Die folgenden Kapitel beschäftigen sich mit der Beantwortung dieser Fragen gemäß Handelsrecht. Die Frage des Ausweises betrifft insbesondere die Gliederung und wird als Unterpunkt der sonstigen Informationsvermittlung thematisiert.

#### 5.4.1.1 Ansatzvorschriften

Gemäß § 246 Abs. 1 HGB hat der Jahresabschluss „sämtliche Vermögensgegenstände, Schulden, Rechnungsabgrenzungsposten, Aufwendungen und Erträge zu enthalten, soweit gesetzlich nichts anderes bestimmt ist."

Demzufolge liegt Bilanzierungsfähigkeit grundsätzlich dann vor, wenn Vermögensgegenstände und Schulden dem Bilanzierenden zuzurechnen sind, sofern kein konkretes gesetzliches Verbot die Bilanzierung verbietet; zudem betrifft sie grundsätzlich alle Vermögensgegenstände und Schulden, falls nicht im konkreten Einzelfall ein Bilanzierungswahlrecht besteht.[28] Da das Gesetz die Begriffe Vermögensgegenstand und Schulden nicht definiert und insofern keine Legaldefinition liefert, handelt es sich um unbestimmte Rechtsbegriffe, deren Inhalt aus den GoB abgeleitet werden muss.[29] In den folgenden Kapiteln wird der Bilanzinhalt im Einzelnen dargestellt. Der bei Unternehmensübernahmen entstehende und nach § 255 Abs. 4 HGB wahlrechtlich anzusetzende Geschäfts- oder Firmenwert bleibt dabei jedoch außen vor.[30]

---

[27] Vgl. Coenenberg (2005), S. 75.

[28] Vgl. Coenenberg (2005), S. 75 f.

[29] Vgl. ADS (1995), § 246 HGB, Tz. 9; Coenenberg (2005), S. 76; Schneider (1986), S. 340 f.; Streim (1988), S. 49.

[30] Vgl. bereits Kapitel 1.

### 5.4.1.1.1 Bilanzielles Vermögen

#### 5.4.1.1.1.1 Der handelsrechtliche Begriff des Vermögensgegenstandes

Zentrales begriffsbestimmendes Merkmal für das Vorliegen eines handelsrechtlichen Vermögensgegenstandes ist selbstständige Verkehrsfähigkeit im Sinne der Einzelveräußerbarkeit. Dieses Kriterium leistet zunächst eine hinreichende Eingrenzung der als Vermögensgegenstand geltenden Güter.[31] Daneben tritt als weiteres entscheidendes Definitionsmerkmal die Einzelverwertbarkeit. Einzelverwertbarkeit greift als Bestimmungskriterium immer dann, wenn „eine Verwertung nicht im Wege der Veräußerung, sondern durch Verarbeitung, Verbrauch, Überlassung eines Rechts zur Ausübung oder eines Gegenstandes zur Nutzung an einen Dritten erfolgen kann, wie etwa im Falle eines Nießbrauchs oder der Vergabe von Lizenzen für Marken oder andere gewerbliche Rechte."[32] Insofern erweitert die Einzelverwertbarkeit den Umfang der durch den Begriff der Einzelveräußerbarkeit definierten Vermögensgegenstände.[33]

Dabei ist grundsätzlich zwischen der abstrakten und der konkreten Verkehrsfähigkeit bzw. Einzelveräußerbarkeit zu unterscheiden. Abstrakte Einzelveräußerbarkeit liegt vor, wenn ein Gut seiner Art nach einzelveräußerbar ist, konkrete hingegen erst dann, wenn ein Gut tatsächlich im Rechtsverkehr übertragen werden kann. Der Unterschied besteht demnach darin, dass vertraglich vereinbarte oder vom Gesetzgeber vorgeschriebene Veräußerungsverbote für die abstrakte (im Gegensatz zur konkreten) Einzelveräußerbarkeit unerheblich sind.[34] Die herrschende Meinung geht davon aus, dass die abstrakte Einzelveräußerbarkeit für die Aktivierung eines Vermögensgegenstandes ausreichend ist.[35]

#### 5.4.1.1.1.2 Wirtschaftliches Eigentum

Die Bilanz nimmt alle Vermögensgegenstände und Schulden auf, die dem Kaufmann zuzurechnen sind. Problematisch ist die Zurechnung immer dann, wenn rechtliche und tatsächliche Herrschaft auseinanderfallen. In diesen Fällen wird nicht nach juristischen, sondern vielmehr nach wirtschaftlichen Gesichtspunkten geurteilt und das Vermögen dem wirtschaftlichen Eigentümer zugeordnet. Wirtschaftlicher Eigentümer ist derjenige, der „die tatsächliche Herrschaft in der Weise ausübt, dass dadurch der nach bürgerlichem Recht Berechtigte auf Dauer von der Einwirkung auf das Objekt rechtlich oder wirtschaftlich ausgeschlossen wird. Wirtschaftlicher Ei-

---

31 Vgl. ADS (1995), § 246 HGB, Tz. 18, 27; Streim (1988), S. 50.

32 ADS (1995), § 246 HGB, Tz. 28. Auch die Wege der Zwangsvollstreckung und des bedingten Verzichts sind denkbar. Siehe dazu auch Baetge/Kirsch/Thiele (2005), S. 159.

33 Vgl. ADS (1995), § 246 HGB, Tz. 28; Kußmaul (1988), S. 59.

34 Vgl. Baetge/Kirsch/Thiele (2005), S. 157; Streim (1988), S. 50.

35 Vgl. ADS (1995), § 246 HGB, Tz. 18 f.; Baetge/Kirsch/Thiele (2005), S. 159; Schildbach (2004), S. 188; Streim (1988), S. 50.

gentümer ist somit derjenige, der Substanz und Ertrag einer Sache tatsächlich, vollständig und auf Dauer hat."[36]

#### 5.4.1.1.1.3 Ausnahme vom Vollständigkeitsgebot

Das Vollständigkeitsgebot des § 246 Abs. 1 HGB gilt, „soweit gesetzlich nichts anderes bestimmt ist", sofern also kein konkretes Verbot der Aktivierung entgegensteht.

Ein solches konkretes Verbot ist in § 248 Abs. 2 HGB für die immateriellen Vermögensgegenstände des Anlagevermögens enthalten, die nicht entgeltlich erworben wurden. Eine Aktivierungsfähigkeit dieser immateriellen Vermögensgegenstände ist somit nur dann gegeben, wenn das zusätzliche Kriterium des entgeltlichen Erwerbs erfüllt ist.[37]

#### 5.4.1.1.2 Bilanzielle Schulden

Das Vorliegen einer Schuld ist nach Handelsrecht an die folgenden drei Bedingungen geknüpft:[38]

- Es muss eine Verpflichtung des bilanzierenden Unternehmens vorliegen, die
- am Abschlussstichtag eine wirtschaftliche Belastung begründet, und
- diese Belastung muss quantifizierbar sein.

Eine Verpflichtung liegt vor, wenn sich das bilanzierende Unternehmen der Erfüllung aus rechtlichen oder tatsächlichen Gründen nicht entziehen kann und demzufolge die Leistungserbringung zwingend ist. Es sind Außenverpflichtungen, bei denen es sich um Verpflichtungen gegenüber Dritten handelt, von Innenverpflichtungen, die eine Verpflichtung des Bilanzierenden gegenüber sich selbst darstellen, zu unterscheiden.[39] Die Verpflichtung muss hinreichend kon-

---

36 Streim (1988), S. 54. Vgl. hierzu auch ADS (1995), § 246 HGB, Tz. 262 f., 265; Coenenberg (2005), S. 81; Schildbach (2004), S. 219. Wirtschaftliches und juristisches Eigentum fallen etwa auseinander bei Kommissionsgeschäften, Sicherungsübereignungen oder Eigentumsvorbehalten.

37 Vgl. ADS (1995), § 248 HGB, Tz. 12; Förschle (2006a), Anm. 7.

38 Vgl. ADS (1995), § 246 HGB, Tz. 103; Baetge/Kirsch/Thiele (2005), S. 168; ebenso bereits Freericks (1976), S. 226 f.

39 Vgl. ADS (1995), § 246 HGB, Tz. 104; Baetge/Kirsch/Thiele (2005), S. 170. Im Schrifttum wird häufig die Auffassung vertreten, dass nur Außenverpflichtungen eine bilanzrechtliche Schuld begründen könnten. Siehe etwa Hoyos/Ring (2006a), Anm. 201. Zur Kritik dieser Position vgl. Baetge/Kirsch/Thiele (2005), S. 171 f. m. w. N. Siehe auch Ballwieser (2002a), Rz. 86, der Verpflichtungen gegenüber Dritten als Schulden im engeren Sinne bezeichnet und unter die Schulden im weiteren Sinne auch Innenverpflichtungen subsumiert, gleichzeitig jedoch in Rz. 88 auf die Strittigkeit dieser Einordnung hinweist.

kret sein, sodass das Entstehen in dem Sinne vorhersehbar ist, dass mehr für als gegen den Eintritt der Verpflichtung spricht.[40]

Das Kriterium der wirtschaftlichen Belastung ist erfüllt, wenn die Verpflichtung für das Unternehmen eine künftige Bruttovermögensminderung bewirkt. Eine wirtschaftliche Belastung kann sowohl im Falle von Innen- als auch von Außenverpflichtungen bestehen. Auch die wirtschaftliche Belastung muss hinreichend konkretisiert im Sinne von vorhersehbar sein.[41]

Als quantifizierbar gilt eine Schuld, wenn die Verpflichtungshöhe entweder eindeutig feststeht oder zumindest eine Bandbreite angegeben werden kann.[42]

Sind die drei genannten Bedingungen erfüllt, so liegt abstrakte Passivierungsfähigkeit und damit eine grundsätzliche Passivierungspflicht der betreffenden Schuld vor, sofern nicht das Gesetz im Rahmen der Bestimmung der konkreten Passivierungsfähigkeit abweichende Regelungen trifft.[43]

Der Schuldbegriff im bilanzrechtlichen Sinne umfasst Verbindlichkeiten und Rückstellungen. Unterscheidungskriterium ist die Gewissheit der Verpflichtung dem Grunde und der Höhe nach.[44] „Verbindlichkeiten sind hinsichtlich Existenz und Betrag sichere Schulden. Rückstellungen weisen gegenüber Verbindlichkeiten eine Unsicherheit hinsichtlich Existenz und/oder Höhe der Schuld auf."[45]

Die Verbindlichkeiten als Schulden, die dem Grunde und der Höhe nach gewiss zu zukünftigen Vermögensminderungen führen, sind dem Vollständigkeitsgebot des § 246 Abs. 1 HGB folgend ausnahmslos zu erfassen. Da allerdings das Gesetz den Begriff der Verbindlichkeit nicht definiert, bestimmt sich der Ansatz nach den GoB und insbesondere nach dem Passivierungsgrundsatz.[46]

Hinsichtlich der Rückstellungen als Schulden, die dem Grunde und/oder der Höhe nach unsicher sind, ergänzt die Vorschrift des § 249 HGB die allgemeinen Kriterien des Passivierungsgrundsatzes. § 249 enthält einen abschließenden Katalog der Zwecke, für die Rückstellungen angesetzt werden müssen (Passivierungspflicht) oder dürfen (Passivierungswahlrecht),[47] denn

---

40 Vgl. Baetge/Kirsch/Thiele (2005), S. 172.

41 Vgl. Baetge/Kirsch/Thiele (2005), S. 173; Streim (1988), S. 59.

42 Vgl. Baetge/Kirsch/Thiele (2005), S. 173.

43 Vgl. Baetge/Kirsch/Thiele (2005), S. 168.

44 Vgl. ADS (1995), § 246 HGB, Tz. 102; Baetge/Kirsch/Thiele (2005), S. 169; Schildbach (2004), S. 203 f.

45 Ballwieser (2002a), Rz. 88 (dort teilweise fett gedruckt).

46 Vgl. Baetge/Kirsch/Thiele (2005), S. 391.

47 Vgl. Hoyos/Ring (2006b), Anm. 1, 6.

§ 249 Abs. 3 HGB untersagt explizit die Bildung von Rückstellungen für andere als die im Gesetz bezeichneten Zwecke. Demnach sind Rückstellungen zu bilden (Passivierungspflicht) für[48]

- ungewisse Verbindlichkeiten (§ 249 Abs. 1 Satz 1 HGB),
- drohende Verluste aus schwebenden Geschäften (§ 249 Abs. 1 Satz 1 HGB),
- im Geschäftsjahr unterlassene Aufwendungen für Instandhaltung, die im folgenden Geschäftsjahr innerhalb der ersten drei Monate, bzw. für Abraumbeseitigung, die im folgenden Geschäftsjahr nachgeholt werden (§ 249 Abs. 1 Satz 2 HGB) und
- Gewährleistungen ohne rechtliche Verpflichtung (§ 249 Abs. 1 Satz 2 HGB).

Rückstellungen dürfen darüber hinaus gebildet werden (Passivierungswahlrecht)

- für unterlassene Aufwendungen für Instandhaltung, wenn die Instandhaltung nach Ablauf von drei Monaten, aber noch innerhalb des folgenden Geschäftsjahres nachgeholt wird (§ 249 Abs. 1 Satz 3 HGB), und
- für ihrer Eigenart nach genau umschriebene, dem Geschäftsjahr oder einem früheren Geschäftsjahr zuzuordnende Aufwendungen, die am Abschlussstichtag wahrscheinlich oder sicher, aber bezüglich der Höhe oder des Zeitpunkts ihres Eintritts unbestimmt sind (sog. Aufwandsrückstellungen, § 249 Abs. 2 HGB).

Eine Rückstellung für ungewisse Verbindlichkeiten ist zu bilden, wenn gegenüber Dritten am Bilanzstichtag eine Verpflichtung mit Wahrscheinlichkeit be- oder entsteht, die tatsächliche Inanspruchnahme und/oder die Höhe der Verpflichtung aber noch nicht sicher sind. Grundsätzlich muss die Verpflichtung hinreichend konkretisiert sein. Dies ist der Fall, wenn die Verpflichtung unabwendbar und die Inanspruchnahme wahrscheinlich ist. Unabwendbarkeit bedeutet, dass der Kaufmann sich der Erfüllung nicht mehr einseitig entziehen kann – die theoretische Möglichkeit etwa durch Marktaustritt reicht nicht aus –; die Inanspruchnahme ist wahrscheinlich, wenn mehr Gründe dafür als dagegen sprechen.[49]

Drohverlustrückstellungen müssen gebildet werden, falls aus den in der Regel wegen der vermuteten Ausgeglichenheit von Leistung und erwarteter Gegenleistung nicht bilanzierten schwebenden Geschäften dadurch ein künftiger und vom Unternehmen zu antizipierender Verlust droht, dass der Wert der Leistungsverpflichtung des Kaufmanns den Wert der Gegenleistung übersteigt (Verpflichtungsüberschuss).[50] Die bloße Möglichkeit eines Verlustes ist jedoch bei

---

[48] Vgl. hierzu auch Baetge/Kirsch/Thiele (2005), S. 415; Hoyos/Ring (2006b), Anm. 6.

[49] Vgl. Baetge/Kirsch/Thiele (2005), S. 420 ff.; Hoyos/Ring (2006b), Anm. 33, 42; und Streim (1988), S. 61. Beispiele sind Gewährleistungsverpflichtungen, Produkthaftungsverpflichtungen, Pensionsverpflichtungen, Haftpflichtansprüche, Haftungsrisiken aus Verträgen oder Jahresabschluss- und Jahresabschlussprüfungskosten.

[50] Vgl. ADS (1995), § 249 HGB, Tz. 144; Baetge/Kirsch/Thiele (2005), S. 445 f.; Hoyos/Ring (2006b), Anm. 52.

jedem schwebenden Geschäft gegeben und reicht insofern zur Bildung einer Rückstellung nicht aus; es müssen vielmehr konkrete Anzeichen für das Eintreten eines Verlustes vorliegen.[51]

Unterlassene Aufwendungen für Instandhaltung stellen eine Innenverpflichtung dar; die korrespondierenden Rückstellungen sind mithin Aufwandsrückstellungen. Als Instandhaltung gelten die mehr oder weniger regelmäßigen Instandsetzungen, die Wartung und die Inspektion der Vermögensgegenstände des Anlagevermögens.[52]

Gewährleistungen aufgrund von gesetzlichen Verpflichtungen des Kaufmanns lösen grundsätzlich die Pflicht zur Bildung einer Rückstellung für ungewisse Verbindlichkeiten aus.[53] Auch für Gewährleistungen ohne rechtliche Verpflichtung besteht jedoch eine Rückstellungspflicht, sofern aus faktischen bzw. wirtschaftlichen Gründen die Notwendigkeit der Kulanzleistung für den Kaufmann besteht, etwa angesichts des Risikos, Kunden zu verlieren.[54]

Aufwandsrückstellungen dürfen nach § 249 Abs. 2 HGB auch für in ihrer Eigenart genau umschriebene, dem Geschäftsjahr oder einem früheren Geschäftsjahr zuzuordnende, am Abschlussstichtag wahrscheinliche oder sichere, aber in ihrer Höhe und/oder ihres Eintrittszeitpunkts unbestimmte Aufwendungen gebildet werden; dabei sind allerdings grundsätzlich nur nicht aktivierungspflichtige Aufwendungen rückstellungsfähig.[55] Dem Kriterium der genauen Umschreibung und der Überprüfbarkeit der beabsichtigten Verwendung kommt eine entscheidende Bedeutung zu, um eine Unterscheidung von unzulässiger Vorsorge für allgemeine Unternehmensrisiken und bilanzpolitischen Maßnahmen zu gewährleisten.[56]

#### 5.4.1.1.3 Rechnungsabgrenzungsposten

Rechnungsabgrenzungsposten werden als Korrekturposten in die Bilanz aufgenommen und ergänzen den Ansatz der Vermögensgegenstände und Schulden.[57] Sie dienen der Zuordnung von Einnahmen oder Ausgaben auf das Geschäftsjahr, dessen Ertrag oder Aufwand sie darstellen.[58]

---

51 Vgl. ADS (1995), § 249 HGB, Tz. 144.

52 Vgl. ADS (1995), § 249 HGB, Tz. 166,168; Streim (1985), S. 1576.

53 Vgl. ADS (1995), § 249 HGB, Tz. 182.

54 Vgl. Baetge/Kirsch/Thiele (2005), S. 429 f.; Streim (1988), S. 63.

55 Vgl. ADS (1995), § 249 HGB, Tz. 199.

56 Vgl. ADS (1995), § 249 HGB, Tz. 202 f.; Hoyos/Ring (2006c), Anm. 302, 305. Den Ermessensspielraum der Bilanzierenden infolge der unpräzisen Abgrenzung der zur Rückstellungsbildung notwendigen Kriterien im Gesetz und das bestehende Passivierungswahlrecht bewertet auch Streim kritisch (1988), S. 66.

57 Vgl. Baetge/Kirsch/Thiele (2005), S. 527.

58 Vgl. ADS (1995), § 250 HGB, Tz. 1.

Dementsprechend sind nach § 250 Abs. 1 HGB als Rechnungsabgrenzungsposten „auf der Aktivseite Ausgaben vor dem Abschlussstichtag auszuweisen, soweit sie Aufwand für eine bestimmte Zeit nach diesem Tag darstellen" und auf der Passivseite nach Abs. 2 „als Rechnungsabgrenzungsposten Einnahmen vor dem Abschlussstichtag auszuweisen, soweit sie Ertrag für eine bestimmte Zeit nach diesem Tag darstellen."[59]

Anwendung findet die Rechnungsabgrenzung insbesondere im Fall gegenseitiger Verträge, bei denen zwar Leistung und Gegenleistung jeweils zeitraumbezogen sind, aber zeitlich auseinanderfallen.[60]

Darüber hinaus räumt der Gesetzgeber den Unternehmen in Sonderfällen das Wahlrecht ein, Sachverhalte als aktive Rechnungsabgrenzungsposten auszuweisen. Dies gilt nach § 250 Abs. 1 HGB jeweils für „als Aufwand berücksichtigte Zölle und Verbrauchsteuern, soweit sie auf am Abschlussstichtag auszuweisende Vermögensgegenstände des Vorratsvermögens entfallen," und für „als Aufwand berücksichtigte Umsatzsteuer auf am Abschlussstichtag auszuweisende oder von den Vorräten offen abgesetzte Anzahlungen." Abs. 3 enthält das zusätzliche Wahlrecht, die Differenz zwischen dem Rückzahlungsbetrag und dem niedrigeren Auszahlungsbetrag einer Verbindlichkeit (Disagio) in den aktiven Rechnungsabgrenzungsposten aufzunehmen.[61]

#### 5.4.1.1.4 Sonderposten mit Rücklageanteil

Das Steuerrecht gestattet aus wirtschaftspolitischen Gründen in der Steuerbilanz die Bildung bestimmter Posten, die im Jahr ihrer Bildung die Ertragsteuerbelastung mindern.[62] Nach § 247 Abs. 3 HGB besitzen alle Kaufleute das Wahlrecht, „Passivposten, die für Zwecke der Steuern vom Einkommen und vom Ertrag zulässig sind", in der Bilanz zu bilden, dort „als Sonderposten mit Rücklageanteil auszuweisen und nach Maßgabe des Steuerrechts aufzulösen." Die in den Sonderposten mit Rücklageanteil eingestellten steuerrechtlichen Posten werden insofern aus bilanzfremden Zwecken angesetzt und genügen nicht dem handelsrechtlichen Passivierungsgrundsatz; es kann sich um steuerfreie Rücklagen oder um steuerrechtliche Abschreibungen

---

59 Bei diesen sogenannten transitorischen Rechnungsabgrenzungsposten liegen die Zahlungsvorgänge jeweils vor dem Bilanzstichtag und die erfolgswirksame Verrechnung in späteren Perioden. Dementgegen sind sogenannte antizipative Rechnungsabgrenzungsposten durch die Zugehörigkeit von Aufwand bzw. Ertrag zum abgelaufenen Geschäftsjahr bei Zahlungsvorgängen erst nach dem Bilanzstichtag gekennzeichnet und werden als Forderungen bzw. Verbindlichkeiten in der Bilanz gezeigt. Siehe dazu Streim (1988), S. 67, sowie die Übersichten bei ADS (1995), § 250 HGB, Tz. 7, und Baetge/Kirsch/Thiele (2005), S. 531.

60 Vgl. ADS (1995), § 250 HGB, Tz. 1; Ellrott/Krämer (2006b), Anm. 6.

61 Vgl. dazu Baetge/Kirsch/Thiele (2005), S. 536-541; Streim (1988), S. 68 ff.

62 Vgl. Baetge/Kirsch/Thiele (2005), S. 588; Streim (1988), S. 70.

gemäß § 254 HGB handeln.[63] Es liegt eine Umkehrung des in § 5 Abs. 1 EStG kodifizierten Prinzips der Maßgeblichkeit der Handelsbilanz für die Steuerbilanz vor.[64]

Typisches Beispiel einer steuerfreien Rücklage ist die Reinvestitionsrücklage nach § 6b Abs. 3 EStG. Die Vorschrift erlaubt es, Gewinne aus der Veräußerung von Anlagevermögen zeitlich befristet in eine steuerfreie Rücklage einzustellen und die Rücklage nach Ersatzbeschaffung bei der Aktivierung anschaffungskostenmindernd aufzulösen (Übertragung stiller Reserven auf Reinvestitionsobjekte).[65]

Steuerrechtliche Abschreibungen gehen über die handelsrechtlich gebotenen Abschreibungen hinaus und dienen zur Beeinflussung des unternehmerischen Verhaltens in eine wirtschafts- oder konjunkturpolitisch erwünschte Richtung. Solche eigentlich nur steuerrechtlich zulässigen Abschreibungen dürfen nach § 254 HGB in die Handelsbilanz übernommen werden.[66] Dabei besteht alternativ zur Übernahme der direkten Abschreibung das Wahlrecht, den Ausweis als eine passivische Wertberichtigung im Sonderposten mit Rücklageanteil vorzunehmen und insofern die Vermögenslage in Form des handelsrechtlichen Wertansatzes nicht zu verzerren.[67]

### 5.4.1.2 Bewertungsvorschriften

#### 5.4.1.2.1 Allgemeine Bewertungsgrundsätze

Die handelsrechtlichen Bewertungsgrundsätze sind in § 252 Abs. 1 HGB in Form des Going Concern-Prinzips, des Einzelbewertungsgrundsatzes, des Vorsichtsprinzips, des Realisationsprinzips, des Imparitätsprinzips, des Prinzips der Periodenabgrenzung und des Stetigkeitsprinzips kodifiziert.[68]

---

[63] Vgl. Baetge/Kirsch/Thiele (2005), S. 589. Es handelt sich jedoch nicht um eine Steuerbefreiung, sondern um eine zinslose Steuerstundung (Innenfinanzierungseffekt), da die gebildeten Sonderposten innerhalb bestimmter Fristen erfolgswirksam aufgelöst werden müssen. Demzufolge weist der Sonderposten teils Fremd- (in Höhe der zukünftigen Steuerbelastung) und teils Eigenkapitalcharakter (in Höhe des nach der zukünftigen Steuerbelastung verbleibenden Betrages) auf. Siehe auch ADS (1995), § 247 HGB, Tz. 129-132.

[64] Vgl. Coenenberg (2005), S. 17.

[65] Vgl. Baetge/Kirsch/Thiele (2005), S. 589; Hoyos/Gutike (2006a), Anm. 604.

[66] Vgl. Baetge/Kirsch/Thiele (2005), S. 590; Schildbach (2004), S. 167 f.

[67] Vgl. Baetge/Kirsch/Thiele (2005), S. 590. Wenngleich das Gesetz die Alternative der Bildung eines Sonderpostens für ausschließlich steuerrechtlich motivierte Abschreibungen nur für Kapitalgesellschaften und haftungsbeschränkte Personenhandelsgesellschaften explizit nennt, wird diese Bilanzierungsweise wegen der zutreffenderen Vermögensdarstellung als von allen Gesellschaften anwendbar erachtet. So Baetge/Kirsch/Thiele (2005), S. 590 m. w. N.; ADS (1995), § 247 HGB, Tz. 139 m. w. N.; a. A. hingegen Streim (1988), S. 121.

[68] Vgl. Bieker (2006), S. 84.

### (1) Going Concern-Prinzip

Nach § 252 Abs. 1 Nr. 2 HGB ist bei der Bewertung „von der Fortführung der Unternehmenstätigkeit auszugehen, sofern dem nicht tatsächliche oder rechtliche Gegebenheiten entgegenstehen." Die Fortführung der Unternehmenstätigkeit stellt demzufolge den Regelfall, in dem dann die Bewertungsgrundsätze des § 252 HGB und die Bestimmungen der §§ 253-256 HGB Geltung besitzen, dar.[69]

Greift wegen tatsächlicher[70] oder rechtlicher[71] Gegebenheiten die Prämisse der Fortführung der Unternehmenstätigkeit nicht mehr, so muss die Bewertung an Veräußerungsgesichtspunkten orientiert werden.[72] Da eine generell gültige Regelung dafür jedoch nicht existiert, kann letztlich nur versucht werden, „unter Berücksichtigung der Umstände des Einzelfalls eine sachgerechte Bewertung vorzunehmen. Tendenziell bedeutet das in umso größerem Maße den Übergang von den allgemeinen Bewertungsregeln hin zum Ansatz des Einzelveräußerungswerts der Vermögensgegenstände (unter Beachtung des Anschaffungswertprinzips), je sicherer und/oder näher das tatsächliche Ende der Unternehmenstätigkeit ist."[73]

### (2) Einzelbewertungsgrundsatz

Der Grundsatz der Einzelbewertung ist explizit in § 252 Abs. 1 Nr. 3 HGB kodifiziert („Vermögensgegenstände und Schulden sind zum Abschlussstichtag einzeln zu bewerten"), er ist aber auch bereits in § 240 Abs. 1 HGB erwähnt, der vorschreibt, „den Wert der einzelnen Vermögensgegenstände und Schulden anzugeben." Diesem Grundsatz zufolge sind alle Vermögensgegenstände und Schulden unabhängig voneinander zu bewerten und insbesondere Kompensationen von Wertsteigerungen einzelner Gegenstände mit Wertminderungen anderer Gegenstände untersagt; der Bilanzierende ist verpflichtet, für jeden Vermögensgegenstand und jede Schuld den jeweiligen Wert nachweisen zu können.[74]

---

[69] Vgl. ADS (1995), § 252 HGB, Tz. 23, 31; Winkeljohann/Geißler (2006a), Anm. 9, 17.

[70] Als solche kommen in erster Linie wirtschaftliche Schwierigkeiten, die das Unternehmen voraussichtlich zur Einstellung der normalen Geschäftstätigkeit zwingen, und zwar unabhängig von deren Ursache, in Betracht. Vgl. dazu ADS (1995), § 252 HGB, Tz. 28, sowie Winkeljohann/Geißler (2006a), Anm. 15, die zudem eine Reihe von Indikatoren für die Gefährdung der Fortführungsprämisse liefern.

[71] Als der Going Concern-Prämisse entgegenstehende rechtliche Gegebenheiten sind insbesondere die Eröffnung eines Insolvenzverfahrens oder zur Liquidation führende Gesetzes- oder Satzungsvorschriften zu nennen. Siehe dazu ADS (1995), § 252 HGB, Tz. 29; Winkeljohann/Geißler (2006a), Anm. 16.

[72] Vgl. ADS (1995), § 252 HGB, Tz. 33.

[73] So Winkeljohann/Geißler (2006a), Anm. 20 (Hervorhebungen und Abkürzungen des Originals nicht übernommen).

[74] Vgl. Baetge/Kirsch/Thiele (2005), S. 127; Schildbach (2004), S. 141; Winkeljohann/Geißler (2006a), Anm. 22. Als praktisches Problem erweist sich jedoch die im Einzelfall der Rechtsprechung obliegende Entscheidung, wann ein von anderen zu trennender Vermögensgegenstand vorliegt. „Eine Halle mit Personenaufzug ist ein einheitlicher Vermögensgegenstand. Eine Halle mit Lastenaufzug oder ein vierstrahliger Jumbojet dagegen sind nicht jeweils ein Vermögensgegenstand." So Schildbach (2004), S. 141.

#### (3) Vorsichtsprinzip

Das Prinzip vorsichtiger Bewertung wird in § 252 Abs. 1 Nr. 4 explizit genannt. Das Vorsichtsprinzip stellt eine Bewertungsregel für Fälle dar, in denen unvollständige Informationen oder die Ungewissheit über künftige Ereignisse zu Ermessensspielräumen bei der Bilanzierung führen.[75] Aus dem Vorsichtsprinzip leiten sich die beiden Ausprägungen des Realisationsprinzips und des Imparitätsprinzips ab.[76] Bevor diese Prinzipien in den beiden folgenden Unterpunkten thematisiert werden, ist jedoch noch darauf hinzuweisen, dass aus dem Grundsatz der Vorsicht keine Rechtfertigung dafür abgeleitet werden darf, stets den pessimistischsten Annahmen zu folgen und insofern nur die Risiken unter Vernachlässigung der Chancen zu berücksichtigen. Vielmehr ist bei mehreren Schätzungsalternativen ein etwas pessimistischerer als der wahrscheinlichste Wert und als der Erwartungswert zu wählen; willkürliche Wertansätze – Unterbewertung der Aktiva bzw. Überbewertung der Passiva – unter erheblicher Bildung stiller Reserven sind folglich unzulässig.[77]

#### (4) Realisationsprinzip

Das Realisationsprinzip ist § 252 Abs. 1 Nr. 4 zu entnehmen: „Gewinne sind nur zu berücksichtigen, wenn sie am Abschlussstichtag realisiert sind." Es bestimmt den Zeitpunkt, zu dem der Bilanzierungspflichtige bei der Lieferung von Sachgütern oder der Erbringung nicht streng zeitraumbezogener Dienstleistungen den Gewinn als entstanden zu betrachten hat.[78] Maßgeblich für die Gewinnrealisation ist dabei der Zeitpunkt der Leistungserbringung, d. h. der Zeitpunkt, an dem ein Gut oder eine Dienstleistung den Wertsprung zum Absatzmarkt vollzogen hat. Dies ist bei Auslieferung einer Sachleistung bzw. Abschluss einer Dienstleistung der Fall, denn dann ist die geschuldete Hauptleistung erbracht, der Anspruch auf die Gegenleistung entstanden und insbesondere auch die Gefahr auf den Abnehmer übergegangen.[79]

---

75 Vgl. ADS (1995), § 252 HGB, Tz. 61, 65 ff.

76 Vgl. Winkeljohann/Geißler (2006a), Anm. 29.

77 Vgl. hierzu ADS (1995), § 252 HGB, Tz. 68, 71; Baetge/Kirsch/Thiele (2005), S. 138; Coenenberg (2005), S. 46; Streim (1988), S. 85; Winkeljohann/Geißler (2006a), Anm. 32.

78 Vgl. Schildbach (2004), S. 142 f.

79 Vgl. ADS (1995), § 252 HGB, Tz. 82, und § 246 HGB, Tz. 188; Baetge/Kirsch/Thiele (2005), S. 132; Winkeljohann/Geißler (2006a), Anm. 45. Davon abweichend wird es im Schrifttum im Falle langfristiger Auftragsfertigung z. T. ausnahmsweise für zulässig gehalten, Gewinne bereits vor der vollständigen Abwicklung von Aufträgen zu vereinnahmen (sog. Teilgewinnrealisierung). Vgl. dazu ADS (1995), § 252 HGB, Tz. 86 ff., für den Fall, dass bestimmte Bedingungen kumulativ erfüllt sind. Ellrott/Brendt (2006), Anm. 460 sehen die Zulässigkeit einer Teilgewinnrealisierung „weiterhin strittig"; ebenfalls kritisch Schildbach (2004), S. 144 f., der alternativ für zusätzliche Erläuterungen im Anhang plädiert.

### (5) Imparitätsprinzip

Das Imparitätsprinzip leitet sich ebenfalls aus § 252 Abs. 1 Nr. 4 HGB ab und verlangt, im Jahresabschluss „alle vorhersehbaren Risiken und Verluste, die bis zum Abschlussstichtag entstanden sind, zu berücksichtigen". Es impliziert eine ungleiche Behandlung noch nicht entstandener Gewinne und noch nicht entstandener Verluste: Gewinne dürfen erst dann angesetzt werden, wenn sie realisiert sind; insofern umfasst das Imparitätsprinzip im Gewinnfall die Aussage des Realisationsprinzips. Verluste hingegen, die zukünftig aus bereits verbindlich abgeschlossenen Geschäften oder eingetretenen Wertminderungen von Vermögensgegenständen entstehen, müssen bereits dann erfolgsmindernd berücksichtigt werden, wenn ihr Eintreten sich mit ausreichender Sicherheit abzeichnet.[80]

### (6) Prinzip der Periodenabgrenzung

Aufwendungen und Erträge sind nach § 252 Abs. 1 Nr. 5 HGB grundsätzlich unabhängig vom Zeitpunkt der korrespondierenden Zahlungen im Jahresabschluss zu berücksichtigen; dabei ist in erster Linie das Verursachungsprinzip für die Zurechnung von Aufwendungen auf ein bestimmtes Geschäftsjahr maßgebend.[81] Die Zuordnung der Aufwendungen auf die realisierten Erträge wird anhand der Grundsätze der sachlichen und der zeitlichen Abgrenzung vorgenommen.[82]

Der Grundsatz der sachlichen Abgrenzung hängt eng mit dem Realisationsprinzip zusammen, da er bestimmt, welcher Abrechnungsperiode die im Verlauf der Leistungserstellung verursachten Wertminderungen ergebnisschmälernd zuzurechnen sind. Die Zurechnung folgt dabei dem Prinzip einer leistungsäquivalenten Gegenüberstellung der Aufwendungen und Erträge: Es müssen alle Wertminderungen, die sachlich den Unternehmensleistungen zurechenbar sind, jeweils der Periode zugeordnet werden, in der durch den Absatz der aufwandsverursachenden Erzeugnisse die mit den Aufwendungen korrespondierenden Erträge realisiert werden.[83]

Dem Grundsatz der zeitlichen Abgrenzung zufolge sind alle zeitraumbezogenen Erträge und Aufwendungen, etwa Miete oder Zinsen, pro rata temporis zu periodisieren. Darüber hinaus regelt der Grundsatz, dass periodenfremde und außerordentliche Erträge und Aufwendungen sowie solche, denen keine Unternehmensleistungen gegenüberstehen (etwa Schenkungen oder Währungsänderungen) jeweils der Periode zugerechnet werden, in der sie angefallen sind.[84]

---

80 Vgl. ADS (1995), § 252 HGB, Tz. 92; Schildbach (2004), S. 146; Winkeljohann/Geißler (2006a), Anm. 34.

81 Vgl. ADS (1995), § 252 HGB, Tz. 94, 97.

82 Vgl. Baetge/Kirsch/Thiele (2005), S. 133.

83 Vgl. Coenenberg (2005), S. 42; Baetge/Kirsch/Thiele (2005), S. 133.

84 Vgl. Baetge/Kirsch/Thiele (2005), S. 134; Coenenberg (2005), S. 43; Schildbach (2004), S. 145 f.

### (7) Stetigkeitsprinzip

Das Gebot der Bewertungsstetigkeit des § 252 Abs. 1 Nr. 6 HGB fordert die Beibehaltung der auf den vorhergehenden Jahresabschluss angewandten Bewertungsmethoden. Die Vorschrift soll die Vergleichbarkeit aufeinanderfolgender Jahresabschlüsse sicherstellen und zudem eine Beeinflussung der Darstellung der Ertragslage dadurch unterbinden, dass sie dem Bilanzierenden die Möglichkeit willkürlicher Gewinn- bzw. Verlustverlagerungen durch Änderungen der Bewertungsmethoden versperrt.[85] Abweichungen vom Stetigkeitsgebot gemäß § 252 Abs. 2 HGB müssen zum einen am Ziel der Vergleichbarkeit aufeinanderfolgender Abschlüsse orientiert werden, zum anderen den Kaufleuten aber auch die Gelegenheit eröffnen, sich an veränderte Umweltbedingungen anzupassen und das Ziel eines klaren und übersichtlichen Jahresabschlusses zu erreichen; überdies sind Abweichungen infolge gesetzlicher Vorschriften verpflichtend (etwa strenges Niederstwertprinzip).[86]

## 5.4.1.2.2 Spezielle Bewertungsvorschriften

Die konkreten Grundsätze zur Bewertung der Vermögensgegenstände und Schulden sind in § 253 HGB enthalten.[87] Die folgenden Abschnitte stellen die Bewertung der Vermögensgegenstände und der Schulden dar.

## 5.4.1.2.2.1 Bewertung der Vermögensgegenstände

Als generelle Wertobergrenze für Vermögensgegenstände legt § 253 Abs. 1 HGB die Anschaffungs- oder Herstellungskosten (AHK) fest (Anschaffungswertprinzip als Ausprägung des Realisationsprinzips); die Wertuntergrenze bilden ebenfalls die AHK abzüglich zwingender und wahlweise zulässiger Abschreibungen.[88] Die Anschaffungs- oder Herstellungskosten stellen insofern den relevanten Wertmaßstab für die Erstbewertung der Vermögensgegenstände dar. Bei der Folgebewertung unterscheidet das Gesetz nach Vermögensgegenständen des Anlage- bzw. des Umlaufvermögens.

Im Rahmen der Folgebewertung des abnutzbaren Anlagevermögens sind nach § 253 Abs. 2 HGB planmäßige Abschreibungen über die Geschäftsjahre der voraussichtlichen Nutzungsdauer der Vermögensgegenstände verpflichtend vorzunehmen.[89] Außerplanmäßige

---

[85] Vgl. ADS (1995), § 252 HGB, Tz. 103; Winkeljohann/Geißler (2006a), Anm. 55.

[86] Vgl. hierzu und für einen Beispielkatalog denkbarer Fälle für Unterbrechungen der Bewertungsstetigkeit ADS (1995), § 252 HGB, Tz. 112 f.; Winkeljohann/Geißler (2006a), Anm. 59 ff.

[87] Vgl. ADS (1995), § 253 HGB, Tz. 1.

[88] Vgl. ADS (1995), § 253 HGB, Tz. 2; Coenenberg (2005), S. 41; Hoyos/Schramm/Ring (2006), Anm. 1.

[89] Vgl. ADS (1995), § 253 HGB, Tz. 348; Hoyos/Schramm/Ring (2006), Anm. 202.

Abschreibungen auf den am Abschlussstichtag bestehenden niedrigeren beizulegenden Wert müssen bei allen Vermögensgegenständen des Anlagevermögens – abnutzbare und nicht abnutzbare – vorgenommen werden, sofern die Wertminderung voraussichtlich dauerhaft ist, und dürfen wahlrechtlich auch dann vorgenommen werden, wenn die Wertminderung voraussichtlich nur vorübergehend ist. Die Beschränkung der Abschreibungspflicht auf die Fälle voraussichtlich dauernder Wertminderung konkretisiert dabei für das Anlagevermögen als „gemildertes Niederstwertprinzip" das Imparitätsprinzip.[90]

Bei der Folgebewertung des Umlaufvermögens sind nach § 253 Abs. 3 HGB Abschreibungen auf den sich aus einem Börsen- oder Marktpreis ergebenden niedrigeren Wert am Abschlussstichtag vorgeschrieben, alternativ bei Nichtfeststellbarkeit eines Börsen- oder Marktpreises auf den niedrigeren, die Anschaffungs- oder Herstellungskosten unterschreitenden beizulegenden Wert (strenges Niederstwertprinzip). Wahlweise dürfen nach vernünftiger kaufmännischer Beurteilung Abschreibungen vorgenommen werden, „um zu verhindern, dass in der nächsten Zukunft der Wertansatz dieser Vermögensgegenstände aufgrund von Wertschwankungen geändert werden muss" (§ 253 Abs. 2 Satz 3 HGB).[91]

§ 253 Abs. 4 HGB erlaubt zudem Abschreibungen im Rahmen vernünftiger kaufmännischer Beurteilung. Der weite Ermessensspielraum zur Bildung stiller Rücklagen in der Bilanz, der durch dieses Wahlrecht besteht, wird allerdings durch das generelle Willkürverbot begrenzt, sodass für eine Ausübung des Wahlrechts objektiv nachvollziehbare Gründe vorliegen müssen.[92]

Schließlich gestattet Abs. 5 dem Bilanzierenden, einen niedrigeren Wertansatz infolge außerplanmäßiger Abschreibungen des Anlagevermögens, infolge von Abschreibungen des Umlaufvermögens und infolge von Abschreibungen im Rahmen vernünftiger kaufmännischer Beurteilung auch dann beizubehalten, wenn die Gründe für die Abschreibungen nicht mehr bestehen.[93]

---

90 Vgl. ADS (1995), § 253 HGB, Tz. 349; Hoyos/Schramm/Ring (2006), Anm. 280.

91 Vgl. Ellrott/Ring (2006), Anm. 501 f. Das Erfordernis der vernünftigen kaufmännischen Beurteilung impliziert, dass konkrete, objektive Anhaltspunkte für Wertschwankungen vorliegen, und schließt willkürliche Abschreibungen demnach aus. Siehe dazu ADS (1995), § 253 HGB, Tz. 559 f.

92 Vgl. Hoyos/Schramm/Ring (2006), Anm. 641, 644 f. „Vage, nicht nachvollziehbare Befürchtungen, rein subjektive Momente, insbesondere nur eingebildete Risiken oder extreme Beurteilungen dürfen Abschreibungen nach Abs. 4 nicht begründen." Siehe dort Anm. 645 (Abkürzungen des Originals nicht übernommen). Für mögliche Gründe vgl. Anm. 647.

93 Vgl. ADS (1995), § 253 HGB, Tz. 591; Hoyos/Schramm/Ring (2006), Anm. 652. Bei Wegfall der Gründe für die Abschreibungen dürfen Wertaufholungen vorgenommen werden. Stellen sich jedoch nachträglich die Gründe für eine gebildete Abschreibung als unzutreffend heraus, so ist die Abschreibung rückgängig zu machen.

#### 5.4.1.2.2.2 Bewertung der Schulden

Nach § 253 Abs. 1 HGB sind Verbindlichkeiten „zu ihrem Rückzahlungsbetrag, Rentenverpflichtungen, für die eine Gegenleistung nicht mehr zu erwarten ist, zu ihrem Barwert und Rückstellungen nur in Höhe des Betrages anzusetzen, der nach vernünftiger kaufmännischer Beurteilung notwendig ist; Rückstellungen dürfen nur abgezinst werden, soweit die ihnen zugrunde liegenden Verbindlichkeiten einen Zinsanteil enthalten."

Maßgebend für den Wertansatz der Verbindlichkeiten (mit Ausnahme der Rentenverpflichtungen) ist demnach der Rückzahlungsbetrag; zutreffender ist allerdings der Begriff des Erfüllungsbetrages als der Betrag, der zur Erfüllung der Verbindlichkeit aufzuwenden ist, also etwa bei Geldleistungsverpflichtungen grundsätzlich der Nennbetrag oder bei Sachleistungsverpflichtungen der voraussichtlich aufzuwendende Geldbetrag.[94]

Für Rentenverpflichtungen ohne erwartete Gegenleistung schreibt § 253 den Barwertansatz vor.[95]

Rückstellungen sind mit dem nach vernünftiger kaufmännischer Beurteilung notwendigen Betrag anzusetzen. Dieser verkörpert jedoch keine Bewertungsober- oder -untergrenze, sondern strebt einen bestimmten – genau den nach vernünftiger kaufmännischer Beurteilung notwendigen – Wert an. Gleichwohl ist zwangsläufig überwiegend ein gewisser Schätzungsrahmen vorhanden.[96] Das Ziel besteht daher darin, die Rückstellungen trotz unvollkommener Information möglichst so zu bewerten, wie es bei genauer Kenntnis geschehen würde; die Vorschrift soll den Beurteilungsspielraum in dem Sinne objektivieren, dass die Bewertung vor dem Hintergrund aller positiven und negativen bewertungsrelevanten Sachverhalte in sich schlüssig, aus objektiven Umständen ableitbar und von sachverständigen Dritten nachvollziehbar sein muss. Dennoch ist ein Beurteilungsspielraum unvermeidbar, da der Bilanzierende die Chancen und Risiken einzuschätzen hat, und unter objektiven Gesichtspunkten besteht eine Bandbreite, innerhalb derer verschiedene Beträge im Rahmen vernünftiger kaufmännischer Beurteilung in Betracht kommen.[97]

---

94 Vgl. ADS (1995), § 253 HGB, Tz. 72; Hoyos/Ring (2006d), Anm. 51.

95 Hat das Unternehmen hingegen noch eine Gegenleistung vom Berechtigten zu erwarten, etwa im Fall künftiger Verpflichtungen aus Pensionszusagen an noch im Unternehmen tätige Arbeitnehmer, so sind die Rentenverpflichtungen nach den Grundsätzen für schwebende Geschäfte zu behandeln und demnach nicht anzusetzen. Siehe ADS (1995), § 253 HGB, Tz. 165.

96 Vgl. ADS (1995), § 253 HGB, Tz. 177. Bewusste Über- oder Unterdotierungen von Rückstellungen sind demnach nicht zulässig.

97 Vgl. ADS (1995), § 253 HGB, Tz. 188 ff.; Hoyos/Ring (2006d), Anm. 154.

Die Frage nach der Abzinsung von Rückstellungen beantwortet § 253 Abs. 1 HGB mit einem grundsätzlichen Abzinsungsverbot, da eine Abzinsung die künftigen Ausgaben nur teilweise antizipieren und insofern gegen das Imparitätsprinzip verstoßen würde. Jedoch dürfen Rückstellungen, die einen Zinsanteil enthalten, wahlrechtlich abgezinst werden.[98]

#### 5.4.1.2.2.3 Übernahme steuerrechtlich zulässiger Wertansätze

§ 254 HGB erlaubt die Vornahme von Abschreibungen auch mit dem Ziel, „Vermögensgegenstände des Anlage- oder Umlaufvermögens mit dem niedrigeren Wert anzusetzen, der auf einer nur steuerrechtlich zulässigen Abschreibung beruht." Demzufolge besteht das Wahlrecht eines Ansatzes von Vermögensgegenständen zu steuerrechtlich zulässigen Werten auch bei Unterschreitung der nach handelsrechtlichen Bewertungsmaßstäben möglichen Wertansätze.[99] Der Begriff der „Abschreibung" nach § 254 ist im Sinne von „niedrigerer Bewertung" zu verstehen und betrifft alle steuerrechtlich zulässigen und im Vergleich zum Handelsrecht niedrigeren Wertansätze.[100]

Die Vorschrift gestattet für die Handelsbilanz auch bei Wegfall der für den niedrigeren steuerrechtlichen Wertansatz maßgeblichen Gründe die Beibehaltung der entstandenen stillen Rücklagen.[101]

#### 5.4.1.3 Würdigung der Gewinnermittlungsregeln

Welche Funktion – Ausschüttungsbemessung versus Informationsvermittlung – in der handelsrechtlichen Rechnungslegung dominiert, wird in der Literatur unterschiedlich beurteilt, allerdings besteht eine deutliche Tendenz dahin gehend, die Dominanz der Ausschüttungsbemessungsfunktion zu konstatieren.[102] Diese Einschätzung lässt sich anhand der dargestellten Gewinnermittlungsregeln ableiten, die dafür sprechen, dass auf Einzelabschlussebene zumindest hinsichtlich der Bilanz und der GuV die Ausschüttungsbemessungsfunktion die Informationsfunktion dominiert. Vorschriften wie das Verbot der Aktivierung selbst erstellter immaterieller Vermögensgegenstände, das Realisationsprinzip oder das Vorsichtsprinzip sind vom Gesetzgeber

---

98 Vgl. Baetge/Kirsch/Thiele (2005), S. 217 f.

99 Vgl. ADS (1995), § 254 HGB, Tz. 1. Die Vorschrift soll die Inanspruchnahme steuerlicher Vergünstigungen in Form von erhöhten Absetzungen, Sonderabschreibungen und Abzügen von den Anschaffungs- oder Herstellungskosten sowie die Aufstellung einer einheitlichen Handels- und Steuerbilanz ermöglichen. Siehe dazu ADS (1995), § 254 HGB, Tz. 2.

100 Vgl. ADS (1995), § 254 HGB, Tz. 10.

101 Vgl. ADS (1995), § 254 HGB, Tz. 4; Ellrott/Lorenz (2006), Anm. 7.

102 Vgl. dazu Bieker (2006), S. 81, und Brinkmann (2006), S. 77 f., mit ausführlichen weiteren Nachweisen für die jeweiligen Standpunkte.

konzipiert worden, um einen vor dem Hintergrund des Gläubigerschutzes maximal ausschüttbaren Gewinn zu ermitteln.[103] Diese Regelungen stehen allerdings in einem Konflikt zu den Informationsinteressen der externen Jahresabschlussadressaten.[104]

### 5.4.2 Vorschriften zur sonstigen Informationsvermittlung

In den handelsrechtlichen Rechnungslegungsvorschriften für alle Kaufleute finden sich vergleichsweise wenige Regelungen, die der sonstigen Informationsvermittlung zuzuordnen sind.[105]

§ 247 Abs. 1 HGB bestimmt, dass in der Bilanz „das Anlage- und das Umlaufvermögen, das Eigenkapital, die Schulden sowie die Rechnungsabgrenzungsposten gesondert auszuweisen und hinreichend aufzugliedern" sind. Abs. 2 konkretisiert als Anlagevermögen diejenigen Gegenstände, die dem Geschäftsbetrieb dauernd dienen sollen.

Bei der Aufzählung in § 247 Abs. 1 HGB handelt es sich jedoch nicht um eine Vorschrift in dem Sinne, dass eine Bilanzgliederung lediglich anhand der genannten Posten bereits ausreichend ist.[106] In Ermangelung eines gesetzlich geregelten Gliederungsschemas für Nichtkapitalgesellschaften können die in § 266 HGB als lex specialis für Kapitalgesellschaften geregelten Gliederungsvorschriften als Anhaltspunkt auch für Nichtkapitalgesellschaften dienen; diese Orientierung an den Vorschriften für Kapitalgesellschaften ist auch in der Praxis die Regel.[107]

Bezüglich der Gewinn- und Verlustrechnung enthält das HGB für Nichtkapitalgesellschaften ebenfalls kein Gliederungsschema und auch keine weiteren Vorgaben neben der Bestimmung des § 242 Abs. 2, dass „eine Gegenüberstellung der Aufwendungen und Erträge des Geschäftsjahrs" aufzustellen ist. Folglich wird sich auch die Gliederung der GuV der Nichtkapitalgesellschaften in der Praxis an der für Kapitalgesellschaften in § 275 HGB normierten Gliederung orientieren.[108]

---

[103] Vgl. Moxter (1984), S. 157 f.; Schildbach (1987), S. 12 ff.; Streim (2000b), Rz. 20.

[104] Vgl. Schildbach (2004), S. 398 f.; Streim (1994), S. 400 f.

[105] Vgl. Streim (1988), S. 116.

[106] Vgl. ADS (1995), § 247 HGB, Tz. 9; Ellrott/Krämer (2006a), Anm. 4.

[107] Vgl. ADS (1995), § 247 HGB, Tz. 24; Ellrott/Krämer (2006a), Anm. 5. Allerdings ist die Einhaltung des Gliederungsschemas aus § 266 für Nichtkapitalgesellschaften nicht verpflichtend, vielmehr sind Abweichungen im Einzelfall unter Beachtung der GoB zulässig. Insofern besteht zwar für Nichtkapitalgesellschaften ein erhöhtes Maß an Flexibilität hinsichtlich der Bilanzgliederung, nicht jedoch ein generell geringeres Anforderungsniveau an die Aufstellung des Jahresabschlusses. Siehe dazu ADS (1995), § 247 HGB, Tz. 39.

[108] Vgl. ADS (1995), § 247 HGB, Tz. 77, 81; Ellrott/Krämer (2006a), Anm. 9. Jedoch ist auch hier die Anlehnung nicht zwingend; die größere Flexibilität der Nichtkapitalgesellschaften zeigt sich etwa daran, dass sie die GuV entgegen der in § 275 vorgeschriebenen Staffelform wahlweise in Konto- oder Staffelform aufstellen können. Siehe ADS (1995), § 247 HGB, Tz. 85 f.

Abs. 3 des § 247 eröffnet allen Kaufleuten das Wahlrecht, steuerrechtlich zulässige Passivposten auch in der Handelsbilanz zu bilden, schreibt jedoch für den Fall der Inanspruchnahme des Wahlrechts einen gesonderten Ausweis unter der Bezeichnung Sonderposten mit Rücklageanteil vor.[109]

Eine weitere Informationsregel enthält § 251 HGB, der für die sog. vermerkpflichtigen Haftungsverhältnisse bzw. Eventualverbindlichkeiten, konkret „Verbindlichkeiten aus der Begebung und Übertragung von Wechseln, aus Bürgschaften, Wechsel- und Scheckbürgschaften und aus Gewährleistungsverträgen sowie Haftungsverhältnisse aus der Bestellung von Sicherheiten für fremde Verbindlichkeiten", die wegen einer geringen Wahrscheinlichkeit der Inanspruchnahme des Unternehmens nicht auf der Passivseite auszuweisen sind, eine Angabepflicht unter der Bilanz vorschreibt; die Angabe darf in einem Betrag vorgenommen werden.

Die Haftungsverhältnisse erfassen die Sachverhalte, in denen zwar auf vertraglicher Grundlage beruhend eine rechtliche Inanspruchnahme des Kaufmanns möglich, mit deren Eintritt am Abschlussstichtag jedoch nicht konkret zu rechnen ist, die aber bei Eintritt von dem Einfluss des Kaufmanns entzogenen Umständen zukünftig die Vermögens-, Finanz- und Ertragslage nachteilig beeinflussen können. Der Vermerk weist die Jahresabschlussadressaten auf diese aus der Bilanz nicht ersichtlichen Risiken hin.[110] Die Vorschrift verlangt eine quantitative Bezifferung grundsätzlich des vollen Haftungsbetrages unabhängig von der wahrscheinlichen Höhe der Inanspruchnahme, wenngleich verbale Zusätze zulässig sind.[111]

### 5.4.3 Offenlegung

Vorschriften zur Offenlegung der Rechnungslegung dienen der Gewährleistung, „dass die unternehmensexternen Jahresabschlussadressaten wie aktuelle oder potenzielle Gläubiger die Rechnungslegung auch tatsächlich einsehen können."[112]

Eine solche Verpflichtung zur Offenlegung enthält das Handelsrecht in den Vorschriften für alle Kaufleute nicht.

---

[109] Vgl. ADS (1995), § 247 HGB, Tz. 127.

[110] Vgl. ADS (1995), § 251 HGB, Tz. 1 f.; Ellrott (2006a), Anm. 2.

[111] Vgl. ADS (1995), § 251 HGB, Tz. 28, 99; demnach kann der vermerkte Betrag durchaus von einer wirtschaftlichen Betrachtungsweise abweichen, und zwar selbst bei Zugrundelegung einer aus Sicht des Bilanzierenden ungünstigen Entwicklung. Im Falle fehlender Bezifferbarkeit muss die mögliche Verpflichtung geschätzt, ist auch eine Schätzung unmöglich, ein Merkposten angesetzt werden. Siehe dazu ADS (1995), § 251 HGB, Tz. 108 f., die dann zudem verbale Erläuterungen für verpflichtend erachten, und Ellrott (2006a), Anm. 11, der eine solche Pflicht verneint.

[112] Baetge/Kirsch/Thiele (2005), S. 40 (Rechtschreibung an neue Regeln angepasst).

## 5.5 Ergänzende Vorschriften für Kapitalgesellschaften und haftungsbeschränkte Personenhandelsgesellschaften

Die ergänzenden Vorschriften für Jahresabschluss und Lagebericht von Kapitalgesellschaften und haftungsbeschränkten Personenhandelsgesellschaften sind in den §§ 264-289 HGB kodifiziert. Der Text bezieht sich im Folgenden der besseren Lesbarkeit halber stets nur auf Kapitalgesellschaften; die Ausführungen gelten jedoch gleichermaßen für die haftungsbeschränkten Personenhandelsgesellschaften.

§ 267 HGB enthält eine Umschreibung dreier Größenklassen für Kapitalgesellschaften, die sich nach Bilanzsumme, Umsatzerlösen und Anzahl der durchschnittlich beschäftigten Arbeitnehmer eines Unternehmens richtet; an diese Klassen sind unterschiedlich strenge Rechnungslegungsvorschriften gekoppelt. Um den Rahmen nicht zu sprengen, bezieht sich die Darstellung im Folgenden lediglich auf die Vorschriften für große Kapitalgesellschaften.

### 5.5.1 Die Generalklausel

§ 264 Abs. 2 HGB bestimmt, dass der Jahresabschluss der Kapitalgesellschaft „unter Beachtung der Grundsätze ordnungsmäßiger Buchführung ein den tatsächlichen Verhältnissen entsprechendes Bild der Vermögens-, Finanz- und Ertragslage der Kapitalgesellschaft zu vermitteln" hat. Die Vermittlung des den tatsächlichen Verhältnissen entsprechenden Bildes hat der Jahresabschluss als Ganzes, also Bilanz, GuV und Anhang gemeinsam, zu leisten. Um die interpretationsbedürftigen Begriffe der Vermögens-, Finanz- und Ertragslage mit Inhalt zu füllen, muss auf das Informationsinteresse der aktuellen und potenziellen Kapitalgeber abgestellt werden.[113]

Die Formulierung der Generalklausel ist dabei geeignet, zumindest auf den ersten Blick den Eindruck zu erwecken, dass die Informationsvermittlung die im Vergleich zur Ausschüttungsbemessung dominierende Funktion der Rechnungslegung sei. Allerdings verdeutlicht der Hinweis auf die Grundsätze ordnungsmäßiger Buchführung, dass Bilanz und GuV nur im Rahmen der bestehenden Gewinnermittlungsregeln – die Generalnorm ist insofern im Verhältnis zu den Einzelvorschriften subsidiär – zur Vermittlung des den tatsächlichen Verhältnissen entsprechenden Bildes beitragen sollen.[114] Der Generalklausel bleibt vor diesem Hintergrund die Rolle

---

[113] Vgl. Streim (2000b), Rz. 31, 48.

[114] Vgl. Streim (1994), S. 396; Streim (2000b), Rz. 17 ff.; Winkeljohann/Schellhorn (2006), Anm. 30 f., sowie mit ausführlichen weiteren Nachweisen Brinkmann (2006), S. 78.

einer zentralen Informationsregel,[115] als „Generalklausel bezüglich der Informationsvermittlung“[116] im Wesentlichen den Inhalt des Anhangs als gleichberechtigtem Jahresabschlussbestandteil neben Bilanz und GuV zu bestimmen; eine Subsidiarität der Generalklausel besteht insofern lediglich in Bezug auf die Gewinnermittlung durch die beiden Instrumente Bilanz und GuV. „Die aus dem bilanziellen Vorsichtsprinzip drohenden Informationsverzerrungen werden durch Zusatzinformationen, im Wesentlichen im Anhang, beseitigt.“[117]

## 5.5.2 Gewinnermittlungsregeln

### 5.5.2.1 Ansatzvorschriften

#### 5.5.2.1.1 Aufwendungen für die Ingangsetzung und Erweiterung des Geschäftsbetriebes

§ 269 HGB räumt Kapitalgesellschaften das Wahlrecht ein, „Aufwendungen für die Ingangsetzung und Erweiterung des Geschäftsbetriebs“, sofern nicht bilanzierungsfähig, als Bilanzierungshilfe unter verpflichtender Verwendung dieser Bezeichnung und verpflichtender Erläuterung der Aufwendungen im Anhang zu aktivieren und vor dem Anlagevermögen auszuweisen.

Unter die Ingangsetzungsaufwendungen fallen alle Aufwendungen infolge des erstmaligen Aufbaus der Innen- und Außenorganisation und der Bereitmachung des Betriebs für eine geregelte Leistungserbringung, etwa durch Organisationsberatung, Marktstudien, Arbeitskräftebeschaffung und -schulung, oder auch Abschreibungen, Mieten und Personalaufwand während der Anlaufphase.[118] Erweiterungsaufwendungen sind solche Aufwendungen, die als Ingangsetzungsaufwendungen klassifiziert werden könnten, wenn es den Betrieb noch nicht gäbe, und die wegen einer räumlichen oder sonstigen Erweiterung des Betriebs anfallen; dabei ist der Begriff einer Erweiterung jedoch eng auszulegen und betrifft etwa die Aufnahme neuer Geschäftszweige, die erhebliche Erweiterung einer Produktionsstätte oder die Erschließung neuer Märkte.[119] Die aktivierten Aufwendungen sind generell im Anhang dahin gehend zu erläutern,

---

[115] „Informationsregeln legen fest, aus welchen Bestandteilen der Jahresabschluss zu bestehen hat, welche äußere Form die Bestandteile haben müssen, welche Positionen darin gesondert auszuweisen sind, welche zusätzlichen Berichte neben dem Jahresabschluss erstellt werden müssen und was in welcher Form offenzulegen ist.“ So Streim (1988), S. 115 (Rechtschreibung an neue Regelungen angepasst).

[116] Streim (2000b), Rz. 24 (im Original fett gedruckt).

[117] Moxter (1986), S. 68 (Rechtschreibung an neue Regelungen angepasst; im Original fett gedruckt). Folglich gewinnt der Anhang für die Informationsvermittlung eine immense Bedeutung, da es sich um ein ausschließlich dieser Funktion dienendes Instrument handelt. Vgl. zum Anhang ausführlich unten das Kapitel 5.5.3.2.

[118] Vgl. ADS (1995), § 269 HGB, Tz. 12; Winkeljohann/Lawall (2006a), Anm. 2. Von den Ingangsetzungsaufwendungen abzugrenzen sind Aufwendungen für die Gründung des Unternehmens und die Beschaffung des Eigenkapitals, für die nach § 248 Abs. 1 HGB ein Aktivierungsverbot besteht.

[119] Vgl. ADS (1995), § 269 HGB, Tz. 14 f.; Winkeljohann/Lawall (2006a), Anm. 4 f.

welche Maßnahmen auslösend waren, welcher Art die Aufwendungen sind, ob sie vollständig oder teilweise aktiviert wurden und wie sich eine Abschreibung bemisst.[120]

Die aktivierten Ingangsetzungs- und Erweiterungsaufwendungen sind nach § 282 HGB in jedem folgenden Geschäftsjahr zu mindestens einem Viertel abzuschreiben; höhere Abschreibungen sind jederzeit zulässig.[121]

#### 5.5.2.1.2 Sonderposten mit Rücklageanteil

Einen Sonderposten mit Rücklageanteil dürfen Kapitalgesellschaften nach § 273 HGB nur dann bilden, wenn steuerrechtlich die Anerkennung an die Bedingung geknüpft ist, dass der Sonderposten auch in der Handelsbilanz gebildet wird. Dies ist steuerrechtlich aufgrund von § 5 Abs. 1 Satz 2 EStG („Steuerrechtliche Wahlrechte bei der Gewinnermittlung sind in Übereinstimmung mit der handelsrechtlichen Jahresbilanz auszuüben.") regelmäßig der Fall; Ausnahmen, in denen steuerrechtlich der Ansatz ausdrücklich auch ohne Ansatz in der Handelsbilanz erlaubt ist, liegen selten vor.[122] Der Ausweis muss auf der Passivseite vor den Rückstellungen erfolgen und die Gesellschaft die Vorschriften, nach denen er gebildet worden ist, in der Bilanz oder im Anhang angeben.

Nach § 281 Abs. 1 HGB besteht für Kapitalgesellschaften zudem das explizite Wahlrecht, gemäß § 254 übernommene, steuerrechtliche Abschreibungen so vorzunehmen, dass der Unterschiedsbetrag zwischen den handels- bzw. steuerrechtlichen Wertansätzen in den Sonderposten mit Rücklageanteil eingestellt wird.

Die erfolgswirksamen Veränderungen des Sonderpostens mit Rücklageanteil sind grundsätzlich nach § 281 Abs. 2 Satz 2 in der GuV gesondert auszuweisen oder im Anhang anzugeben.[123]

---

[120] Vgl. Winkeljohann/Lawall (2006a), Anm. 12.

[121] Vgl. ADS (1995), § 282 HGB, Tz. 9; Winkeljohann/Lawall (2006b), Anm. 2 f. Nach ADS (1995), § 282 HGB, Tz. 17a, sind im Anlagespiegel der Bruttowert der Ingangsetzungs- und Erweiterungsaufwendungen, die kumulierten Abschreibungen und die Abschreibungen des Geschäftsjahres zu zeigen.

[122] Insofern stehen praktisch allen Unternehmen die gleichen Möglichkeiten offen. Siehe dazu Hoyos/Gutike (2006b), Anm. 2.

[123] Vgl. auch ADS (1995), § 281 HGB, Tz. 61.

#### 5.5.2.1.3 Latente Steuern

Das HGB regelt die Steuerabgrenzung für Kapitalgesellschaften in § 274. Abs. 1 schreibt unter bestimmten Bedingungen die Abgrenzung einer passiven latenten Steuer zwingend vor; Abs. 2 gewährt ein Wahlrecht zur Bildung aktiver latenter Steuern als Bilanzierungshilfe.[124]

Die Ursache der Entstehung latenter Steuern liegt in der unterschiedlichen Behandlung erfolgswirksamer Sachverhalte in Handels- bzw. Steuerbilanz, die dazu führt, dass der in der Steuerbilanz ermittelte und in die Handelsbilanz eingehende tatsächliche Steueraufwand in keinem interpretierbaren Verhältnis zum handelsbilanziellen Ergebnis steht. Die latente Steuerabgrenzung ordnet daher dem handelsrechtlichen Ergebnis einen fiktiven Steueraufwand so zu, dass in der Handelsbilanz Ergebnis und Steueraufwand korrespondieren.[125]

Dementsprechend müssen Kapitalgesellschaften nach § 274 Abs. 1 HGB eine latente Steuerrückstellung bilden, wenn „der dem Geschäftsjahr und früheren Geschäftsjahren zuzurechnende Steueraufwand zu niedrig" ist, „weil der nach den steuerrechtlichen Vorschriften zu versteuernde Gewinn niedriger als das handelsrechtliche Ergebnis ist", sofern sich der zu niedrige Steueraufwand in folgenden Geschäftsjahren voraussichtlich ausgleicht (zeitlich begrenzte Differenzen). Das Ansatzwahlrecht für aktive latente Steuern des Abs. 2 setzt analog einen zu hohen Steueraufwand infolge eines den handelsrechtlichen Gewinn übersteigenden steuerrechtlichen Gewinns sowie einen voraussichtlichen Ausgleich in folgenden Geschäftsjahren voraus.[126]

Für die Bewertung der latenten Steuern sind die zukünftigen, im Zeitpunkt der Umkehr der Ergebnisdifferenzen geltenden Steuersätze maßgeblich. Eine Saldierung aktiver und passiver latenter Steuern ist zulässig.[127]

### 5.5.2.2 Bewertungsvorschriften

Für Kapitalgesellschaften gelten grundsätzlich die in den §§ 252 bis 256 HGB kodifizierten allgemeinen Bewertungsvorschriften, soweit dem nicht die besonderen Bewertungsvorschriften für Kapitalgesellschaften entgegenstehen.

---

[124] Vgl. Coenenberg (2005), S. 430 f.; Streim (1988), S. 122.

[125] Vgl. Baetge/Kirsch/Thiele (2005), S. 543; Coenenberg (2005), S. 431; Streim (1988), S. 122 f.

[126] Vgl. dazu auch Streim (1988), S. 123, 125, sowie Hoyos/Fischer (2006), Anm. 5 f. Für Ergebnisunterschiede, die sich nicht (permanente Differenzen) oder nicht in absehbarer Zeit bzw. nicht automatisch (quasi-permanente Differenzen) umkehren, dürfen keine latenten Steuern gebildet werden.

[127] Vgl. Baetge/Kirsch/Thiele (2005), S. 561 ff.; Hoyos/Fischer (2006), Anm. 10 f., 61; Streim (1988), S. 126. Allerdings dürfen nur am Bilanzstichtag hinreichend konkretisierte zukünftige Steuersätze verwendet werden.

#### 5.5.2.2.1 Abschreibungen

§ 279 HGB schränkt für Kapitalgesellschaften die für alle Kaufleute geltenden Abschreibungswahlrechte in dreierlei Hinsicht ein.[128]

Zum einen sind Kapitalgesellschaften Abschreibungen im Rahmen vernünftiger kaufmännischer Beurteilung (§ 253 Abs. 4 HGB) untersagt. Durch den Wegfall dieser Möglichkeit zur Vorsorge für das allgemeine Unternehmensrisiko bilden für Kapitalgesellschaften die in § 253 Abs. 1Satz 1 genannten Anschaffungs- oder Herstellungskosten zugleich die Wertober- und -untergrenze.[129]

Zudem beschränkt die Vorschrift für Kapitalgesellschaften die Anwendung des Wahlrechts zur Abschreibung im Falle voraussichtlich vorübergehender Wertminderungen auf das Finanzanlagevermögen.[130]

Schließlich dürfen Abschreibungen auf steuerrechtlich zulässige Werte, die aber die nach § 253 erlaubten Werte unterschreiten, von Kapitalgesellschaften lediglich unter der Bedingung vorgenommen werden, dass das Steuerrecht die Anerkennung an eine korrespondierende Bewertung in der Handelsbilanz knüpft.[131]

#### 5.5.2.2.2 Wertaufholungsgebot

Der mit Wertaufholungsgebot überschriebene § 280 HGB schränkt für Kapitalgesellschaften die in den Vorschriften für alle Kaufleute kodifizierten Abschreibungsregelungen weiter ein. Sind bei einem Vermögensgegenstand nach § 253 Abschreibungen auf den niedrigeren Stichtagswert im Umlaufvermögen oder außerplanmäßig im Anlagevermögen, Abschreibungen wegen zukünftiger Wertschwankungen bei Gegenständen des Umlaufvermögens oder nach § 254 nur steuerrechtlich zulässige Abschreibungen des Anlage- oder Umlaufvermögens vorgenommen worden, „und stellt sich in einem späteren Geschäftsjahr heraus, dass die Gründe dafür nicht mehr bestehen, so ist der Betrag dieser Abschreibung im Umfang der Werterhöhung unter Berücksichtigung der Abschreibungen, die inzwischen vorzunehmen gewesen wären, zuzuschreiben" (§ 280 Abs. 1 Satz 1 HGB).[132] Demzufolge darf maximal auf die fortgeführten Anschaffungs- oder Herstellungskosten zugeschrieben werden.

---

128 Vgl. ADS (1995), § 279 HGB, Tz. 1, 3.

129 Vgl. ADS (1995), § 279 HGB, Tz. 4 f.

130 Vgl. ADS (1995), § 279 HGB, Tz. 10 f. Die Abschreibungspflicht bei voraussichtlich dauerhaften Wertminderungen bleibt davon unberührt.

131 Vgl. ADS (1995), § 279 HGB, Tz. 18.

132 Vgl. auch ADS (1995), § 280 HGB, Tz. 1, 9.

Abs. 2 erlaubt dessen ungeachtet die Beibehaltung des niedrigeren Wertansatzes auch für Kapitalgesellschaften, sofern dies bei der steuerrechtlichen Gewinnermittlung zulässig und dort an die Bedingung einer Beibehaltung im Handelsrecht geknüpft ist.[133] Für diesen Fall jedoch schreibt Abs. 3 für den Anhang die Angabe und Begründung des Betrages der im Geschäftsjahr aus steuerrechtlichen Gründen unterlassenen Zuschreibungen vor.[134]

### 5.5.3 Vorschriften zur sonstigen Informationsvermittlung

Kapitalgesellschaften unterliegen im Vergleich zu den handelsrechtlichen Vorschriften für alle Kaufleute erheblich strengeren Informationsregeln. Das Gesetz normiert neben Gliederungsgrundsätzen Mindestgliederungen für Bilanz und GuV sowie den gesonderten Ausweis bestimmter Posten und schreibt die Erstellung eines Anhangs, der ein zusätzliches Element des Jahresabschlusses darstellt, sowie die Aufstellung eines Lageberichts und überdies die Publikation von Jahresabschluss und Lagebericht vor.[135] Die folgenden Kapitel stellen diese Elemente der sonstigen Informationsvermittlung dar und gehen auf die Offenlegungspflicht ein.

#### 5.5.3.1 Gliederungsvorschriften

Die handelsrechtlichen Gliederungsvorschriften finden sich in § 265 in Form allgemeiner Gliederungsgrundsätze sowie in den §§ 266 und 275, die für Bilanz und GuV jeweils verpflichtend anzuwendende Gliederungsschemata enthalten. Die Darstellung beginnt mit den allgemeinen Gliederungsgrundsätzen des § 265 HGB.

##### 5.5.3.1.1 Allgemeine Gliederungsgrundsätze

**(1) Darstellungsstetigkeit (§ 265 Abs. 1 HGB)**

Die Vorschrift zur Beibehaltung der Form der Darstellung hinsichtlich Bezeichnung, Inhalt und Reihenfolge der Posten von Bilanz und GuV soll die Vergleichbarkeit der Jahresabschlüsse im Zeitablauf gewährleisten, auch im Hinblick auf die Veränderungen der Vermögens-, Finanz- und Ertragslage. Abweichungen von der Darstellungsstetigkeit sind lediglich in Ausnahmefällen we-

---

[133] Vgl. auch ADS (1995), § 280 HGB, Tz. 40, 42 f.; Winkeljohann/Taetzner (2006), Anm. 21.

[134] Vgl. auch ADS (1995), § 280 HGB, Tz. 62, 65 f. Als Begründung erscheint die Angabe der steuerrechtlichen Vorschriften als ausreichend, auf denen die Beibehaltung beruht. Siehe auch Winkeljohann/Taetzner (2006), Anm. 34 f. Durch die Einführung eines steuerrechtlichen Wertaufholungsgebotes sind Abs. 2 und Abs. 3 jedoch mittlerweile praktisch gegenstandslos.

[135] Vgl. Streim (1988), S. 132.

gen besonderer Umstände, dann aber verpflichtend, vorzunehmen, im Anhang anzugeben und zu begründen.[136]

**(2) Angabe von Vorjahresbeträgen (§ 265 Abs. 2 HGB)**

Die Angabe der Vorjahresbeträge erleichtert dem Jahresabschlussleser den Vorjahresvergleich. Sind die Beträge nicht vergleichbar, muss das Unternehmen im Anhang darauf hinweisen und den Grund der mangelnden Vergleichbarkeit erläutern; Zahlenangaben sind nicht erforderlich. Alternativ darf der Vorjahresbetrag angepasst werden, auch dann ist im Anhang die Angabe der Gründe für die abweichende Ermittlung verpflichtend.[137]

**(3) Vermerk der Mitzugehörigkeit von Bilanzposten (§ 265 Abs. 3 HGB)**

Da sich Vermögensgegenstände und Schulden häufig mehreren Posten zuordnen lassen, besteht die Verpflichtung, die Mitzugehörigkeit bei dem Posten der überwiegenden Zugehörigkeit, unter dem der Ausweis erfolgt ist, wahlrechtlich in der Bilanz zu vermerken oder im Anhang anzugeben.[138]

**(4) Beachtung von Gliederungsvorschriften bei Vorhandensein mehrerer Geschäftszweige (§ 265 Abs. 4 HGB)**

Sind mehrere Geschäftszweige vorhanden, für die verschiedene wirtschaftszweigspezifische Gliederungsvorschriften anzuwenden wären, muss das Unternehmen die Gliederung eines Geschäftszweiges zugrunde legen und um die Besonderheiten der anderen ergänzen; zudem besteht die Pflicht zur Angabe und Begründung der Ergänzung im Anhang.[139]

**(5) Erweiterungen des Gliederungsschemas (§ 265 Abs. 5 HGB)**

Zulässig sind eine weitere Untergliederung vorgesehener Posten unter Beachtung der vorgeschriebenen Gliederung sowie die Ergänzung neuer Posten, deren Inhalt die vorgeschriebenen Posten nicht decken. Dadurch können weitergehende Informationen als gesetzlich gefordert gegeben bzw. der Jahresabschluss individuellen Verhältnissen angepasst werden, jedoch ohne die vorgeschriebene Gliederung zu umgehen.[140]

**(6) Änderung von Gliederung und Postenbezeichnungen (§ 265 Abs. 6 HGB)**

Verpflichtend ist die Änderung von Gliederung und Bezeichnung der mit arabischen Zahlen versehenen Posten von Bilanz und GuV, „wenn dies wegen Besonderheiten der Kapitalgesell-

---

136 Vgl. ADS (1995), § 265 HGB, Tz. 6, 17 f.; Winkeljohann/Geißler (2006b), Anm. 2.

137 Vgl. Winkeljohann/Geißler (2006b), Anm. 5.

138 Vgl. Winkeljohann/Geißler (2006b), Anm. 7 f.

139 Vgl. ADS (1995), § 265 HGB, Tz. 47. Solche Vorschriften bestehen für Krankenhäuser, Kreditinstitute, Verkehrsunternehmen, Versicherungsunternehmen und Wohnungsunternehmen. Siehe ADS (1995), § 265 HGB, Tz. 48.

140 Vgl. Winkeljohann/Geißler (2006b), Anm. 14 f.

schaft zur Aufstellung eines klaren und übersichtlichen Jahresabschlusses erforderlich ist" (§ 265 Abs. 6 HGB).[141]

**(7) Zusammenfassung von Posten (§ 265 Abs. 7 HGB)**

Eine Zusammenfassung der mit arabischen Zahlen versehenen Posten in Bilanz und GuV ist in zwei Fällen zulässig, und zwar zum einen bei aus Sicht der Generalnorm unerheblichen Beträgen und zum anderen zur Vergrößerung der Klarheit der Darstellung. In letzterem Fall sind die zusammengefassten Posten jedoch im Anhang gesondert auszuweisen.[142]

**(8) Ausweis von Leerposten (§ 265 Abs. 8 HGB)**

Der Ausweis von Leerposten, die weder im Geschäftsjahr noch im Vorjahr einen Betrag aufweisen, entfällt sowohl in der Bilanz als auch in der GuV. Ist bei einem mit einer arabischen Zahl versehenen Leerposten der Vorjahresbetrag unerheblich, so darf dieser unter den Voraussetzungen des Abs. 7 nachträglich mit anderen Posten zusammengefasst werden.[143]

### 5.5.3.1.2 Mindestgliederung der Bilanz

§ 266 HGB schreibt für Kapitalgesellschaften eine detaillierte Mindestgliederung der Bilanz in Kontoform vor.[144] Damit der Umfang der folgenden Darstellung überschaubar bleibt, liegt der Fokus nicht auf der Betrachtung der Gliederungsvorschriften im Einzelnen, sondern vielmehr auf den zugrunde liegenden Gliederungskriterien. Als Gliederungskriterien, an die sich das HGB anlehnt, lassen sich die Prinzipien Ablaufgliederung, Liquiditätsgliederung, Darstellung der Finanzierungsquellen, Gliederung nach Rechtsverhältnissen und Darstellung der Unternehmensverflechtungen identifizieren.[145]

Das Liquiditätsgliederungsprinzip als Grundgerüst der handelsrechtlichen Bilanzgliederung ordnet die Aktiva nach dem Grad ihrer Liquidierbarkeit und die Passiva nach ihrer Fälligkeit. Demzufolge wird auf der Aktivseite unterschieden in dem Geschäftsbetrieb dauernd dienendes Anlagevermögen sowie nur vorübergehend genutztes Umlaufvermögen. Das Anlagevermögen wird weiter in schwer verkäufliches immaterielles Vermögen, Sachanlagevermögen und leicht verkäufliches Finanzanlagevermögen unterteilt; im Umlaufvermögen steigt die Liquiditätsnähe

---

141 Vgl. ADS (1995), § 265 HGB, Tz. 69.

142 Vgl. ADS (1995), § 265 HGB, Tz. 86. Insofern sind an die Zulässigkeit von Postenzusammenfassungen keine strengen Maßstäbe anzulegen, da infolge der Anhangangabe kein Informationsverlust eintritt; allerdings darf auch nicht etwa die Bilanzgliederung einer großen Kapitalgesellschaft generell auf das Mindestschema einer kleinen reduziert werden. Siehe dazu Winkeljohann/Geißler (2006b), Anm. 17.

143 Vgl. ADS (1995), § 265 HGB, Tz. 95; Winkeljohann/Geißler (2006b), Anm. 18.

144 Vgl. Coenenberg (2005), S. 130. Die Tiefe der vorgeschriebenen Bilanzgliederung variiert dabei noch in Abhängigkeit von der Größe der Unternehmen.

145 Vgl. ADS (1995), § 266 HGB, Tz. 6. Siehe auch Coenenberg (2005), S. 129 f.

von Roh-, Hilfs- und Betriebsstoffen über Forderungen bis hin zu flüssigen Mitteln. Die Passivseite weist etwa das dauernd verfügbare Eigenkapital vor den zu tilgenden Verbindlichkeiten aus.[146] Im Ergebnis ebenso, aber anhand des betrieblichen Organisations- und Produktionsprozesses teilt das Ablaufgliederungsprinzip die Aktiva und Passiva ein.[147]

Die Herkunft der Finanzierungsmittel kann der Bilanzleser der Unterteilung der Passivseite in Eigen- und Fremdkapital entnehmen und zudem anhand der weiteren Untergliederung der Außen- bzw. Innenfinanzierung zuordnen. Der jeweils separate Ausweis des Eigen- und Fremdkapitals legt überdies das Rechtsverhältnis der unterschiedlichen Verfügungsrechte offen. Zur Darstellung der Unternehmensverflechtungen enthält das Gliederungsschema diverse Posten, etwa Anteile und Ausleihungen an verbundene und an Beteiligungsunternehmen.[148]

### 5.5.3.1.3 Mindestgliederung der Gewinn- und Verlustrechnung

Das Handelsrecht regelt in § 275 die Gliederung der GuV für alle Kapitalgesellschaften. Vorgeschrieben ist in Abs. 1 die Aufstellung in Staffelform; ein Wahlrecht besteht zwischen dem Gesamt- und dem Umsatzkostenverfahren. Die Absätze 2 und 3 legen für beide Verfahren die jeweils auszuweisenden Posten fest.

Der Vorteil der Staffelform und der Grund für den Gesetzgeber, diese verpflichtend vorzuschreiben, liegt darin, dass das Jahresergebnis als aus verschiedenen Teilergebnissen zusammengesetzt darstellbar ist.[149] Insbesondere ist in den handelsrechtlichen Gliederungsschemata eine Aufspaltung des Jahresergebnisses in die Komponenten „Ergebnis der gewöhnlichen Geschäftstätigkeit" und „außerordentliches Ergebnis" sowie die Steuern vorgesehen. Diese Erfolgsspaltung verfolgt das Ziel, einmalig bzw. nicht regelmäßig auftretende Ergebnisbestandteile von solchen zu trennen, die auch in folgenden Geschäftsjahren in gleicher oder zumindest ähnlicher Weise anfallen.[150] In das Ergebnis der gewöhnlichen Geschäftstätigkeit fließen alle geschäftstypischen Aufwendungen und Erträge aus der Leistungs- und Finanzsphäre des Unternehmens ein, in das außerordentliche Ergebnis hingegen nach den Kriterien der Ungewöhnlichkeit und Seltenheit abgegrenzte, unternehmensfremde Ergebnisbestandteile. Allerdings ist der Begriff „außerordentlich" eng zu interpretieren, sodass ein solches Ergebnis selten ausgewiesen wird.[151]

---

[146] Vgl. ADS (1995), § 266 HGB, Tz. 8; Matschke (1986), Tz. 17; Schildbach (2004), S. 233 f.

[147] Vgl. ADS (1995), § 266 HGB, Tz. 7.

[148] Vgl. ADS (1995), § 266 HGB, Tz. 9-11.

[149] Vgl. Schildbach (2004), S. 353.

[150] Vgl. Förschle (2006b), Anm. 40 ff.

[151] Vgl. Küting (1997), S. 694 m. w. N.

Auf eine nähere Betrachtung der Einzelposten der alternativen GuV-Gliederungsschemata soll im Folgenden analog zur Bilanz verzichtet werden, um den Rahmen der Darstellung nicht zu sprengen; stattdessen ergänzt das nächste Kapitel die obigen allgemeinen Bemerkungen zur handelsrechtlichen GuV-Gliederung um eine Darstellung der Vorschriften zum gesonderten Ausweis einzelner Bilanz- bzw. GuV-Posten.

#### 5.5.3.1.4 Gesonderter Ausweis bestimmter Posten

Ergänzende Ausweisvorschriften zu einzelnen Bilanzposten sowie zu den Haftungsverhältnissen enthält § 268 HGB. Vorschriften zu einzelnen Posten der Gewinn- und Verlustrechnung finden sich in § 277 HGB und solche zur Berücksichtigung steuerrechtlicher Vorschriften in § 281 HGB.

**(1) Ausweisvorschriften zu einzelnen Bilanzposten nach § 268 HGB**

§ 268 Abs. 1 HGB gewährt ein Wahlrecht, die Bilanz vor Verwendung des Jahresergebnisses, nach teilweiser oder nach vollständiger Verwendung des Jahresergebnisses aufzustellen. Bei Aufstellung der Bilanz nach teilweiser oder vollständiger Ergebnisverwendung ersetzt der Posten „Bilanzgewinn/Bilanzverlust" die beiden Posten „Jahresüberschuss/Jahresfehlbetrag" und „Gewinnvortrag/Verlustvortrag".[152] Ein vorhandener Gewinn- oder Verlustvortrag muss in den Bilanzgewinn/Bilanzverlust einbezogen und in der Bilanz oder im Anhang gesondert angegeben werden.

Nach Abs. 2 ist alternativ in der Bilanz oder im Anhang die Entwicklung der einzelnen Posten des Anlagevermögens und der Ingangsetzungs- und Erweiterungsaufwendungen darzustellen. Ausgehend von den gesamten historischen Anschaffungs- und Herstellungskosten sind die Zugänge, Abgänge, Umbuchungen und Zuschreibungen des Geschäftsjahres und die gesamten aufgelaufenen Abschreibungen zu zeigen, sodass sich der Restbuchwert zum Geschäftsjahresende ergibt. Zusätzlich sind die Abschreibungen des Geschäftsjahres in der Bilanz oder im Anhang anzugeben.[153]

Abs. 3 schreibt für den Fall eines durch Verluste aufgebrauchten Eigenkapitals den gesonderten aktivischen Ausweis des Überschusses der Passivposten über die Aktivposten unter der Bezeichnung „Nicht durch Eigenkapital gedeckter Fehlbetrag" vor.[154]

---

[152] Vgl. auch Ellrott/Krämer (2006c), Anm. 1.

[153] Vgl. ADS (1995), § 268 HGB, Tz. 37 ff., 44.

[154] Vgl. ADS (1995), § 268 HGB, Tz. 86.

Abs. 4 verlangt zum einen, dass für die Forderungen bei jedem gesondert ausgewiesenen Posten der Betrag mit einer Restlaufzeit von mehr als einem Jahr zu vermerken ist. Die Restlaufzeit stellt den Zeitraum zwischen Abschlussstichtag und dem voraussichtlichen Eingang der Forderung dar; insofern ermöglicht die Vorschrift einen Einblick in die Liquiditätslage der Gesellschaft, nicht jedoch in die Altersstruktur der Forderungen. Zum anderen müssen in den sonstigen Vermögensgegenständen ausgewiesene größere Beträge, die rechtlich erst nach dem Abschlussstichtag entstehen, im Anhang erläutert werden.[155]

Nach Abs. 5 ist der Bilanzierende hinsichtlich der Verbindlichkeiten – ähnlich wie bei den Forderungen – zum Vermerk des Betrages mit einer Restlaufzeit bis zu einem Jahr bei jedem gesondert ausgewiesenen Posten verpflichtet, um die kurzfristigen Liquiditätsabflüsse offenzulegen.[156]

Für den Fall der Inanspruchnahme des Wahlrechts nach § 250 Abs. 3 HGB, den Unterschiedsbetrag zwischen Ausgabebetrag und höherem Rückzahlungsbetrag einer Verbindlichkeit in den Rechnungsabgrenzungsposten aufzunehmen, schreibt § 268 Abs. 6 HGB einen gesonderten Ausweis in der Bilanz oder eine Angabe im Anhang vor.[157]

Gemäß Abs. 7 haben Kapitalgesellschaften die in § 251 HGB genannten, unter der Bilanz angabepflichtigen Haftungsverhältnisse dort oder im Anhang jeweils gesondert anzugeben. Erforderlich ist zudem die Angabe gewährter Pfandrechte und sonstiger Sicherheiten sowie die gegenüber verbundenen Unternehmen bestehenden derartigen Verpflichtungen.[158]

**(2) Vorschriften zu einzelnen Posten der GuV nach § 277 HGB**

§ 277 Abs. 1 HGB definiert die Umsatzerlöse als die typische Betriebsleistung eines Unternehmens: „Umsatzerlöse sind die Erlöse aus dem Verkauf und der Vermietung oder Verpachtung von für die gewöhnliche Geschäftstätigkeit der Kapitalgesellschaft typischen Erzeugnissen und Waren sowie aus ... typischen Dienstleistungen". Alleiniges Zuordnungskriterium zu den Umsatzerlösen ist demzufolge, ob typische Leistungsangebote im Rahmen der gewöhnlichen Geschäftstätigkeit eines Unternehmens vorliegen.[159] Abs. 2 betrifft die Bestandsveränderungen bei Anwendung des Gesamtkostenverfahrens, auf die an dieser Stelle nicht näher eingegangen werden soll.

---

155 Vgl. ADS (1995), § 268 HGB, Tz. 96, 101, 104.

156 Vgl. ADS (1995), § 268 HGB, Tz. 109. Auf die weiteren Regelungen des Abs. 5 – wahlrechtlich gesonderter Ausweis der erhaltenen Anzahlungen auf Bestellungen unter den Verbindlichkeiten oder deren offenes Absetzen von den Vorräten; Erläuterung größerer Beträge von Verbindlichkeiten, die rechtlich erst nach dem Abschlussstichtag entstehen, im Anhang – soll an dieser Stelle nicht näher eingegangen werden. Siehe dazu ADS (1995), § 268 HGB, Tz. 114-120.

157 Vgl. ADS (1995), § 268 HGB, Tz. 121. Denkbar sind sowohl ein Davon-Vermerk als auch eine Untergliederung des Rechnungsabgrenzungspostens.

158 Vgl. ADS (1995), § 268 HGB, Tz. 124.

159 Vgl. ADS (1995), § 275 HGB, Tz. 5; Förschle (2006b), Anm. 48.

§ 277 Abs. 3 Satz 1 HGB verlangt im Falle außerplanmäßiger Abschreibungen auf Vermögensgegenstände des Anlagevermögens gemäß § 253 Abs. 2 Satz 3 (Abschreibungen auf den niedrigeren beizulegenden Wert) sowie gemäß § 253 Abs. 3 Satz 3 (Abschreibungen wegen Wertschwankungen in der nächsten Zukunft) jeweils einen gesonderten Ausweis in der GuV oder eine Angabe im Anhang.[160]

§ 277 Abs. 3 Satz 2 schreibt einen jeweils gesonderten Ausweis unter entsprechender Bezeichnung der „Erträge und Aufwendungen aus Verlustübernahme und (der) aufgrund einer Gewinngemeinschaft, eines Gewinnabführungs- oder eines Teilgewinnabführungsvertrags" erhaltenen oder abgeführten Gewinne vor.[161]

Abs. 4 bestimmt schließlich, dass außerhalb der gewöhnlichen Geschäftstätigkeit von Kapitalgesellschaften anfallende Erträge und Aufwendungen, deren Art ungewöhnlich ist und die selten vorkommen, unter den gesonderten Posten „außerordentliche Erträge" und „außerordentliche Aufwendungen" auszuweisen (Satz 1) und – soweit für die Beurteilung der Ertragslage nicht von untergeordneter Bedeutung – hinsichtlich der Beträge und der Art im Anhang zu erläutern sind (Satz 2); eine Angabe der Größenordnung der Beträge reicht allerdings aus. Die Erläuterungspflicht trifft nach Satz 3 auch „Erträge und Aufwendungen, die einem anderen Geschäftsjahr zuzurechnen sind" (periodenfremde Erträge und Aufwendungen). Die periodenfremden Erträge und Aufwendungen gelten jedoch regelmäßig nicht als außerordentlich, sondern werden unter den GuV-Posten ausgewiesen, zu denen sie sachlich gehören.[162]

### (3) Berücksichtigung steuerrechtlicher Vorschriften

§ 281 HGB enthält für Kapitalgesellschaften zusätzliche Vorschriften, die im Fall der Ausübung des Wahlrechts aus § 254 zur Vornahme nur steuerrechtlich zulässiger Abschreibungen greifen. Es handelt sich um Ausweis- und Erläuterungsbestimmungen;[163] „Zweck der Regelung ist es, den Einfluss der Anwendung steuerrechtlicher Bewertungsvorschriften auf das Jahresergebnis anzugeben."[164]

---

[160] Vgl. ADS (1995), § 277 HGB, Tz. 48; Förschle (2006c), Anm. 3.

[161] Vgl. ADS (1995), § 277 HGB, Tz. 50 f., 64; Förschle (2006c), Anm. 6 f. Offen bleibt, ob der gesonderte Ausweis als Unterposten zu vorhandenen GuV-Posten oder durch eine Erweiterung des Gliederungsschemas erfolgen soll; die Entscheidung darüber steht im pflichtgemäßen Ermessen der Unternehmen.

[162] Vgl. hierzu ADS (1995), § 277 HGB, Tz. 75, 79; Förschle (2006b), Anm. 215, 217 f., 226; Förschle (2006c), Anm. 25.

[163] Vgl. ADS (1995), § 281 HGB, Tz. 1.

[164] Ellrott (2006b), Anm. 6. Ähnlich auch ADS (1995), § 281 HGB, Tz. 67.

Abs. 1 enthält zunächst das Wahlrecht, die Abschreibungen nach § 254 in den Sonderposten mit Rücklageanteil einzustellen. In diesem Fall sind in der Bilanz oder im Anhang „die Vorschriften anzugeben, nach denen die Wertberichtigung gebildet worden ist" (§ 281 Abs. 1 Satz 2 HGB).[165]

Abs. 2 Satz 1 fordert darüber hinaus eine Betragsangabe „der im Geschäftsjahr allein nach steuerrechtlichen Vorschriften vorgenommenen Abschreibungen, getrennt nach Anlage- und Umlaufvermögen," soweit der Betrag sich nicht bereits aus Bilanz oder GuV ergibt, sowie seine hinreichende Begründung im Anhang. Da sich die Begründungspflicht auf den Abschreibungsbetrag bezieht, wird regelmäßig die Angabe der steuerrechtlichen Vorschriften für ausreichend erachtet.[166]

#### 5.5.3.2 Der Anhang als zusätzliches Element des Jahresabschlusses

§ 264 Abs. 1 HGB verlangt von den gesetzlichen Vertretern einer Kapitalgesellschaft, „den Jahresabschluss um einen Anhang zu erweitern, der mit der Bilanz und der Gewinn- und Verlustrechnung eine Einheit bildet". Im Folgenden werden zunächst die Funktionen des Anhangs allgemein und anschließend die konkreten Regelungen zum Anhang näher erläutert.

##### 5.5.3.2.1 Aufgaben des Anhangs

Im Verlauf des Kapitels wurde bereits dargestellt, dass der handelsrechtliche Jahresabschluss die Funktionen der Ausschüttungsbemessung und der Information externer Adressaten erfüllen soll,[167] dass aber die Gewinnermittlungsregeln in Form der Ansatz- und Bewertungsvorschriften durch die Ausschüttungsbemessungsfunktion dominiert sind und insofern mit der Informationsfunktion in Konflikt stehen.[168]

In diesem Spannungsfeld bildet der Anhang ein Informationsinstrument, das bei gleicher Publizität wie Bilanz und GuV den Konflikt durch Ergänzung der beiden traditionellen Jahresabschlussinstrumente entschärft; dem Anhang kommt insofern eine Korrekturfunktion zu. Die Beeinträchtigungen im Hinblick auf die Informationsfunktion, die infolge der Dominanz der Zahlungsbemessungsfunktion auftreten, sind dann bei einer entsprechenden Ausgestaltung des Anhangs für die Jahresabschlussleser offen erkennbar.[169] In der Literatur wird die Korrektur-

---

[165] Vgl. auch ADS (1995), § 281 HGB, Tz. 65.

[166] Vgl. ADS (1995), § 281 HGB, Tz. 67, 71; Ellrott (2006b), Anm. 6, 11.

[167] Vgl. Kapitel 5.2.

[168] Vgl. Kapitel 5.4.1.3.

[169] Vgl. Schildbach (2004), S. 399 f.

funktion des Anhangs, die aus der Anwendung der Ansatz- und Bewertungsvorschriften resultierenden Einblicksverzerrungen zu beseitigen, unter dem Stichwort der „Abkopplungsthese" diskutiert.[170]

Über die Korrekturfunktion hinaus erfüllt der Anhang zudem eine Erläuterungsfunktion, eine Entlastungsfunktion und eine Ergänzungsfunktion.[171]

Da das Gesetz die Ermittlung des Zahlenwerks der Bilanz und GuV nicht durchgehend detailliert regelt, sind viele der Zahlen erst mit Hilfe einer Erläuterung verständlich, die etwa die Ausübung von Bilanzierungs-, Bewertungs- und Ausweiswahlrechten offenbart und insofern zur Interpretierbarkeit der Zahlen beiträgt; diese Aufgabe soll der Anhang erfüllen.[172]

Die Entlastungsfunktion des Anhangs ist im Zusammenhang mit dem Konflikt zu sehen, der bei steigender Anzahl von Detailinformationen zwischen der Aussagefähigkeit des Jahresabschlusses einerseits und seiner Übersichtlichkeit andererseits besteht. Der Anhang eröffnet die Möglichkeit, alle in der Bilanz bzw. der GuV nicht störenden Details hierin auszuweisen, andernfalls hingegen auf eine Angabe im Anhang auszuweichen.[173]

Im Rahmen der Ergänzungsfunktion können im Anhang Informationen offengelegt werden, die für die Jahresabschlussadressaten von Interesse sind, aber infolge des spezifischen Charakters der traditionellen (ausschüttungsorientierten) Bilanz und GuV dort keinen Platz finden, wie etwa der Betrag der sonstigen finanziellen Verpflichtungen oder die Zahl der durchschnittlich im Geschäftsjahr beschäftigten Arbeitnehmer.[174]

#### 5.5.3.2.2 Die Vorschriften zum Inhalt des Anhangs

Die zentralen inhaltlichen Vorschriften zum Anhang finden sich in den §§ 284 und 285 HGB, der Generalnorm des § 264 Abs. 2 HGB sowie in zahlreichen ergänzenden Einzelvorschriften.[175] In Anbetracht des umfangreichen Katalogs vorgeschriebener Anhangangaben, insbesondere in § 285, würde deren vollständige Darstellung den Rahmen sprengen; deshalb sollen im Folgenden die wesentlichen Regelungen herausgegriffen werden.

---

[170] Vgl. dazu Moxter (1986), S. 67 f.; Moxter (1995), S. 426 f. Vgl. allerdings auch Streim (1994), S. 403 f., der die Abkopplungsthese anzweifelt, da der Anhang im Gesetz primär als Erläuterungsbericht zu Bilanz und GuV konzipiert sei.

[171] Vgl. zu den Funktionen des Anhangs auch bereits Russ (1986), S. 19 ff.

[172] Vgl. Coenenberg (2005), S. 875; Schildbach (2004), S. 400.

[173] Vgl. Coenenberg (2005), S. 876; Schildbach (2004), S. 400 f.

[174] Vgl. Schildbach (2004), S. 401.

[175] Vgl. Coenenberg (2005), S. 879.

**(1) Angabe der angewandten Bilanzierungs- und Bewertungsmethoden nach § 284 Abs. 2 Nr. 1 HGB**

Die Angabe der angewandten Bilanzierungs- und Bewertungsmethoden soll insbesondere wegen der diesbezüglich bestehenden Wahlrechte dem Jahresabschlussadressaten Informationen bereitstellen, die eine Interpretation der Zahlen und der dahinterstehenden ökonomischen Sachverhalte erlauben. Rückschlüsse von den Zahlen auf die Sachverhalte sind Unternehmensexternen nur dann möglich, wenn die Ausnutzung von Ermessensspielräumen transparent wird.[176]

**(2) Angabe und Begründung der Abweichungen von Bilanzierungs- und Bewertungsmethoden und Darstellung des Einflusses auf die Vermögens-, Finanz- und Ertragslage nach § 284 Abs. 2 Nr. 3 HGB**

Die Angabe der Abweichungen bei den Bilanzierungs- und Bewertungsmethoden soll durch eine detaillierte Information der Adressaten über die Änderung der Ausübung der Wahlrechte die Vergleichbarkeit der Jahresabschlüsse sowohl zwischenbetrieblich als auch im Zeitablauf gewährleisten. Die Auswirkungen auf die Vermögens-, Finanz- und Ertragslage sollten zur Sicherstellung einer ausreichenden Konkretisierung quantifiziert werden.[177]

**(3) Zusätzliche Angaben zur Vermittlung eines den tatsächlichen Verhältnissen entsprechenden Bildes der Vermögens-, Finanz- und Ertragslage bei Vorliegen besonderer Umstände nach § 264 Abs. 2 Satz 2 HGB**

Sofern der Jahresabschluss wegen besonderer Umstände kein den tatsächlichen Verhältnissen entsprechendes Bild der drei Teillagen vermittelt, verpflichtet das Gesetz die Rechnungslegenden zu zusätzlichen Angaben im Anhang.

Allerdings ist grundsätzlich zunächst davon auszugehen, dass ein mit den GoB und den gesetzlichen Regelungen übereinstimmender Jahresabschluss das geforderte getreue Bild liefert. Demzufolge greift die Angabepflicht noch nicht, sofern zwar „bilanzierungskonventionsbedingte Informationsverzerrungen"[178] vorliegen, diese aber einem mit der Materie vertrauten Bilanzleser

---

176 Vgl. Baetge/Kirsch/Thiele (2005), S. 766 f.; Schildbach (2004), S. 404 f.

177 Vgl. hierzu ADS (1995), § 284 HGB, Tz. 103, 106; Coenenberg (2005), S. 882 f.; Schildbach (2004), S. 405, der aber qualitative und verbale Angaben über die Auswirkungen der Methodenänderungen auf die Vermögens-, Finanz- und Ertragslage für ausreichend erachtet. Das Verlangen des Gesetzes nach einer „gesonderten" Darstellung der Auswirkungen spricht allerdings für eine konkrete Angabe der Größenordnung; nach dieser Auffassung reichen verbale Ausführungen nur aus, „wenn der Einfluss auf die Vermögens-, Finanz- und Ertragslage deutlich vermittelt wird", wie etwa bei der erstmaligen Aktivierung eines Geschäfts- oder Firmenwertes. Vgl. dazu ADS (1995), § 284 HGB, Tz. 147 f.

178 Coenenberg (2005), S. 881. Siehe auch ADS (1995), § 264 HGB, Tz. 92, 94; Schildbach (2004), S. 406. Beispiele für eine Korrekturpflicht sind etwa rein bilanzpolitisch motivierte Maßnahmen wie Sale-and-lease-back-Transaktionen oder erhebliche Scheingewinne ausländischer Betriebsstätten; stille Reserven jedoch lösen auch bei erheblichem Umfang keine Angabepflicht aus.

bekannt sind und daher generell keinen besonderen Umstand im Sinne des Gesetzes darstellen.

**(4) Angaben zu Restlaufzeit und Sicherheiten bei Verbindlichkeiten nach § 285 Nr. 1 und 2 HGB**

Angabepflichtig sind „der Gesamtbetrag der Verbindlichkeiten mit einer Restlaufzeit von mehr als fünf Jahren" (§ 285 Nr. 1 a) sowie der Gesamtbetrag der durch Pfand- oder ähnliche Rechte gesicherten Verbindlichkeiten (Nr. 1 b), und zwar aufgegliedert nach den Posten des vorgeschriebenen Gliederungsschemas (Nr. 2).[179]

**(5) Angabe der sonstigen finanziellen Verpflichtungen nach § 285 Nr. 3 HGB**

Die Angabe des – sofern bedeutsamen – Gesamtbetrages der sonstigen finanziellen Verpflichtungen, also der am Bilanzstichtag bestehenden künftigen Zahlungsansprüche Dritter, denen sich das Unternehmen nicht entziehen kann, die nicht in der Bilanz erscheinen und auch nicht nach § 251 HGB angabepflichtig sind und die zu zukünftigen Auszahlungen führen, dient der Verbesserung des Einblicks in die Finanzlage des Unternehmens.[180]

**(6) Segmentierung der Umsatzerlöse nach § 285 Nr. 4 HGB**

Sofern sich die Tätigkeitsbereiche und die geografischen Absatzmärkte einer Kapitalgesellschaft untereinander erheblich unterscheiden, ist für den Anhang eine Aufgliederung der Umsatzerlöse nach diesen beiden Kriterien in Segmente vorgeschrieben, die in sich homogen und untereinander heterogen sind. Ziel der Segmentierung ist es, die Jahresabschlussleser vor dem Hintergrund einer zunehmenden geografischen und produktbezogenen Diversifikation der Unternehmenstätigkeit in die Lage zu versetzen, die Chancen und Risiken eines Unternehmens differenzierter und damit verlässlicher einschätzen zu können.[181]

### 5.5.3.3 Der Lagebericht

Kapitalgesellschaften sind gemäß § 264 Abs. 1 HGB verpflichtet, zusätzlich zum Jahresabschluss und als eigenständiges Rechnungslegungsinstrument einen Lagebericht aufzustellen, der einzig der Informationsvermittlung dient und insofern von den GoB befreit ist.[182]

---

[179] Vgl. auch ausführlich Schildbach (2004), S. 411 ff.

[180] Vgl. Coenenberg (2005), S. 883 f.; Ellrott (2006c), Anm. 22-25; Schildbach (2004), S. 410 f. Die Angabepflicht betrifft Zahlungsverpflichtungen etwa aus schwebenden Geschäften, abgeschlossenen Verträgen (Miete, Pacht, Leasing) oder öffentlich-rechtlichen Auflagen.

[181] Vgl. Baetge/Kirsch/Thiele (2005), S. 773 ff.; Coenenberg (2005), S. 884.

[182] Vgl. Baetge/Kirsch/Thiele (2005), S. 793; Ballwieser (1997), S. 155.

§ 289 HGB regelt den Lagebericht inhaltlich. Abs. 1 bestimmt, dass

- „der Geschäftsverlauf einschließlich des Geschäftsergebnisses und die Lage der Kapitalgesellschaft so darzustellen (ist), dass ein den tatsächlichen Verhältnissen entsprechendes Bild vermittelt wird",
- „eine ausgewogene und umfassende, dem Umfang und der Komplexität der Geschäftstätigkeit entsprechende Analyse des Geschäftsverlaufs und der Lage der Gesellschaft" vorzunehmen ist,
- bei dieser Analyse „die für die Geschäftstätigkeit bedeutsamsten finanziellen Leistungsindikatoren einzubeziehen und unter Bezugnahme auf die im Jahresabschluss ausgewiesenen Beträge und Angaben zu erläutern" sind und
- unter Angabe der zugrunde liegenden Annahmen „die voraussichtliche Entwicklung mit ihren wesentlichen Chancen und Risiken zu beurteilen und zu erläutern" ist.

Nach Abs. 2 soll der Lagebericht zudem eingehen auf Vorgänge von besonderer Bedeutung nach dem Schluss des Geschäftsjahres, Risiken im Zusammenhang mit Finanzinstrumenten, den Bereich Forschung und Entwicklung, bestehende Zweigniederlassungen und bei börsennotierten Aktiengesellschaften die Grundzüge des Vergütungssystems für Vorstand und Aufsichtsrat. Große Kapitalgesellschaften haben nach Abs. 3 die Analyse um die nichtfinanziellen Leistungsindikatoren, etwa Umwelt- und Arbeitnehmerbelange, zu erweitern, soweit diese für das Verständnis von Geschäftsverlauf bzw. Lage bedeutsam sind. Der gesetzlichen Regelung und der Einteilung in der Literatur[183] entsprechend wird im Folgenden kurz auf die Teilberichte Wirtschaftsbericht, Prognosebericht, Nachtragsbericht, Finanzrisikobericht, Forschungs- und Entwicklungsbericht, Zweigniederlassungsbericht und Vergütungsbericht eingegangen.

**(1) Wirtschaftsbericht**

Der Wirtschaftsbericht umfasst die Informationen zur Darstellung des Geschäftsverlaufs und der Lage einer Gesellschaft sowie deren Analyse unter Berücksichtigung der (nicht-)finanziellen Leistungsindikatoren. Dabei soll die Darstellung einen Einblick in die Entwicklung des Unternehmens einschließlich der Ursachen vermitteln und die dem Unternehmen verfügbaren Potenziale abbilden. Die Analyse muss die finanziellen Leistungsindikatoren – etwa Ergebnisentwicklung und -komponenten, nachhaltige und nicht nachhaltige Erfolgsquellen, Liquidität – und bei großen Kapitalgesellschaften auch die nichtfinanziellen Leistungsindikatoren – etwa Humankapital, Entwicklung des Kundenstamms, gesellschaftliche Reputation des Unternehmens – ein-

---

[183] Siehe etwa Baetge/Kirsch/Thiele (2005), S. 801; leicht abweichend Coenenberg (2005), S. 915.

beziehen; sie hat sich auch auf den Einfluss von Bilanzpolitik und von sachverhaltsgestaltenden Maßnahmen auf die Ertragslage zu erstrecken.[184]

### (2) Prognosebericht

Im Rahmen der zukunftsorientierten Prognoseberichterstattung soll das Unternehmen den für einen Prognosezeitraum von zwei Jahren erwarteten Geschäftsverlauf darlegen und dabei Chancen und Risiken in Bezug auf die künftige Geschäftstätigkeit gleichgewichtet einbeziehen. Demzufolge knüpft der Prognosebericht an den Wirtschaftsbericht an und berichtet grundsätzlich über die gleichen Sachverhalte. Erläuterungen zur voraussichtlichen Entwicklung in Form verbaler Tendenzaussagen sind allerdings ausreichend. Die den Prognosen zugrunde liegenden Prämissen sind zwingend offenzulegen.[185] Eine ausgewogene Berichterstattung über die Chancen und Risiken kann nicht durch eine reine Darstellung sichergestellt werden, sondern erfordert eine Bewertung im Sinne einer verbalen Quantifizierung von Gewinn bzw. Verlust und Eintrittswahrscheinlichkeit.[186]

### (3) Nachtragsbericht

Der Nachtragsbericht betrifft wiederum die gleichen Aspekte wie Wirtschafts- und Prognosebericht, die Berichtspflicht greift allerdings nur, wenn Vorgänge von besonderer Bedeutung nach dem Abschlussstichtag eintreten, die bei einem Eintritt vor dem Stichtag eine andere Darstellung der Unternehmenslage bewirkt hätten und deren Weglassen demnach zu einer wesentlich anderen Beurteilung der Unternehmensentwicklung nach dem Stichtag führen würde. Infrage kommen wichtige Datenänderungen und bedeutende unternehmenspolitische Entscheidungen.[187]

### (4) Finanzrisikobericht

Im Finanzrisikobericht stellt die Gesellschaft ihre Risikomanagementziele und -methoden einschließlich der Sicherungsgeschäfte dar. Zudem ist über finanzwirtschaftliche Risiken (Preisän-

---

184 Vgl. ausführlich Baetge/Kirsch/Thiele (2005), S. 802-809; Ellrott (2006d), Anm. 17-23, 25-27, 101; Wolf (2005), S. 439. Bei der Darstellung von Geschäftsverlauf und Lage am Abschlussstichtag ist insbesondere zu denken an die gesamtwirtschaftliche und branchenspezifische Situation, Auftragsbestand, Absatz, Umsatz, Produktion, Beschaffung, Investitionen, Finanzierung, Personal- und Sozialangelegenheiten, Umweltschutz, wichtige Vorgänge im Geschäftsjahr.

185 Vgl. Baetge/Kirsch/Thiele (2005), S. 811-813; Coenenberg (2005), S. 913 f.; Ellrott (2006d), Anm. 38 f.

186 Vgl. Ellrott (2006d), Anm. 48. Als wesentliche Chancen und Risiken kommen Faktoren wie Konjunktur-, Markt-, Branchen-, Zins-, Wechselkurs-, Gesetzes-, Steuer-, Umwelt- und Lohnentwicklungen sowie Entwicklungen im Produktions-, Absatz-, Beschaffungs-, Personal-, Finanzierungs- und Investitionsbereich in Betracht. Siehe dazu Ellrott (2006d), Anm. 53.

187 Vgl. Baetge/Kirsch/Thiele (2005), S. 820 f.; Ellrott (2006d), Anm. 62 f. Beispiele für Datenänderungen sind wirtschaftliche und politische Ereignisse, Änderungen von Marktdaten, Eintritt erheblicher (Bereichs-)Verluste, Ausgang und Eröffnung von Prozessen, Ausfuhr- und Einfuhrsperren, Vertragskündigungen und Streiks; Beispiele für unternehmenspolitische Maßnahmen sind Abschluss und Kündigung wesentlicher Verträge, Gründung und Aufgabe von Niederlassungen, Beteiligungserwerb oder -verkauf, Akquisition oder Verlust von Großkunden und Kapitalmaßnahmen.

derungs-, Ausfall- und Liquiditätsrisiken sowie Risiken aus Zahlungsstromschwankungen) zu berichten. Die Berichtspflicht bezieht sich jeweils auf die Verwendung von Finanzinstrumenten, sofern für die Beurteilung von Lage und voraussichtlicher Entwicklung der Gesellschaft relevant.[188]

**(5) Forschungs- und Entwicklungsbericht**

Der Bericht zu Forschung und Entwicklung soll die Adressaten in die Lage versetzen, Schlussfolgerungen in Bezug auf die zukünftigen Wettbewerbs- und Entwicklungschancen eines Unternehmens zu ziehen, und ihnen eine Einschätzung dieses Bereichs, in dem zunächst Vorleistungen zu erbringen sind, denen zukünftige und unsichere Erträge gegenüberstehen, zu ermöglichen. Allerdings reicht eine verbale Berichterstattung ohne konkrete Betragsangaben aus.[189]

**(6) Zweigniederlassungs- und Vergütungsbericht**

Der Zweigniederlassungsbericht muss die Orte, an denen im In- und Ausland Zweigniederlassungen bestehen, und wesentliche Veränderungen gegenüber dem Vorjahr angeben.[190] Im Vergütungsbericht müssen bei börsennotierten Aktiengesellschaften die Grundzüge des Vergütungssystems von Vorstand und Aufsichtsrat, etwa erfolgsabhängige bzw. -unabhängige Komponenten oder Bedingungen für Aktienoptionen und Bonusleistungen, dargestellt werden.[191]

### 5.5.4 Offenlegungspflicht

Die handelsrechtlichen Offenlegungsvorschriften für Kapitalgesellschaften sind in den §§ 325-329 HGB geregelt. Im Folgenden wird kurz auf die wesentlichen Vorschriften des § 325 zur Offenlegung eingegangen.[192]

§ 325 Abs. 1 verpflichtet die gesetzlichen Vertreter von Kapitalgesellschaften, den Jahresabschluss, den Lagebericht, den Bericht des Aufsichtsrates über Jahresabschluss und Lagebericht, ggf. die Erklärung zum Corporate Governance Kodex nach § 161 AktG und, sofern aus dem eingereichten Jahresabschluss nicht ersichtlich, den Vorschlag und den Beschluss über die Verwendung des Jahresergebnisses durch Einreichung beim Betreiber des elektronischen Bundesanzeigers spätestens zwölf Monate nach dem Abschlussstichtag offenzulegen. Die ein-

---

188 Vgl. Baetge/Kirsch/Thiele (2005), S. 822.

189 Vgl. Baetge/Kirsch/Thiele (2005), S. 823; Ellrott (2006d), Anm. 85-87.

190 Vgl. Baetge/Kirsch/Thiele (2005), S. 826; Ellrott (2006d), Anm. 90. Bei einer größeren Anzahl an Zweigniederlassungen empfiehlt sich eine tabellarische Darstellung.

191 Vgl. Baetge/Kirsch/Thiele (2005), S. 826 f.

192 Die restlichen Paragrafen betreffen Zweigniederlassungen von Kapitalgesellschaften mit Sitz im Ausland, Erleichterungen für bestimmte Kapitalgesellschaften, Form und Inhalt der Unterlagen sowie eine Prüfungspflicht des Betreibers des elektronischen Bundesanzeigers hinsichtlich fristgemäßer und vollständiger Einreichung der Unterlagen; diese Paragrafen bleiben aus der Darstellung ausgeklammert.

gereichten Unterlagen müssen gemäß Abs. 2 unverzüglich nach der Einreichung im elektronischen Bundesanzeiger bekannt gemacht werden.

Abs. 2a gewährt Kapitalgesellschaften das Wahlrecht, für die Bekanntmachung nach Abs. 2 einen Einzelabschluss nach internationalen Rechnungslegungsstandards zu verwenden.

## 5.6 Die handelsrechtliche Konzernrechnungslegung

### 5.6.1 Inhalt des Konzernabschlusses und anzuwendende Vorschriften

Nach § 297 Abs. 1 HGB besteht der Konzernabschluss „aus der Konzernbilanz, der Konzern-Gewinn- und Verlustrechnung, dem Konzernanhang, der Kapitalflussrechnung und dem Eigenkapitalspiegel. Er kann um eine Segmentberichterstattung erweitert werden." Zudem ist gemäß § 315 ein Konzernlagebericht aufzustellen.

Abs. 2 definiert das Ziel des klar und übersichtlich aufzustellenden Konzernabschlusses analog zur Generalklausel des § 264 Abs. 2 dahin gehend, „unter Beachtung der Grundsätze ordnungsmäßiger Buchführung ein den tatsächlichen Verhältnissen entsprechendes Bild der Vermögens-, Finanz- und Ertragslage des Konzerns zu vermitteln."

In § 298 HGB bestimmt der Gesetzgeber sodann eine Reihe von Regelungen, insbesondere die den Einzelabschluss betreffenden Ansatz- und Bewertungsvorschriften aus den Vorschriften für alle Kaufleute und aus den ergänzenden Vorschriften für Kapitalgesellschaften, die auf den Konzernabschluss entsprechend anzuwenden sind.[193]

Auf den Konzernabschluss hingegen nicht anzuwenden sind aus den Ansatz- und Bewertungsvorschriften für den Einzelabschluss insbesondere die §§ 247 Abs. 3, 254, 273, 279 Abs. 2, 280 Abs. 2 und 3 sowie 281, die die Zulässigkeit steuerrechtlicher Wertansätze regeln. Demzufolge ist eine Übernahme dieser Wertansätze in den Konzernabschluss – im Gegensatz zum Einzelabschluss – nicht gestattet.[194]

Eine Betrachtung dieser für den handelsrechtlichen Konzernabschluss geltenden Vorschriften lässt als wesentlichen Unterschied zum Einzelabschluss neben der versperrten Möglichkeit zur Übernahme steuerrechtlich motivierter Wertansätze die zusätzlich verpflichtend vorgeschriebenen Berichtsinstrumente einer Kapitalflussrechnung und eines Eigenkapitalspiegels sowie der

---

[193] Dies gilt für die §§ 244 bis 247 Abs. 1 und 2, 248 bis 253, 255, 256, 265, 266, 268 bis 272, 274, 275, 277 bis 279 Abs. 1, 280 Abs. 1, 282 und 283.

[194] Vgl. dazu auch Förschle/Kroner (2006), Anm. 2; Küting/Weber (2006), S. 6.

wahlrechtlichen Erweiterung um eine Segmentberichterstattung erkennen; dabei bildet die Segmentberichterstattung ein eigenständiges Berichtsinstrument und ist nicht mehr wie im Einzelabschluss auf eine Anhangangabe der aufgegliederten Umsatzerlöse beschränkt.

Das folgende Kapitel geht auf diese zusätzlichen Berichtsinstrumente Kapitalflussrechnung, Eigenkapitalspiegel und Segmentberichterstattung ein.

### 5.6.2 Die zusätzlichen Berichtsinstrumente des handelsrechtlichen Konzernabschlusses

#### 5.6.2.1 Vorbemerkung

Die Aufstellung der zusätzlichen Berichtsinstrumente der Konzernrechnungslegung ist im Gesetz nur in allgemeiner Form geregelt. Seit dem „Gesetz zur Kontrolle und Transparenz im Unternehmensbereich“ (KonTraG) aus dem Jahre 1998 besteht jedoch nach § 342 HGB auch in Deutschland die – internationalen Gepflogenheiten folgende – Möglichkeit, durch Anerkennung des Bundesministeriums der Justiz (BMJ) ein privatrechtliches Rechnungslegungsgremium zu etablieren und diesem Aufgaben auf dem Gebiet der Rechnungslegung zu übertragen. Diese Möglichkeit hat das BMJ durch Anerkennung des Deutschen Standardisierungsrates (DSR), der vom Deutschen Rechnungslegungs Standards Committee e. V. (DRSC) getragen wird, verwirklicht. Aufgabe dieses privaten Rechnungslegungsgremiums ist es u. a., Empfehlungen zur Konzernrechnungslegung zu entwickeln, die als Deutsche Rechnungslegungsstandards (DRS) bezeichnet werden und denen nach Bekanntmachung durch das BMJ die Vermutung zukommt, dass Konzernabschlüsse bei Beachtung der DRS den Grundsätzen ordnungsmäßiger Konzernrechnungslegung entsprechen.[195]

Zu den im Folgenden darzustellenden Berichtsinstrumenten hat der Standardisierungsrat jeweils Deutsche Rechnungslegungsstandards verabschiedet, und zwar die DRS 2 „Kapitalflussrechnung“, DRS 3 „Segmentberichterstattung“ und DRS 7 „Konzerneigenkapital und Konzerngesamtergebnis“. Die Darstellung orientiert sich an diesen Standards.

#### 5.6.2.2 Kapitalflussrechnung

Das Ziel der Kapitalflussrechnung besteht in der Darstellung detaillierter Informationen über die Finanzlage eines Konzerns und soll dazu „den Einblick in die Fähigkeit des Unternehmens verbessern, künftig finanzielle Überschüsse zu erwirtschaften, seine Zahlungsverpflichtungen zu erfüllen und Ausschüttungen an die Anteilseigner zu leisten. Hierzu soll sie für die Berichts-

---

[195] Vgl. Baetge/Kirsch/Thiele (2004), S. 25 f.; Busse von Colbe et al. (2006), S. 16; Küting/Weber (2006), S. 6 f.

periode die Zahlungsströme darstellen und darüber Auskunft geben, wie das Unternehmen aus der laufenden Geschäftstätigkeit Finanzmittel erwirtschaftet hat und welche zahlungswirksamen Investitions- und Finanzierungsmaßnahmen vorgenommen wurden“ (DRS 2.1).[196]

Ausgangspunkt der Kapitalflussrechnung ist der als Finanzmittelfonds[197] bezeichnete Zahlungsmittelbestand[198] am Anfang der Berichtsperiode. Dieser Zahlungsmittelbestand wird in der Kapitalflussrechnung durch separates Aufzeigen der Zahlungsströme der Periode aus der gewöhnlichen Geschäftstätigkeit, aus Investitions- und Finanzierungsmaßnahmen sowie von zahlungsunwirksamen Wertänderungen auf den am Ende der Periode bestehenden Finanzmittelfonds übergeleitet.[199] Durch diese Offenlegung der Zahlungsströme gewährt die Kapitalflussrechnung Informationen über Herkunft und Verwendung der liquiden Mittel des Unternehmens in der Berichtsperiode.[200]

### 5.6.2.3 Eigenkapitalspiegel

Der Eigenkapitalspiegel soll angesichts einer in jüngster Zeit zunehmenden Zahl erfolgsneutral behandelter Eigenkapitalveränderungen, die allein aus der Konzernbilanz nur schwer nachvollziehbar sind, als ergänzendes Rechenwerk alle Arten von Eigenkapitaländerungen übersichtlich darstellen und insofern einen Informationsgewinn für die Jahresabschlussadressaten bewirken.[201]

Nach DRS 7.7 ist die Entwicklung des Konzerneigenkapitals gemäß folgender Systematik darzustellen:

---

196 Vgl. zu diesen Zielen der Kapitalflussrechnung auch Baetge/Kirsch/Thiele (2004), S. 566, sowie Förschle/Kroner (2006), Anm. 53.

197 Als Fonds bezeichnet man die Zusammenfassung bestimmter Bilanzposten zu einer buchhalterischen Einheit. Vgl. Küting/Weber (2006), S. 524.

198 Der Finanzmittelfonds umfasst nach DRS 2.6 Zahlungsmittel (Barmittel und täglich fällige Sichteinlagen) und Zahlungsmitteläquivalente (Liquiditätsreserve in Form kurzfristiger, äußerst liquider Finanzmittel, die jederzeit in Zahlungsmittel umgewandelt werden können und geringen Wertschwankungen unterliegen). Zur Abgrenzung des Finanzmittelfonds vgl. auch Förschle/Kroner (2006), Anm. 57.

199 Vgl. Baetge/Kirsch/Thiele (2004), S. 568; Busse von Colbe et al. (2006), S. 581 f.; DRS 2.7.

200 Vgl. Küting/Weber (2006), S. 523.

201 Vgl. Busse von Colbe et al. (2006), S. 494; Küting/Weber (2006), S. 542.

| |
|---|
| Gezeichnetes Kapital des Mutterunternehmens<br>– Nicht eingeforderte ausstehende Einlagen des Mutterunternehmens<br>+ Kapitalrücklage<br>+ Erwirtschaftetes Konzerneigenkapital<br>– Eigene Anteile, die zur Einziehung bestimmt sind<br>+ Kumuliertes übriges Konzernergebnis, soweit es auf die Gesellschafter des Mutterunternehmens entfällt |
| = Eigenkapital des Mutterunternehmens gemäß Konzernbilanz<br>– Eigene Anteile, die nicht zur Einziehung bestimmt sind |
| = Eigenkapital des Mutterunternehmens<br>+ Eigenkapital der Minderheitsgesellschafter<br>davon: Minderheitenkapital<br>davon: Kumuliertes übriges Konzernergebnis, soweit es auf Minderheitsgesellschafter entfällt |
| = Konzerneigenkapital |

**Abbildung 12: Entwicklung des Konzerneigenkapitals nach DRS 7.7**

Das erwirtschaftete Konzerneigenkapital umfasst nach DRS 7.5 die Gewinnrücklagen, den Ergebnisvortrag und das Ergebnis des Mutterunternehmens sowie die kumulierten Ergebnisse der Tochterunternehmen seit deren Erstkonsolidierung und die auf das Mutterunternehmen entfallenden kumulierten Beträge aus erfolgswirksamen Konsolidierungsvorgängen. Das kumulierte übrige Konzernergebnis stellt den Saldo der erfolgsneutralen Eigenkapitalveränderungen, die nicht auf Transaktionen mit den Anteilseignern beruhen, der laufenden Periode und der vorhergehenden Perioden dar.[202]

### 5.6.2.4 Segmentberichterstattung

Die Segmentberichterstattung verfolgt „das Ziel, Informationen über die wesentlichen Geschäftsfelder eines Unternehmens zu geben. Sie soll den Einblick in die Vermögens-, Finanz- und Ertragslage sowie die Einschätzung der Chancen und Risiken der einzelnen Geschäftsfelder verbessern“ (DRS 3.1); eine bessere Einschätzung wird insbesondere bei Unternehmen angestrebt, die unterschiedliche Produkte anbieten, auf unterschiedlichen Märkten oder in unterschiedlichen geografischen Regionen tätig sind, und deren Geschäftsfelder dadurch regel-

---

[202] Vgl. dazu auch Förschle/Kroner (2006), Anm. 107 ff.; Küting/Weber (2006), S. 542 f.

mäßig voneinander abweichende Zukunftsaussichten in Form spezifischer Chancen und Risiken aufweisen (DRS 3.2).[203]

DRS 3.9 schreibt eine Segmentierung anhand operativer Segmente vor. Als solche gelten gemäß DRS 3.8 Bereiche, die extern oder intern Umsatzerlöse oder andere Erträge generieren bzw. Leistungen ausschließlich oder überwiegend an andere operative Segmente abgeben. Die Segmentierung muss sich an den Kriterien der Unternehmensleitung zur Bildung und Steuerung von Teileinheiten des Konzerns orientieren. Dies führt in der Regel zu einer produktorientierten oder geografischen Segmentierung (DRS 3.10); die anzugebenden Segmente und die Abgrenzungsmerkmale sind zu beschreiben (DRS 3.25).[204]

Für die anzugebenden Segmente und die zusammengefassten sonstigen Segmente müssen nach DRS 3.31 als Segmentinformationen angegeben werden[205]

- die Umsatzerlöse jeweils mit Dritten und mit anderen Segmenten,
- das Segmentergebnis sowie darin enthaltene Abschreibungen, andere nicht zahlungswirksame Posten, das enthaltene Ergebnis aus Beteiligungen an assoziierten Unternehmen und die Erträge aus sonstigen Beteiligungen,
- das Vermögen einschließlich der Beteiligungen,
- die Investitionen in das langfristige Vermögen und
- die Schulden.

Bei einem Ausweis des Ergebnisses der gewöhnlichen Geschäftstätigkeit als Segmentergebnis sind zusätzlich Zinsertrag und Zinsaufwand anzugeben (DRS 3.32); bei einem Ausweis des Periodenergebnisses als Segmentergebnis sind zusätzlich Zinsertrag, Zinsaufwand und Ertragsteuern anzugeben.[206] DRS 3.36 empfiehlt die Angabe des Cashflows aus laufender Geschäftstätigkeit für jedes Segment; dann entfällt die Pflicht zur Angabe der Abschreibungen und der weiteren nicht zahlungswirksamen Posten nach DRS 3.31.

---

[203] Vgl. dazu auch Baetge/Kirsch/Thiele (2004), S. 582; Busse von Colbe et al. (2006), S. 609; Förschle/Kroner (2006), Anm. 152.

[204] Vgl. auch Baetge/Kirsch/Thiele (2004), S. 582 f.; Busse von Colbe et al. (2006), S. 612. Produktorientierte Segmente werden nach der Gleichartigkeit der Produkte und Dienstleistungen, der Produktions- und Dienstleistungsprozesse, der Kundengruppen oder Vertriebsmethoden abgegrenzt; geografische hingegen nach der Gleichartigkeit wirtschaftlicher oder politischer Rahmenbedingungen, räumlicher Nähe oder spezifischer Risiken der Tätigkeit in einem bestimmten Gebiet oder gleichartigen Außenhandels- und Devisenbestimmungen bzw. Währungsrisiken (siehe DRS 3.8). Ein operatives Segment ist nach DRS 3.15 anzugeben, wenn seine Umsatzerlöse mit externen Kunden, sein Ergebnis oder sein Vermögen mindestens zehn Prozent der korrespondierenden Größen aller operativen Segmente ausmacht.

[205] Siehe dazu auch die Übersicht bei Busse von Colbe et al. (2006), S. 613.

[206] Vgl. dazu auch Busse von Colbe et al. (2006), S. 614.

Unternehmen, die eine Segmentberichterstattung aufstellen, sind nach § 314 Abs. 2 HGB von der Pflicht zur Aufgliederung der Umsatzerlöse im Anhang (§ 314 Abs. 1 Nr. 3 analog zu § 285 Nr. 4) befreit.[207]

## 5.7 Kurzfazit: Rechnungslegungskonzeption nach HGB

Abschließend sollen in kurzer Form nicht die Regelungen im Einzelnen, sondern die grundlegende Struktur der handelsrechtlichen Rechnungslegungskonzeption zusammengefasst werden.

Die Vorschriften des HGB sind durch einen dreistufigen Aufbau gekennzeichnet. In einem ersten Schritt legt das Gesetz Regelungen fest, die für alle Kaufleute Gültigkeit besitzen (§§ 238-263 HGB). Es handelt sich im Wesentlichen um Ansatz- und Bewertungsvorschriften; solche zur sonstigen Informationsvermittlung stehen eher im Hintergrund und solche zur Offenlegung der Rechnungslegung fehlen gänzlich.[208]

Daran schließen sich in einem zweiten Schritt ergänzende Vorschriften für Kapitalgesellschaften und haftungsbeschränkte Personenhandelsgesellschaften an (§§ 264-289 HGB), die die für alle Kaufleute geltenden Ansatz- und Bewertungsvorschriften teils erweitern, teils aber auch einschränken. Einleitend zu den ergänzenden Vorschriften formuliert der Gesetzgeber die Generalklausel als Anspruch des Jahresabschlusses, ein den tatsächlichen Verhältnissen entsprechendes Bild der Vermögens-, Finanz- und Ertragslage des Unternehmens zu vermitteln. Eine genauere Betrachtung der Tragweite dieser Generalklausel zeigt jedoch, dass sie im Wesentlichen für die sonstige Informationsvermittlung greift. Konsequenterweise schreibt das HGB in den ergänzenden Vorschriften die sonstige Informationsvermittlung vergleichsweise detailliert vor, so ist etwa der Jahresabschluss um einen Anhang zu erweitern und zudem ein Lagebericht aufzustellen. Auch besteht eine Verpflichtung zur Offenlegung von Jahresabschluss und Lagebericht.[209]

In einem dritten Schritt folgen die handelsrechtlichen Vorschriften zur Konzernrechnungslegung (§§ 290-315a HGB), die allerdings im Wesentlichen auf die Vorschriften für Kapitalgesellschaften und haftungsbeschränkte Personenhandelsgesellschaften zurückgreifen. Neben geringfügigen Einschränkungen dieser Bestimmungen ist insbesondere die verpflichtende Aufstellung der weiteren Berichtsinstrumente Kapitalflussrechnung und Eigenkapitalspiegel bzw. die fakultative Aufstellung einer Segmentberichterstattung vorgesehen.[210] Die konzernspezifischen – die Kon-

---

[207] Vgl. Busse von Colbe et al. (2006), S. 610; Förschle/Kroner (2006), Anm. 151.

[208] Vgl. Kapitel 5.4.

[209] Vgl. Kapitel 5.5.

[210] Vgl. Kapitel 5.6.

solidierung und einen Geschäfts- oder Firmenwert betreffenden – Vorschriften sind dabei gemäß der Einschränkung des Analyserahmens der Arbeit außerhalb der Betrachtung geblieben.[211]

Als Zielsetzung der Rechnungslegung sind – wenngleich durch das Gesetz nicht explizit genannt – für den handelsrechtlichen Einzelabschluss sowohl Ausschüttungsbemessung als auch die Informationsvermittlung sowie für den Konzernabschluss singulär die Informationsvermittlung herausgestellt worden. Inwiefern sich die vom Gesetzgeber angestrebte Mehrfachfunktionalität des Einzelabschlusses, die infolge der weitgehenden Übernahme der einzelabschlussspezifischen Vorschriften auch auf den Konzernabschluss ausstrahlt, negativ auf die Zweckmäßigkeit hinsichtlich der Informationsvermittlungsfunktion auswirkt, soll die ausführliche Zweckmäßigkeitsanalyse im siebten Kapitel zeigen.

---

[211] Vgl. Kapitel 1.

# 6 Die Konzeption der Rechnungslegung nach International Financial Reporting Standards

Das folgende sechste Kapitel der Arbeit stellt die Rechnungslegungskonzeption nach International Financial Reporting Standards (IFRS) dar, die im achten Kapitel anhand des Maßstabes der vor dem Hintergrund der Informationseffizienz bereits im vierten Kapitel hergeleiteten Anforderungen auf ihre Zweckmäßigkeit im Hinblick auf die Vermittlung entscheidungsnützlicher Informationen an die Kapitalgeber eines Unternehmens untersucht werden soll.

Entsprechend der in der Einleitung der Arbeit vorgenommenen Eingrenzung des Untersuchungsumfangs blendet die Darstellung die bereits verabschiedeten, aber erst zu einem späteren Zeitpunkt verpflichtend anzuwendenden Änderungen bestehender Standards bzw. die neugefassten Standards ebenso aus wie veröffentlichte Zwischenergebnisse anhängiger Projekte zur Änderung bzw. Neufassung von Standards; allerdings enthalten die Fußnoten den Hinweis auf geplante oder bereits beschlossene Reformen des IFRS-Regelwerkes.[1] Da selbstverständlich auch hinsichtlich der in den Untersuchungsumfang fallenden Standards nicht alle Detailregelungen dargestellt werden können, besteht das Ziel insbesondere darin, einen Überblick über die wesentlichen Vorschriften zu vermitteln.

Im Aufbau unterscheidet sich das sechste Kapitel vom vorangegangenen: Nach einem ersten ausführlichen Abschnitt 6.2, der die Grundkonzeption der IFRS-Rechnungslegung darstellt, erläutert Abschnitt 6.3 die wesentlichen Vorschriften der IFRS entsprechend der kasuistischen Konzeption der Einzelstandards jeweils in Bezug auf die bilanziellen Hauptpositionen einer IFRS-Bilanz. Darauf folgt in Abschnitt 6.4 eine Beschreibung der Vorschriften zur sonstigen Informationsvermittlung, bevor sich Abschnitt 6.5 kurz der Aufstellungs- und Offenlegungspflicht zuwendet. Das Kapitel schließt in Abschnitt 6.6 mit einem kurzen Fazit zur Rechnungslegungskonzeption nach IFRS.

Der Darstellung der konkreten Vorschriften vorangestellt sind jedoch in Abschnitt 6.1 zunächst einige allgemeine Anmerkungen zur Rechnungslegung nach IFRS und deren Anwendung in Deutschland und in Europa.

---

1 Für einen Projektüberblick einschließlich Zeitplan des IASB vgl. Zülch/Burghardt (2007b); eine Übersicht ist auch der Internetseite des IASB unter http://www.iasb.org/Current+Projects/ IASB+Projects/IASB+Work+Plan.htm zu entnehmen (Stand: 09.10.2007).

## 6.1 Vorbemerkungen zur Rechnungslegung nach IFRS in Deutschland und in Europa

Die IFRS werden vom International Accounting Standards Board (IASB) erstellt, dem diese Aufgabe von der International Accounting Standards Committee Foundation (IASCF) nach deren Gründung als Stiftung privaten Rechts mit Sitz in Delaware/USA im Jahre 2001 delegiert wurde. Das IASB als operativer Arm der IASCF führt damit die Arbeit des am 29. Juni 1973 in London als privatrechtliche Organisation gegründeten International Accounting Standards Committee (IASC) fort und verfolgt das Ziel, „im öffentlichen Interesse einen einzigen Satz an hochwertigen, verständlichen und durchsetzbaren globalen Rechnungslegungsstandards zu entwickeln, die hochwertige, transparente und vergleichbare Informationen in Abschlüssen und sonstigen Rechnungslegungsinstrumenten erfordern, um die Teilnehmer der verschiedenen weltweiten Kapitalmärkte und andere Informationsadressaten beim Treffen wirtschaftlicher Entscheidungen zu unterstützen“[2]. Als Ausdruck der Neuausrichtung wich das IASB von der bisherigen Bezeichnung der IASC-Verlautbarungen als International Accounting Standards (IAS) ab und verwendet stattdessen den Begriff International Financial Reporting Standards (IFRS), wenngleich die bereits verabschiedeten IAS ihre volle Gültigkeit behalten und unter den Oberbegriff der IFRS fallen.[3] Somit liegt die Verantwortlichkeit für die Entwicklung des Rechnungslegungssystems der IFRS in den Händen eines privaten Standardsetters.

Grundlage der Bilanzierung nach IFRS in der Europäischen Union und in Deutschland ist die „Verordnung betreffend die Anwendung internationaler Rechnungslegungsstandards“ der EU aus dem Jahre 2002. Diese Verordnung verpflichtet seit 2005 – teilweise unter Gewährung einer Übergangsfrist erst seit 2007 – kapitalmarktorientierte Unternehmen, ihren Konzernabschluss gemäß den IFRS aufzustellen. Darüber hinaus besteht das Mitgliedstaatenwahlrecht, die IFRS auch zur Erstellung der Einzelabschlüsse kapitalmarktorientierter Unternehmen sowie der Einzel- bzw. Konzernabschlüsse nicht kapitalmarktorientierter Unternehmen zuzulassen oder vorzuschreiben. Als kapitalmarktorientiert eingestuft und damit gemäß der Verordnung zur Anwendung der IFRS verpflichtet werden alle Unternehmen, die mit Eigen- und/oder Fremdkapitaltiteln an einem geregelten Markt in einem beliebigen Staat der EU notiert sind.[4]

---

2 IASB (2005), IFRS-Vorwort Par. 6 (a). Weitere Zielsetzung des IASB ist es, „die Nutzung und strenge Anwendung dieser Standards zu fördern und aktiv mit nationalen Rechnungslegungsgremien zusammenzuarbeiten, um eine Konvergenz der nationalen Rechnungslegungsstandards und der IFRS zu hochwertigen Lösungen zu erreichen“ (IFRS Vorwort Par. 6 (b) und (c)).

3 Vgl. Pellens/Fülbier/Gassen (2006), S. 74 f., 78.

4 Vgl. zu diesem und dem folgenden Absatz Pellens/Fülbier/Gassen (2006), S. 49 ff., sowie Streim/Bieker/Esser (2004), S. 229, und Wendlandt/Knorr (2005), S. 54 f.

Das Mitgliedstaatenwahlrecht hat der deutsche Gesetzgeber im Rahmen des Bilanzrechtsreformgesetzes vom 29. Oktober 2004 an die Unternehmen weitergegeben. Nicht kapitalmarktorientierte Unternehmen dürfen demnach in Deutschland einen Konzernabschluss nach IFRS aufstellen; im Einzelabschluss dürfen sowohl kapitalmarktorientierte als auch nicht kapitalmarktorientierte Unternehmen für Offenlegungszwecke die IFRS verwenden, müssen dann aber für Zahlungsbemessungszwecke zusätzlich einen Abschluss nach den bisherigen HGB-Regelungen aufstellen. Insgesamt gesehen hat die EU-Verordnung in Verbindung mit ergänzenden Gesetzen der Mitgliedstaaten dazu geführt, dass die Rechnungslegung nach IFRS mittlerweile für einen Großteil der deutschen und europäischen Unternehmen verpflichtend oder zumindest freiwillig anwendbar ist.

Ein Kernproblem der Anwendung der IFRS stellt die fehlende rechtliche Verbindlichkeit der vom IASB als nichtstaatlicher Organisation – die keine demokratische Legitimation und insofern auch keine legislative Kompetenz besitzt – verabschiedeten Standards dar. Deshalb kontrolliert die EU die einzelnen IFRS vor der Umsetzung in europäisches Recht auf Übereinstimmung mit den EG-Richtlinien zur Rechnungslegung und mit den europäischen Interessen im Rahmen eines formalisierten Anerkennungsverfahrens (sog. Endorsement).[5]

Die Rechnungslegung nach IFRS besteht aus einem zweistufigen Regelwerk. Zum einen existiert das sog. Rahmenkonzept, das als theoretischer Unterbau bezeichnet werden kann, zum anderen regeln Rechnungslegungsstandards jeweils Einzelfragen der Rechnungslegung. Diese einzelnen Standards folgen keiner einheitlichen Systematik, sondern behandeln kasuistisch mehr oder weniger konkret abgegrenzte Aspekte der Rechnungslegung. So decken einige Standards bestimmte Bilanzposten (etwa IAS 16 „Sachanlagen"), andere hingegen postenübergreifende Problembereiche (etwa IAS 11 „Fertigungsaufträge") oder ganze Rechenwerke (etwa IAS 7 „Kapitalflussrechnung") ab.[6]

Die Rechnungslegungsvorschriften des IASB sind grundsätzlich allgemeinverbindlich und gelten für alle rechnungslegungspflichtigen Unternehmen, d. h. sie enthalten weder eine Differenzierung in Einzel- bzw. Konzernabschluss noch branchen- bzw. rechtsformspezifische Sonderregelungen oder größenabhängige Erleichterungen. Demzufolge setzen sich auch die Einzel- und Konzernabschlüsse aller Unternehmen aus den gleichen Bestandteilen zusammen. Als Ausnahme von diesem Grundsatz lassen die IFRS für Banken und ähnliche Institutionen sowie

---

5 Vgl. zum Anerkennungsverfahren Buchheim/Gröner/Kühne (2004); Pellens/Fülbier/Gassen (2006), S. 90-93.

6 Vgl. Wollmert/Achleitner (1997a), S. 209 f.; Pellens/Fülbier/Gassen (2006), S. 75. Nimmt man die Interpretationen des International Financial Reporting Interpretations Committee (IFRIC) bzw. der Vorgängerorganisation Standing Interpretations Committee (SIC) hinzu, kann man auch von einem dreistufigen Regelwerk sprechen. Die Interpretationen behandeln Auslegungsfragen international bedeutsamer Aspekte bestehender Standards mit dem Ziel, eine einheitliche Anwendung zu gewährleisten, und sind verbindlich anzuwenden. Vgl. dazu Wollmert/Achleitner (2003), Tz. 7, 10; Kleekämper/Kuhlewind/Alvarez (2003), Tz. 62 f.

für Unternehmen der öffentlichen Hand spezielle Postenbezeichnungen zu bzw. sehen ergänzende Vorschriften vor.[7]

Auf diese allgemeinen Vorbemerkungen folgend beginnt im nächsten Kapitel die eigentliche Darstellung der IFRS-Rechnungslegung in einem ersten Schritt durch Thematisierung der Grundkonzeption gemäß Rahmenkonzept und IAS 1.

## 6.2 Grundkonzeption der IFRS-Rechnungslegung gemäß Rahmenkonzept und IAS 1

Das „Rahmenkonzept für die Aufstellung und Darstellung von Abschlüssen" (Framework) gilt seit 1989.[8] Das Ziel des Rahmenkonzepts besteht darin, Grundlagen für die konsistente Erarbeitung neuer und die Überarbeitung bestehender Standards festzulegen und insofern als Deduktionsgrundlage zu dienen; zudem unterstützt es die mit der Abschlusserstellung befassten Personen bei der Abbildung von Sachverhalten, die in den Standards (noch) nicht geregelt sind (RK.1). Allerdings stellt das Rahmenkonzept selbst keinen Standard dar, sondern nimmt eine subsidiäre Stellung ein (RK.2).[9] Dennoch sind wesentliche Inhalte des Rahmenkonzepts verpflichtend, da sie in IAS 1 „Darstellung des Abschlusses" übernommen wurden.[10]

Das Rahmenkonzept regelt gemäß RK.5 die Aspekte (1) der Zielsetzung von Abschlüssen, (2) der Rechnungslegungsprinzipien, (3) Definition, Ansatz (Bilanzierung dem Grunde nach) und Bewertung (Bilanzierung der Höhe nach) der Abschlussposten sowie (4) Kapitalerhaltungskonzepte; auf diese Aspekte gehen die folgenden Abschnitte jeweils separat und unter Berücksichtigung auch der relevanten Stellen des IAS 1 ein.

---

7 Vgl. Ballwieser (2006), S. 25; Streim/Bieker/Leippe/Schmidt (2002), Rz. 30; Wollmert/Achleitner (2003), Tz. 17, 25. Allerdings arbeitet das IASB derzeit in einem Projekt „Small and Medium-sized Entities" daran, eine Kurzfassung der IFRS zu entwickeln, die sich an den speziellen Bedürfnissen kleiner und mittelgroßer Unternehmen orientiert; am 15.02.2007 wurde bereits ein diesbezüglicher Standardentwurf veröffentlicht. Vgl. dazu Bieker (2007c); Haller/Beiersdorf/Eierle (2007); Zülch/Burghardt (2007a). Diese geplanten Neuregelungen werden jedoch im Folgenden ausgeblendet (siehe Kapitel 1).

8 Das IASB und das amerikanische Financial Accounting Standards Board (FASB) arbeiten derzeit in einem langfristigen Projekt „Conceptual Framework for Financial Reporting" an der Entwicklung eines gemeinsamen Rahmenkonzeptes. Für eine Darstellung und Würdigung der bislang vorliegenden Ergebnisse vgl. Dobler/Hettich (2007) und Kampmann/Schwedler (2006). Der Eingrenzung des Untersuchungsumfangs der vorliegenden Arbeit folgend (siehe Kapitel 1) bleiben die geplanten Änderungen jedoch im Folgenden unberücksichtigt.

9 Vgl. hierzu ADS International (2002), Abschnitt 1, Tz. 18, 20; Wagenhofer (2005), S. 115 f.; Wollmert/Achleitner (1997a), S. 209 f.

10 Vgl. Pellens/Fülbier/Gassen (2006), S. 103 f. Seit 2004 arbeiten IASB und FASB an einem in drei Phasen unterteilten Projekt „Financial Statement Presentation". Als Ergebnis der ersten Phase dieses Projekts hat das IASB am 06.09.2007 einen überarbeiteten IAS 1 veröffentlicht; weitere Änderungen des Standards werden aus den anschließenden Projektphasen resultieren. Vgl. zum Projekt und den bisherigen Ergebnissen Bogajewskaja (2006); Hasenburg/Dräxler (2006); Zülch/Fischer (2007) sowie die Pressemitteilung des IASB zum Abschluss der ersten Phase, abrufbar im Internet unter http://www.iasb.org/News/Press+Releases/IASB+issues+revised+standard+on+the+presentation+of+financial+statements.htm (Stand: 09.10.2007). Die verabschiedeten bzw. geplanten Neuregelungen werden jedoch im Folgenden ausgeblendet (siehe Kapitel 1).

**(1) Zielsetzung von Abschlüssen**

Die Zielsetzung von Abschlüssen gemäß RK.12 ist es, „Informationen über die Vermögens-, Finanz- und Ertragslage sowie Veränderungen in der Vermögens- und Finanzlage eines Unternehmens zu geben, die für einen weiten Adressatenkreis bei dessen wirtschaftlichen Entscheidungen nützlich sind." Der Adressatenkreis umfasst Investoren, Arbeitnehmer, Kreditgeber, Lieferanten und andere Gläubiger, Kunden, Regierungen und die Öffentlichkeit (RK.9); allerdings trifft das IASB in RK.10 die Annahme, dass der Informationsbedarf der Investoren als Risikokapitalgeber des Unternehmens identisch mit dem Informationsbedarf der meisten anderen Abschlussadressaten ist. Demzufolge stellt die Rechnungslegung nach IFRS den anonymen (Eigen-)Kapitalgeber in den Mittelpunkt, dem entscheidungsnützliche Informationen vermittelt werden sollen.[11] Die zu treffenden wirtschaftlichen Entscheidungen erfordern nach RK.15, dass der Adressat die Fähigkeit des Unternehmens zur Erwirtschaftung von Zahlungsmitteln und -äquivalenten einschließlich des Zeitpunktes und der Wahrscheinlichkeit ihres Entstehens beurteilen kann.[12] Nach IAS 1.13 führt die Anwendung der IFRS – gegebenenfalls ergänzt um zusätzliche Angaben – annahmegemäß zu Abschlüssen, die das geforderte, den tatsächlichen Verhältnissen entsprechende Bild der Vermögens-, Finanz- und Ertragslage sowie der Cashflows eines Unternehmens vermitteln.

Die Forderung an den Abschluss, die Vermögens-, Finanz- und Ertragslage und die Cashflows des Unternehmens den tatsächlichen Verhältnissen entsprechend darzustellen (Konzept des true and fair view bzw. der fair presentation), besitzt in der Rechnungslegungskonzeption der IFRS den Stellenwert eines overriding principle, d. h. ein Abweichen von den Einzelregelungen ist immer dann erforderlich, wenn die Einhaltung der Vorschrift zu einem Konflikt mit dem Zweck von Abschlüssen führen würde (IAS 1.17). In diesen allerdings äußerst seltenen Fällen ist die Abweichung – vom Unternehmen angewandte sowie vom Standard geforderte Bilanzierungsweise – einschließlich einer Begründung und einer Darstellung der finanziellen Auswirkungen der Abweichung anzugeben (IAS 1.18).[13]

Zugleich soll der Abschluss gemäß RK.14 die Leistung des Managements bei der Führung des Unternehmens offenbaren, damit die Adressaten ihre wirtschaftlichen Entscheidungen vor dem Hintergrund der Managementqualität und -effizienz treffen können.

---

[11] Vgl. ADS International (2002), Abschnitt 1, Tz. 39; Pellens/Fülbier/Gassen (2006), S. 105 f. Die gesonderte Nennung der Kreditgeber erweckt dabei den Eindruck, als ob lediglich die Eigenkapitalgeber als Investoren gelten sollten. Begreift man jedoch die Überlassung von Risikokapital als das begriffsbestimmende Merkmal eines Investors, erscheint es sinnvoll, sowohl Eigen- als auch Fremdkapitalgeber unter den Begriff des Investors zu subsumieren: Zwar mögen die Risiken aus der Vorleistung gegenüber dem Kapitalnehmer für die beiden Kapitalgebergruppen unterschiedlich hoch sein, dennoch sind zweifellos auch die Festbetragsansprüche eines Fremdkapitalgebers vom Ausfallrisiko bedroht. Vgl. dazu Streim/Bieker/Leippe (2001), S. 179; Streim (1998), S. 327.

[12] Vgl. ADS International (2002), Abschnitt 1, Tz. 41. Siehe auch IAS 1.7.

[13] Vgl. Achleitner et al. (2003), Tz. 2-4. Eine Konkretisierung, welche Ausnahmefälle denkbar sind, leisten die IFRS jedoch nicht.

Eine Bedeutung für die Besteuerung, etwa in Gestalt eines Maßgeblichkeitsprinzips, besitzt der IFRS-Abschluss nicht. Demzufolge dürfen die Auswirkungen steuerrechtlicher Regelungen einen IFRS-Abschluss nicht beeinflussen.[14]

**(2) Rechnungslegungsprinzipien**

Als der Abschlusserstellung zugrunde liegende Annahmen kennzeichnet das Rahmenkonzept die Periodenabgrenzung und die Unternehmensfortführung.

Dem Konzept der Periodenabgrenzung in RK.22 bzw. IAS 1.25 folgend werden die Auswirkungen der Geschäftsvorfälle im Zeitpunkt ihres Eintritts und nicht des Zahlungsflusses erfasst und insofern in der Periode ausgewiesen, der sie nach sachlichen Kriterien zuzurechnen sind.[15] Die Annahme der Unternehmensfortführung greift nach RK.23 bzw. IAS 1.23 im Regelfall und so lange, bis das Management entweder beabsichtigt, die Unternehmenstätigkeit einzustellen, oder es keine realistische Alternative dazu hat. Beruht ein Abschluss nicht auf der Annahme der Unternehmensfortführung, so ist diese Tatsache einschließlich der Gründe und der Grundlagen, auf denen der Abschluss stattdessen basiert, anzugeben.[16]

Neben die beiden grundlegenden Annahmen stellt das Rahmenkonzept qualitative Anforderungen der Abschlusserstellung in Form der Primärgrundsätze der Verständlichkeit, Relevanz, Verlässlichkeit und Vergleichbarkeit, die teilweise durch Sekundärgrundsätze und Nebenbedingungen ergänzt werden. Die folgende Abbildung illustriert den Zusammenhang zwischen Primär- und Sekundärgrundsätzen sowie Nebenbedingungen.

---

[14] Vgl. Baetge/Beermann (1999), S. 343; Schildbach (2002c), S. 273; Wollmert/Achleitner (2003), Tz. 5.

[15] Vgl. ADS International (2002), Abschnitt 1, Tz. 46; Pellens/Fülbier/Gassen (2006), S. 107. Explizit vom Konzept der Periodenabgrenzung ausgenommen ist die Kapitalflussrechnung.

[16] Vgl. ADS International (2002), Abschnitt 1, Tz. 50; Pellens/Fülbier/Gassen (2006), S. 107. Nach IAS 1.24 muss das Management zur Einschätzung alle verfügbaren Informationen und einen mindestens zwölfmonatigen Zeitraum heranziehen; Unternehmen mit einem in der Vergangenheit rentablen Geschäftsbetrieb und schnellem Zugriff auf Finanzquellen können die Annahme der Unternehmensfortführung ohne detaillierte Analyse treffen.

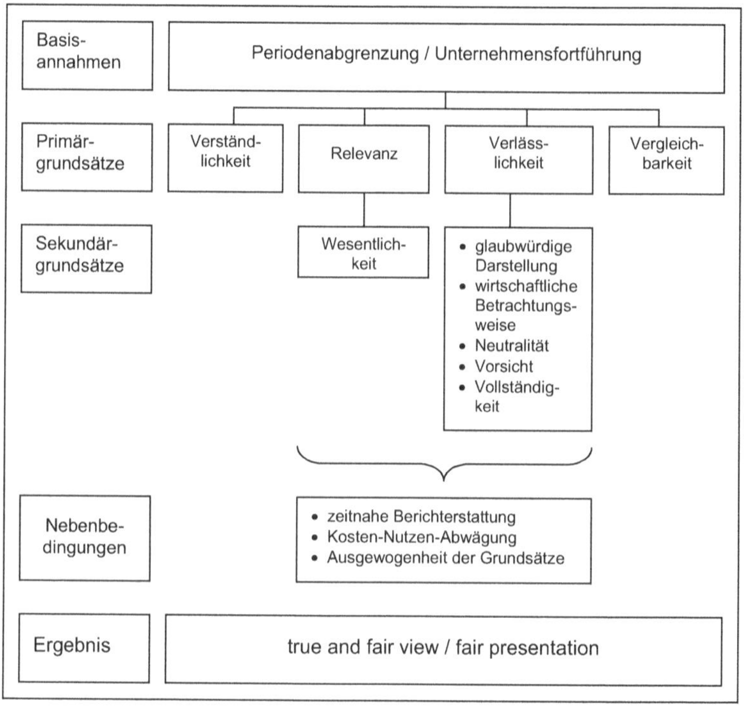


**Abbildung 13: System allgemeiner Rechnungslegungsgrundsätze des IASB**

Quelle: In Anlehnung an Hayn (1994), S. 720.

Die Verständlichkeit stellt nach RK.25 ein wesentliches Qualitätskriterium für die Abschlussinformationen dar. Dieses Kriterium setzt bei den Adressaten angemessene ökonomische und rechnungslegungsspezifische Kenntnisse voraus; komplexe, aber relevante Informationen dürfen nicht weggelassen werden, weil sie für einzelne Adressaten schwer verständlich sind.

Relevanz besitzen Informationen nach RK.26, „wenn sie die wirtschaftlichen Entscheidungen der Adressaten beeinflussen, indem sie ihnen bei der Beurteilung vergangener, derzeitiger oder zukünftiger Ereignisse helfen oder ihre Beurteilungen aus der Vergangenheit bestätigen oder korrigieren." Die Relevanz hängt von den beiden Faktoren Art (qualitative Relevanz) und Wesentlichkeit (quantitative Relevanz) einer Information ab; allein die Art der Information kann bereits die Relevanz begründen (RK.29). Der Sekundärgrundsatz der Wesentlichkeit relativiert den Grundsatz der Relevanz insofern, als Informationen nur dann zu veröffentlichen sind, wenn die wirtschaftlichen Entscheidungen der Adressaten durch das Weglassen oder die fehlerhafte Darstellung der Informationen beeinflusst werden könnten (RK.30, IAS 1.11).[17]

In engem Zusammenhang mit der Relevanz steht das Kriterium der Verlässlichkeit. Verlässliche Informationen enthalten nach RK.31 weder wesentliche materielle Fehler noch bewusste Verzerrungen, sondern stellen glaubwürdig dar, was die Adressaten vernünftigerweise von ihnen erwarten. Die Verlässlichkeit wird durch die fünf Sekundärgrundsätze der glaubwürdigen Darstellung, der wirtschaftlichen Betrachtungsweise, der Neutralität, der Vorsicht und der Vollständigkeit konkretisiert (RK.33-38).[18]

Die glaubwürdige Darstellung bestimmter Informationen wird zum Problem, wenn das Management – auch nach bestem Wissen – nur sehr unsicher schätzen kann. Ist es erforderlich, Sachverhalte unglaubwürdigen Informationen zum Trotz darzustellen, ist unbedingt das damit verbundene Fehlerrisiko anzugeben. Der Blickwinkel der wirtschaftlichen Betrachtungsweise bei der Beurteilung von Sachverhalten bedeutet, dass nicht allein die rechtliche Gestaltung, sondern vielmehr der tatsächliche wirtschaftliche Gehalt von Geschäftsvorfällen für die Abbildung in der Rechnungslegung maßgeblich ist. Neutral, d. h. frei von verzerrenden Einflüssen, sind Informationen, deren Auswahl oder Darstellung nicht die Entscheidung bzw. Beurteilung des Adressaten in eine bestimmte Richtung lenken. Der Grundsatz der Vorsicht verbietet in Fällen unsicherer Erwartungen einen zu hohen Ausweis des Periodenergebnisses durch Überbewertung der Vermögenswerte und Erträge bzw. Unterbewertung der Schulden und Aufwendungen; Ungewissheiten ist durch Vorsicht im Sinne von Sorgfalt bei der Ermessensausübung und durch Angabe ihrer Art und ihres Umfanges Rechnung zu tragen. Es handelt sich insofern im Wesentlichen um eine Bewertungsregel bei Ermessensspielräumen. Die Bildung stiller Reserven durch bewusste Fehlbewertungen widerspricht jedoch der Neutralität und ist daher unzulässig. Der Grundsatz der Vollständigkeit schließlich untersagt das Weglassen von Informationen, da dies irreführend ist und falsche Schlüsse begünstigt.[19]

Der vierte Primärgrundsatz, die Vergleichbarkeit, soll es den Adressaten nach RK.39 ermöglichen, sowohl Abschlüsse eines Unternehmens im Zeitablauf als auch Abschlüsse verschiedener Unternehmen so zu beurteilen, dass Tendenzen bezüglich der Vermögens-, Finanz- und Ertragslage deutlich werden; dies setzt eine stetige Bewertung und Darstellung ähnlicher Geschäftsvorfälle voraus. Zudem müssen die Bilanzierungs- und Bewertungsmethoden, Änderungen der Methoden und die Auswirkungen der Änderungen offengelegt werden (RK.40); eine

---

17 Vgl. ADS International (2002), Abschnitt 1, Tz. 61-63; Pellens/Fülbier/Gassen (2006), S. 108; Wagenhofer (2005), S. 119 f.

18 Vgl. Pellens/Fülbier/Gassen (2006), S. 109.

19 Vgl. zu den dargestellten Sekundärgrundsätzen ausführlich ADS International (2002), Abschnitt 1, Tz. 73-82; Pellens/Fülbier/Gassen (2006), S. 109 f.; Wagenhofer (2005), S. 120 ff.

Einheitlichkeit der Rechnungslegungsmethoden aller Unternehmen ist nicht erforderlich (RK.41).[20]

RK.43-45 ergänzt die Anforderungen der Relevanz und der Verlässlichkeit um die Nebenbedingungen der Zeitnähe, der Abwägung von Kosten und Nutzen sowie der Abwägung der qualitativen Anforderungen an den Abschluss.

Eine zeitnahe Berichterstattung (RK.43) ist für die Relevanz der Informationen bedeutsam, allerdings führt eine zeitnahe Informationsbereitstellung häufig zu einem Verlust an Verlässlichkeit, da noch nicht alle Aspekte eines Sachverhalts bekannt sind. Daher muss das Management die jeweiligen Vorteile einer zeitnahen versus einer verlässlicheren Berichterstattung gegeneinander abwägen und dabei die Bedürfnisse der Adressaten angesichts ihrer wirtschaftlichen Entscheidungen berücksichtigen. Die Abwägung von Kosten und Nutzen (RK.44) als vorherrschender Sachzwang verlangt als Bedingung für die Bereitstellung einer Information, dass der resultierende Nutzen die Kosten übersteigt, wenngleich dieser Grundsatz schwer operationalisierbar ist. Die Abwägung der qualitativen Anforderungen (RK.45) fällt, da das Rahmenkonzept keine klare Gewichtung vorgibt, dem Bilanzierenden zu. Die Zielsetzung des Abschlusses erfordert gemäß Rahmenkonzept regelmäßig eine angemessene Ausgewogenheit der qualitativen Anforderungen und im Einzelfall eine fachkundige Beurteilung der jeweiligen relativen Bedeutung.[21]

Hinzu kommen außerdem die Grundsätze der Bilanzidentität und der Einzelbewertung sowie das Stichtagsprinzip.

Der Grundsatz der Bilanzidentität wird in den IFRS-Vorschriften nicht expressis verbis geregelt und gilt auch nur eingeschränkt. Eine Durchbrechung der Bilanzidentität ist zur Berichtigung schwerwiegender Fehler und bei Änderungen der Bilanzierungs- und Bewertungsmethoden zulässig; die Anpassungen für das Vorjahr werden erfolgsneutral mit dem Eigenkapital der Eröffnungsbilanz verrechnet.[22]

Auch der Grundsatz der Einzelbewertung ist in den IFRS nicht explizit kodifiziert, lässt sich jedoch aus den Formulierungen der Standards, etwa der Verwendung des Singulars und einer vorgeschriebenen Einzelbewertung in speziellen Standards, ableiten. Demzufolge kann von einer Allgemeingültigkeit des Grundsatzes ausgegangen werden, sofern nicht im Einzelfall eine Ausnahmeregelung besteht. Ausnahmen vom Einzelbewertungsgrundsatz stellen etwa die Er-

---

20 Vgl. ADS International (2002), Abschnitt 1, Tz. 83 f.; Pellens/Fülbier/Gassen (2006), S. 110 f.

21 Vgl. ADS International (2002), Abschnitt 1, Tz. 90, 92-94; Pellens/Fülbier/Gassen (2006), S. 111.

22 Vgl. Achleitner et al. (2003), Tz. 101.

mittlung außerplanmäßiger Abschreibungen auf Basis zahlungsmittelgenerierender Einheiten gemäß IAS 36 sowie Bewertungsvereinfachungsverfahren bei Vorräten dar.[23]

Das Stichtagsprinzip ist bei der Aufstellung eines IFRS-Abschlusses grundsätzlich zu beachten; demzufolge sind die Vermögenswerte und Schulden nach den Verhältnissen am Stichtag zu erfassen. Ereignisse, deren Ursache nach dem Bilanzstichtag liegt (wertbeeinflussende Tatsachen), dürfen nicht berücksichtigt werden (IAS 10.10); solche Ereignisse hingegen, die bereits am Stichtag bestanden, allerdings erst nach dem Stichtag bekannt werden (werterhellende Tatsachen), müssen zwingend im Abschluss Berücksichtigung finden (IAS 10.8).[24]

**(3) Definition, Ansatz und Bewertung der Abschlussposten**

Das Rahmenkonzept definiert die Abschlussposten zunächst in allgemeiner Form und legt anschließend konkrete Kriterien für den Ansatz sowie Maßstäbe für die Bewertung der Posten fest. Als Elemente der Bilanz nennt es in RK.47 Vermögenswerte (assets), Schulden (liabilities) und Eigenkapital (equity), als Elemente der GuV werden Aufwendungen (expenses) und Erträge (income) genannt.[25]

Einen Vermögenswert definiert RK.49(a) als „eine in der Verfügungsmacht des Unternehmens stehende Ressource, die ein Ergebnis von Ereignissen der Vergangenheit darstellt, und von der erwartet wird, dass dem Unternehmen aus ihr künftiger wirtschaftlicher Nutzen zufließt." Die Definition zielt auf den zukünftigen ökonomischen Nutzen ab, den der Vermögenswert in Form eines potenziellen zukünftigen Zuflusses von Zahlungsmitteln oder -äquivalenten verkörpert.[26]

Eine Schuld ist nach RK.49(b) „eine gegenwärtige Verpflichtung des Unternehmens, die aus Ereignissen der Vergangenheit entsteht und deren Erfüllung für das Unternehmen erwartungsgemäß mit einem Abfluss von Ressourcen mit wirtschaftlichem Nutzen verbunden ist." Das Bestehen einer gegenwärtigen Verpflichtung ist das zentrale Merkmal einer Schuld (RK.60); unter den Schuldbegriff fallen sowohl Verbindlichkeiten als auch Rückstellungen (RK.64).[27]

---

23 Vgl. Achleitner et al. (2003), Tz. 105 f.; Streim/Bieker/Leippe/Schmidt (2002), Rz. 100 f. Zur Darstellung der Regelungen des IAS 36 vgl. unten das Kapitel 6.3.3; zur Bilanzierung des Vorratsvermögens vgl. Kapitel 6.3.5.1.

24 Vgl. ADS International (2002), Abschnitt 1, Tz. 121 f.; Achleitner et al. (2003), Tz. 107.

25 Die Definition der Abschlussposten stellt dabei weder eine notwendige noch eine hinreichende Bedingung für den Ansatz im Abschluss dar; spezielle IFRS können sowohl etwa den Ansatz bestimmter Vermögenswerte untersagen als auch zumindest grundsätzlich den Ansatz von Sachverhalten vorschreiben, die den Definitionen des Rahmenkonzepts nicht entsprechen (RK.50, 52). Vgl. dazu auch Pellens/Fülbier/Gassen (2006), S. 113 f.

26 Vgl. Pellens/Fülbier/Gassen (2006), S. 113. Das Potenzial zukünftigen Nutzenzuflusses kann beispielsweise im Einsatz als Produktionsfaktor oder zur Tilgung von Verbindlichkeiten sowie im Tausch gegen andere Vermögenswerte bestehen (RK.55); die Definition erfasst sowohl materielle als auch immaterielle Vermögenswerte (RK.56).

27 Vgl. ADS International (2002), Abschnitt 1, Tz. 159 f.; Pellens/Fülbier/Gassen (2006), S. 114. Verpflichtungen müssen jedoch nicht rechtlich durchsetzbar sein, sondern können auch aus dem üblichen Geschäftsgebaren resultieren, etwa im Falle von Kulanzleistungen (RK.60); die Erfüllung kann durch Zahlung flüssiger Mittel, Übertragung anderer Vermögenswerte, Ersatz durch eine andere Verpflichtung o. Ä. erfolgen (RK.62).

Das Eigenkapital stellt dann gemäß RK.49(c) den „nach Abzug aller Schulden verbleibende(n) Restbetrag der Vermögenswerte des Unternehmens“ dar; es wird demzufolge als Residualgröße ermittelt. Eine Unterteilung – etwa in Gesellschafterbeiträge, Gewinn-, Kapital- und Satzungsrücklagen – ist zu befürworten, um den Adressaten etwaige rechtliche Restriktionen zu offenbaren (RK.65).[28]

Als Ertrag definiert RK.70(a) „eine Zunahme des wirtschaftlichen Nutzens in der Berichtsperiode in Form von Zuflüssen oder Erhöhungen von Vermögenswerten oder einer Abnahme von Schulden .., die zu einer Erhöhung des Eigenkapitals führen, welche nicht auf eine Einlage der Anteilseigner zurückzuführen ist.“ Unter die Erträge fallen sowohl Erlöse, die im Rahmen der gewöhnlichen Geschäftstätigkeit eines Unternehmens anfallen, als auch andere Erträge, die innerhalb oder außerhalb der gewöhnlichen Geschäftstätigkeit anfallen können und in der GuV gesondert auszuweisen sind (RK.74-76). Die Unterscheidung resultiert aus der Bedeutung der Quelle eines Postens für die Beurteilung der Fähigkeit eines Unternehmens, auch zukünftig regelmäßige Zahlungsmittelzuflüsse zu erwirtschaften (RK.72).[29] Allerdings untersagt IAS 1.85 seit 2003 explizit den Ausweis und die Anhangangabe außerordentlicher Aufwendungen oder Erträge.[30]

Aufwendungen stellen analog nach RK.70(b) „eine Abnahme des wirtschaftlichen Nutzens in der Berichtsperiode in Form von Abflüssen oder Verminderungen von Vermögenswerten oder einer Erhöhung von Schulden dar, die zu einer Abnahme des Eigenkapitals führen, welche nicht auf Ausschüttungen an die Anteilseigner zurückzuführen ist.“ Ebenfalls analog unterscheidet das Rahmenkonzept Aufwendungen im Rahmen der gewöhnlichen Geschäftstätigkeit und andere Aufwendungen (RK.78-80); Grund für diese Unterscheidung ist die Bedeutung für die Beurteilung der Regelmäßigkeit zukünftiger Zahlungsmittelflüsse (RK.72).[31]

Anschließend an die allgemeine Definition der Abschlussposten legt das Rahmenkonzept konkrete Kriterien für die Erfassung fest (RK.82-98); ein Sachverhalt muss diese Kriterien kumulativ erfüllen, um in die Bilanz oder die GuV einbezogen zu werden:

---

[28] Vgl. auch Pellens/Fülbier/Gassen (2006), S. 114.

[29] Vgl. ADS International (2002), Abschnitt 1, Tz. 187 f.; Pellens/Fülbier/Gassen (2006), S. 115.

[30] Vgl. Pellens/Fülbier/Gassen (2006), S. 157.

[31] Vgl. ADS International (2002), Abschnitt 1, Tz. 194.

- Der Sachverhalt muss unter die Definition der Abschlussposten fallen,
- der mit dem Sachverhalt verbundene zukünftige Nutzenzu- bzw. Nutzenabfluss zum bzw. vom Unternehmen muss wahrscheinlich sein und
- eine zuverlässige Bewertung des Sachverhaltes muss möglich sein (RK.82-83).[32]

Das Konzept der Wahrscheinlichkeit des zukünftigen Nutzens wird vor dem Hintergrund der Unsicherheit verwendet, der Unternehmen ausgesetzt sind (RK.85). Allerdings umschreibt das Rahmenkonzept den Begriff der Wahrscheinlichkeit nur allgemein und liefert auch keine quantitativen Richtwerte; insofern muss der Begriff im Einzelfall sachverhaltsabhängig ausgelegt werden. Demzufolge reichen die Literaturmeinungen von einer Grenze über 50 % bis hin zu einer höheren Grenze um 70-80 %.[33]

Neben die Wahrscheinlichkeit des Nutzenflusses tritt das Kriterium der Verlässlichkeit der Bewertung; als verlässlich gelten dabei auch hinreichend genaue Schätzungen. Ist ein Sachverhalt nicht verlässlich bewertbar, wird er nicht in Bilanz oder GuV erfasst (RK.86), muss aber, wenn er aus Sicht der Adressaten für die Beurteilung der Vermögens-, Finanz- und Ertragslage relevant ist, angegeben werden (RK.88).[34]

Auf die Darstellung der konkretisierenden Ansatzkriterien folgen im Rahmenkonzept Ausführungen zur Bewertung der Abschlussposten; dabei führt das IASB in RK.100 die folgenden vier Bewertungsmaßstäbe, die in Abschlüssen in unterschiedlichem Maße und in unterschiedlichen Kombinationen zum Einsatz kommen, an.[35]

- Die historischen Anschaffungs- oder Herstellungskosten bzw. historical cost (RK.100(a)) umfassen bei Vermögenswerten entweder die für den Erwerb entrichteten Zahlungsmittel oder den beizulegenden Zeitwert der Gegenleistung im Erwerbszeitpunkt und bei Schulden den Betrag des im Austausch für die Verpflichtung erhaltenen Erlöses oder den erwartungsgemäß im normalen Geschäftsverlauf zur Tilgung zu zahlenden Betrag. Nach RK.101 sind die historischen Anschaffungs- oder Herstellungskosten die von den Unternehmen am häufigsten eingesetzte Bewertungsgrundlage.

---

[32] Vgl. Pellens/Fülbier/Gassen (2006), S. 117.

[33] Vgl. dazu ADS International (2002), Abschnitt 1, Tz. 150 m. w. N.; Wagenhofer (2005), S. 135; Wollmert/Achleitner (1997a), S. 218.

[34] Vgl. ADS International (2002), Abschnitt 1, Tz. 152 f.; Wagenhofer (2005), S. 136; Wollmert/Achleitner (1997a), S. 218.

[35] Vgl. zu diesen Bewertungsmaßstäben auch ADS International (2002), Abschnitt 1, Tz. 227 f., 230, 232 f., 238; Pellens/Fülbier/Gassen (2006), S. 118; Wollmert/Achleitner (1997b), S. 251 f.

- Der Tageswert (current cost) oder Wiederbeschaffungs- bzw. Abwicklungswert (RK.100(b)) verkörpert denjenigen Betrag, der zum Erwerb eines identischen oder gleichartigen Vermögenswertes aufzuwenden wäre; bei Schulden greift der nicht diskontierte Betrag, der zur Begleichung gegenwärtig erforderlich wäre.

- Als Veräußerungs- bzw. Erfüllungswert oder realisable bzw. settlement value (RK.100(c)) gilt bei Vermögenswerten der Betrag, der gegenwärtig durch eine hypothetische Veräußerung im normalen Geschäftsverlauf erzielbar wäre, bei Schulden der nicht diskontierte Betrag, der zur Begleichung gezahlt werden müsste.

- Der Barwert oder present value (RK.100(d)) stellt bei Vermögenswerten die diskontierten Nettozahlungsmittelzuflüsse, die der Vermögenswert im normalen Geschäftsverlauf generiert, und bei Schulden die diskontierten Nettozahlungsmittelabflüsse, die zur Erfüllung erforderlich sind, dar.

Eine Zuordnung bestimmter Bewertungsmaßstäbe zu einzelnen Vermögens- oder Schuldpositionen nimmt das IASB nicht im Rahmenkonzept, sondern jeweils in den einzelnen Standards vor.[36]

Neben die im Rahmenkonzept definierten Bewertungsmaßstäbe treten in Einzelstandards zudem weitere Kategorien von Wertansätzen – somit regelt das Rahmenkonzept die Bewertungskonzeption der IFRS letztlich nicht abschließend –, die im Folgenden dargestellt werden.[37]

- Der Marktwert (market value) eines Vermögenswertes bestimmt sich durch den potenziell bei einer Veräußerung an einem aktiven Markt – der sich durch homogene Produkte, jederzeitige Abschlussmöglichkeit und öffentlich zugängliche Preise auszeichnen muss – erzielbaren bzw. dort für den Erwerb aufzuwendenden Preis.

- Beim Nutzungswert (value in use) handelt es sich um den Barwert der geschätzten zukünftigen Cashflows aus der Nutzung eines Vermögenswertes einschließlich seines Abgangs am Ende der Nutzungsdauer.

- Der Nettoverkaufspreis (net selling price) stellt den Betrag dar, der beim Verkauf eines Vermögenswertes zwischen sachverständigen und vertragswilligen Parteien nach Abzug der Veräußerungskosten zustande käme.

---

36 Vgl. Wollmert/Achleitner (1997b), S. 251.

37 Vgl. hierzu ADS International (2002), Abschnitt 1, Tz. 226; Pellens/Fülbier/Gassen (2006), S. 119; Streim/Bieker/Leippe/Schmidt (2002), Rz. 104. Zur folgenden Darstellung der in einzelnen IFRS herangezogenen Wertmaßstäbe vgl. ADS International (2002), Abschnitt 1, Tz. 235, 239-242.

- Als beizulegender Zeitwert oder Fair Value gilt der Betrag, zu dem sachverständige, vertragswillige und voneinander unabhängige Geschäftspartner einen Vermögenswert tauschen oder eine Schuld begleichen könnten. Es handelt sich nicht um einen eigenständigen Wertmaßstab, vielmehr wird der Begriff einzelfallabhängig durch Marktwert, Tageswert, Wiederbeschaffungskosten oder Barwert ausgefüllt.[38]
- Der erzielbare Betrag (recoverable amount) bestimmt sich durch den höheren Wert aus Nutzungswert und Nettoverkaufspreis; er dient als Kontrollwert zur Ermittlung eines etwaigen Abwertungsbedarfs. Zugrunde liegt die Überlegung, dass ein Vermögenswert rationalerweise veräußert wird, wenn der dabei erzielbare Erlös den Erfolg aus weiterer Nutzung übersteigt bzw. rationalerweise im Unternehmen genutzt wird, wenn der Erfolg aus der Nutzung größer als aus der Veräußerung ist.

**(4) Kapitalerhaltungskonzepte**

Abschließend enthält das Rahmenkonzept in RK.102-110 allgemeine Ausführungen zu Kapitalerhaltungskonzepten; es wird in finanzwirtschaftliche und leistungswirtschaftliche Kapitalerhaltung unterschieden.

Nach der finanzwirtschaftlichen Kapitalerhaltung gilt ein Gewinn als erwirtschaftet, wenn der finanzielle Betrag des Reinvermögens des Unternehmens am Ende der Berichtsperiode höher als zu Beginn der Berichtsperiode ist (RK.104(a)). Die leistungswirtschaftliche Kapitalerhaltung betrachtet einen Gewinn als entstanden, wenn die in Geldeinheiten bewertete physische Produktionskapazität im Sinne der betrieblichen Leistungsfähigkeit des Unternehmens am Ende der Periode höher als zu Periodenbeginn ist (RK.104(b)).[39] Die Auswahl eines Konzeptes – durch die Unternehmen auf Basis der Bedürfnisse der Abschlussadressaten (RK.103) – wirkt sich nach RK.106 auf die Bilanzbewertung aus: Leistungswirtschaftliche Kapitalerhaltung erfordert eine Bewertung zu Wiederbeschaffungskosten, finanzwirtschaftliche hingegen keine bestimmte Bewertungsgrundlage.

Generell besitzen Kapitalerhaltungskonzepte primär im Kontext der Ermittlung eines den Unternehmen maximal entziehbaren Gewinns Bedeutung. Da die IFRS jedoch nicht das Ziel der Zahlungsbemessung verfolgen, ist die Bezugnahme auf Kapitalerhaltungskonzepte unter der Fiktion einer Zahlungsbemessungsfunktion zu sehen.[40]

---

[38] Der Fair Value hat in den vergangenen Jahren im Rechnungslegungssystem der IFRS sukzessive an Bedeutung gewonnen, ohne dass eine konzeptionelle Grundlage des IASB vorliegt. Derzeit beschäftigen sich sowohl das IASB als auch das FASB mit den konzeptionellen Grundlagen der Fair Value-Ermittlung. Zum gemeinsam veröffentlichten Diskussionspapier der Standardsetter vgl. kritisch Bieker (2007a) und Bieker (2007b). Die vorliegende Arbeit blendet die bislang veröffentlichten Ergebnisse jedoch der Einschränkung aus Kapitel 1 entsprechend aus.

[39] Vgl. ADS International (2002), Abschnitt 1, Tz. 222 f.; Pellens/Fülbier/Gassen (2006), S. 119.

[40] Vgl. ADS International (2002), Abschnitt 1, Tz. 220.

## 6.3 Regelung der bilanziellen Hauptpositionen in speziellen IFRS

Dem zweistufigen Aufbau der IFRS-Rechnungslegung folgend schließt sich an die obige Darstellung der konzeptionellen Grundlagen eine Erläuterung der speziellen Vorschriften zu bilanziellen Hauptpositionen in den einzelnen Rechnungslegungsstandards an, beginnend mit den Regelungen zum Sachanlagevermögen.

### 6.3.1 Sachanlagevermögen

Die Bilanzierung von Sachanlagen ist in IAS 16 geregelt. Ausnahmen bestehen für Sachanlagen, die zum Verkauf bestimmt sind (IFRS 5), für als Finanzinvestition gehaltene Immobilien (IAS 40) sowie für geleaste Sachanlagen (IAS 17), biologische Vermögenswerte (IAS 41) und nicht-regenerative Ressourcen (IFRS 6).[41]

Im Folgenden werden die Regelungen des IAS 16 und anschließend die des IFRS 5 und des IAS 40 dargestellt, die Aspekte Leasing, biologische Vermögenswerte und nicht-regenerative Ressourcen hingegen vernachlässigt, um den Rahmen der Darstellung überschaubar zu halten.

#### 6.3.1.1 Sachanlagen nach IAS 16

Als Sachanlagen gelten nach IAS 16.6 materielle Vermögenswerte, die ein Unternehmen für Zwecke der Herstellung oder Lieferung von Gütern, der Bereitstellung von Dienstleistungen, zur Vermietung oder für Verwaltungszwecke hält und erwartungsgemäß länger als eine Periode nutzt.

IAS 16.7 verlangt den Ansatz einer Sachanlage, wenn es wahrscheinlich ist, dass ein mit der Sachanlage verbundener künftiger wirtschaftlicher Nutzen dem Unternehmen zufließt und die Anschaffungs- oder Herstellungskosten verlässlich bewertet werden können. Bei Erfüllung der Ansatzkriterien werden Sachanlagen grundsätzlich voneinander abgegrenzt und einzeln bilanziert (Einzelbewertungsgrundsatz). Allerdings dürfen nach IAS 16.9 einzelne unbedeutende Gegenstände wie etwa Werkzeuge unter der Voraussetzung, dass sie eine mehrperiodige Nutzungsdauer aufweisen, zusammengefasst werden (Gruppenbewertung).[42]

IAS 16.43 schreibt die gesonderte Abschreibung einzelner Komponenten von Sachanlagen vor, deren Anschaffungs- oder Herstellungskosten im Verhältnis zum gesamten Wert der Anlage bedeutsam sind. Eine Zusammenfassung von Komponenten ist nur erlaubt, wenn identische Nutzungsdauern und Abschreibungsmethoden vorliegen (IAS 16.45). Mit diesem Komponen-

---

[41] Vgl. Ballwieser (2005), Tz. 2; Pellens/Fülbier/Gassen (2006), S. 294 f.

[42] Vgl. Pellens/Fülbier/Gassen (2006), S. 296.

tenansatz verpflichtet IAS 16 die Unternehmen zur Aufteilung von Sachanlagen in einzelne Bestandteile selbst dann, wenn ein einheitlicher Nutzungs- und Funktionszusammenhang besteht.[43]

Bei erstmaligem Ansatz wird die Sachanlage mit ihren Anschaffungs- oder Herstellungskosten bewertet (IAS 16.15); diese stellen entweder den Betrag an Zahlungsmitteln oder -äquivalenten, der zum Erwerb bzw. zur Herstellung entrichtet wurde, oder den beizulegenden Zeitwert einer anderen Entgeltform im Erwerbs- bzw. Herstellungszeitpunkt dar (IAS 16.6). Schiebt sich die Bezahlung über ein normales Zahlungsziel hinaus, bildet der Barwert des Kaufpreises die Anschaffungskosten und die Differenz zwischen Barwert und Zahlungsbetrag ist dann als Zinsaufwand für den Zeitraum des Zahlungsziels zu verrechnen (IAS 16.23).[44]

Für die Folgebewertung von Sachanlagen gewährt IAS 16.29 den Unternehmen ein Wahlrecht zwischen einem Anschaffungskostenmodell und einem Neubewertungsmodell; die gewählte Methode ist jeweils auf alle Elemente einer Gruppe von Sachanlagen anzuwenden.[45]

Das Anschaffungskostenmodell gemäß IAS 16.30 sieht den Ansatz der Sachanlagen zu Anschaffungskosten abzüglich – bei abnutzbaren Sachanlagen – kumulierter planmäßiger sowie ggf. außerplanmäßiger Abschreibungen vor. Ein erwarteter Restwert am Ende der Nutzungsdauer mindert das Abschreibungsvolumen (IAS 16.53). Die Abschreibung beginnt im Zeitpunkt der Verfügbarkeit der Sachanlage an ihrem Standort und in dem vom Management beabsichtigten betriebsbereiten Zustand (IAS 16.55) und verläuft planmäßig über die Nutzungsdauer (IAS 16.50). Bei der Schätzung der voraussichtlichen Nutzungsdauer sind nach IAS 16.56 die Faktoren der erwarteten Intensität der Nutzung, des erwarteten physischen Verschleißes unter Berücksichtigung des Reparatur- und Instandhaltungsprogramms, der technischen Veralterung sowie rechtlicher und ähnlicher Nutzungsbeschränkungen heranzuziehen. Die Abschreibungsmethode muss mit dem erwarteten Verlauf des Verbrauchs des künftigen wirtschaftlichen Nutzens der Sachanlage korrespondieren (IAS 16.60, 16.62).[46]

---

43 Vgl. Hoffmann/Lüdenbach (2004), S. 375; Pellens/Fülbier/Gassen (2006), S. 296. Beispielsweise kann es angemessen sein, das Flugwerk und die Triebwerke eines Flugzeugs getrennt abzuschreiben (IAS 16.44). Wahlrechtlich dürfen auch Teile getrennt abgeschrieben werden, deren Anschaffungskosten relativ zu den gesamten Kosten der Anlage nicht signifikant sind (IAS 16.47). Eine extensive Auslegung der Regelung lehnen Hoffmann/Lüdenbach (2004), S. 377, jedoch ab.

44 Alternativ zulässig ist nach IAS 23 eine Aktivierung der Zinsen im Buchwert der Sachanlage. Die in die Anschaffungs- oder Herstellungskosten im Einzelnen einzubeziehenden bzw. nicht einzubeziehenden Bestandteile ergeben sich aus IAS 16.16-22; sie sollen jedoch hier nicht näher dargestellt werden. Vgl. dazu Pellens/Fülbier/Gassen (2006), S. 297-300.

45 Unter einer Gruppe von Sachanlagen versteht man nach IAS 16.37 Anlagen ähnlicher Art und ähnlicher Verwendung in einem Unternehmen, exemplarisch unbebaute Grundstücke, Grundstücke und Gebäude, Maschinen und technische Anlagen, Schiffe, Flugzeuge, Kraftfahrzeuge, Betriebs- oder Büroausstattung.

46 Vgl. hierzu auch Kümpel (2003), S. 382 ff.; Pellens/Fülbier/Gassen (2006), S. 302 f.

Das Neubewertungsmodell nach IAS 16.31 bildet Sachanlagen in der Bilanz mit einem Neubewertungsbetrag ab, der dem beizulegenden Zeitwert (Fair Value) abzüglich planmäßiger und außerplanmäßiger Abschreibungen entspricht; Voraussetzung ist eine verlässliche Bestimmbarkeit des beizulegenden Zeitwertes. Dieser entspricht gemäß IAS 16.6 dem Betrag, zu dem sachverständige, vertragswillige und voneinander unabhängige Vertragspartner die Sachanlage tauschen würden. In der Regel stellt der durch Gutachter oder Schätzungen ermittelte Marktwert den beizulegenden Zeitwert dar (IAS 16.32); liegen hingegen keine Marktpreise als Anhaltspunkte vor, muss auf ein Ertragswertverfahren oder fortgeführte Wiederbeschaffungskosten zurückgegriffen werden (IAS 16.33).[47]

Der so ermittelte Neubewertungsbetrag bildet den neuen Bilanzwert. Übersteigt er den Buchwert der Sachanlage, ist die Wertsteigerung direkt erfolgsneutral in eine Neubewertungsrücklage im Eigenkapital einzustellen bzw. lediglich in dem Umfang erfolgswirksam zu erfassen, in dem sie eine in der Vergangenheit erfolgswirksam verbuchte, aus einer Neubewertung resultierende Abwertung derselben Sachanlage rückgängig macht (IAS 16.39). Unterschreitet der Neubewertungsbetrag den Buchwert, so ist die Wertminderung erfolgswirksam zu erfassen; eine in Vorperioden gebildete Neubewertungsrücklage für diese Sachanlage ist jedoch vorrangig erfolgsneutral aufzulösen (IAS 16.40). Nach der Neubewertung stellt der Neubewertungsbetrag die Abschreibungsbasis dar, von der analog zum Anschaffungskostenmodell abgeschrieben wird. Die Neubewertungsrücklage kann nach IAS 16.41 entweder bei Ausbuchung der Sachanlage infolge Stilllegung oder Veräußerung vollständig erfolgsneutral in die Gewinnrücklagen umgegliedert werden; alternativ dürfen die Unternehmen bei abnutzbaren Sachanlagen bereits während der Nutzung die Differenz zwischen der Abschreibung auf den Neubewertungsbetrag und derjenigen auf die Anschaffungs- oder Herstellungskosten erfolgsneutral in die Gewinnrücklagen übertragen.[48]

Die Ausbuchung von Sachanlagen muss nach IAS 16.67 bei Abgang oder zu dem Zeitpunkt vorgenommen werden, ab dem kein künftiger wirtschaftlicher Nutzen aus der Nutzung oder dem Abgang der Anlage mehr zu erwarten ist. Aus der Ausbuchung resultierende Aufwendungen oder Erträge sind in der GuV zu erfassen (IAS 16.68).[49]

---

47 Vgl. Ballwieser (2005), Tz. 30-33; Pellens/Fülbier/Gassen (2006), S. 303 f. Eine Neubewertung ist stets erforderlich, wenn der beizulegende Zeitwert und der Buchwert erheblich voneinander abweichen, bei stark schwankenden beizulegenden Zeitwerten ist demzufolge jährlich neu zu bewerten, bei geringfügigen Schwankungen reicht hingegen ein Turnus von drei bis fünf Jahren aus (IAS 16.34). Die Neubewertung einer Sachanlage zieht die Neubewertung der gesamten zugehörigen Gruppe nach sich (IAS 16.36), die jedoch, sofern sie in einer kurzen Zeitspanne vollendet wird, auch auf einer rollierenden Basis vorgenommen werden kann (IAS 16.38).

48 Vgl. Ballwieser (2005), Tz. 36 ff., sowie mit ausführlichem Beispiel Pellens/Fülbier/Gassen (2006), S. 305-309.

49 Vgl. Ballwieser (2005), Tz. 58.

Für die Ermittlung und Behandlung eines etwaigen Wertminderungsbedarfs verweist IAS 16.63 auf den separaten Standard IAS 36 „Wertminderung von Vermögenswerten", den ein separates Kapitel thematisiert.[50]

### 6.3.1.2 Zur Veräußerung gehaltene Vermögenswerte nach IFRS 5

IFRS 5 regelt die Bilanzierung der zur Veräußerung bestimmten langfristigen Vermögenswerte bzw. Gruppen solcher Vermögenswerte (Veräußerungsgruppen) und der aufgegebenen Geschäftsbereiche.[51]

Eine Veräußerungsgruppe ist gemäß IFRS 5 Anhang A eine Gruppe von Vermögenswerten, die in einer Transaktion gemeinsam veräußert werden sollen, einschließlich der damit in Verbindung stehenden Schulden, die ebenfalls im Rahmen der Transaktion übertragen werden.[52]

Langfristige Vermögenswerte und Veräußerungsgruppen müssen als zur Veräußerung gehalten klassifiziert werden, wenn ihr Buchwert durch ein Veräußerungsgeschäft und nicht durch die fortgesetzte Nutzung realisiert werden soll (IFRS 5.6). Dazu muss der Vermögenswert bzw. die Veräußerungsgruppe im gegenwärtigen Zustand zu marktüblichen Konditionen sofort veräußerbar und die Veräußerung zudem höchstwahrscheinlich sein (IFRS 5.7); die hohe Wahrscheinlichkeit liegt vor, wenn die folgenden Bedingungen kumulativ erfüllt sind: Die für den Verkauf zuständige Managementebene hat einen Plan für den Verkauf beschlossen, mit der Suche nach einem Käufer und der Durchführung des Plans aktiv begonnen und bietet den Vermögenswert zu einem im Verhältnis zum beizulegenden Wert angemessenen Preis an. Außerdem muss der Verkauf innerhalb eines Jahres zu erwarten sein, darüber hinaus ist es erforderlich, dass Änderungen des Veräußerungsplans oder dessen Aufhebung unwahrscheinlich erscheinen (IFRS 5.8).[53]

Die unter den Anwendungsbereich des IFRS 5 fallenden langfristigen Vermögenswerte und Veräußerungsgruppen sind nach IFRS 5.1 bzw. 5.38 in der Bilanz jeweils gesondert auszuweisen; sie sind vor der erstmaligen Klassifizierung als zur Veräußerung gehalten gemäß den einschlägigen IFRS neu zu bewerten (IFRS 5.18) und anschließend zum niedrigeren Wert aus Buchwert und beizulegendem Zeitwert abzüglich der Veräußerungskosten zu bilanzieren (IFRS 5.15). Der beizulegende Zeitwert ist der zwischen sachverständigen, vertragswilligen und

---

[50] Vgl. Kapitel 6.3.3.

[51] Nicht anzuwenden sind die Bewertungsvorschriften des Standards nach IFRS 5.5 auf latente Steueransprüche, Vermögenswerte aus Leistungen an Arbeitnehmer, finanzielle Vermögenswerte aus dem Anwendungsbereich des IAS 39, zum beizulegenden Zeitwert bewertete Vermögenswerte nach IAS 40 (Immobilien als Finanzinvestition) und IAS 41 (Landwirtschaft) sowie vertragliche Rechte aus Versicherungsverträgen.

[52] Vgl. Böcking/Kiefer (2006), Tz. 25; Pellens/Fülbier/Gassen (2006), S. 162.

[53] Vgl. zur Klassifizierung Böcking/Kiefer (2006), Tz. 29, 31; Kümpel/Straatmann (2005), S. 139 f.; Pellens/Fülbier/Gassen (2006), S. 162 f.

voneinander unabhängigen Partnern marktübliche Preis (IFRS 5 Anhang A). Ist der Buchwert höher als der beizulegende Zeitwert, muss erfolgswirksam abgeschrieben werden (IFRS 5.20); alle Gewinne und Verluste aus der Neubewertung langfristiger Vermögenswerte und Veräußerungsgruppen, die nicht die Definition eines aufgegebenen Geschäftsbereiches erfüllen, sind im Ergebnis der gewöhnlichen Geschäftstätigkeit zu erfassen (IFRS 5.37).[54]

Eine oder mehrere Veräußerungsgruppen können einen Unternehmensbestandteil bilden. Ein solcher stellt nach IFRS 5.31 einen Geschäftsbereich, der betrieblich und für Rechnungslegungszwecke klar vom Gesamtunternehmen abgrenzbar ist, einschließlich zugehöriger Cashflows dar; insofern handelt es sich um eine zahlungsmittelgenerierende Einheit. Ein Unternehmensbestandteil wird als aufgegebener Geschäftsbereich eingeordnet, wenn er einen gesonderten, wesentlichen Geschäftszweig oder geografischen Geschäftsbereich darstellt, Teil eines Verkaufsplans für einen gesonderten, wesentlichen Geschäftszweig oder geografischen Geschäftsbereich ist oder es sich um ein mit Weiterveräußerungsabsicht erworbenes Tochterunternehmen handelt (IFRS 5.32).[55]

Für aufgegebene Geschäftsbereiche bestehen besondere Ausweisvorschriften. Es sind Angaben über das Nachsteuerergebnis des aufgegebenen Geschäftsbereichs sowie die Nachsteuerauswirkung der Bewertung zum beizulegenden Zeitwert abzüglich Veräußerungskosten oder der Veräußerung zu machen und gesondert aufzugliedern sowie die Netto-Cashflows des aufgegebenen Geschäftsbereiches aus der laufenden Geschäftstätigkeit und aus der Investitions- und Finanzierungstätigkeit offenzulegen (IFRS 5.33).[56]

Insgesamt gesehen soll diese Bereitstellung von Informationen durch die Unternehmen den Abschlussadressaten eine Beurteilung der finanziellen Auswirkungen von aufgegebenen Geschäftsbereichen sowie der Veräußerung langfristiger Vermögenswerte bzw. Veräußerungsgruppen ermöglichen (IFRS 5.30).

#### 6.3.1.3 Als Finanzinvestition gehaltene Immobilien nach IAS 40

IAS 40 gilt für alle Immobilien, die vom Eigner als Finanzinvestition gehalten werden. Darunter fallen Immobilien (Grundstücke, Gebäude oder Teile von Gebäuden), die vom Eigentümer oder vom Leasingnehmer eines Finanzierungsleasingverhältnisses zur Erzielung von Mieteinnahmen bzw. einer Wertsteigerung gehalten werden und die nicht der Herstellung von Gütern, der Erbringung von Dienstleistungen oder zu Verwaltungszwecken dienen und auch nicht zum Ver-

---

54 Vgl. hierzu Böcking/Kiefer (2006), Tz. 66, 71, 74, 84; Kümpel/Straatmann (2005), S. 141; Pellens/Fülbier/Gassen (2006), S. 163.

55 Vgl. Böcking/Kiefer (2006), Tz. 45 f.; Pellens/Fülbier/Gassen (2006), S. 162.

56 Vgl. Böcking/Kiefer (2006), Tz. 105 f.; Pellens/Fülbier/Gassen (2006), S. 163.

kauf im Rahmen der gewöhnlichen Geschäftstätigkeit eines Unternehmens vorgesehen sind (IAS 40.5). IAS 40.7 konkretisiert das Abgrenzungskriterium so, dass Immobilien als Finanzinvestition von anderen Vermögenswerten des Unternehmens weitgehend unabhängige Cashflows erwirtschaften.[57]

Die als Finanzinvestition klassifizierten Immobilien sind in der Bilanz anzusetzen, wenn sie die allgemeinen Ansatzkriterien für Vermögenswerte erfüllen, also das Unternehmen aus ihnen einen wahrscheinlichen zukünftigen Nutzen erzielt und zudem die Anschaffungs- oder Herstellungskosten verlässlich bewertet werden können (IAS 40.16). Die Anschaffungs- oder Herstellungskosten einschließlich direkt zurechenbarer Transaktionskosten bilden zugleich den für die Erstbewertung relevanten Wertmaßstab (IAS 40.20-21).[58]

Für die Folgebewertung gewährt IAS 40.30 den Unternehmen ein Wahlrecht zwischen dem Anschaffungskostenmodell und dem Modell des beizulegenden Zeitwertes, das jedoch für alle als Finanzinvestition gehaltenen Immobilien einheitlich und im Zeitablauf stetig auszuüben ist. Zudem enthält IAS 40.31 einen Verweis auf IAS 8, nach dem Änderungen von Bilanzierungs- und Bewertungsmethoden nur bei einer daraus resultierenden sachgerechteren Darstellung im Abschluss zulässig sind, sowie die Festlegung, dass eine sachgerechtere Darstellung beim Wechsel vom Modell des beizulegenden Zeitwerts hin zum Anschaffungskostenmodell unwahrscheinlich ist.[59]

Wählt ein Unternehmen das Modell des beizulegenden Zeitwertes, hat es alle als Finanzinvestition gehaltenen Immobilien mit dem beizulegenden Zeitwert zu bewerten (IAS 40.33); Gewinne und Verluste aus Änderungen des beizulegenden Zeitwerts sind in den Perioden ihrer Entstehung erfolgswirksam im Periodenergebnis zu berücksichtigen (IAS 40.35). Der beizulegende Zeitwert soll die am Bilanzstichtag herrschenden Marktbedingungen widerspiegeln (IAS 40.38). Den bestmöglichen Hinweis dafür liefern Preise eines aktiven Marktes für ähnliche Immobilien am gleichen Ort und im gleichen Zustand, die Gegenstand vergleichbarer Verträge sind (IAS 40.45). Liegen solche Preise nicht vor, so sind alternativ die Preise eines aktiven Marktes für Immobilien abweichender Art, angepasst hinsichtlich der vorliegenden Unterschiede der Immobilien, die Preise eines weniger aktiven Marktes für ähnliche Immobilien, angepasst hinsichtlich der Änderungen ökonomischer Rahmenbedingungen seit der letzten Transaktion auf diesem Markt, und diskontierte Cashflows, basierend auf verlässlichen Schätzungen vor dem

---

[57] Beispiele für als Finanzinvestition gehaltene Immobilien sind langfristig zum Zwecke der Wertsteigerung gehaltene Grundstücke, gegenwärtig für eine unbestimmte zukünftige Nutzung gehaltene Grundstücke sowie Gebäude, die zur Vermietung im Rahmen eines Operating-Leasingverhältnisses gehalten werden (IAS 40.8); nicht als Finanzinvestitionen gelten beispielsweise für Dritte erstellte oder entwickelte Immobilien, selbst genutzte Immobilien und in der Erstellung befindliche Immobilien (IAS 40.9). Vgl. auch Pellens/Fülbier/Gassen (2006), S. 319 f.

[58] Vgl. Pellens/Fülbier/Gassen (2006), S. 323 f. Als direkt zurechenbare Transaktionskosten kommen etwa Honorare für Rechtsberatung und auf die Übertragung einer Immobilie anfallende Steuern infrage.

[59] Vgl. Burkhardt/Hachmeister (2006), S. 356; Pellens/Fülbier/Gassen (2006), S. 324 f.

Hintergrund etwa marktüblicher Mieten, zu verwenden (IAS 40.46). IAS 40.53 kodifiziert die widerlegbare Vermutung, dass Unternehmen die beizulegenden Zeitwerte fortwährend verlässlich bestimmen können; lediglich in Ausnahmefällen sind im Erwerbszeitpunkt eindeutige gegenteilige Hinweise denkbar, die dann zu einer Anwendung des Anschaffungskostenmodells nach IAS 16 führen. Bei einmal nach dem Modell des beizulegenden Zeitwerts bewerteten Immobilien wird dieses Modell auch dann beibehalten, wenn vergleichbare Markttransaktionen seltener auftreten oder Marktpreise seltener verfügbar sind (IAS 40.55).[60]

Bei einer Wahl des Anschaffungskostenmodells muss ein Unternehmen gemäß IAS 40.56 alle als Finanzinvestition gehaltenen Immobilien nach den Vorschriften des IAS 16 zu diesem Modell, also zu fortgeführten Anschaffungs- oder Herstellungskosten abzüglich kumulierter Abschreibungen und kumulierter Wertminderungen, bewerten. Der beizulegende Zeitwert der nach Anschaffungskostenmodell folgebewerteten Immobilien ist dennoch verpflichtend offenzulegen, und zwar in Form einer Anhangangabe (IAS 40.79(e)). Insofern wird deutlich, dass der Standardsetter das Modell des beizulegenden Zeitwertes favorisiert, denn bei dieser Ausübung des Wahlrechts müssen die fortgeführten Anschaffungs- oder Herstellungskosten nicht angegeben werden.[61]

### 6.3.2 Immaterielle Vermögenswerte nach IAS 38

Die Bilanzierung immaterieller Vermögenswerte, soweit nicht in anderen Standards konkret behandelt,[62] wird in IAS 38 geregelt.

IAS 38.8 definiert einen immateriellen Vermögenswert als einen identifizierbaren, nicht monetären Vermögenswert ohne physische Substanz, den das Unternehmen aufgrund vergangener Ereignisse beherrscht und der erwartungsgemäß einen zukünftigen Nutzenzufluss zum Unternehmen bewirkt. Falls ein in den Anwendungsbereich des Standards fallender Posten diesen Kriterien nicht genügt, werden die betreffenden Kosten für Erwerb oder interne Erstellung in der Periode ihres Anfalls als Aufwand erfasst.[63]

---

60 Vgl. Pellens/Fülbier/Gassen (2006), S. 325-332.

61 Vgl. Beck (2004), S. 499.

62 Andere Standards greifen etwa für finanzielle Vermögenswerte, Abbau- und Schürfrechte, immaterielle Vermögenswerte zum Verkauf im normalen Geschäftsgang, latente Steuern, Leasingverhältnisse, aus Leistungen an Arbeitnehmer resultierende Vermögenswerte und für den bei einem Unternehmenszusammenschluss erworbenen Geschäfts- oder Firmenwert (IAS 38.2-3). Letzterer bleibt zur Beschränkung des Untersuchungsumfangs der vorliegenden Arbeit (siehe Kapitel 1) im Folgenden außen vor. Vgl. zur Goodwillbilanzierung nach IFRS 3 Bieker/Esser (2004) sowie überdies Streim/Bieker/Hackenberger/Lenz (2007).

63 Vgl. Pellens/Fülbier/Gassen (2006), S. 268. Vermögenswerte, die materielle und immaterielle Elemente aufweisen, da sie in oder auf einer physischen Substanz enthalten sind, etwa Computersoftware, Rechtsdokumente oder Filme, werden von den Unternehmen nach eigenem Ermessen dahin gehend beurteilt, welches Element wesentlicher ist, und der Beurteilung folgend entweder als Sachanlage nach IAS 16 oder als immaterieller Vermögenswert nach IAS 38 behandelt (IAS 38.4).

Das Kriterium der Identifizierbarkeit dient der Abgrenzung immaterieller Vermögenswerte vom Geschäfts- oder Firmenwert; Identifizierbarkeit liegt vor, wenn ein Vermögenswert separierbar ist, d. h. vom Unternehmen getrennt und verkauft, übertragen, lizenziert, vermietet oder getauscht werden kann, oder er aus vertraglichen oder anderen gesetzlichen Rechten entsteht (IAS 38.11-12). Das Kriterium der Beherrschung verlangt die Macht des Unternehmens, sich den künftigen wirtschaftlichen Nutzenzufluss zu verschaffen und den Zugriff Dritter auf diesen Nutzen zu verhindern. Diese Fähigkeit basiert gewöhnlich auf juristisch durchsetzbaren Ansprüchen, jedoch sind grundsätzlich auch andere Formen der Beherrschungsmöglichkeit denkbar (IAS 38.13). Der künftige wirtschaftliche Nutzen kann in Form von Erlösen aus dem Verkauf von Gütern und Dienstleistungen, Kosteneinsparungen oder anderen Vorteilen aus der Eigenverwendung vorliegen (IAS 38.17).[64]

Alle Vermögenswerte, die unter diese Definition fallen, sind als immaterielle Vermögenswerte verpflichtend anzusetzen, wenn sie die weiteren – dem Rahmenkonzept entlehnten – Ansatzkriterien erfüllen (IAS 38.18), nämlich dass der erwartete künftige Nutzenzufluss wahrscheinlich ist und die Anschaffungs- oder Herstellungskosten verlässlich ermittelbar sind (IAS 38.21).[65] Die Wahrscheinlichkeit beurteilt ein Unternehmen auf Basis vernünftiger und begründeter Annahmen in Form einer bestmöglichen Schätzung seitens des Managements vor dem Hintergrund der erwarteten wirtschaftlichen Rahmenbedingungen während der Nutzungsdauer des Vermögenswertes (IAS 38.22).

Die Erstbewertung immaterieller Vermögenswerte erfolgt im Zugangszeitpunkt zu ihren Anschaffungs- oder Herstellungskosten (IAS 38.24); dabei hängt die Frage nach der verlässlichen Ermittelbarkeit von der Art des Erwerbs ab. Als unproblematisch erscheint der Fall des gesonderten Erwerbs von Dritten gegen Entgelt: Das Wahrscheinlichkeitskriterium wird stets als erfüllt angesehen (IAS 38.25) und die Anschaffungskosten können in Form des Kaufpreises im Regelfall verlässlich ermittelt werden (IAS 38.26).[66] Auch im Falle des Erwerbs im Rahmen eines Unternehmenszusammenschlusses wird das Wahrscheinlichkeitskriterium stets als erfüllt betrachtet und ein solcher immaterieller Vermögenswert zum beizulegenden Zeitwert angesetzt (IAS 38.33); der beizulegende Zeitwert gilt als normalerweise verlässlich genug bewertbar und

---

64 Vgl. Baetge/von Keitz (2006), Tz. 18, 21 f. Als regelmäßig schwierig, wenngleich nicht unerfüllbar, stuft das IASB in IAS 38.15-16 den Nachweis einer bestehenden hinreichenden Kontrolle über Humankapital, Kundenbeziehungen und Marktanteile ein.

65 Vgl. Baetge/von Keitz (2006), Tz. 38.

66 Vgl. Pellens/Fülbier/Gassen (2006), S. 270. Auf die für die Ermittlung der Anschaffungskosten im Einzelnen anzuwendenden Regelungen bzw. auf die einzubeziehenden Bestandteile gemäß IAS 38.27-32 soll an dieser Stelle nicht weiter eingegangen werden.

für immaterielle Vermögenswerte mit begrenzter Nutzungsdauer besteht eine diesbezügliche widerlegbare Vermutung (IAS 38.35).[67]

Schwierig gestaltet sich die verlässliche Ermittlung der Herstellungskosten und auch die Feststellung, ob überhaupt ein identifizierbarer, zukünftigen Nutzen stiftender Vermögenswert vorliegt, regelmäßig bei selbst erstellten immateriellen Vermögenswerten, für die deswegen besondere Vorschriften gelten (IAS 38.51). So wird zur Beurteilung der Ansatzkriterien und zur erstmaligen Bewertung immaterieller Vermögenswerte der Erstellungsprozess in eine Forschungsphase und eine Entwicklungsphase unterteilt (IAS 38.52). Forschung stellt eine eigenständige und planmäßige Suche mit dem Ziel der Gewinnung neuer wissenschaftlicher oder technischer Erkenntnisse dar; Entwicklung ist darauf aufbauend die Anwendung der Forschungsergebnisse oder von anderem Wissen auf einen Plan oder Entwurf zur Produktion neuer oder zumindest erheblich verbesserter Materialien, Produkte, Verfahren o. Ä. vor Beginn der kommerziellen Produktion oder Nutzung (IAS 38.8).[68]

Für im Rahmen der Forschungsphase entstandene Ausgaben bzw. immaterielle Vermögenswerte besteht ein Aktivierungsverbot, da noch kein voraussichtlicher künftiger Nutzen nachweisbar ist (IAS 38.54-55).[69] Für aus der Entwicklungsphase resultierende immaterielle Vermögenswerte liegt hingegen bei kumulativer Erfüllung der folgenden Bedingungen eine Aktivierungspflicht vor (IAS 38.57):

- Das Unternehmen weist die technische Realisierbarkeit der Fertigstellung des immateriellen Vermögenswertes und demzufolge dessen Verfügbarkeit zur Nutzung oder zum Verkauf nach,
- es weist zudem seine diesbezügliche Absicht und Fähigkeit nach,
- es weist nach, wie der zukünftige wirtschaftliche Nutzen erzielt wird, etwa die Existenz eines Marktes für den Vermögenswert selbst oder seine Produkte,

---

[67] Vgl. Pellens/Fülbier/Gassen (2006), S. 272 f. Die verlässlichste Schätzgrundlage für den beizulegenden Zeitwert bilden die Preise eines aktiven Marktes; existiert kein solcher Markt, kann alternativ auf den hypothetischen Preis im Erwerbszeitpunkt zwischen sachverständigen, vertragswilligen und voneinander unabhängigen Parteien und bei Unternehmen, die regelmäßig einzigartige immaterielle Vermögenswerte handeln, auf Bewertungsverfahren zurückgegriffen werden.

Die Sonderfälle des Erwerbs durch eine Zuwendung der öffentlichen Hand und durch einen Tausch von Vermögenswerten sollen außerhalb der Betrachtung bleiben.

[68] Vgl. Baetge/von Keitz (2006), Tz. 24 f., 54 f.; Pellens/Fülbier/Gassen (2006), S. 274. Diese besonderen Vorschriften sind als Konkretisierung der allgemeinen Ansatzkriterien zu sehen und sollen nicht zu einem restriktiveren Ansatz selbst erstellter im Vergleich zu separat erworbenen immateriellen Vermögenswerten führen.

[69] Als Forschungsaktivitäten gelten etwa solche, die auf Erlangung neuer Erkenntnisse ausgerichtet sind, die Abschätzung und endgültige Auswahl von Anwendungen für Forschungsergebnisse und die Suche nach alternativen Materialien, Vorrichtungen, Produkten, Verfahren o. Ä. (IAS 38.56).

- es weist die Verfügbarkeit der für den erfolgreichen Abschluss der Entwicklung sowie für die Nutzung bzw. den Verkauf des Vermögenswertes erforderlichen technischen, finanziellen und sonstigen Ressourcen nach und
- das Unternehmen ist fähig, die durch die Entwicklung entstehenden Ausgaben verlässlich zu bewerten.[70]

Allerdings enthält IAS 38.63 ein explizites Bilanzierungsverbot für selbst geschaffene Marken, Drucktitel, Verlagsrechte, Kundenlisten und wesensähnliche Sachverhalte; diesbezügliche Kosten gelten nach IAS 38.64 als nicht unterscheidbar von den Kosten für die Entwicklung des Unternehmens als Ganzes, sodass demzufolge ein Ansatz als immaterielle Vermögenswerte ausscheidet. Zudem untersagt IAS 38.69 die Aktivierung von Ausgaben für die Gründung und den Anlauf des Geschäftsbetriebes, für Aus- und Weiterbildung, für Werbekampagnen und Maßnahmen der Verkaufsförderung sowie für Maßnahmen der Verlegung und Reorganisation des Unternehmens oder eines Unternehmensteils. Ausgaben für solche immateriellen Vermögenswerte schaffen häufig einen originären Geschäfts- oder Firmenwert, dessen Ansatz jedoch in IAS 38.48 ebenfalls ein explizites Aktivierungsverbot entgegensteht.[71]

Für die Folgebewertung der immateriellen Vermögenswerte räumt IAS 38.72 ein Wahlrecht zwischen Anschaffungskostenmodell und Neubewertungsmodell ein. Nach dem Anschaffungskostenmodell ist ein immaterieller Vermögenswert mit seinen Anschaffungs- oder Herstellungskosten abzüglich der kumulierten planmäßigen und der kumulierten außerplanmäßigen Abschreibungen anzusetzen (IAS 38.74).

Nach dem Neubewertungsmodell werden immaterielle Vermögenswerte mit ihrem beizulegenden Zeitwert als Neubewertungsbetrag, der als Preis eines aktiven Marktes zu ermitteln ist, abzüglich späterer kumulierter Abschreibungen und Wertminderungen fortgeführt (IAS 38.75). Da jedoch normalerweise für immaterielle Vermögenswerte wegen ihres einzigartigen Charakters kein aktiver Markt vorliegt (IAS 38.78), kommt dem Anschaffungskostenmodell eine größere praktische Bedeutung zu.[72] Ergibt eine Neubewertung einen im Vergleich zum Buchwert höheren beizulegenden Zeitwert, so ist die Wertsteigerung erfolgsneutral in eine Neubewertungsrücklage im Eigenkapital einzustellen oder, wenn in der Vergangenheit eine Abwertung des Vermögenswertes erfolgswirksam erfasst wurde, zunächst in dieser Höhe ebenfalls erfolgswirk-

---

[70] Siehe auch Baetge/von Keitz (2006), Tz. 60. Beispiele für Entwicklungsaktivitäten sind der Entwurf, die Konstruktion und das Testen von Prototypen vor Beginn der eigentlichen Produktion, der Entwurf, die Konstruktion und der Betrieb einer für die spätere Produktion wirtschaftlich ungeeigneten Pilotanlage und der Entwurf, die Konstruktion und das Testen ausgewählter Alternativen für neue oder verbesserte Materialien, Vorrichtungen, Produkte, Verfahren o. Ä. (IAS 38.59).

[71] Vgl. Baetge/von Keitz (2006), Tz. 70-73. Diese Aktivierungsverbote besitzen jedoch im Wesentlichen klarstellenden Charakter, da bereits die Ansatzkriterien regelmäßig nicht erfüllt sind.

[72] Vgl. Pellens/Fülbier/Gassen (2006), S. 277. IAS 38.78 verneint die Existenz eines aktiven Marktes für Markennamen, Drucktitel bei Zeitungen, Musik- und Filmverlagsrechte, Patente und Warenzeichen explizit.

sam zu verbuchen (IAS 38.85). Liegt der beizulegende Zeitwert gemäß Neubewertung hingegen unter dem Buchwert, so ist die Abwertung erfolgswirksam vorzunehmen oder, wenn aus vergangenen Wertsteigerungen eine Neubewertungsrücklage vorhanden ist, zunächst erfolgsneutral gegen diese zu verrechnen (IAS 38.86).[73]

Für die Abschreibung immaterieller Vermögenswerte muss grundsätzlich zunächst ermittelt werden, ob die Nutzungsdauer bestimmt oder unbestimmt ist; eine bestimmte Nutzungsdauer bildet dann den Abschreibungszeitraum, bei unbestimmter Nutzungsdauer unterbleibt eine Abschreibung (IAS 38.88-89). Eine unbestimmte Nutzungsdauer ist allerdings nicht endlos (IAS 38.91).[74] Ob die Einschätzung einer unbestimmten Nutzungsdauer Bestand haben kann, ist vom Unternehmen in jeder Berichtsperiode zu überprüfen (IAS 38.109); zudem ist jährlich und bei vorliegenden Anhaltspunkten ein etwaiger Wertminderungsbedarf gemäß IAS 36 zu prüfen (IAS 38.108).

Ausgebucht werden immaterielle Vermögenswerte bei ihrem Abgang oder wenn erwartungsgemäß kein wirtschaftlicher Nutzen mehr aus ihrer Nutzung entsteht (IAS 38.112). Aus der Ausbuchung resultierende Gewinne oder Verluste in Form der Differenz zwischen Nettoveräußerungserlös und dem Restbuchwert werden erfolgswirksam in der GuV, jedoch keinesfalls als Umsatzerlöse erfasst (IAS 38.113).[75]

### 6.3.3 Wertminderung von Vermögenswerten nach IAS 36

Der Anwendungsbereich des IAS 36 betrifft aufgrund der vorrangigen Regelungen anderer Standards (IAS 36.2) im Wesentlichen das Sachanlagevermögen und die immateriellen Vermögenswerte einschließlich des Goodwills sowie Anteile an Tochterunternehmen, assoziierten Unternehmen und Gemeinschaftsunternehmen.[76]

Ein Vermögenswert gilt als wertgemindert, wenn der Buchwert den erzielbaren Betrag, der sich als höherer Wert aus beizulegendem Zeitwert und Nutzungswert ergibt, übersteigt (IAS 36.8). In diesem Fall bildet die Differenz zwischen Buchwert und erzielbarem Betrag den Wertminderungsaufwand (IAS 36.6).

---

[73] Vgl. Baetge/von Keitz (2006), Tz. 121 ff.

[74] Es werden hier in Anlehnung an Pellens/Fülbier/Gassen (2006), S. 277, Fn. 5, die Begriffe „bestimmt" und „unbestimmt" verwendet, um den Unterschied zwischen unbestimmter und endloser Nutzungsdauer zu betonen, obwohl die deutsche Übersetzung von „finite" und „indefinite" sowohl in der vom IASB (vgl. IASB (2005)) autorisierten Fassung als auch im Amtsblatt der EU „begrenzt" und „unbegrenzt" lautet.

[75] Vgl. Pellens/Fülbier/Gassen (2006), S. 285.

[76] Ausgenommen sind Vorräte, Vermögenswerte aus Fertigungsaufträgen, latente Steuern, Vermögenswerte aus Leistungen an Arbeitnehmer, finanzielle Vermögenswerte aus dem Anwendungsbereich des IAS 39, zum beizulegenden Zeitwert bewertete, als Finanzinvestition gehaltene Immobilien, biologische Vermögenswerte, Vermögenswerte aufgrund von Versicherungsverträgen sowie zur Veräußerung gehaltene langfristige Vermögenswerte.

Zur Identifizierung eines Wertminderungsbedarfs muss ein Unternehmen an jedem Bilanzstichtag beurteilen, ob Anhaltspunkte dafür vorliegen (IAS 36.9), und dabei interne und externe Informationsquellen berücksichtigen. Externe Informationsquellen sind etwa ein deutliches Absinken des Marktwerts, signifikante Veränderungen des technischen, marktbezogenen, ökonomischen oder gesetzlichen Umfelds, Erhöhungen des Marktzinssatzes und ein die Marktkapitalisierung übersteigender Buchwert des Reinvermögens des Unternehmens; interne Quellen sind substanzielle Hinweise auf eine Überalterung oder einen physischen Schaden, signifikante Veränderungen im Umfang oder in der Art der Nutzung des Vermögenswertes und substanzielle Hinweise des internen Berichtswesens auf eine gesunkene wirtschaftliche Ertragskraft des Vermögenswertes (IAS 36.12). Ist ein Anhaltspunkt gegeben, muss der erzielbare Betrag des Vermögenswertes geschätzt werden. Unabhängig von etwaigen Anhaltspunkten müssen zudem immaterielle Vermögenswerte mit einer unbestimmten Nutzungsdauer oder noch nicht erreichter Nutzungsbereitschaft sowie der bei einem Unternehmenszusammenschluss erworbene Geschäfts- oder Firmenwert jährlich auf Wertminderung geprüft werden (IAS 36.10).[77]

Die Durchführung des Werthaltigkeitstests als Vergleich des Buchwerts mit dem erzielbaren Betrag setzt die Bestimmung des beizulegenden Zeitwerts als Veräußerungspreis abzüglich der Verkaufskosten und des Nutzungswerts, der als Barwert der durch den Vermögenswert erzielbaren Cashflows zu ermitteln ist, voraus. Der beizulegende Zeitwert wird idealerweise einem bindenden Kaufvertrag zwischen unabhängigen Geschäftspartnern entnommen; liegt ein solcher nicht vor, sind die auf einem aktiven Markt für den Vermögenswert beobachtbaren Preise oder in einem dritten Schritt die besten verfügbaren Informationen über den möglicherweise beim Verkauf erzielbaren Preis unter Berücksichtigung der jüngsten Transaktionen für ähnliche Vermögenswerte heranzuziehen (IAS 36.25-27). Die Ermittlung des Nutzungswertes versucht das IASB durch detaillierte Regelungen zur Schätzung der Cashflows und des Diskontierungszinses zu objektivieren (IAS 36.33-57). So sollen die Schätzungen der Cashflows auf vernünftigen und vertretbaren Annahmen vor dem Hintergrund einer bestmöglichen Prognose des Managements hinsichtlich der ökonomischen Rahmenbedingungen während der Nutzungsdauer des Vermögenswertes basieren und im Regelfall maximal einen Zeitraum von fünf Jahren betreffen. Der Diskontierungszins spiegelt den risikolosen Zins als Vergütung der Kapitalüberlassung im Zeitablauf sowie die inhärenten Risiken des Vermögenswertes wider.[78]

---

[77] Vgl. Pellens/Fülbier/Gassen (2006), S. 246 f.

[78] Vgl. Pellens/Fülbier/Gassen (2006), S. 249-251.

Ein identifizierter Wertminderungsaufwand eines einzelnen Vermögenswerts ist grundsätzlich sofort ergebniswirksam zu erfassen. Unterliegt der Vermögenswert jedoch einer Neubewertung nach anderen Standards, so ist zunächst eine eventuell vorhandene Neubewertungsrücklage aufzulösen und lediglich der verbleibende Betrag im Periodenergebnis zu verbuchen (IAS 36.59-60).[79]

Die obige Darstellung der Regelungen zur Identifizierung eines Wertminderungsbedarfs und zur Durchführung des Werthaltigkeitstests gilt neben einzelnen Vermögenswerten zugleich für sog. zahlungsmittelgenerierende Einheiten (ZGE) als kleinste identifizierbare Gruppe von Vermögenswerten, die Mittelzuflüsse unabhängig von den Mittelzuflüssen anderer Vermögenswerte oder anderer Gruppen von Vermögenswerten erzeugt (IAS 36.6-7). Eine ZGE ist zur Prüfung der Werthaltigkeit immer dann zu bilden, wenn ein Anhaltspunkt für eine Wertminderung vorliegt und der Vermögenswert keine von anderen Vermögenswerten unabhängigen Mittelzuflüsse erzeugt (IAS 36.66-67).[80] Zwei Kategorien von Vermögenswerten, nämlich der erworbene Goodwill und gemeinschaftliche Vermögenswerte wie etwa Verwaltungsgebäude, erweisen sich dabei als problematisch, da sie nicht separat bewertungsfähig und auch nicht willkürfrei auf eine oder mehrere ZGE zuordenbar sind. Daher ist eine Zuteilung auf ZGE nur anhand einer Schlüsselung möglich.[81]

Ein sich im Rahmen des Werthaltigkeitstests ergebender Wertminderungsaufwand wird der Vorgehensweise bei einzelnen Vermögenswerten entsprechend behandelt, d. h. grundsätzlich erfolgswirksam erfasst, falls nicht zunächst eine vorliegende Neubewertungsrücklage erfolgsneutral aufgelöst werden kann. Allerdings wird der Wertminderungsaufwand vorrangig dem Goodwill einer ZGE zugeordnet und erst anschließend ein verbleibender Betrag auf die übrigen Vermögenswerte der ZGE im Verhältnis ihrer Buchwerte verteilt (IAS 36.104).[82]

Nach der Durchführung einer Wertminderung ist an jedem folgenden Bilanzstichtag zu prüfen, ob Anhaltspunkte für eine Werterholung vorliegen (IAS 36.110); die Anhaltspunkte entsprechen weitgehend denen zur Identifizierung des ursprünglichen Wertminderungsbedarfs (IAS 36.111-112). Bei einer Erhöhung des erzielbaren Betrags über den Buchwert eines zuvor wertgeminderten Vermögenswerts hinaus ist die Wertminderung aufzuheben (IAS 36.114), jedoch bei Vermögenswerten, die nicht nach anderen Standards gemäß Neubewertungsmethode bewertet werden, unter Beachtung der fortgeführten Anschaffungs- oder Herstellungskosten als Wertobergrenze (IAS 36.117). Die Werterholung wird grundsätzlich erfolgswirksam verbucht, der bei Anwendung des Neubewertungsmodells den Buchwert übersteigende Betrag hingegen

---

79 Vgl. Pellens/Fülbier/Gassen (2006), S. 252 f.

80 Vgl. Pellens/Fülbier/Gassen (2006), S. 254.

81 Vgl. Pellens/Fülbier/Gassen (2006), S. 254 f.

82 Vgl. Pellens/Fülbier/Gassen (2006), S. 256 f.

erfolgsneutral in eine Neubewertungsrücklage eingestellt (IAS 36.119). Dieses Verfahren findet analoge Anwendung auf ZGE, bei denen eine Werterholung den einzelnen Vermögenswerten im Verhältnis ihrer Buchwerte zugeordnet wird (IAS 36.122), mit der Besonderheit, dass ein für den Goodwill erfasster Wertminderungsaufwand nicht aufgeholt werden darf (IAS 36.124).[83]

### 6.3.4 Finanzinstrumente nach IAS 32, IAS 39 und IFRS 7

Die Bilanzierung von Finanzinstrumenten regeln die IFRS in den drei separaten Standards IAS 32 „Finanzinstrumente: Darstellung“, IAS 39 „Finanzinstrumente: Ansatz und Bewertung“ sowie IFRS 7 „Finanzinstrumente: Angaben“.[84]

Der breite Wirkungsbereich dieser drei Standards erschließt sich aus der Definition des Begriffs „Finanzinstrument“. Dabei handelt es sich nach IAS 32.11 um einen Vertrag, der gleichzeitig bei einem Unternehmen zu einem finanziellen Vermögenswert und bei einem anderen Unternehmen zu einer finanziellen Verbindlichkeit oder aber einem Eigenkapitalinstrument führt.[85]

Finanzielle Vermögenswerte umfassen flüssige Mittel und als Aktiva gehaltene Eigenkapitalinstrumente anderer Unternehmen, zudem Rechte auf flüssige Mittel und Eigenkapitalinstrumente anderer Unternehmen sowie Rechte, die den vorteilhaften Austausch von Finanzinstrumenten versprechen.

Finanzielle Verbindlichkeiten umfassen vertragliche Verpflichtungen, flüssige Mittel oder andere finanzielle Vermögenswerte abzugeben, oder Finanzinstrumente zu potenziell nachteiligen Bedingungen auszutauschen.

Ein Eigenkapitalinstrument ist ein Vertrag, der dem Eigentümer einen Residualanspruch auf die Vermögenswerte eines Unternehmens nach Abzug aller dazugehörigen Schulden garantiert.

Der erstmalige Ansatz von Finanzinstrumenten – finanzielle Vermögenswerte und finanzielle Verbindlichkeiten – hat generell dann zu erfolgen, wenn ein Unternehmen Partei eines Vertrages wird, der ein Finanzinstrument begründet (IAS 39.14); es sind alle Finanzinstrumente ansatzpflichtig. Für die Bewertung im Zeitpunkt des erstmaligen Ansatzes ist der beizulegende Zeitwert heranzuziehen (IAS 39.43). Ist ein Finanzinstrument an einem aktiven Markt notiert, d. h. liegen öffentlich notierte Preise etwa einer Börse, die aus aktuellen und regelmäßigen Markttransaktionen zwischen voneinander unabhängigen Partnern resultieren, vor, so gelten diese Preise als bestmöglicher objektiver Hinweis auf den beizulegenden Zeitwert und werden

---

[83] Vgl. Pellens/Fülbier/Gassen (2006), S. 257-259.

[84] Vgl. zum Anwendungsbereich, von dem etwa die durch eigene Standards geregelten assoziierten Unternehmen und Gemeinschaftsunternehmen ausgenommen sind, ausführlich Pellens/Fülbier/Gassen (2006), S. 513 f.

[85] Vgl. Pellens/Fülbier/Gassen (2006), S. 511.

dementsprechend für die Bewertung verwendet (IAS 39.AG71). Falls kein aktiver Markt vorliegt, muss bei der Bewertung auf eine Bewertungsmethode ausgewichen werden. Als solche kommen Vergleichspreise aus bekannten Transaktionen der jüngeren Vergangenheit zwischen sachverständigen, vertragswilligen und voneinander unabhängigen Geschäftspartnern oder von im Wesentlichen identischen Finanzinstrumenten, die Analyse von diskontierten Cashflows sowie Optionspreismodelle infrage (IAS 39.AG74).[86]

Die weitere bilanzielle Behandlung finanzieller Vermögenswerte ergibt sich gemäß IAS 39.45 dadurch, dass das Unternehmen die Finanzinstrumente bei Zugang einer der folgenden, in IAS 39.9 definierten Kategorien zuordnet.

- Erfolgswirksam zum beizulegenden Zeitwert bewertete Finanzinstrumente (financial instruments at fair value through profit or loss): In diese Kategorie fallen zwei Gruppen von Finanzinstrumenten. Zum einen betrifft dies verpflichtend die als zu Handelszwecken gehalten eingestuften Finanzinstrumente, also solche, die primär mit der Absicht einer kurzfristigen Veräußerung erworben oder eingegangen wurden, die Teil eines gemeinsam gemanagten Portfolios sind, für das Hinweise auf kurzfristige Gewinnmitnahmen vorliegen, oder die derivativ sind. Zum anderen dürfen bestimmte Arten von Finanzinstrumenten wahlrechtlich in diese Kategorie einsortiert werden.[87]
- Bis zur Endfälligkeit gehaltene finanzielle Vermögenswerte (held-to-maturity investments): In dieser Klasse werden finanzielle Vermögenswerte mit einer festen Laufzeit und mit festen oder zumindest bestimmbaren Zahlungen zusammengefasst, die das Unternehmen bis zum Ende der Laufzeit halten will und auch halten kann. Demzufolge können Aktien nie in diese Klasse eingestuft werden. Ebenfalls ausgeschlossen sind Ausleihungen und Forderungen, die in die folgende Kategorie fallen.[88]
- Ausleihungen und Forderungen (loans and receivables): Diese Kategorie subsumiert alle Ausleihungen und Forderungen als nicht derivative finanzielle Vermögenswerte, die feste oder bestimmbare Zahlungen aufweisen und nicht an einem aktiven Markt notiert sind.[89]

---

86 Vgl. Coenenberg (2005), S. 242, 246 f.; Pellens/Fülbier/Gassen (2006), S. 517.

87 Dabei handelt es sich nach Einschränkung der ursprünglich für alle Finanzinstrumente gewährten Fair Value-Option nun noch (1) um hybride Finanzinstrumente, deren eingebettete Derivate bestimmte Konditionen aufweisen, (2) um Finanzinstrumente, deren erfolgswirksame Bewertung zum beizulegenden Zeitwert eine bewertungsbedingte Verzerrung zu vermeiden hilft, und (3) um Finanzinstrumente, die in einem Portfolio auf der Basis ihres beizulegenden Zeitwerts gesteuert werden. Vgl. Coenenberg (2005), S. 242 f.; Pellens/Fülbier/Gassen (2006), S. 519 f.

88 Vgl. Coenenberg (2005), S. 244; Pellens/Fülbier/Gassen (2006), S. 521.

89 Vgl. Coenenberg (2005), S. 244. Nicht in diese Kategorie fallen solche Ausleihungen und Forderungen, die das Unternehmen zur kurzfristigen Veräußerung hält, und solche, die das Unternehmen als erfolgswirksam zum beizulegenden Zeitwert zu bewerten oder als zur Veräußerung verfügbar einstuft.

- Zur Veräußerung verfügbare finanzielle Vermögenswerte (financial assets available-for-sale): Bei dieser Klasse handelt es sich um den Rest der finanziellen Vermögenswerte, die nicht in eine der drei obigen Klassen eingestuft wurden. Jedoch dürfen die Unternehmen auch Ausleihungen und Forderungen sowie bis zur Endfälligkeit gehaltene Finanzinvestitionen wahlweise hier einordnen.[90]

Nach IAS 39.46 sind nun finanzielle Vermögenswerte der Kategorien „at fair value through profit or loss" und „available-for-sale" mit ihrem beizulegenden Zeitwert, „loans and receivables" ebenso wie „held-to-maturity investments" zu fortgeführten Anschaffungskosten unter Anwendung der Effektivzinsmethode[91] sowie Finanzinvestitionen in Eigenkapitalinstrumente ohne Preisnotierung auf einem aktiven Markt, deren beizulegender Zeitwert nicht verlässlich ermittelt werden kann, mit ihren Anschaffungskosten zu bewerten.[92]

Bei finanziellen Verbindlichkeiten sind nach ihrem erstmaligen Ansatz für die Folgebewertung die fortgeführten Anschaffungskosten unter Anwendung der Effektivzinsmethode zu verwenden (IAS 39.47).[93]

Gewinne und Verluste durch Änderungen des beizulegenden Zeitwerts finanzieller Vermögenswerte bzw. finanzieller Verbindlichkeiten werden folgendermaßen erfasst: Gewinne oder Verluste aus erfolgswirksam zum beizulegenden Zeitwert bewerteten Finanzinstrumenten fließen erfolgswirksam über die GuV in das Periodenergebnis ein. Gewinne oder Verluste bei zur Veräußerung verfügbaren Vermögenswerten sind hingegen bis zur Ausbuchung des finanziellen Vermögenswertes direkt im Eigenkapital zu erfassen; im Zeitpunkt der Ausbuchung wird der im Eigenkapital erfasste kumulierte Gewinn oder Verlust ins Periodenergebnis übernommen (IAS 39.55).[94] Gewinne oder Verluste der zu fortgeführten Anschaffungskosten bewerteten finanziellen Vermögenswerte und finanziellen Verbindlichkeiten werden im Zeitpunkt ihrer Ausbuchung oder bei Wertminderung im Periodenergebnis erfasst (IAS 39.56).

Zudem besteht für die Unternehmen die Verpflichtung, an jedem Bilanzstichtag zu überprüfen, ob objektive Hinweise auf eine Wertminderung eines finanziellen Vermögenswertes oder einer

---

90 Vgl. Pellens/Fülbier/Gassen (2006), S. 523.

91 Die Effektivzinsmethode wird in IAS 39.9 definiert als „eine Methode zur Berechnung der fortgeführten Anschaffungskosten eines finanziellen Vermögenswertes oder einer finanziellen Verbindlichkeit ... und der Allokation von Zinserträgen und Zinsaufwendungen auf die jeweiligen Perioden. Der Effektivzinssatz ist derjenige Kalkulationszinssatz, mit dem die geschätzten künftigen Ein- und Auszahlungen über die erwartete Laufzeit des Finanzinstruments oder eine kürzere Periode, sofern zutreffend, exakt auf den Nettobuchwert des finanziellen Vermögenswertes oder der finanziellen Verbindlichkeit abgezinst werden."

92 Vgl. Pellens/Fülbier/Gassen (2006), S. 525.

93 Vgl. Wagenhofer (2005), S. 244. Ausnahmen bestehen für erfolgswirksam zum beizulegenden Zeitwert bewertete finanzielle Verbindlichkeiten (zu Handelszwecken gehaltene und Derivate) und solche, die im Rahmen der Übertragung eines finanziellen Vermögenswertes entstehen, wenn die Übertragung nicht zu einer Ausbuchung berechtigt.

94 Vgl. Pellens/Fülbier/Gassen (2006), S. 526.

Gruppe finanzieller Vermögenswerte schließen lassen (IAS 39.58).[95] Liegen objektive Hinweise auf Wertminderung vor, orientiert sich das weitere Vorgehen an der angewendeten Folgebewertungsmethode. Bei mit fortgeführten Anschaffungskosten bilanzierten Ausleihungen und Forderungen bzw. bis zur Endfälligkeit gehaltenen Finanzinvestitionen wird der Verlust in Höhe der Differenz zwischen Buchwert und dem Barwert der erwarteten künftigen Cashflows (abgezinst mit dem ursprünglichen Effektivzinssatz) erfolgswirksam erfasst (IAS 39.63). Tritt in der Folge eine Verringerung der Wertminderung durch später eingetretene Sachverhalte ein, wird die Wertaufholung erfolgswirksam, allerdings höchstens bis zum Betrag der fortgeführten ursprünglichen Anschaffungskosten, verbucht (IAS 39.65). Im Falle von zu Anschaffungskosten bilanzierten, nicht notierten Eigenkapitalinstrumenten, deren beizulegender Zeitwert nicht verlässlich ermittelt werden kann, ist zur Ermittlung des erfolgswirksam zu erfassenden Wertberichtigungsbetrags die aktuelle Marktrendite vergleichbarer Vermögenswerte heranzuziehen; es liegt jedoch ein generelles Wertaufholungsverbot vor (IAS 39.66). Schließlich ist bei zur Veräußerung verfügbaren finanziellen Vermögenswerten, bei denen ein Rückgang des beizulegenden Zeitwerts bereits im Eigenkapital erfasst wurde, angesichts bekannt gewordener objektiver Hinweise auf eine Wertminderung der kumulierte Verlust aus dem Eigenkapital zu entfernen und erfolgswirksam im Periodenergebnis zu erfassen (IAS 39.67). Bei Werterholung in späteren Perioden dürfen die erfolgswirksam erfassten Wertberichtigungen bei Eigenkapitaltiteln nicht, müssen hingegen bei Fremdkapitaltiteln erfolgswirksam rückgängig gemacht werden (IAS 39.69-70).[96]

Die Ausbuchung der Finanzinstrumente aus der Bilanz ist aufgrund der Kreativität der finanzdienstleistenden Branche und des daraus resultierenden vielfältigen Angebots eine komplexe Problematik, die IAS 39 für aktive und passive Finanzinstrumente unterschiedlich regelt.[97] Finanzielle Vermögenswerte sind auszubuchen, wenn die vertraglichen Rechte an den Cashflows, die mit dem Vermögenswert zusammenhängen, erlöschen oder damit verbundene Chancen und Risiken tatsächlich übertragen werden.[98] Finanzielle Verbindlichkeiten oder Teile davon muss ein Unternehmen dann aus seiner Bilanz entfernen, wenn die Tilgung stattgefunden hat, d. h. wenn die Verpflichtung oder ein Teil beglichen oder aufgehoben wurde oder ausgelaufen

---

95 Vgl. Pellens/Fülbier/Gassen (2006), S. 533 f., 536. Beispielhaft für objektive Hinweise nennt IAS 39.59 erhebliche finanzielle Schwierigkeiten des Emittenten oder Schuldners, einen Vertragsbruch in Form des Verzugs der Zins- oder Tilgungszahlungen, eine erhöhte Wahrscheinlichkeit der Insolvenz des Kreditnehmers oder das Verschwinden eines aktiven Marktes für den finanziellen Vermögenswert durch finanzielle Schwierigkeiten des Emittenten. Bei Eigenkapitaltiteln gelten auch Informationen über signifikante Änderungen des technologischen, marktbezogenen, wirtschaftlichen oder rechtlichen Umfelds des Emittenten als objektiver Hinweis (IAS 39.61). Keinen solchen Hinweis stellt etwa das Verschwinden eines aktiven Marktes durch Einstellen des öffentlichen Handels mit Wertpapieren eines Unternehmens oder die Herabstufung des Bonitätsrisikos eines Unternehmens dar (IAS 39.60).

96 Vgl. Pellens/Fülbier/Gassen (2006), S. 536 f.

97 Vgl. Pellens/Fülbier/Gassen (2006), S. 540; Wagenhofer (2005), S. 231.

98 Vgl. Coenenberg (2005), S. 245.

ist (IAS 39.39). Die Einzelregelungen der Ausbuchung von Finanzinstrumenten sollen an dieser Stelle ebenso wenig vertieft dargestellt werden wie die umfangreichen Angabevorschriften des IFRS 7, um den Rahmen der Arbeit nicht zu sprengen; auf einige der Angabepflichten jedoch nimmt, soweit erforderlich, die spätere Analyse Bezug.

### 6.3.5 Vorräte und langfristige Fertigungsaufträge

#### 6.3.5.1 Vorräte nach IAS 2

Der für das Vorratsvermögen einschlägige Standard ist IAS 2 „Vorräte". Ausnahmen bestehen nach IAS 2.2 für unfertige Erzeugnisse im Rahmen langfristiger Fertigung (IAS 11, siehe dazu das folgende Kapitel), für Finanzinstrumente und für bestimmte biologische Vermögenswerte. Zudem nimmt IAS 2.3 zum einen Vorräte von Erzeugern land- und forstwirtschaftlicher Produkte sowie Mineralien, die jeweils nach Branchengepflogenheiten zum Nettoveräußerungswert bewertet und deren Wertänderungen in der GuV erfasst werden, und zum anderen Vorräte von Händlern an Warenbörsen, die zum Nettoveräußerungswert abzüglich Veräußerungskosten bewertet und deren Wertänderungen ebenfalls in der GuV erfasst werden, vom Anwendungsbereich nur der Bewertungsvorschriften des Standards aus.[99]

Als Vorräte gelten und damit in den Anwendungsbereich des Standards fallen gemäß IAS 2.6 alle Vermögenswerte, die zum Verkauf im Rahmen der normalen Geschäftstätigkeit bestimmt sind, die sich im Herstellungsprozess für einen solchen Verkauf befinden oder die als Roh-, Hilfs- und Betriebsstoffe (RHB) bei der Produktion von Gütern oder der Erbringung von Dienstleistungen dienen sollen.

Die Bewertung der Vorräte ist an jedem Bilanzstichtag verpflichtend zum niedrigeren Wert aus Anschaffungs- oder Herstellungskosten und Nettoveräußerungswert unter Beachtung des Einzelbewertungsgrundsatzes vorzunehmen (IAS 2.9, 2.23).[100]

Die Anschaffungs- oder Herstellungskosten umfassen dabei alle Kosten des Erwerbs und der Herstellung und alle sonstigen Kosten, die für die Versetzung der Vorräte in ihren derzeitigen Zustand und an ihren derzeitigen Ort angefallen sind (IAS 2.10).[101]

---

[99] Vgl. Kümpel (2004), S. 269; Pellens/Fülbier/Gassen (2006), S. 348.

[100] Vgl. Pellens/Fülbier/Gassen (2006), S. 348.

[101] Hinsichtlich der Einbeziehung von Fremdkapitalkosten in die Anschaffungs- oder Herstellungskosten verweist IAS 2.17 auf IAS 23 „Fremdkapitalkosten", auf den hier nicht näher eingegangen werden soll. Siehe dazu Pellens/Fülbier/Gassen (2006), S. 349 f. Explizit von der Einbeziehung ausgeschlossen sind nach IAS 2.16 überhöhte Materialabfälle, überhöhte Fertigungslöhne oder andere Produktionskosten, nicht produktionsbezogene Lager- und Verwaltungsgemeinkosten sowie Vertriebskosten.

Für die Ermittlung der Anschaffungskosten ergibt sich daraus (IAS 2.11, 2.15):

| | |
|---|---|
| | Anschaffungspreis |
| + | Anschaffungsnebenkosten |
| – | Anschaffungspreisminderungen |
| + | sonstige Kosten |
| = | Anschaffungskosten |

**Abbildung 14: Ermittlung der Anschaffungskosten gemäß IAS 2**

Quelle: Pellens/Fülbier/Gassen (2006), S. 349.

Die Herstellungskosten sind die produktionsbezogenen Vollkosten; die Aktivierungsentscheidung hängt vom Bestehen eines direkten Zusammenhangs zwischen den angefallenen Kosten und dem Produkt bzw. Produktionsprozess ab. Nach IAS 2.12-15 ergibt sich folgendes Ermittlungsschema:[102]

| | |
|---|---|
| | Einzelkosten |
| + | fixe Produktionsgemeinkosten |
| + | variable Produktionsgemeinkosten |
| + | sonstige Kosten |
| = | Herstellungskosten |

**Abbildung 15: Ermittlung der Herstellungskosten gemäß IAS 2**

Quelle: Pellens/Fülbier/Gassen (2006), S. 352.

Der Nettoveräußerungswert als Vergleichswert zu den Anschaffungs- oder Herstellungskosten ergibt sich nach IAS 2.6 als geschätzter, im normalen Geschäftsverlauf erzielbarer Verkaufserlös abzüglich der bis zur Fertigstellung noch anfallenden geschätzten Kosten und der geschätzten notwendigen Vertriebskosten. Die Schätzungen sollen die verlässlichsten substanziellen Hinweise auf den erzielbaren Betrag, die verfügbar sind (IAS 2.30), und den Zweck, dem die Vorräte dienen, berücksichtigen, etwa bei Erfüllung bereits abgeschlossener Lieferverträge mit vertraglich vereinbarten Preisen (IAS 2.31).

Roh-, Hilfs- und Betriebsstoffe werden hingegen nicht abgewertet, wenn die Erzeugnisse, in die sie eingehen, mindestens zu den Herstellungskosten abgesetzt werden können (IAS 2.32). Sofern in Folgeperioden die Umstände, die zu einer Wertminderung geführt haben, nicht weiter oder nicht mehr vollumfänglich bestehen, muss das Unternehmen auf den niedrigeren Wert aus Anschaffungs- oder Herstellungskosten und berichtigten Nettoveräußerungswert zuschreiben

[102] Vgl. Pellens/Fülbier/Gassen (2006), S. 351 f.

(IAS 2.33). Wertminderungen sind als Aufwand der Eintrittsperiode, Werterholungen hingegen als Verminderung des Materialaufwands in der Periode des Eintritts zu erfassen (IAS 2.34) und die jeweiligen Beträge einschließlich der ursächlichen Ereignisse im Anhang anzugeben (IAS 2.36).[103]

### 6.3.5.2 Langfristige Fertigungsaufträge nach IAS 11

Bei langfristigen Fertigungsaufträgen wirft die Vorratsbewertung das Problem auf, den Zeitpunkt des Ausweises der Umsatzerlöse und korrespondierenden Herstellungskosten zu bestimmen und dabei den unterjährigen Fortschritt des Projekts, eventuell unter Ausweis eines unrealisierten Teilgewinns, in der Rechnungslegung abzubilden. Den damit einhergehenden Fragestellungen widmet sich IAS 11 „Fertigungsaufträge".[104]

Als Fertigungsauftrag gilt ein Vertrag über die kundenspezifische Fertigung von Gegenständen – etwa Brücken, Gebäude, Straßen, Schiffe, Tunnel – oder einer Anzahl von Gegenständen, die bezüglich Design, Technologie und Funktion aufeinander abgestimmt oder voneinander abhängig sind, etwa Raffinerien und andere komplexe Anlagen. Derartige Verträge liegen in den idealtypischen Varianten des Festpreisvertrages, der dem Auftragnehmer einen festen – möglicherweise an eine Gleitklausel gekoppelten – Preis garantiert, oder des Kostenzuschlagsvertrages, der dem Auftragnehmer die Erstattung abrechenbarer Kosten zuzüglich eines prozentualen Aufschlags oder eines festgelegten Entgelts garantiert, vor (IAS 11.3-4).[105]

---

[103] Vgl. Kümpel (2004), S. 272 f.; Pellens/Fülbier/Gassen (2006), S. 360-362.

[104] Vgl. Pellens/Fülbier/Gassen (2006), S. 367 f. Aus dem gemeinsamen Projekt „Revenue Recognition" des IASB und des amerikanischen FASB werden sich möglicherweise gravierende Änderungen im Hinblick auf die Abbildung langfristiger Auftragsfertigung nach IFRS ergeben. Vgl. dazu Dobler (2006), S. 164 ff.; Wüstemann/Kierzek (2006); Zülch/Willms (2004), S. 2004 ff. Der Abgrenzung der Thematik der vorliegenden Arbeit folgend (siehe Kapitel 1) bleiben diese Änderungen jedoch außerhalb der Betrachtung.

[105] Vgl. Pellens/Fülbier/Gassen (2006), S. 368; Seeberg (2003), Tz. 3-5. Fertigungsaufträge umfassen überdies die Erbringung von in direktem Zusammenhang mit der Fertigung von Vermögenswerten stehenden Dienstleistungen, wie beispielsweise von Projektleitern und Architekten, sowie Verträge über Abriss oder Restaurierung von Vermögenswerten und die Wiederherstellung der Umwelt im Anschluss an einen Abriss (IAS 11.5).

Nach IAS 11.22 sind nun die Auftragserlöse[106] und Auftragskosten[107] eines Fertigungsauftrages entsprechend dem Leistungsfortschritt[108] (Percentage-of-Completion-Methode) am Bilanzstichtag als Erträge und Aufwendungen zu erfassen, wenn das Ergebnis des Auftrages verlässlich geschätzt werden kann. Liegt ein Festpreisvertrag vor, so kann das Ergebnis eines Fertigungsauftrages verlässlich geschätzt werden, wenn die gesamten Auftragserlöse verlässlich bewertbar sind, der wirtschaftliche Nutzen aus dem Vertrag dem Unternehmen wahrscheinlich zufließt, die bis zur Fertigstellung noch anfallenden Kosten und der Grad der Fertigstellung am Stichtag verlässlich bewertbar sind und die dem Vertrag zurechenbaren Kosten eindeutig bestimmt, verlässlich bewertet und insofern die tatsächlich entstandenen Kosten mit früheren Schätzungen verglichen werden können (IAS 11.23). Liegt ein Kostenzuschlagsvertrag vor, so kann das Ergebnis verlässlich geschätzt werden, falls der wirtschaftliche Nutzen aus dem Vertrag dem Unternehmen wahrscheinlich zufließt und die dem Vertrag zurechenbaren Auftragskosten vollständig – ob gesondert abrechenbar oder nicht – und eindeutig bestimmt und verlässlich bewertet werden können (IAS 11.24). Die kumulative Erfüllung dieser jeweiligen Bedingungen führt durch die dann verpflichtende erfolgswirksame Erfassung der Auftragserlöse und -kosten relativ zum Fertigstellungsgrad regelmäßig zu einer Gewinnrealisierung, bevor ein Rechtsanspruch auf entsprechende Zahlungen entsteht.[109]

Kann ein Unternehmen das Ergebnis eines Fertigungsauftrages nicht verlässlich schätzen, muss es nach IAS 11.32 Erlöse in Höhe der angefallenen und wahrscheinlich durch Erträge gedeckten Auftragskosten und die Auftragskosten in der Periode ihres Anfalls als Aufwand erfassen (modifizierte Completed-Contract-Methode). Bei Wegfall der einer verlässlichen Schätzung des Auftragsergebnisses entgegenstehenden Unsicherheiten ist generell ein Wechsel zur Percentage-of-Completion-Methode vorzunehmen (IAS 11.35).[110]

---

[106] Die Auftragserlöse beinhalten den ursprünglich vertraglich vereinbarten Erlös sowie Änderungen durch nachträgliche Abweichungen von der vereinbarten Leistung auf Anweisung des Kunden, Nachforderungen für nicht kalkulierte Kosten durch Fehlverhalten – etwa Verzögerungen – des Kunden und Prämien für das Erreichen bestimmter Leistungsanforderungen wie eine vorzeitige Vertragserfüllung, jeweils sofern sie zu wahrscheinlichen Erlösen führen und verlässlich ermittelbar sind (IAS 11.11-15).

[107] Die Auftragskosten umfassen nach IAS 11.16-19 direkte Kosten in Verbindung mit einem bestimmten Vertrag (etwa Fertigungslöhne und -material, planmäßige Anlagenabschreibung), indirekte und allgemein dem Vertrag zurechenbare Kosten (etwa Versicherungsprämien und Fertigungsgemeinkosten) und sonstige, dem Kunden vertragsgemäß gesondert in Rechnung gestellte Kosten (etwa allgemeine Verwaltungs- und Entwicklungskosten, deren gesonderte Erstattung vereinbart ist). Gemäß IAS 11.20 bleiben alle nicht einem einzelnen Auftrag zuordenbaren Kosten unberücksichtigt, exemplarisch allgemeine Verwaltungskosten sowie Forschungs- und Entwicklungskosten – jeweils ohne gesonderte Vereinbarung einer Erstattung – oder Vertriebskosten.

[108] Ein konkretes Verfahren zur Bestimmung des Leistungsfortschritts schreibt der Standard nicht vor, sondern verlangt stattdessen in IAS 11.30 die Anwendung desjenigen Verfahrens, das die erbrachte Leistung am verlässlichsten wiedergibt. Für eine Übersicht möglicher Verfahren vgl. ADS International (2002), Abschnitt 16, Tz. 102-113.

[109] Vgl. Pellens/Fülbier/Gassen (2006), S. 371; Seeberg (2003), Tz. 11-15.

[110] Vgl. Pellens/Fülbier/Gassen (2006), S. 380; Seeberg (2003), Tz. 17, 19.

Sofern sich im Rahmen eines Fertigungsauftrags, gleichgültig bei welchem Vertragstyp und in welchem Stadium der Auftragsabwicklung, ein Verlust abzeichnet, also die Auftragskosten wahrscheinlich die Auftragserlöse übersteigen werden, ist das Unternehmen zur sofortigen erfolgswirksamen Erfassung der erwarteten Verluste verpflichtet (IAS 11.36-37).[111]

Angabepflichtig sind gemäß IAS 11.39-40 sowohl die in der Periode erfassten Auftragserlöse sowie die Methoden zur Ermittlung der Auftragserlöse und des Fertigstellungsgrades der Projekte als auch für die am Stichtag noch laufenden Aufträge die Summe der angefallenen Kosten und der ausgewiesenen Gewinne (abzüglich eventueller Verluste).

### 6.3.6 Rückstellungen nach IAS 37

Die für die Bilanzierung von Rückstellungen relevanten Vorschriften enthält IAS 37 „Rückstellungen, Eventualschulden und Eventualforderungen".[112] Vom Anwendungsbereich ausgenommen sind nach IAS 37.5 alle diejenigen Rückstellungen, Eventualschulden und -forderungen, für die spezielle Standards vorliegen, wie etwa bei Fertigungsaufträgen (IAS 11), Ertragsteuern (IAS 12), Leasingverhältnissen (IAS 17) und Leistungen an Arbeitnehmer (IAS 19).

Die Definitionen von Rückstellungen, Eventualschulden und -forderungen finden sich in IAS 37.10. Als Rückstellung gilt eine Schuld im Sinne des Rahmenkonzepts, die hinsichtlich ihrer Fälligkeit oder ihrer Höhe ungewiss ist.[113] Unter Eventualschulden fallen mögliche Verpflichtungen aus vergangenen Ereignissen, deren Existenz vom Eintreten oder Nichteintreten unsicherer künftiger und für das Unternehmen nicht vollständig kontrollierbarer Ereignisse abhängt, sowie gegenwärtige Verpflichtungen durch vergangene Ereignisse, die jedoch aufgrund eines lediglich unwahrscheinlichen Abflusses von Ressourcen mit wirtschaftlichem Nutzen oder in Ermangelung einer verlässlichen Schätzung der Verpflichtungshöhe nicht erfasst werden.

---

[111] Vgl. Seeberg (2003), Tz. 20.

[112] Das IASB verfolgt derzeit ein Projekt zur Neufassung des IAS 37, in dessen Rahmen es – soweit absehbar – zu wesentlichen Änderungen bei der Bilanzierung von Rückstellungen kommen wird. Vgl. zu den geplanten Änderungen Bieg (2006), S. 258 f., und Fladt/Feige (2006), S. 274-278, sowie Kümpel (2006). Der Beschränkung des Untersuchungsumfangs der vorliegenden Arbeit entsprechend bleiben die beabsichtigten Änderungen jedoch außerhalb der Darstellung (siehe Kapitel 1).

[113] Demnach sind Rückstellungen ungewisse gegenwärtige Verpflichtungen des Unternehmens, die aus vergangenen Ereignissen resultieren und erwartungsgemäß einen Abfluss von mit wirtschaftlichem Nutzen behafteten Ressourcen bewirken. Von Rückstellungen abzugrenzen sind jedoch nach IAS 37.11 sonstige Schulden, zu denen auch beispielsweise an Mitarbeiter geschuldete Urlaubsgelder gehören, die – den möglicherweise für die Bestimmung der Höhe oder des zeitlichen Eintritts erforderlichen Schätzungen zum Trotz – mit einer deutlich geringeren Unsicherheit behaftet sind als Rückstellungen.

Eine Eventualforderung ist ein aus vergangenen Ereignissen resultierender möglicher Vermögenswert, dessen Existenz durch das Eintreten oder Nichteintreten unsicherer zukünftiger Ereignisse, die das Unternehmen nicht vollständig kontrolliert, erst noch bestätigt werden muss.[114]

Der Ansatz einer Rückstellung ist verpflichtend, wenn ein Unternehmen aus vergangenen Ereignissen eine gegenwärtige Verpflichtung hat, es zur Erfüllung wahrscheinlich Ressourcen mit wirtschaftlichem Nutzen aufwenden muss und zudem die Höhe der Verpflichtung verlässlich schätzen kann; andernfalls darf keine Rückstellung angesetzt werden (IAS 37.14). Die gegenwärtige Verpflichtung kann rechtlicher oder faktischer[115] Natur sein. Für das Bestehen einer Verpflichtung muss unter Berücksichtigung aller verfügbaren substanziellen Hinweise mehr dafür als dagegen sprechen („more likely than not"), also eine Wahrscheinlichkeit über 50 % vorliegen (IAS 37.15). Zudem besteht eine Verpflichtung generell gegenüber einer anderen Partei, sodass eine Entscheidung des Managements allein keine faktische Verpflichtung begründet, wenn sie den Betroffenen nicht hinreichend ausführlich mitgeteilt wurde (IAS 37.20). Aus dem Kriterium eines vergangenen Ereignisses folgt, dass ein Ansatz von Rückstellungen für Aufwendungen der künftigen Geschäftstätigkeit und somit für alle Aufwendungen, denen sich das Unternehmen durch künftige Aktivitäten bzw. Entscheidungen entziehen kann, unzulässig ist (IAS 37.18-19). Zur Beurteilung der Wahrscheinlichkeit des zukünftigen Abflusses von Ressourcen greift erneut das Merkmal, dass mehr für als gegen das Eintreten des Ereignisses sprechen muss; bei einer Vielzahl gleichartiger Verpflichtungen wird die Wahrscheinlichkeit des Mittelabflusses für die Gruppe der Verpflichtungen insgesamt bestimmt. Ist das Wahrscheinlichkeitskriterium nicht erfüllt, ein Abfluss von Ressourcen aber auch nicht unwahrscheinlich, muss das Unternehmen eine Eventualschuld angeben (IAS 37.23-24). Die verlässliche Schätzung der Verpflichtungshöhe ist im Regelfall – zumindest als Spektrum potenzieller Ergebnisse – möglich, da die Verwendung von Schätzungen die Verlässlichkeit eines Abschlusses insbesondere auch im Falle der naturgemäß in hohem Maße unsicheren Rückstellungen nicht grundsätzlich beeinträchtigt; in den seltenen Fällen, in denen eine verlässliche Schätzung der Höhe nicht möglich ist, wird die Schuld als Eventualschuld angegeben (IAS 37.25-26).[116]

---

114 Vgl. von Keitz/Dörner/Wollmert/Oser (2003), Tz. 12-14, 18 f., 21.

115 Eine rechtliche Verpflichtung leitet sich aus einem Vertrag durch seine expliziten oder impliziten Bedingungen, aus Gesetzen oder aus sonstigen unmittelbaren Auswirkungen von Gesetzen ab. Eine faktische Verpflichtung resultiert aus den Aktivitäten eines Unternehmens, wenn es durch sein übliches Geschäftsgebaren oder öffentlich angekündigte Maßnahmen gegenüber anderen Parteien die Übernahme bestimmter Verpflichtungen andeutet und dadurch bei den anderen Parteien die berechtigte Erwartung weckt, dass es die Verpflichtungen auch tatsächlich erfüllt (IAS 37.10).

116 Vgl. Pellens/Fülbier/Gassen (2006), S. 398 f.

Der Ansatz einer Eventualschuld ist ebenso untersagt (IAS 37.27) wie der einer Eventualforderung (IAS 37.31), allerdings greift jeweils eine Angabepflicht: Ein Unternehmen muss die Eventualschulden beschreiben sowie eine Schätzung der finanziellen Auswirkungen, die Unsicherheiten bezüglich Betrag oder Fälligkeit und mögliche Erstattungen angeben, falls der Nutzenabfluss nicht unwahrscheinlich ist (IAS 37.86). Die Eventualforderungen sind einschließlich einer Beschreibung ihrer Art und – sofern praktikabel – einer Schätzung der finanziellen Auswirkungen anzugeben, wenn der Zufluss von wirtschaftlichem Nutzen wahrscheinlich ist (IAS 37.89).[117]

Zur Bewertung der Rückstellungen wird der bestmögliche Schätzwert der zur Erfüllung der gegenwärtigen Verpflichtung am Bilanzstichtag erforderlichen Ausgabe herangezogen (IAS 37.36). Dies bedeutet für die Rückstellungsbewertung im Fall einer großen Anzahl ähnlicher Sachverhalte den Rückgriff auf die Erwartungswertmethode und bei einer Bandbreite möglicher Rückstellungsbeträge mit gleicher Eintrittswahrscheinlichkeit die Verwendung des mittleren Wertes der Bandbreite (IAS 37.39). Ist eine einzelne Verpflichtung zu bewerten, gilt das jeweils wahrscheinlichste Ereignis als die bestmögliche Schätzung, allerdings sind andere potenzielle Ergebnisse in die Beurteilung einzubeziehen und führen möglicherweise zu einem höheren oder niedrigeren Rückstellungsbetrag (IAS 37.40). Sofern die Erfüllung der Verpflichtung so weit in der Zukunft liegt, dass der Zinseffekt eine wesentliche Auswirkung entfaltet, verlangt IAS 37.45 einen Ansatz in Höhe des Barwertes. In keinem Fall darf jedoch die im Kontext der Schätzung von Rückstellungen unvermeidbare Unsicherheit und die demzufolge notwendige Vorsicht als Begründung für eine vorsätzliche und sachlich ungerechtfertigte Überbewertung auf der Passivseite dienen (IAS 37.42-43).[118]

In den Textziffern 63-83 enthält der Standard im Anschluss an die dargestellten Bilanzierungs- und Bewertungsvorschriften drei Anwendungsbeispiele betreffend künftige betriebliche Verluste, belastende Verträge und Restrukturierungsmaßnahmen.

Für künftige operative Verluste besteht ein Rückstellungsverbot, da die Ansatzkriterien gegenwärtige Verpflichtung und vergangenes Ereignis offensichtlich nicht erfüllt sind (IAS 37.63-64).

Ein belastender Vertrag, bei dem die unvermeidlichen Erfüllungskosten der vertraglichen Verpflichtungen den korrespondierenden wirtschaftlichen Nutzen übersteigen, erfüllt die Ansatzkriterien und löst demzufolge eine Rückstellungspflicht aus (IAS 37.66-68).

---

117 Vgl. von Keitz/Dörner/Wollmert/Oser (2003), Tz. 122 f.

118 Vgl. Pellens/Fülbier/Gassen (2006), S. 402 f.

Für Restrukturierungsmaßnahmen[119] gelten Regelungen, die die Anwendung der allgemeinen Ansatzkriterien für Rückstellungen konkretisieren (IAS 37.71). So liegt eine faktische Verpflichtung und mithin ein Rückstellungsgebot bei Restrukturierungen nur vor, wenn ein detaillierter Plan mit bestimmten Mindestangaben bei den Betroffenen die gerechtfertigte Erwartung der tatsächlichen Umsetzung der Maßnahme geweckt hat oder die wesentlichen Bestandteile des Plans den Betroffenen gegenüber angekündigt wurden (IAS 37.72).[120]

### 6.3.7 Latente Steuern nach IAS 12

Die Bilanzierung tatsächlich geschuldeter oder erstattungsfähiger ebenso wie der hier interessierenden latenten Steuern regelt IAS 12 „Ertragsteuern".[121]

Der Ansatz latenter Steuern nach IFRS folgt dem bilanzorientierten Temporary-Konzept, das Differenzen von Vermögenswerten und Schulden zwischen den Abschlüssen nach IFRS und nach Steuerrecht betrachtet. Diese Differenzen (temporäre Differenzen) stellen nach IAS 12.5 Unterschiedsbeträge zwischen dem Buchwert eines Vermögenswerts oder einer Schuld in der Bilanz und deren steuerlichem Buchwert dar. IAS 12.15 und 12.24 verlangen die grundsätzliche Einbeziehung aller derartigen Bilanzansatz- und Bilanzbewertungsunterschiede von Vermögenswerten und Schulden zwischen IFRS-Bilanz und Steuerbilanz in die Bilanzierung latenter Steuern, sofern die Unterschiede zukünftig zu Steuerent- oder -belastungen führen, es sich also entweder um zeitlich begrenzte oder quasi-zeitlich begrenzte Differenzen handelt, und die künftigen Steuerentlastungen wahrscheinlich und verlässlich bewertbar sind.[122]

Die Bewertung latenter Steuern ist mit den Steuersätzen vorzunehmen, die im Zeitpunkt der Realisation der künftigen Steuerforderung bzw. Steuerverbindlichkeit erwartungsgemäß gelten werden (IAS 12.47). Infolge der Unsicherheit über die zukünftigen Steuersätze finden jedoch im Regelfall die aktuell gültigen Steuersätze Verwendung (IAS 12.48). Eine Diskontierung latenter Steueransprüche und -schulden ist untersagt, weil die dazu erforderliche detaillierte Aufstellung

---

119 Als Restrukturierungsmaßnahme gilt ein Programm, das – vom Management geplant und kontrolliert – durch das Unternehmen abgedeckte Geschäftsfelder oder die Art der Durchführung des Geschäfts wesentlich verändert (IAS 37.10). Beispielhaft nennt IAS 37.70 u. a. den Verkauf oder die Beendigung eines Geschäftszweiges, die Stilllegung von Standorten und Änderungen in der Struktur des Managements.

120 Vgl. Pellens/Fülbier/Gassen (2006), S. 406 f.

121 Zur Schaffung von Konvergenz zwischen IFRS und US-GAAP arbeiten IASB und FASB derzeit an der Beseitigung der bestehenden Unterschiede bei der Bilanzierung latenter Steuern; zu den daraus resultierenden (vermutlich geringfügigen) Änderungen des IAS 12 vgl. Lienau/Zülch (2006). Diese Änderungen bleiben im Folgenden jedoch unberücksichtigt (siehe Kapitel 1).

122 Vgl. Coenenberg/Hille (2003), Tz. 44 f., 55; Pellens/Fülbier/Gassen (2006), S. 208 f.

über den zeitlichen Verlauf der Umkehrung jeder einzelnen Differenz häufig nicht durchführbar oder aus wirtschaftlichen Gründen nicht vertretbar ist (IAS 12.53-54).[123]

Die erfolgswirksame versus erfolgsneutrale Verbuchung latenter Steuern folgt der Behandlung des Geschäftsvorfalls, aus dem die Steuerlatenz resultiert (IAS 12.57). Dies bedeutet im Regelfall eine Erfassung in der GuV (IAS 58-59), aber bei allen Posten, die direkt mit dem Eigenkapital verrechnet werden, eine ergebnisneutrale Behandlung (IAS 12.61).[124]

Steueransprüche und -schulden sind in der Bilanz getrennt von den übrigen Vermögenswerten und Schulden darzustellen und zudem die latenten Steueransprüche und -schulden wiederum von den tatsächlichen zu unterscheiden (IAS 12.69). Die Verpflichtung eines derart getrennten Ausweises ergibt sich auch bereits aus IAS 1.68.

## 6.4 Vorschriften zur sonstigen Informationsvermittlung

Im Anschluss an die obige ausführliche Darstellung der IFRS-Regelungen zu den wesentlichen Positionen der Bilanz wenden sich die Ausführungen in den folgenden Abschnitten den Vorschriften zur sonstigen Informationsvermittlung zu. Behandelt werden zunächst die Gliederungsvorschriften – diese beinhalten die Gliederungsgrundsätze sowie Regelungen zur Mindestgliederung von Bilanz und GuV – und anschließend mit der Eigenkapitalveränderungsrechnung, der Kapitalflussrechnung und dem Anhang die weiteren Elemente des IFRS-Abschlusses. Zudem wird auf den optionalen Managementbericht über die Unternehmenslage sowie die nur bestimmte Unternehmen betreffenden Vorschriften zur Veröffentlichung eines Ergebnisses je Aktie und einer Segmentberichterstattung eingegangen.

### 6.4.1 Gliederungsvorschriften

#### 6.4.1.1 Gliederungsgrundsätze

Als Ausweisgrundsätze formuliert IAS 1 die Darstellungsstetigkeit, die Zusammenfassung von Posten nach Wesentlichkeit, ein Saldierungsverbot und die Angabe von Vorjahresvergleichszahlen.[125]

---

[123] Vgl. Coenenberg (2005), S. 466; Pellens/Fülbier/Gassen (2006), S. 215-217.

[124] Vgl. Coenenberg (2005), S. 464 f.; Pellens/Fülbier/Gassen (2006), S. 217-219.

[125] Vgl. hierzu und im Folgenden Wagenhofer (2005), S. 430 f.

**(1) Darstellungsstetigkeit**

Die Posten des Abschlusses sind grundsätzlich stetig darzustellen und anzugeben, sofern nicht entweder eine Änderung des Tätigkeitsfeldes des Unternehmens bzw. eine Überprüfung der bisherigen Darstellungsweise dazu führen, dass eine Änderung angemessen ist oder ein Standard bzw. eine Interpretation die Änderung fordern (IAS 1.27).

**(2) Zusammenfassung von Posten nach Wesentlichkeit**

Alle wesentlichen Posten sind im Jahresabschluss gesondert darzustellen, unwesentliche hingegen können mit Posten ähnlicher Art oder Funktion zusammengefasst werden (IAS 1.29-30).

**(3) Saldierungsverbot**

Grundsätzlich dürfen weder Vermögenswerte und Schulden noch Erträge und Aufwendungen saldiert werden, es sei denn, die Rechnungslegungsvorschriften fordern oder erlauben eine Saldierung ausdrücklich (IAS 1.32), da Saldierungen die Fähigkeit der Adressaten zur Beurteilung der im Abschluss abgebildeten Sachverhalte vermindern (IAS 1.33).

**(4) Angabe von Vorjahresvergleichszahlen**

Die im Abschluss enthaltenen quantitativen Informationen sind grundsätzlich zusammen mit den korrespondierenden Vorjahreszahlen anzugeben, sofern nicht einzelne Standards oder Interpretationen in Einzelfällen abweichende Vorschriften oder Wahlrechte beinhalten (IAS 1.36). Verbale Informationen aus Vorperioden, die am Bilanzstichtag erneut von Bedeutung sind – etwa Angaben über noch nicht entschiedene Rechtsstreitigkeiten – müssen mitsamt der in der Berichtsperiode eingetretenen Entwicklung erneut angegeben werden (IAS 1.37).

#### 6.4.1.2 Mindestgliederung der Bilanz

Ein auffallendes Charakteristikum der IFRS-Regelungen zur sonstigen Informationsvermittlung ist das Fehlen eines strikten Bilanzgliederungsschemas. Stattdessen legt IAS 1 lediglich einen Mindestinhalt und eine Abgrenzung von kurz- und langfristigen Posten fest.[126]

---

[126] Vgl. Wagenhofer (2005), S. 427, 433 f.

Der Mindestinhalt der Bilanz stellt sich nach IAS 1.68 wie folgt dar:[127]

| AKTIVA | PASSIVA |
|---|---|
| Sachanlagen<br>als Finanzinvestition gehaltene Immobilien<br>immaterielle Vermögenswerte<br>finanzielle Vermögenswerte (soweit nicht in anderen Posten enthalten)<br>at Equity bilanzierte Finanzanlagen<br>biologische Vermögenswerte<br>Vorräte<br>Forderungen aus Lieferungen und Leistungen und sonstige Forderungen<br>Zahlungsmittel und -äquivalente<br>Steuererstattungsansprüche<br>latente Steuererstattungsansprüche | Verbindlichkeiten aus Lieferungen und Leistungen und sonstige Verbindlichkeiten<br>Rückstellungen<br>finanzielle Schulden (soweit nicht in anderen Posten enthalten)<br>Minderheitenanteile am Eigenkapital<br>gezeichnetes Kapital und Rücklagen, die den Anteilseignern des Mutterunternehmens zuzuordnen sind<br>Steuerschulden<br>latente Steuerschulden |

**Abbildung 16: Mindestinhalt der Bilanz nach IAS 1.68**

Quelle: In Anlehnung an Wagenhofer (2005), S. 434.

Dabei ist allerdings die Reihenfolge der Posten nicht verbindlich, sondern es handelt sich lediglich um eine Liste von Posten, die infolge der Unterschiede in ihrem Wesen oder ihrer Funktion separat ausgewiesen werden müssen und die um weitere, für das Verständnis der Lage des Unternehmens relevante Posten, Überschriften und Zwischensummen zu ergänzen ist (IAS 1.69, 1.71).

Die grundsätzliche Untergliederung der Bilanzposten nach Kurz- und Langfristigkeit schreibt IAS 1.51 vor.[128] Ein Vermögenswert gilt als kurzfristig, wenn entweder

- seine Realisation innerhalb des normalen Geschäftszyklus des Unternehmens oder innerhalb von zwölf Monaten nach dem Bilanzstichtag erwartet wird oder
- er zum Verkauf bzw. Verbrauch innerhalb dieses Zeitraums gehalten wird oder
- er für Handelszwecke gehalten wird oder
- es sich um Zahlungsmittel handelt, deren kurzfristige Nutzung nicht eingeschränkt ist;

alle anderen Vermögenswerte sind als langfristig einzustufen (IAS 1.57). Kurzfristigkeit einer Schuld liegt vor, wenn

- ihre Tilgung innerhalb des gewöhnlichen Geschäftszyklus des Unternehmens oder innerhalb von zwölf Monaten nach dem Bilanzstichtag erwartet wird oder
- sie primär für Handelszwecke gehalten wird oder

---

[127] Die Gliederung in Kontoform ist nicht verbindlich; ebenfalls denkbar wäre eine Gliederung in Staffelform.

[128] Der Grundsatz gilt, sofern nicht eine Gliederung nach der Liquidität zuverlässig und relevanter ist.

- das Unternehmen kein uneingeschränktes Recht besitzt, die Erfüllung um mindestens zwölf Monate nach dem Bilanzstichtag zu verschieben;

alle anderen Schulden gelten als langfristig (IAS 1.60).[129]

### 6.4.1.3 Mindestgliederung der Gewinn- und Verlustrechnung

Analog zu den die Bilanz betreffenden Regelungen enthält IAS 1.81 eine Liste von Posten, die in der GuV mindestens darzustellen sind:

Umsatzerlöse
Finanzierungsaufwendungen
Gewinn- und Verlustanteile an at equity bilanzierten assoziierten Unternehmen und Joint Ventures
Gewinne oder Verluste vor Steuern auf die Veräußerung von Vermögenswerten oder die Abgeltung von Schulden in Verbindung mit der Aufgabe von Geschäftsbereichen
Steueraufwendungen
Periodenergebnis
 > Ergebnis, das den Minderheitsanteilen zuzurechnen ist
 > Ergebnis, das den Anteilseignern des Mutterunternehmens zuzurechnen ist

**Abbildung 17: Mindestinhalt der Gewinn- und Verlustrechnung nach IAS 1.81**

Quelle: In Anlehnung an Wagenhofer (2005), S. 438.

Hinzu kommen solche zusätzlichen Posten, Überschriften und Zwischensummen, deren Darstellung für das Verständnis der Ertragslage des Unternehmens relevant ist (IAS 1.83). Ein außerordentliches Ergebnis darf allerdings nicht ausgewiesen werden (IAS 1.85). Alle wesentlichen Aufwands- und Ertragsposten sind jedoch mit Art und Betrag gesondert in der GuV oder im Anhang anzugeben (IAS 1.86).[130]

Wahlweise direkt in der GuV oder im Anhang muss eine Gliederung der Aufwendungen entweder nach dem Gesamt- oder nach dem Umsatzkostenverfahren angegeben und dabei die Darstellungsweise gewählt werden, die verlässliche und relevantere Informationen liefert (IAS 1.88).[131]

---

[129] Vgl. Wagenhofer (2005), S. 435 f. Der Geschäftszyklus eines Unternehmens ist der Zeitraum zwischen dem Erwerb von Vermögenswerten, die als Input in den Leistungserstellungsprozess eingehen, und deren Wiedergeldwerdung durch die Realisierung der erstellten Leistung in Zahlungsmitteln oder Zahlungsmitteläquivalenten (IAS 1.59).

[130] Beispielhaft für möglicherweise wesentliche Aufwands- und Ertragsposten nennt IAS 1.87 außerplanmäßige Abschreibungen, Restrukturierungsaufwendungen, Abgänge des Sachanlagevermögens, Veräußerung von Finanzanlagen, Aufgabe von Geschäftsbereichen, Beendigung von Rechtsstreitigkeiten und Auflösungen von Rückstellungen.

[131] Vgl. Wagenhofer (2005), S. 439 f. Bei Wahl des Umsatzkostenverfahrens sind zusätzliche Angaben zu den Aufwandsarten, insbesondere Abschreibungen und Personalaufwand, verpflichtend (IAS 1.93).

### 6.4.2 Zusätzliche Elemente des IFRS-Abschlusses

Ein vollständiger IFRS-Abschluss beinhaltet gemäß IAS 1.8 neben der Bilanz und der Gewinn- und Verlustrechnung noch eine Aufstellung der Veränderungen des Eigenkapitals, eine Kapitalflussrechnung und einen Anhang, der die maßgeblichen Bilanzierungs- und Bewertungsmethoden sowie zusätzliche Erläuterungen enthält. Zudem stellt IAS 1.9 fest, dass Unternehmen häufig als Ergänzung zum Abschluss einen Bericht des Managements über die wesentlichen Merkmale der jeweiligen Unternehmenslage veröffentlichen und darin auch wesentliche Unsicherheiten für die Geschäftstätigkeit erläutern. Die folgenden Kapitel greifen diese Rechnungslegungsinstrumente auf.

#### 6.4.2.1 Eigenkapitalveränderungsrechnung

Die Eigenkapitalveränderung zwischen zwei Bilanzstichtagen setzt sich grundsätzlich aus erfolgsneutralen Transaktionen zwischen Unternehmen und Anteilseignern infolge des Gesellschaftsverhältnisses, aus dem Periodenergebnis und aus erfolgsneutralen Eigenkapitalbuchungen zusammen. Damit die Abschlussadressaten alle Eigenkapitalveränderungen nachvollziehen können, schreibt IAS 1 die Aufstellung einer Eigenkapitalveränderungsrechnung vor, deren Bedeutung der Zunahme erfolgsneutraler Eigenkapitalbuchungen im Rechnungslegungssystem der IFRS folgend ebenfalls gestiegen ist.[132]

#### 6.4.2.2 Kapitalflussrechnung

Die nach IFRS verpflichtend aufzustellende Kapitalflussrechnung wird durch IAS 7 geregelt. Sie soll den Abschlussadressaten Informationen liefern, die zur Bewertung der Reinvermögensänderungen eines Unternehmens und zur Beurteilung seiner Fähigkeit, Zahlungsmittel und -äquivalente zu erwirtschaften, nützlich sind und zudem die Vergleichbarkeit der Ertragskraft zwischen Unternehmen verbessern, da sie die Auswirkung unterschiedlich ausgeübter Bilanzierungs- und Bewertungswahlrechte eliminiert (IAS 7.4). Dabei dienen historische Kapitalflussrechnungen häufig als Indikator für den Betrag, den Zeitpunkt und die Wahrscheinlichkeit zukünftiger Cashflows (IAS 7.5).

Der Zahlungsmittelfonds umfasst neben Barmitteln und Sichteinlagen auch Zahlungsmitteläquivalente in Form kurzfristiger, liquider Finanzinvestitionen, die jederzeit in Zahlungsmittel umgewandelt werden können und geringen Wertschwankungen unterliegen (IAS 7.6). Die Kapitalflussrechnung stellt die Cashflows der – zum Zeitpunkt der Aufstellung des Abschlusses bereits abgelaufenen – Berichtsperiode aus betrieblicher Tätigkeit sowie aus Investitions- und Finanzie-

---

[132] Vgl. Coenenberg (2005), S. 357; Pellens/Fülbier/Gassen (2006), S. 164 f.; Wagenhofer (2005), S. 448 ff.

rungstätigkeit jeweils separat dar (IAS 7.10).[133] Dabei gelten die Cashflows aus der betrieblichen Tätigkeit als ein Schlüsselindikator für das Ausmaß, in dem das Unternehmen Zahlungsmittel zur Tilgung von Verbindlichkeiten, zum Erhalt seiner Leistungsfähigkeit, für die Zahlung von Dividenden und zur Durchführung von Investitionen erwirtschaften konnte, ohne auf Quellen der Außenfinanzierung zurückzugreifen; sie sind zugleich in Verbindung mit anderen Informationen zur Prognose künftiger Cashflows aus betrieblicher Tätigkeit nützlich (IAS 7.13). Die folgende Abbildung stellt den Grobaufbau der Kapitalflussrechnung dar.

| | |
|---|---|
| | betriebliche Einzahlungen |
| – | betriebliche Auszahlungen |
| = | **Cashflow aus betrieblicher Tätigkeit (1)** |
| | Desinvestitionen |
| – | Investitionsauszahlungen |
| = | **Cashflow aus Investitionstätigkeit (2)** |
| | Finanzierungseinzahlungen |
| – | Finanzierungsauszahlungen |
| = | **Cashflow aus Finanzierungstätigkeit (3)** |
| | **Veränderung des Finanzmittelfonds ((1)+(2)+(3))** |

**Abbildung 18: Grobaufbau der Kapitalflussrechnung nach IAS 7 in Staffelform**

Quelle: Pellens/Fülbier/Gassen (2006), S. 180.

Das Verbot eines separaten Ausweises von außerordentlichen Posten in IFRS-Abschlüssen greift auch für die Kapitalflussrechnung und gilt somit anstelle der vorher gültigen expliziten Verpflichtung aus IAS 7.29-30, die Cashflows aus außerordentlichen Posten für die betriebliche Tätigkeit, die Investitions- und die Finanzierungstätigkeit jeweils gesondert anzugeben.[134]

#### 6.4.2.3 Anhang

Die IFRS enthalten keinen separaten Standard für die Regelung des Anhangs; vielmehr stellt das IASB die Aufgaben bzw. zentralen Inhalte des Anhangs in IAS 1 dar.

Als Hauptbestandteile sind in den Anhang aufzunehmen (IAS 1.103)[135]

- die Grundlagen der Aufstellung des Abschlusses einschließlich der angewandten Bilanzierungs- und Bewertungsmethoden,
- die von den einzelnen IFRS verlangten Informationen, die nicht in den anderen Bestandteilen des Abschlusses – Bilanz, GuV, Eigenkapitalveränderungsrechnung, Kapitalflussrechnung – ausgewiesen sind, und

---

[133] Vgl. Wagenhofer (2005), S. 454 f.

[134] Vgl. Pellens/Fülbier/Gassen (2006), S. 181.

[135] Vgl. hierzu und zum Folgenden auch Wagenhofer (2005), S. 466 f.

- weitere Informationen, die in den anderen Bestandteilen des Abschlusses nicht enthalten, für das Verständnis jedoch relevant sind.

Die Angaben sind dabei, sofern praktikabel, in einer systematischen Ordnung darzustellen (IAS 1.104).[136] In der Zusammenfassung der Bilanzierungs- und Bewertungsmethoden oder den sonstigen Erläuterungen muss die Ermessensausübung des Managements bei der Anwendung derjenigen Methoden beschrieben werden, die die Beträge im Abschluss am wesentlichsten beeinflussen (IAS 1.113); überdies schreibt IAS 1.116 die Anhangangabe der wichtigsten zukunftsbezogenen Annahmen und der wesentlichen Quellen von Schätzungsunsicherheiten, die das beträchtliche Risiko einer potenziellen wesentlichen Anpassung der ausgewiesenen Vermögenswerte und Schulden nach sich ziehen, verpflichtend vor.[137]

Demzufolge kommt dem Anhang nach IFRS eine Erläuterungs-, Entlastungs- und Ergänzungsfunktion zu; eine Korrekturfunktion des Anhangs liegt hingegen nicht vor, da nicht den tatsächlichen Verhältnissen entsprechende Angaben aus der Einhaltung der Einzelvorschriften nicht in den Abschluss einfließen dürfen, sondern in solchen seltenen Fällen vielmehr ein Abweichen von der betreffenden Einzelvorschrift geboten ist (IAS 1.16-17).[138]

Die Regelung der Angabepflichten erfolgt im Einzelnen in den jeweiligen Standards, die regelmäßig detaillierte und umfangreiche Angaben zu dem behandelten Rechnungslegungsaspekt verlangen; der Umfang der IFRS-Anhangpublizität übersteigt dabei den nach HGB vorgeschriebenen bei Weitem.[139]

---

[136] Die gemäß IAS 1.105 normalerweise verwendete Reihenfolge stellt sich wie folgt dar:

- Erklärung über die Übereinstimmung des Abschlusses mit den IFRS,
- Zusammenfassung der wesentlichen Bilanzierungs- und Bewertungsmethoden,
- Zusatzinformationen zu den Posten der Abschlussbestandteile in der jeweiligen Reihenfolge und
- weitere Angaben, etwa Eventualschulden, nicht bilanzierte vertragliche Verpflichtungen und nicht finanzielle Angaben wie Risikomanagementziele und -methoden.

[137] Vgl. Wagenhofer (2005), S. 469.

[138] Vgl. dazu Baetge/Kirsch/Thiele (2005), S. 790; Coenenberg (2005), S. 877; Pellens/Fülbier (2002), Sp. 1577.

[139] Vgl. Pellens/Fülbier (2002), Sp. 1586.

### 6.4.3 Managementbericht über die Unternehmenslage

Die IFRS enthalten – anders als das deutsche Handelsrecht – keine verbindliche Vorschrift zur Erstellung eines Lageberichts.[140]

In IAS 1.9 findet sich allerdings die Feststellung, dass viele Unternehmen neben dem Jahresabschluss einen Bericht des Managements über die Unternehmenslage (financial review by management), konkret die Vermögens-, Finanz- und Ertragslage und die wichtigsten das Unternehmen betreffenden Unsicherheiten, veröffentlichen. Dieser Bericht könnte inhaltlich etwa auf folgende Aspekte eingehen:

- Einflussfaktoren auf die Ertragskraft einschließlich Veränderungen im Umfeld des Unternehmens und deren Auswirkungen, die Reaktion des Unternehmens auf diese Veränderungen, die Investitionspolitik des Unternehmens zur Erhaltung der Ertragskraft und die Dividendenpolitik;
- Finanzierungsquellen und -politik des Unternehmens;
- Ressourcen des Unternehmens, die in der IFRS-Bilanz nicht ausgewiesen sind.

Ein solcher Bericht befindet sich jedoch ebenso wie etwaige weitere freiwillige Berichte und Angaben eines Unternehmens, beispielsweise Umweltberichte und Wertschöpfungsrechnungen, außerhalb des Jahresabschlusses und auch außerhalb des Anwendungsbereichs der IFRS.[141]

### 6.4.4 Ergebnis je Aktie

Investoren verwenden für den Vergleich alternativer Anlageformen häufig das Ergebnis je Aktie (earnings per share), also den Quotienten aus Periodenergebnis und Anzahl der Aktien, als wesentliche Kennzahl.[142] Nach IFRS müssen alle Unternehmen, deren Stammaktien oder potenzielle Stammaktien öffentlich gehandelt werden oder die eine Ausgabe solcher Aktien eingeleitet haben, das Ergebnis je Aktie in der GuV angeben (IAS 33.2); falls ein Unternehmen so-

---

[140] Allerdings verfolgt das IASB derzeit ein Projekt „Management Commentary", aus dem auch bereits ein Diskussionspapier, jedoch noch kein Standardentwurf hervorgegangen ist. Vgl. dazu Beiersdorf/Buchheim (2006); Buchheim/Knorr (2006), S. 424; Fink (2006). Der thematischen Eingrenzung der Arbeit folgend (siehe Kapitel 1) werden die bisherigen Ergebnisse dieses Projekts jedoch im Folgenden ausgeblendet.

[141] Vgl. zum Ganzen Baetge/Kirsch/Thiele (2005), S. 834; Wagenhofer (2005), S. 493 f.

[142] Vgl. Wagenhofer (2005), S. 462. Das IASB überarbeitet derzeit die Regelungen zum Ergebnis je Aktie; ein Standard soll 2008 verabschiedet werden. Die geplanten Änderungen bleiben jedoch außerhalb der Darstellung (siehe Kapitel 1). Vgl. zu dem Projekt die Internetseite des IASB unter http://www.iasb.org/Current+Projects/IASB+Projects/Earnings+per+Share/Earnings+per+Share+-+Treasury+Stock+Method.htm (Stand: 09.10.2007).

wohl einen Einzel- als auch einen Konzernabschluss erstellt, gilt die Angabepflicht nur für den konsolidierten Abschluss (IAS 33.4).[143]

Die Kennzahl wird in das unverwässerte Ergebnis je Aktie (basic earnings per share) und das verwässerte Ergebnis je Aktie (diluted earnings per share) unterteilt. Das unverwässerte Ergebnis je Aktie ergibt sich durch Division des den Stammaktionären des Mutterunternehmens zurechenbaren Periodenergebnisses aus dem fortzuführenden Geschäft durch die gewichtete durchschnittliche Zahl der während der Berichtsperiode ausstehenden Stammaktien; es stellt einen Maßstab für die Beteiligung jeder Stammaktie am Ertrag des Unternehmens dar (IAS 33.9-11).[144]

Das verwässerte Ergebnis je Aktie ergibt sich ebenfalls als Quotient des den Stammaktionären zurechenbaren Ergebnisses des Mutterunternehmens aus dem fortzuführenden Geschäft und der gewichteten Anzahl durchschnittlich in der Berichtsperiode im Umlauf befindlicher Stammaktien, die jedoch jeweils um alle Verwässerungseffekte potenzieller Stammaktien bereinigt sind (IAS 33.30-31). Als Verwässerung gilt eine Reduzierung des Ergebnisses oder eine Erhöhung des Verlusts je Aktie infolge der Annahme einer künftigen Änderung der Anzahl an Stammaktien, etwa der Ausübung von Optionen unterhalb des Börsenkurses (IAS 33.5). Insofern besteht das Ziel des verwässerten Ergebnisses je Aktie ebenfalls darin, einen Maßstab für die Beteiligung jeder Stammaktie am Ertrag des Unternehmens zu schaffen, allerdings – in Form eines worst case-Szenarios – unter Einbeziehung sämtlicher Verwässerungseffekte, die sich durch eine fiktive Umwandlung potenzieller Stammaktien ergeben können (IAS 33.32). Potenzielle Stammaktien, die nicht verwässernd wirken, bleiben bei der Berechnung außen vor, sodass die Darstellung der maximalen Verwässerung resultiert (IAS 33.41-44).[145] Da Anteilseigner und potenzielle Anteilseigner zur Bewertung ihres Anteils am Periodenergebnis interessiert sind, das ihnen zukünftig zusteht, und dafür die zukünftige Aktienanzahl relevant ist, besitzt das verwässerte Ergebnis je Aktie eine große Bedeutung.[146]

Das unverwässerte und das verwässerte Ergebnis je Aktie für aufgegebene Geschäftsbereiche ist zusätzlich entweder in der GuV oder im Anhang des Abschlusses auszuweisen (IAS 33.68).

---

[143] Eine potenzielle Stammaktie ist gemäß IAS 33.5 ein Finanzinstrument oder ein sonstiger Vertrag, das bzw. der dem Inhaber ein Anrecht auf Stammaktien verbrieft. IAS 33.7 nennt beispielhaft u. a. Wandelanleihen und Aktienoptionen.

[144] Vgl. Wagenhofer (2005), S. 463.

[145] Vgl. Coenenberg (2005), S. 544 ff.; Wagenhofer (2005), S. 464.

[146] Vgl. Pellens/Fülbier/Gassen (2006), S. 799 f.

### 6.4.5 Segmentberichterstattung

Zur Segmentberichterstattung verpflichtet sind nach IAS 14.3 alle Unternehmen, deren Dividendenpapiere oder schuldrechtliche Wertpapiere öffentlich gehandelt werden oder die eine Ausgabe solcher Papiere eingeleitet haben.[147]

Die Zielsetzung der Segmentberichterstattung erklärt das IASB in IAS 14 einleitend vor dem Hintergrund der zunehmenden regionalen und produktspezifischen Diversifizierung der Unternehmenstätigkeit. Da in verschiedenen Regionen und mit verschiedenen Produkten regelmäßig auch jeweils verschiedene Chancen und Risiken einhergehen, sind segmentierte Abschlussinformationen relevant, um dem Adressaten ein besseres Verständnis der bisherigen Ertragskraft, eine bessere Einschätzung der Risiken und Erträge und eine sachgerechtere Beurteilung des Unternehmens zu ermöglichen.

IAS 14.9 unterscheidet Geschäftssegmente von geografischen Segmenten. Ein Geschäftssegment stellt eine unterscheidbare Teilaktivität eines Unternehmens dar, die ein individuelles Produkt oder eine Gruppe ähnlicher Produkte erstellt und Risiken und Erträgen ausgesetzt ist, die von denen anderer Geschäftssegmente abweichen; ein geografisches Segment ist eine Teilaktivität, die Produkte innerhalb eines speziellen wirtschaftlichen Umfeldes anbietet und die Risiken und Erträgen ausgesetzt ist, die in einem anderen wirtschaftlichen Umfeld anders ausfallen.[148] Die Unterscheidung orientiert sich insofern an der Unterschiedlichkeit der Risiken und Erträge (risks and reward approach). Das für den Ursprung und die Art der Risiken vorherrschende Kriterium gilt als primäres Berichtsformat, das verbleibende Kriterium als sekundäres Berichtsformat; im Normalfall entspricht das Hauptkriterium der internen Organisations- und Managementstruktur bzw. dem System der internen Finanzberichterstattung eines Unternehmens (IAS 14.26-27). Die Abgrenzung konkreter Geschäftssegmente und geografischer Segmente für externe Berichtszwecke folgt wiederum der Einteilung des Unternehmens in organisatorische Einheiten für Zwecke der internen Berichterstattung über die Ertragskraft der Einheiten in der Vergangenheit sowie für Zwecke der Geschäftsführung, also der Entscheidung über die zukünftige Verteilung der Ressourcen im Unternehmen (IAS 14.31).[149] Die geografischen Seg-

---

[147] Am 30.11.2006 hat das IASB in Form des IFRS 8 einen völlig überarbeiteten neuen Standard zur Segmentberichterstattung veröffentlicht; verpflichtend anzuwenden ist dieser neue Standard jedoch erst für Geschäftsjahre, die nach dem 31.12.2008 beginnen. Vgl. dazu Fink/Ulbrich (2007); Hinz (2007); Kirsch (2007), S. 61-63. Der Eingrenzung des Untersuchungsumfangs der vorliegenden Arbeit entsprechend (siehe Kapitel 1) bleiben die verabschiedeten Neuerungen im Folgenden allerdings außerhalb der Betrachtung.

[148] Faktoren für die Bestimmung ähnlicher Produkte sind etwa die Art der Produkte, der Produktionsprozesse und der Kunden sowie der Vertriebsmethoden; Faktoren zur Bestimmung geografischer Segmente sind etwa die Gleichartigkeit der wirtschaftlichen und politischen Rahmenbedingungen, Beziehungen zwischen Tätigkeiten in unterschiedlichen Regionen, regionsspezifische Risiken, Devisenbestimmungen und Kursänderungsrisiken (IAS 14.9).

[149] Vgl. Wagenhofer (2005), S. 472 f.

mente bauen entweder auf dem Standort der Produktion oder dem Standort der Märkte und Kunden des Unternehmens auf (IAS 14.13).

Berichtspflichtig ist ein Segment, das einen Großteil seiner Erlöse aus Verkäufen an externe Kunden erwirbt und dessen Erlöse, Ergebnis oder Vermögenswerte jeweils 10 % des entsprechenden Betrages aller Segmente übersteigen (IAS 14.35). Einander ähnliche Segmente können zu einem einzigen zusammengefasst werden (IAS 14.34). Sofern die berichtspflichtigen Segmente gemeinsam weniger als 75 % der gesamten Erlöse des Unternehmens auf sich vereinigen, sind so lange zusätzliche, den Schwellenwert von 10 % unterschreitende Segmente als berichtspflichtig zu klassifizieren, bis die berichtspflichtigen Segmente 75 % der Gesamterlöse des Unternehmens erreichen (IAS 14.37).

Die Aufstellung der Segmentinformationen nimmt das Unternehmen grundsätzlich in Übereinstimmung mit den bei der Aufstellung des Abschlusses verwendeten Bilanzierungs- und Bewertungsmethoden vor (IAS 14.44).

Welche Angaben für die berichtspflichtigen Segmente im Rahmen der primären und sekundären Berichterstattung jeweils erforderlich sind, stellen die folgenden Abbildungen dar.

| **Berichtspflichtiges Segment** |
| --- |
| Segmenterlöse von externen Kunden<br>Innensegmenterlöse<br>Segmentergebnis (untergliedert nach fortgeführten und aufgegebenen Geschäftsbereichen)<br>Abschreibungen<br>sonstige zahlungsunwirksame Aufwendungen<br>Anteil des Periodenergebnisses an assoziierten Equity-bewerteten und quotenkonsolidierten Unternehmen (wenn sie im Wesentlichen innerhalb eines einzelnen Segments liegen)<br>Buchwert des Segmentvermögens<br>Segmentschulden<br>Investitionen in Sachanlagen und immaterielle Vermögenswerte<br>Anteile an assoziierten Equity-bewerteten und quotenkonsolidierten Unternehmen (sofern im Wesentlichen in einem Segment liegend) |

**Abbildung 19: Angabepflichten im Rahmen der primären Segmentberichterstattung**

Quelle: In Anlehnung an Wagenhofer (2005), S. 479.

Die sekundäre Segmentberichterstattung unterscheidet sich in Abhängigkeit vom verwendeten primären Berichtsformat wie folgt:[150]

| **Primäre Segmentberichterstattung erfolgt nach** | | |
|---|---|---|
| **Geschäftsbereich** | **geografischem Segment (Standort Vermögen)** | **geografischem Segment (Standort Kunden)** |
| Segmenterlöse von externen Kunden nach Standort der Kunden | Segmenterlöse von externen Kunden nach Geschäftsbereich sowie nach geografischen Kunden (falls verschieden vom Standort des Vermögens) | Segmenterlöse von externen Kunden nach Geschäftsbereich |
| Buchwert des Segmentvermögens nach Standort des Vermögens | Buchwert des Segmentvermögens nach Geschäftsbereich | Buchwert des Segmentvermögens nach Geschäftsbereich sowie nach Standort des Vermögens (falls verschieden vom Standort der Kunden) |
| Investitionen in Sachanlagen und immaterielle Vermögenswerte nach Standort des Vermögens | Investitionen in Sachanlagen und immaterielle Vermögenswerte nach Geschäftsbereich | Investitionen in Sachanlagen und immaterielle Vermögenswerte nach Geschäftsbereich sowie nach Standort des Vermögens (falls verschieden vom Standort der Kunden) |

**Abbildung 20: Angabepflichten im Rahmen der sekundären Segmentberichterstattung**

Quelle: In Anlehnung an Wagenhofer (2005), S. 480.

## 6.5 Aufstellung und Offenlegung

Die Standards des IASB enthalten keine Vorschriften zu Aufstellung und Offenlegung des Jahres- bzw. Konzernabschlusses, sondern beschränken sich auf die Festlegung des Informationsinhalts und -umfangs. Für die Festlegung der Aufstellungs- und Offenlegungspflicht ist das nationale bzw. internationale Gesetzes- oder Verordnungsrecht einschlägig.[151]

Die nach der EU-Verordnung zur Aufstellung eines Konzernabschlusses nach IFRS verpflichteten kapitalmarktorientierten Mutterunternehmen hat der deutsche Gesetzgeber in § 315a Abs. 1 HGB von der Pflicht zur Aufstellung eines HGB-Konzernabschlusses befreit. Gleichwohl bleiben einige Vorschriften des HGB, insbesondere zum Lagebericht nach § 315 HGB, verpflichtend anwendbar. Das Wahlrecht zur Aufstellung eines IFRS-Konzernabschlusses für nicht kapitalmarktorientierte Unternehmen ist in § 315a Abs. 3 HGB, ebenfalls unter Aufrechterhaltung der Pflicht zur Lageberichterstattung, kodifiziert.[152]

---

[150] Es gelten separate 10 %-Schwellenwerte, damit die jeweilige Berichtspflicht im Rahmen der sekundären Berichterstattung eintritt.

[151] Vgl. Pellens/Fülbier/Gassen (2006), S. 840 f.

[152] Vgl. Wendlandt/Knorr (2005), S. 55.

Die Offenlegungspflicht des Jahresabschlusses nach IFRS entspricht derjenigen nach HGB.[153] Nimmt ein Unternehmen die Möglichkeit wahr, für Offenlegungszwecke einen Einzelabschluss nach IFRS zu verwenden (§ 325 Abs. 2a und 2b HGB), bleibt wiederum die Pflicht zur Aufstellung eines Lageberichts, der dann auch auf den IFRS-Einzelabschluss Bezug nehmen muss, bestehen.

## 6.6 Kurzfazit: Rechnungslegungskonzeption nach IFRS

Die Rechnungslegung nach IFRS verfolgt dem Rahmenkonzept zufolge das ausschließliche Ziel, einem weiten Adressatenkreis entscheidungsnützliche Informationen zu vermitteln. Der Informationsbedarf eines anonymen (Eigen-)Kapitalgebers hinsichtlich der Fähigkeit eines Unternehmens zur Erwirtschaftung von Zahlungsmitteln und -äquivalenten einschließlich des Zeitpunktes und der Wahrscheinlichkeit ihres Entstehens gilt dabei als repräsentativ für den Informationsbedarf aller Rechnungslegungsadressaten.[154]

Die konkreten Rechnungslegungsvorschriften liegen aufgrund einer kasuistischen Herangehensweise an Rechnungslegungsprobleme in Form einer Vielzahl von Standards vor, die jeweils spezielle Aspekte der Rechnungslegung behandeln und an dieser Stelle nicht im Einzelnen zusammengefasst werden sollen.[155]

Allerdings weckt die Fokussierung der IFRS auf die Informationsfunktion der Rechnungslegung die optimistische Erwartung, dass die Konzeption – befreit von den Anforderungen einer Zahlungsbemessungsfunktion der Rechnungslegung – dem selbst definierten Anspruch auch tatsächlich gerecht werden kann; inwiefern diese Erwartung berechtigt ist, soll im achten Kapitel näher analysiert werden.

Vor der Analyse der Rechnungslegungskonzeption nach IFRS rückt jedoch zunächst in einem ersten Analyseschritt wiederum die Rechnungslegung nach HGB, die im nachfolgenden siebten Kapitel auf ihre Zweckmäßigkeit hin untersucht werden soll, in den Blickpunkt.

---

153 Vgl. dazu das Kapitel 5.5.4.

154 Vgl. Kapitel 6.2.

155 Vgl. ausführlich Kapitel 6.3 und 6.4.

# 7 Zweckmäßigkeit der Rechnungslegungskonzeption nach deutschem Handelsrecht

Im siebten Kapitel der Arbeit soll die im fünften Kapitel dargestellte Rechnungslegungskonzeption des Handelsrechts auf ihre Zweckmäßigkeit aus Kapitalgebersicht beurteilt werden. Als Maßstab dienen die bereits im vierten Kapitel vor dem Hintergrund der Informationsfunktion der Rechnungslegung (Kapitel zwei) sowie dem Konzept der Informationseffizienz (Kapitel drei) hergeleiteten Anforderungen an eine aus Kapitalgebersicht informative Rechnungslegung.

Der Aufbau des Kapitels folgt dem Aufbau des Gesetzes; mithin werden zunächst die Vorschriften für alle Kaufleute betrachtet (Abschnitt 7.2) und anschließend die ergänzenden Vorschriften für Kapitalgesellschaften (Abschnitt 7.3) bzw. die handelsrechtliche Konzernrechnungslegung (Abschnitt 7.4) analysiert. Die vorzunehmende Fallunterscheidung in schwache Informationseffizienz einerseits und mittelstrenge andererseits spiegelt sich insofern nicht in der Gliederung wider; stattdessen gehen die einzelnen Unterkapitel jeweils auf diese Unterscheidung ein, sofern sich daraus Auswirkungen auf das Zweckmäßigkeitsurteil ergeben. Abschließend werden die Ergebnisse zusammengefasst und gewürdigt (Abschnitt 7.5).

Den Auftakt des Kapitels jedoch bilden im Folgenden einige kurze Überlegungen zu den Grundsätzen ordnungsmäßiger Buchführung im engeren Sinne.

## 7.1 Zur Zweckmäßigkeit der Grundsätze ordnungsmäßiger Buchführung im engeren Sinne

Als Grundsätze ordnungsmäßiger Buchführung im engeren Sinne wurden der Grundsatz der Richtigkeit und Willkürfreiheit, der Grundsatz der Klarheit und Übersichtlichkeit, der Grundsatz der Vollständigkeit und der Grundsatz der Nachprüfbarkeit dargestellt.[1]

Der Grundsatz der Richtigkeit im Sinne der Übereinstimmung von betrieblichen Tatbeständen, Buchführung und Jahresabschluss sowie der Grundsatz der Willkürfreiheit im Sinne der Anwendung der persönlichen Überzeugung des Bilanzierenden bzw. der Unterlassung von Bilanzmanipulationen bei der Durchführung der unausweichlich bei der Abschlusserstellung erforderlichen Schätzungen können als allgemeine Postulate der Rechnungslegung für grundsätzlich zweckmäßig erachtet werden. Inwiefern die Einzelregelungen dazu geeignet sind, diesen allgemeinen Anforderungen zu genügen, muss der Verlauf der Analyse zeigen. Gleichermaßen stellt der Grundsatz der Vollständigkeit – Erfassung aller buchungspflichtigen Geschäftsvorfälle und Auswertung aller verfügbaren Informationen – ein allgemeingültiges Erfordernis dar.

---

[1] Vgl. Kapitel 5.3.

Der Grundsatz der Klarheit und Übersichtlichkeit schlägt sich im Wesentlichen in den Vorschriften zur Gliederung von Bilanz und GuV nieder, sodass an dieser Stelle auf die Analyse der diesbezüglichen Vorschriften im Kontext der sonstigen Informationsvermittlung verwiesen werden kann.[2]

Die Nachprüfbarkeit der Buchführung derart, dass sich ein sachverständiger Dritter darin in angemessener Zeit zurechtfinden kann, ist eine wesentliche Voraussetzung insbesondere dafür, dass eine unabhängige Prüfung des Jahresabschlusses durch einen Wirtschaftsprüfer möglich wird. Die Zweckmäßigkeit von Abschlussprüfungen liegt jedoch außerhalb des Untersuchungsgegenstandes der vorliegenden Arbeit.

Insgesamt gesehen beschreiben die Grundsätze generelle und allgemein gehaltene Mindestanforderungen an Inhalt und Form der Buchführung bzw. an die Ableitung des Jahresabschlusses aus der Buchführung; konkretere Erkenntnisse zur Zweckmäßigkeit liefert daher erst die Analyse der speziellen Vorschriften, die sich im Folgenden anschließt.

## 7.2 Die handelsrechtlichen Vorschriften für alle Kaufleute

### 7.2.1 Ansatzvorschriften

#### 7.2.1.1 Bilanzielles Vermögen

Das handelsrechtliche Kriterium für die Aktivierung ist abstrakte Einzelveräußerbarkeit bzw. als Erweiterung des Kriteriums die Einzelverwertbarkeit.[3] Voraussetzung für eine informative Bilanz und damit Anforderung an eine Aktivierungskonzeption ist die Erfassung aller zukünftigen Einzahlungspotenziale eines Unternehmens als informative Bilanzposten,[4] die im Sinne der Kapitalgeber relevant und verlässlich sein müssen.[5]

##### 7.2.1.1.1 Entscheidungsrelevanz

Der auf abstrakte Einzelveräußerbarkeit abstellende und auf Einzelverwertbarkeit erweiterte Vermögensgegenstandsbegriff erfasst auf der Aktivseite eines Unternehmens solche Einzahlungspotenziale, die zukünftig durch Veräußerung, Verarbeitung, Verbrauch, Überlassung eines Rechts zur Ausübung oder eines Gegenstands zur Nutzung an einen Dritten im Unternehmen verwendet werden sollen. Insofern ist davon auszugehen, dass die aktivierten Vermögensge-

---

2 Vgl. Kapitel 7.2.3, 7.3.3.1.

3 Vgl. Kapitel 5.4.1.1.1.1.

4 Vgl. Kapitel 2.3.3.4.

5 Vgl. Kapitel 2.3.2.

genstände zukünftigen Nutzen in Form von Zahlungsmittelzuflüssen an das Unternehmen generieren.

Allerdings setzt eine informative Bilanz die Aktivierung aller zukünftigen Zahlungspotenziale voraus. Dies gewährleistet der handelsrechtliche Vermögensgegenstandsbegriff zweifelsohne nicht, denn die Aktivierungsrestriktion auf einzelveräußerbare oder mindestens einzelverwertbare Nutzenpotenziale schließt wesentliche Quellen zukünftiger Zahlungspotenziale von vornherein von der Aktivierung aus, beispielsweise eine durch Kulanzleistungen erzielte Kundenzufriedenheit und eine insofern dem Unternehmen zugutekommende Kundenbindung. Überdies dürfen Synergieeffekte, die infolge der kombinierten Nutzung bestimmter Vermögensgegenstände entstehen können, nicht aktiviert werden, da das Kriterium der Einzelverwertbarkeit wiederum nicht erfüllt ist.

Insofern ist der handelsrechtliche Vermögensgegenstandsbegriff eindeutig zu eng gefasst, als dass er zu einer aus Adressatensicht informativen Bilanz führen könnte, und demzufolge unter dem Aspekt der Entscheidungsrelevanz unzweckmäßig.[6]

Als zweckmäßig ist hingegen einzustufen, dass die Abgrenzung der zu aktivierenden Vermögenswerte am wirtschaftlichen und nicht am juristischen Eigentum zu orientieren ist,[7] da bereits das wirtschaftliche Eigentum impliziert, dass das Zahlungspotenzial dem Unternehmen zugutekommt und mithin in eine Bilanz, soll sie informativ konzipiert werden, aufgenommen werden muss.

Das grundsätzliche Gebot der vollständigen Aktivierung der Vermögensgegenstände wird durch das Verbot einer Aktivierung unentgeltlich erworbener immaterieller Vermögensgegenstände des Anlagevermögens durchbrochen.[8] Diese Vorschrift ist eindeutig unzweckmäßig, denn auch die selbst erstellten immateriellen Anlagegüter verkörpern zukünftige Einzahlungspotenziale für ein Unternehmen, beispielsweise ein eigenentwickeltes Patent, das für die Leistungserstellung oder durch Lizenzierung genutzt wird, und sind folglich aus Sicht der Adressaten entscheidungsrelevant.[9] Dieses Verbot wiegt umso schwerer, weil der Übergang von der Produktions- zur Dienstleistungsgesellschaft eine Bedeutungszunahme des immateriellen Vermögens der Unternehmen und damit auch des selbst erstellten immateriellen Vermögens bewirkt.[10]

---

6 Siehe auch Busse von Colbe (1968), S. 97: „Von den geplanten künftigen Einzahlungen an die Unternehmung wird nur ein geringer Teil ausgewiesen" (im Original teilweise kursiv).

7 Vgl. Kapitel 5.4.1.1.1.2.

8 Vgl. Kapitel 5.4.1.1.1.3.

9 Vgl. in diesem Zusammenhang auch Pellens/Fülbier/Gassen (2006), S. 266, die exemplarisch auf die Coca Cola Company verweisen, deren Marktwert im Wesentlichen durch den Wert der selbst erstellten Marke determiniert wird, sodass das Aktivierungsverbot das wichtigste Einzahlungspotenzial aus der Bilanz verbannt.

10 Vgl. m. w. N. Ballwieser (2002b), S. 296.

#### 7.2.1.1.2 Verlässlichkeit

Betrachtet man den Vermögensgegenstandsbegriff unter dem Aspekt der Verlässlichkeit, so stellt man fest, dass das Kriterium der Einzelveräußerbarkeit bzw. Einzelverwertbarkeit den Ansatz lediglich solcher Aktiva bewirkt, die eindeutig identifizierbar im Sinne der Abgrenzbarkeit von anderen Gütern bzw. Werten sind. Dies wiederum führt zu Verlässlichkeit hinsichtlich des Ansatzes, da die nicht eindeutig bestimmbaren Einzahlungspotenziale – etwa erst durch das Zusammenwirken von Gütern resultierende Synergien oder nicht konkret einzeln abgrenzbare Werte wie Kundenzufriedenheit – von der Aktivierung ausgeschlossen sind.

#### 7.2.1.1.3 Beurteilung vor dem Hintergrund der Informationseffizienz

Die Ausrichtung der Rechnungslegungskonzeption muss sich bei schwacher Informationseffizienz aus individueller Sicht, bei mittelstrenger Informationseffizienz aus Sicht des gesellschaftlichen Informationsnutzens für kapitalmarktorientierte und nicht kapitalmarktorientierte Unternehmen und aus individueller Sicht für nicht kapitalmarktorientierte Unternehmen schwerpunktmäßig am Kriterium der Relevanz orientieren.[11] Da das Kriterium der Relevanz im Rahmen der handelsrechtlichen Aktivierungskonzeption infolge der Restriktion der Aktivierungsfähigkeit durch Einzelveräußerbarkeit bzw. Einzelverwertbarkeit sowie durch das Verbot der Aktivierung selbst erstellter immaterieller Vermögensgegenstände verletzt wird, resultiert keine aus Sicht der Entscheidungsrelevanz informative Bilanz.

Bei mittelstrenger Informationseffizienz sollte für kapitalmarktorientierte Unternehmen aus individueller Sicht die Rechnungslegung die in den Börsenkursen bereits verarbeiteten Informationen plausibilisieren und deswegen verlässlich konzipiert werden. Fraglich ist daher, ob der die Aktivierungsfähigkeit restringierende Vermögensgegenstandsbegriff als zweckmäßig zu bezeichnen ist. Dabei muss berücksichtigt werden, dass die Verlässlichkeit einer Information für einen Adressaten generell nur in Verbindung mit deren Relevanz von Interesse ist; mit anderen Worten ist eine zwar verlässliche, aber irrelevante Information ohne Nutzen.[12] Vor diesem Hintergrund kann man konstatieren, dass ein Adressat zwar eine hinreichende Verlässlichkeit der aktivierten Einzahlungspotenziale zu unterstellen vermag, die einen Mindestumfang aller Einzahlungspotenziale des Unternehmens repräsentieren. Allerdings erscheint die Objektivierung auch unter dem Aspekt der Verlässlichkeit als zu weitgehend, da eine Vielzahl wesentlicher – bei intensiv forschenden Unternehmen eventuell gar die bedeutsamsten – Einzahlungspotenziale ohne Ansatz bleibt, sodass die Aktivierungskonzeption insgesamt als unzweckmäßig zu bezeichnen ist.

---

11 Vgl. Kapitel 4.3.1, 4.3.2, 4.4.1 und 4.4.2.

12 Vgl. Barth/Clinch/Shibano (2003), S. 581.

### 7.2.1.2 Bilanzielle Schulden

Der bilanzielle Schuldbegriff umfasst zum einen Verbindlichkeiten als bezüglich Existenz und Betrag sichere Schulden und zum anderen Rückstellungen als bezüglich Existenz und/oder Betrag unsichere Schulden.[13] An eine informative Bilanz ist die Anforderung zu stellen, dass sie alle das Unternehmen betreffenden Auszahlungspotenziale als Passivposten erfasst.[14]

#### 7.2.1.2.1 Entscheidungsrelevanz

Die sicheren Schulden eines Unternehmens in Form der Verbindlichkeiten werden dem Vollständigkeitsgrundsatz des § 246 Abs. 1 HGB entsprechend ohne Ausnahme passiviert. Diese Vorschrift ist zweckmäßig.

Die bei den Rückstellungen bestehende Unsicherheit kann die Existenz und/oder die Höhe der Verpflichtung betreffen. Ist lediglich die Höhe der Verpflichtung ungewiss, die Existenz jedoch sicher, so liegt ein definitives Auszahlungspotenzial vor, dessen Ansatz in einer informativen Bilanz zwingend ist. Sofern (auch) die Existenz unsicher ist, verlangt die Anforderung an eine informative Bilanz dennoch eine Erfassung als Auszahlungspotenzial; die Unsicherheit ist jeweils erst bei der Bewertung zu berücksichtigen.

Das Handelsrecht sieht Rückstellungen sowohl für der Höhe als auch für dem Betrag nach unsichere Verpflichtungen vor. Zudem kennt es Rückstellungen für Außenverpflichtungen des Kaufmanns gegenüber Dritten ebenso wie solche für Innenverpflichtungen. Beides ist zweckmäßig; insbesondere muss auch die Passivierung von Innenverpflichtungen zur Erfüllung der für eine informative Bilanz erforderlichen Erfassung aller Auszahlungspotenziale gewährleistet sein.

Zweckmäßig ist es aus Sicht der Entscheidungsrelevanz zudem, dass der Gesetzgeber im kodifizierten Kanon zulässiger Rückstellungszwecke mit § 249 Abs. 2 HGB in Form von Aufwandsrückstellungen die Möglichkeit geschaffen hat, der Eigenart nach genau umschriebene Aufwendungen zurückzustellen. Andernfalls wäre eine vollständige Erfassung von Auszahlungspotenzialen, die nicht unter eine andere der Vorschriften des Rückstellungskataloges fallen, nicht realisierbar.

Völlig unzweckmäßig ist hingegen im Handelsrecht die Ausgestaltung der Passivierung von Rückstellungen teilweise als Pflicht und teilweise als Wahlrecht des Bilanzierenden. Die Wahlrechte in § 249 HGB stellen die Erfassung wesentlicher Auszahlungspotenziale in das Ermessen des bilanzerstellenden Managements und stehen demzufolge in Konflikt mit der Anforde-

---

[13] Vgl. Kapitel 5.4.1.1.2.

[14] Vgl. Kapitel 2.3.3.4.

rung an eine informative Bilanz, die Auszahlungspotenziale ohne Einschränkung zu zeigen. Auch aus theoretischer Sicht werden Wahlrechte nahezu einhellig abgelehnt.[15]

Überdies werden in Form der Verbindlichkeiten sowie der Rückstellungen für Innen- und Außenverpflichtungen ausschließlich zukünftige Auszahlungen erfasst, die durch ein Ereignis in der Vergangenheit begründet wurden. Damit bleiben jedoch unzweckmäßigerweise künftige Auszahlungen etwa für Löhne oder Investitionen vom Bilanzansatz ausgeschlossen.

Somit nimmt eine handelsrechtliche Bilanz zwar alle am Bilanzstichtag bestehenden und in der Vergangenheit begründeten sicheren Auszahlungspotenziale auf und kann grundsätzlich infolge der in § 249 HGB enthaltenen abschließenden Aufzählung möglicher Rückstellungen auch alle unsicheren enthalten; um als zweckmäßig eingestuft werden zu können, fehlt der Passivierungskonzeption allerdings der generelle Verpflichtungscharakter für alle Rückstellungen und die Erfassung des erst in der Zukunft entstehenden Auszahlungsbedarfs.

#### 7.2.1.2.2 Verlässlichkeit

Die Passivierung von Verbindlichkeiten als sicheren Schulden ist vor dem Hintergrund der Verlässlichkeit unproblematisch.

Bei der Bilanzierung von Rückstellungen ist indessen generell Unsicherheit immanent; die Abschätzung der Existenz unsicherer Auszahlungspotenziale kann nicht objektiviert werden. Zudem ist das bereits kritisierte Wahlrecht zur Passivierung bestimmter Rückstellungen auch im Kontext der Verlässlichkeit unzweckmäßig, da ein Adressat nicht erkennen kann, ob die Passivseite alle am Stichtag bestehenden und in der Vergangenheit begründeten Auszahlungspotenziale erfasst, ob also der Bilanzersteller das Wahlrecht eher großzügig oder eher restriktiv ausgeübt hat.

Überdies bietet die Formulierung „ihrer Eigenart nach genau umschriebene" Aufwandsrückstellungen in § 249 Abs. 2 HGB dem Bilanzierenden einen weiten Ermessensspielraum, dessen Ausnutzung der Abschlussleser nicht ohne Weiteres erkennen kann.[16]

Die Nichtberücksichtigung zukünftiger Lohn- und Investitionsauszahlungen, die naturgemäß mit Unsicherheit behaftet sind, bedeutet hingegen einen Gewinn an Verlässlichkeit in Bezug auf die Passivseite der Bilanz.

---

15 So Schildbach (1994), S. 703 f., mit ausführlichen weiteren Nachweisen.

16 Vgl. Streim (1988), S. 66.

### 7.2.1.2.3 Beurteilung vor dem Hintergrund der Informationseffizienz

Da das Handelsrecht neben der Verpflichtung zur vollständigen Passivierung der Verbindlichkeiten als sichere Schulden einen weitgefassten Katalog verpflichtender bzw. zulässiger Rückstellungen enthält und dabei insbesondere auch die in der Formulierung allgemein gehaltene und folglich prinzipiell einen großen Umfang potenzieller Auszahlungsverpflichtungen subsumierende Kategorie der Aufwandsrückstellungen gesetzlich kodifiziert ist, hat der Gesetzgeber für die Erfassung der Auszahlungspotenziale, sofern sie durch vergangene Ereignisse begründet worden sind, grundsätzlich einen weiten Rahmen vorgegeben. Damit entspricht die Passivierungskonzeption im Bestreben, alle Auszahlungspotenziale zu erfassen und auch durch die Gesetzesformulierung wenig konkretisierte Aufwandsrückstellungen zuzulassen, zumindest diesbezüglich tendenziell den Anforderungen des Kriteriums der Relevanz. Der Ausschluss zukünftigen Auszahlungsbedarfs für Löhne und Investitionen hingegen ist vor dem Hintergrund des Relevanzkriteriums eindeutig unzweckmäßig. Da dieses Kriterium bei schwacher Informationseffizienz aus individueller Sicht, bei mittelstrenger Informationseffizienz aus Sicht des gesellschaftlichen Informationsnutzens für kapitalmarktorientierte und nicht kapitalmarktorientierte Unternehmen und aus individueller Sicht für nicht kapitalmarktorientierte Unternehmen im Mittelpunkt der Rechnungslegungskonzeption stehen muss,[17] scheitert mithin eine Einstufung der handelsrechtlichen Passivierungskonzeption als zweckmäßig zum einen an der bestehenden wahlrechtlichen Bildung bestimmter Rückstellungen und zum anderen insbesondere am Ausschluss wesentlicher zukünftiger Auszahlungspotenziale.

Bei mittelstrenger Informationseffizienz rückt für kapitalmarktorientierte Unternehmen aus individueller Sicht das Kriterium der Verlässlichkeit stärker in den Fokus der Rechnungslegungskonzeption.[18] Dies führt zu folgendem Problem: Durch die generell im Kontext der Rückstellungsbilanzierung gegebene Unsicherheit ist einerseits eine vollständige Objektivierung nicht möglich; dies gilt überdies in besonderem Maße für die zukünftigen Löhne und Investitionen. Andererseits jedoch darf die Unsicherheit nicht dazu führen, dass Auszahlungspotenziale unberücksichtigt bleiben, da eine solche Vorgehensweise unmittelbar mit dem Kriterium der Relevanz kollidieren würde, und zudem zwar verlässliche, aber nicht mehr relevante Informationen für den Adressaten keinen Nutzen verkörpern. Der unlösbare Trade Off zwischen den Kriterien der Relevanz und der Verlässlichkeit[19] verhindert eine Objektivierung ohne Verlust an Relevanz. Insgesamt gesehen muss jedoch wiederum festgehalten werden, dass das Ausmaß der Objektivierung deutlich zu weitgehend und die Passivierungskonzeption daher unzweckmäßig ist.

---

17 Vgl. Kapitel 4.3.1, 4.3.2, 4.4.1 und 4.4.2.

18 Vgl. Kapitel 4.4.2.

19 Vgl. Kapitel 2.3.2.

### 7.2.1.3 Rechnungsabgrenzungsposten

Aktive Rechnungsabgrenzungsposten sind Ausgaben vor dem Abschlussstichtag, die Aufwand für die Zeit nach dem Stichtag darstellen, passive Rechnungsabgrenzungsposten sind Einnahmen vor, Ertrag aber erst nach dem Stichtag, es handelt sich also um ein Instrument zur Periodisierung der Erträge und Aufwendungen.[20]

Man kann aktive Rechnungsabgrenzungsposten als Anspruch eines Unternehmens auf zukünftige Leistungen und passive Rechnungsabgrenzungsposten als zukünftige Leistungsverpflichtungen eines Unternehmens interpretieren, etwa im Falle von Mietvorauszahlungen als Anspruch auf künftige Weiternutzung beim Mieter bzw. Verpflichtung zur künftigen Nutzungsüberlassung beim Vermieter für einen bestimmten Zeitraum. So verstanden verkörpern Rechnungsabgrenzungsposten jeweils Nutzenzu- bzw. -abflusspotenziale, die entscheidungsrelevant und folglich konsequenterweise anzusetzen sind.

Als deutlich problematischer erweist sich erneut das Kriterium der Verlässlichkeit. Ob etwa durch eine im Voraus bezahlte Miete dem Unternehmen tatsächlich Einzahlungen zufließen werden, hängt zum einen von den allgemeinen künftigen Umweltbedingungen und andererseits aber insbesondere auch von der Verwendung des Mietobjekts im Unternehmen ab. Dies mag im Regelfall gewährleistet sein, genauso ist es jedoch denkbar, dass ein ursprünglich bestehendes Nutzungspotenzial beispielsweise durch eine sich ändernde Absatzmarktsituation untergeht. Eine Objektivierung ist wiederum nicht möglich.[21]

### 7.2.1.4 Sonderposten mit Rücklageanteil

Sonderposten mit Rücklageanteil basieren auf steuerrechtlichen Regelungen, die wirtschafts- oder konjunkturpolitische und insofern bilanzfremde Zwecke verfolgen.[22] Solche Passivposten bilden offensichtlich aus Adressatensicht keine reinen Auszahlungspotenziale, denn sie besitzen einen Mischcharakter zwischen Eigen- und Fremdkapital, und zwar Fremdkapitalcharakter in Höhe der zu erwartenden Steuerbelastung bei Auflösung des Postens und Eigenkapitalcharakter in Höhe des verbleibenden Betrages.[23]

Dass derartige Posten auf der Passivseite ausgewiesen werden können, ist somit vor dem Hintergrund der Anforderung an eine informative Bilanz unzweckmäßig.[24]

---

20 Vgl. Kapitel 5.4.1.1.3.

21 Vgl. Kapitel 7.2.1.2.3.

22 Vgl. Kapitel 5.4.1.1.4.

23 Vgl. Baetge/Kirsch/Thiele (2005), S. 591.

24 Vgl. jedoch die differenzierte Betrachtung in Kapitel 7.2.3.

### 7.2.2 Bewertungsvorschriften

Die Bewertungsvorschriften legen die Höhe des Wertansatzes der Vermögensgegenstände und Schulden fest. Die Vorschriften werden im Folgenden zunächst jeweils kurz diskutiert, anschließend in ihrem Zusammenwirken hinsichtlich der Eignung für die Konzipierung einer informativen Bilanz sowie eines informativen Gewinns analysiert und abschließend vor dem Hintergrund der Informationseffizienz beurteilt. Den Anfang bilden die Bewertungsgrundsätze,[25] gefolgt von den speziellen Bewertungsvorschriften.[26]

#### 7.2.2.1 Bewertungsgrundsätze

Die Prämisse einer Fortführung der Unternehmenstätigkeit kann als zweckmäßig bezeichnet werden.[27] Das Interesse der Kapitalgeber richtet sich auf die zukünftigen Zahlungsströme, die das Unternehmen aus seiner Tätigkeit generiert;[28] dies impliziert die Unternehmensfortführung als entscheidungsrelevante Annahme. Ebenfalls zweckmäßig ist bei entgegenstehenden tatsächlichen oder rechtlichen Gegebenheiten das Abweichen von dieser Prämisse und die Orientierung an Veräußerungsgesichtspunkten, um Informationen über die aus einer Liquidation noch erzielbaren Zahlungsmittel zu vermitteln.

Der Grundsatz der Einzelbewertung führt aus der Perspektive der Entscheidungsrelevanz zu unzweckmäßigen Wertansätzen, da er Synergien aus der Nutzung der einzelnen Vermögensgegenstände ignoriert. Diese Synergien des Zusammenwirkens der Unternehmensressourcen sind jedoch für die Bestimmung der zukünftigen Zahlungsströme von wesentlicher Bedeutung. Allerdings führt die Einzelbewertung zu nachprüfbaren und damit verlässlicheren Wertansätzen,[29] da die zukünftigen Synergien unsicher und damit nicht objektiv bestimmbar sind.

Das Vorsichtsprinzip kann als zweckmäßig eingestuft werden, wenn es als Prinzip zum Vorgehen bei Schätzungen dient.[30] Das Vorsichtsprinzip im Handelsrecht hingegen verlangt den Ansatz zwar nicht des pessimistischsten Wertes unter Bildung von Willkürreserven, aber immerhin eines pessimistischeren Wertes als etwa des Erwartungswerts. Ein risikoneutraler Abschlussleser jedoch würde bei Vorherrschen von Unsicherheit gerade den Erwartungswert als Entscheidungsgrundlage heranziehen. Insofern ist das Vorsichtsprinzip in dieser Ausgestaltung unzweckmäßig.

---

25 Vgl. zur Darstellung Kapitel 5.4.1.2.1.

26 Vgl. zur Darstellung Kapitel 5.4.1.2.2.

27 So auch Franken (2001), S. 204 f.

28 Vgl. Kapitel 2.3.1.

29 Vgl. Streim (1988), S. 75.

30 Vgl. Franken (2001), S. 206.

Das Realisationsprinzip legt fest, wann Gewinne infolge vergangener Transaktionen eines Unternehmens als entstanden gelten. Dieses Prinzip ist insofern unzweckmäßig, als das Interesse der Kapitalgeber sich auf zukünftige Zahlungsströme richtet und Informationen über vergangene Erträge dafür kein Indikator sind, da die Zukunft nicht notwendigerweise ein Abbild der Vergangenheit darstellt.[31]

Das Imparitätsprinzip in Form einer asymmetrischen Behandlung unrealisierter Gewinne und unrealisierter Verluste ist unzweckmäßig. Informationen für die Kapitalgeber über zukünftige Zahlungsströme müssen sowohl Einzahlungspotenziale, also die Chancen der Unternehmenstätigkeit, als auch die durch die Unternehmenstätigkeit entstehenden Auszahlungspotenziale gleichmäßig berücksichtigen.

Das Prinzip der Periodenabgrenzung legt die aufwandswirksame Verrechnung von Auszahlungen korrespondierend zur Realisierung der Erträge fest. Daraus resultiert zwar ein geglätteter Erfolgsausweis, der jedoch wiederum nichts über die zukünftige Entwicklung in Form der Chancen und Risiken sowie der daraus generierbaren Zahlungsströme aussagt.[32] Insofern führt das Prinzip der Periodenabgrenzung genauso wenig wie das Realisationsprinzip zu Zweckmäßigkeit aus Kapitalgebersicht.

Ein Stetigkeitsprinzip, das dem Bilanzierenden willkürliche Änderungen der angewandten Rechnungslegungsmethoden untersagt, ist offensichtlich zweckmäßig, allerdings auch selbstverständlich, denn eine dauerhaft aus Kapitalgebersicht informative Rechnungslegung muss konsequenterweise auch stetig an diesem Ziel ausgerichtet werden, aber die dann anzuwendenden und im Zeitablauf konstanten Methoden ergeben sich bereits unmittelbar aus der Zielsetzung und sind in keiner Hinsicht disponibel. Bei Anwendung unzweckmäßiger Methoden hingegen bleibt auch deren stetige Anwendung unzweckmäßig.

Betrachtet man das Zusammenwirken der Bewertungsgrundsätze, so führen sie nicht zu einer aus Kapitalgebersicht informativen Bilanz, denn die Grundsätze gewährleisten nicht die Abbildung aller Ein- und Auszahlungspotenziale in der Bilanz. Dies ist besonders anschaulich durch den Einzelbewertungsgrundsatz und das Imparitätsprinzip zu verdeutlichen: Ersterer ignoriert wesentliche Einzahlungspotenziale infolge des Zusammenwirkens von Ressourcen, letzteres gewichtet die Risiken stärker als die Chancen.

Die Grundsätze führen auch nicht zu einem informativen Gewinn im Sinne einer prognosegeeigneten Größe, die eine Indikatorfunktion für zukünftige Gewinne einnimmt,[33] denn dem infolge der Periodenabgrenzung geglätteten Gewinnausweis zum Trotz spiegelt die Gewinngröße nicht

---

31 Vgl. Streim (2000a), S. 125 ff.

32 Vgl. Streim (2000a), S. 125 ff.

33 Vgl. Kapitel 2.3.3.3.

ausschließlich die gewöhnliche Geschäftstätigkeit eines Unternehmens wider. Dies wird unmittelbar deutlich, wenn man beispielsweise an vorweggenommene einmalige Abwertungsaufwendungen oder nicht berücksichtigte zukünftige Chancen gemäß Imparitätsprinzip denkt.

Ebenso wenig informativ ist der Gewinn, wenn man ihn zur Beurteilung der Managementperformance heranzuziehen versucht. Erneut greift die Problematik, dass durch das Imparitätsprinzip etwaige nicht in den Einflussbereich des Managements fallende außerordentliche Ereignisse den Gewinn unmittelbar drücken, andererseits jedoch durch Managemententscheidungen geschaffene Chancen nicht berücksichtigt werden dürfen.

Insofern sind die Grundsätze hinsichtlich ihrer Entscheidungsrelevanz unzweckmäßig und damit auch vor dem Hintergrund der Informationseffizienz ungeeignet. Dies gilt bei schwacher Informationseffizienz aus individueller Sicht, bei mittelstrenger Informationseffizienz aus Sicht des gesellschaftlichen Informationsnutzens für kapitalmarktorientierte und nicht kapitalmarktorientierte Unternehmen und aus individueller Sicht für nicht kapitalmarktorientierte Unternehmen unmittelbar, denn das Kriterium der Relevanz müsste im zentralen Fokus der Rechnungslegung stehen. Bei mittelstrenger Informationseffizienz sollte für kapitalmarktorientierte Unternehmen aus individueller Sicht der Schwerpunkt auf der Verlässlichkeit liegen, sodass die Objektivierung in Form des Einzelbewertungsgrundsatzes als zweckmäßig erscheinen könnte. Allerdings führt diese Objektivierung dazu, dass Synergien des Zusammenwirkens von Vermögensgegenständen bei der Bewertung unberücksichtigt bleiben, sodass die Relevanz stark eingeschränkt wird. Da dieser Verlust an Relevanz auch durch eine steigende Verlässlichkeit der Information nicht kompensiert werden kann,[34] ist der Einzelbewertungsgrundsatz als generell unzweckmäßig einzustufen.

Andererseits erscheint auch der Standpunkt vertretbar, dass der vergangenheitsorientierte Gewinn trotz des Fehlens bewährter Gesetzmäßigkeiten für die Ableitung von Zukunftserwartungen aus der Vergangenheit in einem gewissen Maße eine brauchbare Grundlage verkörpert, um zumindest naheliegende Erwartungen über die Zukunft abzuleiten. Gerade die eine Nachprüfbarkeit der Gewinngröße garantierenden Regeln wie Anschaffungswert- und Realisationsprinzip stellen für die Unternehmen in einer Wettbewerbswirtschaft eine hohe Hürde für den Gewinnausweis dar, sodass der Gewinn als eine Leistung, die sich am Markt bewährt hat, eine zumindest vergleichsweise vertrauenswürdige Informationsgrundlage bildet. Dabei gilt es selbstverständlich – gerade angesichts des fehlenden zwangsläufigen Zusammenhangs zwischen vergangenen und zukünftigen Gewinnen – die die zukünftigen Gewinne beeinflussende Vielfalt der Entscheidungen und Entwicklungen sowohl im Unternehmen als auch im Unternehmensumfeld zu berücksichtigen. Überdies gilt es zu berücksichtigen, dass künftige Gewinne

---

[34] Vgl. auch bereits Kapitel 7.2.1.2.3.

keine unmittelbar zielrelevante Größe der Kapitalgeber darstellen, ihnen aber immerhin als plausible Annahme eine Indikatorfunktion zugebilligt werden kann.[35] Diese Überlegungen implizieren, dass bei mittelstrenger Informationseffizienz aus individueller Sicht bei kapitalmarktorientierten Unternehmen die Gewinngröße ob ihrer Verlässlichkeit für den einzelnen Investor tendenziell zweckmäßig sein könnte. Allerdings verbietet sich infolge des wenig konkreten Bezugs zwischen vergangenheitsorientiertem Gewinn und der Zielgröße der Kapitalgeber ein generelles Urteil; vielmehr haben die Kapitalgeber jeweils individuell zu entscheiden, inwiefern sie die grobe Schätzgrundlage einer vergangenen Gewinngröße als verlässlichen Indikator heranziehen.

### 7.2.2.2 Spezielle Bewertungsvorschriften

#### 7.2.2.2.1 Bewertung der Vermögensgegenstände

Den einschlägigen Maßstab der Erstbewertung und eine generelle Wertobergrenze im Rahmen der Folgebewertung der Vermögensgegenstände bilden die Anschaffungs- oder Herstellungskosten. Die AHK lassen sich als Mindestbetrag des Barwerts der durch die Unternehmensleitung im Erwerbszeitpunkt erwarteten zukünftigen Zahlungsüberschüsse aus der Nutzung eines Vermögensgegenstandes interpretieren, denn andernfalls, falls die AHK diesen erwarteten Barwert überschritten, würde ein rational agierendes Management vom Erwerb absehen. Insofern weisen die AHK zwar einen gewissen Bezug zur relevanten Größe der zukünftigen Zahlungsüberschüsse auf, vermitteln aber über die Mindesthöhe hinaus keinerlei Informationen in Bezug auf den aus Kapitalgebersicht interessierenden Erwartungswert des Barwerts zukünftiger Zahlungsströme und sind demzufolge unter Relevanzgesichtspunkten unzweckmäßig. Allerdings bilden die Anschaffungs- oder Herstellungskosten aufgrund ihrer Nachprüfbarkeit einen verlässlichen Wertansatz, der dem Management die Möglichkeit bewusst gefärbter Prognosewerte versperrt.[36]

Die Folgebewertung besteht aus verpflichtenden planmäßigen Abschreibungen zur aufwandswirksamen Verteilung der historischen AHK über die Nutzungsdauer und aus verpflichtenden bzw. wahlrechtlichen Abschreibungen auf einen niedrigeren beizulegenden Wert gemäß Niederstwertprinzip. Zudem bestehen Wahlrechte zur Vornahme von Abschreibungen im Rahmen vernünftiger kaufmännischer Beurteilung und zur Beibehaltung der Wertansätze nach außerplanmäßigen Abschreibungen trotz Werterholung. Auch diese Vorschriften zur Folgebewertung sind unzweckmäßig: Es resultiert wiederum kein Wertansatz, der im Sinne einer informativen Bilanz die zukünftigen Zahlungsströme aus der Nutzung der Vermögensgegenstände widerspiegelt, und eine planmäßige Verteilung der AHK führt auch nicht zu einer prognosefähigen

---

[35] Vgl. Schildbach (2004), S. 68-72.

[36] Vgl. Franken (2001), S. 205.

Gewinngröße.[37] Beides gilt gleichermaßen für die Abschreibungen nach vernünftiger kaufmännischer Beurteilung und das Wertbeibehaltungswahlrecht; auch ein Wertaufholungsgebot jedoch würde nicht zur Zweckmäßigkeit führen, da die AHK eine generelle Wertobergrenze bilden.

Folglich führen auch die speziellen Vorschriften zur Erst- und Folgebewertung weder zu einer informativen Bilanz noch zu einer informativen Gewinngröße.

Vor dem Hintergrund der Informationseffizienz betrachtet gilt erneut, dass aus Kapitalgebersicht eine klare Unzweckmäßigkeit zu konstatieren ist. Die Verlässlichkeit der Anschaffungs- oder Herstellungskosten kann an diesem Urteil selbst für den Fall mittelstrenger Informationseffizienz und individueller Sicht für kapitalmarktorientierte Unternehmen nichts ändern, da aus den bereits diskutierten Gründen[38] die mangelnde Relevanz entgegensteht.

#### 7.2.2.2.2 Bewertung der Schulden

Um eine informative Bilanz zu konzipieren, wären alle zukünftigen Auszahlungspotenziale in Höhe ihres Barwerts zu passivieren.

Verbindlichkeiten stehen in Höhe ihres Erfüllungsbetrages auf der Passivseite. Dies kann insoweit als zweckmäßig erachtet werden, als es sich um kurzfristige Verbindlichkeiten handelt; im Falle längerfristiger Verpflichtungen steht die fehlende Abzinsung auf den Barwert einer Beurteilung der Vorschrift als zweckmäßig im Wege. Der Barwertansatz von Rentenverpflichtungen ohne erwartete zukünftige Gegenleistung ist insofern zweckmäßig.

Die Bewertung von Rückstellungen mit einem nach vernünftiger kaufmännischer Beurteilung notwendigen Wert unter Einbeziehung aller positiven und negativen bewertungsrelevanten Faktoren kann zunächst als zweckmäßig bezeichnet werden. Eindeutig unzweckmäßig ist jedoch das Verbot einer Abzinsung von Rückstellungen, das eine Überbewertung solcher Rückstellungen bewirkt, die erst in längerer Frist zu Zahlungsmittelabflüssen führen. Das Abzinsungswahlrecht für Rückstellungen, die einen Zinsanteil enthalten, sollte folglich in eine generelle Abzinsungspflicht langfristiger Rückstellungen abgeändert werden.

---

37 Vgl. zu Letzterem Streim (2000a), S. 127.

38 Vgl. Kapitel 7.2.1.2.3, 7.2.2.1.

#### 7.2.2.2.3 Übernahme steuerrechtlich zulässiger Wertansätze

Steuerrechtlich motivierte Werte haben keinen Bezug zu den zukünftigen Zahlungsströmen eines Unternehmens und sind folglich unzweckmäßig. Dies gilt sowohl für ihren Ansatz in der Bilanz als auch die Konsequenzen für den Gewinn.

### 7.2.3 Vorschriften zur sonstigen Informationsvermittlung

Da sich infolge der fehlenden Verpflichtung von Nichtkapitalgesellschaften zur Verwendung eines detaillierten Gliederungsschemas für Bilanz und GuV diese Gesellschaften regelmäßig an den für Kapitalgesellschaften geltenden Schemata orientieren, kann an dieser Stelle auf die weiter unten erfolgende Analyse verwiesen werden.[39]

In die Handelsbilanz übernommene steuerrechtliche Passivposten müssen gesondert ausgewiesen werden. Die Bildung von Sonderposten und die Übernahme steuerrechtlicher Wertansätze wurden bereits als unzweckmäßig für eine informative Bilanz bzw. einen informativen Gewinn beurteilt.[40] Im Falle mittelstrenger Informationseffizienz allerdings fließen alle öffentlich verfügbaren Informationen in die Kursbildung ein.[41] Da das Wissen um den Mischcharakter des Sonderpostens – teilweise Eigen- und teilweise Fremdkapital – als öffentliche Information angesehen werden kann, wird diese Tatsache am Kapitalmarkt berücksichtigt und der Sonderposten als Passivum nicht etwa mit dem Gesamtbetrag als Auszahlungspotenzial fehlinterpretiert. Vielmehr ermöglicht der Betrag des gesondert ausgewiesenen Postens in Verbindung mit Kenntnissen über die Steuerbelastung eines Unternehmens, die zumindest annähernd schätzbar und insofern öffentlich verfügbar ist, immerhin eine ungefähre Beurteilung des Charakters hinsichtlich Eigen- bzw. Fremdkapital. Diese Überlegungen bedeuten zwar nicht, dass eine Übernahme steuerrechtlicher Passivposten oder steuerrechtlicher Abschreibungen in die Handelsbilanz zweckmäßig wäre, der vom Gesetzgeber verpflichtend vorgeschriebene gesonderte Ausweis führt aber bei mittelstrenger Informationseffizienz wenigstens zu einer näherungsweise richtigen Beurteilung des Betrages durch den Kapitalmarkt und wirkt insofern der Unzweckmäßigkeit der Verknüpfung von Steuer- und Handelsrecht entgegen. Dies gilt allerdings nicht, sofern das Wahlrecht zur Übernahme steuerrechtlicher Abschreibungen in den Sonderposten nicht ausgeübt wird und stattdessen die Wertansätze der Vermögensgegenstände korrigiert werden; der Gesetzgeber sollte dieses Wahlrecht folglich in eine Pflicht zum Ausweis im Sonderposten ändern.

---

[39] Vgl. Kapitel 7.3.3.1.2, 7.3.3.1.3.

[40] Vgl. Kapitel 7.2.1.4, 7.2.2.2.3.

[41] Vgl. Kapitel 3.4.

Der Vermerk der Haftungsverhältnisse bzw. Eventualverbindlichkeiten ist grundsätzlich als zweckmäßig einzustufen, da es sich um – wenn auch am Stichtag unwahrscheinlich bzw. nicht konkret erscheinende – Auszahlungspotenziale handelt. Nicht zweckmäßig ist hingegen die Angabe des Betrages in voller Höhe ohne eine gleichzeitige Information über die Wahrscheinlichkeit der Inanspruchnahme, da so eine sinnvolle Beurteilung des bestehenden Auszahlungspotenzials in Form des Erwartungswertes verhindert wird. Zudem besteht keine Pflicht zur Information über den zeitlichen Anfall etwaiger Belastungen des Unternehmens. Die fakultativen verbalen Zusätze zur Angabe des vollen Betrages müssten insofern verpflichtend vorgeschrieben werden und sich auf Wahrscheinlichkeit und zeitlichen Anfall beziehen, um die Zweckmäßigkeit des Vermerks zu fördern.

#### 7.2.4 Offenlegung

Die in den Vorschriften für alle Kaufleute fehlende Verpflichtung zur Offenlegung der Rechnungslegung ist offensichtlich unzweckmäßig, da den Kapitalgebern die Informationen ohne eine Offenlegung nicht zugänglich werden.

### 7.3 Ergänzende Vorschriften für Kapitalgesellschaften und haftungsbeschränkte Personenhandelsgesellschaften

#### 7.3.1 Die Generalklausel

Die Generalklausel stellt an den Jahresabschluss – also an die drei Instrumente Bilanz, GuV sowie Anhang insgesamt – die Anforderung, er solle ein den tatsächlichen Verhältnissen entsprechendes Bild der Vermögens-, Finanz- und Ertragslage des Unternehmens vermitteln. Was konkret unter diesen drei Teillagen zu verstehen ist, bleibt dabei zunächst offen und insofern interpretationsbedürftig. Unter der Prämisse, dass diese Interpretation sich streng an den Informationsinteressen der Kapitalgeber, also zukunftsgerichtet an den durch das Unternehmen erwartungsgemäß generierten Zahlungsströmen, orientiert,[42] wäre der Generalklausel eine uneingeschränkte Zweckmäßigkeit zu attestieren.

Allerdings tritt der Wirkungsbereich der Generalklausel im Rahmen der Gewinnermittlung durch Bilanz und GuV hinter die anzuwendenden Einzelvorschriften zurück. Damit ist angesichts der informationsunfreundlichen Gewinnermittlungsregeln, die nicht zu einer informativen Bilanz oder einem informativen Gewinn führen, die Unzweckmäßigkeit einer subsidiären Ausgestaltung der Generalklausel bezogen auf diese Jahresabschlussinstrumente aus dem Blickwinkel des Informationsinteresses der Kapitalgeber an zukünftigen Zahlungsströmen offensichtlich.

---

[42] Vgl. Streim (2000b), Rz. 48.

Der Generalklausel verbleibt die Aufgabe, als zentrale Informationsregel zu fungieren und insbesondere den Inhalt des Anhangs sowie zusätzlicher Berichtsinstrumente vorzugeben, die idealerweise eine vollständige Klärung der für die Adressaten bestehenden Informationsverzerrungen leisten müssten. Dieser Aufgabe ist der Anhang zumindest grundsätzlich auch gewachsen, denn es „lassen sich Angabepflichten für praktisch alle Informationsbedürfnisse ersinnen“[43], sodass auch das Informationsinteresse der Kapitalgeber durch den Anhang befriedigt werden kann. Dann würde der Jahresabschluss insgesamt tatsächlich das aus Kapitalgebersicht erforderliche Bild der drei Teillagen vermitteln und der Generalklausel gerecht werden. Dem aus einer solchen Generalklausel resultierenden Jahresabschluss wiederum ist im Falle mittelstrenger Informationseffizienz das Prädikat der Zweckmäßigkeit uneingeschränkt zu erteilen, denn dann fließen in die Kurse am Kapitalmarkt alle öffentlichen Informationen und nicht etwa nur die Daten aus Bilanz und GuV ein[44] – mithin auch die Informationen des Anhangs, der als gleichberechtigter Jahresabschlussbestandteil denselben Offenlegungspflichten wie Bilanz und GuV unterliegt.

Damit ergibt sich für die weitere Analyse die Konsequenz, dass die Aufmerksamkeit besonders der Ausgestaltung der sonstigen Informationsvermittlung, also vor allem dem Anhang und den weiteren Berichtsinstrumenten, hier vor allem dem Lagebericht, zu widmen ist. Überdies gilt es im Falle identifizierter informationsunfreundlicher Regelungen hinsichtlich Bilanz und GuV zu prüfen, ob korrespondierende, die Informationsverzerrung beseitigende Anhangangaben vorgeschrieben sind.

Bevor sich die Überlegungen ausführlich der sonstigen Informationsvermittlung zuwenden, soll jedoch in einem ersten Schritt zunächst geprüft werden, ob die speziell für Kapitalgesellschaften geltenden Modifikationen der für alle Kaufleute greifenden Gewinnermittlungsregeln eventuell bereits dazu geeignet sind, zur Heilung der im bisherigen Verlauf der Analyse konstatierten Unzweckmäßigkeit beizutragen. Einzelne Anhangangaben, die im Zusammenhang mit den erörterten Bilanzierungs- und Bewertungsmethoden stehen, werden dabei bereits in die Betrachtungen mit einbezogen.

---

[43] Schildbach (1994), S. 719. Ähnlich Streim (1994), S. 403: „Ohne Zweifel kann der Anhang alle Informationen ausweisen, die notwendig sind, um ein zutreffendes Bild der Vermögens-, Finanz- und Ertragslage zu zeichnen.“

[44] Vgl. Kapitel 3.4.

### 7.3.2 Gewinnermittlungsregeln

#### 7.3.2.1 Ansatzvorschriften

##### 7.3.2.1.1 Aufwendungen für die Ingangsetzung und Erweiterung des Geschäftsbetriebes

Aufwendungen für die Ingangsetzung und Erweiterung des Geschäftsbetriebes dürfen als Bilanzierungshilfe aktiviert und müssen bei Ausübung des Wahlrechts vor dem Anlagevermögen gesondert ausgewiesen, im Anhang erläutert, in jedem folgenden Geschäftsjahr zu mindestens einem Viertel abgeschrieben sowie in ihrer Entwicklung im Anlagespiegel dargestellt werden.[45]

Die Ingangsetzungs- und Erweiterungsaufwendungen lassen sich – analog zu den Anschaffungs- oder Herstellungskosten bei Vermögensgegenständen – als Untergrenze des vom Management erwarteten zukünftigen Zahlungsstromes aus der Ingangsetzung bzw. Erweiterung interpretieren, da es als rationaler Kapitalnehmer die Aufwendungen andernfalls nicht tätigen würde. Ein Ansatz in der Bilanz erscheint somit grundsätzlich gerechtfertigt. Allerdings führt die Bewertung in Höhe der getätigten Aufwendungen keinesfalls zu einem informativen Bilanzposten, denn dazu müsste auf den Barwert des zukünftigen Zahlungsstroms abgestellt werden. Zudem führt diese Bewertung und insbesondere die Abschreibung über höchstens vier Jahre nicht zu einem informativen Gewinn, weil die pauschale Abschreibung den Gewinn reduziert anstatt die mit der Ingangsetzungs- und Erweiterungsentscheidung im Regelfall verbundene Steigerung zukünftiger Gewinne zu reflektieren. Infolge der Pflicht zur Darstellung der Entwicklung im Anlagespiegel jedoch ist der Einfluss der Abschreibung auf die Gewinnhöhe öffentlich und wird demzufolge bei mittelstrenger Informationseffizienz definitionsgemäß bei der Kursbildung korrigierend berücksichtigt; dies kann gleichermaßen bei schwacher Informationseffizienz für die nach individuellem Nutzen strebenden Adressaten angenommen werden, sofern sie sich rational verhalten. Dennoch führen die Regelungen – die zwar verlässliche, weil nachprüfbare Wertansätze liefern, die jedoch nicht relevant sind, da der Zukunftsbezug fehlt – insgesamt weder zu einer informativen Bilanz noch zu einem informativen Gewinn, sodass die Erläuterungspflicht im Anhang in den Blickpunkt rückt.

Eine zweckmäßige Erläuterung im Anhang müsste – etwa bei Erweiterungsaufwendungen, die eine Aufnahme neuer Geschäftszweige, eine erhebliche Erweiterung einer Produktionsstätte oder die Erschließung neuer Märkte betreffen – konsequent auf die zukünftig resultierenden Zahlungsströme Bezug nehmen. Das Gesetz liefert keine nähere Konkretisierung der Erläuterungspflicht.[46] Grundsätzliche Angaben darüber, „durch welche Maßnahmen die betreffenden Aufwendungen ausgelöst worden sind, welcher Art (z. B. Personalkosten, Zinsen usw.) die

---

[45] Vgl. Kapitel 5.5.2.1.1, 5.5.3.1.4.

[46] Vgl. ADS (1995), § 269 HGB, Tz. 20.

Aufwendungen sind, wie sich der aktivierte Gesamtbetrag ungefähr auf diese Kostenarten verteilt“[47] hingegen sind eindeutig unzweckmäßig, denn sie beziehen sich nicht auf zukünftige Zahlungsströme. Diese Auslegung der Erläuterungspflicht müsste stattdessen entweder durch eine stringent an den Informationsinteressen der Kapitalgeber orientierte Interpretation, die die fehlende gesetzliche Konkretisierung kapitalgeberorientiert ausfüllt, oder durch eine präzisere gesetzliche Regelung ersetzt werden, soll ein Schritt hin zur Zweckmäßigkeit gelingen.

Offensichtlich unzweckmäßig ist schließlich der lediglich wahlrechtliche Ansatz der Ingangsetzungs- und Erweiterungsaufwendungen, da den Kapitalgebern im Falle der Nichtausübung des Wahlrechts jegliche Information vorenthalten bleibt.

#### 7.3.2.1.2 Sonderposten mit Rücklageanteil

Der Ansatz eines Sonderpostens mit Rücklageanteil wurde bereits als unzweckmäßig im Sinne einer informativen Bilanz eingestuft, da es sich nicht um ein reines Auszahlungspotenzial handelt;[48] dieses Urteil wird durch die sonstige Informationsvermittlung in Form des gesonderten Ausweises des Sonderpostens in gewissem Maße relativiert.[49]

Insofern könnte die einschränkende Vorschrift des § 273 HGB, dass Kapitalgesellschaften den Sonderposten nur dann bilden dürfen, wenn steuerrechtlich die Anerkennung an eine korrespondierende Bildung in der Handelsbilanz geknüpft ist, als zweckmäßig erscheinen, da sie auf den ersten Blick die Anwendungsfälle steuerlicher Passivposten in der Handelsbilanz beschränkt. Dies ist aufgrund von § 5 Abs. 1 Satz 2 EStG jedoch nicht der Fall, denn steuerrechtliche Wahlrechte sind grundsätzlich bei wenigen zulässigen Ausnahmen in Übereinstimmung mit der Handelsbilanz auszuüben.[50] Daher bleibt trotz § 273 die grundsätzliche Einschätzung steuerrechtlich bedingter Sonderposten als unzweckmäßig bei einer Relativierung durch die Regelungen zum gesonderten Ausweis auch für Kapitalgesellschaften bestehen.

Das explizit nur für Kapitalgesellschaften kodifizierte Wahlrecht, steuerrechtliche Abschreibungen in den Sonderposten einzustellen, wurde bereits diskutiert,[51] da es nach Meinung in der Literatur auf alle Kaufleute ausdehnbar ist.[52] Der Ausweis im Sonderposten führt bei mittelstrenger Informationseffizienz dazu, dass der Kapitalmarkt den Posten zumindest näherungsweise richtig beurteilen kann und ist somit zweckmäßiger als eine Reduzierung der handelsrechtlichen

---

[47] Winkeljohann/Lawall (2006a), Anm. 12; ähnlich ADS (1995), § 269 HGB, Tz. 20.

[48] Vgl. Kapitel 7.2.1.4.

[49] Vgl. Kapitel 7.2.3.

[50] Vgl. Kapitel 5.5.2.1.2.

[51] Vgl. Kapitel 7.2.3.

[52] Vgl. Kapitel 5.4.1.1.4.

Wertansätze. Für Kapitalgesellschaften schreibt § 281 Abs. 2 Satz 1 HGB zudem – getrennt nach Anlage- und Umlaufvermögen – die Angabe und ausreichende Begründung der nach steuerrechtlichen Vorschriften vorgenommenen Abschreibungen im Anhang vor. Mit dieser Angabe können am Kapitalmarkt die rein steuerlichen und folglich unzweckmäßigen Einflüsse auf die handelsrechtliche Bilanz bzw. GuV erkannt und daher berücksichtigt werden. Insofern sind steuerliche Einflüsse auf den handelsrechtlichen Jahresabschluss zwar nicht zweckmäßig aus Sicht der Informationsfunktion, allerdings wirken sie sich bei mittelstrenger Informationseffizienz auch nicht unzweckmäßig aus, da die Anhangangabe die Informationsverzerrung beseitigt; Gleiches kann für individuell rational handelnde Investoren bei schwacher Informationseffizienz angenommen werden.

Eine hinsichtlich der Informationsverzerrungen ebenfalls heilende Wirkung resultiert aus der Offenlegung der erfolgswirksamen Veränderungen des Sonderpostens gemäß § 281 Abs. 2 Satz 2 HGB wahlrechtlich durch gesonderten Ausweis in der GuV oder durch eine Angabe im Anhang. Wiederum wird der Kapitalmarkt über informationelle Verzerrungen in Kenntnis gesetzt und ist damit unmittelbar in der Lage, bei der Verarbeitung der Information die unzweckmäßigen Einflüsse zu korrigieren.

Nach § 285 Satz 1 Nr. 5 HGB schließlich ist das Ausmaß der Beeinflussung des Jahresergebnisses, d. h. des Ergebnisses nach Steuern, durch steuerrechtliche Abschreibungen oder durch die Bildung eines Sonderpostens anzugeben. Obwohl eine verbale, die Größenordnung verdeutlichende Erläuterung selbst dann als ausreichend erachtet wird, wenn das Jahresergebnis durch die Anwendung steuerrechtlicher Vorschriften eine wesentliche Veränderung erfahren hat,[53] trägt auch diese Vorschrift zur Verbesserung des öffentlichen Informationsstandes bei.

Als Fazit kann festgehalten werden, dass die für Kapitalgesellschaften im Kontext der Bildung steuerrechtlich motivierter Sonderposten mit Rücklageanteil bzw. der Vornahme steuerrechtlich zulässiger Abschreibungen greifenden Ausweis- bzw. Anhangangabepflichten dazu geeignet sind, die aus Sicht des Informationsinteresses der Kapitalgeber unzweckmäßigen Verzerrungen zu heilen. Der Korrekturaufgabe ist der Kapitalmarkt bei mittelstrenger Informationseffizienz bereits definitionsgemäß ohne Weiteres gewachsen; auch bei schwacher Informationseffizienz werden rational agierende Investoren selbstverständlich neben Bilanz und GuV auch auf das Jahresabschlussinstrument Anhang zurückgreifen. Somit gilt in beiden Fällen, dass die Regelungen zum Sonderposten zwar grundsätzlich informationsfeindlich im Hinblick auf Bilanz und GuV sind, aber dennoch infolge der vorgeschriebenen sonstigen Informationsvermittlung keine negative Wirkung entfalten.

---

[53] Vgl. Ellrott (2006c), Anm. 90.

### 7.3.2.1.3 Latente Steuern

Zur Beurteilung der Zweckmäßigkeit der Bilanzierungsvorschriften für latente Steuern ist zu prüfen, ob sie eine bessere Abschätzung von Höhe und Zeitpunkt der zukünftigen Steuerzahlungen ermöglichen. Im Falle von temporären Differenzen erfolgt definitionsgemäß eine Umkehr im Zeitablauf, sodass bereits im Zeitpunkt des Entstehens Aussagen über zukünftige Steuerlasten getroffen werden können. Eine Berücksichtigung dieser Effekte als Ein- bzw. Auszahlungspotenziale ist folglich zweckmäßig; allerdings bleibt eine Abschätzung des Zeitpunktes der Umkehr problematisch. Zweckmäßig ist es zudem, zur Bewertung der latenten Steuern zukünftige Steuersätze heranzuziehen, denn für die zukünftigen Steuerzahlungen sind diese einzig relevant.[54]

Als unzweckmäßig einzustufen ist hingegen die lediglich wahlrechtliche Aktivierung latenter Steuerforderungen. Analysiert der Adressat eine Bilanz, in der keine latenten Steuerforderungen ausgewiesen sind, bleibt ihm die Information versperrt, ob keine derartigen Forderungen vorliegen oder ob das Wahlrecht nicht ausgeübt wurde; mithin bleibt die Höhe der Steuerforderungen verborgen.

Gleichsam unzweckmäßig ist eine Saldierung der aktiven und passiven latenten Steuern. Die Saldierung schränkt die Aussagefähigkeit des Abschlusses ein, wenn etwa sich langfristig umkehrende aktive mit sich kurzfristig umkehrenden passiven Latenzen saldiert werden. Daher wird zur Verbesserung der Aussagefähigkeit auch ein gesonderter Ausweis für zulässig gehalten.[55]

Aus diesen Anmerkungen kann die Forderung an den Gesetzgeber abgeleitet werden, sowohl das Wahlrecht zur Saldierung aktiver und passiver latenter Steuern als auch das Ansatzwahlrecht für aktive Steuerlatenzen abzuschaffen. Zudem könnte der diskutierten Problematik der Abschätzung des Umkehrzeitpunktes durch eine diesbezügliche Pflicht zur Erläuterung im Anhang begegnet werden.

Das HGB sieht die Bildung latenter Steuern ausschließlich auf zeitlich begrenzte Differenzen vor. Auch bei Vorliegen quasi-permanenter Differenzen, die sich zwar nicht automatisch im Zeitablauf, aber durch bestimmte Dispositionen des Managements und spätestens bei Liquidation des Unternehmens umkehren, werden jedoch zukünftige Steuerzahlungen resultieren. Zweckmäßig wäre eine Information der Adressaten auch über diese Differenzen. Infolge der größeren Ungewissheit insbesondere hinsichtlich des Umkehrzeitpunkts müssten die quasipermanenten Differenzen aber von den zeitlich begrenzten gesondert ausgewiesen oder zumindest gesondert erläutert werden.

---

[54] Vgl. Franken (2001), S. 215 f.

[55] Vgl. Hoyos/Fischer (2006), Anm. 11.

Eine unterschiedliche Beurteilung in Abhängigkeit des Grades der Informationseffizienz ist nicht erforderlich: Die Differenzen können ohne Weiteres verlässlich ermittelt werden; als schwierig erweist sich lediglich die Bestimmung des zukünftigen Steuersatzes. Hier können im seltenen Fall, dass Änderungen der Steuergesetze bereits beschlossen sind, die dann bekannten zukünftigen Sätze Verwendung finden; in allen anderen Fällen wird die Praxis vermutlich aus pragmatischen Gründen ohnehin als Näherungslösung die aktuellen Sätze zugrunde legen.[56]

#### 7.3.2.2 Bewertungsvorschriften

Kapitalgesellschaften sind Abschreibungen im Rahmen vernünftiger kaufmännischer Beurteilung untersagt; solche Abschreibungen wurden bereits als eindeutig unzweckmäßig eingestuft.[57] Das Wahlrecht in den Vorschriften für alle Kaufleute zur Vornahme dieser Abschreibungen impliziert einen immensen Ermessensspielraum für das Management; insofern ist es positiv zu beurteilen, dass § 279 HGB Kapitalgesellschaften diese Abschreibungsmöglichkeit versperrt. Es resultieren jedoch keinesfalls zweckmäßige Wertansätze, denn dem steht weiterhin die unzweckmäßige handelsrechtliche Bewertungskonzeption entgegen.

Überdies gilt das Wahlrecht zur Vornahme von Abschreibungen auf den niedrigeren beizulegenden Zeitwert bei vorübergehender Wertminderung für Kapitalgesellschaften lediglich im Finanzanlagevermögen. Diese Wahlrechtseinschränkung reduziert Ermessensspielräume des Managements und kann daher als grundsätzlich positiv bezeichnet werden, ändert gleichwohl wiederum nichts an der generellen Unzweckmäßigkeit der Bewertungskonzeption.

Die Beschränkung der Übernahme steuerrechtlicher Abschreibungen auf Fälle, in denen das Steuerrecht die Anerkennung von einem Ansatz in der Handelsbilanz abhängig macht, bleibt hinsichtlich der Zweckmäßigkeit ohne Konsequenzen. Das Steuerrecht stellt diese Bedingung zwar bei wenigen Ausnahmen grundsätzlich, allerdings wurde bereits gezeigt, dass die sonstige Informationsvermittlung die informationellen Verzerrungen aus der Bildung von Sonderposten mit Rücklageanteil bzw. der Übernahme steuerrechtlicher Abschreibungen weitgehend kompensiert.[58]

Für Kapitalgesellschaften verlangt das in § 280 HGB kodifizierte Wertaufholungsgebot bei Wegfall der Gründe für durchgeführte außerplanmäßige Abschreibungen eine Zuschreibung bis maximal auf den Betrag der fortgeführten Anschaffungs- oder Herstellungskosten. Diese Vorschrift

---

[56] Vgl. Hoyos/Fischer (2006), Anm. 61.

[57] Vgl. Kapitel 5.5.2.2.1, 7.2.2.2.1.

[58] Vgl. Kapitel 7.3.2.1.2.

stellt eine weitere Reduzierung des Ermessensspielraums der Bilanzierenden dar und kann insofern – analog zu den obigen Ausführungen – zwar als positiv angesehen werden, aber keinen Beitrag zur grundsätzlichen Zweckmäßigkeit der Bewertungskonzeption leisten.

### 7.3.3 Vorschriften zur sonstigen Informationsvermittlung

#### 7.3.3.1 Gliederungsvorschriften

Da bei mittelstrenger Informationseffizienz definitionsgemäß alle öffentlichen Informationen am Kapitalmarkt verarbeitet werden, ist die Form der Publizität irrelevant und die Frage nach der Gliederung des Abschlusses bzw. der Darbietung der Informationen obsolet.[59] Angesichts der bislang uneinheitlichen und mitunter gar widersprüchlichen Forschungsresultate hinsichtlich des realiter vorliegenden Grades der Informationseffizienz[60] kann jedoch die Implementierung von Gliederungsvorschriften durch den Gesetzgeber nicht von vornherein als unzweckmäßig beurteilt werden, zumal nur reine Gliederungsfragen obsolet sind und nicht etwa Vorschriften zur Aufgliederung bestimmter Posten, die zu einer Ausweitung der öffentlichen Informationsmenge führen.

Die folgenden Ausführungen gehen auf die Gliederungsgrundsätze und die Vorschriften zur Mindestgliederung von Bilanz und GuV – unter Berücksichtigung der Vorschriften zum gesonderten Ausweis bestimmter Posten – ein.

##### 7.3.3.1.1 Allgemeine Gliederungsgrundsätze

Die Darstellungsstetigkeit soll eine Vergleichbarkeit der Jahresabschlüsse im Zeitablauf sicherstellen. Da Abweichungen von der Darstellungsstetigkeit im Anhang angegeben und begründet werden müssen, sind sie für die Abschlussadressaten grundsätzlich erkennbar: Auch bei schwacher Informationseffizienz ist von einer Auswertung des Anhangs durch rationale Individuen auszugehen. Wenngleich ein eindeutiges Urteil wegen der Unsicherheit über den Grad der Informationseffizienz nicht möglich ist, kann der Grundsatz tendenziell als zweckmäßig gelten, da er im Falle mittelstrenger Informationseffizienz für börsennotierte Unternehmen zwar überflüssig ist, aber außer den Kosten, die bei den abschlusserstellenden Unternehmen anfallen, keinen Schaden hervorruft, zumal die Kosten einer Angabe und Begründung von Abweichungen vermutlich gering sind.

---

59 Vgl. Kapitel 4.4.3.1.

60 Vgl. zusammenfassend Kapitel 3.7.

Die Angabe von Vorjahresbeträgen ist bei mittelstrenger Informationseffizienz offensichtlich überflüssig, denn es handelt sich um bereits im Vorjahr veröffentlichte Informationen. Dennoch kann die Vorschrift als tendenziell zweckmäßig eingestuft werden, denn die dadurch entstehenden Kosten dürften wiederum gering sein, und bei schwacher Informationseffizienz ermöglicht sie den Adressaten einen Vorjahresvergleich, ohne auf den Vorjahresabschluss zurückzugreifen.

Der Vermerk der Mitzugehörigkeit von Bilanzposten – etwa bei einem Fertigungsunternehmen, das bestimmte Zwischenerzeugnisse einerseits selbst herstellt und andererseits von Dritten bezieht[61] – erhöht die Menge der öffentlichen Informationen und ist folglich bei mittelstrenger Informationseffizienz zweckmäßig. Auch bei schwacher Informationseffizienz handelt es sich um eine Zusatzinformation, die den Einblick der Adressaten erweitert.

Die Zulässigkeit von Erweiterungen des Gliederungsschemas durch eine tiefere Untergliederung oder eine Ergänzung um weitere Posten stellt eine Ausweitung der öffentlichen Informationsmenge dar und ist insofern zweckmäßig.

Da jedoch offensichtlicherweise die Regelungen der allgemeinen Gliederungsgrundsätze den Informationsstand der Adressaten allenfalls rudimentär beeinflussen können, sollen die obigen Anmerkungen genügen.[62] Das folgende Kapitel befasst sich mit der Mindestgliederung der Bilanz.

#### 7.3.3.1.2 Mindestgliederung der Bilanz

Die Zweckmäßigkeit der Bilanzgliederung ist daran zu messen, inwieweit sie den Kapitalgebern ermöglicht, sich einen differenzierten Einblick in die Ein- und Auszahlungspotenziale eines Unternehmens zu verschaffen. Dieser Einblick bleibt allerdings konzeptionsbedingt auf die am Bilanzstichtag vorhandenen Potenziale beschränkt und Informationen über künftig geplante Veränderungen folglich versperrt.[63]

Das Liquiditätsgliederungsprinzip, das der handelsrechtlichen Bilanzgliederung im Wesentlichen zugrunde liegt, ist dazu geeignet, differenzierte Informationen zu vermitteln. Die Gliederung nach der Liquidierbarkeit in Anlage- und Umlaufvermögen ermöglicht zumindest ansatzweise eine Abschätzung der vermutlich bis zur Wiedergeldwerdung notwendigen Zeitspanne. Zudem lassen sich infolge der weitergehenden Untergliederung des Anlagevermögens in immaterielles

---

[61] Vgl. Winkeljohann/Geißler (2006b), Anm. 8.

[62] Die Regelungen zur Beachtung von Gliederungsvorschriften bei Vorhandensein mehrerer Geschäftszweige, zur Änderung von Gliederung und Postenbezeichnungen, zur Zusammenfassung von Posten und zum Ausweis von Leerposten bleiben daher außerhalb der Betrachtung.

[63] Vgl. Franken (2001), S. 210.

Vermögen sowie Sach- und Finanzanlagevermögen Tendenzaussagen hinsichtlich des Risikos der Wiedergeldwerdung treffen, sofern man unterstellt, dass die Wiedergeldwerdung des immateriellen Vermögens (etwa Lizenzen) unsicherer ist als die des materiellen Vermögens (etwa Grundstücke); dies gilt analog für die Aufgliederung des Umlaufvermögens nach der Liquiditätsnähe von Roh-, Hilfs- und Betriebsstoffen bis hin zu flüssigen Mitteln. Folglich ist das Mindestgliederungsschema als zweckmäßig einzustufen.

Dieses Zweckmäßigkeitsurteil muss allerdings mit Vorsicht interpretiert werden.[64] Die aus der Gliederung resultierenden Informationen erlauben allenfalls vage Tendenzaussagen über den Zeitpunkt der Wiedergeldwerdung und das damit verbundene Risiko, können die im Verlauf der Analyse bereits herausgestellten konzeptionellen Schwächen nicht kompensieren und führen folglich auch nicht zu einer aus Kapitalgebersicht informativen Bilanz.

Analog können auch die gesonderten Ausweisvorschriften zu einzelnen Bilanzposten[65] nur eine geringe Verbesserung des Informationsgehalts bewirken. Die Angabe der Forderungen mit einer Restlaufzeit von mehr als einem Jahr und Verbindlichkeiten mit einer Restlaufzeit von bis zu einem Jahr etwa gewährt einen Hinweis auf bestimmte kurzfristige Ein- und Auszahlungen des Unternehmens. Der gesonderte Ausweis bzw. die Anhangangabe eines in den Rechnungsabgrenzungsposten eingestellten Disagios offenbart, in welcher Höhe die Rechnungsabgrenzung keine Leistungsforderung verkörpert. Diese Ausweisvorschriften können die konzeptionellen Mängel jedoch nicht überwinden.

#### 7.3.3.1.3 Mindestgliederung der Gewinn- und Verlustrechnung

Das handelsrechtliche GuV-Gliederungsschema in Staffelform unterscheidet in ein Ergebnis der gewöhnlichen Geschäftstätigkeit und ein außerordentliches Ergebnis.[66] Damit ist die Anforderung an einen informativen Gewinn im Sinne einer Prognosegröße, den Gewinn aus der gewöhnlichen Unternehmenstätigkeit um einmalige und seltene Einflüsse zu korrigieren, sodass nur nachhaltige Veränderungen der Geschäftsaussichten sich in der Gewinnhöhe niederschlagen,[67] unmittelbar erfüllt. Diese Ergebnisaufspaltung ist daher zweckmäßig.

Ebenfalls zweckmäßig sind überwiegend die gesonderten Ausweisvorschriften zu einzelnen Posten der GuV nach § 277 HGB.[68] Die Abgrenzung der Umsatzerlöse als aus der typischen Leistungserbringung eines Unternehmens resultierend unterstreicht das Ziel, gewöhnliche von

---

64 Ähnlich Franken (2001), S. 211.

65 Vgl. Kapitel 5.5.3.1.4.

66 Vgl. Kapitel 5.5.3.1.3.

67 Vgl. Kapitel 2.3.3.3.

68 Vgl. Kapitel 5.5.3.1.4.

ungewöhnlichen Ergebnisbestandteilen zu separieren. Der gesonderte Ausweis oder die Angabe im Anhang von Abschreibungen auf den niedrigeren beizulegenden Wert bzw. Abschreibungen wegen erwarteter Wertschwankungen in der nächsten Zukunft ermöglicht eine Korrektur solcher Einflüsse; Gleiches gilt für die im Anhang zu erläuternden periodenfremden Aufwendungen und Erträge. Der gesonderte Ausweis der Aufwendungen und Erträge aus Gewinnabführungsverträgen bringt keinen Erkenntniswert mit sich, solange daraus nicht hervorgeht, inwiefern es sich um ein nachhaltiges oder lediglich einmaliges Ergebnis handelt.

Einschränkend ist jedoch anzumerken, dass die Definition des Begriffs „außerordentlich" im Schrifttum eine enge Interpretation erfährt; nicht darunter fallen etwa Erträge und Aufwendungen aus Währungskursänderungen oder Erträge aus der Herabsetzung der Pauschalwertberichtigung zu Forderungen.[69]

Insgesamt erscheint der tendenziellen Zweckmäßigkeit zum Trotz wie bereits bei der Beurteilung des Informationswertes der Bilanzgliederung Vorsicht angebracht. Die Aufspaltung des Ergebnisses ermöglicht zwar durch das Bestreben nach einem gesonderten Ausweis der außerordentlichen Faktoren in einem gewissen Rahmen bessere Prognosen über die zukünftig zu erwartenden Gewinne, kann aber die Beeinträchtigung des Informationsgehalts infolge der generellen konzeptionellen Schwächen nicht ausgleichen.

#### 7.3.3.2 Der Anhang als zusätzliches Element des Jahresabschlusses

##### 7.3.3.2.1 Aufgaben des Anhangs

Im Rahmen seiner Korrekturfunktion soll der Anhang die aus den Gewinnermittlungsregeln resultierenden informationellen Verzerrungen berichtigen (Abkopplungsthese).[70] Als veröffentlichtes Element des Jahresabschlusses wird der Anhang am Kapitalmarkt bei mittelstrenger Informationseffizienz bereits definitionsgemäß und bei schwacher Informationseffizienz gleichfalls von rationalen Individuen ausgewertet. Dieser handelsrechtlichen Konzeption, die eine Beseitigung der infolge des Zielpluralismus der Rechnungslegung bzw. der Dominanz informationsunfreundlicher Gewinnermittlungsregeln entstehenden Einbußen hinsichtlich einer zweckmäßigen Information der Kapitalgeber durch den Anhang als ein ausschließlich der Informationsvermittlung dienendes Rechnungslegungsinstrument vorsieht, ist folglich uneingeschränkte Zweckmäßigkeit zu bescheinigen. Das Urteil gilt selbstverständlich nur unter der Prämisse, dass die entstehenden Verzerrungen auch tatsächlich vollständig behoben werden.

---

[69] Vgl. Förschle (2006b), Anm. 223; Küting (1997), S. 694.

[70] Vgl. Kapitel 5.5.3.2.1.

Die Erläuterungsfunktion des Anhangs ist differenziert zu sehen. Einerseits erhöhen zusätzliche öffentliche Informationen bei mittelstrenger Informationseffizienz die vom Markt verarbeitete Informationsmenge und entfalten insofern eine positive Wirkung; andererseits legen die Erläuterungen vielfach die Ausübung gesetzlich kodifizierter Wahlrechte offen. Diese Offenlegung von Wahlrechtsausübungen ist angesichts der Existenz von Wahlrechten zwar zweckmäßig, da andernfalls eine Interpretation der Zahlen unmöglich wäre; idealerweise allerdings würden die Wahlrechte abgeschafft, da sie dem Management einen Manipulationsspielraum gewähren.[71]

Die Entlastungsfunktion des Anhangs ist im Falle mittelstrenger Informationseffizienz überflüssig, da alle öffentlich verfügbaren Informationen, ob in Bilanz oder Anhang publiziert, vollständig verarbeitet werden. Bei schwacher Informationseffizienz hingegen kann die Entlastungsfunktion als zweckmäßig gelten, wenn man davon ausgeht, dass eine steigende Übersichtlichkeit von Bilanz und GuV den einzelnen Investoren eine Auswertung des Abschlusses erleichtert.

Die Ergänzungsfunktion des Anhangs besteht darin, den Kapitalgebern Informationen zu übermitteln, die in Bilanz und GuV keinen Platz finden. Offensichtlich ist, dass diese Funktion nur dann vonnöten ist, wenn Bilanz und GuV nicht ausschließlich auf die Informationsvermittlung ausgerichtet sind, denn andernfalls enthielten sie bereits die für die Kapitalgeber bedeutsamen Informationen. Als zweckmäßig ist die Ergänzungsfunktion eines handelsrechtlichen Anhangs folglich einzustufen, wenn die übermittelten Informationen einen direkten Bezug zu zukünftigen Zahlungsströmen aufweisen, was etwa im Falle der sonstigen finanziellen Verpflichtungen der Fall ist; Angaben über die im abgelaufenen Geschäftsjahr durchschnittlich beschäftigten Arbeitnehmer haben hingegen nur geringe Aussagekraft im Hinblick auf das Ziel, das Informationsbedürfnis der Kapitalgeber zu befriedigen.

Festzuhalten ist abschließend insbesondere das hinsichtlich der handelsrechtlichen Rechnungslegungskonzeption für Kapitalgesellschaften getroffene Urteil, dass die informationsfeindliche Ausgestaltung der Gewinnermittlungsregeln und die daraus unmittelbar resultierende Verzerrung des Informationsgehalts der Bilanz und der Gewinngröße durch einen Anhang mit Korrekturfunktion prinzipiell geheilt werden können und eine solche Konzeption demzufolge aus Kapitalgebersicht zweckmäßig ist.

---

[71] Vgl. Streim (1985), S. 1581.

### 7.3.3.2.2 Die Vorschriften zum Inhalt des Anhangs

Auf die Angabe der angewandten Bilanzierungs- und Bewertungsmethoden wurde im Zusammenhang mit der Erläuterungsfunktion des Anhangs bereits kurz eingegangen. Diese Angabe ist zweckmäßig, sofern Wahlrechte bestehen; dieses Zweckmäßigkeitsurteil sollte aber nicht den Blick darauf versperren, dass Wahlrechte einen Ermessensspielraum eröffnen und daher unzweckmäßig sind.

Die Pflicht zur Angabe und Begründung der Abweichungen von Bilanzierungs- und Bewertungsmethoden einschließlich einer Darstellung des Einflusses auf die Vermögens-, Finanz- und Ertragslage schränkt die mit den Wahlrechten einhergehenden Ermessensspielräume des Managements ein, da die Darstellung der Auswirkung von im Zeitablauf unterschiedlich ausgeübten Wahlrechten den Adressaten die Konsequenz der Ermessensentscheidungen offenbart. Eine Täuschung der Kapitalgeber durch veränderte Wahlrechtsausübung ist folglich auf einem mittelstreng informationseffizienten Kapitalmarkt definitionsgemäß unmöglich und auch bei schwacher Informationseffizienz für rationale Kapitalgeber keine Gefahr. Dies gilt umso mehr, falls die Darstellung quantifizierte Angaben beinhaltet. Daher ist den Stimmen in der Literatur unbedingt beizupflichten, die für eine verpflichtende Quantifizierung eintreten.[72] Insgesamt betrachtet ist die Angabe- und Darstellungspflicht bei Abweichungen von Bilanzierungs- und Bewertungsmethoden zweckmäßig.

Eine Angabeverpflichtung zur Vermittlung des den tatsächlichen Verhältnissen entsprechenden Bildes der drei Teillagen erscheint auf den ersten Blick angesichts der bereits diskutierten Korrekturfunktion des Anhangs als zweckmäßig. Allerdings greift diese Verpflichtung lediglich bei Vorliegen besonderer Umstände unter der grundsätzlichen Annahme, dass ein mit den gesetzlichen Regelungen konformer Jahresabschluss das geforderte Bild bereits vermittelt. Diese Einschränkung der Angabepflicht ist eindeutig unzweckmäßig, denn im Verlauf der Analyse wurde bereits herausgestellt, dass die Gewinnermittlungsregelungen konzeptionell untauglich sind und erst die Korrekturfunktion des Anhangs der handelsrechtlichen Rechnungslegungskonzeption grundsätzlich zur Zweckmäßigkeit verhilft. Jegliche Beschränkung der Angabepflicht läuft der Korrekturfunktion zuwider. Insbesondere ist den Kapitalgebern nicht gedient, wenn ihnen zwar bekannt ist, dass „bilanzierungskonventionsbedingte Informationsverzerrungen“[73] vorliegen, diese aber nicht geheilt werden; dann nämlich unterliegen sie keiner Illusion bzw. Täuschung

---

[72] Vgl. Kapitel 5.5.3.2.2; insgesamt wird eine zahlenmäßige Angabepflicht „tendenziell auch von der Literatur empfohlen“. So Coenenberg (2005), S. 883.

[73] Coenenberg (2005), S. 881.

über den Informationsgehalt des Abschlusses, das Informationsinteresse jedoch bleibt unbefriedigt. Kurz: Es „werden keine Angaben darüber verlangt, wie sich die Höchstwertvorschriften, das Realisations-, Imparitäts- und Vorsichtsprinzip auf die Darstellung der Vermögens-, Finanz- und Ertragslage auswirken“[74] – genau diese Angaben wären jedoch aus Kapitalgebersicht vonnöten.

Diese gravierende Einschränkung der korrigierenden Wirkung des Anhangs trotz der negativen Auswirkungen auf die Zweckmäßigkeit des Jahresabschlusses aus informationeller Sicht ist dazu geeignet, um zu hinterfragen, ob das geltende Recht die Abkopplungsthese überhaupt deckt, und verleiht der Meinung Gewicht, dass der Gesetzgeber „den Anhang nicht als eigenständiges, von Bilanz und GuV unabhängiges Informationsinstrument konzipiert“[75] hat, sondern es sich angesichts der Art der gesetzlich geforderten Angaben vielmehr im Wesentlichen um einen Erläuterungsbericht handelt. Die Beschränkung der Angabepflicht zur Vermittlung des den tatsächlichen Verhältnissen entsprechenden Bildes auf Fälle besonderer Umstände stützt diese Auffassung, da die informationsunfreundlichen Gewinnermittlungsregeln immer Korrekturbedarf auslösen und gemäß Abkopplungsthese der Ausnahmefall zum Normalfall würde. In Anbetracht dessen gehen die folgenden Ausführungen auf zwei Aspekte besonders deutlicher Einblicksverzerrung – das Aktivierungsverbot selbst erstellter immaterieller Anlagegüter und die gemäß Realisationsprinzip diskontinuierliche Gewinnrealisation im Falle mehrperiodiger Projekte – ein.

Über die durch ein Unternehmen selbst erstellten und daher wegen des generellen Aktivierungsverbots des § 248 Abs. 2 HGB aus der Bilanz nicht ersichtlichen immateriellen Werte des Anlagevermögens lassen sich Informationen im Anhang ohne Schwierigkeiten vermitteln. Ausgaben für Forschung, Entwicklung, Ausbildung der Mitarbeiter und Werbung können angegeben und der daraus erwartete Nutzen erläutert werden. Gleichfalls kann das Management zu der Unsicherheit, die den Angaben unweigerlich anhaftet, erläuternd Stellung nehmen. In Fällen zu großer Unsicherheit – etwa der Bestimmung der Nutzungsdauer der selbst erstellten immateriellen Werte – kann dieses Faktum oder aber eine Spannweite möglicher Werte einschließlich der zugrunde liegenden Prämissen dem Adressaten einen umfassenden Überblick verschaffen.[76]

Die aus einer diskontinuierlichen Gewinnrealisation im Falle mehrperiodiger Projekte, etwa langfristiger Auftragsfertigung, infolge des Realisationsprinzips resultierenden mitunter starken Gewinnschwankungen lassen sich ebenfalls im Rahmen der sonstigen Informationsvermittlung

---

[74] ADS (1995), § 264 HGB, Tz. 93.

[75] Streim (1994), S. 403. Siehe dort auch S. 404.

[76] Vgl. Schildbach (1994), S. 719.

verdeutlichen. Dazu notwendig ist die Angabe, „mit welchen Umsatzerlösen zu welchem Zeitpunkt zu rechnen ist, welche (zurechenbaren) Aufwendungen bisher angefallen sind, inwieweit diese aktiviert bzw. sofort der GuV belastet wurden und mit welchen (zurechenbaren) künftigen Aufwendungen unter welchen Voraussetzungen gerechnet werden muss."[77]

Es ist tatsächlich hinsichtlich der selbst erstellten immateriellen Anlagegüter zu konstatieren, dass die Vorschriften zum Anhang keine Verpflichtung zu Angaben enthalten, die den Informationsinteressen der Kapitalgeber gerecht werden, sodass eine Korrektur dieser bedeutsamen Informationsverzerrung unterbleibt. In Bezug auf eine im Zeitablauf verzerrt dargestellte Ertragslage infolge langfristiger Fertigung hingegen liegt eine Angabepflicht vor; allerdings erscheinen – angesichts der weich formulierten Forderung nach einer solchen Angabepflicht in der Literatur[78] – erhebliche Zweifel daran angebracht, ob diese Angabepflicht zur Offenlegung der aus Kapitalgebersicht zu fordernden detaillierten Informationen führt.

Als Zwischenfazit kann somit festgehalten werden, dass die Forderung des § 264 Abs. 2 Satz 2 HGB nach zusätzlichen Anhangangaben zur Vermittlung eines den tatsächlichen Verhältnissen entsprechenden Bildes der drei Teillagen eines Unternehmens in einer aus Kapitalgebersicht eindeutig unzweckmäßigen Weise auf seltene Fälle eingeschränkt ist, weil sogar bezüglich klarer Einblicksverzerrungen – Realisations-, Imparitäts- und Vorsichtsprinzip sowie Aktivierungsverbot des selbst erstellten immateriellen Anlagevermögens – keine Korrekturpflicht besteht.

Abschließend sind die verbleibenden zentralen Anhangangabepflichten zu analysieren. Die Angabe des Betrags der Verbindlichkeiten mit einer Restlaufzeit von über fünf Jahren eröffnet den Kapitalgebern analog zum gesonderten Ausweis der Verbindlichkeiten mit einer Restlaufzeit von bis zu einem Jahr[79] einen näheren Einblick in die Fristigkeitsstruktur der Verbindlichkeiten als Auszahlungspotenziale und ist insofern zweckmäßig, kann aber den Informationsgehalt des Jahresabschlusses nur geringfügig steigern. Das Urteil kann analog auf die Angabepflicht der

---

77 Moxter (1995), S. 427 (Rechtschreibung im Zitat an neue Regelungen angepasst; zudem wurde die im Original verwendete Abkürzung GVR für Gewinn- und Verlustrechnung durch die in dieser Arbeit verwendete Form GuV ersetzt). Vgl. zudem Schildbach (1994), S. 719.

78 Vgl. ADS (1995), § 264 HGB, Tz. 122; Winkeljohann/Schellhorn (2006), Anm. 50. Bei ADS liest man unter der genannten Tz.: „Einen Hinweis nach Abs. 2 halten viele Stimmen im Schrifttum für möglich ... Er kann unter besonderen Umständen notwendig sein, wenn anders die Ertragslage im Zeitablauf verzerrt dargestellt würde." Winkeljohann/Schellhorn fordern: „Gem. Abs. 2 Satz 2 im Anhang zu erläutern wäre jedoch, wenn das Jahresergebnis durch ... aperiodische Gewinnrealisierungen (z. B. bei langfristiger Fertigung) in so erheblichem Ausmaß beeinflusst ist, dass ohne zusätzliche Angaben ein falsches Bild der Ertragslage entstünde ... Es sind jedoch nicht nur negative, sondern ebenso auch positive Umstände angabepflichtig, wenn andernfalls das durch den Jahresabschluss zu vermittelnde Bild (z. B. wegen hinausgeschobener Gewinnrealisierung bei langfristiger Fertigung ...) insgesamt stark verfälscht würde."

79 Vgl. Kapitel 7.3.3.1.2.

sonstigen finanziellen Verpflichtungen ausgedehnt werden: Wiederum erhalten die Kapitalgeber – wenn auch in zeitlicher Hinsicht unpräzise – Informationen über zukünftige Auszahlungen, die ihren Informationsstand verbessern und insofern zweckmäßig sind, aber nur geringen Einfluss auf den Informationsgehalt des Abschlusses insgesamt ausüben.

Die Aufgliederung der Umsatzerlöse der abgelaufenen Periode nach Tätigkeitsbereichen bzw. geografischen Märkten stellt eine quantitative Aufbereitung vergangenheitsbezogener Informationen dar. Wegen des fehlenden Zukunftsbezuges ist eine solche Aufgliederung allerdings nicht geeignet, das Interesse der Kapitalgeber an Informationen über zukünftige Zahlungsströme zu befriedigen.

Da insgesamt betrachtet der Anhang seiner grundsätzlichen konzeptionellen Eignung zum Trotz wegen der kodifizierten Einzelvorschriften die von den Kapitalgebern für ihre Entscheidungen benötigten Informationen nicht vermittelt, verbleibt als letztes Instrument für eine geeignete sonstige Informationsvermittlung der Lagebericht, dem sich die Überlegungen im Folgenden zuwenden.

#### 7.3.3.3 Der Lagebericht

Der Gesetzgeber verwendet die in § 264 Abs. 2 HGB kodifizierte Generalnorm zur geforderten Informationsvermittlung des Jahresabschlusses in geringer sprachlicher Variation auch in § 289 Abs. 1 HGB als Vorschrift für den Lagebericht.[80] Da im Verlauf des Kapitels gezeigt wurde, dass der Jahresabschluss dieser Anforderung nicht gerecht wird, gilt es nun zu prüfen, ob der Lagebericht konzeptionell dazu geeignet ist. Dass der Lagebericht als Instrument zur Vermittlung der von den Kapitalgebern benötigten Informationen grundsätzlich geeignet ist, gilt bei mittelstrenger Informationseffizienz unter der Prämisse seiner Veröffentlichung definitionsgemäß und kann bei schwacher Informationseffizienz unter der Prämisse rationaler Investoren ebenfalls angenommen werden.

Der Wirtschaftsbericht enthält Informationen zum Geschäftsverlauf der vergangenen Periode und zur Lage der Gesellschaft, die allerdings nicht zukunftsorientiert zu interpretieren ist.[81] Insofern kann der Wirtschaftsbericht das Verlangen der Kapitalgeber nach Informationen über zukünftige Zahlungsströme nicht erfüllen; er ist zwar als Vergrößerung der verfügbaren Informationsmenge nicht schädlich, aber aus informationeller Sicht nicht relevant und damit nicht zweckmäßig.

---

80 Vgl. Streim (1994), S. 405.

81 Vgl. Ellrott (2006d), Anm. 15.

Die Aufgabe der zukunftsorientierten Berichterstattung kommt dem Prognosebericht zu, der an den Wirtschaftsbericht anknüpfend grundsätzlich über die gleichen Sachverhalte berichten, aber prognostisch den erwarteten Geschäftsverlauf über zwei Jahre unter Bezugnahme auf die Chancen und Risiken der Geschäftstätigkeit darlegen und dabei auf die finanziellen und nichtfinanziellen Leistungsindikatoren des Unternehmens eingehen soll. Dieser Bestandteil der handelsrechtlichen Lageberichterstattungspflicht ist konzeptionell grundsätzlich zweckmäßig.[82] Um den Kapitalgeberinteressen allerdings vollumfänglich gerecht zu werden, müsste der zukunftsgerichtete Prognosebericht strikt über Indikatoren für die erwarteten Zahlungsströme informieren. Die Anknüpfung an die Inhalte des Wirtschaftsberichts – nachhaltige und nicht nachhaltige Erfolgsquellen, Liquidität, Humankapital, Entwicklung des Kundenstamms, gesellschaftliche Reputation des Unternehmens – ließe eine solche Berichterstattung prinzipiell zu. Die wenig konkreten Vorgaben des Gesetzes und auch die Kommentarliteratur begründen jedoch die Vermutung, dass es in der Praxis nicht zu einer dem Kapitalgeberinteresse entsprechenden Berichterstattung kommen wird.[83] Wie die Berichterstattung zur Heilung der Informationsverzerrungen idealtypisch auszusehen hätte, soll am Beispiel des Vermögensgegenstandsbegriffs verdeutlicht werden.

Im Rahmen der Analyse der handelsrechtlichen Aktivierungskonzeption hat sich gezeigt, dass die Kennzeichen des Vermögensgegenstandsbegriffs im Hinblick auf die Erfassung aller Einzahlungspotenziale im Sinne einer Informationsbilanz unzweckmäßig sind.[84] Allerdings enthalten die Vorschriften zum Lagebericht die Verpflichtung für die gesetzlichen Vertreter, im Wirtschafts- und zukunftsgerichtet insbesondere im Prognosebericht auf die finanziellen und nichtfinanziellen Leistungsindikatoren des Unternehmens, wie etwa Humankapital, Entwicklung des Kundenstamms oder gesellschaftliche Reputation, einzugehen.[85] Falls der Lagebericht diese hochrelevanten Informationen, die nicht unter den Begriff des Vermögensgegenstandes fallen, vermittelt, ist er bei mittelstrenger Informationseffizienz grundsätzlich dazu geeignet, die Defizite der Aktivierungskonzeption zu heilen, denn dann ist die Art der Veröffentlichung einer Informati-

---

82 Vgl. bereits Streim (1995), S. 721, der eine vom Gesetzgeber festgelegte, „normierte Indikatorenliste“ vorschlägt, die Auskunft über die wichtigsten Indikatoren für den zukünftigen Erfolg der Unternehmen geben soll.

83 Vgl. zur stiefmütterlichen Behandlung des Lageberichts durch den Gesetzgeber und die wissenschaftliche Fachliteratur ausführlich Streim (1995), S. 705-713.

Ellrott (2006d), Anm. 39, etwa meint zur Art der Berichterstattung über die voraussichtliche Entwicklung, der Gesetzeswortlaut „beurteilen und erläutern“ bedeute, „dass eine verbale Darstellung als ausreichend betrachtet werden kann.“ Es sei „ein Urteil über die voraussichtliche Entwicklung mit ihren Komponenten abzugeben (z. B. gut, mäßig, schlecht, unzureichend). ... Die Beurteilung kann sich aber auch in vergleichenden Aussagen niederschlagen (z. B. steigen, zurückgehen, stagnieren, größer, kleiner) ... Hier hat die Geschäftsführung ihre eigene Meinung über die voraussichtliche Entwicklung der Gesellschaft abzugeben (z. B. zufrieden, unzufrieden).“ Die Berichterstattung über die wesentlichen Chancen und Risiken umfasst zwar (siehe Anm. 48) „(z)ur Beurteilung der Chancen und Risiken .. auch eine Bewertung, d. h. eine verbale Quantifizierung nach Gewinn- und Verlusthöhe sowie Eintrittswahrscheinlichkeit“, zu Art und Umfang der Erläuterungen wird jedoch auf Anm. 39 verwiesen (siehe Anm. 49).

84 Vgl. Kapitel 7.2.1.1.

85 Vgl. Kapitel 5.5.3.3.

on für die Verarbeitung durch den Kapitalmarkt irrelevant.[86] Die Heilung tritt genau dann ein, wenn das Management im Lagebericht konsequent wahrheitsgemäß über die (nicht-)finanziellen Leistungsindikatoren berichtet und die Berichterstattung auch tatsächlich am Informationsbedarf der Adressaten ausrichtet, also die Indikatoren nennt und zudem so konkretisiert, dass die Kapitalgeber die daraus zu erwartenden Zahlungsströme in quantitativer und zeitlicher Hinsicht prognostizieren können. In diesem Fall wäre bei mittelstrenger Informationseffizienz die Rechnungslegungskonzeption des HGB trotz der überobjektivierten Ansatzvorschriften durch den Lagebericht als ergänzendes Berichtsinstrument hinsichtlich der Entscheidungsrelevanz zweckmäßig und auch bei schwacher Informationseffizienz würden die rationalen Individuen auf die Lageberichtsinformationen zurückgreifen.

Die Pflicht zur Angabe der den Prognosen zugrunde liegenden Annahmen ist als zweckmäßig einzustufen. Nur bei Kenntnis der Prognoseprämissen besteht für die Kapitalgeber die Möglichkeit, die durch den Zukunftsbezug naturgemäß unsicheren Einschätzungen des Managements zu beurteilen bzw. die Ableitung der Prognosen aus den Prämissen nachzuvollziehen. Fraglich ist, ob das Zweckmäßigkeitsurteil auch für den Fall individueller Sicht bei mittelstrenger Informationseffizienz für kapitalmarktorientierte Unternehmen gilt, in dem verlässliche Informationen gefragt sind. Allerdings bleibt auch dann der Schwerpunktsetzung auf das Kriterium der Verlässlichkeit zum Trotz die Anforderung der Relevanz in Form des Zukunftsbezuges der Informationen bestehen, sodass die Unsicherheit nicht generell ausgeschaltet werden kann. Eine umfassende Prämissenpublizität erscheint in Anbetracht dessen als der einzig gangbare Weg, um dem einzelnen Kapitalgeber eine Interpretation der Prognosen dahin gehend zu ermöglichen, inwiefern er die Prämissen des Managements teilt und folglich die Prognosen für verlässlich hält.

Die zukünftige Entwicklung eines Unternehmens wird sowohl durch Umweltfaktoren – gesetzliche, ökonomische, technologische, sozio-kulturelle und ökologische Bedingungen – als auch durch unternehmensspezifische Faktoren beeinflusst.[87] Auf einem mittelstreng informationseffizienten Kapitalmarkt jedoch fließen alle öffentlich verfügbaren Informationen ohnehin definitionsgemäß in die Kurse ein; dies gilt regelmäßig auch für die genannten, das Unternehmensumfeld betreffenden Faktoren, denn die gesetzlichen Rahmenbedingungen oder auch die zu erwartende konjunkturelle Entwicklung (in Form von Prognosen der Wirtschaftsforschungsinstitute) stellen öffentliche Informationen dar. Mithin sollte bei mittelstrenger Informationseffizienz die Berichterstattung auf unternehmensspezifische Faktoren beschränkt werden; man kann davon ausgehen, dass einzelne Unternehmen die öffentliche Informationsmenge hinsichtlich der Umweltfaktoren kaum erhöhen können und insofern die Kosten der Berichterstattung den Nutzen

---

[86] Vgl. Kapitel 4.4.3.1.

[87] Vgl. Streim (1995), S. 719 f.

übersteigen. Bei schwacher Informationseffizienz verursacht dementgegen die Beschaffung und Auswertung der Informationen über Umweltfaktoren durch die einzelnen Investoren vermutlich insgesamt höhere Informationskosten als die komprimierte Vermittlung im Lagebericht, der folglich in diesem Fall über beide Arten von Faktoren berichten sollte.

Ein Nachtragsbericht zum Wirtschafts- und Prognosebericht im Falle des Eintritts bedeutender Vorgänge nach dem Abschlussstichtag ist zweckmäßig, da die verfügbare Informationsmenge vergrößert und ein Irrtum der Adressaten durch Unkenntnis über die Vorgänge verhindert wird. Dieses Urteil gilt allerdings nur insoweit, als der Prognosebericht auch tatsächlich zweckmäßige Informationen vermittelt.

Der Finanzrisikobericht soll finanzwirtschaftliche Risiken darstellen, die für die Beurteilung der Lage und der voraussichtlichen Entwicklung relevant sind; zur Beurteilung kann auf die Ausführungen zu Wirtschafts- und Prognosebericht verwiesen werden.

Dem Forschungs- und Entwicklungsbericht kommt eine besondere Bedeutung zu, da infolge des Aktivierungsverbots für selbst erstellte immaterielle Anlagegüter die Bilanz keine diesbezüglichen Informationen enthält. Aus Kapitalgebersicht wäre zweckmäßigerweise über die zukünftig zu erwartenden Zahlungsströme aus den Forschungs- und Entwicklungsaktivitäten des Unternehmens zu berichten. Die vage Gesetzesformulierung und die Literatur lassen jedoch – analog zum Prognosebericht – kaum Hoffnung auf eine entsprechende Ausgestaltung der Berichterstattung in der Praxis.[88]

Ein Bericht über die Orte bestehender Zweigniederlassungen weist keinen Bezug zu Zahlungsströmen auf und ist mithin überflüssig. Informationen über das Vorstands- und Aufsichtsratsvergütungssystem einschließlich der Bedingungen für Aktienoptionen und Bonusleistungen bei börsennotierten Aktiengesellschaften hingegen ermöglichen eine Beurteilung zukünftiger Auszahlungen an das Leitungs- bzw. Überwachungsorgan. Die Regelung ist demzufolge zweckmäßig, ihre Bedeutung jedoch angesichts des regelmäßig im Verhältnis zu den gesamten Auszahlungen eines Unternehmens nicht ins Gewicht fallenden Anteils der Auszahlungen für Vorstandsvergütung eher gering.

Abschließend soll ein Blick in die Praxis der Lageberichterstattung klären, ob die hinsichtlich des Konkretisierungsgrades – also der Qualität – der Informationen angemeldeten Zweifel berechtigt sind. Eine Auswahl von Untersuchungen zeigt tatsächlich, dass der Informationsgehalt der Lageberichte insgesamt relativ gering ist, die einzelnen Sätze häufig völlig belanglos sind

---

[88] Ellrott (2006d), Anm. 87, folgert aus der Gesetzesformulierung, „dass sich die Darlegungen auch hier in Grenzen halten können. Stets reicht eine verbale Berichterstattung aus ... Ferner sind Darlegungen über Forschungs- und Entwicklungsinvestitionen, bestehende Forschungs- und Entwicklungseinrichtungen, über die in diesem Bereich tätigen Mitarbeiter und über die von Dritten oder staatlichen Stellen empfangenen größeren Zuwendungen erforderlich. Auch auf die Ergebnisse wesentlicher FuE (z. B. Patente, neue Produkte und Verfahren) wäre einzugehen. Einzelheiten sollten nicht angegeben werden."

und die vagen Aussagen meist bereits aus dem Jahresabschluss hervorgehen. Zudem wird – besonders schwerwiegend – der gesetzliche Auftrag zur Berichterstattung über die zukünftige Entwicklung in Form von Prognosen durch einen geringen Präzisionsgrad und einen überwiegenden Zeithorizont von unter einem Jahr konterkariert und auch die Berichterstattung über den Bereich Forschung und Entwicklung vernachlässigt.[89] Als Erklärung kann man darauf schließen, „dass weder die Lageberichtersteller noch deren Prüfer dem Lagebericht den Stellenwert einräumen, den er zumindest bei unverfänglicher Lektüre des Gesetzestextes und dessen Auslegung dem Sinnzusammenhang nach haben müsste."[90] In jüngster Zeit zeigt sich zwar ein steigender Umfang der Lageberichterstattung zumindest bei den DAX-Unternehmen, allerdings besteht nach wie vor Verbesserungsbedarf in der Berichtspraxis, denn der Prognosehorizont beschränkt sich weiterhin mehrheitlich auf ein Jahr, und „(a)llgemein kritisch erscheint trotz der festgestellten Aufwertung der Prognoseberichterstattung die Vermittlung zukunftsorientierter Informationen."[91] Der Schwerpunkt der vorgefundenen Prognosen betrifft zudem die konjunkturelle und branchenspezifische Entwicklung, also ohnehin bekannte Faktoren, die bei mittelstrenger Informationseffizienz, wie oben bereits dargelegt, hinter unternehmensspezifische Informationen zurücktreten sollten.

### 7.3.4 Offenlegung

Die Verpflichtung zur Offenlegung von Jahresabschluss und Lagebericht ist offensichtlich zweckmäßig.

Ob das Wahlrecht, für Offenlegungszwecke einen Abschluss nach internationalen Rechnungslegungsstandards zu verwenden, in eine Pflicht umgewandelt oder aber abgeschafft werden sollte, hängt nach der entsprechenden Analyse von dem Urteil über die Zweckmäßigkeit dieser Standards ab.[92]

## 7.4 Die handelsrechtliche Konzernrechnungslegung

Der Konzernabschluss soll gemäß der in § 297 Abs. 2 HGB kodifizierten Generalnorm analog zum Einzelabschluss „unter Beachtung der Grundsätze ordnungsmäßiger Buchführung ein den tatsächlichen Verhältnissen entsprechendes Bild der Vermögens-, Finanz- und Ertragslage des Konzerns" vermitteln; allerdings unter Anwendung der wesentlichen auch im Einzelabschluss

---

89 Vgl. Streim (1995), S. 713-715.

90 Ballwieser (1997), S. 182 (Rechtschreibung an neue Regeln angepasst).

91 Schmidt/Wulbrand (2007), S. 425. Siehe dort auch S. 422 f.

92 Vgl. Kapitel 8.

gültigen Gewinnermittlungsregeln.[93] Durch diesen Ansatz des Gesetzgebers ist eine separate Beurteilung der Vorschriften nicht mehr erforderlich; vielmehr gelten die bereits angestellten, ausführlichen Überlegungen sowie das Ergebnis, die Regelungen als insgesamt unzweckmäßig einzustufen, gleichermaßen für den Konzernabschluss,[94] sodass im Folgenden nur die wesentlichen Unterschiede zwischen Einzel- und Konzernabschluss – Verbot der Übernahme steuerrechtlicher Wertansätze sowie Verpflichtung zur Aufstellung zusätzlicher Berichtsinstrumente – hinsichtlich ihrer Auswirkungen auf die Zweckmäßigkeit zu untersuchen sind.

Die generelle Untersagung der Übernahme steuerrechtlicher Wertansätze führt zwar dazu, dass diese unzweckmäßigen Regelungen keinen Einfluss mehr auf die Bilanz ausüben können; einen Gewinn an Zweckmäßigkeit für den Konzernabschluss im Vergleich zum Jahresabschluss für Kapitalgesellschaften bewirkt das Verbot aber dennoch nicht, da im Verlauf der Analyse bereits gezeigt wurde, dass die sonstige Informationsvermittlung zum Jahresabschluss ohnehin eine Bereinigung der Einflüsse steuerrechtlicher Vorschriften ermöglicht.[95]

Die Kapitalflussrechnung legt die Zahlungsströme der Berichtsperiode und damit Herkunft und Verwendung der liquiden Mittel in dieser Periode offen.[96] Es handelt sich infolge der objektiven Nachprüfbarkeit der Zahlungsflüsse um ein vollkommen verlässliches Rechenwerk, das dem Management zudem wenig Spielräume für eine gestaltende Einflussnahme bietet. Informationen über die aus Sicht der Kapitalgeber relevante Fähigkeit des Unternehmens, „künftig finanzielle Überschüsse zu erwirtschaften, seine Zahlungsverpflichtungen zu erfüllen und Ausschüttungen an die Anteilseigner zu leisten" (DRS 2.1), vermittelt sie jedoch wegen der vergangenheits- statt zukunftsorientierten Ausgestaltung nicht und verfehlt daher das gemäß der Formulierung des Standards anvisierte Ziel.[97] Aufgrund der fehlenden Relevanz der Informationen ist die Kapitalflussrechnung der konstatierten Verlässlichkeit zum Trotz auch bei mittelstrenger Informationseffizienz aus individueller Sicht bei kapitalmarktorientierten Unternehmen nicht zweckmäßig.

---

93 Vgl. Kapitel 5.6.1.

94 Vgl. auch Streim (1995), S. 707.

95 Vgl. Kapitel 7.3.2.1.2.

96 Vgl. Kapitel 5.6.2.2.

97 Siehe bereits Busse von Colbe (1966), S. 109: „... die Zahlen für die Vergangenheit geben nur eine sehr unsichere Grundlage für die Bildung ihrer (die Aktionäre ohne Einblick in die Pläne der Unternehmensleitung, d. Verf.) Gewinnerwartungen ab. Das gilt vor allem für sehr dynamische Unternehmen und für Zeiten schneller und erheblicher Änderungen der wirtschaftlichen Daten des Wirtschaftszweiges und der Gesamtwirtschaft." Siehe dort (S. 109-112) auch die Überlegungen zur Erstellung prospektiver Kapitalflussrechnungen.

Auch eine Aufstellung der Eigenkapitalveränderungen der abgelaufenen Periode weist keinen Zukunftsbezug auf und trägt demzufolge nicht zu einer Verbesserung des Informationsgehalts des Konzernabschlusses bei.[98]

Genau wie die anderen zusätzlichen Berichtsinstrumente des Konzernabschlusses stellt die Segmentberichterstattung im Wesentlichen eine Aufbereitung der bereits in Konzernbilanz und Konzern-GuV enthaltenen quantitativen Informationen dar.[99] Folglich hängt die Zweckmäßigkeit der Segmentinformationen eng mit derjenigen dieser beiden Jahresabschlussbestandteile zusammen und wird durch die informationsunfreundlichen Gewinnermittlungsregeln restringiert.

Insgesamt gesehen stellt der handelsrechtliche Konzernabschluss – verglichen mit dem Einzelabschluss für Kapitalgesellschaften – keine zusätzlichen relevanten Informationen bereit und leistet daher auch keinen Beitrag zur Steigerung der Zweckmäßigkeit der handelsrechtlichen Rechnungslegung.

## 7.5 Zusammenfassung und Fazit

Die Analyse hat zunächst in Bezug auf die handelsrechtlichen Vorschriften für alle Kaufleute ergeben, dass es sich um Regelungen handelt, die zur Vermittlung von Informationen an die Kapitalgeber unzweckmäßig sind. Grund ist zum einen die Ausrichtung der Vorschriften an der Ausschüttungsbemessungsfunktion, die zu vergangenheitsorientierten, nicht relevanten und damit aus Kapitalgebersicht informationsunfreundlichen Gewinnermittlungsregeln führt. Dieses Urteil gilt für die Fälle schwacher Informationseffizienz sowie mittelstrenger Informationseffizienz aus gesellschaftlicher Sicht und aus individueller Sicht für nicht kapitalmarktorientierte Unternehmen, in denen der Schwerpunkt einer informationsorientierten Rechnungslegungskonzeption auf dem Relevanzkriterium liegen muss; es ist zudem angesichts der bereits durchgeführten Würdigung der Gewinnermittlungsvorschriften[100] keine Überraschung. Zum anderen gewinnen die Vorschriften durch die Vergangenheitsorientierung und die Objektivierungsbestrebung zwar an Verlässlichkeit, sodass die Vermutung einer Zweckmäßigkeit für den Fall der individuellen Perspektive bei mittelstrenger Informationseffizienz für kapitalmarktorientierte Unternehmen aufkommen könnte; diesbezüglich wurde jedoch im Verlauf der Analyse das Ausmaß der Objektivierung als deutlich zu weitgehend eingestuft – etwa hinsichtlich des Einzelbewertungsgrundsatzes oder der Nichtaktivierung selbst erstellter immaterieller Werte –, um die Objektivierung noch als zweckmäßig bezeichnen zu können.[101]

---

[98] Vgl. auch Franken (2001), S. 217.

[99] Vgl. Bieker (2006), S. 88.

[100] Vgl. Kapitel 5.4.1.3.

[101] Vgl. Kapitel 7.2.

Im Vergleich wesentlich differenzierter fällt das Urteil hinsichtlich der ergänzenden Vorschriften für Kapitalgesellschaften aus. Die diesen Vorschriften im Gesetz vorangestellte und wegen ihrer allgemein gehaltenen Formulierung interpretationsbedürftige Generalklausel wäre für den Fall uneingeschränkt zweckmäßig, dass diese Interpretation dem Informationsinteresse der Kapitalgeber folgen würde. Dass die Generalklausel nicht bezüglich der Gewinnermittlungsregeln, sondern lediglich für die sonstige Informationsvermittlung greift, bedeutet dann keine Einschränkung dieses Urteils, wenn die Ausgestaltung der sonstigen Informationsvermittlung den Anforderungen der Kapitalgeber gerecht wird. Die nähere Analyse dieser Vorschriften jedoch offenbart insgesamt deutliche Schwachpunkte. Die Mindestgliederung von Bilanz und GuV erscheint zwar zunächst als zweckmäßig. Der Anhang als drittes Jahresabschlussinstrument hingegen ist im Wesentlichen als Erläuterungsbericht zu Bilanz und GuV konzipiert und leistet folglich trotz seiner grundsätzlichen konzeptionellen Eignung keine angemessene Information der Kapitalgeber. Ähnlich fällt das Urteil hinsichtlich des Lageberichtes aus: Es handelt sich – entsprechend dem Anhang – um ein aus konzeptioneller Sicht grundsätzlich für eine adäquate Information der Kapitalgeber geeignetes Berichtsinstrument, die konkrete Ausgestaltung der Regelungen im Gesetz und das geringe Gewicht, das die einschlägige Literatur dem Lagebericht beimisst, sind allerdings ungeeignet, um eine entsprechende Qualität der Lageberichterstattung zu gewährleisten. Insofern ist es nicht überraschend, dass die Untersuchungen der Qualität veröffentlichter Lageberichte insgesamt ein ernüchterndes Niveau der Berichterstattungspraxis feststellen.[102]

Die handelsrechtliche Konzernrechnungslegung übernimmt zunächst weitgehend die für Kapitalgesellschaften geltenden Vorschriften, sodass die obigen Überlegungen zur Zweckmäßigkeit dieser Vorschriften analog zutreffen. Darüber hinaus schreibt das Gesetz die Aufstellung der zusätzlichen Berichtsinstrumente Kapitalflussrechnung, Eigenkapitalspiegel und Segmentberichterstattung vor. Da diese Instrumente aber im Wesentlichen eine quantitative Aufbereitung der bereits im Konzernabschluss enthaltenen vergangenheitsorientierten Informationen leisten, ermöglichen sie kein positiveres Urteil zur Zweckmäßigkeit aus Kapitalgebersicht.[103]

Wenngleich in den Rahmen der Analyse selbstverständlich nicht jede Detailregelung einbezogen werden konnte und auch die analysierten Regelungen sicherlich das Potenzial für ausführlichere Betrachtungen bergen, liefern die obigen Überlegungen insgesamt interessante Erkenntnisse. So konnte der grundlegenden Konzeption der handelsrechtlichen Rechnungslegung zumindest für Kapitalgesellschaften – zwar informationsunfreundliche Gewinnermittlungsregeln, um der Ausschüttungsbemessungsfunktion zu genügen, neben die eine Generalklausel zur sonstigen Informationsvermittlung tritt – die Zweckmäßigkeit attestiert werden. Die insgesamt

---

[102] Vgl. Kapitel 7.3.

[103] Vgl. Kapitel 7.4.

aus informationeller Sicht konstatierte Unzweckmäßigkeit der Rechnungslegung resultiert insofern nicht bereits aus der grundlegenden Konzeption, sondern erst aus der wenig konsequenten Ausgestaltung der Einzelregelungen zur sonstigen Informationsvermittlung, die den von den Kapitalgebern gestellten Ansprüchen nicht genügen. Geeignete Berichtsinstrumente, die der Aufgabe unzweifelhaft gewachsen wären, schreibt der Gesetzgeber in Form des Anhangs und insbesondere des Lageberichtes bereits vor.

Analog wäre infolge der Übernahme der einzelabschlussspezifischen Vorschriften die Konzernrechnungslegung bei einer adäquaten Ausgestaltung der sonstigen Informationsvermittlung zweckmäßig, allerdings ist die Übernahme der für den Einzelabschluss geltenden Gewinnermittlungsregeln durch den Gesetzgeber angesichts der im Konzernabschluss wegfallenden Zahlungsbemessungsfunktion generell nicht mehr nachvollziehbar.[104]

Wirft man vor diesem Hintergrund die Frage auf, welche Möglichkeiten zur Verbesserung des Informationsgehalts und damit der Zweckmäßigkeit der handelsrechtlichen Rechnungslegung bestehen, so erscheinen grundsätzlich zwei Wege gangbar. Zum einen ist es denkbar, in der Generalklausel den Verweis auf die Grundsätze ordnungsmäßiger Buchführung zu streichen und die Vorschrift dem Wortlaut gemäß auf den Jahresabschluss – Bilanz, GuV, Anhang – statt lediglich auf die sonstige Informationsvermittlung anzuwenden. Dieser Weg impliziert eine Abkehr von den geltenden Ansatz- und Bewertungsvorschriften, um das geforderte tatsächliche Bild der drei Teillagen eines Unternehmens zu vermitteln, und bedeutet insofern einen Verzicht auf die Eignung des Jahresabschlusses, die Ausschüttungsbemessungsfunktion zu erfüllen. Soll die Ausschüttungsbemessungsfunktion des Jahresabschlusses hingegen aufrechterhalten werden, so besteht zum anderen die Möglichkeit, den Informationsgehalt durch eine massive Aufwertung der Instrumente der sonstigen Informationsvermittlung, Anhang oder insbesondere Lagebericht, zu steigern. Dazu wäre eine konsequente Ausgestaltung dieser Berichtsinstrumente an den von den Kapitalgebern und bei entsprechender Interpretation auch von der Generalklausel bereits geforderten Informationen notwendig.[105]

Für die Konzernrechnungslegung sind gleichermaßen grundsätzlich beide Wege mögliche Lösungen. Durch den Wegfall der Ausschüttungsbemessungsfunktion im Konzernkontext würden sich allerdings auch aus einer Informationsvermittlung durch Bilanz und GuV keine negativen Auswirkungen mehr auf diese Funktion ergeben.

---

104 Vgl. Streim (1995), S. 707.

105 Siehe bereits Streim (1994), S. 406: „De lege ferenda wäre die beste Lösung, ... die Informationsvermittlung ausschließlich dem Lagebericht zu übertragen" und Streim (1995), S. 721: „Es sollte sich die Einsicht durchsetzen, dass nur mittels des Lageberichts der Gesetzesauftrag erfüllt werden kann, ein den tatsächlichen Verhältnissen entsprechendes Bild von der wirtschaftlichen Lage der Gesellschaft zu vermitteln. Der Lagebericht ist das eigentliche Informationsinstrument" (Rechtschreibung im Zitat an neue Regeln angepasst).

Angesichts dieses Ergebnisses der Analyse der handelsrechtlichen Vorschriften sollen im nun folgenden achten Kapitel der Arbeit Überlegungen im Hinblick auf die Zweckmäßigkeit der Rechnungslegungskonzeption nach IFRS in der Erwartung angestellt werden, dass sich dieses ausschließlich an der Informationsvermittlung ausgerichtete Rechnungslegungssystem als deutlich zweckmäßiger erweisen wird.

# 8 Zweckmäßigkeit der Rechnungslegungskonzeption nach International Financial Reporting Standards

Das achte Kapitel der Arbeit dient der Analyse der Rechnungslegungsvorschriften der International Financial Reporting Standards im Hinblick auf ihre Zweckmäßigkeit zur Vermittlung entscheidungsnützlicher Informationen an die Kapitalgeber eines Unternehmens; dabei dienen wiederum die bereits im vierten Kapitel vor dem Hintergrund der Informationsfunktion der Rechnungslegung (Kapitel zwei) sowie dem Konzept der Informationseffizienz (Kapitel drei) hergeleiteten Anforderungen an eine aus Kapitalgebersicht informative Rechnungslegung als Analysemaßstab.

Dem Aufbau der Darstellung der IFRS-Rechnungslegung in Kapitel sechs entsprechend beschäftigen sich die Ausführungen in einem ersten Schritt mit der Zweckmäßigkeit der Grundkonzeption der IFRS (Abschnitt 8.1); anschließend werden in einem zweiten Schritt die Zweckmäßigkeit der Vorschriften zu den bilanziellen Hauptpositionen aus einzelnen Standards (Abschnitt 8.2) sowie in einem dritten Schritt der Vorschriften zur sonstigen Informationsvermittlung (Abschnitt 8.3) analysiert. Auf eine kurze Anmerkung zur Offenlegung (Abschnitt 8.4) folgend schließt Abschnitt 8.5 das Kapitel durch eine Zusammenfassung und ein Fazit ab.

## 8.1 Zweckmäßigkeit der Grundkonzeption der IFRS

Die Überlegungen sind korrespondierend mit der Darstellung der Grundkonzeption in die Abschnitte (1) Zielsetzung von Abschlüssen, (2) Rechnungslegungsprinzipien, (3) Definition, Ansatz und Bewertung von Abschlussposten sowie (4) Kapitalerhaltungskonzepte untergliedert.

### (1) Zielsetzung von Abschlüssen

Die selbst formulierte Zielsetzung der IFRS-Abschlüsse ist es, den Kapitalgebern entscheidungsnützliche Informationen zu vermitteln, die sich auf die zukünftige Fähigkeit der Unternehmen zur Erwirtschaftung von Zahlungsmitteln beziehen.[1] Dieser Anspruch der IFRS deckt sich mit dem Informationsbedarf der Kapitalgeber, die primär ein finanzielles Interesse am Unternehmen haben,[2] und ist folglich als grundlegende Zielformulierung zweckmäßig. Da annahmegemäß die Befolgung der IFRS die angestrebten Informationen vermittelt, muss die unten erfolgende Analyse der Einzelvorschriften zeigen, inwieweit eine Konsistenz zwischen Einzelvorschriften und allgemeinem Ziel besteht und welchen Zielerreichungsgrad die IFRS insofern erlangen.

---

[1] Vgl. Kapitel 6.2.

[2] Vgl. Kapitel 2.3.1.

Vor diesem Hintergrund ist zudem die Ausgestaltung der grundlegenden Anforderung an die Abschlüsse als ein overriding principle zweckmäßig, das etwaige Konflikte zwischen Einzelvorschriften und Informationsanspruch zugunsten der adäquaten Information löst, denn andernfalls gingen derartige Konflikte zulasten der Entscheidungsnützlichkeit der Informationen.

Ebenfalls zweckmäßig ist das generelle Verbot einer Beeinflussung der Abschlüsse durch steuerrechtliche Regelungen.

**(2) Rechnungslegungsprinzipien**

Die im Rechnungslegungssystem der IFRS geltenden Primär- und Sekundärgrundsätze entsprechen weitgehend den allgemeinen Anforderungen an eine aus Kapitalgebersicht informative Rechnungslegung;[3] da diese Grundsätze als allgemein anerkannt gelten, bedürfen sie keiner ausführlichen Diskussion,[4] sodass sich die folgenden Überlegungen auf punktuelle Anmerkungen zum Vorsichtsprinzip und zum Einzelbewertungsgrundsatz beschränken.

Ein Vorsichtsprinzip kann als zweckmäßig gelten, wenn es als Vorgehensweise bei Schätzungen herangezogen wird.[5] Dies ist nach IFRS gewährleistet, denn das Vorsichtsprinzip tritt hinter den Grundsatz eines periodengerechten Erfolgsausweises zurück.

Der Grundsatz einer Einzelbewertung wurde hingegen bereits als unzweckmäßig eingestuft.[6] Dass dieser Grundsatz – wenngleich nicht explizit kodifiziert – in den IFRS zumindest implizit enthalten ist, sofern nicht Ausnahmeregelungen vorliegen, liefert ein erstes Indiz dafür, dass der selbst formulierte Anspruch der Informationsvermittlung zu hoch gegriffen sein könnte.

**(3) Definition, Ansatz und Bewertung der Abschlussposten**

Die Ansatzkonzeption einer informativen Bilanz müsste eine Erfassung aller am Bilanzstichtag bestehenden Ein- und Auszahlungspotenziale eines Unternehmens gewährleisten.[7] Daher erscheint die Definition der Vermögenswerte und Schulden des Rahmenkonzepts, in der explizit auf das Vorhandensein eines potenziellen zukünftigen Nutzenzu- bzw. -abflusses zum bzw. vom Unternehmen in Form von Zahlungsmitteln oder -äquivalenten abgestellt wird, auf den ersten Blick Erfolg versprechend. Die konkreten Bestimmungen zum Ansatz hingegen fordern zudem das Vorliegen einer hinreichenden Wahrscheinlichkeit des Nutzenflusses sowie eine zuverlässige Bewertbarkeit des Sachverhaltes. Diese zusätzlichen Anforderungen an den Bilanzansatz bewirken eine erhebliche Einschränkung der in die Bilanz eingehenden Ein- und Auszahlungspotenziale. Somit kann festgehalten werden, dass sich die IFRS durch den Rekurs auf

---

3 Vgl. Kapitel 2.3.2 sowie die Abbildung 13: System allgemeiner Rechnungslegungsgrundsätze des IASB.

4 So auch Bieker (2006), S. 89.

5 Vgl. Kapital 7.2.2.1.

6 Vgl. Kapitel 7.2.2.1.

7 Vgl. Kapitel 2.3.3.4.

zukünftige Nutzenzu- bzw. -abflüsse zwar grundsätzlich auf den richtigen Weg begeben haben, die Formulierung weiterer Ansatzkriterien jedoch einen Irrweg darstellt.[8] Dieses Urteil gilt auch im Falle der schwachen Informationseffizienz aus individueller Sicht für kapitalmarktorientierte Unternehmen, denn die dann geforderte Verlässlichkeit der Informationen sollte nicht bereits über den (Nicht-)Ansatz, sondern vielmehr über die Bewertung der Zahlungspotenziale erreicht werden.

Überdies schränkt die restriktive Bilanzansatzkonzeption die Eignung des resultierenden Gewinns als Prognosegröße ein. Eine Aktivierung aller Auszahlungen, die Nutzenpotenziale generieren, anstelle einer sofortigen Verrechnung als Aufwand vermeidet ein schlagartiges Absinken des Gewinns und das korrespondierende Signal einer Verschlechterung der Ertragsaussichten des Unternehmens. Folglich sinkt die Prognoseeignung des Gewinns mit steigender Anzahl der Ausnahmen von diesem Grundsatz. Die Aktivierungskonzeption der IFRS, die im Ergebnis zu lediglich marginalen Abweichungen im Vergleich zum Aktivierungsumfang nach HGB führt, spricht für eine geringe Prognosetauglichkeit des ermittelten Gewinns.[9]

Verglichen mit der ausführlichen Abhandlung der Bilanzansatzproblematik greift das Rahmenkonzept die Bewertungsfrage eher oberflächlich auf; es werden verschiedene Wertmaßstäbe genannt und definiert sowie die Anschaffungs- oder Herstellungskosten als die am häufigsten verwendete Bewertungsgrundlage identifiziert. Daneben treten in der IFRS-Konzeption in den Einzelstandards weitere Wertkategorien. Eine informative Bilanz setzte die Bewertung der Vermögenswerte mit ihrem Ertragswert und die der Passiva mit ihrem Auszahlungsbarwert voraus. Insbesondere für die AHK der Vermögenswerte ist offensichtlich, dass es sich um einen unzweckmäßigen Wertansatz handelt, denn sie verkörpern eine zu erwartende Mindesthöhe künftiger Einzahlungsüberschüsse, liefern aber keinerlei Informationen über darüber hinausgehende Cashflows und entfernen sich zudem bei einer Folgebewertung mittels planmäßiger Abschreibungen regelmäßig noch weiter vom Ertragswert.[10] Noch kritischer sind die Wiederbeschaffungskosten als aktualisierte Anschaffungskosten einzuschätzen, denn ein Zusammenhang mit mindestens erwarteten Einzahlungsüberschüssen besteht nicht mehr, da Änderungen der Wiederbeschaffungskosten nicht notwendigerweise geänderte Ertragserwartungen implizieren.[11]

Dass die Rechnungslegungskonzeption der IFRS grundsätzlich verschiedene Wertmaßstäbe verwendet, etwa auch Nutzungswerte und Nettoveräußerungswerte, kann hingegen als zweckmäßig eingestuft werden, denn eine zweckmäßige Bewertungskonzeption kann keinen einzelnen Wertmaßstab vorschreiben, sondern muss vielmehr in Abhängigkeit von der zukünftigen

---

[8] Vgl. Streim/Bieker/Leippe (2001), S. 192-194; Bieker (2006), S. 91 f.

[9] Vgl. Streim/Bieker/Leippe (2001), S. 194 f.

[10] Vgl. Streim/Bieker/Leippe (2001), S. 195 f.

[11] Vgl. Streim/Bieker/Leippe (2001), S. 198.

Verwendung der Vermögenswerte im Unternehmen differenzieren.[12] Aus diesem Grund und weil die Zuordnung der Wertmaßstäbe zu einzelnen Bilanzpositionen in den einzelnen Standards erfolgt, sollen an dieser Stelle die kurzen allgemeinen Anmerkungen zur Bewertung genügen und eine nähere Analyse stattdessen in die Überlegungen zu den Einzelstandards integriert werden.

**(4) Kapitalerhaltungskonzepte**

Da Kapitalerhaltungskonzepte im Kontext der Ermittlung eines den Unternehmen maximal entziehbaren Gewinns und damit im Zusammenhang mit der Ausschüttungsbemessungsfunktion des Jahresabschlusses Bedeutung besitzen (so lassen sich beispielsweise ein Imparitäts- und Vorsichtsprinzip dem Ziel der Kapitalerhaltung zuordnen), IFRS-Abschlüsse jedoch ausschließlich das Ziel der Informationsvermittlung verfolgen und ihnen insoweit Kapitalerhaltung bzw. Ausschüttungsbemessung fremd sind,[13] ist die – wenngleich kurze – Bezugnahme auf Kapitalerhaltungskonzepte im Rahmenkonzept nicht nachvollziehbar.

## 8.2 Zweckmäßigkeit der Vorschriften zu bilanziellen Hauptpositionen in speziellen IFRS

Im Anschluss an die obigen einleitenden Bemerkungen zur Grundkonzeption der Rechnungslegung nach IFRS beginnt im nun folgenden zweiten Schritt die Analyse der einzelnen Rechnungslegungsstandards zu den bilanziellen Hauptpositionen. Den Anfang bilden die Vorschriften des IAS 16 „Sachanlagen".

### 8.2.1 Sachanlagevermögen

#### 8.2.1.1 Sachanlagen nach IAS 16

Für die Entscheidung über den Ansatz von Sachanlagen als materielle Güter, die ein Unternehmen zur Leistungserstellung hält und erwartungsgemäß länger als eine Periode nutzt, stellt der Standard zunächst grundsätzlich entsprechend der Definition eines Vermögenswertes darauf ab, ob dem Unternehmen voraussichtlich ein zukünftiger wirtschaftlicher Nutzen zufließt; dies ist zweckmäßig. Unzweckmäßig sind hingegen die zusätzlichen Ansatzvoraussetzungen der Wahrscheinlichkeit des Nutzenzuflusses und der zuverlässigen Bewertbarkeit der AHK, die erst auf Bewertungsebene Berücksichtigung finden sollten.[14] Allerdings kann für die materiellen Güter eines Unternehmens im Regelfall davon ausgegangen werden, dass die zusätzlichen

---

[12] Vgl. Bieker (2006), S. 191 f.

[13] Vgl. Baetge/Kirsch/Thiele (2005), S. 135; Baetge/Zülch (2001), S. 546, 551.

[14] Vgl. Streim/Bieker/Leippe (2001), S. 194.

Aktivierungsanforderungen erfüllt sind, sie insofern nicht restriktiv wirken und eine annähernd vollständige Erfassung der materiellen Nutzenpotenziale dennoch gewährleistet ist.[15] Gleichwohl sind realistische Fälle vorstellbar, in denen die zusätzlichen Kriterien eine restriktive Wirkung entfalten – man denke exemplarisch an Start Up-Unternehmen der Biotechnologiebranche, die teure und hochspezielle Laborausstattung erwerben müssen –, etwa weil das Kriterium der Wahrscheinlichkeit des Nutzenzuflusses a priori nicht als erfüllt angesehen werden kann. Dann wäre die für eine informative Bilanz zu fordernde Aktivierung aller zukünftigen Nutzenzuflusspotenziale aus materiellen Gütern nicht gewährleistet; dies verdeutlicht die Unzweckmäßigkeit zusätzlicher Ansatzvoraussetzungen.

Die Bewertung eines Bilanzpostens ist informativ, wenn sie auf dem Barwert der zukünftigen Einzahlungsüberschüsse beruht. Diese Bedingung ist im Zeitpunkt des erstmaligen Ansatzes von Sachanlagen durch die Heranziehung der Anschaffungs- oder Herstellungskosten offensichtlich verletzt, denn die AHK repräsentieren lediglich eine Mindesterwartung des (rationalen) Managements über zukünftige Einzahlungsüberschüsse und korrespondieren allenfalls zufällig mit dem relevanten Ertragswert. Diese Problematik verschärft sich in den Folgeperioden, da – sofern dem Anschaffungskostenmodell gefolgt wird – eine planmäßige Abschreibung regelmäßig die Abweichung zwischen Restbuchwert und Ertragswert vergrößert.[16]

Wählt das bilanzierende Unternehmen hingegen das Neubewertungsmodell, so bildet der Fair Value im Regelfall als Marktwert im Sinne eines hypothetischen Veräußerungspreises und in Ausnahmefällen als Ertragswert oder fortgeführter Wiederbeschaffungswert die Bewertungsgrundlage. Bei der Beurteilung dieser Regelung ist es entscheidend zu berücksichtigen, dass es sich beim Sachanlagevermögen nach IAS 16 um solches Vermögen handelt, das zur betrieblichen Leistungserstellung und insofern zum Verbleib im Unternehmen bestimmt ist – andernfalls würde IFRS 5 greifen. Das Nutzenpotenzial der produktiv eingesetzten Ressourcen schlägt sich jedoch ausschließlich in einem Beitrag zur unternehmerischen Leistungserstellung und nicht etwa durch Verkauf nieder, sodass der Ertragswert als diskontierter Betrag der aus der Nutzung resultierenden Zahlungsüberschüsse (value in use) aus Kapitalgebersicht den relevanten Wertansatz darstellt; sowohl Marktpreise als auch fortgeführte Wiederbeschaffungskosten sind irrelevant.[17] Demzufolge resultiert gemäß Neubewertungsmodell ein relevanter Wertansatz nur

---

15 Vgl. Streim/Bieker/Leippe (2001), S. 192.

16 Vgl. Streim/Bieker/Leippe (2001), S. 196.

17 Vgl. Bieker (2006), S. 191-193. Siehe überdies bereits Rieger (1928), S. 213: „Bewerten heißt nichts anderes als: Das geldmäßige Schicksal vorausnehmen und auf den Bilanzstichtag umrechnen. ... Er (der heutige Wert, d. Verf.) bedeutet den echten, tatsächlich für das betreffende Objekt einmal eintretenden Geldwert, bezogen auf den heutigen, den Bilanzstichtag. ... Der Tageswert ist für uns ohne jede Bedeutung, weil er nur unter Voraussetzungen gilt, die für uns nicht zutreffen. Weil er zufällig irgendwo notiert ist, für andere Leute infrage kommt, deswegen ist er für uns noch lange nicht maßgebend! Für unsere Bilanz gilt nur der Wert, der das geldmäßige Schicksal für unsere Güter in Wahrheit wiedergibt, und zwar eskomptiert auf den Bilanzstichtag" (Rechtschreibung an neue Regeln angepasst).

dann, wenn im Ausnahmefall der Ertragswert als Fair Value verwendet wird. Die im Kontext des betriebsnotwendigen Vermögens ausschließliche Relevanz des Ertragswertes impliziert jedoch unmittelbar, dass der Grundsatz der Einzelbewertung aufgegeben werden müsste, da eine willkürfreie Aufteilung des erst durch das Zusammenwirken der betriebsnotwendigen Erfolgspotenziale resultierenden Ertragswertbeitrags auf die einzelnen zusammenwirkenden Vermögenswerte generell unmöglich ist.[18] Die Implementierung dieses Grundsatzes in IAS 16 ist insofern unzweckmäßig.

Betrachtet man die drei alternativen Wertmaßstäbe des Neubewertungsmodells vor dem Hintergrund der obigen Überlegungen und den Anforderungen aus dem Informationseffizienzkonzept, ist das Ergebnis insgesamt ernüchternd. Der aus Kapitalgebersicht einzig relevante Maßstab, der Ertragswert, findet nur im Ausnahmefall Berücksichtigung und steht überdies in Konflikt mit dem Einzelbewertungsgrundsatz. Dies ist bei schwacher Informationseffizienz aus individueller Sicht, bei mittelstrenger Informationseffizienz aus Sicht des gesellschaftlichen Informationsnutzens für kapitalmarktorientierte und nicht kapitalmarktorientierte Unternehmen und aus individueller Sicht für nicht kapitalmarktorientierte Unternehmen unzweckmäßig. Die bei mittelstrenger Informationseffizienz für kapitalmarktorientierte Unternehmen aus individueller Sicht geforderte Verlässlichkeit kann den im Regelfall verwendeten Marktpreisen und auch Wiederbeschaffungskosten zwar attestiert werden, angesichts der fehlenden Relevanz dieser Maßstäbe kommt es jedoch auf deren Verlässlichkeit nicht mehr an.[19] Der relevante Ertragswert hingegen ist naturgemäß durch seinen Zukunftsbezug mit Ermessensspielräumen behaftet und daher wenig verlässlich. Zusammengenommen sind die Regelungen des IAS 16 vor dem Hintergrund der Anforderungen an eine informative Bilanz unzweckmäßig.

Der Gewinn ist prognosegeeignet und damit entscheidungsnützlich, wenn sich seine Höhe nur bei nachhaltigen Verbesserungen oder Verschlechterungen der Geschäftsaussichten eines Unternehmens ändert; einmalige oder seltene Ereignisse, etwa außerplanmäßige Zu- oder Abschreibungen, dürfen sich nicht im Gewinn niederschlagen. Dies bedeutet für die Neubewertungsmethode, dass außerplanmäßige Abschreibungen in der Abwertungsperiode, Zuschreibungen in der Aufwertungsperiode und in den Folgeperioden einer Aufwertung die Differenz zwischen ursprünglicher planmäßiger und höherer planmäßiger Abschreibung jeweils erfolgs-

---

[18] Vgl. dazu Bieker (2006), S. 197, unter Rekurs auf Thomas (1969), S. 50-57, und Schmalenbach (1919), S. 29. Siehe zum Interdependenzproblem überdies bereits Moxter (1966), S. 43: „Wir wissen auf der anderen Seite, dass man nicht durch Summierung unabhängig voneinander ermittelter Einzelwerte von Wirtschaftsgütern eines Unternehmens zu einem aussagefähigen Gesamtwert dieser Wirtschaftsgüter kommen kann, das heißt, dass diese Einzelwerte interdependent sind, insbesondere, wenn man eine Unternehmensfortführung unterstellt. Obgleich diese Interdependenz schon lange erkannt und anerkannt ist, bleiben die Konsequenzen dieses Sachverhalts in der Bilanzlehre weithin unbeachtet" (im Original teilweise kursiv; Rechtschreibung an neue Regelungen angepasst).

[19] Vgl. Bieker (2006), S. 194, 196.

neutral verrechnet werden müssen.[20] IAS 16 verletzt diese Bedingungen insofern, als die Wertänderungen nach der Neubewertungsmethode lediglich im Falle von Zuschreibungen über die fortgeführten AHK hinaus erfolgsneutral, im Falle von Abschreibungen unter bzw. Zuschreibungen bis auf die fortgeführten AHK hingegen erfolgswirksam zu verbuchen sind. Daraus ergibt sich unmittelbar eine Beeinträchtigung der Prognoseeignung des Gewinns. Diese Beeinträchtigung durch die partiell erfolgswirksame Verrechnung von Wertänderungen wird jedoch durch eine Angabepflicht gemäß der in IAS 16.73(e.iv) vorgeschriebenen Überleitungsrechnung des Buchwerts zu Beginn zum Buchwert am Ende der Periode geheilt, sodass letztlich keine Einschränkung der Prognoseeignung des Gewinns resultiert,[21] sofern der Kapitalmarkt mittelstreng informationseffizient ist bzw. die rationalen Kapitalgeber die verfügbaren Informationen auswerten.

Die Eignung des Gewinns zur Messung der Managementperformance in der abgelaufenen Periode ist bereits grundsätzlich stark eingeschränkt, denn es bedürfte wiederum einer Abkehr vom Einzelbewertungsgrundsatz zur Erfassung der Änderungen des Ertragswerts durch Entscheidungen des Managements, die IAS 16 jedoch nicht vorsieht. Will man zumindest Tendenzaussagen hinsichtlich der Eignung des Gewinns für Rückschlüsse auf die Managementleistung treffen, so kann konstatiert werden, dass im Kontext der dem betriebsnotwendigen Vermögen zuzurechnenden Sachanlagen Änderungen von Marktpreisen keinen Aufschluss über die Managementleistung geben. Folglich müssten alle Wertänderungen erfolgsneutral verrechnet werden. Analog zu den obigen Ausführungen zur Prognoseeignung des Gewinns zeigt sich diesbezüglich, dass IAS 16 die Anforderung zwar verletzt, eine Beeinträchtigung der Aussagekraft der Gewinngröße jedoch durch die Überleitungspflicht nicht resultiert.[22]

#### 8.2.1.2 Zur Veräußerung gehaltene Vermögenswerte nach IFRS 5

Im Gegensatz zu den im vorangegangenen Abschnitt thematisierten Sachanlagen, die dem Unternehmen zur dauerhaften betrieblichen Leistungserstellung dienen, stellt die beabsichtigte Realisierung des Buchwerts durch Verkauf statt durch Nutzung das charakterisierende Merkmal der nun zu analysierenden zur Veräußerung gehaltenen langfristigen Vermögenswerte dar.

Es ist zunächst anschaulich evident, dass mit einem beabsichtigten Verkauf von Vermögenswerten bzw. Veräußerungsgruppen ein potenzieller Nettozahlungsmittelzufluss zum Unternehmen einhergeht, wenn der Verkaufspreis die Veräußerungskosten übersteigt, bzw. ein Nettozahlungsmittelabfluss eintritt, sofern die Veräußerungskosten überwiegen; daraus ergibt sich,

---

20 Vgl. Streim/Leippe (2001), S. 399.

21 Vgl. Bieker (2006), S. 199 f.

22 Vgl. Bieker (2006), S. 201, 204 f.

dass ein Bilanzansatz zweckmäßig ist.[23] Für die Bewertung folgt aus der Absicht einer Veräußerung für eine informative Bilanz unmittelbar, dass auf den Barwert des zu erwartenden Verkaufserlöses abzüglich der Veräußerungskosten abzustellen ist, da dieser den Gegenwartswert des zukünftigen Nettozahlungsmittelzuflusses repräsentiert. Insofern ist die nach IFRS 5 für den Zeitpunkt der erstmaligen Klassifizierung von Vermögenswerten bzw. Veräußerungsgruppen als zur Veräußerung verfügbar vorgeschriebene Neubewertung anhand des marktüblichen Preises grundsätzlich zweckmäßig; unzweckmäßig ist hingegen die imparitätische Behandlung des Neubewertungsergebnisses, die dazu führt, dass dieser Wert nur dann in die Bilanz eingeht, wenn er den Buchwert unterschreitet.

Voraussetzung für einen prognosegeeigneten Gewinn ist es, dass seine Höhe durch einmalige oder seltene Ereignisse unbeeinflusst bleibt. Da es sich bei beabsichtigten Veräußerungen von Vermögenswerten zweifelsfrei um einmalige Effekte handelt, müssten Veräußerungsvorgänge generell erfolgsneutral abgebildet werden. Diese Bedingung erfüllt IFRS 5 für zur Veräußerung bestimmte Vermögenswerte bzw. Veräußerungsgruppen nicht, denn ein etwaiger Abwertungsbedarf infolge der Neubewertung im Zeitpunkt der erstmaligen Klassifizierung wird erfolgswirksam erfasst, und zwar im Ergebnis der gewöhnlichen Geschäftstätigkeit, sodass die Abschlussadressaten die Einmaligkeit aus der Ergebnisgröße nicht zu erkennen vermögen. Allerdings eröffnet die Angabepflicht der infolge der Neubewertung erfassten Aufwendungen und Erträge bzw. deren gesonderter Ausweis in der GuV gemäß IFRS 5.41(c) die Möglichkeit zu einer Korrektur des ergebniswirksamen Effekts.

Für eine zweckmäßige Ausgestaltung der Regelungen im Hinblick auf die Konsequenzen für die Eignung des Gewinns zur Messung der Managementperformance in der abgelaufenen Periode sind folgende grundsätzliche Überlegungen zu berücksichtigen: Wertänderungen des nicht betriebsnotwendigen Vermögens sind dem Management, das die Verantwortung für eine derartige Investitionsentscheidung trägt, zuzurechnen und insofern erfolgswirksam zu verrechnen.[24] Beim betriebsnotwendigen Vermögen muss auf die Konsequenzen für den Unternehmenswert abgestellt werden, dessen Änderungen entsprechend – da die Desinvestitionsentscheidung wiederum in der Verantwortung des Managements liegt – erfolgswirksam sein müssten. Letztere Vorgehensweise stellt ein theoretisches Ideal dar,[25] das auch IFRS 5 nicht erreicht. Die Bedingung der erfolgswirksamen Erfassung von Wertschwankungen in Bezug auf das nicht betriebsnotwendige Vermögen ist überdies durch die imparitätisch konzipierte Neubewertung verletzt. Die-

---

23 Im Folgenden wird nur der Fall betrachtet, dass nach Abzug der Veräußerungskosten ein positiver Nettoverkaufserlös verbleibt.

24 Vgl. Bieker (2006), S. 203-205.

25 Vgl. Bieker (2006), S. 201.

se Argumente begründen die Unzweckmäßigkeit der Vorschriften im Hinblick auf eine zur Performancemessung geeignete Gewinngröße.

Die gesonderten Ausweisvorschriften für aufgegebene Geschäftsbereiche können als tendenziell zweckmäßig bezeichnet werden. Die Angabe des Nachsteuerergebnisses und der Nachsteuerauswirkung der Neubewertung eines aufgegebenen Geschäftsbereiches eröffnet den Abschlussadressaten die Gelegenheit, durch Separierung dieser einmaligen Effekte die Prognoseeignung des Gewinns zu verbessern. Allerdings besteht der oben bereits in Bezug auf den Informationsgehalt der Bilanz geäußerte Kritikpunkt der imparitätischen Erfassung des Neubewertungsbetrages auch für die Abbildung aufgegebener Geschäftsbereiche weiterhin.

Ein allgemeiner Kritikpunkt betrifft schließlich die mit der Anwendung des IFRS 5 einhergehenden Ermessensspielräume für das Management der Unternehmen. Dies gilt bereits für die Klassifizierungskriterien zur Abgrenzung der langfristigen Vermögenswerte bzw. Veräußerungsgruppen als zur Veräußerung verfügbar, denn in der Praxis werden vermutlich eine Entscheidung des Managements und der Beginn der Käufersuche ausreichen, um eine entsprechende Klassifizierung vorzunehmen. Der Kritikpunkt greift ebenfalls für die Festlegung aufgegebener Geschäftsbereiche, da sogar ein einziger Maschinentyp einen wesentlichen Geschäftszweig konstituieren kann. Die Ermessensspielräume ermöglichen bei geschickter Handhabung eine Bilanzpolitik, die bestimmte Ergebniseffekte aus dem Ergebnis der fortgeführten Aktivitäten herausfiltert und diese Effekte vor allem bei Verlusten als einmalig erscheinen lässt.[26] Die Unzweckmäßigkeit solcher Ermessensspielräume im Hinblick auf die Verlässlichkeit der Informationen ist offensichtlich. Geht man zudem davon aus, dass angesichts der zwischen Management und Kapitalgebern bestehenden Interessendivergenzen bei gleichzeitiger Informationsasymmetrie sowohl Anreize als auch Möglichkeiten zur interessengeleiteten Beeinflussung der Rechnungslegung existieren,[27] sind die Regelungen auch im Hinblick auf die Relevanz höchst problematisch. „Es wäre naiv anzunehmen, ein Rechnungslegungspflichtiger würde die Schätz- und Ermessensspielräume nicht systematisch zu seinem Vorteil ausnutzen."[28] Da die Vorschriften des IFRS 5 folglich sowohl hinsichtlich der Relevanz als auch hinsichtlich der Verlässlichkeit Probleme aufweisen, greift dieser Kritikpunkt für alle im Kontext der Informationseffizienz zu unterscheidenden Fälle.

---

26 Vgl. Kümpel/Straatmann (2005), S. 140, 142, 146; Schildbach (2005a), S. 559, und dort das Fazit (S. 561): „Die Analyse der durch IFRS 5 getroffenen Regelungen macht deutlich, dass diese entweder überflüssig sind oder der Informationsfunktion schaden. ... IFRS 5 entspricht somit den Anforderungen der EU-Kommission an eine Umsetzung nicht und schadet der Kapitalallokation über Märkte."

27 Vgl. Streim/Leippe (2001), S. 403 f., sowie ausführlich Kapitel 2.1.5.

28 Streim/Bieker/Esser (2003), S. 474.

### 8.2.1.3 Als Finanzinvestition gehaltene Immobilien nach IAS 40

Zur Beurteilung des Bilanzansatzes der als Finanzinvestition gehaltenen Immobilien knüpft IAS 40 wiederum an die allgemeinen Ansatzkriterien für Vermögenswerte an, indem zunächst zweckmäßigerweise auf das Vorliegen eines künftigen wirtschaftlichen Nutzenzuflusses abgestellt, darüber hinaus aber zusätzlich die Wahrscheinlichkeit des Nutzens und die zuverlässige Bewertbarkeit der AHK gefordert wird. Diese im Kontext des Vermögenswertbegriffs als unzweckmäßig eingestuften zusätzlichen Ansatzrestriktionen, die eine vollständige Erfassung der Einzahlungspotenziale verhindern,[29] erscheinen bei Renditeimmobilien als weniger schwerwiegend, wenn man davon ausgeht, dass selbst bei einem Scheitern der Vermietungsabsicht oder einem Wertverfall noch ein positiver Restwert verbleibt, der durch Verkauf in einen Nutzenzufluss mündet. Die Wahrscheinlichkeit des Nutzenzuflusses sollte insofern regelmäßig gegeben sein, ebenso wie die zuverlässige Bewertbarkeit der AHK.

Die Bewertung der Renditeimmobilien als – außer im Sonderfall von Unternehmen des Finanzsektors – nicht betriebsnotwendiges Vermögen müsste sich zur Erfüllung der Anforderungen an informative Bilanzposten am aktuellen bzw. diskontierten zukünftigen Veräußerungspreis, der die noch zu erwartenden Cashflows widerspiegelt, orientieren. Daraus folgt unmittelbar, dass das in IAS 40 wahlrechtlich vorgesehene Neubewertungsmodell unter Rückgriff auf Preise eines aktiven Marktes zweckmäßig ist, da solche Preise sowohl im Hinblick auf die Relevanz als auch die Verlässlichkeit positiv zu beurteilen sind.[30] Allerdings ist dieses Zweckmäßigkeitsurteil insofern zu relativieren, als es sich bei Immobilien im Regelfall um Unikate handelt und ein aktiver Markt, von dem aktuelle Preise abgeleitet werden könnten, nicht existiert; vielmehr ist sogar davon auszugehen, dass aufgrund stark unterschiedlicher Ausprägungen der wertbeeinflussenden Faktoren von Immobilien nicht einmal ein Marktpreis ähnlicher Objekte identifiziert werden kann. Kommen deswegen Immobilienbewertungsverfahren zur Anwendung, so ist einerseits die Verlässlichkeit der Information nicht mehr gewährleistet,[31] andererseits aber auch die Relevanz

---

29 Vgl. Kapitel 8.1.

30 Vgl. Bieker (2006), S. 192-194. Relevant ist das Nutzenpotenzial für das einzelne Unternehmen, Marktpreise bilden sich hingegen auf hinreichend effizienten Märkten zwar als Barwertapproximation, aber im Sinne einer durchschnittlichen Nutzeneinschätzung der jeweiligen Marktakteure. Allerdings ist bei Renditeimmobilien davon auszugehen, dass das Nutzenpotenzial sich infolge der spezifischen Nutzung für verschiedene Unternehmen kaum unterscheidet, sodass der Marktpreis als Abbild des Nutzenpotenzials für ein einzelnes Unternehmen herangezogen werden kann.

31 Vgl. Baetge/Zülch (2001), S. 556, 558 f.; Burkhardt/Hachmeister (2006), S. 357; Olbrich (2003), S. 348 f.

Ballwieser/Küting/Schildbach (2004), S. 534, weisen zudem darauf hin, dass alle Stufen der Fair Value-Ermittlung – Preise eines aktiven Marktes, Anpassung der Preise eines solchen Marktes für ähnliche Immobilien, Bewertungsverfahren – erhebliche Ermessensspielräume beinhalten: „Doch nicht nur in Grenzfällen ist die Beurteilung, der sich der Bilanzierende stellen muss, stark von seinem Ermessen geprägt. Liegt noch ein aktiver Markt vor? Ist der vorliegende Markt noch repräsentativ für den zu beurteilenden Vermögenswert? Welche andere Quelle gibt die verlässlichste Information über den Wert des Bewertungsobjekts? Welches Verfahren stellt das übliche bzw. geeignete Bewertungsverfahren dar? All diese Fragen liegen letztlich im Ermessen des Bilanzierenden".

fraglich, denn Verfahren wie etwa die Discounted Cashflow-Methode beinhalten Ermessensspielräume, deren Ausübung vonseiten des Managements im Sinne der Informationsinteressen der Kapitalgeber zu bezweifeln ist. Eindeutig unzweckmäßig ist hingegen die Ausgestaltung der Folgebewertung als Wahlrecht, denn die historischen AHK stellen zwar eine Mindesteinzahlungserwartung im Erwerbszeitpunkt dar, entfernen sich jedoch im Zeitablauf bei nicht konstanten ökonomischen Rahmenbedingungen regelmäßig vom aktuell erzielbaren Veräußerungspreis. Ein Blick in die Bilanzierungspraxis zeigt,[32] dass die Unternehmen zur Folgebewertung ihrer Renditeimmobilien überwiegend das Anschaffungskostenmodell wählen und insofern unzweckmäßige Wertansätze ausweisen. Die nach IAS 40.79(e) vorgeschriebene und in der Praxis auch befolgte Vorschrift zur Angabe des beizulegenden Zeitwertes im Anhang relativiert zwar diesen letzten Kritikpunkt, führt aber lediglich dazu, dass wiederum die obige Problematik in Bezug auf die Ermittlung des angabepflichtigen Betrages greift.

Die Konstruktion eines prognosegeeigneten Gewinns auf Basis vergangenheitsorientierter, buchhalterischer Zahlen setzt voraus, dass seine Höhe nur bei nachhaltig veränderten Geschäftsaussichten eines Unternehmens schwankt und einmalige oder seltene Ereignisse keine Gewinnwirkung entfalten. Die Wertschwankungen von Renditeimmobilien stellen grundsätzlich keine einmaligen oder seltenen Ereignisse dar, weil solche Schwankungen permanent eintreten können. Die Höhe der Schwankungen allerdings verläuft vollkommen unvorhersehbar, steht in keinem Zusammenhang mit der zukünftigen Geschäftsentwicklung und ist insofern außergewöhnlich. Folglich müssten die Fair Value-Änderungen ausschließlich erfolgsneutral verrechnet werden; diese Bedingung ist durch IAS 40 – ausschließlich erfolgswirksame Verrechnung der periodischen Wertschwankungen – verletzt, denn der Standard konzipiert exakt das Gegenteil der normativ zu fordernden Regelung. Dieses Manko in Bezug auf die Prognoseeignung des Gewinns korrigiert der Standard allerdings dadurch, dass Gewinne bzw. Verluste aus Änderungen des beizulegenden Zeitwerts angegeben werden müssen (IAS 40.76(d)) und die Angabe die Problematik der Gewinnschwankungen infolge von Preisvolatilitäten zufriedenstellend löst.[33]

Die Behandlung der Wertschwankungen hinsichtlich der Auswirkungen auf die Eignung des Gewinns zur Messung der Managementperformance müsste davon abhängen, ob es sich um einen Bestandteil der Managementperformance handelt oder nicht. Da Renditeimmobilien – außer bei Unternehmen des Finanzsektors – nicht betriebsnotwendiges Vermögen darstellen und sogar definitionsgemäß mit dem Ziel gehalten werden, von Wertsteigerungen zu profitieren, verantwortet das Management unmittelbar die jeweiligen Investitions- bzw. Desinvestitionsentscheidungen sowie die daraus resultierenden Erfolge bzw. Misserfolge aus Wertänderungen.

---

32 Vgl. von Keitz (2005), S. 80-82.

33 Vgl. Bieker (2006), S. 198-200.

Demzufolge ist eine erfolgswirksame Erfassung aller Wertänderungen und damit auch das Folgebewertungsmodell des IAS 40, das eine generell erfolgswirksame Verbuchung implementiert, zweckmäßig.[34]

Stellt man diese Überlegungen in den Kontext der Informationseffizienz, so erscheint insbesondere die diskutierte Schwierigkeit einer Ermittlung des Neubewertungsbetrages problematisch. Marktpreise existieren für Immobilien als Unikate nicht und sowohl eine Anpassung von Marktpreisen ähnlicher Objekte als auch die den Regelfall bildende Wertermittlung auf Basis von Immobilienbewertungsverfahren eröffnet erhebliche Ermessensspielräume. Dieses Problem lässt sich nicht einmal durch die Übertragung der Bewertung auf spezialisierte Gutachter lösen, die im Gegenteil die offenstehenden Freiräume eher besser als das bilanzierende Unternehmen kennen, die Unternehmen sich ihre Gutachter anhand deren Konzessionsbereitschaft aussuchen können und der Wettbewerb zwischen Gutachtern diese Bereitschaft noch verstärkt.[35] Damit ist die Verlässlichkeit der Informationen unmittelbar eingeschränkt, aber überdies auch in Bezug auf die Relevanz fraglich, wie der Kapitalmarkt bzw. ein Kapitalgeber die Informationen berücksichtigen wird, da eine Nutzung der Spielräume durch das Management ausschließlich im Sinne der Relevanz aus Adressatensicht nicht zu erwarten ist. „Vor allem in Zeiten schlechter wirtschaftlicher Lage dürften die Fair Values zu hoch ausgewiesen werden."[36] Diese Feststellung wirkt sich relativierend auch auf das Zweckmäßigkeitsurteil der Regelungen in Bezug auf die Eignung des Gewinns zur Prognose und zur Messung der Managementleistung aus.

### 8.2.2 Immaterielle Vermögenswerte nach IAS 38

Als immaterielle Vermögenswerte stuft IAS 38 alle identifizierbaren, nicht monetären Vermögenswerte ohne physische Substanz ein; als Ansatzvoraussetzungen müssen immaterielle Vermögenswerte folglich analog zum materiellen Vermögen die allgemeinen Ansatzkriterien – zukünftiger, vom Unternehmen beherrschter Nutzenzufluss infolge vergangener Ereignisse, Wahrscheinlichkeit des Nutzenzuflusses, zuverlässige Bewertbarkeit der AHK – und zusätzlich das Kriterium der Identifizierbarkeit erfüllen.[37] Zu prüfen ist zunächst, ob die Regelungen den Anforderungen an eine informative Bilanz – Erfassung aller zukünftigen Einzahlungspotenziale eines Unternehmens – entsprechen.

---

[34] Vgl. Bieker (2006), S. 203 f.

[35] Vgl. Ballwieser/Küting/Schildbach (2004), S. 537; Schildbach (2006), S. 19.

[36] Streim/Bieker/Esser (2003), S. 474; dort heißt es weiter: „Der in der Gegenwart feststellbare Misserfolg wird einfach durch einen höheren zukünftigen Erfolg kompensiert. Die mit einem Vermögenswert verbundenen zukünftigen Einzahlungen werden einfach entsprechend nach oben korrigiert. In der Bilanz werden gleichbleibende oder sogar höhere Vermögenswerte ausgewiesen, und das nur, weil die Zukunft ‚schöngefärbt' wurde" (Rechtschreibung im Zitat an neue Regelungen angepasst).

[37] Vgl. Kapitel 6.3.2.

Zweckmäßig ist es, dass der zukünftige Nutzenzufluss einen Definitionsbestandteil bildet. Jedoch führt bereits das Kriterium der Kontrolle dazu, dass eine Reihe wesentlicher immaterieller Werte von der Aktivierung ausgeschlossen bleibt. Dies betrifft etwa Kundenlisten und Mitarbeiter-Know-how, deren dauerhafte Kontrolle durch ein Unternehmen nicht sicher ist, da Mitarbeiter ein Unternehmen verlassen und Kunden zu Konkurrenzanbietern abwandern können; infolge der Nichtaktivierung bleiben jedoch Informationen über Faktoren von wesentlicher Bedeutung für die Einschätzung der zukünftigen Entwicklung eines Unternehmens, die zweifelsohne relevant sind, in der Bilanz unberücksichtigt.[38] Weitere immaterielle Werte schließt das Kriterium der Identifizierbarkeit vom Bilanzansatz aus, insbesondere solche Vermögenswerte, die sich nicht eindeutig vom Goodwill separieren lassen. Davon betroffen sind etwa Standortvorteile, Kundenzufriedenheit, Unternehmensorganisation und Lieferantenbeziehungen. Wiederum handelt es sich um Informationen, die zwar den Ansatzkriterien des IAS 38 nicht genügen, die aber für die von den Kapitalgebern zu treffenden Entscheidungen unzweifelhaft Relevanz besitzen. Schließlich steht das Kriterium der Wahrscheinlichkeit des Nutzenzuflusses der Aktivierung von Forschungskosten, einer durchaus informativen Größe, entgegen. Alle diese Einschränkungen des Aktivierungsumfangs sind unter dem Aspekt der Relevanz unzweckmäßig; sie stellen eine unzulässige Vermischung von Ansatz- und Bewertungsfragen dar, denn Wahrscheinlichkeitsüberlegungen sollten erst im Zusammenhang mit der Bewertung Berücksichtigung finden. Dieser Kritikpunkt trifft das Ansatzkriterium der zuverlässigen Bewertbarkeit unmittelbar.[39] Die unzweckmäßige Einschränkung des Kreises der ansatzfähigen Aktiva derart, dass wesentliche relevante und unzweifelhaft unternehmenswertbestimmende Faktoren außen vor bleiben, ist nicht zuletzt deswegen von grundlegender Bedeutung, weil selbst eine zweckmäßige Bewertung – die unten noch zu prüfen sein wird – der verbleibenden, in der Bilanz gezeigten Potenziale dieses konzeptionelle Defizit nicht heilen kann.[40]

Zur Aktivierungspflicht selbst erstellter immaterieller Vermögenswerte unter der Prämisse der kumulativen Erfüllung der in IAS 38.57 genannten Bedingungen ist zu konstatieren, dass ein faktisches Ansatzwahlrecht vorliegt, da es weitgehend im Ermessen des Bilanzierenden liegt, ob und zu welchem Zeitpunkt der Nachweis einer Erfüllung der Kriterien erbracht wird.[41] Insofern handelt es sich um einen Beispielfall, in dem das Bestreben einer Beseitigung von Wahlrechten durch eine differenzierte Ausgestaltung der Regelungen zu zusätzlichen Ermessens-

---

[38] Vgl. Streim/Bieker/Leippe (2001), S. 192 f. Das „Verflüchtigungsargument" ist allerdings bei näherer Analyse kein Grund für das Unterlassen einer Aktivierung, denn es betrifft gleichermaßen materielle Güter, deren Nutzenpotenzial sich ebenfalls verflüchtigen kann, beispielsweise sei ein Einzweckaggregat genannt, dessen Produkte durch Modeänderungen einen Absatzeinbruch erleiden. Diesem Risiko zum Trotz werden materielle Güter aktiviert.

[39] Vgl. Streim/Bieker/Leippe (2001), S. 193 f.

[40] Vgl. Bieker (2006), S. 91.

[41] Vgl. Baetge/von Keitz (2006), Tz. 57, 61; Schildbach (2007a), S. 14; Wagenhofer (2005), S. 209 f.

spielräumen führt.[42] Eine Ausübung des faktischen Wahlrechts vonseiten des Rechnungslegenden im Interesse der Kapitalgeber steht nicht zu erwarten, sodass erstens eine weitere zumindest potenzielle Aktivierungslücke vorliegt und zweitens möglicherweise auch Ausgaben in der Bilanz erscheinen, die kein Einzahlungspotenzial verkörpern.

Für die Bewertung des betriebsnotwendigen Vermögens besitzt generell der Ertragswert als Beitrag zum Gesamtunternehmenswert Relevanz.[43] Da immaterielle Vermögenswerte regelmäßig dem betriebsnotwendigen Vermögen angehören, wäre aus Sicht der Relevanz ihr Ansatz zum Ertragswert zweckmäßig. Dies bedeutet unmittelbar, dass das Anschaffungskostenmodell des IAS 38 unzweckmäßig ist, da die Anschaffungskosten zwar eine Mindesteinzahlungserwartung darstellen, aber darüber hinaus keine nähere Information zum unternehmensindividuellen Nutzungswert liefern. Das gleiche Urteil trifft das Neubewertungsmodell: Die für die Neubewertung heranzuziehenden Marktpreise reflektieren die Einschätzung der jeweiligen Marktakteure, weisen aber wiederum keinen Zusammenhang zum unternehmensindividuellen Ertragswert auf.[44] Folglich verfehlen beide Alternativen zur Folgebewertung des immateriellen Vermögens den im Sinne einer informativen Bilanz zweckmäßigen Wertansatz.

Um die Vorschriften des IAS 38 daraufhin zu beurteilen, wie sie sich auf die Prognoseeignung des Gewinns auswirken, muss zunächst die oben bereits aufgeworfene Kritik der lückenhaften Erfassung der Einzahlungspotenziale erneut aufgegriffen werden. Eine Aktivierung aller Auszahlungen, die Nutzenpotenziale im Sinne zukünftiger Einzahlungsüberschüsse generieren, und deren Abschreibung über die Nutzungsdauer führt infolge der unterbleibenden sofortigen aufwandswirksamen Erfassung in voller Höhe zu einem konstanteren Gewinnausweis und vermeidet ein schlagartiges Absinken des Gewinns sowie das unzutreffende Signal einer nachhaltigen Verschlechterung der Ertragsaussichten. Daraus folgt unmittelbar, dass die Eignung des Gewinns für Prognosezwecke mit steigender Anzahl der Ausnahmen von diesem Grundsatz sinkt. Die große Anzahl expliziter Ausnahmen und der insofern von einer Erfassung aller Einzahlungspotenziale weit entfernte Aktivierungsumfang der immateriellen Vermögenswerte nach IFRS wirkt sich daher negativ auf die Prognosetauglichkeit des Gewinns aus.[45]

Im Zuge der Folgebewertung steht den Unternehmen wahlrechtlich die Anwendung des Neubewertungsmodells offen, das eine Bewertung der immateriellen Vermögenswerte zu dem von einem aktiven Markt abgeleiteten beizulegenden Zeitwert vorsieht. Dabei greift eine imparitätische Verbuchung der Wertschwankungen, d. h. unterhalb der fortgeführten AHK eine erfolgswirksame Erfassung der Ab- und ggf. Zuschreibungen im Periodenergebnis und bei einem An-

---

[42] Vgl. analog Schildbach (1999), S. 411, in Bezug auf diverse Regelungen der US-GAAP.

[43] Vgl. Bieker (2006), S. 193.

[44] Vgl. Bieker (2006), S. 192 f.

[45] Vgl. Streim/Bieker/Leippe (2001), S. 194 f.

stieg des beizulegenden Zeitwerts über die fortgeführten AHK eine erfolgsneutrale Behandlung der Schwankungen mittels Neubewertungsrücklage im Eigenkapital.[46] Dies bedeutet, dass es z. T. – und zwar im Falle eines die fortgeführten AHK unterschreitenden beizulegenden Zeitwertes – zu einer Beeinflussung des Gewinns durch die periodischen Wertschwankungen kommt. Da es sich der Höhe nach um außergewöhnliche Ereignisse handelt, die in keinem Zusammenhang mit den zukünftigen Geschäftsaussichten eines Unternehmens stehen und insofern ergebnisneutral verrechnet werden müssten, liegt eine eindeutige Beeinträchtigung der Prognoseeignung des Gewinns vor. Diesen Kritikpunkt heilt der Standard jedoch durch die Verpflichtung der bilanzierenden Unternehmen, eine Überleitungsrechnung zwischen dem Buchwert zu Beginn und zum Ende der Periode aufzustellen, die Erhöhungen oder Verminderungen infolge von Neubewertungen offenlegt (IAS 38.118(e.iii)).[47]

Ein zur Messung der Managementperformance geeigneter Gewinn muss die positiven und negativen Auswirkungen der Managemententscheidungen der Berichtsperiode reflektieren. Diesbezüglich ist hinsichtlich des wahlrechtlichen Neubewertungsmodells festzustellen, dass Marktpreisschwankungen der immateriellen Vermögenswerte als Bestandteil des betriebsnotwendigen Vermögens generell keinen Zusammenhang zum unternehmensindividuellen Nutzungswert aufweisen und somit keinerlei Aufschluss über die Managementperformance geben. Folglich wären diese Schwankungen erfolgsneutral zu behandeln. IAS 38 erfüllt diese Anforderung zwar nicht direkt, eröffnet aber durch die vorgeschriebene Überleitungsrechnung die Möglichkeit der Korrektur der Ergebnisgröße um den Einfluss von Marktpreisänderungen als außergewöhnliche Ereignisse.[48]

Die diskutierte, überaus lückenhafte Erfassung der Einzahlungspotenziale aus immateriellen Vermögenswerten und die daraus resultierende, sofortige aufwandswirksame Verrechnung der betreffenden Auszahlungen wirkt sich auch im Hinblick auf die Eignung des Gewinns zur Performancemessung negativ aus. „Je größer etwa gegenüber der Vorperiode die mit Auszahlungen (Einzahlungsminderungen) verbundenen Anstrengungen zur Schaffung solcher langfristigen Werte sind, je mehr in der Personalausbildung, der Forschung und Entwicklung, in absatzpolitischen Bemühungen im weitesten Sinne investiert wird ..., um so niedriger ist der Bilanzgewinn der Rechnungsperiode. Werden solche Anstrengungen dagegen etwa in einer Periode eingeschränkt, hat die Unternehmensleitung aus irgendwelchen Gründen kein Interesse mehr an solchen Investitionen, so schnellt der Periodengewinn zunächst um die unterlassenen Auszahlungen (ersparten Einzahlungsminderungen) in die Höhe; die Auswirkungen auf den Betrag anderer Einzahlungen und Auszahlungen und damit auf den Bilanzgewinn werden sich zum

---

[46] Vgl. Kapitel 6.3.2.

[47] Vgl. Bieker (2006), S. 198-200.

[48] Vgl. Bieker (2006), S. 204 f.

größten Teil in späteren Perioden, oft erst in Jahrzehnten bemerkbar machen."[49] Allerdings mildert sich diese Kritik wiederum durch eine Angabepflicht, denn IAS 38.126 schreibt die Offenlegung der Summe der in einer Periode als Aufwand erfassten Ausgaben für Forschung und Entwicklung vor.

Betrachtet man die obigen Ausführungen im Kontext der vor dem Hintergrund der Informationseffizienz resultierenden Anforderungen, so ist das Ergebnis insgesamt ernüchternd. Die Nichtaktivierung einer Reihe wesentlicher immaterieller Vermögenswerte verletzt eindeutig das Kriterium der Relevanz, das bei schwacher Informationseffizienz aus individueller Sicht, bei mittelstrenger Informationseffizienz aus Sicht des gesellschaftlichen Informationsnutzens für kapitalmarktorientierte und nicht kapitalmarktorientierte Unternehmen und aus individueller Sicht für nicht kapitalmarktorientierte Unternehmen im Zentrum einer informativen Rechnungslegung stehen muss. Dieses Manko wirkt sich negativ nicht nur auf den Informationswert der Bilanz, sondern darüber hinaus infolge der sofortigen Aufwandswirkung der entsprechenden Auszahlungen auch auf die Eignung des Gewinns zur Prognose und zur Performancemessung aus.

Für börsennotierte Unternehmen sollte bei mittelstrenger Informationseffizienz aus individueller Sicht das Kriterium der Verlässlichkeit stärker gewichtet werden. Insofern ist es fraglich, ob die besonderen Aktivierungsanforderungen an die immateriellen Vermögenswerte eine adäquate Objektivierung zu leisten vermögen.[50] Hier spricht allerdings insbesondere die im Zeitablauf deutlich gestiegene Bedeutung der immateriellen Werte als Determinanten des Unternehmenserfolges[51] dafür, dass die Ansatzbeschränkungen des IAS 38 eine Überobjektivierung bewirken, da die Entscheidung, wesentliche Einzahlungspotenziale bereits a priori vollständig aus der Bilanz zu verbannen, einen immensen Verlust an Relevanz nach sich zieht.

Abgesehen davon, dass die Unsicherheit in Bezug auf immaterielle Einzahlungspotenziale nicht in den Ansatzvorschriften, sondern vielmehr erst auf Ebene der Bewertungsvorschriften berücksichtigt werden sollte, erscheint grundsätzlich eine aus Sicht der Verlässlichkeit – anstelle eines simplen Aktivierungsverbotes – angemessene Abbildung der bestehenden Unsicherheit über die durch das immaterielle Vermögen generierten Cashflows im Anhang oder anderen (verbalen) Berichtsinstrumenten der sonstigen Informationsvermittlung aufgrund folgender Überlegung vorteilhaft: Eine Bewertung zukünftiger Cashflows unter Unsicherheit setzt zwangsläufig vielfältige Prämissen voraus und führt dennoch – zumindest sofern die Wahrscheinlichkeit des Eintretens der Prognose ein akzeptables Maß erreichen soll – nicht zu einer Punktschätzung, sondern vielmehr zu einer Bandbreite möglicher Wertansätze. Für eine Vermittlung derartiger In-

---

49 Moxter (1966), S. 44.

50 Vgl. Streim/Bieker/Esser (2004), S. 241.

51 Vgl. hierzu Esser/Hackenberger (2004), S. 402 f., Maul/Menninger (2000), S. 529, sowie Streim/Bieker/Leippe (2001), S. 187, jeweils m. w. N.

formationen eignen sich der Anhang bzw. sonstige Instrumente besser als die Bilanz, denn zum einen besteht dann keine Erfordernis, die Schätzung auf einen singulären (Bilanzansatz-)Wert zu reduzieren, und zum anderen können die Prämissen der Wertermittlung offengelegt werden.

Aus Sicht der Verlässlichkeit überaus kritisch zu werten ist schließlich auch die zwar formal als Pflicht ausgestaltete, aber infolge der heranzuziehenden Kriterien ein faktisches Wahlrecht darstellende Aktivierung selbst erstellter immaterieller Vermögenswerte mit ihren in der Entwicklungsphase anfallenden AHK.

### 8.2.3 Wertminderung von Vermögenswerten nach IAS 36

IAS 36 greift im Wesentlichen für das Sachanlagevermögen und das immaterielle Vermögen; der Werthaltigkeitstest besteht in einem Vergleich des Buchwerts mit dem erzielbaren Betrag als höherem Wert aus dem Veräußerungspreis abzüglich Verkaufskosten und dem Nutzungswert als Barwert der durch den Vermögenswert erzielbaren Cashflows.[52] Zunächst soll untersucht werden, ob diese Vorschriften zu informativen Bilanzposten führen.

Dazu wäre es erforderlich, dass die Bilanz auf der Aktivseite alle zukünftigen Einzahlungspotenziale mit dem Barwert der daraus resultierenden zukünftigen Zahlungsmittelüberschüsse ausweist. Für die Sachanlagen und die immateriellen Vermögenswerte als Bestandteile des betriebsnotwendigen Vermögens ist grundsätzlich der Beitrag zum Gesamtunternehmenswert aus der Nutzung, mit anderen Worten der Nutzungswert, relevant.[53] Insofern ist es positiv zu werten, dass die Konzeption des Werthaltigkeitstests den Nutzungswert mit einbezieht. Jedoch wird der Nutzungswert nur dann als niedrigerer Korrekturwert in der Bilanz angesetzt, wenn er den Buchwert unterschreitet und zugleich den Nettoverkaufspreis übersteigt, sodass die tatsächliche Anwendung des zweckmäßigen Wertansatzes nicht den Regelfall darstellt. Im anderen Fall – wenn der Nettoverkaufspreis den Nutzungswert übersteigt – wäre es allerdings rational, den Vermögenswert nicht durch Fortsetzung der Nutzung, sondern vielmehr durch Verkauf zu realisieren. Folglich führt der Werthaltigkeitstest (naturgemäß) deswegen nicht regelmäßig zu einem zweckmäßigen Wertansatz, weil jeweils erst der Vergleich mit dem Buchwert maßgeblich ist und nicht ausschließlich die sich aus der Höhe von Nutzungswert und Nettoveräußerungspreis automatisch ergebende rationale Entscheidung über die weitere Verwendung eines Vermögenswerts. Da es sich beim Werthaltigkeitstest um eine Nebenrechnung handelt, bleibt den Abschlussadressaten der relevante Wertansatz immer dann verborgen, wenn dieser Wert

---

52 Vgl. Kapitel 6.3.3. Der Goodwill sowie Anteile an Tochterunternehmen, assoziierten Unternehmen und Gemeinschaftsunternehmen, die ebenfalls in den Anwendungsbereich des Standards fallen, bleiben in der vorliegenden Arbeit außerhalb der Betrachtung (siehe Kapitel 1).

53 Vgl. Bieker (2006), S. 192.

den Buchwert des betrachteten Vermögenswertes überschreitet und insofern kein Wertminderungsbedarf besteht.[54]

Kritisch ist die Konstruktion des Werthaltigkeitstests überdies aus der Perspektive der Verlässlichkeit zu sehen. Insbesondere die Ermittlung des Nutzungswerts geht im Rahmen der Schätzung der zukünftigen Cashflows und eines angemessenen Diskontierungszinssatzes mit erheblichen Ermessensspielräumen einher. Dass es dabei tatsächlich zur Abbildung der bestmöglichen Einschätzung des Managements auf Basis vernünftiger und vertretbarer Annahmen kommt, lässt sich auch durch detaillierte Vorgaben zur Durchführung der Schätzungen nicht erzwingen. Folglich ist davon auszugehen, dass es bei Unternehmen gerade in schlechter wirtschaftlicher Lage zu tendenziell überhöhten Wertansätzen durch unterbleibende Wertminderungen in der Bilanz kommt, die das Management relativ einfach durch Überschätzung der zukünftigen Cashflows oder ähnlicher Variation der Annahmen herbeiführen kann.[55] Die Angabepflicht der der Ermittlung des Nutzungswerts bei ZGE zugrunde liegenden Annahmen und Parameter nach IAS 36.134(d) kann diese Kritik allenfalls abmildern, denn es ist nicht davon auszugehen, dass die Ausnutzung bestehender Ermessensspielräume durch eine solche Angabepflicht vollständig transparent wird.[56]

Im Verlauf der Analyse wurde bereits das Interdependenzproblem im betriebsnotwendigen Vermögen angesprochen, das in der Unmöglichkeit besteht, eine postenindividuelle Ertragsbewertung vorzunehmen, weil die Vermögenswerte nur im Zusammenwirken Cashflows generieren und jede Aufteilung auf einzelne Vermögenswerte zwangsläufig willkürlich wäre.[57] Insofern ist der in IAS 36 für gemeinschaftliche Vermögenswerte konzeptionell angelegte Schritt weg von der Einzelbewertung und hin zur Bewertung auf Ebene von höher aggregierten zahlungsmittelgenerierenden Einheiten das geeignete Mittel, um die Zweckmäßigkeit der Wertansätze zu steigern. Allerdings bleibt auch das Konstrukt der ZGE im Werthaltigkeitstest auf eine Nebenrechnung beschränkt. Selbst im Falle eines auf ZGE-Ebene festgestellten Wertminderungsbedarfs erfolgt – nach Auflösung einer etwaig vorhandenen Neubewertungsrücklage und vollständiger Abschreibung eines vorhandenen Goodwills – eine Verteilung des Wertminderungsbetrags auf die einzelnen Vermögenswerte der ZGE im Verhältnis ihrer Buchwerte; diese Aufteilungsregel ist jedoch wie erläutert willkürlich. Damit bleibt in der dem Adressaten offenliegenden Bilanz unzweckmäßigerweise letztlich das Prinzip der Einzelbewertung erhalten. Aus Sicht der Relevanz wäre eine konsequente Weiterverfolgung dieses Ansatzes, die das Bewertungs-

---

54 Vgl. Streim/Bieker/Esser (2003), S. 471.

55 Vgl. zu dieser Einschätzung auch Beyhs (2002), S. 265. Vgl. überdies Fischer/Klöpfer (2006), S. 717.

56 Vgl. Wagenhofer (2006), S. 34. Für die Rechnungslegungspraxis in Deutschland stellt von Keitz (2005), S. 63-65, zudem eine sowohl uneinheitliche als auch unvollständige Umsetzung der Angabevorschriften im Hinblick auf außerplanmäßige Ab- und Zuschreibungen fest.

57 Vgl. Kapitel 8.2.1.1.

konzept auf Basis zahlungsmittelgenerierender Einheiten über den Status einer Nebenrechnung hinaus aufwertet, zweckmäßig.[58]

Ein prognosegeeigneter Gewinn darf ausschließlich solchen erfolgswirksamen Einflüssen unterliegen, die zugleich eine nachhaltige Änderung der Geschäftsaussichten bedeuten, nicht hingegen einmaligen oder seltenen Effekten. Ein identifizierter Wertminderungsbedarf wird nach IAS 36 grundsätzlich erfolgswirksam verbucht. Diese Vorgehensweise wäre angemessen, wenn außerplanmäßige Abschreibungen einer Periode einen zukünftig in gleicher Höhe wiederkehrenden außerplanmäßigen Abschreibungsaufwand approximieren würden. Für die Annahme eines solchen Zusammenhangs existiert jedoch in einer unsicheren Umwelt keinerlei Grundlage. Vielmehr stellen außerplanmäßige Abschreibungen bereits definitionsgemäß eine Abbildung von ex post-Überraschungen, die ein Unternehmen nicht regelmäßig treffen, dar.[59] Demzufolge wäre aus Sicht der Prognoseeignung des Gewinns eine grundsätzlich erfolgsneutrale Erfassung zu fordern; die Regelung des Standards ist insofern unzweckmäßig. Allerdings heilt die Pflicht nach IAS 36.126 bzw. 38.130 zur Angabe eines erfassten oder aufgehobenen Wertminderungsaufwands dieses Defizit. Diese Überlegungen gelten sowohl für die Wertminderung von einzelnen Vermögenswerten als auch von zahlungsmittelgenerierenden Einheiten und analog auch für die Verbuchung von Wertaufholungen, soweit sie erfolgswirksam vorzunehmen ist.

Ein zur Performancemessung geeigneter Gewinn muss alle positiven und negativen Auswirkungen der Managemententscheidungen der Berichtsperiode erfolgswirksam reflektieren. Soweit der Standard auf Sachanlagen und immaterielle Werte Anwendung findet, handelt es sich regelmäßig um betriebsnotwendiges Vermögen, das nicht zu Spekulationszwecken gehalten wird. Nutzungswertänderungen des betriebsnotwendigen Vermögens sind dem Management zuzurechnen, da es die Verantwortung für die Ausrichtung der operativen Leistungserstellung des Unternehmens und folglich auch für die Halteentscheidung zur Weiternutzung des eingesetzten Vermögens trägt. Eine erfolgswirksame Erfassung der Wertänderungen ist damit zweckmäßig. Allerdings leistet IAS 36 diese Erfassung naturgemäß lediglich imparitätisch im Falle von Wertminderungen unter den Buchwert, nicht hingegen für Nutzungswertsteigerungen oberhalb des Buchwerts.

Zusammenfassend ist aus Sicht der Relevanz zunächst positiv festzuhalten, dass der Nutzungswert als der einschlägige Wertmaßstab im Impairment-Test enthalten ist; allerdings ist die Anwendung imparitätisch und im Falle der Werthaltigkeit bleibt das Ergebnis des Tests, der eine Nebenrechnung darstellt, den Adressaten verborgen. Ebenfalls als positiv einzustufen ist es angesichts des Interdependenzproblems im betriebsnotwendigen Vermögen zudem, dass

---

58 Vgl. Bieker (2006), S. 197 f.

59 Vgl. Beyhs (2002), S. 273 f.

der Test nicht nur auf Ebene einzelner Vermögenswerte, sondern vielmehr auch auf einer höher aggregierten Ebene durchgeführt werden kann; jedoch bleibt in der Bilanz der Ausweis einzelner Vermögenswerte bestehen, auf die die Unternehmen einen Wertminderungsbedarf letztlich willkürlich aufteilen müssen. Insofern ist der positive Effekt dieser grundsätzlichen Schritte in Richtung der Entscheidungsrelevanz insgesamt gering.

Dem geringen positiven Effekt steht ein erheblicher Verlust an Verlässlichkeit entgegen, den das Konstrukt des Nutzungswerts nach sich zieht. Den Bilanzierenden entstehen Ermessensspielräume, denn es handelt sich letztlich um den Versuch, „die enorme Bandbreite der möglichen Auszahlungsergebnisse dieses riesigen Spiels ‚Unternehmen gegen die unterschiedlichsten Zustände der Umwelt' auf einparametrische Indizes, auf einfache Währungsbeträge zu reduzieren“[60]. Diese Ermessensspielräume entsprechen prinzipiell denjenigen in der Unternehmensbewertung, die einer objektivierten, verlässlichen Rechnungslegung zuwiderlaufen und die dem Management gerade in Zeiten wirtschaftlich schwieriger Lage willkommen sind – solchen Zeiten also, in denen auch die Wahrscheinlichkeit der Notwendigkeit eines Werthaltigkeitstests und damit die Chance auf Ausübung der Spielräume steigt.[61]

Daraus resultieren zwangsläufig wenig verlässliche Wertansätze, und die geringe Verlässlichkeit spricht zudem dafür, dass die Kapitalgeber diese Wertansätze trotz der dem Nutzungswertbezug grundsätzlich inhärenten Relevanz skeptisch behandeln werden. „Der Empfänger wird eine relevante Nachricht .. nur dann tatsächlich verwenden, wenn er sie als hinreichend glaubwürdig oder verlässlich einschätzt.“[62] Daher birgt der Werthaltigkeitstest insgesamt gesehen wesentliche Probleme sowohl in Bezug auf die Relevanz als auch in Bezug auf die Verlässlichkeit, sodass die dargestellten Kritikpunkte alle vor dem Hintergrund der Informationseffizienz unterschiedenen Szenarien betreffen.

### 8.2.4 Finanzinstrumente nach IAS 32, IAS 39 und IFRS 7

Im ersten Schritt sollen die Regelungen wie gehabt im Hinblick auf die Anforderung an eine informative Bilanz – Ansatz aller Ein- und Auszahlungspotenziale eines Unternehmens in Höhe der Barwerte – analysiert werden. Unstreitig ist zunächst, dass Finanzinstrumente zukünftige Ein- bzw. Auszahlungspotenziale verkörpern und ein Ansatz in der Bilanz demzufolge grundsätzlich zweckmäßig ist. Allerdings gehören Finanzinstrumente – mit Ausnahme von Unternehmen des Finanzsektors – zum nicht betriebsnotwendigen Vermögen und tragen folglich nicht zur operativen betrieblichen Leistungserstellung bei. Daher ist eine grundsätzlich absatzmarkt-

---

[60] Stützel (1967), S. 32 f.

[61] Vgl. mit ausführlichen weiteren Nachweisen Beyhs (2002), S. 264 f.

[62] Streim/Bieker/Leippe (2001), S. 183 (Rechtschreibung an neue Regeln angepasst).

orientierte Bewertung von Finanzinstrumenten und mithin auch die Vorschrift des IAS 39 zur Erstbewertung anhand des beizulegenden Zeitwerts aus Sicht der Relevanz zweckmäßig, soweit Preise eines aktiven Marktes herangezogen werden können. In diesem Fall ist zudem auch das Kriterium der Verlässlichkeit erfüllt.[63]

Eine deutliche Einschränkung erfährt die Verlässlichkeit des Wertansatzes jedoch, sofern in Ermangelung eines aktiven Marktes Anpassungen von Marktpreisen eines länger zurückliegenden Handels des zu bewertenden Finanzinstruments bzw. von Marktpreisen ähnlicher oder vergleichbarer Instrumente erforderlich werden, weil derartige Anpassungen zwangsläufig erhebliche Ermessensspielräume eröffnen. Liegt der Ermittlung des beizulegenden Zeitwerts gar die Simulation eines Marktpreises auf der Basis von Bewertungsmodellen – etwa Optionspreismodelle – zugrunde, weiten sich diese Ermessensspielräume noch zusätzlich aus.[64]

Der beizulegende Zeitwert ist für die Kategorien „at fair value through profit or loss" und „available-for-sale" auch für die Folgebewertung heranzuziehen; mithin gelten die obigen Überlegungen erneut. Die Folgebewertung der Kategorien „loans and receivables" sowie „held-to-maturity investments" zu fortgeführten Anschaffungskosten unter Anwendung der Effektivzinsmethode verhindert einen Einfluss von Schwankungen des beizulegenden Zeitwerts auf die Höhe des Wertansatzes und führt dazu, dass der jeweilige Buchwert – unter der Prämisse der Konstanz von Marktzins und Bonität des Schuldners – dem theoretischen Marktwert entspricht.[65] Diese Regelung, die auch für die finanziellen Verbindlichkeiten gilt, kann als zweckmäßig eingestuft werden. Die Bewertung von Finanzinvestitionen in Eigenkapitalinstrumente ohne Preisnotierung auf einem aktiven Markt, deren beizulegender Zeitwert nicht verlässlich ermittelt werden kann, mit ihren Anschaffungskosten führt zwar aus Sicht der Relevanz nicht zu zweckmäßigen Wertansätzen, ist aber letztlich ohne praktikable Alternative.

Bei Vorliegen einer Wertminderung der Ausleihungen und Forderungen bzw. der bis zur Endfälligkeit gehaltenen Finanzinvestitionen ist auf den Barwert der erwarteten zukünftigen Cashflows abzuschreiben; diese Vorschrift stellt aus Sicht der Relevanz auf den zweckmäßigen Wertansatz ab. Gleiches gilt für Eigenkapitalinstrumente, deren beizulegender Zeitwert nicht verlässlich ermittelt werden kann, da ebenfalls der noch erwartete, diskontierte Zahlungsstrom anzusetzen ist. In beiden Fällen führt allerdings die Barwertermittlung unweigerlich zu Einbußen bei der Verlässlichkeit des Wertansatzes.

---

[63] Vgl. Bieker (2006), S. 193 f.; Dohrn (2004), S. 234. Eine Ausnahme stellen bis zur Endfälligkeit zu haltende Finanzinstrumente dar, die infolge des feststehenden Rückzahlungsbetrages keinen relevanten Wertschwankungen unterliegen.

[64] Vgl. Bieker (2006), S. 195; Dohrn (2004), S. 234.

[65] So Pellens/Fülbier/Gassen (2006), S. 532.

Zur Beurteilung der Regelungen im Hinblick auf die Konsequenzen für die Prognoseeignung des Gewinns sind die Erfolgswirkungen im Zeitablauf zu analysieren. Da es sich bei periodischen Schwankungen des beizulegenden Zeitwertes der Höhe nach um außergewöhnliche Ereignisse ohne Bezug auf die zukünftige geschäftliche Entwicklung handelt, müssten Fair Value-Änderungen grundsätzlich erfolgsneutral verrechnet werden.[66] Diese Bedingung verletzen sowohl die in der jeweiligen Periode vorzunehmende erfolgswirksame Verbuchung von Wertschwankungen der zum beizulegenden Zeitwert bewerteten Finanzinstrumente als auch die Erfassung der kumulativen Wertänderung im Zeitpunkt der Ausbuchung der zur Veräußerung verfügbaren finanziellen Vermögenswerte im Periodenergebnis. Allerdings beheben die Pflichten zur gesonderten Angabe in der GuV oder im Anhang jeweils der Gewinne oder Verluste der erfolgswirksam zum Fair Value bewerteten finanziellen Vermögenswerte oder finanziellen Verbindlichkeiten (IFRS 7.20(a.i)) sowie bei den zur Veräußerung verfügbaren Finanzinstrumenten des aus dem Eigenkapital entfernten und in das Periodenergebnis einbezogenen Betrags (IFRS 7.20(a.ii)) dieses Defizit, sodass letztlich keine Einschränkung der Prognoseeignung des Gewinns resultiert.

Analog ist die erfolgswirksame Erfassung außerplanmäßiger Abschreibungen im Fall des Vorliegens objektiver Hinweise auf eine Wertminderung der finanziellen Vermögenswerte zwar grundsätzlich unzweckmäßig, ein Verlust des Informationsgehalts tritt jedoch wiederum infolge der GuV- oder Anhangangabepflicht der für jede Kategorie finanzieller Vermögenswerte erfassten Wertminderungsaufwendungen gemäß IFRS 7.20(e) nicht ein.

Die Beurteilung der Vorschriften hinsichtlich der Eignung des Gewinns zur Messung der Managementperformance geht wiederum von der Feststellung aus, dass es sich bei Finanzinstrumenten um nicht betriebsnotwendiges Vermögen handelt und die typische Intention gerade darin besteht, Profite aus marktpreisbedingten Wertsteigerungen zu erzielen. Daraus folgt konsequenterweise, dass sich das Management die Wertschwankungen der nicht zum Kerngeschäft eines Unternehmens gehörenden Ressourcen sowohl im Falle positiver wie auch negativer Entwicklung als Performancebestandteil zurechnen lassen muss. Insofern ist – mit Ausnahme der bis zur Endfälligkeit gehaltenen Instrumente, deren zwischenzeitliche Wertänderungen das Unternehmen bei feststehendem Rückzahlungsbetrag letztlich nicht treffen – eine vollständig erfolgswirksame Erfassung der marktpreisbedingten Wertschwankungen der Finanzinstrumente zweckmäßig. Vor diesem Hintergrund regelt IAS 39 die Abbildung der Finanzinstrumente überwiegend zweckmäßig; einschränkend ist lediglich die – außer im Falle eines Impairments – erfolgsneutrale Verrechnung der Wertänderungen während der Haltedauer der zur Veräußerung verfügbaren Finanzinstrumente unzweckmäßig, wenngleich im Zeitpunkt der Ausbuchung die

[66] Vgl. Bieker (2006), S. 198 f.

kumulierte Wertänderung nachträglich in das Periodenergebnis einfließt.[67] Infolge der Angabepflicht des Betrags der bei zur Veräußerung verfügbaren finanziellen Vermögenswerten in der Berichtsperiode direkt im Eigenkapital erfassten Gewinne oder Verluste (IFRS 7.20(a.ii)) und der den Adressaten damit gegebenen Korrekturmöglichkeit resultiert jedoch keine negative Auswirkung für die Eignung des Gewinns zur Performancemessung.

Wenngleich die obigen Überlegungen die Thematik der Abbildung von Finanzinstrumenten keinesfalls abschließend behandeln, sondern vielmehr lediglich einige Aspekte des facettenreichen Themenkomplexes beleuchten konnten, lassen sich dennoch – auch unter Einbeziehung der aus dem Informationseffizienzkonzept resultierenden Anforderungen – einige Ergebnisse festhalten. Im Hinblick auf eine informative Bilanz ist zunächst die Tendenz zur absatzmarktorientierten Zeitwertbewertung aus Sicht der Relevanz grundsätzlich zweckmäßig; auch die Effektivzinsmethode für „held-to-maturity investments" wurde als zweckmäßig erachtet. Dies ist bei schwacher Informationseffizienz aus individueller Sicht, bei mittelstrenger Informationseffizienz aus Sicht des gesellschaftlichen Informationsnutzens für kapitalmarktorientierte und nicht kapitalmarktorientierte Unternehmen und aus individueller Sicht für nicht kapitalmarktorientierte Unternehmen positiv zu werten. Allerdings ist es für das Kriterium der Verlässlichkeit und somit für börsennotierte Unternehmen bei mittelstrenger Informationseffizienz aus individueller Sicht problematisch, falls von direkt beobachtbaren Preisen hinreichend liquider Märkte abgewichen wird, sei es durch Anpassungen von Marktpreisen oder durch Bewertungsmodelle. Das Ausmaß der Beeinträchtigung, die der Informationsnutzen der Rechnungslegung für die Adressaten erleidet, hängt wesentlich davon ab, inwieweit die Unternehmen die Angabepflichten des IFRS 7.27 befolgen, der bei Verwendung einer Bewertungstechnik die Nennung der Annahmen zur Bestimmung des beizulegenden Zeitwerts vorschreibt und sogar für den Fall, dass sich der beizulegende Zeitwert bei Variation einer oder mehrerer Annahmen innerhalb eines vernünftigen Alternativenrahmens signifikant ändert, Angaben zu den Auswirkungen dieser Änderungen fordert. Die allgemeinen empirischen Ergebnisse aus der deutschen Bilanzierungspraxis hinsichtlich der Finanzinstrumente stimmen diesbezüglich jedoch pessimistisch. So fehlen häufig bereits Angaben zur Folgebewertung der Kategorien; zudem ist bei vielen Unternehmen nicht einmal erkennbar, dass IAS 39 überhaupt angewendet worden ist. Derartige Defizite schon bei unproblematischen Angaben lassen vermuten, dass die Unternehmen auch komplexe Angabepflichten wie etwa zu den Auswirkungen von Annahmevariationen nicht auf einem adäquaten Niveau erfüllen werden, zumal diese Angabe den Adressaten Informationen über das Ausnutzen bilanzpolitischer Spielräume durch das Management offenbaren würde.[68]

---

[67] Vgl. Bieker (2006), S. 203 f.

[68] Vgl. von Keitz (2005), S. 85-91.

Zur Prognoseeignung des Gewinns zeigt die Analyse, dass in den Fällen einer grundsätzlich unzweckmäßigen Erfolgswirksamkeit von Wertschwankungen Anhangangabepflichten dennoch eine zweckmäßige Information der Adressaten gewährleisten.

Die Eignung des Gewinns zur Performancemessung wird durch die Tendenz zur erfolgswirksamen Bewertung zum Fair Value gefördert; auch hier kompensieren Anhangangaben die grundsätzlich unzweckmäßige Regelung zur erfolgsneutralen Erfassung der Wertschwankungen bei den zur Veräußerung verfügbaren finanziellen Vermögenswerten.

Allerdings kommt es neben den Spielräumen durch Anpassung von Marktpreisen bzw. die Verwendung von Bewertungsmodellen zu weiteren Einbußen in Bezug auf die Verlässlichkeit, und zwar infolge der Regelungen für die Wertminderung finanzieller Vermögenswerte. Dies gilt zum einen – wie oben bereits erwähnt – für die Barwertermittlung der noch zu erwartenden Zahlungen; zum anderen gilt es jedoch bereits für die Identifizierung eines Wertminderungsbedarfs dem Grunde nach, die Ermessensspielräume eröffnet. Zur Beschränkung dieser Spielräume definiert IAS 39 einen beispielhaften, damit aber zugleich nicht abschließenden Katalog möglicher objektiver Hinweise und nennt überdies Sachverhalte, die nicht als objektive Tatbestände gelten; eine Beseitigung der Spielräume bei der Entscheidung, wann genau Hinweise auf Wertminderung gegeben sind, resultiert daraus allerdings nicht, sodass bei der Vornahme von Wertminderungen eine gewisse Willkür entsteht.[69]

Schließlich bestehen auch hinsichtlich der Kategorisierung, die teilweise auf die Absicht des Managements in Bezug auf die Verwendung der Finanzinstrumente abstellt, gewisse Ermessensspielräume, etwa bei bis zur Endfälligkeit gehaltenen Finanzinvestitionen, denen der Standard durch das Verbot zu begegnen versucht, diese Kategorie zu verwenden, sofern ein Unternehmen im laufenden Geschäftsjahr oder in den beiden vorangegangenen Geschäftsjahren einen wesentlichen Bestand aus dieser Kategorie vor Ablauf der Fälligkeit veräußert hat.[70]

### 8.2.5 Vorräte und langfristige Fertigungsaufträge

#### 8.2.5.1 Vorräte nach IAS 2

Um eine informative Bilanz zu konzipieren, müssten zweckmäßige Regelungen für die Bilanzierung der Vorräte differenzieren zwischen Roh-, Hilfs- und Betriebsstoffen und unfertigen Erzeugnissen einerseits sowie fertigen Erzeugnissen andererseits. Die RHB und die unfertigen Erzeugnisse dienen im Rahmen der gewöhnlichen Geschäftstätigkeit eines Unternehmens zur Herstellung der unternehmenstypischen Produkte bzw. zur Erbringung der unternehmenstypi-

---

[69] Vgl. Hackenberger (2007), S. 43 f.; Pellens/Fülbier/Gassen (2006), S. 534, 536.

[70] Vgl. Müller/Wulf (2005), S. 1270; Wagenhofer (2005), S. 235.

schen Dienstleistungen. Folglich handelt es sich um Einzahlungspotenziale, die sich – analog zum Sachanlagevermögen nach IAS 16[71] – in einem Beitrag zum Ertragswert des Unternehmens niederschlagen. Dieser Ertragswertbeitrag resultiert jedoch aus dem Zusammenwirken von Vermögenswerten und ist generell nicht auf einzelne Vermögenswerte zurechenbar, sodass der Grundsatz der Einzelbewertung aufgegeben werden müsste. Die fertigen Erzeugnisse hingegen sind für die Veräußerung am Absatzmarkt bestimmt, sodass sich das Nutzenpotenzial durch Verkauf realisiert. Mithin wäre eine strikt absatzmarktorientierte Bewertung zweckmäßig. Die Vorschriften des IAS 2 – Einzelbewertung der Vorräte mit ihren Anschaffungs- oder Herstellungskosten – erfüllen diese Anforderungen offensichtlich nicht; die AHK stellen lediglich, wie bereits diskutiert, eine Mindesterwartung des Barwerts zukünftiger Einzahlungsüberschüsse dar. Nur im Fall, dass der Nettoveräußerungswert die AHK unterschreitet, kommt es zu einem zweckmäßigen Wertansatz; zudem ist es zweckmäßig, dass sich die Feststellung eines Abwertungsbedarfs bei RHB am Absatzpreis der Erzeugnisse, in die sie eingehen, orientiert und eine Abwertung unterbleibt, solange das Unternehmen die Enderzeugnisse kostendeckend absetzen kann.

Soll eine Gewinngröße Prognoseeignung aufweisen, so dürfen ausschließlich nachhaltige Veränderungen der Geschäftsaussichten des Unternehmens Einfluss auf die Gewinnhöhe ausüben. Die Bilanzierung der Vorräte wirkt sich erfolgswirksam aus, sofern der voraussichtlich erzielbare Nettoveräußerungserlös die Anschaffungs- oder Herstellungskosten unterschreitet, da Wertminderungen als Aufwand der Eintrittsperiode zu verbuchen sind. Folglich wäre für eine zweckmäßige Abbildung des gesunkenen Nettoveräußerungserlöses – erfolgswirksam versus erfolgsneutral – zu berücksichtigen, ob sich die zugrunde liegenden Ereignisse nachhaltig auswirken oder nicht. Liegt beispielsweise ein Nachfragerückgang am Absatzmarkt vor, so ist im Regelfall von einer nachhaltigen Entwicklung auszugehen, die erfolgswirksam erfasst werden muss. Gleichwohl sind Fälle denkbar, in denen ein unter den AHK liegender Nettoveräußerungserlös keine Nachhaltigkeit besitzt, etwa wenn eine Produktionsanlage zur Herstellung qualitativ hochwertiger Güter durch einen Anwendungsfehler einmalig eine Serie minderwertiger Ware liefert, die lediglich zu einem geringen Preis abgesetzt werden kann, aber keine Zweifel an der Werthaltigkeit zukünftiger Erzeugnisse bestehen; in einem solchen Fall wäre folglich eine erfolgsneutrale Verrechnung angemessen. Diese Differenzierung leistet IAS 2 mit der erfolgswirksamen Erfassung von Wertschwankungen zwar nicht; allerdings besteht eine Pflicht zur Angabe des in der Berichtsperiode verbuchten Wertminderungs- bzw. Werterholungsbetrages einschließlich der ursächlichen Ereignisse im Anhang, sodass bei Bedarf die Möglichkeit zur Korrektur der Ergebniswirkung einer Abwertung auf den niedrigeren Nettoveräußerungserlös besteht. Insofern ist die Regelung des IAS 2 zweckmäßig im Hinblick auf die Eignung des Ge-

---

[71] Vgl. Kapitel 8.2.1.1.

winns als Prognosegröße, sofern die Unternehmen in der Bilanzierungspraxis die Angabepflicht adäquat erfüllen.

Für eine Beurteilung der Vorschriften in Bezug auf die Eignung des Gewinns zur Messung der Managementperformance in der Berichtsperiode ist grundlegend zu berücksichtigen, dass die Roh-, Hilfs- und Betriebsstoffe sowie die unfertigen Erzeugnisse eines Unternehmens als Bestandteil des betriebsnotwendigen Vermögens direkt der Produktion von Gütern oder der Erbringung von Dienstleistungen dienen sollen. Folglich müsste eine Messung der Managementperformance auf die Änderung des unternehmensindividuellen Nutzungswerts und damit des Ertragswerts abstellen, sodass infolge des Interdependenzproblems eine Abkehr vom Einzelbewertungsgrundsatz und ein Übergang auf aggregierte Bewertungseinheiten zwingend erforderlich wäre.[72] Ein aussagekräftiges Performancemaß ist im Hinblick auf diesen Teil der Vorräte auf Basis der Einzelbewertung nicht erreichbar und die IAS 2-Regelung insofern unzweckmäßig. Bei den fertigen Erzeugnissen hingegen handelt es sich nicht mehr um Vermögen, das in den Produktionsprozess eingehen soll; vielmehr realisiert sich das Nutzenpotenzial durch eine Veräußerung am Markt. Da die fertigen Erzeugnisse überdies der unternehmenstypischen operativen Geschäftstätigkeit entstammen, für die das Management letztlich die Verantwortung trägt, muss es sich konsequenterweise auch die absatzmarktbezogenen Schwankungen des Nutzenpotenzials dieser Erzeugnisse als Bestandteil seiner Performance zurechnen lassen. Mithin wäre für die fertigen Erzeugnisse zur Performancemessung eine strikt absatzpreisorientierte Bewertung bei erfolgswirksamer Erfassung etwaiger Wertschwankungen zweckmäßig. Eine solche sieht IAS 2 jedoch unzweckmäßigerweise nur als niedrigeren Korrekturwert zu den AHK vor.

### 8.2.5.2 Langfristige Fertigungsaufträge nach IAS 11

Eine zweckmäßige informative Bilanz müsste alle zukünftigen Ein- und Auszahlungspotenziale eines Unternehmens in Höhe der jeweiligen Barwerte zeigen. Zur Abbildung langfristiger Fertigungsprojekte schreibt IAS 11 für den Regelfall die Verwendung der Percentage-of-Completion-Methode vor. Diese Methode führt dazu, dass im Verlauf eines langfristigen Fertigungsprojektes sowohl die angefallenen Auftragskosten als auch der anteilige Erfolgsbeitrag in den Wertansatz der periodisch aktivierten unfertigen Erzeugnisse einfließen. Folglich zeigt die Bilanz das zukünftige Einzahlungspotenzial aus dem Auftrag insoweit anteilig, wie es dem Fertigstellungsgrad des Projekts in der Vergangenheit entspricht. Nicht aus der Bilanz ersichtlich sind hingegen weder das – einen planmäßigen Projektverlauf als Regelfall unterstellt – durch die zukünftige Auftragsarbeit noch entstehende Einzahlungspotenzial noch das damit einhergehende Aus-

---

[72] Vgl. Bieker (2006), S. 205.

zahlungspotenzial, sodass eine vollständige Erfassung der zukünftigen Zahlungspotenziale nicht gewährleistet ist. Hinsichtlich der Auswirkungen in der Bilanz besteht der Unterschied zwischen Percentage-of-Completion-Methode und Completed-Contract-Methode – vollständige Aktivierung der entstandenen Kosten vorausgesetzt – letztlich nur in der Aktivierung des anteiligen Erfolgsbeitrags aus dem Auftrag. Diese aus Sicht der Relevanz unzweckmäßige Einschränkung des Ausweises der zukünftigen Zahlungspotenziale ist insbesondere vor dem Hintergrund der für die Anwendung der Percentage-of-Completion-Methode zu erfüllenden Bedingungen – verlässliche Bewertbarkeit der Auftragserlöse und -kosten sowie Wahrscheinlichkeit des Zahlungsflusses – nicht nachvollziehbar: Gerade wenn diese Bedingungen erfüllt sind, läge eigentlich ein Bilanzansatz nahe.

Ein prognosegeeigneter Gewinn darf in seiner Höhe ausschließlich bei nachhaltigen Änderungen der Geschäftsaussichten eines Unternehmens, nicht hingegen bei einmaligen bzw. seltenen Ereignissen schwanken. Diesbezüglich führt die sukzessive Gewinnvereinnahmung unter der Percentage-of-Completion-Methode dazu, dass eine Gewinnglättung eintritt, weil das schlagartige Ansteigen bzw. Absinken der Gewinnhöhe bei Vereinnahmung des gesamten Erfolges nach Fertigstellung des Projekts vermieden wird.[73] Allerdings ermöglicht auch ein glatterer Gewinnausweis bei variablen Umweltbedingungen keine Rückschlüsse auf die zukünftige Entwicklung. Dazu wären vielmehr zukunftsbezogene Informationen etwa über weitere, vom Unternehmen bereits akquirierte und in der Zukunft liegende Großaufträge erforderlich. „Eine noch so trickreiche Verrechnung vergangener Geschäftsvorfälle kann diesen Blick in die Zukunft nicht ersetzen."[74] Die sofortige und vollständige erfolgswirksame Erfassung eines sich bei einem Fertigungsauftrag abzeichnenden Verlustes ist zudem unzweckmäßig, denn es resultiert ein Absinken des Gewinns, obwohl der Verlust durch einen bestimmten Auftrag verursacht wurde, insofern spezifisch ist und nicht darauf geschlossen werden kann, dass es in den Folgeperioden zu äquivalenten Verlusten bei anderen Aufträgen kommt.

Ein zur Performancemessung geeigneter Gewinn muss die positiven und negativen Auswirkungen der Managemententscheidungen der Berichtsperiode reflektieren. Gelingt es dem Management in einer Periode, lukrative langfristige Fertigungsaufträge zu akquirieren, so hat dies jedoch keinen sofortigen Einfluss auf die Gewinnhöhe; vielmehr kommt es zu einer Gewinnrealisierung erst verzögert in der Periode des Fertigungsbeginns, in der erstmalig die periodischen

---

73 Dieser Kritikpunkt an der Completed-Contract-Methode relativiert sich allerdings bereits dann, wenn man davon ausgeht, dass ein Unternehmen nicht nur einen langfristigen Auftrag erfüllt, sondern die Unternehmen der Branchen, in denen Langfristfertigung typischerweise auftritt (etwa die Baubranche oder der Großanlagenbau), eine größere Anzahl solcher Projekte gleichzeitig bearbeiten. Dann kommt es nämlich dadurch zu einer tendenziellen Glättung des Gewinnausweises, dass die fertiggestellten Projekte im Regelfall nicht gebündelt auftreten, sondern vielmehr über die Perioden verteilt, sodass eine gewisse Konstanz des Gewinnausweises angenommen werden kann. Diese Konstanz des Gewinnausweises steigt dabei mit der Anzahl der gleichzeitig von einem Unternehmen bearbeiteten Langfristprojekte.

74 Streim (2000a), S. 125. Siehe dort auch S. 126. Vgl. überdies Streim (2002), S. 282.

Auftragskosten zuzüglich des anteiligen Gesamterfolgs aus dem Projekt aktiviert werden und Letzterer den Gewinn steigert. Da bei Projekten der Langfristfertigung davon auszugehen ist, dass zwischen Vertragsabschluss und dem Beginn der Durchführung des Auftrags häufig eine längere Zeitspanne liegt, spiegelt die Gewinngröße die Managementleistung unzweckmäßigerweise erst mit Zeitverzug wider. Die erfolgswirksame Erfassung eines sich abzeichnenden Auftragsverlusts ist hingegen als zweckmäßig einzustufen, denn das Management verantwortet die Ergebniswirkung der langfristigen Projekte als Bestandteil der gewöhnlichen operativen Unternehmenstätigkeit und muss sich Verluste, die aus die Auftragserlöse übersteigenden Auftragskosten – letztlich also einer Fehleinschätzung und daher falschen Entscheidung über die Auftragsannahme – resultieren, folglich auch als Bestandteil seiner Performance zurechnen lassen. Als problematisch erweisen sich in diesem Zusammenhang lediglich Wechsel im verantwortlichen Management, da die Verluste dann mitunter solchen Managern zugerechnet werden, die die Entscheidung über die Auftragsannahme gar nicht zu verantworten haben.

Vor dem Hintergrund der Verlässlichkeit der Rechnungslegungsinformationen kritisch zu beurteilen sind die Kriterien, die IAS 11 als Bedingung für die – dann verpflichtende – Anwendung der Percentage-of-Completion-Methode vorschreibt. Diese Kriterien führen dazu, dass dem Management Ermessensspielräume bei der Bilanzierung entstehen, wenn es etwa darum geht zu beurteilen, ob die bis zur Fertigstellung noch anfallenden Kosten bewertbar sind und der Grad der Fertigstellung am Bilanzstichtag verlässlich bewertbar ist und ob die dem Vertrag zurechenbaren Kosten eindeutig bestimmt, verlässlich bewertet und insofern die tatsächlich entstandenen Kosten mit früheren Schätzungen verglichen werden können. Insbesondere in Zeiten schlechter wirtschaftlicher Lage des Unternehmens bestehen Anreize, die Möglichkeit der sofortigen Erfolgsrealisierung bei langfristigen Fertigungsprojekten zu nutzen, zu diesem Zweck die Bedingungen als erfüllt einzustufen und überdies die dem Auftrag zurechenbaren Kosten tendenziell niedrig anzusetzen, um einen höheren Erfolgsbeitrag herbeizuführen. Analog denkbar sind Bestrebungen des Managements bei guter Ertragslage, durch Abstreiten einer Erfüllung aller Bedingungen – etwa der verlässlichen Bewertbarkeit der verbleibenden Auftragskosten – die Gewinnrealisierung vollständig in die Zukunft auf den Zeitpunkt der Fertigstellung zu verschieben. Die Verlässlichkeitsproblematik ist insbesondere deshalb schwerwiegend, weil infolge des kundenspezifischen Charakters der langfristigen Fertigung häufig keine Erfahrungswerte vorliegen, auf denen die erforderlichen Beurteilungen bzw. Schätzungen aufbauen können.[75]

Aus dem Blickwinkel der Informationseffizienz betrachtet ist bei schwacher Informationseffizienz aus individueller Sicht, bei mittelstrenger Informationseffizienz aus Sicht des gesellschaftlichen Informationsnutzens für kapitalmarktorientierte und nicht kapitalmarktorientierte Unternehmen

---

75 Vgl. Dobler (2006), S. 168 m. w. N.; Pottgießer/Velte/Weber (2005), S. 313-317.

und aus individueller Sicht für nicht kapitalmarktorientierte Unternehmen zu kritisieren, dass IAS 11 die erforderliche Ausrichtung der Rechnungslegung am Kriterium der Relevanz nicht konsequent verfolgt – etwa im Falle der Beschränkung der zu aktivierenden Zahlungspotenziale trotz verlässlich schätzbarer Auftragserlöse und -kosten sowie eines wahrscheinlichen Zahlungsmittelflusses. Für börsennotierte Unternehmen sollte bei mittelstrenger Informationseffizienz aus individueller Sicht das Kriterium der Verlässlichkeit betont werden, sodass in diesem Fall insbesondere der Kritikpunkt der Ermessensspielräume, die dem Management infolge der definierten Bedingungen zur Anwendung der Percentage-of-Completion-Methode entstehen, ins Gewicht fällt. Die Angabepflichten gemäß IAS 11.39-45 verbessern zwar die Einblicksmöglichkeit der Abschlussadressaten und wirken insofern – eine Befolgung durch die Bilanzierungspraxis vorausgesetzt[76] – kompensierend; dennoch werden die Ermessens- und Gestaltungsspielräume nicht vollkommen transparent.[77]

### 8.2.6 Rückstellungen nach IAS 37

Eine Bilanz ist aus Kapitalgebersicht informativ, wenn sie alle Ein- und Auszahlungspotenziale des Unternehmens in Höhe der jeweiligen Barwerte zeigt. Die Vorschriften zur Bilanzierung von Rückstellungen sind folglich daraufhin zu beurteilen, ob sie zur vollständigen Erfassung unter entsprechender Bewertung der Auszahlungspotenziale beitragen. Der Rekurs auf die Definition einer Schuld gemäß Rahmenkonzept, nach dem ein Unternehmen eine Rückstellung zu bilanzieren hat, wenn es aus vergangenen Ereignissen eine gegenwärtige Verpflichtung hat, es zur Erfüllung wahrscheinlich Ressourcen mit wirtschaftlichem Nutzen aufwenden muss und es zudem die Höhe der Verpflichtung verlässlich schätzen kann, legt auf den ersten Blick durch die Bezugnahme auf einen zukünftigen Nutzenabfluss ein positives Urteil nahe. Eine nähere Analyse offenbart jedoch Ansatzlücken: Erstens bleiben – wenngleich in seltenen Fällen – Rückstellungen sogar für relativ wahrscheinliche Verpflichtungen gegenüber Dritten vom Ansatz ausgeschlossen, wenn eine verlässliche Schätzung der Verpflichtungshöhe unmöglich ist; stattdessen verpflichtet der Standard zur Angabe einer Eventualschuld. Zweitens schließt IAS 37 Rückstellungen für Innenverpflichtungen und mithin etwa Auszahlungen für zukünftige Großreparaturen generell vom Bilanzansatz aus.[78]

Die Bewertungsvorschriften für die in der Bilanz angesetzten Rückstellungen – bei einer Vielzahl ähnlicher Sachverhalte ein Ansatz mit dem Erwartungswert bzw. bei einer Bandbreite gleicher Eintrittswahrscheinlichkeit mit dem Mittelwert sowie bei einer wesentlichen Auswirkung des

---

[76] Die empirische Untersuchung durch von Keitz (2005), S. 197 f., offenbart diesbezüglich Verbesserungsbedarf.

[77] Vgl. Pottgießer/Velte/Weber (2005), S. 318.

[78] Vgl. Bieker (2006), S. 92; Streim/Bieker/Esser (2004), S. 232 f.

Zinseffektes die Verwendung des Barwerts – sind vor dem Hintergrund der Anforderungen an eine informative Bilanz zweckmäßig. Die Bewertung einer Einzelverpflichtung mit dem Betrag des wahrscheinlichsten Ereignisses ist hingegen unzweckmäßig, denn unter der Prämisse der Risikoneutralität wäre auch in diesem Fall der Erwartungswert heranzuziehen.

Ein prognosegeeigneter Gewinn darf ausschließlich Einflüssen aus nachhaltigen Änderungen der Geschäftsperspektive eines Unternehmens unterliegen. Dies bedeutet für die Bildung von Rückstellungen, dass hinsichtlich der Erfolgswirksamkeit dahin gehend zu differenzieren wäre, ob ein einmaliges Ereignis vorliegt, etwa eine Klage gegen das Unternehmen, dessen Auswirkung erfolgsneutral verrechnet werden müsste, bzw. ob es sich um wiederkehrende Faktoren handelt, etwa die Bildung der Pensionsrückstellungen bei Konstanz der Belegschaft und Anspruchsgrundlagen, die erfolgswirksam behandelt werden müssten. Eine solche Differenzierung nimmt IAS 37 nicht vor; allerdings verlangt IAS 37.84 einen Rückstellungsspiegel, aus dem für jede Gruppe von Rückstellungen der Stand zu Beginn und zum Ende der Berichtsperiode sowie neu eingestellte, verwendete und aufgelöste Beträge hervorgehen müssen und der demzufolge den Adressaten detaillierte Informationen hinsichtlich der Entwicklung einschließlich der Erfolgswirkungen der jeweiligen Rückstellungen liefert. IAS 37.85 sieht überdies für jede Gruppe von Rückstellungen eine kurze Beschreibung der erwarteten Fälligkeiten der resultierenden Nutzenabflüsse und die Angabe der hinsichtlich Betrag oder Fälligkeit bestehenden Unsicherheiten sowie der Höhe der erwarteten Erstattungen und der Höhe der dafür aktivierten Vermögenswerte vor.

Analog müsste für die Eignung des Gewinns zur Messung der Managementperformance in der Berichtsperiode bei der erfolgsneutralen versus erfolgswirksamen Rückstellungsbildung differenziert werden, und zwar danach, ob die betreffenden Aufwendungen in den Verantwortungsbereich des Managements fallen oder nicht. Eine Drohverlustrückstellung infolge eines zu gering vereinbarten Entgelts bei einem schwebenden Geschäft, das dem operativen Bereich angehört, läge etwa im Verantwortungsbereich des Managements und wäre demzufolge erfolgswirksam zu verrechnen; die Aufstockung einer Garantierückstellung infolge einer verabschiedeten Verlängerung der gesetzlichen Gewährleistungspflicht läge außerhalb des Einflussbereichs des Managements und wäre insofern erfolgsneutral zu verrechnen. Daher kann auf die obige Feststellung verwiesen werden, dass IAS 37 zwar keine derartige Differenzierung vornimmt, aber die Angabepflichten in IAS 37.84-85 den Adressaten weitreichende Informationen offenlegen.

Ein aus Sicht der Verlässlichkeit der Informationen wesentlicher Aspekt soll an dieser Stelle kurz gesondert aufgegriffen werden, und zwar die Regelungen zur Bildung von Rückstellungen für Restrukturierungsmaßnahmen. Ob der von IAS 37 als Voraussetzung für derartige Rückstellungen verlangte Plan vorliegt, bei den Betroffenen gerechtfertigte Erwartungen der Umsetzung weckt bzw. ihnen kommuniziert wird, liegt weitgehend in der Hand des verantwortlichen Managements. Daraus folgt unmittelbar, dass das Management insofern einen Spielraum bei der Rückstellungsbildung besitzt, als ihm sowohl die Möglichkeit einer Mitteilung des Plans an die Betroffenen – und damit eine aufwandswirksame Rückstellungsbildung – wie auch alternativ die Möglichkeit des Verschweigens des Plans – und damit das Vermeiden der Aufwandsentstehung – offensteht. Überdies dürfte eine Rücknahme angekündigter Pläne im Regelfall ohne Probleme, etwa unter Verweis auf Änderungen der allgemeinwirtschaftlichen oder unternehmensspezifischen Ursachen, möglich sein. Folglich handelt es sich letztlich um ein Rückstellungswahlrecht, das vom fakultativen Nachweis der scheinbar wohldefinierten Kriterien abhängt und mit erheblichen Spielräumen hinsichtlich der anzusetzenden Beträge einhergeht.[79]

Im Kontext der Informationseffizienz betrachtet muss bei schwacher Informationseffizienz aus individueller Sicht, bei mittelstrenger Informationseffizienz aus Sicht des gesellschaftlichen Informationsnutzens für kapitalmarktorientierte und nicht kapitalmarktorientierte Unternehmen und aus individueller Sicht für nicht kapitalmarktorientierte Unternehmen das Relevanzkriterium im Zentrum stehen; daher ist insbesondere die unvollständige Erfassung der Auszahlungspotenziale durch das Verbot der Bildung von Rückstellungen für Innenverpflichtungen zu kritisieren, weil es sich unter dem Aspekt der Relevanz um eine unzweckmäßige Regelung handelt. Bei börsennotierten Unternehmen sollten bei mittelstrenger Informationseffizienz aus individueller Sicht die Rechnungslegungsinformationen Objektivierungskriterien genügen; deshalb ist in diesem Fall der Ausschluss der Innenverpflichtungen von der Passivierung aus Gründen der Glaubwürdigkeit zweckmäßig.[80]

Die Regelungen hinsichtlich der Bildung von Restrukturierungsrückstellungen sind generell kritisch zu sehen. Offensichtlich ist, dass die damit einhergehenden Ermessensspielräume für das Management aus Sicht der Verlässlichkeit der Informationen und mithin im Falle börsennotierter Unternehmen bei mittelstrenger Informationseffizienz aus individueller Sicht abzulehnen sind. Auch in den anderen Fällen, in denen der Schwerpunkt auf der Relevanz liegen muss, ist Kritik angebracht: Statt auf die Verkündung der Absichten gegenüber den Betroffenen wäre ausschließlich auf die Absicht bzw. die Entscheidung des Managements zur Durchführung abzustellen, die für den Ressourcenabfluss ursächlich ist – die daraus zwangsläufig resultierende Entobjektivierung lässt sich auch durch die Kodifizierung scheinbar objektivierend wirkender, konkreterer Kriterien nicht überwinden. Der Glaubwürdigkeitsverlust wirkt deswegen auch auf die Relevanz negativ, weil die Adressaten nicht beurteilen können, inwieweit die Informationen vom Management durch Ausübung der bestehenden Spielräume gefärbt sind.

---

79 Vgl. Schildbach (2002b), S. 792. Empirische Untersuchungen ergeben, dass das Management in der Praxis diese Möglichkeit zur Bilanzpolitik auch umfassend nutzt. Vgl. dazu m. w. N. S. 793 f.

80 Vgl. Streim/Bieker/Esser (2004), S. 241.

### 8.2.7 Latente Steuern nach IAS 12

Die Zweckmäßigkeit der Bilanzierungsvorschriften für latente Steuern ist daran zu messen, ob für die Kapitalgeber eine bessere Möglichkeit zur Abschätzung der Höhe und des Zeitpunkts zukünftiger Steuerzahlungen resultiert. Durch die definitionsgemäß im Zeitablauf erfolgende Umkehr temporärer Differenzen lassen sich bereits im Zeitpunkt des Entstehens Aussagen über zukünftige Steuerlasten treffen, sodass die Bedingung für die temporären Differenzen teilweise erfüllt ist. Die Einschränkung betrifft die Abschätzung des Zeitpunkts der Umkehr, zu dem der Bilanzansatz latenter Steuern keine Aussagen zulässt. Zweckmäßig ist zudem – sofern bereits bekannt, etwa durch verabschiedete Änderungen der Steuergesetzgebung – die Verwendung zukünftiger Steuersätze.[81]

Auch bei quasi-permanenten Differenzen, deren Umkehr nicht automatisch aus dem Zeitablauf, sondern erst durch Disposition des Managements und spätestens bei Liquidation des Unternehmens resultiert, besteht ein Zusammenhang mit zukünftigen Steuerzahlungen. Eine Information der Adressaten auch über diese Differenzen ist zweckmäßig.

Eine Abschätzung der steuerlichen Konsequenzen quasi-permanenter Differenzen ist jedoch infolge der definitionsgemäß bestehenden Ungewissheit über den Zeitpunkt der Umkehr, der überdies häufig nicht in der näheren Zukunft liegt und deswegen auch die Wahl des einschlägigen Steuersatzes zusätzlich erschwert, wesentlich problematischer als bei temporären Differenzen. Insofern wiegt die trotz eines Bilanzansatzes mangelnde Ersichtlichkeit des Zeitpunkts der Umkehr besonders schwer und führt bei den latenten Steuern auf quasi-permanente Differenzen zu Einbußen bei der Zweckmäßigkeit.[82] Aus Kapitalgebersicht ist demzufolge zur Verbesserung der Zweckmäßigkeit der Regelungen ein gesonderter Ausweis der latenten Steuern auf temporäre Differenzen einerseits und auf quasi-permanente Differenzen andererseits oder alternativ eine dementsprechende Angabe zu fordern.

Da die Möglichkeit einer verlässlichen Ermittlung der Differenzen gegeben ist, erübrigt sich bei der Beurteilung eine Unterscheidung in Abhängigkeit des Grades der Informationseffizienz.[83] Die in Bezug auf die Bestimmung des anzuwendenden Steuersatzes bestehende Schwierigkeit löst IAS 12 zweckmäßigerweise durch die Vorschrift, zukünftige Sätze – sofern bekannt – heranzuziehen, im Regelfall jedoch näherungsweise aktuell gültige zu verwenden (IAS 12.47-48).

---

81 Vgl. bereits Kapitel 7.3.2.1.3 unter Rekurs auf Franken (2001), S. 215 f.

82 Vgl. Franken (2001), S. 215.

83 Vgl. Kapitel 7.3.2.1.3.

## 8.3 Vorschriften zur sonstigen Informationsvermittlung

Anschließend an die obige Analyse der Einzelstandards zu den bilanziellen Hauptpositionen nach IFRS gilt es im Folgenden, in einem dritten Schritt die Vorschriften zur sonstigen Informationsvermittlung der IFRS-Rechnungslegung im Hinblick auf ihre Zweckmäßigkeit zu diskutieren. Betrachtet werden die Gliederungsvorschriften, die zusätzlichen Elemente eines IFRS-Abschlusses sowie der optionale Managementbericht über die Unternehmenslage und die nur bestimmte Unternehmen betreffenden Vorschriften zur Veröffentlichung eines Ergebnisses je Aktie und einer Segmentberichterstattung.

### 8.3.1 Gliederungsvorschriften

#### 8.3.1.1 Gliederungsgrundsätze

Der Grundsatz der Darstellungsstetigkeit erleichtert die Vergleichbarkeit der Jahresabschlüsse im Zeitablauf. Bei mittelstrenger Informationseffizienz ist dieser Grundsatz für börsennotierte Unternehmen allerdings überflüssig, denn es werden definitionsgemäß alle öffentlichen Informationen in den Kursen am Kapitalmarkt verarbeitet, und zwar unabhängig von der Art der Darstellung. Der Unsicherheit über den vorliegenden Grad der Informationseffizienz zum Trotz kann der Grundsatz dennoch als zweckmäßig gelten, denn er ruft außer den vermutlich geringen Kosten für die abschlusserstellenden Unternehmen keinen Schaden hervor.[84]

Die Zusammenfassung unwesentlicher Posten kann als zweckmäßig eingestuft werden, da bei fehlender Wesentlichkeit die Zusammenfassung keinen Informationsverlust für die Adressaten hervorruft.

Das Saldierungsverbot ist ebenfalls zweckmäßig, um einen Informationsverlust in Bezug auf die abgebildeten Sachverhalte zu verhindern.

Die Angabe von Vorjahresvergleichszahlen ist wiederum im Falle mittelstrenger Informationseffizienz für börsennotierte Unternehmen offensichtlich überflüssig. Da die Vorschrift jedoch in allen anderen Fällen den Adressaten den Vorjahresvergleich deutlich erleichtert und die durch diese Angabepflicht bei den rechnungslegungspflichtigen Unternehmen entstehenden Kosten gering sein dürften, kann die Regelung dennoch als zweckmäßig eingestuft werden.[85]

---

[84] Vgl. bereits Kapitel 7.3.3.1.1.

[85] Vgl. bereits Kapitel 7.3.3.1.1.

### 8.3.1.2 Mindestgliederung der Bilanz

Zweckmäßige Bilanzgliederungsvorschriften ermöglichen den Kapitalgebern einen differenzierten Einblick in die Ein- und Auszahlungspotenziale eines Unternehmens, allerdings konzeptionsbedingt lediglich in Bezug auf die am Bilanzstichtag vorhandenen Potenziale.[86]

Die Ausweisregeln zur IFRS-Bilanz werden dieser Anforderung gerecht. Die Untergliederung der Bilanz hinsichtlich Kurz- und Langfristigkeit ermöglicht den Bilanzlesern eine präzisere Abschätzung der Zeitspanne bis zur vermuteten Wiedergeldwerdung der kurzfristigen Vermögenswerte – hier stellen die Zuordnungskriterien explizit auf eine Wiedergeldwerdung im gewöhnlichen Geschäftszyklus des Unternehmens sowie auf einen Zeitraum von zwölf Monaten ab – bzw. zu dem Zahlungsmittelabfluss im Falle von Verbindlichkeiten; überdies legt die Untergliederung der Bilanz offen, welche Vermögenswerte langfristig nutzbare Ressourcen darstellen. Der durch den Mindestinhalt der Bilanz vorgeschriebene separate Ausweis materieller und immaterieller Vermögenswerte lässt Tendenzaussagen in Bezug auf das Risiko der zukünftigen Wiedergeldwerdung zu, wenn man unterstellt, dass die Wiedergeldwerdung der immateriellen Vermögenswerte mit einem höheren Risiko behaftet ist als diejenige der materiellen Vermögenswerte. Allerdings darf dieses Urteil keinesfalls darüber hinwegtäuschen, dass die aus den Gliederungsvorschriften resultierenden Informationen und damit auch ihr Beitrag zur Befriedigung des Informationsinteresses der Kapitalgeber letztlich gering sind.[87]

### 8.3.1.3 Mindestgliederung der Gewinn- und Verlustrechnung

Im Vergleich mit den umfassenden Gliederungsvorschriften des Handelsrechts sind die diesbezüglichen Regelungen der IFRS eher rudimentär; dem Bilanzierenden verbleiben umfangreiche Freiheitsgrade bei der Befolgung der Anforderung, die zwingend auszuweisenden Mindestposten um solche zusätzlichen Posten, Überschriften und Zwischensummen zu ergänzen, deren Darstellung für das Verständnis der Ertragslage des Unternehmens relevant ist.[88]

Als eindeutig unzweckmäßiges Charakteristikum der Informationsregeln zur IFRS-Gewinn- und Verlustrechnung sticht das Verbot des gesonderten Ausweises eines außerordentlichen Ergebnisses hervor. Dieses Verbot versperrt den Rechnungslegenden die Möglichkeit einer Abspaltung nicht nachhaltiger Ergebnisbestandteile und folglich den Rechnungslegungsadressaten die Möglichkeit einer entsprechenden Interpretation der jeweiligen Erfolgskomponenten.

---

86 Vgl. bereits Kapitel 7.3.3.1.2 unter Verweis auf Franken (2001), S. 210.

87 Vgl. Franken (2001), S. 211.

88 Vgl. Dexheimer (2002), S. 456; Pellens/Fülbier/Gassen (2006), S. 159.

Als positiv einzustufen ist dementgegen der gesonderte Ausweis des Ergebnisses, das aus zur Veräußerung bestimmten oder aufgegebenen Geschäftsbereichen resultiert. Infolge der Aufspaltung werden die Rechnungslegungsadressaten über diese nicht nachhaltigen, da nach erfolgter Veräußerung wegfallenden Ergebniskomponenten informiert, sodass sich die Prognosetauglichkeit der Ergebnisgröße erhöht.

Insgesamt gesehen können diese Vorschriften jedoch keinen wesentlichen Beitrag zur Steigerung des Informationsgehalts der GuV leisten; hervorzuheben ist insbesondere der Kritikpunkt des Verbots zum Ausweis eines außerordentlichen Ergebnisses.

### 8.3.2 Zusätzliche Elemente des IFRS-Abschlusses

#### 8.3.2.1 Eigenkapitalveränderungsrechnung

Die Eigenkapitalveränderungsrechnung stellt die Veränderungen des Eigenkapitals in der Berichtsperiode dar. Infolge dieser Vergangenheitsorientierung erlaubt eine solche Übersicht keine Rückschlüsse auf die im Kapitalgeberinteresse liegenden zukünftigen Zahlungsströme und trägt daher nicht zur Verbesserung des Informationsstandes der Kapitalgeber bei.[89]

#### 8.3.2.2 Kapitalflussrechnung

Die Kapitalflussrechnung soll den Adressaten die vom Unternehmen in der Berichtsperiode erwirtschafteten Zahlungsmittel bzw. -äquivalente und deren Verwendung offenlegen. Zudem enthält IAS 7 die Feststellung, dass diese Informationen aus historischen Kapitalflussrechnungen einen Indikator für den Betrag, den Zeitpunkt und die Wahrscheinlichkeit zukünftiger Cashflows darstellen.[90]

Ein Rückschluss von vergangenen auf zukünftige Rechnungslegungszahlen ist allerdings nur möglich, „wenn die zukünftige Entwicklung nichts anderes darstellen würde als eine Wiederholung der Vergangenheit."[91] Dagegen liegen in der Realität variable Umweltbedingungen vor, sodass die Einflussfaktoren auf das Unternehmen einem permanenten Wandel unterliegen. Aussagen über die zukünftige Entwicklung sind dann jedoch generell nur durch einen Blick in die Zukunft zu treffen und nicht aus vergangenen Ereignissen ableitbar. Dies bedeutet, dass auch Unternehmen, die in der Vergangenheit erfolgreich Cashflows aus der betrieblichen Tätigkeit generieren konnten, etwa durch Veränderungen auf dem Absatzmarkt dieses Potenzial in der Zukunft ohne Weiteres verlieren können. Daher vermitteln vergangenheitsorientierte Kapi-

---

89 Vgl. bereits Kapitel 7.4 unter Rekurs auf Franken (2001), S. 217.

90 Vgl. Kapitel 6.4.2.2.

91 Streim (2000a), S. 125. Siehe überdies Kawlath (1997), S. 200.

talflussrechnungen – und mithin auch die gemäß IAS 7 erstellten – Informationen, die – wenn überhaupt – nur sehr eingeschränkt entscheidungsnützlich sind.[92]

Selbst für den Fall, dass man annähernd konstante Umweltbedingungen unterstellt oder die Vergangenheitszahlen bei der Prognose um voraussichtliche Änderungen der Umweltbedingungen anpasst, kann IAS 7 jedoch keine Zweckmäßigkeit attestiert werden. Zu kritisieren ist nämlich außerdem das Verbot des separaten Ausweises außerordentlicher Effekte, wodurch auch unter den genannten restriktiven Annahmen die Prognosetauglichkeit erheblich beeinträchtigt ist.

#### 8.3.2.3 Anhang

Der Anhang besitzt nach IFRS eine Erläuterungs-, Entlastungs- und Ergänzungsfunktion; die Korrekturfunktion fällt im Vergleich zu den handelsrechtlichen Anhangfunktionen weg, da die Gewinnermittlungsregeln im IFRS-Abschluss keinen informationsunfreundlichen Einflüssen infolge einer Zahlungsbemessungsfunktion unterliegen.[93]

Allerdings hat die Analyse der Vorschriften auf Ebene der jeweiligen Standards gezeigt, dass keinesfalls alle Regelungen der IFRS zweckmäßig sind, sondern dass vielmehr an wesentlichen Stellen Kritik angebracht ist.[94] Der Wegfall der Korrekturfunktion bedeutet insofern eine verloren gegangene Möglichkeit, eine zweckmäßige Information der Kapitalgeber auf dem Wege des Anhangs sicherzustellen.

Eine Erläuterungsfunktion des Anhangs hinsichtlich der angewandten Bilanzierungs- und Bewertungsmethoden ist zweckmäßig, um den Abschlussadressaten die Ausübung der kodifizierten Wahlrechte offenzulegen. Im Idealfall würden die Wahlrechte allerdings abgeschafft und dieser dem Management offenstehende Manipulationsspielraum beseitigt.[95]

Die Entlastungsfunktion des Anhangs ist bei mittelstrenger Informationseffizienz für börsennotierte Unternehmen überflüssig, da ohnehin alle öffentlich verfügbaren Informationen vollständig verarbeitet werden. In den anderen Fällen kann die Entlastungsfunktion hingegen unter der Prämisse, dass eine steigende Übersichtlichkeit der Bilanz und GuV einzelnen Investoren die Auswertung des Abschlusses erleichtert, als zweckmäßig gelten.[96]

---

[92] Vgl. bereits Kapitel 7.4 unter Rekurs auf Busse von Colbe (1966), S. 109.

[93] Vgl. Kapitel 6.4.2.3.

[94] Vgl. ausführlich Kapitel 8.2.

[95] Vgl. zur Erläuterungsfunktion bereits Kapitel 7.3.3.2.1 unter Rekurs auf Streim (1985), S. 1581.

[96] Vgl. zur Entlastungsfunktion bereits Kapitel 7.3.3.2.1.

Eine Ergänzungsfunktion des Anhangs ist zweckmäßig, sofern sie sich auf solche Informationen bezieht, die dem Informationsinteresse der Kapitalgeber entsprechen.[97]

Insgesamt gesehen leidet der Informationsnutzen, den der Anhang verkörpert, insbesondere daran, dass es sich überwiegend um einen Erläuterungsbericht zu Bilanz und GuV handelt[98] und dass der Anhang insofern kein eigenständiges und konsequent an der relevanten zukünftigen Entwicklung des Unternehmens orientiertes Informationsinstrument darstellt.[99]

### 8.3.3 Managementbericht über die Unternehmenslage

In Bezug auf den Managementbericht über die Unternehmenslage sind insbesondere zwei Aspekte zu kritisieren. Erstens empfiehlt das IASB lediglich die Erstellung eines solchen Berichts, anstatt sie verpflichtend vorzuschreiben. Zweitens normiert das IASB Form und Inhalt des Berichts nicht hinreichend, um eine zweckmäßige Information der Kapitalgeber zu erreichen. Daher ist der financial review by management nicht in der Lage, die informationellen Mängel der Kerninstrumente des Abschlusses zu kompensieren. Falls das IASB die bislang vorliegenden Ergebnisse des Projekts „Management Commentary“ weiterverfolgt und diesen Bericht verpflichtend vorschreibt sowie ausreichend normiert, wären die Kritikpunkte allerdings in absehbarer Zukunft obsolet.[100]

### 8.3.4 Ergebnis je Aktie

IAS 33 verpflichtet alle Unternehmen, deren Stammaktien oder potenzielle Stammaktien öffentlich gehandelt werden oder die eine Ausgabe solcher Aktien eingeleitet haben, zur Angabe des Ergebnisses je Aktie in der GuV zum einen in unverwässerter Form, d. h. als Quotient des den Stammaktionären des Mutterunternehmens zurechenbaren Periodenergebnisses aus dem fortzuführenden Geschäft und der gewichteten durchschnittlichen Zahl der während der Berichtsperiode ausstehenden Stammaktien, und zum anderen in verwässerter Form, d. h. als Quotient des den Stammaktionären zurechenbaren Ergebnisses des Mutterunternehmens aus dem fortzuführenden Geschäft und der gewichteten Anzahl durchschnittlich in der Berichtsperiode im Umlauf befindlicher Stammaktien, die jedoch jeweils um alle Verwässerungseffekte potenzieller Stammaktien zu bereinigen sind.[101]

---

97 Vgl. zur Ergänzungsfunktion bereits Kapitel 7.3.3.2.1.

98 Vgl. Pellens/Fülbier (2002), Sp. 1577 f.

99 Vgl. Bieker (2006), S. 94.

100 Vgl. Bieker (2006), S. 94.

101 Vgl. Kapitel 6.4.4.

Dabei verfolgt IAS 33 insbesondere mit der Angabepflicht eines verwässerten Ergebnisses je Aktie das Ziel, den Aktionären Informationen über das ihnen zukünftig zustehende Ergebnis zu vermitteln, für das die zukünftige Aktienanzahl von Bedeutung ist.[102] Der Quotient aus bereinigtem Periodenergebnis und bereinigter Aktienanzahl repräsentiert allerdings nur dann das den Aktionären zukünftig anteilig zustehende Ergebnis, sofern auch der Zähler Zukunftsbezug aufweist, also das Unternehmen das bereinigte Ergebnis der abgelaufenen Berichtsperiode zukünftig erneut erzielen kann. Dies wäre entweder unter der realiter nicht zutreffenden Annahme konstanter ökonomischer Umweltbedingungen der Fall[103] oder aber, falls das nach IFRS ermittelte Ergebnis Prognoseeignung in dem Sinne besitzt, dass seine Höhe nur bei Änderung der nachhaltigen Ertragsaussichten eines Unternehmens schwankt. Dann würde etwa eine Konstanz des Ergebnisses eine Konstanz der Ertragsaussichten und bei steigender Aktienanzahl folglich ein geringeres Ergebnis je Aktie implizieren.

Da die Analyse jedoch gezeigt hat, dass die Prognosetauglichkeit des Gewinns nach IFRS kritisch einzuschätzen ist,[104] greift diese Kritik gleichermaßen für einen Quotienten aus Gewinn und zukünftiger Aktienanzahl, sodass der Informationswert des nach IAS 33 berechneten Ergebnisses je Aktie bezweifelt werden muss.

### 8.3.5 Segmentberichterstattung

Die Segmentberichterstattung verfolgt das Ziel, den Rechnungslegungsadressaten einen differenzierten Einblick in die Unternehmenstätigkeit mit ihren regionalen und produktspezifischen Unterschieden zu gewähren. Dabei nimmt das Unternehmen die Aufstellung der Segmentinformationen generell mit den Bilanzierungs- und Bewertungsmethoden vor, die es auch bei der Abschlussaufstellung verwendet.[105] Daher handelt es sich bei der Segmentberichterstattung um eine Aufbereitung der Informationen aus Bilanz und GuV.[106]

Dies bedeutet jedoch, dass die Zweckmäßigkeit der Segmentinformationen unmittelbar mit derjenigen der allgemeinen Bilanzierungs- und Bewertungsmethoden zusammenhängt, denn den angestrebten differenzierten Einblick für die Kapitalgeber vermag eine Segmentierung nur dann auf eine zweckmäßige Art zu vermitteln, wenn sie mit dem Informationsinteresse der Kapitalgeber an zukünftigen Zahlungsströmen korrespondiert. Dementsprechend treffen die im Verlauf der Analyse der einzelnen Standards aufgezeigten Kritikpunkte im Hinblick auf den Zukunftsbe-

---

[102] Vgl. Pellens/Fülbier/Gassen (2006), S. 799 f.

[103] Vgl. Streim (2000a), S. 125.

[104] Vgl. etwa Kapitel 8.2.2 zum Bereich der immateriellen Vermögenswerte; vgl. ebenfalls Streim (2000a), S. 126 f.

[105] Vgl. Kapitel 6.4.5.

[106] So auch Bieker (2006), S. 88, zur Segmentberichterstattung nach HGB.

zug der Informationen gleichermaßen auch die Segmentberichterstattung und mindern deren Informationsgehalt.

## 8.4 Offenlegung

Die Pflicht zur Offenlegung des Abschlusses wurde bereits als offensichtlich zweckmäßig eingestuft.[107] Die in den IFRS zugunsten der nationalen Gesetzgebung fehlenden Vorschriften zur Offenlegung werden für die in Deutschland aufgestellten IFRS-Konzern- bzw. IFRS-Einzelabschlüsse im HGB durch die Bundesanzeigerpublizität gemäß § 325 vorgegeben.

## 8.5 Zusammenfassung und Fazit

Anstelle einer ausführlichen Zusammenfassung der Beurteilung der einzelnen Standards bzw. Vorschriften, die angesichts der obigen Ausführungen entbehrlich erscheint, sollen an dieser Stelle lediglich zwei wesentliche Ergebnisse der Analyse festgehalten werden.

Erstens hat die Betrachtung der Grundkonzeption der IFRS insbesondere hinsichtlich der formulierten Zielsetzung der Abschlüsse ergeben, dass der selbst definierte Anspruch des IASB in Bezug auf die entwickelte Rechnungslegungskonzeption zweckmäßig ist: Verfolgt wird die Vermittlung entscheidungsnützlicher Informationen über die zukünftige Fähigkeit der Unternehmen zur Erwirtschaftung von Zahlungsmitteln zur Fundierung von (Des-)Investitionsentscheidungen bzw. Kreditvergabeentscheidungen der Kapitalgeber.[108] Allerdings ist offensichtlich, dass dieses Zweckmäßigkeitsurteil lediglich eine sehr abstrakte Ebene der Rechnungslegungskonzeption betrifft.

Zweitens hat die nähere Analyse der Einzelvorschriften gezeigt, dass dieses Urteil auf einer konkreteren Ebene nicht uneingeschränkt aufrechterhalten werden kann, sondern die Standards vielmehr neben zweckmäßigen Regelungen auch eine Vielzahl unzweckmäßiger Bestimmungen beinhalten.[109]

Dementsprechend verfehlt die Rechnungslegungskonzeption der IFRS auf der Ebene der konkreten Vorschriften bezüglich vielfältiger Aspekte eine zweckmäßige Umsetzung des auf der allgemeinen Ebene des Rahmenkonzepts noch zweckmäßigerweise angestrebten Ziels einer Vermittlung entscheidungsnützlicher Informationen an die Kapitalgeber eines Unternehmens.

---

[107] Vgl. Kapitel 7.3.4.

[108] Vgl. Kapitel 8.1.

[109] Vgl. Kapitel 8.2.

# 9 Zusammenfassung der Arbeit, Würdigung der Ergebnisse und Ausblick

Die Unternehmenstätigkeit befindet sich weltweit in einem Globalisierungsprozess, der in den vergangenen Jahren mit zunehmender Intensität auch die Rechnungslegung erfasst hat. In Europa hat insbesondere die durch das Gemeinschaftsrecht der Europäischen Union eingeführte Verpflichtung für kapitalmarktorientierte Unternehmen, einen Konzernabschluss nach International Financial Reporting Standards (IFRS) aufzustellen, sowie die für die Mitgliedstaaten fakultative Ausweitung des Anwendungsbereichs der IFRS sowohl auf nicht kapitalmarktorientierte Unternehmen als auch auf die Einzelabschlussebene einen Quantensprung in der Internationalisierungstendenz der Rechnungslegung bedeutet. In Deutschland resultiert aus dieser Entwicklung ein konzeptioneller Umbruch, da die IFRS nicht mehr das traditionelle handelsrechtliche Ziel der Zahlungsbemessung, sondern ausschließlich das Ziel der Informationsvermittlung im Hinblick auf Kapitalanlageentscheidungen verfolgen. Ein fundierter Versuch zur Beantwortung der Frage, ob dieser Änderungsprozess tatsächlich „aus deutscher Sicht unbedingt zu begrüßen"[1] ist, muss jedoch auf der Grundlage einer ökonomischen Analyse beruhen. Die vorliegende Arbeit hat sich das Ziel gesetzt, diese ökonomische Analyse durch die Herleitung allgemeiner Anforderungen an eine informationsorientierte Rechnungslegung sowie die anschließende Überprüfung, ob die traditionellen respektive die internationalen Vorschriften diesen Anforderungen genügen, zu leisten.[2]

Den Ausgangspunkt jedweder ökonomischer Analyse bildet ein adäquater Analysemaßstab, dessen Herleitung und anschließende Operationalisierung Kapitel zwei leistet. Als legitime Zwecke, die hinter der den Unternehmen staatlicherseits auferlegten Pflicht zur Rechnungslegung stehen können, werden allgemein zum einen Effizienz und zum anderen Gerechtigkeit diskutiert. Im Hinblick auf den Zweck der Effizienz kann Rechnungslegung als eine Institution im Rahmen von Kapitalüberlassungsverhältnissen den aufgrund von Interessendivergenz bei gleichzeitiger Informationsasymmetrie zwischen Eigen- und Fremdkapitalgebern sowie der Unternehmensleitung bestehenden Kapitalgeberrisiken entgegenwirken und damit zur Allokationseffizienz des Kapitalmarktes beitragen. Im Hinblick auf den Rechnungslegungszweck der Gerechtigkeit ist hingegen zu konstatieren, dass eine diesbezügliche Untersuchung infolge der dazu erforderlichen Werturteile generell nicht anhand ökonomischer Kriterien durchgeführt werden kann; daher blendet die vorliegende Arbeit dem regelmäßigen Vorgehen ökonomischer Analysen entsprechend Überlegungen zum Aspekt der Gerechtigkeit aus, sodass der Fokus

---

1 Wollmert/Achleitner (1997a), S. 209.

2 Vgl. Kapitel 1.

einzig auf dem Zweck der Effizienz liegt. Die Operationalisierung des Rechnungslegungszwecks der Effizienz liefert das Ergebnis, dass als zweckmäßige Konzeptionen einerseits Regelungen zur Ausschüttungsbemessung und andererseits Regelungen zur Informationsvermittlung infrage kommen, von denen im Kontext des Konzepts informationseffizienter Kapitalmärkte als Gegenstand der Arbeit die Vermittlung entscheidungsnützlicher Informationen relevant ist. Dem primär finanziellen Interesse der Kapitalgeber eines Unternehmens entsprechend zeichnen sich entscheidungsnützliche Informationen dadurch aus, dass sie die drei Aspekte der Höhe, der zeitlichen Struktur und der (Un-)Sicherheit der zukünftig aus dem Unternehmen an die Kapitalgeber fließenden Zahlungsströme betreffen. Derartige Informationen vermag eine Rechnungslegung mittelbar in Form einer informativen Bilanz, die die zukünftigen Zahlungspotenziale in Höhe der Barwerte zeigt, in Form einer als Prognosegröße oder als Performancemaß ausgestalteten informativen Gewinngröße sowie in Form der sonstigen Informationsvermittlung zu liefern. Allerdings unterliegen die Rechnungslegungsinformationen dem Problem, dass die für eine Entscheidungsnützlichkeit der Informationen aus Kapitalgebersicht zentralen Kriterien der Relevanz und der Verlässlichkeit in einer unlösbaren Trade off-Beziehung zueinander stehen.[3]

Die Fähigkeit des Kapitalmarktes zur Informationsverarbeitung im Preisbildungsprozess wird durch das Konzept der Informationseffizienz beschrieben. Eine gängige Definition von Fama bezeichnet einen Markt als informationseffizient, sofern „in setting the prices of securities ..., the market correctly uses all available information."[4] Zur Konkretisierung der vom Markt verarbeiteten Informationsmenge unterscheidet man in die drei Grade der schwachen Informationseffizienz (der Markt verarbeitet als Informationsmenge vollständig die Marktpreise vergangener Zeitpunkte), der mittelstrengen Informationseffizienz (der Markt verarbeitet vollständig alle öffentlich verfügbaren Informationen) sowie der strengen Informationseffizienz als Grenzfall (der Markt verarbeitet alle in der Ökonomie existierenden Informationen vollständig), von denen im Kontext der Rechnungslegung insbesondere die mittelstrenge Form relevant ist. Auf die Frage, ob der reale Kapitalmarkt mittelstrenge Informationseffizienz erreicht, liefert jedoch weder die theoretische noch die empirische Literatur eine eindeutige Antwort. Auf theoretischer Ebene sprechen sowohl starke Argumente für die Informationseffizienz, etwa der Mechanismus der Arbitrage durch rationale Kapitalmarktteilnehmer, als auch gegen die Informationseffizienz, etwa ein infolge positiver Informationskosten auf einem informationseffizienten Kapitalmarkt vernichteter Anreiz zur Beschaffung und Auswertung von Informationen. Auf empirischer Ebene zeichnet die umfangreiche Literatur hinsichtlich der relevanten Grade der schwachen bzw. mittelstrengen Informationseffizienz ebenfalls ein höchst heterogenes Bild, das in Form deutlicher Indizien für und wider die beiden Grade sogar deutliche Widersprüche enthält. Insofern ist zu

---

[3] Vgl. Kapitel 2.

[4] Fama (1976b), S. 143.

konstatieren, dass es sich bei der Informationsverarbeitungsfähigkeit des Kapitalmarktes letztlich um eine offene Frage handelt.[5]

Die Informationsfunktion der Rechnungslegung vermag grundsätzlich einen Beitrag sowohl zur Steigerung der Allokationseffizienz als auch zur Steigerung des individuellen Nutzens der Investoren zu leisten. Damit informationsorientierte Rechnungslegung einen Beitrag zur Ressourcenallokation leisten kann, bildet die mittelstrenge Form der Informationseffizienz eine notwendige Bedingung; hinreichend zur Erlangung der Allokationseffizienz ist die Informationseffizienz deswegen nicht, da Letztere lediglich eine Geschwindigkeitshypothese darstellt und insofern keine Aussage im Hinblick auf die Qualität der am Markt verarbeiteten Informationen zulässt. Dieser Zusammenhang bedeutet zugleich, dass Rechnungslegung zum Zweck der Allokationseffizienz keinesfalls durch die Informationseffizienz überflüssig wird. Bei der konkreten Ausgestaltung der Rechnungslegung muss zur Erfüllung dieses Zwecks eindeutig der Schwerpunkt auf dem Kriterium der Relevanz liegen. Zur Steigerung des Nutzenniveaus individueller Investoren gilt dieses Ergebnis gleichermaßen in den Fällen, in denen die Rechnungslegung die primäre Informationsquelle der Investoren darstellt, d. h. bei schwacher Informationseffizienz und zudem bei mittelstrenger Informationseffizienz für nicht börsennotierte Unternehmen. In Bezug auf börsennotierte Unternehmen kann die Rechnungslegung bei mittelstrenger Informationseffizienz zur Plausibilisierung der vom Markt verarbeiteten Informationen herangezogen werden und muss dazu objektivierbare, also schwerpunktmäßig verlässliche Informationen bereitstellen. Im theoretischen Grenzfall eines streng informationseffizienten Kapitalmarktes wäre die Informationsfunktion der Rechnungslegung erloschen. Zusammengenommen sind diese Ergebnisse lediglich für nicht kapitalmarktorientierte Unternehmen eindeutig – der Schwerpunkt der Rechnungslegungskonzeption muss auf dem Kriterium der Relevanz liegen. Bei kapitalmarktorientierten Unternehmen ist hingegen die Informationsvermittlung nicht durch ein einziges Regelset möglich.[6]

Die Konzeption der Rechnungslegung im HGB folgt einem dreistufigen Aufbau: Die grundlegenden Vorschriften für alle Kaufleute werden um ergänzende Vorschriften für Kapitalgesellschaften und haftungsbeschränkte Personenhandelsgesellschaften sowie um Vorschriften zur Konzernrechnungslegung erweitert; die Erweiterung besteht teils aus zusätzlichen Regelungen, teils aber auch aus Einschränkungen der für alle Kaufleute geltenden Ansatz- und Bewertungsvorschriften. Den mit der Rechnungslegung verfolgten Zweck nennt das Gesetz zwar nicht explizit, abgeleitet aus Anhaltspunkten im Gesetzestext diskutiert die Literatur allerdings für den handelsrechtlichen Einzelabschluss die beiden Rechnungslegungsfunktionen einerseits der

---

5 Vgl. Kapitel 3.

6 Vgl. Kapitel 4.

Information und andererseits der Ausschüttungsbemessung. Der handelsrechtliche Konzernabschluss besitzt dementgegen eine reine Informationsfunktion.[7]

Die Rechnungslegungsvorschriften der IFRS werden vom IASB, also einem privaten Rechnungslegungs-Standardsetter, erstellt. Ihre in der jüngeren Vergangenheit deutlich gestiegene Bedeutung beruht auf europäischem Recht. Die konkreten Vorschriften folgen einem kasuistischen Aufbau; als theoretischer, allerdings lediglich subsidiärer Unterbau liegt das Rahmenkonzept vor. Die singuläre Zielsetzung der IFRS-Rechnungslegung besteht dem Rahmenkonzept zufolge in der Vermittlung entscheidungsnützlicher Informationen an einen weiten Adressatenkreis, wobei der Informationsbedarf der (Eigen-)Kapitalgeber eines Unternehmens als identisch mit dem Informationsbedarf aller weiteren Adressaten eingestuft und dementsprechend in den Mittelpunkt der Rechnungslegungskonzeption gestellt wird.[8]

Die Analyse der handelsrechtlichen Rechnungslegungskonzeption zeigt in einem ersten Schritt hinsichtlich der Regelungen für alle Kaufleute, dass es sich um unzweckmäßige Vorschriften handelt, da die kodifizierten Ansatz- und Bewertungsregeln an der Ausschüttungsbemessungsfunktion orientiert sind. Ein differenzierteres Urteil ergibt sich bei der Analyse der ergänzenden Vorschriften für Kapitalgesellschaften und haftungsbeschränkte Personenhandelsgesellschaften: Obwohl die unzweckmäßigen, für alle Kaufleute geltenden Gewinnermittlungsregeln weitgehend erneut greifen, verlangt die Generalklausel für den Jahresabschluss, dass die sonstige Informationsvermittlung das Informationsinteresse der Abschlussadressaten erfüllt – dies stellt einen bei mittelstrenger Informationseffizienz bereits definitionsgemäß und auch bei schwacher Informationseffizienz unter der Prämisse rationaler Individuen, die neben Bilanz und GuV auch die sonstigen Informationsinstrumente auswerten, grundsätzlich zweckmäßigen Weg dar. Allerdings offenbart eine Detailanalyse der Vorschriften zur sonstigen Informationsvermittlung, dass deren konkrete Ausgestaltung das Informationsinteresse der Kapitalgeber nicht befriedigen kann, und zwar im Wesentlichen deshalb, weil der Anhang vorwiegend als ein Erläuterungsbericht zu Bilanz und GuV konzipiert ist und auch der Lagebericht diese Aufgabe durch die wenig konkreten Gesetzesvorgaben und sein geringes Gewicht in der einschlägigen Literatur nicht zu erfüllen vermag. Dieses Ergebnis gilt weitgehend analog für die handelsrechtliche Konzernrechnungslegung, da wiederum die ergänzenden Vorschriften für Kapitalgesellschaften übernommen werden und auch die zusätzlichen Berichtsinstrumente Kapitalflussrechnung, Eigenkapitalspiegel und Segmentberichterstattung die Zweckmäßigkeit nicht herstellen können.[9]

---

7 Vgl. Kapitel 5.

8 Vgl. Kapitel 6.

9 Vgl. Kapitel 7.

Die Analyse der Zweckmäßigkeit der IFRS zeigt zunächst, dass die selbst definierte Zielsetzung der IFRS-Rechnungslegung, nämlich die Vermittlung entscheidungsnützlicher Informationen an die Kapitalgeber eines Unternehmens über dessen Fähigkeit, zukünftig Zahlungsmittelüberschüsse zu erwirtschaften, mit den Anforderungen an die Informationsfunktion der Rechnungslegung korrespondiert und das IASB demzufolge ein zweckmäßiges Ziel verfolgt. Die Detailanalyse der Einzelvorschriften offenbart jedoch wesentliche Schwachpunkte – exemplarisch sei aus Sicht der Relevanz auf die unvollständige Erfassung der Einzahlungspotenziale bei den immateriellen Vermögenswerten bzw. die unvollständige Erfassung der Auszahlungspotenziale infolge des Passivierungsverbots für Innenverpflichtungen und das daraus resultierende Zweckmäßigkeitsdefizit im Hinblick auf eine informative Bilanz sowie aus Sicht der Verlässlichkeit auf die vielfältigen Ermessensspielräume der Bilanzierenden verwiesen. Insofern zeigt die Analyse auf einer konkreteren Ebene als der allgemeinen Zielsetzung des IASB ein Nebeneinander zweckmäßiger und unzweckmäßiger Bestimmungen auf.[10]

Insgesamt gesehen implizieren die Ergebnisse der Arbeit, dass die einleitend aufgeworfene Frage, inwiefern der Internationalisierungsprozess der Rechnungslegung mit der zunehmenden Abkehr weg von den traditionellen handelsrechtlichen Vorschriften und hin zu den IFRS, der als ausschließliche Funktion der Rechnungslegung die Information der Kapitalgeber in den Fokus rückt, aus deutscher Sicht zu begrüßen ist, im Anschluss an eine ökonomische Analyse kritisch beantwortet werden muss.

Zunächst ist eine informationsorientierte Rechnungslegung mit dem generellen Problem konfrontiert, dass die vermittelten Informationen sowohl dem Kriterium der Relevanz als auch dem Kriterium der Verlässlichkeit genügen müssen, zwischen diesen beiden Kriterien jedoch unbestrittenermaßen ein Trade off besteht und dieser Zielkonflikt weder auf logisch-deduktivem noch auf empirisch-induktivem Wege eindeutig gelöst werden kann:[11] Einerseits ist „(d)er weitgehende Verzicht auf Verlässlichkeit ... der Preis für ein höheres Maß an Entscheidungsrelevanz“[12], andererseits können nur glaubwürdige und damit verlässliche Informationen entscheidungsrelevant sein.[13] Darüber hinaus zeigt eine Betrachtung der Informationsfunktion der Rechnungslegung im Kontext des Konzepts informationseffizienter Kapitalmärkte, dass sich in Abhängigkeit vom jeweiligen Grad der Informationseffizienz unterschiedliche Implikationen für eine informative Rechnungslegung ergeben, die Frage nach dem realiter vorliegenden Grad jedoch anhand des derzeitigen Forschungsstandes weder aus theoretischer noch aus empirischer Sicht eindeutig zu beantworten ist. Eine Abschätzung, wann bzw. ob sich diese Schwierigkeit

---

10 Vgl. Kapitel 8.

11 Vgl. Bieker (2006), S. 190 f.

12 Streim/Bieker/Esser (2003), S. 478 (Rechtschreibung an neue Regeln angepasst).

13 Vgl. Pfaff/Kukule (2006), S. 548; Siegel et al. (1999), S. 2078.

für die Konzeption einer informativen Rechnungslegung durch zukünftige Forschungsbemühungen zur Informationseffizienz der Kapitalmärkte überwinden lässt, erscheint überdies unmöglich.

Die Analyse der Rechnungslegung nach HGB zeigt, dass neben den Jahresabschluss zumindest bei Kapitalgesellschaften, haftungsbeschränkten Personenhandelsgesellschaften und Konzernen mit dem (Konzern-)Lagebericht ein grundsätzlich zur Deckung des Informationsbedarfs der Kapitalgeber geeignetes Informationsinstrument tritt, dass allerdings eine deutliche Aufwertung seines Stellenwertes erforderlich ist, der Lagebericht dieser Aufgabe dann aber ohne Weiteres gewachsen wäre. Insofern weist die Rechnungslegungskonzeption des HGB bereits eine Ansatzmöglichkeit auf, um den Informationsgehalt nachdrücklich zu verbessern. Die Lösung einer Steigerung des Informationsgehalts der Rechnungslegung über eine Aufwertung des Lageberichts als Bestandteil der sonstigen Informationsvermittlung würde zudem den Vorzug aufweisen, dass Bilanz und GuV weiterhin das Ziel der Ausschüttungsbemessung verfolgen können und diese Rechnungslegungsfunktion aufrechterhalten werden kann – dadurch würde der Jahresabschluss die Möglichkeit behalten, auch den ausschüttungsbedingten Kapitalgeberrisiken zu begegnen, da allein ein durch Informationsvermittlung erreichtes Wissen den Kapitalgebern in Bezug auf diese Risiken offensichtlich nicht hilfreich ist.[14]

Die Analyse der Rechnungslegung nach IFRS zeigt, dass die angestrebte Vermittlung entscheidungsnützlicher Informationen mittels der traditionellen Jahresabschlussinstrumente Bilanz und GuV sowie den weiteren Instrumenten Eigenkapitalveränderungsrechnung, Kapitalflussrechnung und Anhang – der aus theoretischer Sicht grundsätzlichen Eignung der Bilanz und der Gewinngröße für diese Aufgabe zum Trotz – auf dem vom IASB eingeschlagenen Weg nicht zu erreichen ist, sondern das IASB dazu mehr „Mut"[15] zur Relevanz aufbringen müsste. Die Würdigung der IFRS-Rechnungslegungskonzeption soll im Folgenden anhand der beiden in der jüngeren Vergangenheit erkennbaren Entwicklungstendenzen in Bezug auf die Bewertung, nämlich einerseits einem Umbruch hin zu einer verstärkten Fair Value-Bewertung und andererseits einer Abkehr von der Einzel- zugunsten einer zunehmenden Gesamtbewertung,[16] konkretisiert werden.

Aus dem Interesse der Kapitalgeber an Informationen über Höhe, zeitliche Struktur und (Un-)Sicherheit zukünftiger Zahlungsströme lässt sich ableiten, dass Fair Values im Sinne von Marktpreisen ausschließlich für die Bereiche des nicht betriebsnotwendigen Vermögens sowie der zur Veräußerung bestimmten Güter eine zweckmäßige Lösung darstellen. Der deutlich

---

14 Vgl. m. w. N. Bieker (2006), S. 49.

15 Streim/Bieker/Leippe (2001), S. 203. Siehe auch Streim (2000a), S. 129.

16 Vgl. Streim/Bieker/Esser (2004), S. 233.

wichtigere Bereich des betriebsnotwendigen Vermögens kann jedoch durch Marktpreise nicht zweckmäßig abgebildet werden, da einzig der Ertragswert das aus Unternehmenssicht vorliegende Erfolgspotenzial repräsentiert. Die schwerpunktmäßige Interpretation des Fair Value durch das IASB als (Absatz-)Marktpreis auch für das betriebsnotwendige Vermögen bedeutet demzufolge, dass sich diese Entwicklungstendenz – trotz der teilweise euphorischen Resonanz – kaum in einer wesentlichen Steigerung des Informationsgehalts der Rechnungslegung niederschlagen wird.[17]

Eine ertragswertorientierte Bewertung, die allein relevante Wertansätze für das betriebsnotwendige Vermögen generiert, impliziert jedoch infolge des Interdependenzproblems, dass Zahlungsströme regelmäßig nicht einzelnen Vermögenswerten und Schulden, sondern lediglich Ressourcenkollektiven zugeordnet werden können, überwiegend eine Abkehr von der klassischen Einzelbewertung. Insofern erscheint die zweite genannte Entwicklungstendenz in der Bewertungskonzeption der IFRS, der Umbruch hin zu einer Gesamtbewertungsebene auf Basis der sog. zahlungsmittelgenerierenden Einheiten, zweckmäßig. Allerdings lässt das IASB bei der Umsetzung dieser Entwicklung die notwendige Konsequenz vermissen, denn eine Gesamtbewertung kommt nur im Rahmen des Werthaltigkeitstests in einer für den Adressaten unsichtbaren Nebenrechnung zur Anwendung und stellt insofern kein generell anzuwendendes Bewertungskonzept dar. Überdies begeht das IASB den Fehler, dass selbst die auf der Gesamtbewertungsebene ermittelten Werte nicht als solche in der Bilanz erscheinen, sondern stattdessen über einen willkürlichen Zuteilungsmechanismus einzelnen Vermögenswerten und Schulden zugerechnet werden,[18] sodass letztlich der Beitrag auch dieser Entwicklungstendenz im Hinblick auf den Informationsgehalt gering einzuschätzen ist.

Als Kehrseite der Medaille ist bei der Implementierung derartiger Entwicklungen in den Rechnungslegungsvorschriften eine Einbuße hinsichtlich der Verlässlichkeit der Wertansätze unumgänglich, und die Analyse hat diesbezüglich auch im Detail – trotz des lediglich geringen positiven Effekts zur Relevanz – aufgezeigt, dass eine Vielzahl der IFRS-Rechnungslegungsvorschriften wesentliche Ermessensspielräume hervorruft.[19] Dass im angelsächsischen Raum, dem die von den IFRS verfolgte Rechnungslegungsphilosophie entstammt, derartige Ermessensspielräume und die daraus resultierende Möglichkeit der Bilanzpolitik vergleichsweise wenig problematisiert werden, liegt in einem offensichtlichen Vertrauen auf eine Harmonie der Interessen aller von der Rechnungslegung Betroffenen an einem aufrichtig infor-

---

17 Vgl. Bieker (2006), S. 194, 233; Pfaff/Kukule (2006), S. 549. Dabei leidet die Sachlichkeit der Diskussion über den Fair Value mitunter bereits auf der rein sprachlichen Ebene dadurch, dass der Begriff durch den moralischen Unterton des Wortes „fair“ quasi seine eigene Rechtfertigung in sich trägt. Vgl. dazu jeweils m. w. N. Bieker (2006), S. 1; Pfaff/Kukule (2006), S. 543. Vgl. aus der Wirtschaftspresse zudem Stölzel (2007), der Fair Value mit „fairer Wert“ übersetzt.

18 Vgl. Streim/Bieker/Esser (2003), S. 477; Streim/Bieker/Esser (2004), S. 239 f.

19 Vgl. hierzu auch Küting (2006), S. 3 f.

mativen Jahresabschluss begründet: Durch den Wunsch aller Beteiligten, also auch der Rechnungslegenden, das fachmännische Ermessen auf legitime Weise zur Aufgabenerfüllung des Jahresabschlusses einzusetzen, entfalten die Spielräume keine negative, sondern sogar eine positive Wirkung, da Unzulänglichkeiten der Regelungen im Einzelfall durch das fachmännische Ermessen überwunden werden können.[20] Dieses Vertrauen überrascht insbesondere deswegen, weil die Kaufmannspraxis sich bei einem Blick in die Vergangenheit eher als vertrauensunwürdig erweist: So ist der Ursprung des deutschen Netzes obrigkeitlicher Regulierung der Rechnungslegung in massiv aufgetretenem Gründungsschwindel bei Aktiengesellschaften gegen Ende des 19. Jahrhunderts zu sehen und auch in den USA führte die Weltwirtschaftskrise der 30er Jahre des vorigen Jahrhunderts zu einem Vertrauenseinbruch und einem staatlichen Eingriff in Form der Gründung der Börsenüberwachungsbehörde SEC, wenngleich dort der Vertrauensvorschuss grundsätzlich weiterhin gewährt wird.[21] Auch in der jüngeren Vergangenheit traten weltweit spektakuläre Bilanzskandale auf, darunter der Zusammenbruch von Enron als ehemals siebtgrößtes Unternehmen der USA und eines der amerikanischen Vorzeigeunternehmen,[22] wobei die Bilanzdelikte überwiegend in Unternehmenskrisen begangen wurden und individuelles Fehlverhalten des Managements vorlag.[23] Diese historischen Erfahrungen unterstreichen die Problematik, die damit einhergeht, bei der Auslegung von Spielräumen innerhalb der Rechnungslegungsvorschriften auf das zweckentsprechend im Sinne der Kapitalmarktinformation ausgeübte fachmännische Ermessen der Rechnungslegenden zu vertrauen.

Aus diesen Überlegungen folgt, dass den in der Literatur häufig anzutreffenden pauschalen Aussagen der folgenden Art, die den Umbruch im Bereich der Rechnungslegung hin zu den IFRS und einer ausschließlichen Orientierung an der Informationsfunktion (uneingeschränkt) positiv bis euphorisch beurteilen, entschieden entgegengetreten werden muss:[24] „Deutschland gehört zu den Ländern mit der rückständigsten handelsrechtlichen Rechnungslegung. ... Es ist nicht zu leugnen, dass ... es mit den IAS bald Rechnungslegungsgrundsätze mit einer .. hohen Qualität geben wird."[25] „Mehr Transparenz durch die signifikante Einschränkung von Bilanzierungs- und Bewertungswahlrechten kann das verlorene Vertrauen der Investoren und Kreditge-

---

20 Vgl. (ebenfalls kritisch) Schildbach (2003), S. 1072 f., sowie Schildbach (2004), S. 79.

21 Vgl. Schildbach (2003), S. 1071 f., sowie Schildbach (2004), S. 77.

22 Vgl. Zimmermann (2002), S. 573. Vgl. überdies Peemöller/Hofmann (2005), S. 29-125, die für die USA, das europäische Ausland und Deutschland in insgesamt 33 Fallstudien Bilanzskandale überwiegend aus den Jahren 2000 bis 2004 dokumentieren.

23 Vgl. Schildbach (2005b), S. 46 f.; Zimmermann (2002), S. 581, sowie Peemöller/Hofmann (2005), S. 138, die konstatieren: „In nahezu allen analysierten Fällen handelte es sich .. um ‚komplexe Bündel' von dolosen Handlungen. Die kriminelle Kreativität der Täter erscheint unerschöpflich."

24 Vgl. auch Schildbach (2006), S. 28, der – im Hinblick auf den Trend zur Fair Value-Bewertung – einerseits in der Literatur „die abgenutzten Lobeshymnen gebetsmühlenartig wiederholt" sieht, obwohl die Literatur andererseits „von einer erstaunlich konsistenten und grundsätzlichen Kritik an der Fair Value-Bewertung geprägt" sei.

25 Born (2002), S. XXXV (Rechtschreibung an neue Regeln angepasst).

ber zurückgewinnen."[26] „Die Umstellung auf IAS/IFRS ist vor diesem Hintergrund ein Signal, mit dem das Management eines Unternehmens nachweisen kann, mit der bisher möglichen ‚Geheimniskrämerei' aufhören zu wollen und die Geldgeber zukünftig zeitnah, umfassend und ‚schonungslos' über die tatsächliche Lage zu informieren."[27]

Wenn die deutsche Rechnungslegung „(i)nsbesondere durch zahlreiche Bewertungswahlrechte" und „nur wenig detaillierte Regelungen im Einzelfall (Ermessensspielräume) ... mittlerweile einen zweifelhaften Ruf (‚Hokuspokus-Accounting')"[28] genießt, so trifft der Vorwurf inhaltlich die IFRS gleichermaßen; fraglich erscheint nur, wann sich diese Erkenntnis auch auf deren Ruf in der herrschenden Meinung von Literatur und Rechnungslegungspraxis auswirken wird. Derart pauschale Aussagen jedoch erscheinen zum einen vor dem Hintergrund der komplexen Anforderungen an eine informative Rechnungslegung völlig unangebracht und sind zum anderen infolge der aufgezeigten vielfältigen Defizite im speziellen Fall der IFRS eindeutig unzutreffend. Vielmehr kann man das Ziel der Konzipierung einer informativen Rechnungslegung angesichts der damit verbundenen Probleme des unlösbaren Trade offs zwischen den Kriterien der Relevanz und der Verlässlichkeit sowie der Ungewissheit über das Informationsverarbeitungsvermögen des Kapitalmarktes getrost als eine Herkulesaufgabe bezeichnen, sodass das bisherige Scheitern des IASB bei der Erfüllung dieser Aufgabe letztlich nicht überraschend ist.[29]

In Anbetracht dessen ist es naheliegend, die Frage nach Wegen aufzuwerfen, um eine zweckmäßige informationsorientierte Rechnungslegung zu erreichen. Eine solche Lösungsmöglichkeit besteht darin, im Rahmen einer Separationsstrategie durch die Trennung verschiedener Rechnungslegungsinstrumente einerseits vergangenheitsorientierte und damit objektivierte Informationen, andererseits aber ebenfalls prospektiv orientierte Informationen zu vermitteln.[30] In diesen Kontext lassen sich sowohl die im Verlauf der Arbeit diskutierte „Abkopplungsthese"[31] als auch die Forderung, die Aufgabe der Informationsvermittlung ausschließlich dem Lagebericht zuzuweisen,[32] einordnen. Ebenfalls in diese Richtung gehen Vorschläge, eine umfassende Berichterstattung über immaterielle Werte etwa in Form eines Intellectual Capital Statement zu implementieren.[33]

---

26 Sailer/Schurbohm (2002), S. 364.

27 Carstensen/Leibfried (2004), S. 866 (im Original teilweise fett gedruckt).

28 Carstensen/Leibfried (2004), S. 865 (beide Zitate; im Original teilweise fett gedruckt).

29 Pointierte Kritik übt auch Schildbach (2007a) und (2007b), indem er die IFRS als „Irre Führendes Rechnungslegungs-System" bezeichnet.

30 Vgl. Beyhs (2002), S. 308.

31 Vgl. die Kapitel 5.5.3.2.1 und 7.3.3.2.2.

32 Vgl. Streim (1994), S. 405 f.; Streim (1995), S. 721.

33 Vgl. dazu Arbeitskreis „Immaterielle Werte im Rechnungswesen" (2003); Haller/Dietrich (2001); Küting/Ulrich (2001); Maul/Menninger (2000).

Will man die Vermittlung entscheidungsnützlicher Informationen nicht auf die sonstigen Informationsinstrumente beschränken, so könnte überdies konsequent die Konzipierung einer Bilanz angestrebt werden, die – unter Loslösung vom Einzelbewertungsgrundsatz – auf Basis einer Ertragsbewertung der verschiedenen zahlungsmittelgenerierenden Einheiten eines Unternehmens das Ziel verfolgt, auf bilanziellem Wege den Unternehmenswert in Form des Ertragswerts zu approximieren. Da mit einer solchen Vorgehensweise allerdings unweigerlich massive Manipulations- und Ermessensspielräume für das Management und damit Verlässlichkeitseinbußen einhergehen, sind zwingend ergänzende Elemente erforderlich, die auf eine Verringerung der Verlässlichkeitslücke abzielen – etwa die Verpflichtung für die Unternehmen, jährlich eine zusätzliche Veräußerungswertbilanz zu erstellen, um das „Worst Case-Szenario" des Liquidationsfalls zu simulieren, sowie die Verpflichtung der Unternehmen zu einer umfassenden Prognose- und Prämissenpublizität im Anhang, die dazu geeignet ist, den Kapitalgebern als Ausgangsgrundlage für eigenständige Berechnungen zu dienen.[34]

Eine alternative Möglichkeit, um die geringe Verlässlichkeit der durch das Management generierten Prognoseinformationen zu überwinden, besteht darin, den Einfluss negativer Informationsinteressen der Rechnungslegenden zu reduzieren. Dabei scheiden herkömmliche Objektivierungsmechanismen – exemplarisch der Rückgriff auf beobachtbare Marktpreise im Rahmen der Bewertung – infolge der daraus resultierenden Einschränkungen im Hinblick auf die Relevanz aus. Erforderlich wäre vielmehr eine subtile Objektivierung, die die Ursache des Problems in Form der negativen Informationsinteressen der Rechnungslegenden dadurch bekämpft, dass sie bei deren Anreizschema ansetzt: Würden Anreizmechanismen derart implementiert, dass das Management über seine tatsächliche Zukunftserwartung berichtet, wäre davon auszugehen, dass es zu einer substanziellen Verbesserung informationsorientierter Rechnungslegung kommt.[35]

Insbesondere das IASB wird jedoch zweifelsohne bei der konzeptionellen Weiterentwicklung seiner Rechnungslegungsvorschriften einen schwierigen Weg zu beschreiten haben und dabei mit komplexen Problemen konfrontiert sein. Ansätze für eine Lösung dieser grundlegenden, bei der Konzipierung einer informativen Rechnungslegung immanenten Probleme sind derzeit kaum zu erkennen.[36] Der Themenkomplex einer angemessenen Rechnungslegung der Unternehmen in der zunehmend globalisierten Weltwirtschaft bleibt daher reizvoll und die Fachwelt darf gespannt erwarten, wie sich das IASB zukünftig verhalten wird – beispielsweise ob es das Projekt „Management Commentary" zügig vorantreibt und durch eine zweckmäßige Regelung

---

[34] Vgl. dahin gehend den ausführlichen Vorschlag bei Bieker (2006), S. 219-228.

[35] Vgl. Beyhs (2002), S. 309 f.

[36] Hinsichtlich des Trade offs zwischen der Relevanz und der Verlässlichkeit der Informationen geht überdies aus dem knappen Hinweis in RK.45 immerhin hervor, dass sich das IASB der Problematik bewusst ist.

abschließt. Die von Sir David Tweedie als dem Vorsitzenden des Board vor einem Ausschuss des Europäischen Parlaments vertretene Auffassung, das IASB sei bereits „close to creating a financial reporting infrastructure appropriate for the global modern economy“[37], stimmt jedoch pessimistisch in Bezug auf die Frage, ob zukünftig tatsächlich eine zweckmäßige Weiterentwicklung der internationalen Rechnungslegungsvorschriften gelingt.

---

37 Das IASB hat die Ansprache auf seiner Internetseite unter der Adresse http://www.iasb.org/News/IASB+Chairman+Addresses+European+Parliament.htm veröffentlicht (Stand: 09.10.2007).

## Literaturverzeichnis

**Achleitner, Ann-Kristin/Wollmert, Peter/Van Hulle, Karel/Hey, Judith/Bischof, Stefan (2003):** Kommentierung Grundlagen der Bilanzierung, der Bewertung und des Ausweises, in: Baetge, Jörg/Wollmert, Peter/Kirsch, Hans-Jürgen/Oser, Peter/Bischof, Stefan (Hrsg.): Rechnungslegung nach IFRS – Kommentar auf der Grundlage des deutschen Bilanzrechts, 2. Aufl., Stuttgart 2003.

**Adler/Düring/Schmaltz (1995):** Rechnungslegung und Prüfung der Unternehmen – Kommentar zum HGB, AktG, GmbHG, PublG nach den Vorschriften des Bilanzrichtlinien-Gesetzes, 6. Aufl., Stuttgart (zitiert als „ADS").

**Adler/Düring/Schmaltz (2002):** Rechnungslegung nach Internationalen Standards – Kommentar, bearbeitet von Gelhausen, Hans-Friedrich/Pape, Jochen/Schruff, Wienand/Stolberg, Klaus unter Mitwirkung von Fey, Gerd et al., Stuttgart (zitiert als „ADS International").

**Akerlof, George A. (1970):** The Market for "Lemons": Quality Uncertainty and the Market Mechanism, in: Quarterly Journal of Economics, S. 488-500.

**Alexander, Sidney S. (1961):** Price Movements in Speculative Markets: Trends or Random Walks, in: Industrial Management Review, S. 7-26.

**Alexander, Sidney S. (1964):** Price Movements in Speculative Markets: Trends or Random Walks, Number 2, in: Industrial Management Review, S. 25-46.

**Andersen, Torben M. (1985):** Recent Developments in the Theory of Efficient Capital Markets, in: Kredit und Kapital, S. 347-371.

**Arbeitskreis DVFA/Schmalenbach-Gesellschaft e. V. (2003):** Empfehlungen zur Ermittlung prognosefähiger Ergebnisse, in: Der Betrieb, S. 1913-1917.

**Arbeitskreis „Immaterielle Werte im Rechnungswesen" der Schmalenbach-Gesellschaft für Betriebswirtschaft e. V. (2003):** Freiwillige externe Berichterstattung über immaterielle Werte, in: Der Betrieb, S. 1233-1237.

**Arrow, Kenneth J. (1963):** Social Choice and Individual Values, 2. Aufl., New York u. a.

**Arrow, Kenneth J. (1985):** The Economics of Agency, in: Pratt, John W./Zeckhauser, Richard J. (Hrsg.): Principals and Agents: The Structure of Business, Boston, S. 37-51.

**Arrow, Kenneth J. (1986):** Agency and the Market, in: Arrow, Kenneth J./Intriligator, Michael D. (Hrsg.): Handbook of Mathematical Economics, Vol. 3, North-Holland, S. 1183-1195.

**Assmann, Heinz-Dieter (1985):** Prospekthaftung als Haftung für die Verletzung kapitalmarktbezogener Informationsverkehrspflichten nach deutschem und US-amerikanischem Recht, Köln u. a. [Zugl.: Frankfurt (Main), Univ., Habil.-Schr., 1984].

**Auer, Kurt (1994):** Zum Stellenwert von Rechnungslegungsinformationen aus finanzierungstheoretischer Sicht, in: Pernsteiner, Helmut (Hrsg.): Rechnungslegung und Börse, Wien, S. 97-119.

**Baetge, Jörg (1993):** Harmonisierung der Rechnungslegung – haben die deutschen Rechnungslegungsvorschriften noch eine Chance?, in: Schmalenbach-Gesellschaft (Hrsg.): Internationalisierung der Wirtschaft – Eine Herausforderung an Betriebswirtschaft und Unternehmenspraxis, Stuttgart, S. 109-127.

**Baetge, Jörg/Beermann, Thomas (1999):** Die Neubewertung des Sachanlagevermögens nach International Accounting Standards (IAS), in: Steuern und Bilanzen, S. 341-348.

**Baetge, Jörg/von Keitz, Isabel (2006):** Kommentierung IAS 38 – Immaterielle Vermögenswerte, in: Baetge, Jörg/Wollmert, Peter/Kirsch, Hans-Jürgen/Oser, Peter/Bischof, Stefan (Hrsg.): Rechnungslegung nach IFRS – Kommentar auf der Grundlage des deutschen Bilanzrechts, 2. Aufl., Stuttgart 2003 (Stand Juli 2006).

**Baetge, Jörg/Kirsch, Hans-Jürgen/Thiele, Stefan (2004):** Konzernbilanzen, 7. Aufl., Düsseldorf.

**Baetge, Jörg/Kirsch, Hans-Jürgen/Thiele, Stefan (2005):** Bilanzen, 8. Aufl., Düsseldorf.

**Baetge, Jörg/Zülch, Henning (2001):** Fair Value-Accounting, in: Zeitschrift für Betriebswirtschaftliche Forschung und Praxis, S. 543-562.

**Ball, Ray (1972):** Changes in Accounting Techniques and Stock Prices, in: Journal of Accounting Research, S. 1-38.

**Ball, Ray (1992):** The earnings-price anomaly, in: Journal of Accounting and Economics, S. 319-345.

**Ball, Ray (1998):** The Theory of Stock Market Efficiency: Accomplishments and Limitations, in: Stern, Joel M./Chew, Donald H. Jr. (Hrsg.): The Revolution in Corporate Finance, 3. Aufl., Malden, S. 2-15.

**Ball, Ray/Brown, Philip (1968):** An Empirical Evaluation of Accounting Income Numbers, in: Journal of Accounting Research, S. 159-178.

**Ballwieser, Wolfgang (1982):** Zur Begründbarkeit informationsorientierter Jahresabschlussverbesserungen, in: Schmalenbachs Zeitschrift für betriebswirtschaftliche Forschung, S. 772-793.

**Ballwieser, Wolfgang (1985a):** Ergebnisse der Informationsökonomie zur Informationsfunktion der Rechnungslegung, in: Stöppler, Siegmar (Hrsg.): Information und Produktion – Beiträge zur Unternehmenstheorie und Unternehmensplanung, Festschrift für Waldemar Wittmann zum 60. Geburtstag, Stuttgart, S. 21-40.

**Ballwieser, Wolfgang (1985b):** Informationsökonomie, Rechnungslegungstheorie und Bilanzrichtlinie-Gesetz, in: Schmalenbachs Zeitschrift für betriebswirtschaftliche Forschung, S. 47-66.

**Ballwieser, Wolfgang (1987):** Kapitalmarkt und Informationsversorgung mit Jahresabschlüssen, in: Claussen, Carsten P./Hübl, Lothar/Schneider, Hans-Peter (Hrsg.): Zweihundert Jahre Geld und Brief – Herausforderungen an die Kapitalmärkte, Frankfurt am Main, S. 163-178.

**Ballwieser, Wolfgang (1991):** Das Rechnungswesen im Lichte ökonomischer Theorie, in: Ordelheide, Dieter/Rudolph, Bernd/Büsselmann, Elke (Hrsg.): Betriebswirtschaftslehre und Ökonomische Theorie, Stuttgart, S. 97-124.

**Ballwieser, Wolfgang (1993):** Die Entwicklung der Theorie der Rechnungslegung in den USA, in: Wagner, Franz W. (Hrsg.): Ökonomische Analyse des Bilanzrechts – Entwicklungslinien und Perspektiven –, Schmalenbachs Zeitschrift für betriebswirtschaftliche Forschung/Sonderheft 32, Düsseldorf, S. 107-138.

**Ballwieser, Wolfgang (1997):** Die Lageberichte der DAX-Gesellschaften im Lichte der Grundsätze ordnungsmäßiger Lageberichterstattung, in: Fischer, Thomas R./Hömberg, Reinhold (Hrsg.): Jahresabschluß und Jahresabschlußprüfung – Probleme, Perspektiven, internationale Einflüsse, Festschrift zum 60. Geburtstag von Jörg Baetge, Düsseldorf, S. 153-187.

**Ballwieser, Wolfgang (2002a):** Grundsätze der Aktivierung und Passivierung, in: Castan, Edgar/Böcking, Hans-Joachim/Heymann, Gerd/Pfitzer, Norbert/Scheffler, Eberhard (Hrsg.): Beck'sches Handbuch der Rechnungslegung, München, Band I, B 131 (Stand Februar 2002).

**Ballwieser, Wolfgang (2002b):** Rechnungslegung im Umbruch – Entwicklungen, Ziele, Missverständnisse, in: Der Schweizer Treuhänder, S. 295-304.

**Ballwieser, Wolfgang (2005):** Kommentierung IAS 16 – Sachanlagen, in: Baetge, Jörg/Wollmert, Peter/Kirsch, Hans-Jürgen/Oser, Peter/Bischof, Stefan (Hrsg.): Rechnungslegung nach IFRS – Kommentar auf der Grundlage des deutschen Bilanzrechts, 2. Aufl., Stuttgart 2003 (Stand Juni 2005).

**Ballwieser, Wolfgang (2006):** IFRS für nicht kapitalmarktorientierte Unternehmen?, in: Zeitschrift für Internationale Rechnungslegung, S. 23-30.

**Ballwieser, Wolfgang/Küting, Karlheinz/Schildbach, Thomas (2004):** Fair value – erstrebenswerter Wertansatz im Rahmen einer Reform der handelsrechtlichen Rechnungslegung?, in: Zeitschrift für Betriebswirtschaftliche Forschung und Praxis, S. 529-549.

**Ballwieser, Wolfgang/Schmidt, Reinhard H. (1981):** Unternehmensverfassung, Unternehmensziele und Finanztheorie, in: Bohr, Kurt/Drukarczyk, Jochen/Drumm, Hans-Jürgen/Scherrer, Gerhard (Hrsg.): Unternehmensverfassung als Problem der Betriebswirtschaftslehre, Berlin, S. 645-682.

**Ballwießer, Cornelia (1997):** Die handelsrechtliche Konzernrechnungslegung als Informationsinstrument – Eine Zweckmäßigkeitsanalyse, Frankfurt am Main u. a. [Zugl.: Würzburg, Univ., Diss., 1996].

**Banz, Rolf W. (1981):** The Relationship Between Return and Market Value of Common Stocks, in: Journal of Financial Economics, S. 3-18.

**Barker, Richard G. (1998):** The market for information – evidence from finance directors, analysts and fund managers, in: Accounting and Business Research, S. 3-20.

**Barnea, Amir/Haugen, Robert A./Senbet, Lemma W. (1985):** Agency Problems and Financial Contracting, Englewood Cliffs.

**Barnea, Amir/Haugen, Robert A./Senbet, Lemma W. (1981):** Market Imperfections, Agency Problems, and Capital Structure: A Review, in: Financial Management/Summer, S. 7-22.

**Barth, Mary E./Beaver, William H./Landsman, Wayne R. (2001):** The relevance of the value relevance literature for financial accounting standard setting: another view, in: Journal of Accounting and Economics, S. 77-104.

**Barth, Mary E./Clinch, Greg/Shibano, Toshi (2003):** Market Effects of Recognition and Disclosure, in: Journal of Accounting Research, S. 581-609.

**Baumol, William J. (1965):** The Stock Market and Economic Efficiency, New York.

**Bay, Wolfgang/Bruns, Hans-Georg (2000):** Internationalisierung der Unternehmenspublizität als Folge globaler Unternehmenstätigkeit, in: Haller, Axel/Raffournier, Bernard/Walton, Peter (Hrsg.): Unternehmenspublizität im internationalen Wettbewerb, Stuttgart, S. 709-754.

**Beaver, William H. (1998):** Financial Reporting: An Accounting Revolution, 3. Aufl., Upper Saddle River.

**Beaver, William H. (1968):** The Information Content of Annual Earnings Announcements, in: Journal of Accounting Research, Supplement, S. 67-92.

**Beaver, William H. (1972):** The Behavior of Security Prices and Its Implications for Accounting Research (Methods), in: Accounting Review, Supplement, S. 407-437.

**Beaver, William H. (1973):** What Should Be the FASB's Objectives?, in: Journal of Accountancy, S. 49-56.

**Beaver, William H. (1981):** Market Efficiency, in: The Accounting Review, S. 23-37.

**Beaver, William H. (1983):** Zur Effizienz des Kapitalmarkts: Gegenwärtiger Stand der Forschung, in: Zeitschrift für Betriebswirtschaftliche Forschung und Praxis, S. 344-358.

**Beaver, William H. (2002):** Perspectives on Recent Capital Market Research, in: Accounting Review, S. 453-474.

**Beaver, William H./Demski, Joel S. (1974):** The Nature of Financial Accounting Objectives: A Summary and Synthesis, in: Studies on Financial Accounting Objectives, Zusatzheft zum Journal of Accounting Research, S. 170-187.

**Beaver, William H./Dukes, Ronald E. (1973):** Interperiod Tax Allocation and δ-Depreciation Methods: Some Empirical Results, in: Accounting Review, S. 549-559.

**Beck, Martin (2004):** Bilanzierung von Investment Properties nach IAS 40 – Anwendungsprobleme bei der Implementierung und Lösungsansätze –, in: Kapitalmarktorientierte Rechnungslegung, S. 498-505.

**Beiersdorf, Kati/Buchheim, Regine (2006):** IASB-Diskussionspapier „Management Commentary" – Export des deutschen Lageberichts als Managementbericht?, in: Betriebs-Berater, S. 96-100.

**Benartzi, Shlomo/Thaler, Richard H. (1995):** Myopic Loss Aversion and the Equity Premium Puzzle, in: Quarterly Journal of Economics, S. 73-92.

**Bernard, Victor L./Thomas, Jacob K. (1989):** Post-Earnings-Announcement Drift: Delayed Price Response or Risk Premium?, in: Journal of Accounting Research, Supplement, S. 1-36.

**Bernard, Victor L./Thomas, Jacob K. (1990):** Evidence That Stock Prices Do Not Fully Reflect the Implications of Current Earnings for Future Earnings, in: Journal of Accounting and Economics, S. 305-340.

**Beyhs, Oliver (2002):** Impairment of Assets nach International Accounting Standards – Anwendungshinweise und Zweckmäßigkeitsanalyse, Frankfurt am Main u. a. [Zugl.: Bochum, Univ., Diss., 2001].

**Biddle, Gary C./Lindahl, Frederick W. (1982):** Stock Price Reactions to LIFO Adoptions: The Association Between Excess Returns and LIFO Tax Savings, in: Journal of Accounting Research, S. 551-588.

**Bieg, Hartmut (2006):** Bilanzierung und Bewertung von Rückstellungen nach IAS 37, in: Der Steuerberater, S. 253-259.

**Bieker, Marcus (2006):** Ökonomische Analyse des Fair Value Accounting, Frankfurt am Main u. a. [Zugl.: Bochum, Univ., Diss., 2005].

**Bieker, Marcus (2007a):** Ende des Bilanzierungschaos in Sicht? – Stellungnahme zum IASB-Diskussionspapier „Fair Value Measurements“ (Teil I), in: Praxis der internationalen Rechnungslegung, S. 91-97.

**Bieker, Marcus (2007b):** Ende des Bilanzierungschaos in Sicht? – Stellungnahme zum Diskussionspapier „Fair Value Measurements“ des IASB (Teil II), in: Praxis der internationalen Rechnungslegung, S. 132-138.

**Bieker, Marcus (2007c):** IFRS für kleine und mittlere Unternehmen – Überblick über die zentralen Inhalte des Standardentwurfs für die Rechnungslegung nicht kapitalmarktorientierter Unternehmen nach IFRS, in: Der Betrieb, S. 1206-1211.

**Bieker, Marcus/Esser, Maik (2004):** Der Impairment-Only-Ansatz des IASB: Goodwillbilanzierung nach IFRS 3 „Business Combinations“, in: Steuern und Bilanzen, S. 449-458.

**Bienert, Horst (1996):** Der Marktprozess an Aktienbörsen – Bewertungseffizienz und Umverteilung, Wiesbaden [Zugl.: Mannheim, Univ., Diss., 1995 u. d. T.: Bienert, Horst: Steuerungs- und Verteilungswirkungen von Marktprozessen an Aktienbörsen].

**Bierman, Harold Jr. (1974):** The Implications to Accounting of Efficient Markets and the Capital Asset Pricing Model, in: Accounting Review, S. 557-562.

**Black, Fischer (1986):** Noise, in: Journal of Finance, S. 529-543.

**Blackwell, David (1951):** Comparison of Experiments, in: Neyman, Jerzy (Hrsg.): Proceedings of the Second Berkeley Symposium on Mathematical Statistics and Probability, Berkeley/Los Angeles, S. 93-102.

**Blackwell, David/Girshick, M. A. (1954):** Theory of Games and Statistical Decisions, New York u. a.

**Böcking, Hans-Joachim/Kiefer, Marcus (2006):** Kommentierung IFRS 5 – Zur Veräußerung gehaltene langfristige Vermögenswerte und aufgegebene Geschäftsbereiche, in: Baetge, Jörg/Wollmert, Peter/Kirsch, Hans-Jürgen/Oser, Peter/Bischof, Stefan (Hrsg.): Rechnungslegung nach IFRS – Kommentar auf der Grundlage des deutschen Bilanzrechts, 2. Aufl., Stuttgart 2003 (Stand November 2006).

**Bogajewskaja, Janina (2006):** Exposure Draft des IASB zur Änderung des IAS 1 Presentation of Financial Statements, in: Betriebs-Berater, S. 1155-1159.

**Borchert, Marcus (2006):** Die Sicherung von Wechselkursrisiken in der Rechnungslegung nach deutschem Handelsrecht und International Financial Reporting Standards (IFRS) – Darstellung und Zweckmäßigkeitsanalyse, Frankfurt am Main u. a. [Zugl.: Bochum, Univ., Diss., 2005].

**Born, Karl (2002):** Rechnungslegung international – Einzel- und Konzernabschlüsse nach IAS, US-GAAP, HGB und EG-Richtlinien, 3. Aufl., Stuttgart.

**Böventer, Edwin von/Illing, Gerhard et al. (1997):** Einführung in die Mikroökonomie, 9. Aufl., München/Wien.

**Brealey, Richard A./Myers, Stewart C./Allen, Franklin (2006):** Principles of Corporate Finance, 8. Aufl., Boston u. a.

**Brinkmann, Jürgen (2006):** Zweckadäquanz der Rechnungslegung nach IFRS – Eine Untersuchung aus deutscher Sicht, Berlin [Zugl.: Duisburg-Essen, Univ., Campus Duisburg, Diss., 2006].

**Bromann, Oliver/Schiereck, Dirk/Weber, Martin (1997):** Reichtum durch (anti-)zyklische Handelsstrategien am deutschen Aktienmarkt?, in: Schmalenbachs Zeitschrift für betriebswirtschaftliche Forschung, S. 603-616.

**Bromwich, Michael (1992):** Financial Reporting, Information and Capital Markets, London.

**Brotte, Jörg (1997):** US-amerikanische und deutsche Geschäftsberichte – Notwendigkeit, Regulierung und Praxis jahresabschlußergänzender Informationen, Wiesbaden [Zugl.: Bochum, Univ., Diss., 1996].

**Brown, Philip (1994):** Capital Markets-Based Research in Accounting: An Introduction, Melbourne.

**Buchheim, Regine/Gröner, Susanne/Kühne, Mareike (2004):** Übernahme von IAS/IFRS in Europa: Ablauf und Wirkung des Komitologieverfahrens auf die Rechnungslegung, in: Betriebs-Berater, S. 1783-1788.

**Buchheim, Regine/Knorr, Liesel (2006):** Der Lagebericht nach DRS 15 und internationale Entwicklungen, in: Die Wirtschaftsprüfung, S. 413-425.

**Burkhardt, Katja/Hachmeister, Dirk (2006):** Bilanzierung von Investment Properties nach den Vorschriften des IAS 40, in: Zeitschrift für Controlling & Management, S. 354-359.

**Busse von Colbe, Walther (1966):** Aufbau und Informationsgehalt von Kapitalflussrechnungen, in: Zeitschrift für Betriebswirtschaft, 1. Ergänzungsheft, S. 82-114.

**Busse von Colbe, Walther (1968):** Prognosepublizität von Aktiengesellschaften, in: Angehrn, Otto/Künzi, Hans P. (Hrsg.): Beiträge zur Lehre von der Unternehmung, Festschrift für Karl Käfer zum 70. Geburtstag, Stuttgart, S. 91-118.

**Busse von Colbe, Walther (1995):** Zur Anpassung der Rechnungslegung von Kapitalgesellschaften an internationale Normen, in: Zeitschrift für Betriebswirtschaftliche Forschung und Praxis, S. 373-391.

**Busse von Colbe, Walther/Ordelheide, Dieter/Gebhardt, Günther/Pellens, Bernhard (2006):** Konzernabschlüsse – Rechnungslegung nach betriebswirtschaftlichen Grundsätzen sowie nach Vorschriften des HGB und der IAS/IFRS, 8. Aufl., Wiesbaden.

**Campbell, John Y./Lo, Andrew W./MacKinlay, A. Craig (1997):** The Econometrics of Financial Markets, Princeton.

**Cansier, Dieter/Bayer, Stefan (2003):** Einführung in die Finanzwissenschaft – Grundfunktionen des Fiskus, München/Wien.

**Carstensen, Britta/Leibfried, Peter (2004):** Auswirkungen von IAS/IFRS auf mittelständische GmbH und GmbH & Co. KG, in: GmbHRundschau, S. 864-869.

**Chan, Louis K. C./Jegadeesh, Narasimhan/Lakonishok, Josef (1996):** Momentum Strategies, in: Journal of Finance, S. 1681-1713.

**Chen, Nai-Fu (1988):** Equilibrium asset pricing models and the firm size effect, in: Dimson, Elroy (Hrsg.): Stock market anomalies, Cambridge u. a., S. 179-196.

**Clement, Reiner/Terlau, Wiltrud (2004):** Globalisierung und internationaler Standortwettbewerb, in: Meier, Harald/Roehr, Sigmar (Hrsg.): Einführung in das internationale Management: Internationalisierung und Globalisierung, internationale Unternehmensführung, interkulturelle Kommunikation, Herne/Berlin, S. 33-56.

**Coase, Ronald H. (1937):** The Nature of the Firm, in: Economica, S. 386-405.

**Coase, Ronald H. (1960):** The Problem of Social Cost, in: Journal of Law and Economics, S. 1-44.

**Coenenberg, Adolf G. (2005):** Jahresabschluss und Jahresabschlussanalyse, 20. Aufl., Stuttgart.

**Coenenberg, Adolf G. (1971):** Beurteilungskriterien unternehmungsexterner Informationssysteme, in: Grochla, Erwin/Szyperski, Norbert (Hrsg.): Management-Informationssysteme. Eine Herausforderung an Forschung und Entwicklung, Wiesbaden, S. 735-759.

**Coenenberg, Adolf G./Hille, Klaus (2003):** Kommentierung IAS 12 – Ertragsteuern, in: Baetge, Jörg/Wollmert, Peter/Kirsch, Hans-Jürgen/Oser, Peter/Bischof, Stefan (Hrsg.): Rechnungslegung nach IFRS – Kommentar auf der Grundlage des deutschen Bilanzrechts, 2. Aufl., Stuttgart 2003.

**Cootner, Paul H. (1964):** Introduction to Part II, in: Cootner, Paul H. (Hrsg.): The Random Character of Stock Market Prices, Cambridge, S. 79-83.

**Cullis, John/Jones, Philip (1998):** Public Finance and Public Choice, 2. Aufl., Oxford u. a.

**Cushing, Barry E. (1977):** On the Possibility of Optimal Accounting Principles, in: Accounting Review, S. 308-321.

**De Bondt, Werner F. M./Thaler, Richard (1985):** Does the Stock Market Overreact?, in: Journal of Finance, S. 793-805.

**De Bondt, Werner F. M./Thaler, Richard (1987):** Further Evidence On Investor Overreaction and Stock Market Seasonality, in: Journal of Finance, S. 557-581.

**Decker, Rolf O. A. (1994):** Eine Prinzipal-Agenten-theoretische Betrachtung von Eigner-Manager-Konflikten in der Kommanditgesellschaft auf Aktien und in der Aktiengesellschaft, Bergisch Gladbach [Zugl.: Berlin, Univ., Diss., 1994].

**De Long, J. Bradford/Shleifer, Andrei/Summers, Lawrence H./Waldmann, Robert J. (1990a):** Noise Trader Risk in Financial Markets, in: Journal of Political Economy, S. 703-738.

**De Long, J. Bradford/Shleifer, Andrei/Summers, Lawrence H./Waldmann, Robert J. (1990b):** Positive Feedback Investment Strategies and Destabilizing Rational Speculation, in: Journal of Finance, S. 379-395.

**Demski, Joel S. (1973):** The General Impossibility of Normative Accounting Standards, in: Accounting Review, S. 718-723.

**Demski, Joel S. (1974):** Choice Among Financial Reporting Alternatives, in: Accounting Review, S. 221-232.

**Demski, Joel S./Fellingham, John C./Ijiri, Yuji/Sunder, Shyam (2002):** Some Thoughts on the Intellectual Foundations of Accounting, in: Accounting Horizons, S. 157-168.

**Deutsches Rechnungslegungs Standards Committee (Hrsg.):** Deutsche Rechnungslegungs Standards (DRS), Stuttgart (Loseblattsammlung, Stand Oktober 2005).

**Dexheimer, Sigrid (2002):** Gewinngliederungsgrundsätze im internationalen Vergleich: HGB, US-GAAP und IAS, in: Betriebs-Berater, S. 451-457.

**Dhaliwal, Dan S./Guenther, David A./Trombley, Mark A. (1999):** Inventory Accounting Method and Earnings-Price Ratios, in: Contemporary Accounting Research, S. 419-436.

**Dimson, Elroy/Mussavian, Massoud (1998):** A brief history of market efficiency, in: European Financial Management, S. 91-103.

**Dobler, Michael (2006):** Ertragsvereinnahmung bei Fertigungsaufträgen nach IAS 11 und den Vorschlägen des Projekts Revenue Recognition – Vergleich und kritische Würdigung, in: Kapitalmarktorientierte Rechnungslegung, S. 160-170.

**Dobler, Michael/Hettich, Silvia (2007):** Geplante Änderungen der Rahmenkonzepte von IASB und FASB – Konzeption, Vergleich, Würdigung, in: Zeitschrift für Internationale Rechnungslegung, S. 29-36.

**Dohrn, Matthias (2004):** Entscheidungsrelevanz des Fair Value-Accounting am Beispiel von IAS 39 und IAS 40, Lohmar/Köln [Zugl.: Hannover, Univ., Diss., 2004].

**Drukarczyk, Jochen (1973):** Zur Brauchbarkeit der Konzeption des "ökonomischen Gewinns", in: Die Wirtschaftsprüfung, S. 183-188.

**Dubois, M./Louvet, P. (1996):** The day-of-the-week effect: The international evidence, in: Journal of Banking & Finance, S. 1463-1484.

**Dyckman, Thomas R./Morse, Dale (1986):** Efficient Capital Markets and Accounting – A Critical Analysis, 2. Aufl., Englewood Cliffs.

**Ellrott, Helmut (2006a):** Kommentierung § 251 HGB (Anm. 1-50), in: Ellrott, Helmut/Förschle, Gerhart/Hoyos, Martin/Winkeljohann, Norbert (Hrsg.): Beck'scher Bilanz-Kommentar – Handels- und Steuerbilanz, 6. Aufl., München.

**Ellrott, Helmut (2006b):** Kommentierung § 281 HGB (Anm. 6-17), in: Ellrott, Helmut/Förschle, Gerhart/Hoyos, Martin/Winkeljohann, Norbert (Hrsg.): Beck'scher Bilanz-Kommentar – Handels- und Steuerbilanz, 6. Aufl., München.

**Ellrott, Helmut (2006c):** Kommentierung § 285 HGB, in: Ellrott, Helmut/Förschle, Gerhart/Hoyos, Martin/Winkeljohann, Norbert (Hrsg.): Beck'scher Bilanz-Kommentar – Handels- und Steuerbilanz, 6. Aufl., München.

**Ellrott, Helmut (2006d):** Kommentierung § 289 HGB, in: Ellrott, Helmut/Förschle, Gerhart/Hoyos, Martin/Winkeljohann, Norbert (Hrsg.): Beck'scher Bilanz-Kommentar – Handels- und Steuerbilanz, 6. Aufl., München.

**Ellrott, Helmut/Brendt, Peter (2006):** Kommentierung § 255 HGB (Anm. 1-550), in: Ellrott, Helmut/Förschle, Gerhart/Hoyos, Martin/Winkeljohann, Norbert (Hrsg.): Beck'scher Bilanz-Kommentar – Handels- und Steuerbilanz, 6. Aufl., München.

**Ellrott, Helmut/Krämer, Andreas (2006a):** Kommentierung § 247 HGB (Anm. 1-17), in: Ellrott, Helmut/Förschle, Gerhart/Hoyos, Martin/Winkeljohann, Norbert (Hrsg.): Beck'scher Bilanz-Kommentar – Handels- und Steuerbilanz, 6. Aufl., München.

**Ellrott, Helmut/Krämer, Andreas (2006b):** Kommentierung § 250 HGB (Anm. 1-82), in: Ellrott, Helmut/Förschle, Gerhart/Hoyos, Martin/Winkeljohann, Norbert (Hrsg.): Beck'scher Bilanz-Kommentar – Handels- und Steuerbilanz, 6. Aufl., München.

**Ellrott, Helmut/Krämer, Andreas (2006c):** Kommentierung § 268 HGB (Anm. 1-8), in: Ellrott, Helmut/Förschle, Gerhart/Hoyos, Martin/Winkeljohann, Norbert (Hrsg.): Beck'scher Bilanz-Kommentar – Handels- und Steuerbilanz, 6. Aufl., München.

**Ellrott, Helmut/Lorenz, Christoph (2006):** Kommentierung § 254 HGB, in: Ellrott, Helmut/Förschle, Gerhart/Hoyos, Martin/Winkeljohann, Norbert (Hrsg.): Beck'scher Bilanz-Kommentar – Handels- und Steuerbilanz, 6. Aufl., München.

**Ellrott, Helmut/Ring, Maximilian (2006):** Kommentierung § 253 HGB (Anm. 501-626), in: Ellrott, Helmut/Förschle, Gerhart/Hoyos, Martin/Winkeljohann, Norbert (Hrsg.): Beck'scher Bilanz-Kommentar – Handels- und Steuerbilanz, 6. Aufl., München.

**Elschen, Rainer (1988):** Agency-Theorie, in: Die Betriebswirtschaft, S. 248-250.

**Elschen, Rainer (1991a):** Gegenstand und Anwendungsmöglichkeiten der Agency-Theorie, in: Schmalenbachs Zeitschrift für betriebswirtschaftliche Forschung, S. 1002-1012.

**Elschen, Rainer (1991b):** Shareholder Value und Agency-Theorie – Anreiz- und Kontrollsysteme für Zielsetzungen der Anteilseigner, in: Zeitschrift für Betriebswirtschaftliche Forschung und Praxis, S. 209-220.

**Elschen, Rainer (1998):** Principal-Agent, in: Busse von Colbe, Walther/Pellens, Bernhard (Hrsg.): Lexikon des Rechnungswesens – Handbuch der Bilanzierung und Prüfung, der Erlös-, Finanz-, Investitions- und Kostenrechnung, 4. Aufl., München u. a., S. 557-560.

**Engels, Wolfram (1962):** Betriebswirtschaftliche Bewertungslehre im Licht der Entscheidungstheorie, Köln/Opladen.

**Erlei, Mathias/Leschke, Martin/Sauerland, Dirk (2007):** Neue Institutionenökonomik, 2. Aufl., Stuttgart.

**Esser, Maik (2005):** Goodwillbilanzierung nach SFAS 141/142 – Eine ökonomische Analyse, Frankfurt am Main u. a. [Zugl.: Bochum, Univ., Diss., 2004].

**Esser, Maik/Hackenberger, Jens (2004):** Bilanzierung immaterieller Vermögenswerte des Anlagevermögens nach IFRS und US-GAAP, in: Kapitalmarktorientierte Rechnungslegung, S. 402-414.

**Ewert, Ralf (1986):** Rechnungslegung, Gläubigerschutz und Agency-Probleme, Wiesbaden [Zugl.: Passau, Univ., Diss., 1985].

**Ewert, Ralf (1989):** Bilanzielle Publizität im Lichte der Theorie vom gesellschaftlichen Wert öffentlich verfügbarer Information, in: Zeitschrift für Betriebswirtschaftliche Forschung und Praxis, S. 245-263.

**Ewert, Ralf (1998):** Anlegerschutz, in: Busse von Colbe, Walther/Pellens, Bernhard (Hrsg.): Lexikon des Rechnungswesens – Handbuch der Bilanzierung und Prüfung, der Erlös-, Finanz-, Investitions- und Kostenrechnung, 4. Aufl., München u. a., S. 45-48.

**Fama, Eugene F. (1976a):** Foundations of Finance – Portfolio Decisions and Security Prices, New York.

**Fama, Eugene F. (1965):** The Behavior of Stock-Market Prices, in: Journal of Business, S. 34-105.

**Fama, Eugene F. (1970):** Efficient Capital Markets: A Review of Theory and Empirical Work, in: Journal of Finance, S. 383-417.

**Fama, Eugene F. (1976b):** Reply, in: Journal of Finance, S. 143-145.

**Fama, Eugene F. (1991):** Efficient Capital Markets: II, in: Journal of Finance, S. 1575-1617.

**Fama, Eugene F. (1998):** Market efficiency, long-term returns, and behavioral finance, in: Journal of Financial Economics, S. 283-306.

**Fama, Eugene F./Blume, Marshall E. (1966):** Filter Rules and Stock-Market Trading, in: Journal of Business, S. 226-241.

**Fama, Eugene F./Fisher, Lawrence/Jensen, Michael C./Roll, Richard (1969):** The Adjustment of Stock Prices to New Information, in: International Economic Review, S. 1-21.

**Fama, Eugene F./Jensen, Michael C. (1983a):** Separation of Ownership and Control, in: Journal of Law and Economics, S. 301-325.

**Fama, Eugene F./Jensen, Michael C. (1983b):** Agency Problems and Residual Claims, in: Journal of Law and Economics, S. 327-349.

**Faß, Joachim (1992):** Konzernierung und konsolidierte Rechnungslegung – Eine Analyse der Eignung des Konzernabschlusses als Informationsinstrument und als Grundlage der Ausschüttungsbemessung konzernverbundener Unternehmen, Frankfurt am Main u. a. [Zugl.: Würzburg, Univ., Diss., 1991].

**Feiger, George M. (1978):** Divergent Rational Expectations Equilibrium in a Dynamic Model of a Futures Market, in: Journal of Economic Theory, S. 164-178.

**Feldhoff, Michael (1992):** Die Regulierung der Rechnungslegung – Eine systematische Darstellung der Grundlagen mit einer Anwendung auf die Frage der Publizität, Frankfurt am Main u. a. [Zugl.: Passau, Univ., Diss., 1991].

**Feldhoff, Michael (1994):** Staat und Rechnungslegung – eine regulierungstheoretische Perspektive –, in: Die Wirtschaftsprüfung, S. 529-536.

**Figlewski, Stephen (1978):** Market "Efficiency" in a Market with Heterogeneous Information, in: Journal of Political Economy, S. 581-597.

**Fink, Christian (2006):** Management Commentary: Eine Diskussionsgrundlage zur internationalen Lageberichterstattung, in: Kapitalmarktorientierte Rechnungslegung, S. 141-152.

**Fink, Christian/Ulbrich, Philipp (2007):** Segmentberichterstattung nach IFRS 8 aus Sicht der Gestaltungspraxis, in: Praxis der internationalen Rechnungslegung, S. 31-37.

**Finnerty, Joseph E. (1976):** Insiders and Market Efficiency, in: Journal of Finance, S. 1141-1148.

**Fischer, Marc (1994):** Der Property Rights-Ansatz, in: Wirtschaftswissenschaftliches Studium, S. 316-318.

**Fischer, Marc (1995):** Agency-Theorie, in: Wirtschaftswissenschaftliches Studium, S. 320-322.

**Fischer, Thomas M./Klöpfer, Elisabeth (2006):** Bilanzpolitik nach IFRS: Sind die IFRS objektiver als das HGB?, in: Kapitalmarktorientierte Rechnungslegung, S. 709-719.

**Fladt, Guido/Feige, Peter (2006):** Die Änderungsvorschläge des IASB zu IAS 37 und IAS 19, in: Die Wirtschaftsprüfung, S. 274-281.

**Förschle, Gerhart (2006a):** Kommentierung § 248 HGB, in: Ellrott, Helmut/Förschle, Gerhart/Hoyos, Martin/Winkeljohann, Norbert (Hrsg.): Beck'scher Bilanz-Kommentar – Handels- und Steuerbilanz, 6. Aufl., München.

**Förschle, Gerhart (2006b):** Kommentierung § 275 HGB (Anm. 1-322), in: Ellrott, Helmut/Förschle, Gerhart/Hoyos, Martin/Winkeljohann, Norbert (Hrsg.): Beck'scher Bilanz-Kommentar – Handels- und Steuerbilanz, 6. Aufl., München.

**Förschle, Gerhart (2006c):** Kommentierung § 277 HGB, in: Ellrott, Helmut/Förschle, Gerhart/Hoyos, Martin/Winkeljohann, Norbert (Hrsg.): Beck'scher Bilanz-Kommentar – Handels- und Steuerbilanz, 6. Aufl., München.

**Förschle, Gerhart/Kroner, Matthias (2006):** Kommentierung § 297 HGB (Anm. 1-176), in: Ellrott, Helmut/Förschle, Gerhart/Hoyos, Martin/Winkeljohann, Norbert (Hrsg.): Beck'scher Bilanz-Kommentar – Handels- und Steuerbilanz, 6. Aufl., München.

**Foster, George (1986):** Financial Statement Analysis, 2. Aufl., Englewood Cliffs.

**Foster, George/Olsen, Chris/Shevlin, Terry (1984):** Earnings Releases, Anomalies, and the Behavior of Security Returns, in: Accounting Review, S. 574-603.

**Franke, Günter/Hax, Herbert (2004):** Finanzwirtschaft des Unternehmens und Kapitalmarkt, 5. Aufl., Berlin u. a.

**Franken, Lars (2001):** Gläubigerschutz durch Rechnungslegung nach US-GAAP – Eine ökonomische Analyse, Frankfurt am Main u. a. [Zugl.: Bochum, Univ., Diss., 2000].

**Frantzmann, Hans-Jörg (1989):** Saisonalitäten und Bewertung am deutschen Aktien- und Rentenmarkt, Frankfurt am Main [Zugl.: Karlsruhe, Univ. (TH), Diss., 1989].

**Frantzmann, Hans-Jörg (1987):** Der Montagseffekt am deutschen Aktienmarkt, in: Zeitschrift für Betriebswirtschaft, S. 611-635.

**Freericks, Wolfgang (1976):** Bilanzierungsfähigkeit und Bilanzierungspflicht in Handels- und Steuerbilanz, Köln u. a. [Zugl.: Würzburg, Univ., Habil.-Schr.].

**French, Kenneth R. (1980):** Stock Returns and the Weekend Effect, in: Journal of Financial Economics, S. 55-69.

**Friedman, Milton (1953):** The Case for Flexible Exchange Rates, in: Friedman, Milton: Essays in Positive Economics, Chicago/London.

**Friend, Irwin (1972):** The Economic Consequences of the Stock Market, in: American Economic Review, S. 212-219.

**Fritsch, Michael/Wein, Thomas/Ewers, Hans-Jürgen (2007):** Marktversagen und Wirtschaftspolitik. Mikroökonomische Grundlagen staatlichen Handelns, 7. Aufl., München.

**Froot, Kenneth A./Dabora, Emil M. (1999):** How are stock prices affected by the location of trade?, in: Journal of Financial Economics, S. 189-216.

**Froot, Kenneth A./Scharfstein, David S./Stein, Jeremy C. (1992):** Herd on the Street: Informational Inefficiencies in a Market With Short-Term Speculation, in: Journal of Finance, S. 1461-1484.

**Fülbier, Rolf U. (1998):** Regulierung der Ad-hoc-Publizität – Ein Beitrag zur ökonomischen Analyse des Rechts, Wiesbaden [Zugl.: Münster, Univ., Diss., 1998].

**Furubotn, Eirik G./Pejovich, Svetozar (1974):** Introduction: The New Property Rights Literature, in: Furubotn, Eirik G./Pejovich, Svetozar (Hrsg.): The Economics of Property Rights, Cambridge, S. 1-9.

**Gehrke, Norman (1994):** Tobins q – Die Beziehung zwischen Buch- und Marktwerten deutscher Aktiengesellschaften, Wiesbaden [Zugl.: Augsburg, Univ., Diss., 1994].

**Gibbons, Michael R./Hess, Patrick (1981):** Day of the Week Effects and Asset Returns, in: Journal of Business, S. 579-596.

**Gillenkirch, Robert (1997):** Gestaltung optimaler Anreizverträge – Motivation, Risikoverhalten und beschränkte Haftung, Wiesbaden [Zugl.: Frankfurt (Main), Univ., Diss., 1996].

**Glaum, Martin (1996):** Internationalisierung und Unternehmenserfolg, Wiesbaden [Zugl.: Gießen, Univ., Habil.-Schr., 1995].

**Gonedes, Nicholas J. (1972):** Efficient Capital Markets and External Accounting, in: Accounting Review, S. 11-21.

**Grossman, Sanford J. (1976):** On the Efficiency of Competitive Stock Markets Where Trades Have Diverse Information, in: Journal of Finance, S. 573-585.

**Grossman, Sanford J./Stiglitz, Joseph E. (1976):** Information and Competitive Price Systems, in: American Economic Review, S. 246-253.

**Grossman, Sanford J./Stiglitz, Joseph E. (1980):** On the Impossibility of Informationally Efficient Markets, in: American Economic Review, S. 393-408.

**Gu, Anthony Y./Finnerty, Joseph (2002):** The Evolution of Market Efficiency: 103 Years Daily Data of the Dow, in: Review of Quantitative Finance and Accounting, S. 219-237.

**Hachmeister, Dirk (2002):** Performancemaße, erfolgsorientierte, in: Küpper, Hans-Ulrich/Wagenhofer, Alfred (Hrsg.): Handwörterbuch Unternehmensrechnung und Controlling, 4. Aufl., Stuttgart.

**Hackenberger, Jens (2007):** Der Werthaltigkeitstest für Finanzinstrumente im IFRS-Abschluss, in: Praxis der internationalen Rechnungslegung, S. 38-45.

**Haller, Axel/Beiersdorf, Kati/Eierle, Brigitte (2007):** ED-IFRS for SMEs – Entwurf eines internationalen Rechnungslegungsstandards für kleine und mittelgroße Unternehmen, in: Betriebs-Berater, S. 540-551.

**Haller, Axel/Dietrich, Ralph (2001):** Intellectual Capital Bericht als Teil des Lageberichts, in: Der Betrieb, S. 1045-1052.

**Haller, Axel/Walton, Peter (2000):** Unternehmenspublizität im Spannungsfeld nationaler Prägung und internationaler Harmonisierung, in: Haller, Axel/Raffournier, Bernard/Walton, Peter (Hrsg.): Unternehmenspublizität im internationalen Wettbewerb, Stuttgart, S. 3-72.

**Hamann, Thomas (1993):** Simulation von Informationsprozessen auf idealtypischen Börsenmärkten, Heidelberg.

**Hartmann-Wendels, Thomas (1991):** Rechnungslegung der Unternehmen und Kapitalmarkt aus informationsökonomischer Sicht, Heidelberg [Zugl.: Köln, Univ., Habil.-Schr., 1991].

**Hartmann-Wendels, Thomas (1998):** Signalling-Ansätze, in: Busse von Colbe, Walther/Pellens, Bernhard (Hrsg.): Lexikon des Rechnungswesens – Handbuch der Bilanzierung und Prüfung, der Erlös-, Finanz-, Investitions- und Kostenrechnung, 4. Aufl., München u. a., S. 644-646.

**Hasenburg, Christof/Dräxler, Manfred (2006):** Die geplanten Änderungen zur Darstellung von IFRS-Abschlüssen – Der Exposure Draft zur Änderung des IAS 1 –, in: Kapitalmarktorientierte Rechnungslegung, S. 289-298.

**Haugen, Robert A./Jorion, Phillippe (1996):** The January Effect: Still There after All These Years, in: Financial Analysts Journal, S. 27-31.

**Hauschildt, Jürgen (1998):** Gewinn, in: Busse von Colbe, Walther/Pellens, Bernhard (Hrsg.): Lexikon des Rechnungswesens – Handbuch der Bilanzierung und Prüfung, der Erlös-, Finanz-, Investitions- und Kostenrechnung, 4. Aufl., München u. a., S. 288-290.

**Häuser, Karl (1976):** Kapitalmarkt, in: Büschgen, Hans E. (Hrsg.): Handwörterbuch der Finanzwirtschaft, Stuttgart.

**Häuser, Karl (1995):** Kapitalmarkt, in: Gerke, Wolfgang/Steiner, Manfred (Hrsg.): Handwörterbuch des Bank- und Finanzwesens, 2. Aufl., Stuttgart, Sp. 1123-1135.

**Havermann, Hans (1997):** Tendenzen zur Internationalisierung der deutschen Konzernrechnungslegung, in: Fischer, Thomas R./Hömberg, Reinhold (Hrsg.): Jahresabschluß und Jahresabschlußprüfung – Probleme, Perspektiven, internationale Einflüsse, Festschrift zum 60. Geburtstag von Jörg Baetge, Düsseldorf, S. 519-549.

**Hax, Herbert (1964):** Der Bilanzgewinn als Erfolgsmaßstab, in: Zeitschrift für Betriebswirtschaft, S. 642-651.

**Hax, Herbert (1989):** Investitionsrechnung und Periodenerfolgsmessung, in: Delfmann, Werner (Hrsg.): Der Integrationsgedanke in der Betriebswirtschaftslehre, Wiesbaden, S. 153-170.

**Hayek, Friedrich A. von (1945):** The Use of Knowledge in Society, in: American Economic Review, S. 519-530.

**Hayn, Sven (1994):** Die International Accounting Standards (Teil I) – Ihre grundlegende Bedeutung für die internationale Harmonisierung der Rechnungslegung sowie eine Darstellung wesentlicher Unterschiede zu den einzelgesellschaftlichen Normen des HGB –, in: Die Wirtschaftsprüfung, S. 713-721.

**Hecker, Renate (1993):** Informationsgehalt von Optionspreisen – Eine empirische Untersuchung der Preisbildung am Markt für Kaufoptionen im Vorfeld abnormaler Kursbewegungen am Aktienmarkt, Heidelberg [Zugl. Kurzfassung von: Würzburg, Univ., Diss., 1992 u. d. T.: Kurzfristige zeitliche Interdependenzen zwischen der Preisbildung am Aktien- und Optionsmarkt].

**Helbling, Carl (2001):** Rechnungslegung im Wandel – Langfristige Entwicklungen auf dem Gebiete der Rechnungslegung, in: Der Schweizer Treuhänder, S. 295-302.

**Herzig, Norbert/Mauritz, Peter (1998):** Ökonomische Analyse einer bilanziellen Marktbewertungspflicht für originäre und derivative Finanzinstrumente, in: Zeitschrift für Betriebswirtschaft, S. 335-361.

**Heyl, Daniel C. Freiherr von (1995):** Noise als finanzwirtschaftliches Phänomen – Eine theoretische Untersuchung der Bedeutung von Noise am Aktienmarkt, Frankfurt am Main [Zugl.: Frankfurt (Main), Univ., Diss., 1995].

**Hinz, Michael (2002):** Der Konzernabschluss als Instrument zur Informationsvermittlung und Ausschüttungsbemessung, Wiesbaden [Zugl.: Hagen, FernUniversität, Habil.-Schr. u. d. T.: Information und Ausschüttung im Konzern. Ein Beitrag zur Frage der Eignung des Konzernabschlusses als Instrument zur Informationsvermittlung und Ausschüttungsbemessung, 2002].

**Hinz, Michael (2003):** Zweck und Inhalt des Jahresabschlusses und Lageberichts, in: Castan, Edgar/Böcking, Hans-Joachim/Heymann, Gerd/Pfitzer, Norbert/Scheffler, Eberhard (Hrsg.): Beck'sches Handbuch der Rechnungslegung, München, Band I, B 100 (Stand Juni 2003).

**Hinz, Michael (2007):** Neukonzeption der Segmentberichterstattung nach IFRS – ED 8 Operating Segments, in: Winkeljohann, Norbert/Bareis, Peter/Hinz, Michael/Volk, Gerrit (Hrsg.): Rechnungslegung, Eigenkapital und Besteuerung – Entwicklungstendenzen, Festschrift für Dieter Schneeloch zum 65. Geburtstag, München, S. 27-47.

**Hirshleifer, Jack (1971):** The Private and Social Value of Information and the Reward to Incentive Activity, in: American Economic Review, S. 561-574.

**Hoffmann, Wolf-Dieter/Lüdenbach, Norbert (2004):** Abschreibung von Sachanlagen nach dem Komponentenansatz von IAS 16, in: Betriebs-Berater, S. 375-377.

**Holmström, Bengt (1979):** Moral hazard and observability, in: Bell Journal of Economics, S. 74-91.

**Hommel, Michael (1998):** Bilanzierung immaterieller Anlagewerte, Stuttgart [Zugl.: Frankfurt (Main), Univ., Habil.-Schr. u. d. T.: Informationsökonomie und Aktivierungsgrenzen, 1996].

**Hong, Hai/Kaplan, Robert S./Mandelker, Gershon (1978):** Pooling vs. Purchase: The Effects of Accounting for Mergers on Stock Prices, in: Accounting Review, S. 31-47.

**Honko, Jaakko (1965):** Über einige Probleme bei der Ermittlung des Jahresgewinns der Unternehmung, in: Zeitschrift für Betriebswirtschaft, S. 611-642.

**Hoyos, Martin/Fischer, Norbert (2006):** Kommentierung § 274 HGB, in: Ellrott, Helmut/Förschle, Gerhart/Hoyos, Martin/Winkeljohann, Norbert (Hrsg.): Beck'scher Bilanz-Kommentar – Handels- und Steuerbilanz, 6. Aufl., München.

**Hoyos, Martin/Gutike, Hans-Jochen (2006a):** Kommentierung § 247 HGB (Anm. 601-630), in: Ellrott, Helmut/Förschle, Gerhart/Hoyos, Martin/Winkeljohann, Norbert (Hrsg.): Beck'scher Bilanz-Kommentar – Handels- und Steuerbilanz, 6. Aufl., München.

**Hoyos, Martin/Gutike, Hans-Jochen (2006b):** Kommentierung § 273 HGB, in: Ellrott, Helmut/Förschle, Gerhart/Hoyos, Martin/Winkeljohann, Norbert (Hrsg.): Beck'scher Bilanz-Kommentar – Handels- und Steuerbilanz, 6. Aufl., München.

**Hoyos, Martin/Ring, Maximilian (2006a):** Kommentierung § 247 HGB (Anm. 201-242), in: Ellrott, Helmut/Förschle, Gerhart/Hoyos, Martin/Winkeljohann, Norbert (Hrsg.): Beck'scher Bilanz-Kommentar – Handels- und Steuerbilanz, 6. Aufl., München.

**Hoyos, Martin/Ring, Maximilian (2006b):** Kommentierung § 249 HGB (Anm. 1-116), in: Ellrott, Helmut/Förschle, Gerhart/Hoyos, Martin/Winkeljohann, Norbert (Hrsg.): Beck'scher Bilanz-Kommentar – Handels- und Steuerbilanz, 6. Aufl., München.

**Hoyos, Martin/Ring, Maximilian (2006c):** Kommentierung § 249 HGB (Anm. 300-330), in: Ellrott, Helmut/Förschle, Gerhart/Hoyos, Martin/Winkeljohann, Norbert (Hrsg.): Beck'scher Bilanz-Kommentar – Handels- und Steuerbilanz, 6. Aufl., München.

**Hoyos, Martin/Ring, Maximilian (2006d):** Kommentierung § 253 HGB (Anm. 51-184), in: Ellrott, Helmut/Förschle, Gerhart/Hoyos, Martin/Winkeljohann, Norbert (Hrsg.): Beck'scher Bilanz-Kommentar – Handels- und Steuerbilanz, 6. Aufl., München.

**Hoyos, Martin/Schramm, Marianne/Ring, Maximilian (2006):** Kommentierung § 253 HGB (Anm. 1-27, 201-393, 641-668), in: Ellrott, Helmut/Förschle, Gerhart/ Hoyos, Martin/Winkeljohann, Norbert (Hrsg.): Beck'scher Bilanz-Kommentar – Handels- und Steuerbilanz, 6. Aufl., München.

**IASB (2005):** International Financial Reporting Standards (IFRSs™) 2005, vollständiger Text aller International Financial Reporting Standards zum 1. Januar 2005, autorisierte deutsche Fassung der englischen Originalausgabe, London.

**IASB (2006):** International Financial Reporting Standards (IFRSs®) 2006, The full text of all International Financial Reporting Standards extant at 1 January 2006, London.

**Jaffe, Jeffrey F. (1974):** Special Information and Insider Trading, in: Journal of Business, S. 410-428.

**Jansen, Harald (2005):** Verfügungsrechte und Transaktionskosten, in: Horsch, Andreas/Meinhövel, Harald/Paul, Stephan (Hrsg.): Institutionenökonomie und Betriebswirtschaftslehre, München, S. 101-117.

**Jegadeesh, Narasimhan (1990):** Evidence of Predictable Behavior of Security Returns, in: Journal of Finance, S. 881-898.

**Jegadeesh, Narasimhan/Titman, Sheridan (1993):** Returns to Buying Winners and Selling Losers: Implications for Stock Market Efficiency, in: Journal of Finance, S. 65-91.

**Jegadeesh, Narasimhan/Titman, Sheridan (2001):** Profitability of Momentum Strategies: An Evaluation of Alternative Explanations, in: Journal of Finance, S. 699-720.

**Jensen, Michael C. (1978):** Some Anomalous Evidence Regarding Market Efficiency, in: Journal of Financial Economics, S. 95-101.

**Jensen, Michael C. (1983):** Organization Theory and Methodology, in: Accounting Review, S. 319-339.

**Jensen, Michael C./Meckling, William H. (1976):** Theory of the firm: Managerial behaviour, agency costs and ownership structure, in: Journal of Financial Economics, S. 305-360.

**Jensen, Michael C./Smith, Clifford W. Jr. (1985):** Stockholder, Manager, and Creditor Interests: Applications of Agency Theory, in: Altman, Edward I./Subrahmanyam, Marti G. (Hrsg.): Recent Advances in Corporate Finance, Homewood, S. 93-131.

**Kahle, Holger (2002):** Informationsversorgung des Kapitalmarkts über internationale Rechnungslegungsstandards, in: Kapitalmarktorientierte Rechnungslegung, S. 95-107.

**Kahneman, Daniel/Riepe, Mark W. (1998):** Aspects of Investor Psychology, in: Journal of Portfolio Management, S. 52-65.

**Kahneman, Daniel/Tversky, Amos (1973):** On the Psychology of Prediction, in: Psychological Review, S. 237-251.

**Kahneman, Daniel/Tversky, Amos (1979):** Prospect Theory: An Analysis of Decision Under Risk, in: Econometrica, S. 263-291.

**Kampmann, Helga/Schwedler, Kristina (2006):** Zum Entwurf eines gemeinsamen Rahmenkonzepts von FASB und IASB – Rechnungslegungsziele und qualitative Anforderungen –, in: Kapitalmarktorientierte Rechnungslegung, S. 521-530.

**Kaplan, Robert S./Roll, Richard (1972):** Investor Evaluation of Accounting Information: Some Empirical Evidence, in: Journal of Business, S. 225-257.

**Kawlath, Arnold (1997):** Reichen Jahresabschluß und Lagebericht, um auf künftige Unternehmenserfolge zu schließen?, in: Fischer, Thomas R./Hömberg, Reinhold (Hrsg.): Jahresabschluß und Jahresabschlußprüfung – Probleme, Perspektiven, internationale Einflüsse, Festschrift zum 60. Geburtstag von Jörg Baetge, Düsseldorf, S. 189-213.

**Keitz, Isabel von (2005):** Praxis der IASB-Rechnungslegung – Best practice von 100 IFRS-Anwendern, 2. Aufl., Stuttgart.

**Keitz, Isabel von/Dörner, Dietrich/Wollmert, Peter/Oser, Peter (2003):** Kommentierung IAS 37 – Rückstellungen, Eventualschulden und Eventualforderungen, in: Baetge, Jörg/Wollmert, Peter/Kirsch, Hans-Jürgen/Oser, Peter/Bischof, Stefan (Hrsg.): Rechnungslegung nach IFRS – Kommentar auf der Grundlage des deutschen Bilanzrechts, 2. Aufl., Stuttgart 2003.

**Kirsch, Hanno (2007):** Segmentbezogene Jahresabschlussanalyse nach IFRS 8, in: Praxis der internationalen Rechnungslegung, S. 61-67.

**Klaus, Hans (1994):** Gesellschafterfremdfinanzierung und Eigenkapitalersatzrecht bei der Aktiengesellschaft und der GmbH, Frankfurt am Main u. a. [Zugl.: Würzburg, Univ., Diss., 1993].

**Kleekämper, Heinz/Kuhlewind, Andreas-Markus/Alvarez, Manuel (2003):** Kommentierung Ziele, Organisation, Entwicklung und Bedeutung des IASB, in: Baetge, Jörg/Wollmert, Peter/Kirsch, Hans-Jürgen/Oser, Peter/Bischof, Stefan (Hrsg.): Rechnungslegung nach IFRS – Kommentar auf der Grundlage des deutschen Bilanzrechts, 2. Aufl., Stuttgart 2003.

**Klein, Stefan (1999):** Aktien-Analysemethoden versus Effizienzmarkttheorie – Eine empirische Untersuchung am deutschen Aktienmarkt von 1975 bis 1997 unter Berücksichtigung der Volatilität des Terminmarktes, Lohmar u. a. [Zugl.: Köln, Univ., Diss., 1999 u. d. T.: Aktien-Analysemethoden versus Effizienzmarkttheorie: eine empirische Untersuchung ausgewählter Analyse-Ansätze am deutschen Aktienmarkt von 1975 bis 1997 unter Berücksichtigung der Volatilität des Terminmarktes seit 1991 als potentiellem Prädiktor von Aktienkursveränderungen].

**Koch, Hans-Dieter/Schmidt, Reinhard H. (1981):** Ziele und Instrumente des Anlegerschutzes, in: Zeitschrift für Betriebswirtschaftliche Forschung und Praxis, S. 231-250.

**Kothari, S. P. (2001):** Capital markets research in accounting, in: Journal of Accounting and Economics, S. 105-231.

**Krämer, Walter (2001):** Kapitalmarkteffizienz, in: Gerke, Wolfgang/Steiner, Manfred (Hrsg.): Handwörterbuch des Bank- und Finanzwesens, 3. Aufl., Stuttgart, Sp. 1267-1274.

**Krämer, Walter/Runde, Ralf (1993):** Kalendereffekte auf Kapitalmärkten – Eine empirische Untersuchung für deutsche Aktien und den DAX, in: Bühler, Wolfgang/Hax, Herbert/Schmidt, Reinhart (Hrsg.): Empirische Kapitalmarktforschung, Sonderheft 31, Schmalenbachs Zeitschrift für betriebswirtschaftliche Forschung, S. 87-98.

**Kreps, David M. (1988):** In Honor of Sandy Grossman, Winner of the John Bates Clark Medal, in: Journal of Economic Perspectives, S. 111-135.

**Kritzman, Mark P. (1994):** ... About Event Studies, in: Financial Analysts Journal, S. 17-20.

**Krönert, Björn (2001):** Grundsätze informationsorientierter Rechnungslegung – Eine Untersuchung über die Erfüllung der Informationsfunktion von Jahresabschlüssen durch die US-GAAP, Sternenfels [Zugl.: Regensburg, Univ., Diss., 2001].

**Krumnow, Jürgen (1994):** Die deutsche Rechnungslegung auf dem Weg ins Abseits? Ein Ausblick nach der vorläufig abgeschlossenen EG-Harmonisierung, in: Ballwieser, Wolfgang/Böcking, Hans-Joachim/Drukarczyk, Jochen/Schmidt, Reinhard H. (Hrsg.): Bilanzrecht und Kapitalmarkt, Festschrift für Adolf Moxter zum 65. Geburtstag, Düsseldorf, S. 679-698.

**Kübler, Friedrich/Assmann, Heinz-Dieter (2006):** Gesellschaftsrecht – Die privatrechtlichen Ordnungsstrukturen und Regelungsprobleme von Verbänden und Unternehmen, 6. Aufl., Heidelberg.

**Kübler, Friedrich (1977):** Transparenz am Kapitalmarkt – Wirtschaftspolitische Grundfragen aktueller Regelungsprobleme, in: Die Aktiengesellschaft, S. 85-92.

**Kübler, Friedrich (1995):** Institutioneller Gläubigerschutz oder Kapitalmarkttransparenz? – Rechtsvergleichende Überlegungen zu den „stillen Reserven", in: Zeitschrift für das gesamte Handels- und Wirtschaftsrecht, S. 550-566.

**Külp, Bernhard/Knappe, Eckhard (1984):** Wohlfahrtsökonomik, Band I: Die Wohlfahrtskriterien, 2. Aufl., Düsseldorf.

**Kümpel, Thomas (2003):** Bilanzierung und Bewertung von Sachanlagen nach International Financial Reporting Standards, in: bilanz & buchhaltung, S. 378-392.

**Kümpel, Thomas (2004):** Vorratsbewertung und Langfristfertigung nach International Financial Reporting Standards, in: bilanz & buchhaltung, S. 269-285.

**Kümpel, Thomas (2006):** Änderungsvorschläge des IASB zur Rückstellungsbilanzierung gemäß ED IAS 37, in: Datenverarbeitung – Steuer – Wirtschaft – Recht, S. 201-205.

**Kümpel, Thomas/Straatmann, Leif (2005):** Bilanzierung und Bewertung von zur Veräußerung stehendem Anlagevermögen sowie einzustellender Bereiche nach IFRS 5, in: bilanz & buchhaltung, S. 138-146.

**Kußmaul, Heinz (1988):** Bilanzierung von Nutzungsrechten an Grundstücken – Zugleich ein Vorschlag zur Interpretation des Begriffs „Vermögensgegenstand", in: Steuer und Wirtschaft, S. 46-60.

**Küting, Karlheinz (1997):** Die handelbilanzielle Erfolgsspaltungs-Konzeption auf dem Prüfstand – Zugleich: Vorschläge zur Neuorientierung der Erfolgsquellenanalyse –, in: Die Wirtschaftsprüfung, S. 693-702.

**Küting, Karlheinz (2006):** Auf dem Weg zu einer Entobjektivierung der Bilanz, in: Küting, Karlheinz/Pfitzer, Norbert/Weber, Claus-Peter (Hrsg.): Internationale Rechnungslegung: Standortbestimmung und Zukunftsperspektiven – Kapitalmarktorientierte Rechnungslegung und integrierte Unternehmenssteuerung, Stuttgart, S. 1-6.

**Küting, Karlheinz/Ulrich, Andreas (2001):** Abbildung und Steuerung immaterieller Vermögensgegenstände – Werttreiber im normativen Zwangskorsett, in: Deutsches Steuerrecht, S. 953-960 (Teil I) und S. 1000-1004 (Teil II).

**Küting, Karlheinz/Weber, Claus-Peter (2006):** Der Konzernabschluss – Praxis der Rechnungslegung nach HGB und IFRS, 10. Aufl., Stuttgart.

**Lakonishok, Josef/Maberly, Edwin (1990):** The Weekend Effect: Trading Patterns of Individual and Institutional Investors, in: Journal of Finance, S. 231-243.

**Lakonishok, Josef/Shleifer, Andrei/Thaler, Richard/Vishny, Robert (1991):** Window Dressing By Pension Fund Managers, in: American Economic Review, S. 227-231.

**Lakonishok, Josef/Smidt, Seymour (1986):** Are Seasonal Anomalies Real? A Ninety-Year Perspective, in: Review of Financial Studies, S. 403-425.

**Landsman, Wayne R./Maydew, Edward L. (2002):** Has the Information Content of Quarterly Earnings Announcements Declined in the Past Three Decades?, in: Journal of Accounting Research, S. 797-808.

**Lange, Christoph (1989):** Jahresabschlussinformationen und Unternehmensbeurteilung, Stuttgart [Zugl.: Dortmund, Univ., Habil.-Schr., 1989].

**Latham, Mark (1986):** Informational Efficiency and Information Subsets, in: Journal of Finance, S. 39-52.

**Laux, Helmut (2006):** Unternehmensrechnung, Anreiz und Kontrolle – Die Messung, Zurechnung und Steuerung des Erfolges als Grundprobleme der Betriebswirtschaftslehre, 3. Aufl., Berlin u. a.

**Lee, Charles M. C. (1992):** Earnings news and small traders – An intraday analysis, in: Journal of Accounting and Economics, S. 265-302.

**Lee, Charles M. C. (2001):** Market efficiency and accounting research: a discussion of 'capital market research in accounting' by S. P. Kothari, in: Journal of Accounting and Economics, S. 233-253.

**Lee, Chi-Wen J. (1988):** Inventory accounting and earnings/price ratios: A puzzle, in: Contemporary Accounting Research, S. 371-388.

**Lee, Thomas A. (1971):** Utility and Relevance – the search for reliable financial accounting information, in: Accounting and Business Research, S. 242-249.

**Leffson, Ulrich (1987):** Die Grundsätze ordnungsmäßiger Buchführung, 7. Aufl., Düsseldorf.

**Leipold, Helmut (1978):** Theorie der Property Rights: Forschungsziele und Anwendungsbereiche, in: Wirtschaftswissenschaftliches Studium, S. 518-525.

**Leippe, Britta (2002):** Die Bilanzierung von Leasinggeschäften nach deutschem Handelsrecht und US-GAAP – Darstellung und Zweckmäßigkeitsanalyse, Frankfurt am Main u. a. [Zugl.: Bochum, Univ., Diss., 2001].

**LeRoy, Stephen F. (1976):** Efficient Capital Markets: Comment, in: Journal of Finance, S. 139-141.

**LeRoy, Stephen F. (1989):** Efficient Capital Markets and Martingales, in: Journal of Economic Literature, S. 1583-1621.

**Leuz, Christian (1996):** Rechnungslegung und Kreditfinanzierung – Zum Zusammenhang von Ausschüttungsbegrenzung, bilanzieller Gewinnermittlung und vorsichtiger Rechnungslegung, Frankfurt am Main u. a. [Zugl.: Frankfurt (Main), Univ., Diss., 1996].

**Lienau, Achim/Zülch, Henning (2006):** Geplante Änderungen des IAS 12 (Income Taxes) im Rahmen des Short Term Convergence Project, in: Praxis der internationalen Rechnungslegung, S. 265-266.

**Lindemann, Jens (2004):** Rechnungslegung und Kapitalmarkt – Eine theoretische und empirische Analyse, Lohmar u. a. [Zugl.: Gießen, Univ., Diss., 2004].

**Linnhoff, Ulrich/Pellens, Bernhard (1987):** Ausschüttungspolitik deutscher Konzerne – Eine empirische Untersuchung zum Ausschüttungsverhalten deutscher Konzernobergesellschaften, in: Schmalenbachs Zeitschrift für betriebswirtschaftliche Forschung, S. 987-1006.

**Loistl, Otto (1994):** Kapitalmarkttheorie, 3. Aufl., München u. a.

**MacKinlay, A. Craig (1997):** Event Studies in Economics and Finance, in: Journal of Economic Literature, S. 13-39.

**Malkiel, Burton G. (2003):** The Efficient Market Hypothesis and Its Critics, in: Journal of Economic Perspectives, S. 59-82.

**Mandelbrot, Benoit (1963):** The Variation of Certain Speculative Prices, in: Journal of Business, S. 394-419.

**Marshall, John M. (1974):** Private Incentives and Public Information, in: American Economic Review, S. 373-390.

**Martiensen, Jörn (2000):** Institutionenökonomik – Die Analyse der Bedeutung von Regeln und Organisationen für die Effizienz ökonomischer Tauschbeziehungen, München.

**Matschke, Manfred Jürgen (1986):** Kommentierung § 266 HGB, in: Hofbauer, Max A./Kupsch, Peter/Scherrer, Gerhard/Grewe, Wolfgang (Hrsg.): Bonner Handbuch Rechnungslegung, 2. Aufl., Bonn.

**Maul, Karl-Heinz/Menninger, Jutta (2000):** Das „Intellectual Property Statement" – eine notwendige Ergänzung des Jahresabschlusses?, in: Der Betrieb, S. 529-533.

**Mehra, Rajnish/Prescott, Edward C. (1985):** The Equity Premium – A Puzzle, in: Journal of Monetary Economics, S. 145-161.

**Meier, Harald/Roehr, Sigmar (2004):** Internationalisierung der Wirtschaft, in: Meier, Harald/Roehr, Sigmar (Hrsg.): Einführung in das internationale Management: Internationalisierung und Globalisierung, internationale Unternehmensführung, interkulturelle Kommunikation, Herne/Berlin, S. 1-32.

**Meinhövel, Harald (1999):** Defizite der Principal-Agent-Theorie, Lohmar u. a. [Zugl.: Bochum, Univ., Diss., 1998].

**Meinhövel, Harald (2004):** Grundlagen der Principal-Agent-Theorie, in: Wirtschaftswissenschaftliches Studium, S. 470-475.

**Menken, Klaus (1993):** Informationsökonomie, Bilanztheorie und HGB 1985, Göttingen [Zugl.: Berlin, Techn. Univ., Diss., 1993].

**Merkt, Hanno (2001):** Unternehmenspublizität – Offenlegung von Unternehmensdaten als Korrelat der Marktteilnahme, Tübingen [Zugl.: Hamburg, Univ., Habil.-Schr., 1999/2000].

**Merl, Holger/Neuhaus, Stefan (2007):** (Vor-)Feiertagseffekte am deutschen Kapitalmarkt, Working Paper, Stand 18.06.2007, abrufbar im Internet unter http://www.iur.rub.de/imperia/md/content/iur/homepage/forschung/merl_neuhaus_2007.pdf (Stand: 09.10.2007).

**Merton, Robert C. (1987):** On the Current State of the Stock Market Rationality Hypothesis, in: Dornbusch, Rudiger/Fischer, Stanley/Bossons, John (Hrsg.): Macroeconomics and Finance – Essays in Honor of Franco Modigliani, Cambridge/London, S. 93-124.

**Meulbroek, Lisa K. (1992):** An Empirical Analysis of Illegal Insider Trading, in: Journal of Finance, S. 1661-1699.

**Meyer, Bernd (1995):** Die langfristige Performance von „Gewinner"- und „Verlierer"-Aktien am deutschen Aktienmarkt, in: Finanzmarkt und Portfolio Management, S. 61-80.

**Milgrom, Paul/Stokey, Nancy (1982):** Information, Trade and Common Knowledge, in: Journal of Economic Theory, S. 17-27.

**Miller, Edward M. (1987):** Bounded efficient markets: A new wrinkle to the EMH, in: Journal of Portfolio Management, S. 4-13.

**Modigliani, Franco/Miller, Merton H. (1958):** The Cost of Capital, Corporation Finance and the Theory of Investment, in: American Economic Review, S. 261-297.

**Möller, Hans P. (1985):** Die Informationseffizienz des deutschen Aktienmarktes – eine Zusammenfassung und Analyse empirischer Untersuchungen, in: Schmalenbachs Zeitschrift für betriebswirtschaftliche Forschung, S. 500-518.

**Möller, Hans P./Hüfner, Bernd (2001):** Kapitalmarktforschung, empirische, in: Gerke, Wolfgang/Steiner, Manfred (Hrsg.): Handwörterbuch des Bank- und Finanzwesens, 3. Aufl., Stuttgart, Sp. 1275-1293.

**Mölls, Sascha H./Strauß, Michael (2007):** Zur Informationswirkung der Rechnungslegung – Stand und Implikationen der empirischen Forschung –, in: Kapitalmarktorientierte Rechnungslegung, S. 79-92.

**Moxter, Adolf (1962a):** Der Einfluß von Publizitätsvorschriften auf das unternehmerische Verhalten, Köln u. a. [Zugl.: Frankfurt (Main), Univ., Habil.-Schr., 1961].

**Moxter, Adolf (1982):** Betriebswirtschaftliche Gewinnermittlung, Tübingen.

**Moxter, Adolf (1984):** Bilanzlehre, Band I: Einführung in die Bilanztheorie, 3. Aufl., Wiesbaden.

**Moxter, Adolf (1986):** Bilanzlehre, Band II: Einführung in das neue Bilanzrecht, 3. Aufl., Wiesbaden.

**Moxter, Adolf (2003):** Grundsätze ordnungsgemäßer Rechnungslegung, Düsseldorf.

**Moxter, Adolf (1962b):** Bilanzierung und unsichere Erwartungen, in: Zeitschrift für handelswissenschaftliche Forschung, S. 607-632.

**Moxter, Adolf (1964):** Präferenzstruktur und Aktivitätsfunktion des Unternehmers, in: Schmalenbachs Zeitschrift für betriebswirtschaftliche Forschung, S. 6-35.

**Moxter, Adolf (1966):** Die Grundsätze ordnungsmäßiger Bilanzierung und der Stand der Bilanztheorie, in: Schmalenbachs Zeitschrift für betriebswirtschaftliche Forschung, S. 29-58.

**Moxter, Adolf (1995):** Zum Verhältnis von handelsrechtlichen Grundsätzen ordnungsmäßiger Bilanzierung und True-and-fair-view-Gebot bei Kapitalgesellschaften, in: Förschle, Gerhart/Kaiser, Klaus/Moxter, Adolf (Hrsg.): Rechenschaftslegung im Wandel, Festschrift für Wolfgang Dieter Budde zum 65. Geburtstag, München, S. 419-429.

**Moxter, Adolf (1996):** Zur Prüfung des „true and fair view“, in: Baetge, Jörg/Börner, Dietrich/Forster, Karl-Heinz/Schruff, Lothar (Hrsg.): Rechnungslegung, Prüfung und Beratung – Herausforderungen für den Wirtschaftsprüfer –, Festschrift für Rainer Ludewig zum 70. Geburtstag, Düsseldorf, S. 671-682.

**Moxter, Adolf (2000):** Besitzen IAS-konforme Jahres- und Konzernabschlüsse im Hinblick auf die Unternehmens- und Konzernsteuerung Vorteile gegenüber den Rechnungslegungstraditionen im EWR?, in: Altenburger, Otto A./Janschek, Otto/Müller, Heinrich (Hrsg.): Fortschritte im Rechnungswesen – Vorschläge für Weiterentwicklungen im Dienste der Unternehmens- und Konzernsteuerung durch Unternehmensorgane und Eigentümer, Festschrift für Gerhard Seicht zum 60. Geburtstag, 2. Aufl., Wiesbaden, S. 497-505.

**Müller, Stefan/Wulf, Inge (2005):** Abschlusspolitisches Potenzial deutscher Unternehmen im Jahr 2005 unter besonderer Berücksichtigung der IFRS-Erstanwendung, in: Betriebs-Berater, S. 1267-1273.

**Münstermann, Hans (1966):** Die Bedeutung des ökonomischen Gewinns für den externen Jahresabschluß der Aktiengesellschaft, in: Die Wirtschaftsprüfung, S. 579-586.

**Musgrave, Richard A./Musgrave, Peggy B./Kullmer, Lore (1994):** Die öffentlichen Finanzen in Theorie und Praxis, Band 1, 6. Aufl., Tübingen.

**Neumann, Manfred J. M./Klein, Martin (1982):** Probleme der Theorie effizienter Märkte und ihrer empirischen Überprüfung, in: Kredit und Kapital, S. 165-187.

**Neus, Werner (1989):** Ökonomische Agency-Theorie und Kapitalmarktgleichgewicht, Wiesbaden [Zugl.: Köln, Univ., Diss., 1988].

**Odean, Terrance (1998):** Are Investors Reluctant to Realize Their Losses?, in: Journal of Finance, S. 1775-1798.

**Oehler, Andreas (2000):** Behavioral Finance: Mode oder mehr?, in: Die Bank, S. 718-724.

**Oehler, Andreas (2002):** Behavioral Finance, verhaltenswissenschaftliche Finanzmarktforschung und Portfoliomanagement, in: Kleeberg, Jochen M./Rehkugler, Heinz (Hrsg.): Handbuch Portfoliomanagement – Strukturierte Ansätze für ein modernes Wertpapiermanagement, 2. Aufl., Bad Soden, S. 843-870.

**Oertmann, Peter (1994a):** Firm-Size-Effekt am deutschen Aktienmarkt – Eine empirische Untersuchung, in: Schmalenbachs Zeitschrift für betriebswirtschaftliche Forschung, S. 229-259.

**Oertmann, Peter (1994b):** Size Effect und Performance von deutschen Aktien, in: Finanzmarkt und Portfolio Management, S. 197-211.

**Oertmann, Peter (2001):** Capital Asset Pricing Model, in: Gehrig, Bruno/Zimmermann, Heinz (Hrsg.): Fit for Finance – Theorie und Praxis der Kapitalanlage, 7. Aufl., Frankfurt am Main, S. 79-95.

**Olbrich, Michael (2003):** Zur Bilanzierung von als Finanzinvestition gehaltenen Immobilien nach IAS 40, in: Zeitschrift für Betriebswirtschaftliche Forschung und Praxis, S. 346-357.

**Ordelheide, Dieter (1986):** Der Konzern als Gegenstand betriebswirtschaftlicher Forschung, in: Zeitschrift für Betriebswirtschaftliche Forschung und Praxis, S. 293-312.

**Ordelheide, Dieter (1987):** Konzernerfolgskonzeptionen und Risikokoordination – Grundlagen handels- und steuerrechtlicher Erfolgsermittlung für Konzerne –, in: Schmalenbachs Zeitschrift für betriebswirtschaftliche Forschung, S. 975-986.

**Patell, James M./Wolfson, Mark A. (1984):** The Intraday Speed of Adjustment of Stock Prices to Earnings and Dividend Announcements, in: Journal of Financial Economics, S. 223-252.

**Peemöller, Volker H./Hofmann, Stefan (2005):** Bilanzskandale – Delikte und Gegenmaßnahmen, Berlin.

**Pellens, Bernhard (1994):** Aktionärsschutz im Konzern – Empirische und theoretische Analyse der Reformvorschläge der Konzernverfassung, Wiesbaden [Zugl.: Bochum, Univ., Habil.-Schr., 1993].

**Pellens, Bernhard/Fülbier, Rolf Uwe (2000):** Differenzierung der Rechnungslegungsregulierung nach Börsenzulassung, in: Zeitschrift für Unternehmens- und Gesellschaftsrecht, S. 572-593.

**Pellens, Bernhard/Fülbier, Rolf Uwe (2002):** Notes, in: Ballwieser, Wolfgang/Coenenberg, Adolf G./Wysocki, Klaus von (Hrsg.): Handwörterbuch der Rechnungslegung und Prüfung, 3. Aufl., Stuttgart, Sp. 1575-1588.

**Pellens, Bernhard/Fülbier, Rolf Uwe/Gassen, Joachim (2006):** Internationale Rechnungslegung, 6. Aufl., Stuttgart.

**Pellens, Bernhard/Gassen, Joachim (1998):** Die Bereitstellung von Rechnungslegungssystemen – Eine Aufgabe des Staates oder des Marktes?, in: Möller, Hans Peter/Schmidt, Franz (Hrsg.): Rechnungswesen als Instrument für Führungsentscheidungen, Festschrift für Adolf G. Coenenberg zum 60. Geburtstag, Stuttgart, S. 633-650.

**Perridon, Louis/Steiner, Manfred (2007):** Finanzwirtschaft der Unternehmung, 14. Aufl., München.

**Pfaff, Dieter/Kukule, Wilfried (2006):** Wie fair ist der fair value?, in: Kapitalmarktorientierte Rechnungslegung, S. 542-549.

**Pierdzioch, Christian/Stadtmann, Georg (2003):** Kurzfristorientierung und Informationseffizienz von Finanzmärkten, in: Wirtschaftswissenschaftliches Studium, S. 407-409.

**Pottgießer, Gaby/Velte, Patrick/Weber, Stefan (2005):** Die langfristige Auftragsfertigung nach IAS 11, in: Kapitalmarktorientierte Rechnungslegung, S. 310-318.

**Pratt, John W./Zeckhauser, Richard J. (1985):** Principals and Agents: An Overview, in: Pratt, John W./Zeckhauser, Richard J. (Hrsg.): Principals and Agents: The Structure of Business, Boston, S. 1-35.

**Reinganum, Marc R. (1981):** Misspecification of Capital Asset Pricing – Empirical Anomalies Based on Earnings' Yields and Market Values, in: Journal of Financial Economics, S. 19-46.

**Richter, Rudolf/Furubotn, Eirik G. (2003):** Neue Institutionenökonomik – Eine Einführung und kritische Würdigung, 3. Aufl., Tübingen.

**Rieger, Wilhelm (1928):** Einführung in die Privatwirtschaftslehre, Erlangen (hier verwendet: 3., unveränderte Aufl., Erlangen 1964).

**Roberts, Harry V. (1959):** Stock-Market "Patterns" and Financial Analysis: Methodological Suggestions, in: Journal of Finance, S. 1-10.

**Roll, Richard (1977):** A Critique of the Asset Pricing Theory's Tests – Part I: On Past and Potential Testability of the Theory, in: Journal of Financial Economics, S. 129-176.

**Roll, Richard (1994):** What Every CFO Should Know About Scientific Progress in Financial Economics: What Is Known and What Remains to be Resolved, in: Financial Management, S. 69-75.

**Ronen, Joshua (1974):** The Need for Accounting Objectives In an Efficient Market, in: Cramer, Joe J. Jr./Sorter, George H. (Hrsg.): Objectives of Financial Statements – AICPA Selected Papers, Band 2, New York, S. 36-52.

**Ronen, Joshua (1979):** The Dual Role of Accounting: A Financial Economic Perspective, in: Bicksler, James L. (Hrsg.): Handbook of Financial Economics, Amsterdam u. a., S. 415-454.

**Rosen, Harvey S./Windisch, Rupert (1997):** Finanzwissenschaft I, München/Wien.

**Rosenberg, Barr/Reid, Kenneth/Lanstein, Ronald (1985):** Persuasive evidence of market inefficiency, in: Journal of Portfolio Management, S. 9-16.

**Ross, Stephen A. (1973):** The Economic Theory of Agency: The Principal's Problem, in: American Economic Review, S. 134-139.

**Rouwenhorst, K. Geert (1998):** International Momentum Strategies, in: Journal of Finance, S. 267-284.

**Rozeff, Michael S./Kinney, William R. Jr. (1976):** Capital Market Seasonality: The Case of Stock Returns, in: Journal of Financial Economics, S. 379-402.

**Rubinstein, Mark (1975):** Securities Market Efficiency in an Arrow-Debreu Economy, in: American Economic Review, S. 812-824.

**Rubinstein, Mark (2001):** Rational Markets: Yes or No? The Affirmative Case, in: Financial Analysts Journal, S. 15-29.

**Russ, Wolfgang (1986):** Der Anhang als dritter Teil des Jahresabschlusses – Eine Analyse der bisherigen und der zukünftigen Erläuterungsvorschriften für die Aktiengesellschaft, 2. Aufl., Köln u. a. [1. Aufl. zugl.: Köln, Univ., Diss., 1984].

**Sachverständigenrat zur Begutachtung der gesamtwirtschaftlichen Entwicklung (2005):** Die Chance nutzen – Reformen mutig voranbringen, Jahresgutachten 2005/06, Wiesbaden (zitiert als „Sachverständigenrat").

**Sailer, Christian/Schurbohm, Anne (2002):** IFRS und US-GAAP als Alternative zum HGB, in: Datenverarbeitung – Steuer – Wirtschaft – Recht, S. 361-365.

**Sapusek, Annemarie (1998):** Informationseffizienz auf Kapitalmärkten – Konzepte und empirische Ergebnisse, Wiesbaden [Zugl.: Wien, Wirtschaftsuniv., Diplomarbeit, 1991].

**Sattler, Ralf R. (1994):** Renditeanomalien am deutschen Aktienmarkt, Aachen [Zugl.: Augsburg, Univ., Diss., 1994].

**Schäfer, Hans-Bernd/Ott, Claus (2005):** Lehrbuch der ökonomischen Analyse des Zivilrechts, 4. Aufl., Berlin u. a.

**Schäfer, Sue-Isabel/Vater, Hendrik (2002):** Behavioral Finance: Eine Einführung, in: Finanz Betrieb, S. 739-748.

**Scharfstein, David S./Stein, Jeremy C. (1990):** Herd Behavior and Investment, in: American Economic Review, S. 465-479.

**Schiereck, Dirk/De Bondt, Werner/Weber, Martin (1999):** Contrarian and Momentum Strategies in Germany, in: Financial Analysts Journal, S. 104-116.

**Schiereck, Dirk/Weber, Martin (1995):** Zyklische und antizyklische Handelsstrategien am deutschen Aktienmarkt, in: Schmalenbachs Zeitschrift für betriebswirtschaftliche Forschung, S. 3-24.

**Schildbach, Thomas (1975):** Analyse des betrieblichen Rechnungswesens aus der Sicht der Unternehmungsbeteiligten – Dargestellt am Beispiel der Aktiengesellschaft, Wiesbaden.

**Schildbach, Thomas (1986):** Jahresabschluß und Markt, Berlin u. a.

**Schildbach, Thomas (2002a):** US-GAAP – Amerikanische Rechnungslegung und ihre Grundlagen, 2. Aufl., München.

**Schildbach, Thomas (2004):** Der handelsrechtliche Jahresabschluss, 7. Aufl., Herne/Berlin.

**Schildbach, Thomas (1987):** Die neue Generalklausel für den Jahresabschluß von Kapitalgesellschaften – zur Interpretation des Paragraphen 264 Abs. 2 HGB, in: Zeitschrift für Betriebswirtschaftliche Forschung und Praxis, S. 1-15.

**Schildbach, Thomas (1994):** Internationale Rechnungslegungsstandards auch für deutsche Einzelabschlüsse?, in: Ballwieser, Wolfgang/Böcking, Hans-Joachim/Drukarczyk, Jochen/Schmidt, Reinhard H. (Hrsg.): Bilanzrecht und Kapitalmarkt, Festschrift für Adolf Moxter zum 65. Geburtstag, Düsseldorf, S. 699-721.

**Schildbach, Thomas (1995):** Rechnungslegungsideale, Bilanzkulturen, Harmonisierung und internationaler Wettbewerb, in: Betriebs-Berater, S. 2635-2644.

**Schildbach, Thomas (1999):** Rechnungslegung nach US-GAAP: Hoffnung und Wirklichkeit (Teil II), in: Betriebs-Berater, S. 411-415.

**Schildbach, Thomas (2002b):** Aufwandsrückstellungen in der internationalen Rechnungslegung, in: Steuern und Bilanzen, S. 791-797.

**Schildbach, Thomas (2002c):** IAS als Rechnungslegungsstandards für alle, in: Zeitschrift für Betriebswirtschaftliche Forschung und Praxis, S. 263-278.

**Schildbach, Thomas (2003):** Die Zukunft des Jahresabschlusses nach HGB angesichts neuer Trends bei der Regulierung der Rechnungslegung und der IAS-Strategie der EU, in: Steuern und Bilanzen, S. 1071-1078.

**Schildbach, Thomas (2005a):** Was leistet IFRS 5?, in: Die Wirtschaftsprüfung, S. 554-561.

**Schildbach, Thomas (2005b):** Das System der IAS/IFRS in der EU: Charakter und Probleme, in: Schneider, Dieter/Rückle, Dieter/Küpper, Hans-Ulrich/Wagner, Franz W. (Hrsg.): Kritisches zu Rechnungslegung und Unternehmensbesteuerung, Festschrift für Theodor Siegel zum 65. Geburtstag, Berlin, S. 45-63.

**Schildbach, Thomas (2006):** Fair Value – Wunsch und Wirklichkeit, in: Küting, Karlheinz/Pfitzer, Norbert/Weber, Claus-Peter (Hrsg.): Internationale Rechnungslegung: Standortbestimmung und Zukunftsperspektiven – Kapitalmarktorientierte Rechnungslegung und integrierte Unternehmenssteuerung, Stuttgart, S. 7-32.

**Schildbach, Thomas (2007a):** IFRS – Irre Führendes Rechnungslegungs-System, Teil 1, in: Zeitschrift für Internationale Rechnungslegung, S. 9-16.

**Schildbach, Thomas (2007b):** IFRS – Irre Führendes Rechnungslegungs-System, Teil 2, in: Zeitschrift für Internationale Rechnungslegung, S. 91-97.

**Schmalenbach, Eugen (1919):** Grundlagen dynamischer Bilanzlehre, in: Zeitschrift für handelswissenschaftliche Forschung, S. 1-101.

**Schmidt, André/Wulbrand, Hanno (2007):** Umsetzung der Anforderungen an die Lageberichterstattung nach dem BilReG und DRS 15, in: Kapitalmarktorientierte Rechnungslegung, S. 417-426.

**Schmidt, Matthias (2000):** Das Konzept einer kapitalmarktorientierten Rechnungslegung – Legitimation, Ableitung einer Sollvorstellung und Brauchbarkeit nationaler sowie internationaler Regelungen, Bielefeld [Zugl.: Berlin, Humboldt-Univ., Diss., 1999].

**Schmidt, Reinhard H. (1976):** Aktienkursprognose – Aspekte positiver Theorien über Aktienkursänderungen, Wiesbaden [Zugl.: Frankfurt, Univ., Diss., 1974].

**Schmidt, Reinhard H. (1981):** Ein neo-institutionalistischer Ansatz der Finanzierungstheorie, in: Rühli, Edwin/Thommen, Jean-Paul (Hrsg.): Unternehmungsführung aus finanz- und bankwirtschaftlicher Sicht – Bericht über die Tagung in Zürich, Mai 1980, Stuttgart, S. 135-154.

**Schmidt, Reinhard H. (1982):** Rechnungslegung als Informationsproduktion auf nahezu effizienten Kapitalmärkten, in: Schmalenbachs Zeitschrift für betriebswirtschaftliche Forschung, S. 728-748.

**Schmidt, Reinhard H. (1987):** Agency Costs are not a "Flop"!, in: Bamberg, Günter/Spremann, Klaus (Hrsg.): Agency Theory, Information, and Incentives, Berlin u. a., S. 495-509.

**Schmidt, Reinhard H./Terberger, Eva (1997):** Grundzüge der Investitions- und Finanzierungstheorie, 4. Aufl., Wiesbaden.

**Schneider, Dieter (1992):** Investition, Finanzierung und Besteuerung, 7. Aufl., Wiesbaden.

**Schneider, Dieter (1995):** Betriebswirtschaftslehre Band 1: Grundlagen, 2. Aufl., München/Wien.

**Schneider, Dieter (1997a):** Betriebswirtschaftslehre Band 2: Rechnungswesen, 2. Aufl., München/Wien.

**Schneider, Dieter (1997b):** Betriebswirtschaftslehre Band 3: Theorie der Unternehmung, München/Wien.

**Schneider, Dieter (1963):** Bilanzgewinn und ökonomische Theorie, in: Zeitschrift für handelswissenschaftliche Forschung, S. 457-474.

**Schneider, Dieter (1981):** Kapitalmarkteffizienz durch Jahresabschlussreformen?, in: Schriften des Verbandes öffentlicher Banken, Heft 8, S. 1-42.

**Schneider, Dieter (1986):** Vermögensgegenstände und Schulden, in: Leffson, Ulrich/Rückle, Dieter/Großfeld, Bernhard (Hrsg.): Handwörterbuch unbestimmter Rechtsbegriffe im Bilanzrecht des HGB, Köln, S. 335-343.

**Schneider, Dieter (1987):** Agency Costs and Transaction Costs: Flops in the Principal-Agent-Theory of Financial Markets, in: Bamberg, Günter/Spremann, Klaus (Hrsg.): Agency Theory, Information, and Incentives, Berlin u. a., S. 481-494.

**Schnittke, Jürgen (1989):** Überrenditeeffekte am deutschen Aktienmarkt – Eine theoretische und empirische Analyse, Köln [Zugl.: Münster (Westfalen), Univ., Diss., 1989].

**Schoenfeld, Hanns Martin W. (2000):** Zusatzinformationen als Hilfsmittel zur zielkonformen Beurteilung und Steuerung, in: Altenburger, Otto A./Janschek, Otto/Müller, Heinrich (Hrsg.): Fortschritte im Rechnungswesen – Vorschläge für Weiterentwicklungen im Dienste der Unternehmens- und Konzernsteuerung durch Unternehmensorgane und Eigentümer, Festschrift für Gerhard Seicht zum 60. Geburtstag, 2. Aufl., Wiesbaden, S. 585-605.

**Schredelseker, Klaus (1985):** Der Nutzen von Bilanzinformationen für Kapitalanlageentscheidungen, in: Gross, Gerhard (Hrsg.): Der Wirtschaftsprüfer im Schnittpunkt nationaler und internationaler Entwicklungen, Festschrift für Klaus von Wysocky zum 60. Geburtstag, Düsseldorf, S. 129-141.

**Schremper, Ralf (2002):** Informationseffizienz des Kapitalmarkts, in: Wirtschaftswissenschaftliches Studium, S. 687-692.

**Schuhmacher, Frank (2003):** Sind Wertpapiere stets fair bewertet? – Eine theoretische Untersuchung der Effizienzmarkthypothese, in: Österreichisches Bank-Archiv, S. 937-942.

**Seeberg, Thomas (2003):** Kommentierung IAS 11 – Fertigungsaufträge, in: Baetge, Jörg/Wollmert, Peter/Kirsch, Hans-Jürgen/Oser, Peter/Bischof, Stefan (Hrsg.): Rechnungslegung nach IFRS – Kommentar auf der Grundlage des deutschen Bilanzrechts, 2. Aufl., Stuttgart 2003.

**Sen, Amartya K. (1970):** Collective Choice and Social Welfare, San Francisco u. a.

**Seyhun, H. Nejat (1986):** Insiders' Profits, Costs of Trading, and Market Efficiency, in: Journal of Financial Economics, S. 189-212.

**Sharpe, William F./Alexander, Gordon J./Bailey, Jeffery V. (1999):** Investments, 6. Aufl., Upper Saddle River.

**Shiller, Robert J. (1984):** Stock Prices and Social Dynamics, in: Brookings Papers on Economic Activity, S. 457-498.

**Shiller, Robert J. (2003):** From Efficient Markets Theory to Behavioral Finance, in: Journal of Economic Perspectives, S. 83-104.

**Shleifer, Andrei (2000):** Inefficient Markets – An Introduction to Behavioral Finance, New York.

**Shleifer, Andrei/Summers, Lawrence H. (1990):** The Noise Trader Approach to Finance, in: Journal of Economic Perspectives, S. 19-33.

**Shleifer, Andrei/Vishny, Robert W. (1997):** The Limits of Arbitrage, in: Journal of Finance, S. 35-55.

**Siegel, Theodor (1997):** Mangelnde Ernsthaftigkeit des Gläubigerschutzes als offene Flanke der deutschen Rechnungslegungsvorschriften, in: Fischer, Thomas R./Hömberg, Reinhold (Hrsg.): Jahresabschluß und Jahresabschlußprüfung – Probleme, Perspektiven, internationale Einflüsse, Festschrift zum 60. Geburtstag von Jörg Baetge, Düsseldorf, S. 117-149.

**Siegel, Theodor/Bareis, Peter/Rückle, Dieter/Schneider, Dieter/Sigloch, Jochen/Streim, Hannes/Wagner, Franz W. (1999):** Stille Reserven und aktienrechtliche Informationspflichten, in: Zeitschrift für Wirtschaftsrecht, S. 2077-2085.

**Snavely, Howard J. (1967):** Accounting Information Criteria, in: Accounting Review, S. 223-232.

**Sohmen, Egon (1992):** Allokationstheorie und Wirtschaftspolitik, 2. Aufl., Tübingen.

**Söllner, Fritz (1993):** Das Arrow-Unmöglichkeitstheorem, in: Wirtschaftswissenschaftliches Studium, S. 29-32.

**Solomons, David (1986):** Making Accounting Policy – The Quest for Credibility in Financial Reporting, New York u. a.

**Stehle, Richard (1997):** Der Size-Effekt am deutschen Aktienmarkt, in: Zeitschrift für Bankrecht und Bankwirtschaft, S. 237-260.

**Steiner, Manfred/Bruns, Christoph (2002):** Wertpapiermanagement – Professionelle Wertpapieranalyse und Portfoliostrukturierung, 8. Aufl., Stuttgart.

**Stigler, George J. (1967):** Imperfections in the Capital Market, in: Journal of Political Economy, S. 287-292.

**Stiglitz, Joseph E. (1974):** Incentives and Risk Sharing in Sharecropping, in: Review of Economic Studies, S. 219-255.

**Stiglitz, Joseph E. (1982):** Information and Capital Markets, in: Sharpe, William F./Cootner, Cathryn M. (Hrsg.): Financial Economics – Essays in Honor of Paul Cootner, Englewood Cliffs, S. 118-158.

**Stiglitz, Joseph E. (2000):** The Contributions of the Economics of Information to Twentieth Century Economics, in: The Quarterly Journal of Economics, S. 1441-1478.

**Stölzel, Thomas (2007):** Pi mal Daumen, in: WirtschaftsWoche vom 25.06.2007, Heft Nr. 26, S. 82, 84-85.

**Streim, Hannes (1976):** Der Informationsgehalt des Human Resource Accounting – Zur Problematik der Erfassung und des Ausweises menschlicher Ressourcen im betriebswirtschaftlichen Rechnungswesen, unveröffentlichte Habilitationsschrift, Gießen.

**Streim, Hannes (1988):** Grundzüge der handels- und steuerrechtlichen Bilanzierung, Stuttgart.

**Streim, Hannes (1985):** Rückstellungen für Großreparaturen – Begriffsexplikation und Zweckmäßigkeitsanalyse, in: Betriebs-Berater, S. 1575-1583.

**Streim, Hannes (1986):** Grundsätzliche Anmerkungen zu den Zwecken des Rechnungswesens, in: Lüder, Klaus (Hrsg.): Entwicklungsperspektiven des öffentlichen Rechnungswesens, Speyerer Forschungsberichte 48, Speyer, S. 1-25.

**Streim, Hannes (1994):** Die Generalnorm des § 264 Abs. 2 HGB – Eine kritische Analyse, in: Ballwieser, Wolfgang/Böcking, Hans-Joachim/Drukarczyk, Jochen/Schmidt, Reinhard H. (Hrsg.): Bilanzrecht und Kapitalmarkt, Festschrift für Adolf Moxter zum 65. Geburtstag, Düsseldorf, S. 391-406.

**Streim, Hannes (1995):** Zum Stellenwert des Lageberichts im System der handelsrechtlichen Rechnungslegung, in: Elschen, Rainer/Siegel, Theodor/Wagner, Franz W. (Hrsg.): Unternehmenstheorie und Besteuerung, Festschrift für Dieter Schneider zum 60. Geburtstag, Wiesbaden, S. 703-721.

**Streim, Hannes (1998):** Internationalisierung von Gewinnermittlungsregeln zum Zwecke der Informationsvermittlung – Zur Konzeptionslosigkeit der Fortentwicklung der Rechnungslegung, in: Meffert, Heribert/Krawitz, Norbert (Hrsg.): Unternehmensrechnung und Besteuerung. Grundfragen und Entwicklungen, Festschrift für Dietrich Börner zum 65. Geburtstag, Wiesbaden, S. 323-343.

**Streim, Hannes (2000a):** Die Vermittlung von entscheidungsnützlichen Informationen durch Bilanz und GuV – Ein nicht einlösbares Versprechen der internationalen Standardsetter, in: Zeitschrift für Betriebswirtschaftliche Forschung und Praxis, S. 111-131.

**Streim, Hannes (2000b):** Kommentierung § 264 HGB, in: Hofbauer, Max A./Kupsch, Peter/Scherrer, Gerhard/Grewe, Wolfgang (Hrsg.): Bonner Handbuch Rechnungslegung, 2. Aufl., Bonn (Stand März 2000).

**Streim, Hannes (2002):** Meinungsspiegel zum Thema: IAS – Kristallisationspunkt der internationalen Harmonisierung der Rechnungslegung?, in: Zeitschrift für Betriebswirtschaftliche Forschung und Praxis, S. 279-291.

**Streim, Hannes/Bieker, Marcus/Esser, Maik (2003):** Vermittlung entscheidungsnützlicher Informationen durch Fair Values – Sackgasse oder Licht am Horizont?, in: Zeitschrift für Betriebswirtschaftliche Forschung und Praxis, S. 457-479.

**Streim, Hannes/Bieker, Marcus/Esser, Maik (2004):** Der schleichende Abschied von der Ausschüttungsbilanz – Grundsätzliche Überlegungen zum Inhalt einer Informationsbilanz, in: Dirrigl, Hans/Wellisch, Dietmar/Wenger, Ekkehard (Hrsg.): Steuern, Rechnungslegung und Kapitalmarkt – Festschrift für Franz W. Wagner zum 60. Geburtstag, Wiesbaden, S. 229-244.

**Streim, Hannes/Bieker, Marcus/Esser, Maik (2005):** Fair Value Accounting in der IFRS-Rechnungslegung – eine Zweckmäßigkeitsanalyse, in: Schneider, Dieter/Rückle, Dieter/Küpper, Hans-Ulrich/Wagner, Franz W. (Hrsg.): Kritisches zu Rechnungslegung und Unternehmensbesteuerung, Festschrift für Theodor Siegel zum 65. Geburtstag, Berlin, S. 87-109.

**Streim, Hannes/Bieker, Marcus/Hackenberger, Jens/Lenz, Thomas (2007):** Ökonomische Analyse der gegenwärtigen und geplanten Regelungen zur Goodwill-Bilanzierung nach IFRS, in: Zeitschrift für Internationale Rechnungslegung, S. 17-27.

**Streim, Hannes/Bieker, Marcus/Leippe, Britta (2001):** Anmerkungen zur theoretischen Fundierung der Rechnungslegung nach International Accounting Standards, in: Schmidt, Hartmut/Ketzel, Eberhart/Prigge, Stefan (Hrsg.): Wolfgang Stützel – Moderne Konzepte für Finanzmärkte, Beschäftigung und Wirtschaftsverfassung, Tübingen, S. 177-206.

**Streim, Hannes/Bieker, Marcus/Leippe, Britta/Schmidt, Lars (2002):** International Accounting Standards, in: Hofbauer, Max/Kupsch, Peter (Hrsg.): Bonner Handbuch Rechnungslegung, Fach 5, 2. Aufl., Bonn (Stand April 2002).

**Streim, Hannes/Esser, Maik (2003):** Rechnungslegung nach IAS/IFRS – Ein geeignetes Instrument zur Informationsvermittlung?, in: Steuern und Bilanzen, S. 836-840.

**Streim, Hannes/Kugel, Birgit (1985):** GmbH & Co. KG und Rechnungslegungsreform – Analyse der Zweckmäßigkeit der geplanten Regelungen, in: Zeitschrift für Betriebswirtschaftliche Forschung und Praxis, S. 102-117.

**Streim, Hannes/Leippe, Britta (2001):** Neubewertung nach International Accounting Standards – Darstellung, Anwendungsprobleme und kritische Analyse, in: Seicht, Gerhard (Hrsg.): Jahrbuch für Controlling und Rechnungswesen, Wien, S. 373-411.

**Stützel, Wolfgang (1967):** Bemerkungen zur Bilanztheorie, Sonderdruck der Zeitschrift für Betriebswirtschaft, Wiesbaden.

**Süchting, Joachim (1995):** Finanzmanagement: Theorie und Politik der Unternehmensfinanzierung, 6. Aufl., Wiesbaden.

**Summers, Lawrence H. (1986):** Does the Stock Market Rationally Reflect Fundamental Values?, in: Journal of Finance, S. 591-602.

**Swoboda, Peter (1982):** Heterogene Information und Kapitalstruktur der Unternehmung, in: Schmalenbachs Zeitschrift für betriebswirtschaftliche Forschung, S. 705-727.

**Terberger, Eva (1994):** Neo-institutionalistische Ansätze. Entstehung und Wandel – Anspruch und Wirklichkeit, Wiesbaden [Zugl.: Frankfurt (Main), Univ., Habil.-Schr., 1993].

**Thomas, Arthur L. (1969):** The Allocation Problem in Financial Accounting Theory, American Accounting Association, Studies in Accounting Research No. 3., 2. Druck 1976.

**Tobin, James (1984):** On the Efficiency of the Financial System, in: Llyods Bank Review, S. 1-15.

**Tversky, Amos/Kahneman, Daniel (1992):** Advances in Prospect Theory: Cumulative Representation of Uncertainty, in: Journal of Risk and Uncertainty, S. 297-323.

**Verrecchia, Robert E. (1979):** On the Theory of Market Information Efficiency, in: Journal of Accounting and Economics, S. 77-90.

**Wagenhofer, Alfred (2005):** Internationale Rechnungslegungsstandards – IAS/IFRS, 5. Aufl., Frankfurt.

**Wagenhofer, Alfred (2001):** Rechnungslegung, in: Jost, Peter-J. (Hrsg.): Die Prinzipal-Agenten-Theorie in der Betriebswirtschaftslehre, Stuttgart, S. 439-486.

**Wagenhofer, Alfred (2006):** Fair Value-Bewertung im IFRS-Abschluss und Bilanzanalyse, in: Zeitschrift für Internationale Rechnungslegung, S. 31-37.

**Wagenhofer, Alfred/Ewert, Ralf (2003):** Externe Unternehmensrechnung, Berlin u. a.

**Wagner, Franz W. (1978):** Kapitalerhaltung, Geldentwertung und Gewinnbesteuerung, Berlin u. a.

**Wagner, Franz W. (1982):** Zur Informations- und Ausschüttungsbemessungsfunktion des Jahresabschlusses auf einem organisierten Kapitalmarkt, in: Schmalenbachs Zeitschrift für betriebswirtschaftliche Forschung, S. 749-771.

**Wagner, Franz W. (1993):** Theorie und Praxis der Rechnungslegung: Lehren aus drei Jahrzehnten, in: Wagner, Franz W. (Hrsg.): Ökonomische Analyse des Bilanzrechts – Entwicklungslinien und Perspektiven –, Schmalenbachs Zeitschrift für betriebswirtschaftliche Forschung/Sonderheft 32, Düsseldorf, S. 1-10.

**Wallmeier, Martin (1997):** Prognose von Aktienrenditen und -risiken mit Mehrfaktorenmodellen – Eine empirische Untersuchung von erwarteten Renditen und Renditekorrelationen in Deutschland unter besonderer Berücksichtigung von Bilanzinformationen und Renditeanomalien, Bad Soden [Zugl.: Augsburg, Univ., Diss., 1997].

**Wallmeier, Martin (2001):** Renditeanomalien, in: Gerke, Wolfgang/Steiner, Manfred (Hrsg.): Handwörterbuch des Bank- und Finanzwesens, 3. Aufl., Stuttgart, Sp. 1793-1804.

**Walz, W. Rainer (1993):** Ökonomische Regulierungstheorien vor den Toren des Bilanzrechts, in: Wagner, Franz W. (Hrsg.): Ökonomische Analyse des Bilanzrechts – Entwicklungslinien und Perspektiven –, Schmalenbachs Zeitschrift für betriebswirtschaftliche Forschung/Sonderheft 32, Düsseldorf, S. 85-106.

**Watts, Ross (1998):** Does It Pay to Manipulate EPS?, in: Stern, Joel M./Chew, Donald H. Jr. (Hrsg.): The Revolution in Corporate Finance, 3. Aufl., Malden, S. 16-24.

**Wellisch, Dietmar (1999):** Finanzwissenschaft, Band 1: Rechtfertigung der Staatstätigkeit, München.

**Wendlandt, Klaus/Knorr, Liesel (2005):** Das Bilanzrechtsreformgesetz – Zeitliche Anwendung der wesentlichen Änderungen des HGB und Folgen für die IFRS-Anwendung in Deutschland –, in: Kapitalmarktorientierte Rechnungslegung, S. 53-57.

**West, Richard R. (1975):** On the Difference Between Internal and External Market Efficiency, in: Financial Analysts Journal, S. 30-34.

**Winkeljohann, Norbert/Geißler, Horst (2006a):** Kommentierung § 252 HGB, in: Ellrott, Helmut/Förschle, Gerhart/Hoyos, Martin/Winkeljohann, Norbert (Hrsg.): Beck'scher Bilanz-Kommentar – Handels- und Steuerbilanz, 6. Aufl., München.

**Winkeljohann, Norbert/Geißler, Horst (2006b):** Kommentierung § 265 HGB, in: Ellrott, Helmut/Förschle, Gerhart/Hoyos, Martin/Winkeljohann, Norbert (Hrsg.): Beck'scher Bilanz-Kommentar – Handels- und Steuerbilanz, 6. Aufl., München.

**Winkeljohann, Norbert/Lawall, Lars (2006a):** Kommentierung § 269 HGB, in: Ellrott, Helmut/Förschle, Gerhart/Hoyos, Martin/Winkeljohann, Norbert (Hrsg.): Beck'scher Bilanz-Kommentar – Handels- und Steuerbilanz, 6. Aufl., München.

**Winkeljohann, Norbert/Lawall, Lars (2006b):** Kommentierung § 282 HGB, in: Ellrott, Helmut/Förschle, Gerhart/Hoyos, Martin/Winkeljohann, Norbert (Hrsg.): Beck'scher Bilanz-Kommentar – Handels- und Steuerbilanz, 6. Aufl., München.

**Winkeljohann, Norbert/Schellhorn, Mathias (2006):** Kommentierung § 264 HGB (Anm. 1-60), in: Ellrott, Helmut/Förschle, Gerhart/Hoyos, Martin/Winkeljohann, Norbert (Hrsg.): Beck'scher Bilanz-Kommentar – Handels- und Steuerbilanz, 6. Aufl., München.

**Winkeljohann, Norbert/Taetzner, Tobias (2006):** Kommentierung § 280 HGB, in: Ellrott, Helmut/Förschle, Gerhart/Hoyos, Martin/Winkeljohann, Norbert (Hrsg.): Beck'scher Bilanz-Kommentar – Handels- und Steuerbilanz, 6. Aufl., München.

**Wolf, Klaus (2005):** Neuerungen im (Konzern-)Lagebericht durch das Bilanzrechtsreformgesetz (BilReG) – Anforderungen und ihre praktische Umsetzung, in: Deutsches Steuerrecht, S. 438-442.

**Wollmert, Peter/Achleitner, Ann-Kristin (1997a):** Konzeptionelle Grundlagen der IAS-Rechnungslegung (Teil I), in: Die Wirtschaftsprüfung, S. 209-222.

**Wollmert, Peter/Achleitner, Ann-Kristin (1997b):** Konzeptionelle Grundlagen der IAS-Rechnungslegung (Teil II), in: Die Wirtschaftsprüfung, S. 245-256.

**Wollmert, Peter/Achleitner, Ann-Kristin (2003):** Kommentierung Konzeption der IAS-Rechnungslegung, in: Baetge, Jörg/Wollmert, Peter/Kirsch, Hans-Jürgen/Oser, Peter/Bischof, Stefan (Hrsg.): Rechnungslegung nach IFRS – Kommentar auf der Grundlage des deutschen Bilanzrechts, 2. Aufl., Stuttgart 2003.

**Wosnitza, Michael (1990):** Das Unterinvestitionsproblem in der Publikumsgesellschaft, in: Schmalenbachs Zeitschrift für betriebswirtschaftliche Forschung, S. 947-962.

**WP-Handbuch (2006):** Wirtschaftsprüfung, Rechnungslegung, Beratung – Band I, herausgegeben vom Institut der Wirtschaftsprüfer in Deutschland e. V., 13. Aufl., Düsseldorf.

**Wüstemann, Jens/Kierzek, Sonja (2006):** Das Projekt „Revenue Recognition" von FASB und IASB – Notwendigkeit, Vorschläge und Bewertung möglicher Neufassungen von IAS 18 und IAS 11, in: Küting, Karlheinz/Pfitzer, Norbert/Weber, Claus-Peter (Hrsg.): Internationale Rechnungslegung: Standortbestimmung und Zukunftsperspektiven – Kapitalmarktorientierte Rechnungslegung und integrierte Unternehmenssteuerung, Stuttgart, S. 245-279.

**Zimmermann, Jochen (2002):** Zur Qualität der US-GAAP – Ein genauerer Blick auf die Enron-Konzernbilanz –, in: Steuern und Bilanzen, S. 573-582.

**Zülch, Henning/Burghardt, Stephan (2007a):** Neue Rechnungslegungsnormen für den Mittelstand: Entwurf eines IFRS für kleine und mittelgroße Unternehmen, in: Praxis der internationalen Rechnungslegung, S. 111-113.

**Zülch, Henning/Burghardt, Stephan (2007b):** Projektüberblick und Zeitplan des IASB, in: Praxis der internationalen Rechnungslegung, S. 168-170.

**Zülch, Henning/Fischer, Daniel T. (2007):** Die Neuregelungen des überarbeiteten IAS 1 – Financial Statement Presentation, in: Praxis der internationalen Rechnungslegung, S. 257-260.

**Zülch, Henning/Willms, Jesco (2004):** Revenue Recognition: Mögliche Änderungen bei der Ertragsrealisierung nach IFRS, in: Der Betrieb, S. 2001-2006.

## Rechtsquellenverzeichnis

### EU-Richtlinien und Verordnungen

**IAS-Verordnung** Verordnung (EG) Nr. 1606/2002 des Europäischen Parlaments und des Rates vom 19. Juli 2002 betreffend die Anwendung internationaler Rechnungslegungsstandards, ABl. EG L 243 vom 11. September 2002, S. 1.

**Vierte Richtlinie** Vierte Richtlinie des Rates vom 25. Juli 1978 aufgrund von Artikel 54 Absatz 3 Buchstabe g) des Vertrages über den Jahresabschluss von Gesellschaften bestimmter Rechtsformen, 78/660/EWG, ABl. EG L 222 vom 14. August 1978, S. 11, zuletzt geändert durch Richtlinie 2006/46/EG des Europäischen Parlaments und des Rates vom 14. Juni 2006 zur Änderung der Richtlinien des Rates 78/660/EWG über den Jahresabschluss von Gesellschaften bestimmter Rechtsformen, 83/349/EWG über den konsolidierten Abschluss, 86/635/EWG über den Jahresabschluss und den konsolidierten Abschluss von Banken und anderen Finanzinstituten und 91/674/EWG über den Jahresabschluss und den konsolidierten Abschluss von Versicherungsunternehmen, ABl. EG L 224 vom 16. August 2006, S. 1.

**Siebente Richtlinie** Siebente Richtlinie des Rates vom 13. Juni 1983 aufgrund von Artikel 54 Absatz 3 Buchstabe g) des Vertrages über den konsolidierten Abschluss, 83/349/EWG, ABl. EG L 193 vom 18. Juli 1983, S. 1, zuletzt geändert durch Richtlinie 2006/46/EG des Europäischen Parlaments und des Rates vom 14. Juni 2006 zur Änderung der Richtlinien des Rates 78/660/EWG über den Jahresabschluss von Gesellschaften bestimmter Rechtsformen, 83/349/EWG über den konsolidierten Abschluss, 86/635/EWG über den Jahresabschluss und den konsolidierten Abschluss von Banken und anderen Finanzinstituten und 91/674/EWG über den Jahresabschluss und den konsolidierten Abschluss von Versicherungsunternehmen, ABl. EG L 224 vom 16. August 2006, S. 1.

**Gesetze**

**AktG** Aktiengesetz vom 6. September 1965, BGBl. I 1965, S. 1089, zuletzt geändert durch das Gesetz zur Umsetzung der Richtlinie 2004/109/EG des Europäischen Parlaments und des Rates vom 15. Dezember 2004 zur Harmonisierung der Transparenzanforderungen in Bezug auf Informationen über Emittenten, deren Wertpapiere zum Handel auf einem geregelten Markt zugelassen sind, und zur Änderung der Richtlinie 2001/34/EG (Transparenzrichtlinie-Umsetzungsgesetz) vom 5. Januar 2007, BGBl. I 2007, S. 10.

**BilReG** Gesetz zur Einführung internationaler Rechnungslegungsstandards und zur Sicherung der Qualität der Abschlussprüfung (Bilanzrechtsreformgesetz) vom 4. Dezember 2004, BGBl. I 2004, S. 3166.

**EStG** Einkommensteuergesetz in der Fassung der Bekanntmachung vom 19. Oktober 2002, BGBl. I 2002, S. 4210, berichtigt BGBl. I 2003, S. 179, zuletzt geändert durch Jahressteuergesetz 2007 vom 13. Dezember 2006, BGBl. I 2006, S. 2878, und Gesetz zur Anspruchsberechtigung von Ausländern wegen Kindergeld, Erziehungsgeld und Unterhaltsvorschuss vom 13. Dezember 2006, BGBl. I 2006, S. 2915.

**HGB** Handelsgesetzbuch vom 10. Mai 1897, RGBl. 1897, S. 219, zuletzt geändert durch das Gesetz zur Umsetzung der Richtlinie 2004/109/EG des Europäischen Parlaments und des Rates vom 15. Dezember 2004 zur Harmonisierung der Transparenzanforderungen in Bezug auf Informationen über Emittenten, deren Wertpapiere zum Handel auf einem geregelten Markt zugelassen sind, und zur Änderung der Richtlinie 2001/34/EG (Transparenzrichtlinie-Umsetzungsgesetz) vom 5. Januar 2007, BGBl. I 2007, S. 10.

**KonTraG** Gesetz zur Kontrolle und Transparenz im Unternehmensbereich vom 27. April 1998, BGBl. I 1998, S. 786.

FSC
www.fsc.org
MIX
Papier | Fördert
gute Waldnutzung
FSC® C083411

Kolibri 360 GmbH
Ferdinand-Jühlke-Straße 7
99095 Erfurt, Deutschland
produktsicherheit@kolibri360.de